특징 3 !

Xi story 통합사회

1 쉬운 개념 이해와 출제 0순위 특강

- 8종 교과서 개념을 총정리하여 풍부한 자료를 통해 쉽게 이해할 수 있습니다.
- 핵심 개념을 정확히 이해했는지 다양한 유형의 개념 체크 문제로 확인할 수 있습니다.
- 시험에 자주 출제되는 개념과 자료를 엄선하여 출제 0순위 특강에서 자세히 설명했습니다.

2 내신 대비 1등급을 위한 3단계 문제

- 내신 대비 필수 문제 – 학교 시험 100점을 위한 내신 기출 문제, 1등급 문제, 서술형, 학평 문제로 구성했습니다.
- 대단원 마무리 문제 – 단원 대표 문제로 실전에 대비하고, 응용하는 능력을 키울 수 있습니다.
- 단원별 TEST – 중간고사와 기말고사를 대비할 수 있는 실전 문제입니다. 학교 시험 진도에 맞게 선택할 수 있습니다.

3 고1 부터 수능 유형 익히기 – 수능 유형 특강+수능 대비 기출 문제

- 수능 유형 특강 – 수능 대표 유형을 통해 문제에 접근하는 단서와 발상, 적용법을 알려줍니다.
- 수능 대비 기출 문제 – 수능, 모의평가, 고3 학력평가 문제로 수능 유형을 익힐 수 있습니다.
- 2028 수능 예시문항을 수록했습니다. 〈1차 2024년 9월, 2차 2025년 4월〉

2022 개정 교육과정 적용 출시!!

내신과 수능을 완벽히 대비하는

자이스토리 사회, 과학  개정판

통합과학 1, 2
〈5종 개정교과서 정밀 분석〉

통합사회 1, 2
〈8종 개정교과서 정밀 분석〉

내신 한국사 1, 2
〈9종 개정교과서 정밀 분석〉

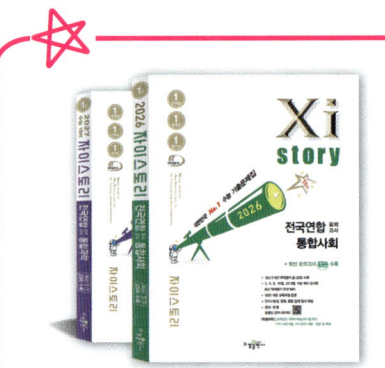

전국연합 모의고사
고1 통합사회 / 통합과학

❶ 쉬운 개념 이해와 출제 0순위 특강

- 모든 개정 교과서 개념을 심층 분석해서 전부 수록했습니다.
- 학교 시험, 학력평가, 수능 필수 개념을 '출제 0순위 특강'에서 더욱 자세하게 설명했습니다.

❷ 내신 대비 필수 문제와 내신 1등급 문제

- '내신 대비 필수 문제'는 시험에 꼭 나오는 문제와 학력평가 기출 문제를 수록하였습니다.
- '내신 1등급 문제'는 내신 1등급을 좌우하는 고난도 문제를 완벽하게 대비할 수 있습니다.

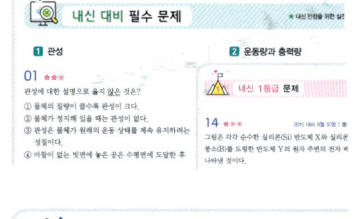

❸ 수능 대비 유형 특강과 수능 기출 문제

- 수능 유형과 대비법, 문제 풀이의 단서와 발상, 적용법을 '수능 유형 특강'에서 자세히 알려줍니다.
- 단원과 연관된 수능 기출 문제 구성으로 수능을 한발 앞서 준비할 수 있습니다.

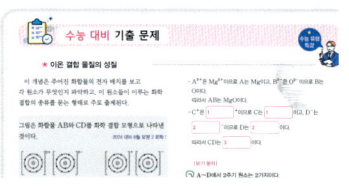

❹ 2028 수능 신유형 – 융합 문제 특별수록

- 2028학년도 수능에 출제되는 신유형인 융합 문제를 분석하여 출제 의도 및 출제 단원과 개념을 분석했습니다.
- 각 주제별 기출문항과 변형 문항으로 구성하여 여러 과목 간의 통합에 확실히 대비할 수 있습니다.

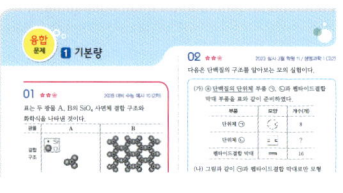

❺ 내신+수능 대비 단원별 TEST

- 중간고사 및 기말고사 대비를 위해 단원별 학교 시험 적중 문제로 구성하였습니다.
- 현직 선생님들이 실제 학교 시험에서 출제된 문항들을 분석하여 변형한 문제입니다.

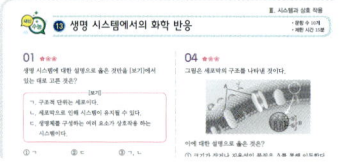

* 최신 5개년 학력평가 총 23회 수록
- 3, 6, 9, 10월, 고2 3월, 수능 예시 순서로 최신 학력평가 우선 배치 [25문항]

* 2022 개정 교육과정 반영
- 개정 단원 기출, 예상 문제 추가

* 중요 문항 동영상 강의 QR코드

* 입체 첨삭 해설로 문제 완벽 분석
- '단서+발상', '함정', '꿀팁'

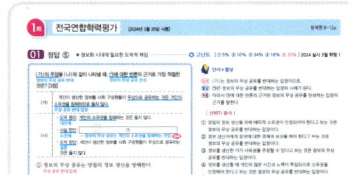

* [특별부록]
2028학년도 대학수학능력시험 예시 문항(1차 2024년 9월, 2차 2025년 4월) 정답 및 해설

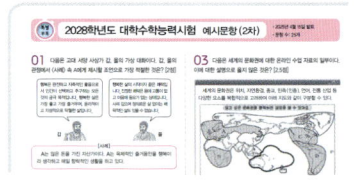

자이스토리

Xistory stands for eXtra Intensive story for
the University Entrance Examination.

통합사회 **1**

구성과 특징

8종 교과서 완벽 총정리로
학교 시험과 **수능**을 대비한다!

1 개념 정리 – 8종 교과서 수록 개념 총정리

2022 개정 교육과정 8종 교과서를 분석하여 풍부한 자료를 통해
핵심 개념을 완벽하게 이해할 수 있게 했습니다.

- **개념 강의 동영상** : 생생한 개념 강의를 통해 쉽게
  개념 학습을 할 수 있습니다.
- **개념 체크 문제** : 문제를 통해 개념을 정확히 이해했는지
  다양한 유형의 기본 문제로 확인할 수 있습니다.
- **중요도** : 난이도와 빈출 정도를 중요도로 나타냈습니다.
- **개념⁺, 용어⁺, 암기⁺** : 개념의 이해와 암기를 돕는 tip을 알려줍니다.

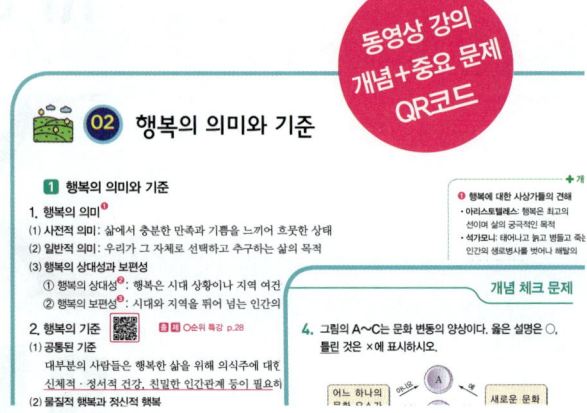

2 출제 0순위 특강 – 시험에 꼭 출제되는 개념, 자료 특강

시험에 자주 출제되는 핵심 개념, 자료를 분석하여 이해하기 쉽게
설명하였습니다.

- **출제 0순위 포인트** : 실제 시험에 어떤 유형으로 출제되는지
  대비법은 무엇인지 자세하게 알려줍니다.
- **확인 문제** : 특강 내용에서 꼭 알아야 하는 핵심 포인트를
  제대로 이해했는지 문제로 확인합니다.

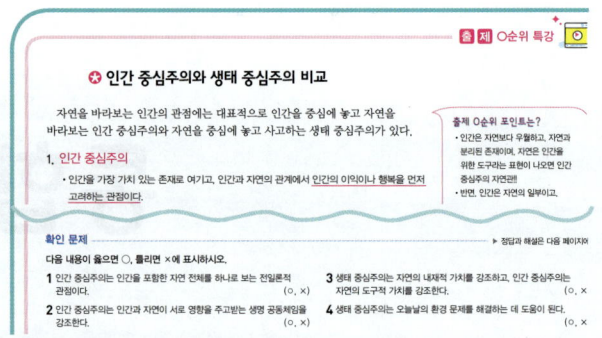

3 내신 대비 필수 문제 + 대단원 마무리 문제 + 단원별 TEST (내신+수능 대비)

- **내신 대비 필수 문제** : 학교시험 100점을 위한 실전 문제와 학력평가
  기출 문제로 구성했습니다.
- **대단원 마무리 문제** : 단원별 대표 문제로 구성하여 개념을
  적용하고 응용하는 실력을 키울 수
  있습니다.
- **단원별 TEST** (내신+수능 대비) : 학교 시험과 수능 대비를 할 수 있는
  유형의 문제로 구성하여 실력을
  테스트할 수 있습니다.

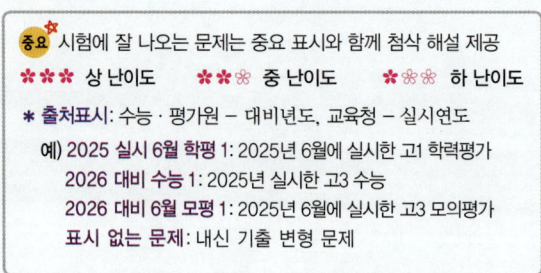

중요 시험에 잘 나오는 문제는 중요 표시와 함께 첨삭 해설 제공

✱✱✱ 상 난이도   ✱✱✲ 중 난이도   ✱✲✲ 하 난이도

✻ **출처표시** : 수능·평가원 – 대비년도, 교육청 – 실시연도
  예) 2025 실시 6월 학평 1 : 2025년 6월에 실시한 고1 학력평가
     2026 대비 수능 1 : 2025년 실시한 고3 수능
     2026 대비 6월 모평 1 : 2025년 6월에 실시한 고3 모의평가
     표시 없는 문제 : 내신 기출 변형 문제

4 수능 유형 특강 + 수능 대비 기출 문제 – 고1 부터 수능 유형 익히기

- **수능 유형 특강** (2028 수능 예시문항 포함)
  - 단서+발상과 수능의 대표 출제 유형을 통해 문제에
    접근하는 방법을 알려줍니다.

- **수능 대비 기출 문제**
  - 고3 학력평가, 모의평가, 수능 기출 문제를 풀어 보면서
    수능 문제에 대한 감을 익힐 수 있습니다.

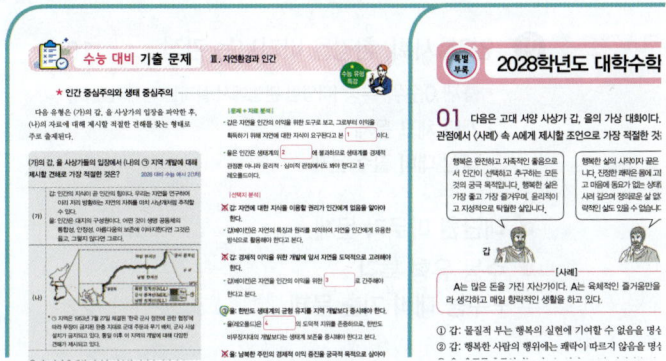

5 2028 수능 신유형 - 과목 융합 문제 특별수록

- 2028학년도 수능에 출제되는 신유형에 대비해 과목
  융합 문제 풀이 실력을 키울 수 있습니다.

- 총 12문항이 수록되어 있으며, 출제 의도 및 출제 개념,
  관련 단원을 함께 제시하고 있습니다.

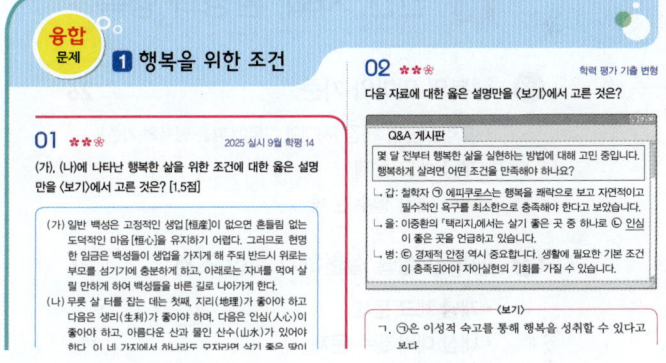

6 정답 및 해설 – 정확하고 명쾌한 해설

- **입체 첨삭** 중요한 내신 문제와 수능 대비 기출 문제는
  입체 첨삭을 통해 더욱 쉽고 명쾌하게 알려줍니다.

  단서+발상 제시된 단서를 통해 문제 유형에 맞는 풀이
  방법을 찾아 적용하는 단계를 체계적으로
  알려줍니다.

  | 문제+자료 분석 | 제시된 자료를 분석하고 정답을 도출
  하기까지의 과정을 제시해 줍니다.

  | 선택지 분석 | 선택지별로 정답과 오답인 이유를 알기
  쉽게, 자세하게 설명해 줍니다.

  꿀팁 함정 문제를 풀 때 암기해야 할 부분과 함정에 빠지는
  부분을 체크해줍니다.

  왜 틀렸나? 잘 틀리는 이유와 대처법을 알려줍니다.

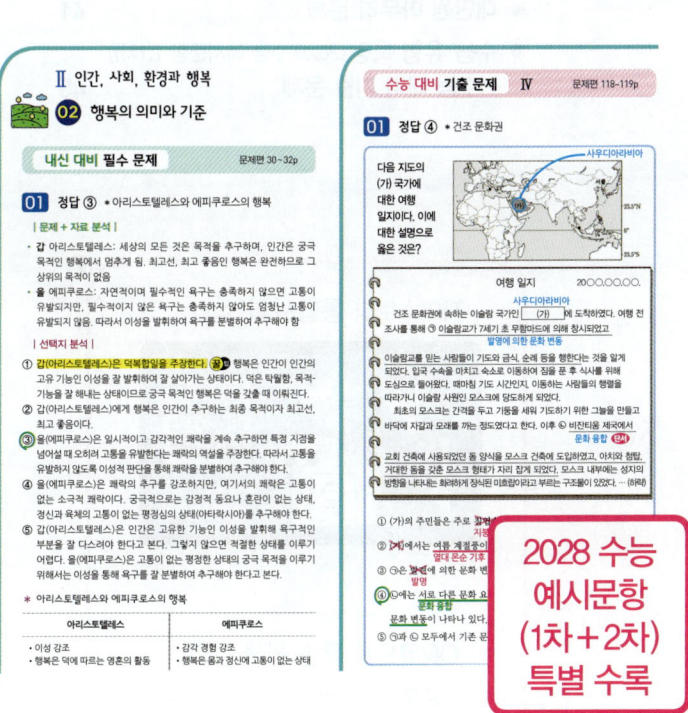

2028 수능
예시문항
(1차＋2차)
특별 수록

차 례

자이스토리 **통합사회1** 강의

▲ QR 코드를
스캔하세요

QR코드를 통한 생생 강의
- 중요 개념 강의
- 중요 문항 해설 강의

내 교과서와 자이스토리 단원 비교

• **자이스토리 통합사회 1**은 8종 교과서 개념을 모두 완벽히 총정리하여, 학습 순서에 알맞게 배치하였습니다.

• 학교 교과서 단원에 맞춰서 공부하면 더욱 빠르게 실력이 향상됩니다.

미래엔	비상	천재	아침나라	동아	리베르	지학사	창비
10~21	08~25	08~21	08~17	10~27	11~24	12~29	08~23
24~29	28~35	24~31	20~27	30~37	27~32	32~39	26~33
30~39	36~47	32~43	28~37	38~49	33~42	40~53	34~45
42~53	50~61	46~55	40~51	52~63	45~55	56~65	48~55
54~59	62~69	56~63	52~59	64~69	56~62	66~73	56~61
60~69	70~79	64~75	60~71	70~83	63~74	74~87	62~73
72~79	82~91	78~87	74~81	86~93	77~83	90~97	76~83
80~87	92~99	88~97	82~89	94~101	84~89	98~105	84~91
88~93	100~105	98~105	90~97	102~109	90~96	106~113	92~99
94~103	106~115	106~115	98~107	110~121	97~108	114~127	100~111
106~115	118~127	118~125	110~117	124~131	111~119	130~137	114~121
116~123	128~137	126~133	118~127	132~139	120~129	138~145	122~129
124~133	138~145	134~145	128~139	140~151	130~141	146~157	130~143

내신 + 수능 1등급을 위한 학습 계획표 24일

★ 하루하루 계획표대로 공부하면 어느덧 눈앞에 1등급이 놓여 있을 것입니다. [하루 90분, 24일 완성]

DAY	학습 내용	틀린 문제 / 헷갈리는 문제 번호 적기	학습 날짜		복습 날짜	
1	01 인간, 사회, 환경을 바라보는 관점		월	일	월	일
2	▪ 대단원 마무리 문제 ▪ 수능 대비 기출 문제		월	일	월	일
3	02 행복의 의미와 기준		월	일	월	일
4	03 행복한 삶을 실현하기 위한 조건		월	일	월	일
5	▪ 대단원 마무리 문제 ▪ 수능 대비 기출 문제		월	일	월	일
6	04 자연환경과 인간 생활		월	일	월	일
7	05 인간과 자연의 관계		월	일	월	일
8	06 환경 문제 해결을 위한 노력		월	일	월	일
9	▪ 대단원 마무리 문제 ▪ 수능 대비 기출 문제		월	일	월	일
10	07 다양한 문화권의 특징과 삶의 방식		월	일	월	일
11	08 문화 변동과 전통문화		월	일	월	일
12	09 문화 상대주의와 보편 윤리		월	일	월	일
13	10 다문화 사회와 문화 다양성 존중		월	일	월	일
14	▪ 대단원 마무리 문제 ▪ 수능 대비 기출 문제		월	일	월	일
15	11 산업화와 도시화에 따른 변화		월	일	월	일
16	12 교통 · 통신 및 과학기술의 발달		월	일	월	일
17	13 내가 사는 지역의 공간 변화		월	일	월	일
18	▪ 대단원 마무리 문제 ▪ 수능 대비 기출 문제		월	일	월	일
19	2028 수능 신유형 융합 문제		월	일	월	일
20	단원별 TEST 01~03강		월	일	월	일
21	단원별 TEST 04~06강		월	일	월	일
22	단원별 TEST 07~10강		월	일	월	일
23	단원별 TEST 11~13강		월	일	월	일
24	2028 수능 예시문항(1차+2차)		월	일	월	일

I 통합적 관점

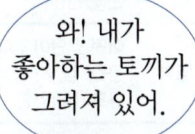

와! 내가 좋아하는 토끼가 그려져 있어.

토끼? 내 눈에는 오리로 보이는데. 같은 그림이라도 보는 관점에 따라 다르게 보일 수 있구나.

  # 01 인간, 사회, 환경을 바라보는 관점

중요도 ⭐⭐⭐

① 인간, 사회, 환경을 바라보는 다양한 관점

1. 시간적 관점
(1) **의미**: 어떤 현상이 나타나기까지의 <u>역사적 배경❶과 시대적 맥락❷</u>에 초점을 두고 사회 현상을 살펴보는 것
(2) **필요성**: 시대의 변화 속에서 나타나는 사회 현상을 살펴봄으로써 현재의 사회 현상을 이해하는데 도움을 줌
(3) **특징**: 특정 현상과 관련된 자료를 수집하여 과거와 현재의 관계를 탐구함

> ✪ **시간적 관점에서 바라본 한국과 일본 경기**
> 한국과 일본은 과거부터 영토 문제를 비롯하여, 전쟁, 식민지 시기, 역사 해석의 차이로 인해 갈등을 겪었다. 이로 인한 두 나라 사이의 반감이 오늘날까지 남아 스포츠 한일전은 독립 운동이나 전쟁 같은 역사 사건과 연관된 경기로 인식된다.
>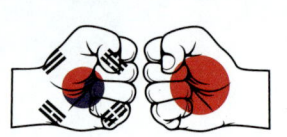

2. 공간적 관점
(1) **의미**: 인간 생활과 사회 현상을 <u>위치, 장소, 분포 유형, 이동, 영역, 네트워크</u> 등의 공간적 맥락에서 살펴보는 것
(2) **필요성**: 지역 간의 차이를 이해하고 인간 생활과 사회 현상에 대한 인문 환경❸과 자연환경의 영향을 파악하는 데 도움을 줌
(3) **특징**: 자연환경 및 인문 환경, 지역의 위치나 형태에 관한 공간 정보❹를 수집하여 인간과 사회, 인간과 자연이 상호 작용하는 방식을 탐구함

> ✪ **공간적 관점에서 본 학생 수 불균형 현상**
> 오래된 도시 중심부 지역은 인구가 외곽 지역으로 빠져나가며 입학할 학생이 없어 학교가 소멸할 위기에 놓였다. 반면 인구가 몰리고 있는 신도시의 학교에는 과밀 학급 문제가 발생하고 있다. 과밀 학급이란 학급당 학생 수가 28명 이상인 학급으로, 주로 2000년대 후반 경기도에 조성한 신도시가 분포하는 곳에서 이런 현상이 나타났다. 우리나라의 학령 인구는 전국적으로 감소하고 있으나, 학생 수 불균형 현상은 지역마다 다르게 나타나고 있다.
>

3. 사회적 관점
(1) **의미**: 사회 현상이 나타나게 된 배경을 <u>사회 구조❺ 및 사회 제도❻</u>의 영향력을 고려하여 살펴보는 것
(2) **필요성**: 사회 구조나 제도가 개인에게 영향력을 끼칠 수 있음을 전제하고, 정책적 측면에서 사회 문제의 해결책을 제시하는 데 도움을 줌
(3) **특징**: 정치적·경제적·문화적 제도 안에서 사람들이 상호 작용하는 방식을 탐구함

> ✪ **사회적 관점에서 바라본 고령화 현상**
> 고령화가 진행됨에 따라 노인 부양을 위한 기초 연금 등의 사회 복지 비용으로 국가 부담이 늘어나고 있다. 이는 경제 성장률에도 영향을 미칠 수 있으므로, 정부와 기업은 이러한 변화에 대응하여 적절한 정책과 전략을 개발해야 한다.
>

➕ 용어

❶ **역사적 배경**
특정 사건이나 현상이 구체적으로 발생한 상황

❷ **시대적 맥락**
그 시대의 전반적인 특성과 흐름

➕ 용어

❸ **인문 환경**
인간 활동의 결과로 만들어진 언어, 종교, 민족 등의 환경

➕ 개념

❹ **공간 정보**

장소	사람들이 의미 있게 만들어 온 공간
영역	어떤 집단이 점유하는 공간. 집, 지역, 국가 등 규모가 다양함
네트워크	사람, 물자, 정보 등이 영역의 경계를 넘어 이동하며 형성된 것

➕ 용어

❺ **사회 구조**
한 사회에서 개인이 일정한 행동을 하도록 정형화된 사회적 관계의 틀

❻ **사회 제도**
사회 구성원의 원활한 상호 작용을 가능하게 해주는 관습화된 절차 및 규범. 종교 제도, 교육 제도, 결혼 제도 등

4. 윤리적 관점

(1) **의미**: 특정 사회 현상을 좋고 나쁨, 선과 악, 옳고 그름과 같은 <u>도덕적 가치 판단과 윤리적 규범❶의 방향성</u>에 기준을 두어 살펴보는 것

(2) **필요성**: 사회 현상은 인간의 의지에 따라서 나타나기 때문에 가치 판단이 가능하며, 규범적인 판단을 통해 보다 바람직한 사회가 될 수 있도록 도움을 줌

(3) **특징**: 사회 현상을 도덕적 기준이나 가치의 관점에서 설명하고 평가함

╋용어

❶ **규범**
예절, 규칙 등 마땅히 따르고 지켜야 할 본보기가 되는 것

> ✪ **윤리적 관점에서 바라본 아동 노동 문제**
>
> 아프리카와 아시아의 광산, 섬유공장, 농경지에서 이루어지는 아동 노동은 불안정하고 비위생적인 환경에서 이뤄지기 때문에 아이들의 안전과 건강을 위협한다. 이로 인해 아이들은 교육 및 발전의 기회를 놓치게 되어 인간다운 삶을 누리지 못한다. 이러한 문제를 해결하기 위해서는 국제적인 협력과 강화된 법률로 아동 노동 방지를 위한 노력이 필요하다.
>
>

2️⃣ 인간, 사회, 환경을 바라보는 통합적 관점

 출제 ○순위 특강 p.12

1. **통합적 관점**: 구체적인 사회 현상을 시간적 관점, 공간적 관점, 사회적 관점, 윤리적 관점을 종합적으로 고려하여 인간과 세상을 균형잡힌 시각으로 이해하는 관점

2. **개별 관점을 통한 탐구의 한계❷**: 개별 관점만을 통해 탐구하면 다양한 요인들이 복잡하게 얽혀 나타나는 사회 현상의 다양한 측면을 종합적으로 파악하기 어려움

3. **통합적 관점의 필요성**
(1) 다양한 관점을 통합적으로 고려하면 복잡한 사회 현상의 원인을 제대로 파악할 수 있음
(2) 사회 문제의 속성을 깊이 있게 이해함으로써 근본적이고 다각적인 해결 방안 모색이 가능함

4. **통합적 관점의 적용**

╋개념

❷ **개별 관점을 통한 탐구의 한계**

어떤 사물이나 현상의 한 부분만 살펴보고 전체를 이해하려고 하면 사회 현상에 담긴 복잡하고 다면적인 의미를 제대로 파악하기 어렵다.

〈감염병 대응 방안 마련을 위한 토론회〉

지난 4년간 감염병 유행 사례를 분석하여 적합한 대응 방안을 찾아야 합니다.

감염병 대응을 위해 의료 인프라 및 취약 계층을 위한 의료 지원 체계를 강화해야 합니다.

허위 정보와 루머가 생기지 않도록 정확하고 신뢰할 수 있는 정보를 제공해야 합니다.

감염병 확산 지역과 확산 경로를 파악하여 의료 지원을 배분해야 합니다.

❶ 탐구 주제 및 탐구 목적 설정	❷ 다양한 관점에서 정보 수집	❸ 정보 분석 및 연관성 파악	❹ 통합적 관점에서 문제 해결
감염병 대응 방안 마련을 탐구 주제로 정하고, 구체적인 탐구 목적 선정	시간적, 공간적, 사회적, 윤리적 관점에서 감염병 대응과 관련한 정보 수집	관점별로 수집한 정보를 비교 및 분석한 후 정보 간 관계 파악	시간적, 공간적, 사회적, 윤리적 관점을 통합해 최적의 감염병 대응 방안 마련

⭐ 다양한 관점에서 살펴본 햄버거 문화

일상에서 자주 접하는 햄버거와 관련된 현상을 네 가지 관점에서 살펴보면서,
현대 사회의 햄버거 문화를 폭넓게 이해해 보자.

1 시간적 관점

우리나라에 햄버거가 전해진 시기

6·25 전쟁 때 파병된 미군들이 미국식 햄버거를 들여오면서 시작되었다. 전쟁 이후 한국과 미국은 활발한 교류를 이어나갔고, 햄버거 문화 역시 우리나라에 확산되었다. 오늘날에는 우리나라의 경제 발전에 맞춰 소비자들의 기호와 요구에 따라 종류가 다양해지고 있다.

3 사회적 관점

햄버거 소비 증가의 사회적 배경

혼밥 문화가 확산되면서 혼자 간편하게 식사할 수 있는 햄버거를 즐기는 사람들이 증가하고 있다. 햄버거 전문점의 증가로 기존 지역 상인들의 상권 보호와 햄버거의 품질 관리를 위해 지역 경제와 식품 안전을 고려한 제도적 장치를 마련하려는 노력이 요구되고 있다.

2 공간적 관점

지역마다 햄버거 재료가 다른 이유

지역의 자연환경과 문화적 특색에 따라 바게트버거, 라면버거, 라이스버거 등의 다양한 형태를 띤다. 또한, 이슬람교를 믿는 지역에서는 돼지고기를 금기시하여 소고기나 닭고기로 만든 패티를 선호하는 등 종교적 특성에 따라서 사용되는 재료에 차이가 나기도 한다.

4 윤리적 관점

햄버거 소비와 플라스틱 문제

햄버거 전문점에서 사용하는 일회용품 중 특히 플라스틱에서 나오는 미세 플라스틱은 해양 생태계와 동물의 건강을 위협한다. 환경 보호에 대한 인식이 높아지면서 햄버거 전문점들은 일회용품 대신 친환경 제품 용기 사용을 늘리면서 환경 보호를 실천하고 있다.

- 평범하게만 보였던 햄버거와 관련된 현상도 인간, 사회, 환경에 대한 다양한 관점에서 바라보면 햄버거 문화를 더욱 깊이 있게 이해할 수 있게 된다.
- 이처럼 우리는 통합적 관점을 활용하여 사회 현상의 발생과 변화에 영향을 미치는 여러 측면을 확인하고, 다각적인 대응 방안을 도출할 수 있어야 한다.

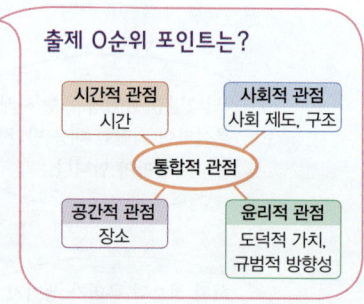

출제 0순위 포인트는?

시간적 관점	사회적 관점
시간	사회 제도, 구조

통합적 관점

공간적 관점	윤리적 관점
장소	도덕적 가치, 규범적 방향성

확인 문제

▶ 정답과 해설은 다음 페이지에

다음은 저출산 현상을 바라보는 다양한 관점이다. 읽고 물음에 답하시오.

우리나라 출산율 변화를 시간의 흐름에 따라서 살펴본다.	(가)
우리나라와 덴마크의 출산율 변화를 비교해 본다.	(나)
혼인과 출산을 지원하는 제도는 무엇이 있는지 알아본다.	(다)
대리모를 통한 출산은 윤리적으로 문제가 없는지 살펴본다.	(라)

1
(가)~(라)에 해당하는 관점을 쓰시오.

2
통합적 관점이 필요한 이유를 쓰시오.

1 인간, 사회, 환경을 바라보는 다양한 관점

1. 인간, 사회, 환경을 바라보는 관점에 대한 설명으로 옳은 것은 ○, 틀린 것은 ×에 표시하시오.

(1) 시간적 관점은 사회 현상을 도덕적 가치에 따라 평가하는 관점이다. (○, ×)

(2) 공간적 관점은 위치와 장소 등의 공간적 맥락을 중시하는 관점이다. (○, ×)

(3) 사회적 관점은 사회 구조와 사회 제도의 영향력을 강조하는 관점이다. (○, ×)

(4) 윤리적 관점은 사회 현상을 시간의 흐름 속에서 파악하는 관점이다. (○, ×)

(5) 시간적, 공간적, 사회적, 윤리적 관점 중 하나의 관점만으로 사회 현상을 탐구하는 자세가 필요하다. (○, ×)

2. 탐구 관점과 탐구 과제가 옳게 연결된 것은 ○, 틀린 것은 ×에 표시하시오.

(1) 시간적 관점 – 지방 소도시의 연도별 인구 증감률 분석 (○, ×)

(2) 시간적 관점 – 화장장 건립의 입지 조건 조사 (○, ×)

(3) 공간적 관점 – 해안의 무분별한 개발을 막기 위한 바람직한 태도 탐구 (○, ×)

(4) 공간적 관점 – 폐마스크로 동물 피해가 집중된 지역 조사 (○, ×)

(5) 사회적 관점 – 수도권 집중화를 완화할 수 있는 정책 조사 (○, ×)

(6) 사회적 관점 – 폐마스크의 무단 투기를 막을 제도 조사 (○, ×)

(7) 윤리적 관점 – 전국 시·군·구의 대기업 본사 입지 현황 조사 (○, ×)

(8) 윤리적 관점 – 갈등 해결을 위한 바람직한 시민 태도 조사 (○, ×)

3. 다음 관점에 해당하는 설명을 옳게 연결하시오.

(1) 시간적 관점 • • ㄱ. 장소, 분포 유형, 네트워크

(2) 공간적 관점 • • ㄴ. 시대적 배경과 역사적 맥락

(3) 사회적 관점 • • ㄷ. 사회 구조 및 제도의 영향력

(4) 윤리적 관점 • • ㄹ. 규범적 방향성과 도덕적 가치

2 인간, 사회, 환경을 바라보는 통합적 관점

4. 다음은 축구를 바라보는 여러 가지 관점이다. 이에 대한 설명으로 옳은 것은 ○, 틀린 것은 ×에 표시하시오.

2022 실시 11월 학평 1 변형

(가) 관점
축구의 기원과 관련된 문헌을 살피고 축구의 발전 과정을 순서대로 정리함

(나) 관점
프로 축구 선수가 소속팀을 옮길 때 지켜야 하는 법 제도에 대하여 살펴봄

축구

(다) 관점
겨울에 축구 리그를 운영하는 국가를 찾고 기후와 연결하여 이유를 살펴봄

(라) 관점
축구공 생산 과정에서 발생하는 아동 착취를 인권 보호의 측면에서 비판함

(1) (가) 관점은 사회 현상을 시간의 흐름 속에서 파악한다. (○, ×)

(2) (나) 관점은 사회가 지향해야 할 가치와 규범을 살펴본다. (○, ×)

(3) (다) 관점은 어떤 현상이 있기까지의 시대적 배경과 맥락을 살펴본다. (○, ×)

(4) (라) 관점은 사회 현상을 위치와 장소, 분포 등 공간적 맥락에서 살펴본다. (○, ×)

(5) 사회 현상을 살펴볼 때 (가)~(라) 관점을 각각 적용하는 것이 통합적 관점이다. (○, ×)

---

p.12 확인 문제 [정답]

1 (가) 시간적 관점, (나) 공간적 관점, (다) 사회적 관점, (라) 윤리적 관점

2 복잡한 현상을 정확히 이해할 수 있으며, 문제에 대한 근본적이고 다각적인 해결책을 찾아낼 수 있기 때문이다.

① 인간, 사회, 환경을 바라보는 다양한 관점

[01~02] 다음 글을 읽고 물음에 답하시오.

(가) 기술 발전의 역사를 살펴 보면 실업으로 인한 분노가 사회 운동으로 이어진 것을 볼 수 있다. 과거의 러다이트 운동은 직공들이 직물 기계로 인해 일자리를 잃은 것에 반발해서 일어났다. 그리고 현재는 인공 지능과 로봇 기술의 발전으로 일자리를 잃은 사람들이 파업에 참여하고 있다.
(나) 기후 변화가 계속되면서 세계 곳곳에서 이상 기후 현상이 자주 나타나고 있다. 빙하 감소에 따른 해수면 상승으로 인한 해안 저지대 침수로 일부 섬나라나 해안 저지대에서는 기후 난민이 발생할 수도 있다.

01 ✿✿✿

윗글에 나타난 (가), (나) 관점을 옳게 연결한 것은?

	(가)	(나)
①	시간적 관점	사회적 관점
②	시간적 관점	공간적 관점
③	공간적 관점	시간적 관점
④	윤리적 관점	사회적 관점
⑤	사회적 관점	윤리적 관점

02 ✿✿✿

(가), (나) 관점에 대한 설명으로 옳은 것만을 〈보기〉에서 고른 것은?

┌─── **[보기]** ───┐
ㄱ. (가): 도덕적 가치 판단에 기초하여 사회 현상을 바라본다.
ㄴ. (가): 특정 사회 현상을 시대의 흐름 속에서 살펴 보고자 한다.
ㄷ. (나): 인간은 자신을 둘러싼 사회 구조의 영향을 많이 받는다고 본다.
ㄹ. (나): 한 지역의 특성, 여러 지역 간의 유사점 등을 알 수 있다.

① ㄱ, ㄴ ② ㄱ, ㄷ ③ ㄴ, ㄷ ④ ㄴ, ㄹ ⑤ ㄷ, ㄹ

03 ✿✿✿

다음 글의 입장과 같은 관점이 필요한 이유로 가장 적절한 것은?

뒤르켐에 따르면 자살은 엄연히 사회 현상이며 자살의 원인 역시 사회적이다. 뒤르켐은 자살이 사회적 현상이라는 것을 증명하기 위해 여러 가지 통계 자료를 조사했다. 그 결과 사람들이 생각하던 것과는 달리, 정신병이나 신경 쇠약증 같은 것은 자살과 확정적인 관계가 없다는 것을 밝혔다. 또한 유전적 요소, 다양한 신체적, 물질적 조건들이 자살 현상을 설명하기에는 부적합하다는 것을 밝혔다. 개인적 문제라고 여겨졌던 자살이 사회적인 문제임을 보여준 것이다.

① 사회 현상은 가치와 분리될 수 없다.
② 사회 현상은 다양한 요인들이 복잡하게 얽혀서 나타난다.
③ 개인은 사회 구조와 제도의 영향력에서 자유롭기 힘들다.
④ 사회 현상은 시대적 배경과 맥락에 대한 이해가 필수적이다.
⑤ 특정 사회 현상이 나타나게 된 것은 그 지역을 둘러싼 인문·자연환경의 영향이 크다.

[04~05] 다음 글을 읽고 물음에 답하시오. (출제 0순위 특강)

햄버거를 소비하는 과정에서 사용되는 일회용품, 특히 플라스틱 제품들은 미세 플라스틱 문제를 일으켜 생태계를 파괴하는 원인이 된다.
따라서 햄버거 전문점은 일회용품 대신 다회용품을 사용하고 손님이 가져온 개인 용기에 음식을 담아주는 서비스를 제공하는 등 환경 보호를 실천하기 위해 노력하며 더 행복하고 바람직한 사회를 만들어 나가야 한다.

04 ✿✿✿ (단답형)

윗글에 나타난 사회 현상을 바라보는 관점을 쓰시오.

05 ✿✿✿ (서술형)

해당 관점이 필요한 이유를 개인의 도덕적 삶과 관련지어 서술하시오.

06 ✿✾✾

2025 실시 6월 학평 1

다음은 온라인 게시판의 일부이다. 질문에 옳게 답한 학생만을 고른 것은? [1.5점]

> **통합사회 학습방**
>
> [질문]
> 공간적 관점은 위치와 분포, 이동과 네트워크를 중심으로 장소와 지역, 지리적 상호작용을 통해 사회현상을 살펴보는 것입니다. 공간적 관점을 중심으로 'A국의 플랜테이션 농업'에 대해 탐구한다면 어떤 내용을 조사해야 할까요?
>
> [답변]
> 갑: 플랜테이션 농산물의 품질 관리 제도와 정책을 조사합니다.
> 을: 플랜테이션 농업에서 발생하는 이해 갈등의 바람직한 해결책을 조사합니다.
> 병: 플랜테이션 농업이 지역의 지리적 조건에 따라 어떻게 분포하고 있는지 조사합니다.
> 정: 플랜테이션 농업으로 생산된 작물이 생산지에서 소비지로 어떻게 이동하는지 조사합니다.

① 갑, 을 ② 갑, 병 ③ 을, 병 ④ 을, 정 ⑤ 병, 정

[07~08] 다음 글을 읽고 물음에 답하시오.

> 가난의 원인을 개인적인 요소로만 파악하는 것은 적절하지 않다. ○○○사의 최고 경영자인 △△은 세계에서 가장 나이 어린 억만장자이다. 20대 중반에 자산이 15억 달러에 이르렀다. 어릴 때부터 전형적인 미국 상류층으로 자라온 그는 성공 요인에 대해 "나는 젊고 백인이고 교육을 잘 받은 남성이다."라고 말하기도 했다.

07 ✿✿✿

윗글이 사회 현상을 이해하는 관점으로 가장 적절한 것은?

① 시대적 배경과 맥락에서 살펴본다.
② 장소와 분포 유형 및 네트워크를 살펴본다.
③ 사회 현상과 관련된 사회 구조와 제도를 살펴본다.
④ 사회 현상을 규범적 방향성과 가치를 통해 살펴본다.
⑤ 복잡한 현상을 정확히 이해하기 위해서 통합적 관점이 필요하다.

08 ✿✿✿ (서술형)

△△는 최근 사회적 약자를 돕기 위해 감염병 확산 문제에 관심을 가지고 있다. 윗글에 나타난 관점으로 해당 문제를 탐구하기 적절한 질문을 서술하시오.

09 ✿✿✿ (중요)

아동 노동 착취 사례를 윤리적 관점에서 보고자 할 때 필요한 질문으로 적절한 것만을 〈보기〉에서 고른 것은?

> 카카오 농장에서 일하는 아동들은 하루 종일 열매를 따고 껍질을 손질하지만 그 대가는 형편없는 식사와 잠자리 정도이다. 이들이 힘들게 따는 카카오가 다양한 초콜릿으로 가공되어 전 세계에 판매되고 있지만 정작 그들은 달콤함을 느껴보지 못한다. 대부분 집안의 가장 노릇을 하며 오늘도 힘든 노동을 견디고 있을 뿐이다.

[보기]
ㄱ. 인권 침해 여부의 판단 기준은 무엇일까?
ㄴ. 세계 어느 곳에서 아동 노동이 이루어지고 있을까?
ㄷ. 아이들의 인권을 보호하는 법, 제도가 없는 것일까?
ㄹ. 아동 노동 착취가 없는 '착한 초콜릿' 소비 운동을 벌이면 어떨까?

① ㄱ, ㄴ ② ㄱ, ㄹ ③ ㄴ, ㄷ ④ ㄴ, ㄹ ⑤ ㄷ, ㄹ

10 ✿✿✿

다음 갑, 을의 대화에서 을의 입장에 해당하는 관점에 대한 설명으로 가장 적절한 것은?

> 갑: 한국 사람들은 왜 그렇게 일본에 대한 감정이 안 좋아?
> 을: 한국 사람들의 일본에 대한 태도는 현 시대의 상황만을 가지고 살펴보기에는 무리가 있지. 과거부터 현재의 상황을 두루두루 살펴볼 필요가 있어.

① 사회 현상은 가치와 분리될 수 없다.
② 사회 현상은 도덕적 가치 판단을 고려하여 살펴보아야 한다.
③ 사회 현상은 다양한 원인이 복합적으로 작용하여 나타난다.
④ 특정 사회 현상이 나타나게 된 시대적 배경과 맥락에 대한 이해가 필요하다.
⑤ 장소, 영역, 네트워크 등 공간 정보에 대한 이해를 바탕으로 사회 현상을 살펴보아야 한다.

11 ✿✿✿

다음 글을 공간적 관점에서 분석하고자 할 때 필요한 연구만을 〈보기〉에서 고른 것은?

> 여성 참정권 운동은 미국, 유럽, 호주 등에서 19세기 후반부터 20세기 초반까지 이어졌다. 이는 여성들이 국가의 운영에 적극적으로 참여하고,  그들의 목소리가 정치적인 의사결정에서 반영되어야 한다는 주장에서 비롯되었다. 이러한 운동은 여성들의 권리와 지위를 향상시키는 데 큰 역할을 하였다.

[보기]
ㄱ. 국가별 여성 참정권의 차이점
ㄴ. 여성 참정권의 시대적 변화 양상
ㄷ. 여성 참정권 운동이 시작된 지역의 특성
ㄹ. 성별에 따른 참정권의 제한에 대한 도덕적 가치 판단

① ㄱ, ㄴ ② ㄱ, ㄷ ③ ㄴ, ㄷ ④ ㄴ, ㄹ ⑤ ㄷ, ㄹ

2 인간, 사회, 환경을 바라보는 통합적 관점

12 ✿✿✿   2023 실시 6월 학평 1

그림에 나타난 문제를 해결하기 위해 A~D의 관점에서 제기할 수 있는 질문으로 적절한 것만을 〈보기〉에서 고른 것은?

폐마스크 끈에 부리가 묶인 지빠귀

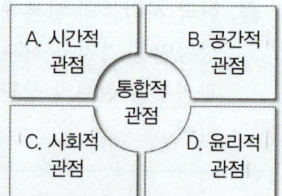

A. 시간적 관점 / B. 공간적 관점 / 통합적 관점 / C. 사회적 관점 / D. 윤리적 관점

[보기]
ㄱ. A - 폐마스크를 수거하는 바람직한 방법은 무엇인가요?
ㄴ. B - 폐마스크로 동물의 피해가 집중된 지역은 어디인가요?
ㄷ. C - 폐마스크의 무단 투기를 막을 제도는 무엇인가요?
ㄹ. D - 폐마스크로 인한 동물의 피해는 언제부터 증가했나요?

① ㄱ, ㄴ ② ㄱ, ㄷ ③ ㄴ, ㄷ ④ ㄴ, ㄹ ⑤ ㄷ, ㄹ

13 ✿✿✿

다음 자료의 입장으로 가장 적절한 것은?

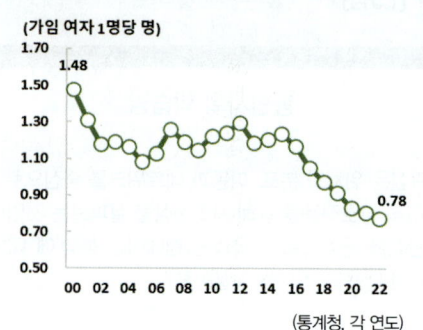

(가임 여자 1명당 명)
1.70
1.50 1.48
1.30
1.10
0.90
0.70   0.78
0.50
00 02 04 06 08 10 12 14 16 18 20 22
(통계청, 각 연도)

출산율의 변화

> 최근 우리나라의 저출산이 심각한 사회 문제이다. 전 여성 가족부 장관은 출산율을 올리기 위해서 일자리와 복지 정책의 총체적 전환이 필요하다고 강조했다. "출산 수당을 준다고 애를 낳을까요? 주택, 입시, 일자리, 노인 복지 등 모든 것을 아울러야 해결할 수 있습니다."

① 개별적 관점으로 문제점을 분석해야 한다.
② 복지 정책의 전문가에게 맡겨 문제를 해결한다.
③ 하나의 관점으로 다양한 주제를 탐구해야 한다.
④ 문제점을 더욱 세분하여 심층적으로 연구해야 한다.
⑤ 다양한 관점을 통합적으로 고려하여 해결책을 찾아야 한다.

14 ✿✿✿   2020 실시 6월 학평 1

㉠에 들어갈 적절한 진술만을 〈보기〉에서 고른 것은?

> 옛날 어느 왕이 코끼리 한 마리를 몰고 와 눈이 안 보이는 사람들을 불러 코끼리를 만져 보게 한 뒤 이에 대해 설명하도록 하였습니다. 코끼리의 상아를 만진 사람은 무와 같다고 하였고 꼬리를 만진 사람은 새끼줄과 같다고 하였습니다.
> 이 이야기는 코끼리의 부분만을 만져 보고 정확한 코끼리의 모습을 알 수 없다는 것을 보여 주고 있습니다. 사회 현상에 대한 이해 역시 마찬가지입니다. 복잡한 사회 현상을 제대로 이해하기 위해서는 ㉠

[보기]
ㄱ. 다양한 관점에서의 통합적 접근이 요구됩니다.
ㄴ. 각 학문 간의 고유한 경계를 엄격하게 구분해야 합니다.
ㄷ. 인간과 사회 및 환경에 대한 종합적 이해가 필요합니다.
ㄹ. 한 영역의 지식만으로 모든 사회 현상에 접근해야 합니다.

① ㄱ, ㄴ ② ㄱ, ㄷ ③ ㄴ, ㄷ ④ ㄴ, ㄹ ⑤ ㄷ, ㄹ

15 ✽✻✻

다음 제작 방법에 따라 주사위를 만들고자 한다. A에 들어갈 수 있는 탐구 활동으로 적절한 것은? [2점]

[제작 방법]
- 주사위 각 면에는 난민 문제에 대해 시간적, 공간적, 사회적, 윤리적 관점이 적용된 탐구 활동이 적힌다.
- A와 동일한 관점이 적용된 탐구 활동은 A와 접하는 면에 위치할 수 없으며, A의 반대편에 위치하는 것은 가능하다.

[주사위 도면]

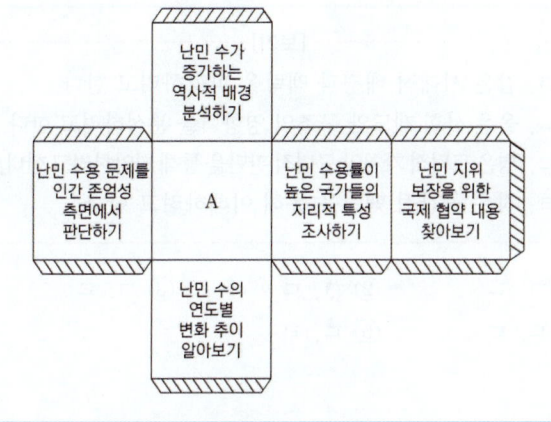

① 난민 수용을 위한 제도 및 정책 분석하기
② 난민 문제를 시간의 흐름 속에서 이해하기
③ 난민 발생 지역과 난민 이동 경로 파악하기
④ 난민 문제 해결의 기준이 되는 도덕적 규범 탐색하기
⑤ 난민 문제 해결을 위해 갖춰야 하는 바람직한 태도 탐구하기

[16~17] 다음 글을 읽고 물음에 답하시오.

이슬람 문화권에서 돼지고기 먹는 것을 금기시하는 것은 종교 제도에 따른 것이다. 또한, 중동은 건조한 사막 기후로 돼지를 키우는 것이 실질적으로 적합하지 않았다. 이렇듯 각 국가의 금기 음식은 종교 제도나 자연환경 등 여러 관점을 종합하여 바라볼 때 제대로 된 이해가 가능하다.

16 ✻✻✻ 단답형

윗글에서 강조하고 있는 사회 현상을 이해하는 관점을 쓰시오.

17 ✻✻✻ 서술형 중요

해당 관점이 필요한 이유를 개별 관점을 통한 탐구의 한계와 비교하여 서술하시오.

18 ✽✻✻

(가), (나)에 들어갈 적절한 내용만을 〈보기〉에서 고른 것은? [1.5점]

〈통합사회 형성 평가〉
[러시아와 우크라이나 간 분쟁에 대해 통합적 관점으로 살펴보기]
- 문제: 탐구 주제에 맞는 자료를 찾아 그 제목을 각 답란에 1개씩만 쓰시오. (맞으면 1개당 1점, 틀리면 0점)

탐구 주제	자료 제목
분쟁의 역사적 배경	러시아와 우크라이나 간 갈등을 보여 주는 주요 사건 연대표
분쟁 발발의 공간적 원인	(가)
분쟁에 따른 경제적 영향	(나)
분쟁이 초래한 윤리적 문제	러시아와 우크라이나의 포로들에 대한 비인격적 대우
채점 결과: 4점	

[보기]
ㄱ. 러시아와 우크라이나의 군인이 겪는 도덕적 딜레마 사례
ㄴ. 러시아와 우크라이나 출신 주민의 분쟁 지역 내 분포 비율
ㄷ. 러시아와 우크라이나 간 대립을 심화시킨 시대적 맥락 고찰
ㄹ. 러시아와 우크라이나 간 분쟁으로 인한 물가 상승 대응 정책

	(가)	(나)		(가)	(나)
①	ㄱ	ㄴ	②	ㄱ	ㄷ
③	ㄴ	ㄷ	④	ㄴ	ㄹ
⑤	ㄷ	ㄹ			

19 ✻✻✽

다음 자료와 관련하여 A~D의 관점에서 탐구할 수 있는 적절한 활동만을 〈보기〉에서 고른 것은?

우리나라 동해안의 해안 침식이 가속화되고 있다. 항만이나 방파제 건설 등 인간의 무분별한 개발로 인해 모래사장이 빠른 속도로 깎여 나가면서 관광 자원이 상실되고, 해안 도로 및 건물 파손으로 인한 안전사고 발생 가능성이 높아지는 등 피해가 심각하다.

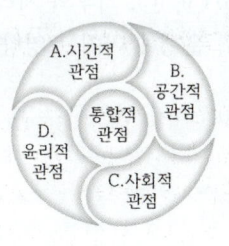

[보기]
ㄱ. A: 해안 침식의 연도별 진행 과정 분석하기
ㄴ. B: 해안의 무분별한 개발을 막기 위한 바람직한 태도 탐구하기
ㄷ. C: 해안 침식으로 인한 피해의 복구를 지원하는 정책 조사하기
ㄹ. D: 해안 침식이 심각한 지역의 분포 조사하기

① ㄱ, ㄴ ② ㄱ, ㄷ ③ ㄴ, ㄷ ④ ㄴ, ㄹ ⑤ ㄷ, ㄹ

20 ✿✿❀ 중요

2023 실시 9월 학평 7

밑줄 친 ㉠, ㉡의 관점에서 이루어질 수 있는 활동으로 가장 적절한 것은? [3점]

> 과학 기술의 발달로 새롭게 등장한 현대 사회의 문제들을 해결하기 위해서는 다양한 관점에서 총체적 접근이 필요하다.
> 예를 들어 '자율 주행 자동차의 주행 시스템은 돌발 상황에서 차량 탑승자와 보행자 중 누구를 보호하도록 설계되는 것이 바람직한가?'라는 쟁점이 생길 수 있다. 이를 해결하기 위해서는 무엇보다 ㉠ 윤리적 관점과 ㉡ 사회적 관점의 접근이 요구된다.

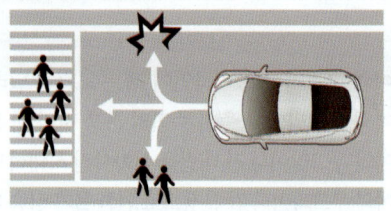

① ㉠: 지역별, 연도별 자율 주행 자동차의 구입 현황 비교하기
② ㉠: 자율 주행 자동차가 주행하기 어려운 공간적 특징 분석하기
③ ㉡: 자동차의 역사적 발전 과정을 분석하여 미래 자동차의 모습 예측하기
④ ㉡: 자율 주행 자동차에 적합한 교통 제도를 수립하고 제도의 변화가 사회에 미칠 영향 예측하기
⑤ ㉠, ㉡: 기후와 지리적 환경이 자율 주행 자동차의 운행에 미치는 영향 탐구하기

21 ✿✿✿

갑~정의 대화에 나타난 사회 현상을 바라보는 관점에 대한 설명으로 옳은 것만을 〈보기〉에서 고른 것은?

> 갑: 어리다고 투표를 하지 못하는 것은 옳지 않다고 생각해. 우리도 투표할 수 있으면 좋겠다.
> 을: 그러게. 보통 선거가 가능하게 된 것은 언제부터지? 참정권의 변화를 살펴보자!
> 병: 와. 영국에서 여성의 참정권을 인정하지 않던 시절이 있었네? 여성은 참정권을 안 준다니 불공평하다.
> 정: 영국이? 선진국들은 처음부터 여성 참정권이 다 보장된 거 아니었어? 여성 참정권이 지역별로 어떻게 다른지 궁금해졌어.

[보기]
ㄱ. 갑은 시대적 배경과 맥락을 파악하려고 한다.
ㄴ. 을은 사회 제도와 구조의 영향력을 분석하려고 한다.
ㄷ. 병은 도덕적 가치와 규범적 판단을 통해 파악하려고 한다.
ㄹ. 정은 공간적 맥락을 통해 이해하려고 한다.

① ㄱ, ㄴ   ② ㄱ, ㄷ   ③ ㄱ, ㄹ
④ ㄴ, ㄷ   ⑤ ㄷ, ㄹ

22 ✿✿✿

(가)~(라)는 우리나라의 고령화 현상을 탐구하기 위해 수집한 자료이다. 이에 대한 설명으로 옳지 않은 것은?

> (가) 농촌과 도시의 고령 인구 비율
> (나) 노부모 부양에 대한 책임 의식의 변화
> (다) 우리나라의 고령 인구 비율 추이
> (라)
>
>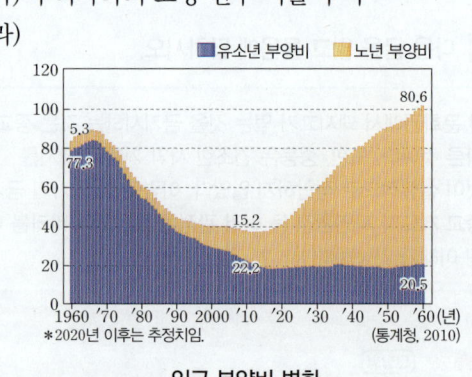
>
> 인구 부양비 변화

① (가)에는 특정 장소에 대한 공간 정보가 나타나 있다.
② (나)는 윤리적 관점을 토대로 수집한 자료이다.
③ (다)에는 문제 해결을 위한 규범적 방향성이 제시되어 있다.
④ (라)를 통해 노인 부양을 위한 사회 복지 부담이 증가됨을 알 수 있다.
⑤ (가)~(라)를 통합적으로 고려해야 사회 현상의 다양한 측면을 파악할 수 있다.

대단원 마무리 문제

1 인간, 사회, 환경을 바라보는 다양한 관점

01 ❋❋❋

다음 글에서 강조하는 사회 현상을 바라보는 관점은?

> 조혼은 이른 나이에 결혼을 하는 것을 의미한다. 고려와 일제 강점기 말의 조혼 풍습에 대해서 이해를 하려면 당시의 사회상을 알아야만 한다. 고려 시대 원 간섭기 때의 조혼은 공녀로 차출되는 것을 피하기 위함이며, 일제 강점기 말의 조혼은 위안부로 차출되는 것을 피하기 위한 경우가 많았다고 한다. 이처럼 한 나라의 풍습을 이해하기 위해서는 왜 그러한 풍습이 나타났는지 사회상을 이해하는 것이 필수적이다.

① 시간적 관점　② 공간적 관점　③ 사회적 관점
④ 윤리적 관점　⑤ 통합적 관점

02 ❋❋❋

2021 실시 9월 학평 1

그림의 A~D에 대한 옳은 설명만을 〈보기〉에서 고른 것은?

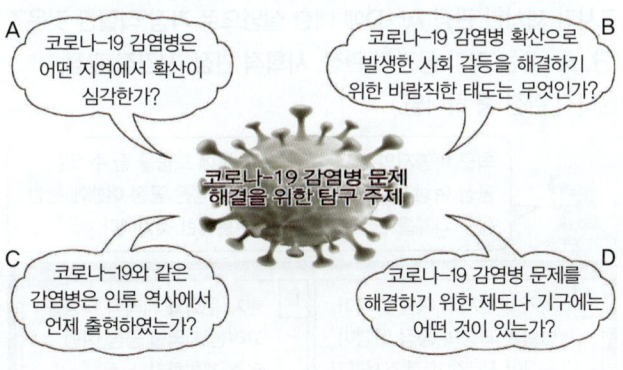

A 코로나-19 감염병은 어떤 지역에서 확산이 심각한가?

B 코로나-19 감염병 확산으로 발생한 사회 갈등을 해결하기 위한 바람직한 태도는 무엇인가?

코로나-19 감염병 문제 해결을 위한 탐구 주제

C 코로나-19와 같은 감염병은 인류 역사에서 언제 출현하였는가?

D 코로나-19 감염병 문제를 해결하기 위한 제도나 기구에는 어떤 것이 있는가?

[보기]
ㄱ. A는 감염병 확산의 시대적 배경과 맥락에 초점을 두고 있다.
ㄴ. B는 공간의 변화가 감염병에 미치는 영향을 모색하고자 한다.
ㄷ. C는 시간적 관점에서 감염병에 대해 살펴보고자 한다.
ㄹ. B는 윤리적 관점, D는 사회적 관점에서 접근하고 있다.

① ㄱ, ㄴ　② ㄱ, ㄷ　③ ㄴ, ㄷ　④ ㄴ, ㄹ　⑤ ㄷ, ㄹ

03 ❋❋❋

2022 실시 6월 학평 1

밑줄 친 ㉠을 바탕으로 〈사례〉와 관련한 내용을 탐구하고자 한다. 탐구 활동으로 가장 적절한 것은?

> 세상을 바라보는 관점에는 시간적, 공간적, 사회적, 윤리적 관점이 있다. 이들 네 가지 중 ㉠ ○○적 관점에서는 사회에서 발생하는 다양한 현상을 도덕적 가치 판단과 규범적 방향성에 초점을 두고 바라본다.
> 〈사례〉
> 서아프리카의 카카오 농장주들은 초콜릿의 원료가 되는 카카오를 조금이라도 저렴하게 생산하고자 싼값에 아동을 고용하고 있다. 이 과정에서 아동을 학대하는 일이 벌어지기도 한다.

① 아동 노동의 역사와 시대적 배경 파악하기
② 아동 노동이 발생한 지역의 자연환경 조사하기
③ 아동 인권 보호를 위한 올바른 가치관 탐색하기
④ 아동을 학대한 농장주의 법적 처벌 절차 확인하기
⑤ 아동 인권 침해가 빈번한 지역의 사회구조 분석하기

04 ❋❋❋

화장장 건설을 둘러싼 갈등을 공간적 관점에서 분석하고자 한다. 필요한 질문으로 적절한 것만을 〈보기〉에서 고른 것은?

화장장 설치에 반대하는 시민들

[보기]
ㄱ. 화장장을 건설하기 좋은 지역의 특성은 무엇인가?
ㄴ. 화장장 건설로 인해 자연환경이 훼손되는 것은 옳은가?
ㄷ. 화장장이 들어오면 지역의 공간 이용에 어떤 변화가 일어나는가?
ㄹ. 화장장 건설에 따른 사회적 문제를 해결하기 위해 어떤 법과 제도가 필요할까?

① ㄱ, ㄴ　② ㄱ, ㄷ　③ ㄴ, ㄷ　④ ㄴ, ㄹ　⑤ ㄷ, ㄹ

2 인간, 사회, 환경을 바라보는 통합적 관점

05 ✿✿✿

2021 실시 6월 학평 1

다음 사례와 관련하여 A~D의 관점에서 탐구할 수 있는 적절한 활동만을 〈보기〉에서 고른 것은?

최근 ○○지역에서 공공시설인 화장장 건립을 둘러싸고 갈등이 심해지고 있다. 장례 문화의 변화로 인해 화장장 건립의 필요성이 증가했지만, 건립 예정지 주민들은 유해 물질로 인한 피해를 입는다며 반발하고 있다.

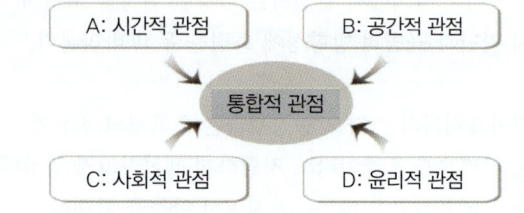

A: 시간적 관점   B: 공간적 관점
통합적 관점
C: 사회적 관점   D: 윤리적 관점

─────[보기]─────
ㄱ. A: 화장장 건립의 입지 조건 조사하기
ㄴ. B: 연도별 화장 비율의 변화 조사하기
ㄷ. C: 화장장 건립 예정지 주민을 위한 보상 제도 알아보기
ㄹ. D: 갈등 해결을 위한 바람직한 시민 태도 알아보기

① ㄱ, ㄴ ② ㄱ, ㄷ ③ ㄴ, ㄷ ④ ㄴ, ㄹ ⑤ ㄷ, ㄹ

06 ✿✿✿

다음 글이 시사하는 바로 가장 적절한 것은?

영화 '나비 효과'의 주인공은 예전의 일기를 읽다가 시공간 이동의 통로를 발견하게 된다. 주인공은 과거로 되돌아가 본인에게 불행했던 일들을 고쳐 나간다. 이러한 과거의 사건들로 인해서 영향을 받았던 모든 일들이 바뀌게 되어 현재는 주인공의 바람과 다른 방향으로 바뀌게 된다. 주인공은 불행했던 일 하나만 바꾸려고 했지만, 모든 일들은 상호 연관을 맺고 있기 때문에 연쇄적으로 모든 것이 변하였다.

① 사회 제도 및 구조와의 관련성 속에서 사회·문화 현상을 살펴보아야 한다.
② 사회·문화 현상은 여러 관점을 종합하여 전체적인 맥락에서 이해해야 한다.
③ 윤리적 방향성과 도덕적 가치와 무관한 사회·문화 현상은 존재하지 않는다.
④ 사회·문화 현상을 이해함에 있어 시간적 배경과 맥락에 대한 이해가 필수적이다.
⑤ 환경과 지역 간의 상호 연관을 맺고 있음을 파악하는 것이 사회·문화 현상을 이해하는 핵심이다.

07 ✿✿✿

2022 실시 9월 학평 1

다음 사례와 관련하여 A~D의 관점에서 탐구할 수 있는 적절한 활동만을 〈보기〉에서 고른 것은?

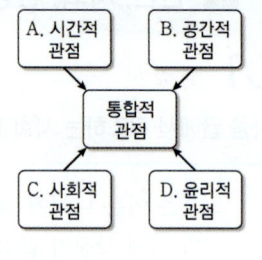

우리나라 지방 소도시들의 소멸 가능성을 언급한 감사원 보고서가 발표되었다. 감사원은 수도권 집중화 등으로 인해 지방 소도시들의 인구가 점차 감소하여, 2047년에는 전국 시·군·구의 68%가 소멸 고위험 단계에 진입할 것으로 예상하였다.

A. 시간적 관점   B. 공간적 관점
통합적 관점
C. 사회적 관점   D. 윤리적 관점

─────[보기]─────
ㄱ. A: 지방 소도시의 연도별 인구 증감률 분석하기
ㄴ. B: 지방 소도시 발전을 위한 바람직한 태도 알아보기
ㄷ. C: 수도권 집중화를 완화할 수 있는 정책 찾아보기
ㄹ. D: 전국 시·군·구의 대기업 본사 입지 현황 조사하기

① ㄱ, ㄴ ② ㄱ, ㄷ ③ ㄴ, ㄷ ④ ㄴ, ㄹ ⑤ ㄷ, ㄹ

08 ✿✿✿

2023 실시 11월 학평 1

교사가 제시한 관점 A~D에 대한 설명으로 가장 적절한 것은? (단, A~D는 각각 공간적 관점, 사회적 관점, 시간적 관점, 윤리적 관점 중 하나임.)

최근 여행지의 경제, 문화, 환경 등에 도움을 줄 수 있는 공정 여행이 주목받고 있습니다. 다음은 공정 여행에 관한 탐구 과제를 관점 A~D에 따라 분류한 것입니다.

A 과거와 현재의 여행 방식이 변화된 과정과 공정 여행이 등장한 시대적 배경 조사하기	B 현지 문화와 지리적 특성을 고려한 지역별 공정 여행 코스 계획하기
C 공정 여행을 장려하기 위한 국가 및 지방 자치 단체의 지원 정책 조사하기	D 현지 주민들의 삶과 환경을 보호하고 존중하는 여행자의 태도 알아보기

① A: 사회 현상을 도덕적 가치에 따라 평가하는 관점
② B: 위치와 장소 등의 공간적 맥락을 중시하는 관점
③ C: 사회 현상을 시간의 흐름 속에서 이해하는 관점
④ D: 사회 구조와 사회 제도의 영향력을 강조하는 관점
⑤ A~D의 관점 중 하나의 관점만으로 사회 현상을 탐구하는 자세가 필요하다.

서술형 · 단답형 문제

[09~10] 다음 글을 읽고 물음에 답하시오.

> 가족의 명예를 해쳤다며 누이를 살해한 이슬람인 2명이 △△법정에서 무죄로 풀려났다. 피해자인 ○○○(23 · 여) 씨는 한 버스 정거장에서 총알 세 발을 머리에 맞고 숨졌다. 그녀의 형제들은 그녀가 집에서 정해준 남자와 결혼한 후 이혼했으며, 전통 관습을 거슬러 머리에 천을 두르지 않았기 때문에 죽였다고 밝혔다. 이러한 명예 살인 문제가 발생할 때마다 여성들의 인권 문제를 우려하는 목소리가 커지고 있다.

09 ✱✱✿ 단답형

윗글이 사회 현상을 어떤 관점에서 살펴보고 있는지 쓰시오.

10 ✱✱✿ 서술형

해당 관점이 필요한 이유를 정의로운 사회 실현과 관련지어 서술하시오.

[11~12] 다음 그림을 보고 물음에 답하시오.

11 ✱✱✱ 서술형

그림과 같은 도심에서의 교통 혼잡 문제를 해결하기 위해 필요한 질문을 시간적 관점과 윤리적 관점에서 각각 서술하시오.

12 ✱✱✱ 서술형

시간적 관점과 윤리적 관점의 특징에 대해 각각 서술하시오. (단, 과거, 현재, 도덕적 기준이라는 용어를 '모두' 사용하시오.)

13 ✱✱✿ 서술형

다음 글을 읽고 사회 현상의 한 가지 측면만 보면 발생하는 문제점을 서술하시오.

>  옛날 어느 왕이 코끼리 한 마리를 끌고 와서 여러 시각 장애인에게 만져 보도록 하였다. 시각 장애인들이 각자 코끼리를 만져 보고 난 후, 왕은 그들에게 코끼리가 무엇과 비슷한지 물었다. 그러자 상아를 만진 사람은 코끼리의 모양이 무와 같다 하였고, 다리를 만진 사람은 절구와 같다 하였고, 꼬리를 만진 사람은 새끼줄과 같다고 하였다.

[14~15] 다음 글을 읽고 물음에 답하시오.

> '엘 클라시코'는 스페인 축구 리그의 라이벌인 '레알 마드리드'와 'FC 바르셀로나'의 경기를  이르는 말이다. 엘 클라시코의 열기는 상상을 초월하는데, 이러한 이유를 제대로 이해하기 위해서는 스페인의 정치적 · 경제적 역사를 알아야만 한다. 15세기 바르셀로나가 속한 카탈루냐 지방은 에스파냐에 강제적으로 통합되었다. 20세기 초 독재자 프랑코가 이 지역을 탄압하면서 카탈루냐 주민들은 당시 프랑코의 근거지였던 마드리드에 대한 반감을 축구 경기로 표출했던 것이다.
>
> 카탈루냐가 분리 독립을 원하는 것은 경제적인 이유도 크다. 카탈루냐는 1인당 GDP 순위로 볼 때, 스페인 19개 자치 지방 중 4위이며 이에 따라 내는 세금도 상당하다. 하지만 카탈루냐의 세금이 중앙 정권인 카스티야 지방 등에 주로 사용되고 있어 카탈루냐 지방의 반발이 상당하다. 이러한 복합적 이유에서 생긴 적대적인 감정이 축구 경기에도 영향을 미치는 것이다.

14 ✱✱✱ 단답형

윗글에서 나타나는 사회 현상을 바라보는 관점을 쓰시오.

15 ✱✱✱ 서술형

사회 현상을 탐구할 때 해당 관점이 필요한 이유를 사회 현상의 원인과 관련지어 서술하시오.

★ **인간과 사회에 대한 윤리적 관점**

다음 유형은 교사의 진술에 나타난 사회 현상을 바라보는 관점을 파악하고, 선지 중에서 해당 관점에 부합하는 진술을 찾는 문제로 주로 출제된다.

(가)에 들어갈 진술로 가장 적절한 것은?

학력 평가 기출 변형

인간의 행위와 사회 현상을 바라보는 대표적 관점

• 시간적 관점
• 공간적 관점
• 사회적 관점
• 윤리적 관점

'우리는 미래 세대의 건강한 삶에 책임이 있으므로 온실가스 배출량을 줄여야 한다.'는 주장에는 ○○○ 관점이 잘 나타나 있습니다. 이 관점이 다른 관점들에 비해 상대적으로 중시하는 점은 무엇일까요?

(가) 입니다.

① 법적인 절차와 사회 제도의 영향력을 탐구하는 것
② 옳고 그름 등 가치 판단에 기준을 두고 탐구하는 것
③ 사회 현상의 시대적 배경과 맥락을 탐구하는 것
④ 도덕적 가치를 배제하고 객관적인 사실을 탐구하는 것
⑤ 위치, 장소, 이동과 관련하여 사회 현상을 탐구하는 것

단서 + 발상

단서 교사가 말하는 진술이 사회 현상을 바라보는 관점 중 어떤 관점에 해당하는지 확인한다.

발상 미래 세대의 삶과 관련하여 온실가스 배출 문제의 옳고 그름을 판단하는 관점은 윤리적 관점이다.

적용 좋고 나쁨, 선과 악 등 가치 판단을 중시하는 진술을 찾아서 체크한다.

| 문제 + 자료 분석 |

• ☐1 관점은 옳고 그름, 선과 악 등 도덕적·윤리적 가치 판단을 포함하여 '해야 한다', '하지 말아야 한다' 등의 당위적 진술이 포함된다.

| 선택지 분석 |

✗ **법적인 절차와 사회 제도의 영향력을 탐구하는 것**
• 법적인 절차와 사회 제도가 사회 현상에 끼치는 영향력을 탐구하는 것은 ☐2 관점에서 중시하는 방법이다.

② **옳고 그름 등 가치 판단에 기준을 두고 탐구하는 것**
• 윤리적 관점은 인간의 행위의 옳고 그름, 선과 악 등을 판단하는 관점이다.
• 윤리적 관점은 인간답고 ☐3 삶이 무엇인지에 대해 관심을 가지고 접근한다.

✗ **사회 현상의 시대적 배경과 맥락을 탐구하는 것**
• 사회 현상의 시대적 배경과 맥락을 탐구하는 것은 윤리적 관점보다는 ☐4 관점에서 중시하는 방법이다.

✗ **도덕적 가치를 배제하고 객관적인 사실을 탐구하는 것**
• 윤리적 관점은 도덕적 가치나 윤리적 가치를 배제하는 것이 아니라 포함하고 이를 중시한다.

✗ **위치, 장소, 이동과 관련하여 사회 현상을 탐구하는 것**
• 위치, 장소, 이동은 공간 정보에 해당한다.
• 공간 정보를 수집해 사회 현상을 탐구하는 것은 ☐5 관점에서 중시하는 방법이다.

∴ 정답은 ②이다.

대비법

이 유형에 대비하기 위해서는 시간적, 공간적, 사회적, 윤리적 관점이 각각 사회 현상을 탐구할 때 무엇을 중시하는지 정확히 알고 있어야 한다.

• 인간, 사회, 환경을 보는 다양한 관점

시간적 관점	사회 현상의 시대적 배경과 맥락을 살펴보는 것
공간적 관점	사회 현상의 공간적 맥락을 살펴보는 것
사회적 관점	사회 현상을 사회 제도와 구조의 측면에서 살펴보는 것
윤리적 관점	사회 현상을 도덕적 가치 판단과 규범적 차원에서 살펴보는 것

[정답]

1 윤리적 **2** 사회적 **3** 바람직한 **4** 시간적 **5** 공간적

01 ✱✱✱

다음은 세계 4대 메이저 테니스 대회 개최 도시의 특징을 살펴본 보고서이다. 이에 대한 평가로 가장 적절한 것은?

〈테니스 사례로 본 기후와 스포츠〉

- 기원 및 특색 : 유럽에서 시작되었으며 날씨가 경기에 중요함.
- 세계 4대 메이저 대회 개최 도시의 특징
  - 기후 특징 : 온대 기후이며 강수량이 고른 편임.
  - 도시 위치, 개최 시기, 경기 현장의 모습

구분	위치	개최 시기	경기 현장의 모습
파리	대륙 서안	5월 말 ~ 6월 초	클레이(흙) 코트에서 뛰는 선수들이 신발 바닥에 묻은 흙을 계속 털어 내는 모습을 볼 수 있음.
런던	대륙 서안	6월 말 ~ 7월 초	푸른 잔디 코트에서 진행되고, 기온이 높지 않아 긴 정장을 입은 관중들을 볼 수 있음.
뉴욕	대륙 동안	8월 말 ~ 9월 초	세계에서 테니스장 규모가 가장 크고, 불규칙 바운드가 적은 하드 코트에서 경기가 진행됨.
멜버른	남반구	1월 말 ~ 2월 초	일 년 중 가장 먼저 열리는 메이저 대회로, 많은 유럽인들이 겨울 휴가차 방문하여 경기를 관람하기도 함.

---

① 세계 4대 메이저 테니스 대회 개최 도시의 특징을 시대적 배경에 초점을 맞추어 탐구하고 있다.
② 런던과 뉴욕에서 메이저 테니스 경기가 개최되는 이유를 공간적 맥락에서 파악할 수 있음을 보여준다.
③ 각 도시의 문화 정책이 스포츠 대회 개최에 영향력을 끼칠 수 있음을 알려주는 보고서이다.
④ 특정 사회 현상을 도덕적 기준이나 가치의 관점에서 평가해야 한다는 점을 강조하고 있다.
⑤ 특정 사회 현상에 대한 자연환경의 영향을 파악할 필요가 있음을 간과하고 있다.

02 ✱✱✱

다음 글의 입장에 해당하는 관점에 대한 설명으로 옳은 것은?

오늘날 가족 해체가 증가하는 문제의 책임을 사회의 그림자에 불과한 개인에게 돌려서는 안 된다. 가족 해체의 증가 원인은 사회 구성원들로 하여금 가족 구성원 간의 유대와 소통을 경시하게 만드는 사회에 있다.

---

① 사회 현상은 인간의 의지에 따라 나타나므로 규범적 방향성에 기준을 두고 살펴봐야 한다고 본다.
② 사회 현상과 관련된 과거의 자료를 살펴보면 사회 문제가 발생하는 원인을 이해할 수 있다고 본다.
③ 사회는 개인들의 집합체에 붙여진 이름에 불과하므로 개인에게 영향력을 끼칠 수 없다고 본다.
④ 사회 문제를 해결하려면 의식 개혁보다는 정책적 측면에서 해결책을 제시해야 한다고 본다.
⑤ 특정 사회 현상을 탐구하기 위해서는 지형, 기후, 언어, 민족과 같은 요소를 살펴봐야 한다고 본다.

03 ✱✱✿

다음 글에 나타난 사회 현상을 바라보는 관점에 대해 옳게 이해한 학생만을 〈보기〉에서 고른 것은?

A국에는 마스크 착용을 기피하는 문화가 나타난다. 이러한 문화에는 마스크를 쓴 사람을 전염병 환자나 수상한 사람으로 여기는 구성원들의 인식, 그리고 무더운 기후 때문에 마스크 착용이 불편하다는 환경적 요인이 반영되어 있다. 또한 마스크를 파는 곳이 적어 마스크를 구하기가 어렵다는 사회적 요인과도 관련이 깊다.

[보기]

갑: A국의 기후만 탐구해도 A국 국민이 마스크 착용을 피하는 현상의 원인을 정확히 이해할 수 있다.
을: 여러 관점을 고려해야 A국에 나타난 마스크 착용을 기피하는 현상의 다양한 측면을 파악할 수 있다.
병: A국 국민이 마스크 착용을 기피하는 것이 도덕적 측면에서 바람직한지만 살펴보면 된다.
정: A국 국민이 마스크 착용을 꺼리는 이유를 정확히 이해하려면 개별 관점의 경계를 넘어야 한다.

---

① 갑, 을   ② 갑, 병   ③ 을, 병
④ 을, 정   ⑤ 병, 정

말이 안 되는 이야기처럼 보여도 새로운 관점에서 보면 이야기의 진실을 찾을 수 있습니다. 아래의 이야기에 숨겨진 진실은 무엇일까요?

10층에 살고 있는 경수는 집으로 돌아올 때 언제나 엘리베이터를 타고 7층에서 내린 뒤 10층까지 계단으로 걸어 올라간다. 하지만 비가 오는 날에는 10층까지 엘리베이터를 타고 올라간다. 왜일까?

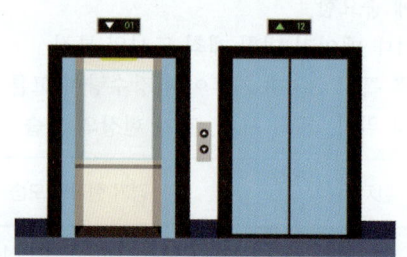

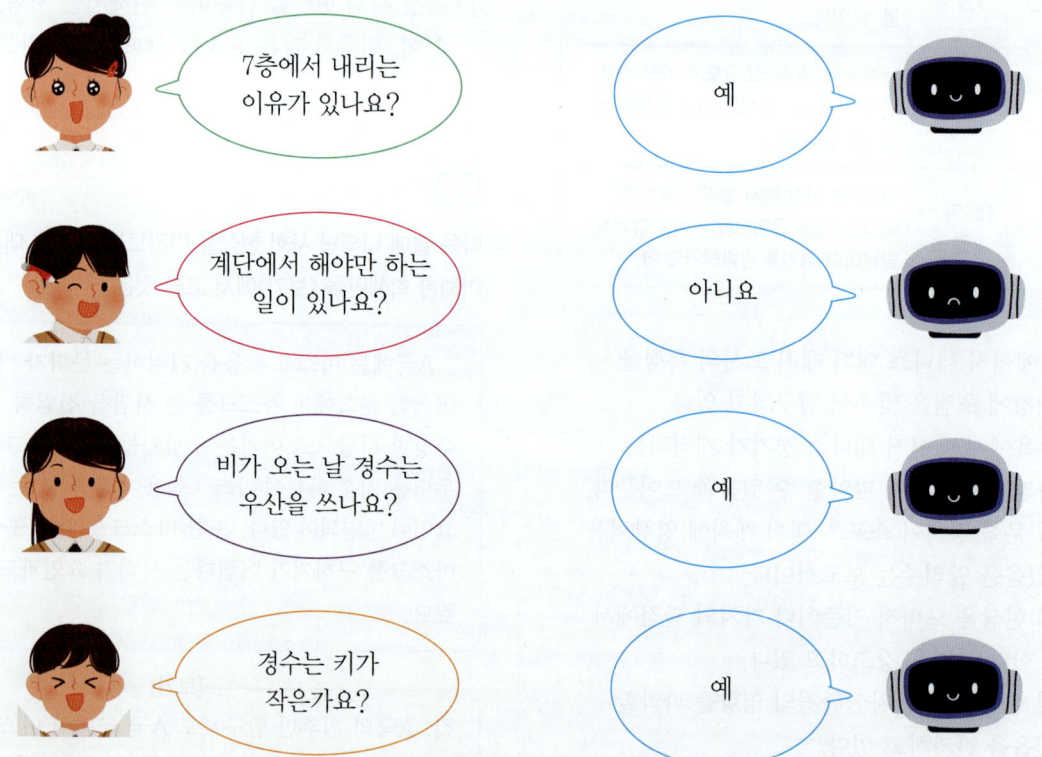

7층에서 내리는 이유가 있나요? — 예

계단에서 해야만 하는 일이 있나요? — 아니요

비가 오는 날 경수는 우산을 쓰나요? — 예

경수는 키가 작은가요? — 예

정답

키가 작은 경수는 10층 버튼에 손이 닿질 않아 늘 7층까지 엘리베이터를 타고 나머지 층은 계단으로 걸어 올라갔다.
하지만 비가 오는 날에는 우산이 있어 우산으로 버튼을 누르고 10층까지 엘리베이터를 타고 갈 수 있다.

II 인간, 사회, 환경과 행복

02 행복의 의미와 기준

중요도 ★★

1 행복의 의미와 기준

1. 행복의 의미❶

(1) **사전적 의미**: 삶에서 충분한 만족과 기쁨을 느끼어 흐뭇한 상태

(2) **일반적 의미**: 우리가 그 자체로 선택하고 추구하는 삶의 목적

(3) **행복의 상대성과 보편성**

① 행복의 상대성❷: 행복은 시대 상황이나 지역 여건에 따라 서로 다른 기준을 가짐

② 행복의 보편성❸: 시대와 지역을 뛰어 넘는 인간의 공통된 행복 기준이 존재함

2. 행복의 기준

출제 O순위 특강 p.28

(1) **공통된 기준**

대부분의 사람들은 행복한 삶을 위해 의식주에 대한 <u>기본적 욕구 충족</u>, <u>신체적·정서적 건강</u>, <u>친밀한 인간관계</u> 등이 필요하다고 봄

(2) **물질적 행복과 정신적 행복**

물질적 행복	기본적인 의식주 문제의 해결이나 최소한의 인간다운 삶이 가능한 수준에서의 물질적 충족을 통해 얻는 기쁨이나 만족감
정신적 행복	개인이 일상에서 정신적으로 느끼는 평화와 안정감, 만족감

(3) **시대 상황에 따른 행복의 기준**

선사 시대	사나운 짐승이나 자연 재해를 피하고, 생존을 위하여 먹을 것을 얻는 것
고대 그리스 시대	철학이라는 지적 활동을 통해 지혜를 얻는 것
헬레니즘❹ 시대	전쟁과 사회적 혼란에 따른 불안에서 벗어나 마음의 평온을 얻는 것
서양의 중세 시대	신앙을 통해 절대자에게 귀의❺하는 것, 군주에게 복종하여 그의 뜻을 따르는 것
일제 식민지 시대	빼앗긴 주권을 되찾아 독립을 이루는 것
산업화 시대	물질적 기반을 확보하고 민주화로 개인의 기본적인 권리를 보장받는 것
현대 사회	개인주의가 확산되고 자아실현의 욕구가 커지면서 '개인의 주관적 만족감'이 중시되어 행복의 기준이 복잡하고 다양해짐

✚ 개념

❶ **행복에 대한 사상가들의 견해**

· **아리스토텔레스**: 행복은 최고의 선이며 삶의 궁극적인 목적

· **석가모니**: 태어나고 늙고 병들고 죽는 인간의 생로병사를 벗어나 해탈의 경지에 이른 상태

· **정약용**: 세속의 부귀영화를 의미하는 열복과 마음의 평화를 의미하는 청복을 누리는 것

✚ 용어

❷ **상대성**

사물이 그 자체로 독립적이지 않고, 다른 사물과 서로 의존적인 관계를 가지고 존재하는 성질

❸ **보편성**

모든 것에 두루 통하거나 적용되는 성질

✚ 용어

❹ **헬레니즘**

그리스의 고유문화가 오리엔트 문화와 융합하여 형성된 그리스의 사상, 문화, 정신, 예술 등을 문화사적, 정치사적 관점에서 이르는 말

❺ **귀의**

어딘가로 돌아가 몸을 의지한다는 뜻으로, 주로 종교적 절대자나 진리를 믿고 의지함

✪ 행복의 기준은?

아리스티포스   디오게네스

아리스티포스   디오게네스

· 물질적으로 풍요로운 삶을 행복의 중요한 요소로 생각한 아리스티포스와는 달리 디오게네스는 빈곤하더라도 주어진 삶에 순응하며 검소하게 사는 것을 행복한 삶이라고 보았다.

· 이처럼 상황에 따라 행복을 느끼는 정도는 사람마다 다르기 때문에 행복의 기준 역시 사람마다 다를 수 있다.

(4) 지역 여건에 따른 행복의 기준

① 자연환경 : 기후나 지형 등 자연환경에 따라 행복의 기준은 달라질 수 있음

　㉠ 사막 지역은 깨끗한 물을 얻는 것, 북유럽 지역은 충분한 햇볕을 쬘 수 있는 것 등

② 인문 환경❶ : 종교, 정치, 문화, 경제 등에 따라 행복의 기준은 달라질 수 있음

　㉠ • 내전이 잦은 국가는 정치적 안정과 빈곤 탈출에 중점

　　• 선진국은 삶의 질 향상에 중점을 둠

(5) 동서양의 행복론

① 동양의 행복론

유교	하늘로부터 부여받은 도덕적 본성을 보존하고 함양하면서 인(仁)❷을 실현하는 것
불교	청정한 불성(佛性)❸을 바탕으로 '나'라는 의식에서 벗어나기 위한 수행을 통해 해탈의 경지에 이르는 것
도가	타고난 그대로의 본성에 따라 인위적인 것이 더해지지 않은 자연 그대로의 모습으로 살아가는 것 무위자연(無爲自然)

② 서양의 행복론

고대 그리스 시대	아리스토텔레스❹는 행복을 삶의 궁극적 목적으로 보고, 인간의 고유한 기능인 이성을 잘 발휘하여 덕을 갖추면 행복할 수 있다고 봄
헬레니즘 시대	• 에피쿠로스: 육체에 고통이 없고 마음에 불안이 없는 평온한 삶을 사는 것 • 스토아학파: 정념❺에 방해받지 않는 초연한 태도로 자연의 질서에 순응하며 사는 것
중세 시대	유한한 인간이 참된 행복에 도달하려면 신앙을 통해 신에게 은총을 받고 신의 구원을 받아야 한다고 봄
근대 시대	• 칸트(의무론): 자신의 복지와 처지에 관해 만족하고 인간으로서 마땅히 지켜야 할 도덕 법칙을 실천하는 사람만이 행복을 누릴 자격이 있다고 봄 • 벤담과 밀(공리주의): 행복은 쾌락이므로 최대 다수에게 최대의 행복을 가져오는 행위를 해야 한다고 주장함

2 삶의 목적과 행복 실현

1. 삶의 목적으로서의 행복

(1) 행복은 그 자체로 가치 있는 삶의 진정한 목적임

(2) 비교적 장기간에 걸쳐 자신의 삶 전체를 통해 느끼는 지속적이고 정신적인 즐거움

2. 행복한 삶을 위한 자세

(1) 자신이 가진 것을 인정하고 자기 삶에 만족해야 함

(2) 자신이 소중히 여기는 가치를 인식하고 자신의 삶을 성찰❻하는 태도를 지녀야 함

(3) 적극적이고 긍정적인 자세를 지니고 좋은 습관을 기르기 위해 노력해야 함

3. 행복을 추구할 때 고려해야 할 점

물질적·정신적 가치의 조화	물질적 욕망을 인정하면서도 이를 절제하고 정신적 가치를 더불어 추구해야 함
의미 있는 목표의 설정과 추구	자신이 소중하다고 생각하는 의미 있는 목표를 세우고, 이를 달성하고자 노력하는 과정에서 행복에 더욱 가까워질 수 있음
개인적·사회적 측면의 고려	개인이 내면적으로 느끼는 주관적인 만족감과 한 사회의 구성원으로서 누리는 다양한 측면의 사회적 여건도 중시해야 함

★ 시대와 지역에 따른 행복의 기준

1. 시대에 따른 행복의 기준

고대	근대
 또 전쟁인가요? 평화롭게 살고 싶어요.	 행복하려면 자유나 평등의 실현이 가장 중요해.
• 헬레니즘 시대에는 전쟁이 빈번하여 사회가 혼란스러웠기에 사람들은 늘 불안을 안고 살아갔다. • 따라서 사람들은 마음의 평온을 얻기를 바랐고, 불안에서 벗어나 안정을 얻은 삶을 행복한 삶이라고 생각했다.	• 근대에는 산업화로 물질적 기반을 다지고, 민주화로 개인의 권리를 확보하면서 행복은 인간의 노력으로 성취할 수 있는 것으로 생각했다. • 근대 사람들은 행복한 삶을 살기 위해서는 인간의 기본적 권리인 자유, 평등의 실현이 중요하다고 보았다.

2. 지역에 따른 행복의 기준

빈곤 지역	독재 국가
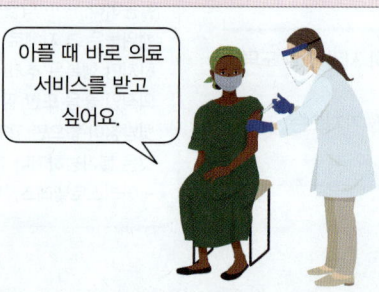  아플 때 바로 의료 서비스를 받고 싶어요.	 정치적 자유를 보장하라!
• 코로나바이러스 감염증-19가 전 세계적으로 확산될 때, 빈곤 지역과 선진국의 사망률은 큰 차이를 보였다. • 빈곤 지역은 생명 유지를 위한 일정 수준의 물질적 안정을 행복의 기준으로 보므로, 해당 지역의 주민들은 경제적으로 안정된 삶을 행복한 삶이라 생각한다.	• 개인의 자유가 억제된 독재 국가에서는 국민이 자기 의사를 정책에 반영하지 못하고 억압된 삶을 살아간다. • 이러한 독재 국가에서는 민주주의의 실현이 행복의 기준이 되며, 국민은 정치적 자유가 보장된 삶을 행복한 삶이라 생각한다.

확인 문제

▶ 정답과 해설은 다음 페이지에

다음을 읽고 물음에 답하시오.

> 고대 그리스인은 자신의 삶은 스스로 주관하는 것이므로 제약 없이 자신의 능력을 최대한 발휘해 탁월성을 추구하는 것이 행복이라고 보았다. 반면 고대 중국인은 농경 사회에 필수적인 공동 작업을 하기 위해 조화로운 인간관계를 중시하였으며, 이를 행복의 조건으로 보았다.

1
지역에 따라 행복의 기준이 다른 이유를 쓰시오.

2
현대 사회에는 행복의 기준이 어떻게 바뀌었는지 쓰시오.

1 행복의 의미와 기준

1. 밑줄 친 '이것'에 대한 진술로 옳은 것은 ○, 틀린 것은 ×에 표시하시오.

> 이것의 사전적 의미는 '생활에서 충분한 만족과 기쁨을 느끼어 흐뭇한 상태'이다.

(1) 시대 상황이나 지역 여건에 따라서 다르게 인식될 수 있다. (○, ×)

(2) 어떤 사람들에게는 자신이 세운 목표를 달성했을 때 느끼는 성취감이다. (○, ×)

(3) 아리스토텔레스는 이성의 기능을 아주 잘 발휘할 때 달성된다고 보았다. (○, ×)

(4) 에피쿠로스는 정신적인 쾌락이 아닌 육체적인 쾌락만을 추구할 때 달성된다고 보았다. (○, ×)

(5) 어떤 사람들에게는 어려운 처지에 있는 타인을 도울 때 느끼는 만족감이다. (○, ×)

2. 시대와 지역에 따른 행복의 기준에 대한 설명으로 옳은 것은 ○, 틀린 것은 ×에 표시하시오.

(1) 헬레니즘 시대에는 행복을 불안에서 벗어나 마음의 평온을 얻는 것이라고 보았다. (○, ×)

(2) 서양 중세 시대에는 행복을 민주주의의 실현으로 정치적 자유가 보장된 결과라고 보았다. (○, ×)

(3) 일제 식민 통치 시대에는 빼앗긴 주권을 회복하여 독립을 이룩하는 것이 행복의 기준이 되었다. (○, ×)

(4) 산업화 시대에는 물질적 기반을 확보하고 개인의 권리를 보장 받는 것이 행복의 중요한 기준이라고 보았다. (○, ×)

(5) 현대 사회에는 자신이 부여한 삶의 가치와 심리적 만족감만 중시되고 있다. (○, ×)

(6) 북유럽 지역에는 마실 물이 부족해 깨끗한 물을 얻는 것이 가장 중요한 행복의 기준이 된다. (○, ×)

(7) 경제적으로 안정된 지역에서는 여가와 문화생활이 가장 중요한 행복의 기준이 된다. (○, ×)

3. 동서양의 행복론에 대한 설명으로 옳은 것은 ○, 틀린 것은 ×에 표시하시오.

(1) 유교는 하늘로부터 부여받은 도덕적 본성을 보존하고 함양하며 인을 실현해야 한다고 보았다. (○, ×)

(2) 불교는 행복을 위해 경쟁 중심의 사회에서 벗어나 자연 속에서 혼자 살아야 한다고 보았다. (○, ×)

(3) 도가는 행복을 위해 과도한 욕심을 버리고 주어진 것에 만족할 줄 알아야 한다고 보았다. (○, ×)

(4) 아리스토텔레스는 행복을 위해 부와 권력을 최우선시하는 삶을 살아야 한다고 보았다. (○, ×)

(5) 에피쿠로스는 행복을 위해 과도한 욕심을 버리는 절제된 태도를 지녀야 한다고 보았다. (○, ×)

(6) 밀은 행복을 위해 최대 다수에게 최대의 행복을 가져오는 행위를 해야 한다고 보았다. (○, ×)

(7) 칸트는 자신의 처지에 만족하고 도덕 법칙을 실천하는 사람만이 행복을 누릴 자격이 있다고 보았다. (○, ×)

(8) 스토아학파는 신앙을 통해 신과 하나가 되면 행복을 얻을 수 있다고 보았다. (○, ×)

2 삶의 목적과 행복 실현

4. 진정으로 행복한 삶에 대해 옳게 말하고 있는 사람을 모두 골라 쓰시오.

(   )

p.28 확인 문제 [정답]

1 각 지역의 지배적인 가치나 사상, 역사적 사건이나 자연환경 등이 행복의 기준에 영향을 미치기 때문이다.

2 현대 사회에서는 개인이 느끼는 주관적 만족감이 중시되어 행복의 기준이 다양하고 복잡해졌다.

1 행복의 의미와 기준

01 ✿✿✿
2025 실시 9월 학평 2

갑, 을 사상가들의 입장으로 옳지 않은 것은? [2점]

> 갑: 행복이란 덕에 따르는 정신의 활동이며, 인간의 모든 행위가 추구하는 최고선이다. 인간만이 지닌 이성을 탁월하게 발휘하여 덕에 따라 살아갈 때 우리는 진정으로 행복할 수 있다.
>
> 을: 고통이 존재하지 않을 때는 더 이상의 쾌락은 필요하지 않다. 내가 말하는 쾌락은 방탕한 자들의 쾌락을 의미하는 것이 아니라, 사려 깊음을 통해 얻어지는 몸의 고통이나 마음의 혼란으로부터의 자유를 말한다.

① 갑: 행복한 삶을 위해서는 덕이 반드시 필요하다.
② 갑: 행복은 인간이 추구해야 할 궁극적인 목적이다.
③ 을: 정신적 쾌락보다 감각적 쾌락을 추구해야 한다.
④ 을: 쾌락은 몸과 마음의 고통으로부터 벗어난 상태이다.
⑤ 갑과 을: 행복에 이르기 위해 과도한 욕망을 절제해야 한다.

02 ✿✿✿
2021 실시 9월 학평 6

다음 글에서 강조하고 있는 행복의 의미로 가장 적절한 것은?

> 국내 태양광 스타트업이 개발한 휴대용 배터리가 전기 보급이 충분하지 않은 아프리카 지역에 도움을 주고 있어 화제다. 배터리 보급 이전에는 아이들이 학교에 가지 못하고 전기를 얻기 위해 일을 해야 했지만, 배터리가 보급되면서 아이들은 학교에 갈 수 있게 되었다. 이 스타트업 대표는 "배터리가 소외된 아프리카 지역 아이들에게 교육의 기회를 줄 수 있어 행복하다. 어린 시절에 나의 발명품으로 세상에 기여하는 일을 상상하였는데, 상상하던 일을 실현할 수 있게 되어서 기쁘다."라며 웃었다.

① 행복과 꿈의 실현 여부는 무관하다.
② 행복한 삶과 상상력의 크기는 반비례한다.
③ 물질적 조건만 충족되면 행복한 삶은 실현된다.
④ 행복한 삶을 위한 조건으로 발명은 반드시 필요하다.
⑤ 어려운 처지에 있는 타인을 도움으로써 행복해질 수 있다.

03 ✿✿✿ 중요

2021 실시 6월 학평 3

그림은 어느 사상가와 나눈 가상 대화이다. (가)에 들어갈 내용으로 가장 적절한 것은? [3점]

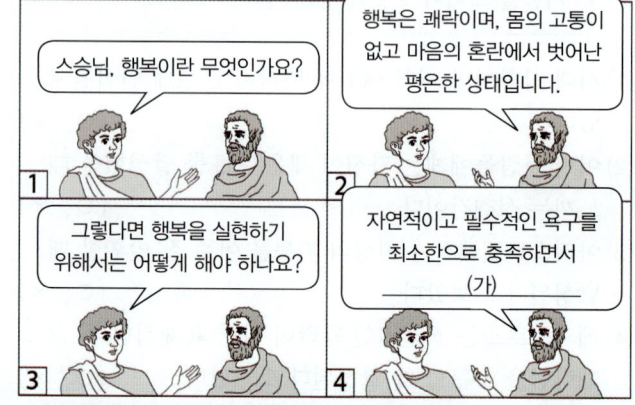

1 스승님, 행복이란 무엇인가요?
2 행복은 쾌락이며, 몸의 고통이 없고 마음의 혼란에서 벗어난 평온한 상태입니다.
3 그렇다면 행복을 실현하기 위해서는 어떻게 해야 하나요?
4 자연적이고 필수적인 욕구를 최소한으로 충족하면서 ____(가)____

① 모든 욕구를 부정하는 삶을 살아야 합니다.
② 부와 명예만을 획득하도록 노력해야 합니다.
③ 과도한 욕심을 버리는 절제된 태도를 지녀야 합니다.
④ 정신적인 쾌락이 아닌 육체적인 쾌락만을 추구해야 합니다.
⑤ 몸의 고통이 계속되어도 경쟁에 집착하는 태도를 지녀야 합니다.

[04~05] 다음 대화를 읽고 물음에 답하시오.

> 내가 사는 지역은 사막이어서 마실 물조차 부족해. 그래서 오염된 물을 식수로 마시곤 하는데, 이 때문에 많은 주민이 각종 질병이나 전염병에 시달리고 있어.

> 내가 사는 곳은 일조량이 부족해서 햇볕을 쬘 수 있는 것이 ⃝ 의 기준이 될 수 있지.

04 ✿✿✿ 단답형

빈칸 ⃝에 들어가는 알맞은 말을 쓰시오.

05 ✿✿✿ 서술형

두 사람이 사는 지역의 차이와 관련지어 두 사람의 ⃝의 기준이 다른 이유를 서술하시오.

06 ✿✿❀

다음을 통해 알 수 있는 갑~병의 행복의 기준에 대한 설명으로 가장 적절한 것은?

> 갑: 전쟁이 빈번했던 우리 헬레니즘 시대 사람들에게 행복이란 불안에서 벗어나 마음의 평온을 얻는 것입니다.
> 을: 신이 모든 것의 중심이었던 우리 중세 시대의 사람들은 신의 선택을 받아 천국에 갈 때 진정한 행복을 얻을 수 있다고 믿습니다.
> 병: 인간의 기본적 권리를 강조했던 우리 근대인들은 자유나 평등의 실현 없이는 결코 행복할 수 없다고 생각합니다.

① 갑은 물질적 기반을 마련하고 개인의 자유를 보장받는 것이 행복이라고 본다.
② 을은 신의 구원을 받아야 행복해질 수 있다고 본다.
③ 병은 이성을 탁월하게 발휘할 때 행복이 실현된다고 본다.
④ 갑, 을은 감각적인 만족감과 즐거움만 추구해야 행복이 실현된다고 본다.
⑤ 을, 병은 도덕 법칙을 실천하는 사람만이 행복을 누릴 자격이 있다고 본다.

07 ✿✿❀

다음 동화 속의 '행복한 왕자'가 진정으로 행복해진 이유로 가장 적절한 것은? [1.5점]

> 도시의 높은 탑 꼭대기에 금은보화로 치장한 '행복한 왕자'의 동상이 있었다. 어느날 '행복한 왕자'는 옆에 다가온 제비에게 눈물을 흘리면서 말하였다. "나는 좋은 평판과 더불어 부유하게 생활했고 현실의 내 삶에 만족했어. 죽어서도 멋진 동상으로 남았기에 사람들이 '행복한 왕자'라고 불러 주었지. 생전에는 궁전 바깥에 사는 불쌍한 사람들의 삶을 전혀 몰랐어. 이제 동상이 되어 높은 곳에서 보니 어려운 사람들이 많았고, 저들의 어려움을 모른 채 혼자만 편안하게 살았던 것이 너무 부끄러워. 내 몸을 장식하고 있는 금과 보석을 떼어 병들고 가난한 사람들에게 가져다주면 좋겠어." 그 후, 제비는 '행복한 왕자' 동상의 금은보화를 불쌍한 이들에게 모두 나눠주었고, '행복한 왕자'는 진정으로 행복해졌다.

① 물질적인 부족함 없이 살 수 있었기 때문이다.
② 어려운 사람들에게 도움을 줄 수 있었기 때문이다.
③ 생전에 행복한 왕자라고 불릴 수 있었기 때문이다.
④ 다른 사람보다 좋은 평판을 얻을 수 있었기 때문이다.
⑤ 현실의 삶에 만족하며 즐겁게 살 수 있었기 때문이다.

08 ✿✿✿

행복의 기준에 대한 강연자의 입장으로 가장 적절한 것은?

> 21세기에도 먹을 것이 부족한 지역에서는 음식을 얻으면 행복을 느낄 것이고, 민주주의가 실현되지 않은 국가에서는 정치적 자유를 누릴 때 행복을 느낄 것입니다. 또한 전쟁이 발생한 지역에서는 평화가 행복의 기준이 될 수 있습니다.

① 행복의 기준은 자신이 처해 있는 환경과 무관하다.
② 모든 사람에게 행복의 기준은 획일적으로 적용된다.
③ 지역 여건에 따라 행복의 기준은 다양하게 나타난다.
④ 시대적 상황과 무관하게 행복의 객관적 기준은 동일하다.
⑤ 진정한 행복은 현세(現世)가 아닌 내세(來世)에서 실현된다.

09 ✿✿✿ (출제 0순위 특강)

행복의 기준에 대해 옳은 설명에만 모두 '✓'를 표시한 학생은?

설명 \ 학생	갑	을	병	정	무
민주주의가 실현되지 않은 지역에서는 정치적 자유의 실현이 행복이 될 수 있다.	✓			✓	✓
인간의 기본적 권리를 강조했던 근대인들은 자유나 평등의 실현이 행복이었다.	✓	✓		✓	
경제적으로 안정된 지역에서는 아프지 않고 배부르게 먹을 수 있는 것이 행복이 될 수 없다.		✓	✓		✓
전쟁이 빈번했던 헬레니즘 시대에는 신의 선택을 받아 천국에 가는 것이 행복이었다.			✓	✓	✓

① 갑   ② 을   ③ 병   ④ 정   ⑤ 무

2 삶의 목적과 행복 실현

10 ✿❀❀

'진정으로 행복한 삶'에 대한 설명으로 가장 적절한 것은?

① 경제적인 풍요로움 자체를 삶의 목적으로 삼는 삶이다.
② 각자의 삶에서 행복의 의미를 수동적으로 성찰하는 삶이다.
③ 자신이 현재 가지고 있는 것을 인정하고 자기 삶에 만족하는 삶이다.
④ 일시적이고 감각적인 즐거움을 추구하며 욕구에 따라 살아가는 삶이다.
⑤ 타인이 소중하다고 생각하는 목표를 세우고 이를 달성하고자 노력하는 과정이다.

11 ✱✱✱

2022 실시 11월 학평 9

(가)에 들어갈 진술로 가장 적절한 것은?

> 물질적 풍요로움은 행복의 조건이 될 수 있지만, 행복 그 자체는 아니다. 아무리 물질적으로 풍요로운 상태라도 우리가 삶에 대해 느끼는 정신적 만족감이 떨어진다면 진정으로 행복하다고 말하기 어렵기 때문이다. 따라서 사람이 행복해지기 위해서는 물질적 조건뿐만 아니라 평화로운 마음, 타인을 배려하며 느끼는 보람 등과 같은 정신적 만족감이 필요하다. 결론적으로, 진정한 행복을 실현하기 위해서는
> ┌─────────────────────────┐
> │   (가)   │
> └─────────────────────────┘

① 자기 자신의 모든 욕망을 제거해야 한다.
② 세속적인 부와 명예를 유일한 가치로 여겨야 한다.
③ 물질적 가치와 정신적 가치를 조화롭게 추구해야 한다.
④ 경제적 안정만으로도 행복이 보장된다는 점을 깨달아야 한다.
⑤ 남을 도우며 느끼는 만족감이 행복과 무관함을 인식해야 한다.

12 ✱✱✱ [서술형]

다음 글을 통해 알 수 있는 진정한 행복의 의미를 '수단'과 '목적'이라는 단어를 포함해 서술하시오.

> 우리는 행복을 언제나 그 자체 때문에 선택하지 결코 다른 것 때문에 선택하지는 않는다. 행복은 완전하고 자족적인 어떤 것으로서 행위를 통해 성취될 수 있는 것들의 목적이다.

13 ✱✱✱

2022 실시 6월 학평 3

(가), (나)에서 공통적으로 강조하는 삶의 태도로 가장 적절한 것은?

> (가) 만족할 줄 모르는 것보다 더 큰 재앙은 없고, 얻기만 바라는 욕심보다 더 큰 허물은 없다. 그래서 만족할 줄 아는 데에서 얻는 만족이야말로 영원한 만족이다.
> (나) 우리는 자연적이고 필수적인 욕구를 최소한으로 추구하는 소박한 삶을 살아야 한다. 결핍으로 인한 고통이 제거된다면, 단순한 음식에서도 큰 만족감을 얻을 수 있다.

① 노동을 통한 물질적 풍요를 추구해야 한다.
② 사회에서 성공하여 높은 지위를 획득해야 한다.
③ 지나친 욕구를 절제하여 검소하게 생활해야 한다.
④ 모든 욕구를 제거하고 자연의 이치를 탐구해야 한다.
⑤ 권력 획득을 위해 정치 활동에 적극적으로 참여해야 한다.

14 ✱✱✱

다음에 나타난 행복한 삶에 대한 교훈으로 적절한 것만을 〈보기〉에서 고른 것은?

> [보기]
> ㄱ. 행복은 자신이 가진 것을 인정하고 만족할 때 가질 수 있다.
> ㄴ. 행복한 삶을 위해 물질적 가치를 완전히 배제해야 한다.
> ㄷ. 각자의 삶에서 행복의 의미를 능동적으로 성찰하는 것이 필요하다.
> ㄹ. 나보다 더 많이 가진 사람을 부러워하는 것이 발전의 원동력이 된다.

① ㄱ, ㄴ ② ㄱ, ㄷ ③ ㄴ, ㄷ ④ ㄴ, ㄹ ⑤ ㄷ, ㄹ

[15~16] 다음 글을 읽고 물음에 답하시오.

> 우리가 행복해지기 위해서는 자신이 소중하게 생각하는 ⓐ 이/가 무엇인지, 어떤 상황에서 만족감을 느끼는지와 같이 자신의 삶에 대한 ⓑ 이/가 필요하다. 자신에 대해 잘 알게 되면 자신의 행복을 타인과 무조건 비교하지 않게 된다. 더불어 진정한 행복이란 일시적이고 감각적인 만족이나 즐거움이 아니라 목적적이고 본질적인 것임을 알게 된다.

15 ✱✱✱ [단답형]

빈칸 ㉠, ㉡에 들어갈 적절한 말을 쓰시오.

16 ✱✱✱ [서술형]

행복의 실현에 ㉡이 중요한 이유를 '만족'이라는 단어를 포함하여 서술하시오. (단, 윗글의 내용을 그대로 쓰지 말 것.)

17 ✸✸✸ 중요

2022 실시 9월 학평 18

다음 글의 관점에서 〈사례〉의 A에게 제시할 조언으로 가장 적절한 것은?

> 행복은 인간의 궁극적 목적이자 최고선이다. 이를 위해 인간의 고유한 기능을 훌륭하게 수행하는 것이 필요하다. 인간의 세 가지 기능은 영양 섭취와 같이 생존에 필요한 생명의 기능, 감각과 운동의 기능, 정신의 이성적 활동 기능이다. 이 중에서 정신의 이성적 활동 기능은 인간만이 가지고 있다. 인간이 이 기능을 탁월하게 수행할 때 참된 행복이 이루어진다.
>
> 〈사례〉
>
> 온라인 게임에 중독된 A는 컴퓨터 모니터 속 상대를 공격할 때 쾌락을 느낀다. A는 이런 순간적인 즐거움을 주는 게임이 최고의 행복이라고 생각한다.

① 모든 욕망을 제거하고 세속적인 삶에서 벗어나야 합니다.
② 감각적인 쾌락보다는 이성에 따르는 삶을 추구해야 합니다.
③ 육체적인 고통이 없는 상태만이 행복임을 자각해야 합니다.
④ 게임으로 얻는 순간적인 만족이 최고선임을 깨달아야 합니다.
⑤ 게임보다 운동을 통한 체력 증진이 궁극적 목적이어야 합니다.

18 ✸✸✸

2025 실시 6월 학평 12

다음을 주장한 서양 사상가 갑과 동양 사상가 을의 입장으로 옳지 <u>않은</u> 것은? [2.5점]

> 갑: 행복을 위해 인간의 고유한 기능인 이성적 능력을 발휘해야만 합니다. 따라서 인간의 궁극 목적인 행복은 덕에 따르는 정신의 활동입니다.
> 을: 참된 삶을 위해 하늘로부터 부여받은 품성을 함양하고 타인과 함께 살아가야 합니다. 이를 위해 사랑의 정신인 인(仁)을 실천해야 합니다.

① 갑: 도덕적 덕은 옳은 행동의 습관화를 통해 형성된다.
② 갑: 행복한 삶을 살기 위해 반드시 덕을 갖추어야 한다.
③ 을: 행복을 위해 무위자연(無爲自然)의 삶을 추구해야 한다.
④ 을: 인을 실현하기 위해 부모에 대한 효(孝)를 다해야 한다.
⑤ 갑과 을: 참된 행복을 위해 욕구를 절제할 수 있어야 한다.

19 ✸✸✸

(가)의 갑, 을의 입장을 (나) 그림으로 탐구할 때, A~C에 들어갈 적절한 질문만을 〈보기〉에서 있는 대로 고른 것은?

> (가)
> 갑: 왕한테 가서 고개를 숙이면 콩깍지를 삶아 먹지 않아도 된다네. 왕궁에 들어가 좋은 음식을 먹고 사는 건 어떤가?
> 을: 콩깍지를 삶아 먹는 것만 배우면 굽실거리며 살지 않아도 된다네. 빈곤하더라도 스스로 만족하며 살겠어.

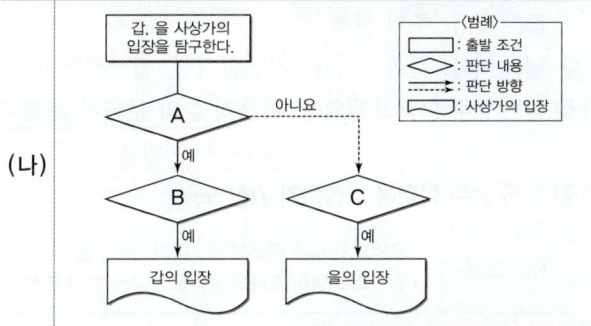

(나)

[보기]
ㄱ. A: 행복한 삶은 물질적으로 풍요로운 삶인가?
ㄴ. B: 진정한 행복은 명예나 권력을 누릴 때 가능한가?
ㄷ. B: 행복은 내적 만족감으로부터 비롯되는가?
ㄹ. C: 행복한 삶은 경제적 풍요로움에서 오는가?

① ㄱ, ㄴ   ② ㄱ, ㄹ   ③ ㄴ, ㄷ
④ ㄱ, ㄷ, ㄹ   ⑤ ㄴ, ㄷ, ㄹ

20 ✸✸✸

2023 실시 9월 학평 1

다음 글이 강조하는 내용으로 가장 적절한 것은?

> 사람은 다양한 감각을 통해 사물을 지각하고, 같은 상황에서도 마음이 어떻게 작용하느냐에 따라 기쁨과 같은 긍정적 감정 또는 분노와 같은 부정적 감정을 표출한다. 이와 관련하여 석가모니는 인간의 마음에 도사리는 삼독(三毒), 즉 탐욕과 성냄, 어리석음이 모든 고통의 원인이므로 이를 경계할 것을 강조하였다. 우리는 이러한 진리를 깨닫고 현대 사회가 부추기는 물질적 욕망과 경쟁 속에서 자신의 마음 밭을 가꾸어야 한다. 또한 자신이 가진 것에 감사하고 이웃을 사랑하며 더불어 살아갈 때 진정한 행복이 실현된다.

① 고통의 근원인 감정을 모두 제거해야 한다.
② 세속적 욕망의 성취를 통해 삼독을 소멸시켜야 한다.
③ 경쟁 중심의 사회에서 벗어나 자연 속에서 혼자 살아야 한다.
④ 자신의 마음을 다스리고 이웃 사랑을 실천하는 데 힘써야 한다.
⑤ 분노를 줄이기 위해서는 마음이 아니라 상황을 통제해야 한다.

03 행복한 삶을 실현하기 위한 조건

1 질 높은 정주 환경과 경제적 안정

1. 질 높은 정주 환경❶

(1) 정주 환경의 의미

① 좁은 의미: 주거 환경

② 넓은 의미: 문화 · 여가 · 자연환경 등 일상생활의 전 영역을 말함

(2) **질 높은 정주 환경의 필요성**: <u>기본적 삶의 문제가 해결되어야 쾌적하고 인간다운 삶을 살 수 있음</u>

(3) 질 높은 정주 환경을 조성하기 위한 노력

자연 환경	• 오염되지 않은 깨끗한 물 · 대기 · 토양 등 • 인간과 자연이 조화와 공존을 이루는 환경 조성
인문 환경	• 편리한 삶을 위한 교통과 통신 시설 확충, 치안 서비스, 보건 및 위생 서비스, 학교 및 교육 서비스, 상업 및 문화 시설, 공공시설 등의 환경 마련 • 국민들이 살기 좋은 쾌적한 주거 생활 보장 ➡ 정부의 주택 개발 정책

✪ "택리지"에 나타난 질 높은 정주 환경의 요건

① 지리(地理)   ② 생리(生利)   ③ 산수(山水)   ④ 인심(人心)

① **지리**: 자연적 조건으로서 풍수적으로 사람이 살기 좋은 곳

② **생리**: 사람이 살아가는 데 이익을 줄 수 있는 경제적인 요소가 좋은 곳

③ **산수**: 산과 물이 있어 아름다운 경치를 보여 주는 곳

④ **인심**: 주변 이웃들의 마음 씀씀이와 풍속이 좋은 곳

2. 경제적 안정

(1) **경제적 안정의 중요성❷**: <u>생활에 필요한 기본 조건을 충족해야 이를 바탕으로 자아실현의 기회를 가질 수 있음</u>

(2) 경제 성장과 행복의 관계

① 경제 성장으로 국민 소득이 향상되면 의식주와 같은 기본적 욕구뿐만 아니라, 교육 및 의료 혜택, 문화생활 등 사회 · 문화적 욕구까지 충족시킬 수 있음

② 국민 소득이 일정 수준 이상이 되면 행복감은 소득에 비례하여 증가하지 않음

③ 과도한 경쟁에 따른 스트레스, 양극화로 인한 사회적 박탈감, 경제 위기 이후 고용의 불안정성 등은 삶에 대한 만족도를 떨어뜨림

④ 소득 수준이 높아져도 복지 정책이 미흡하면 고통을 받는 사람이 증가할 수 있음

(3) 경제적 안정을 위한 조건

① 고용 안정: 경제를 성장시켜 일자리를 늘리고 근로자의 최저 임금❸을 보장해야 함

② 복지 제도 확충: 실업 급여 지급과 같은 다양한 복지 정책을 통해 사회 구성원들이 인간다운 생활을 유지할 수 있도록 해야 함

③ 경제적 불평등 해소: 경제적 불평등으로 인해 사회 구성원이 느끼는 상대적 박탈감❹을 해소하기 위해 노력해야 함

➕ 개념

❶ 질 높은 정주 환경에서 살 권리

"모든 사람은 가족의 건강과 행복을 위해 적절한 생활 수준을 누리고 개선시켜 나갈 권리가 있다. 여기에는 적절한 음식과 의복, 주택, 물, 하수 처리 등이 포함된다."

– 제2차 유엔 인간 정주 회의 선언문 –

*정주(定住)

일정한 곳에 자리를 잡고 삶

➕ 개념

❷ 경제적 안정의 중요성

"일반 백성은 고정적인 생업[恒産]이 없으면 흔들림 없는 도덕적인 마음[恒心]도 없어집니다. …… 그러므로 지혜로운 왕은 백성들의 생업을 마련해 주되 반드시 위로는 부모를 섬기기에 충분하게 하고 아래로는 자녀를 먹여 살릴 만하게 하여, 풍년에는 언제나 배부르고 흉년에도 죽음을 면하게 합니다."

–"맹자"–

➕ 용어

❸ 최저 임금제

임금의 최소한도를 정부가 법적으로 설정하는 제도

❹ 상대적 박탈감

다른 대상과 비교하여 권리나 자격 등 당연히 자신에게 있어야 할 어떤 것을 빼앗긴 듯한 느낌

---

2 민주주의의 실현과 도덕적 실천

1. 민주주의의 실현

(1) 민주주의의 실현과 행복
① 독재 국가나 권위주의적인 정치가 이루어지는 국가에서는 국민이 기본적 인권을 누리기 어렵고, 사람들이 자신의 삶에 만족하고 행복감을 느끼기 어려움
② 정치적 의사를 자유롭게 표출하는 국가에서는 시민의 의사를 정책으로 반영하기 때문에 자신의 삶에 대한 시민들의 만족감이 높음

(2) 민주주의 국가의 요소
① 민주적 제도: 의회 제도, 복수 정당 제도, 권력 분립 제도 등
② 시민 참여 정치 문화: 시민들이 자신의 권리와 의무를 다하고 정치 공동체에 대해 이해하며 적극적으로 정치에 참여하는 정치 문화

(3) 정치 참여의 방법❶
① 선거를 통해 자신의 정치적 의사를 표현함
② 정당, 이익 집단, 시민 단체의 활동에 참여함
③ 집회, 시위와 같은 직접적 의사 표현 방법을 통해 자신의 의사를 전달함
_{폭력과 같은 물리적 압력을 행사해서는 안 됨}

▲ 아리스토텔레스(B.C. 384~B.C. 322)

➕ 개념

❶ 행복과 정치 참여

• 아리스토텔레스는 인간은 정치적 동물이며, 공동체 안에서 덕을 실현해 행복에 이를 수 있다고 보고 바람직한 정치란 공공의 이익을 추구하는 것이라고 보았다.
• 그는 사회 안정을 위해서는 매일 생존에 쫓기지 않고 충분히 숙고하고 정치에 참여할 수 있는 중간 계급이 많아야 하고 그들의 역할이 중요하다고 주장하였다.

✪ 스위스의 란츠게마인데 (Landsgemeinde)

• 란츠게마인데 또는 '주의회'는 가장 오래된 직접 민주주의 형태 중 하나를 구성하는 다수결 원칙에 의해 운영되는 공개적인 투표 시스템이다.
• 스위스의 일부 주에서는 매년 5월 첫째 주 일요일에 주민들이 광장에 모여 손을 들어 찬반을 표시하는 방식으로 정책, 법안, 세금 등의 사안을 직접 결정한다.
• 결과적으로 스위스 시민은 자신의 인권이 존중되고, 직접 정치에 참여해 자신이 원하는 삶의 방식을 자유롭게 추구할 수 있음을 느끼고 행복한 삶을 실현할 수 있다.

---

2. 도덕적 실천

(1) 도덕적 실천
① 도덕적 실천을 위해서는 무엇이 옳은지를 판단하는 도덕적 사고, 타인을 아끼는 도덕적 감정, 그리고 이를 실천에 옮기려는 도덕적 실천 의지가 필요함
② 행복은 사회적 지원 없이 달성하기 어려움 ➡ 자신과 타인의 행복을 함께 추구하여 공동체의 행복을 실현하기 위해 노력할 필요가 있음
③ 타인을 돕는 도덕적 실천은 자신에 대한 자존감과 만족감을 높여 지속적인 행복감을 느끼게 해 주고, 사회 구성원 사이에 신뢰를 형성함

(2) 도덕적 실천의 내용

역지사지의 마음	자신뿐만 아니라 이웃을 이해하고 상대방의 입장에서 보는 역지사지(易地思之)의 마음가짐과 관용적 태도가 필요함
사회적 약자 배려	사회적 약자의 고통에 공감하고 기부나 사회 봉사 활동 등에 참여해야 함

(3) 도덕적 성찰의 필요성: 자신만의 이익이나 욕망을 충족하기 위해 타인과 공동체에 해를 입히는 비도덕적인 행위를 하고 있지 않은지 스스로 성찰해야 함
➡ 인격적으로 성숙해지면서 삶의 의미를 깨닫고 내적 만족을 느낄 수 있음

★ 암기

★ 행복한 삶의 실현 조건

질 높은 정주 환경	쾌적하고 인간다운 삶을 살아갈 수 있는 환경
경제적 안정	안락한 생활과 삶의 질 보장
민주주의 실현	기본적 자유와 권리 보장, 민주적 정치 제도와 자발적 참여
도덕적 실천	도덕적 실천을 통해 공동체의 행복 실현

Ⅱ 인간, 사회, 환경과 행복 **35**

1 질 높은 정주 환경과 경제적 안정

1. 행복한 삶을 위한 조건으로서 정주 환경에 대한 설명으로 옳은 것은 ○, 틀린 것은 ×에 표시하시오.

(1) 인간이 정착하여 살아가고 있는 지역의 생존 환경을 의미한다. (○, ×)

(2) 질 높은 정주 환경을 조성하기 위해서는 인간과 자연이 공존할 수 있는 환경을 만들어야 한다. (○, ×)

(3) 오늘날 정주 환경은 주거지 주변의 자연환경을 포함하여 각종 교통, 통신, 교육, 문화 시설 등 인문 환경을 포함하는 개념이다. (○, ×)

(4) 산업화 이후 도시화가 진행되면서 인간은 자연을 개발하기보다 자연에 적응하면서 살아왔다. (○, ×)

(5) 질 높은 정주 환경은 행복한 삶의 유일한 조건이다. (○, ×)

(6) 질 높은 정주 환경이 조성되어야 인간다운 삶이 보장된다. (○, ×)

2. 서로 관계있는 것끼리 옳게 연결하시오.

(1) 지리 •　　　　　• ㄱ. 경제적 이익을 주는 곳

(2) 생리 •　　　　　• ㄴ. 좋은 이웃과 풍속

(3) 산수 •　　　　　• ㄷ. 풍수적으로 좋은 곳

(4) 인심 •　　　　　• ㄹ. 아름다운 경치

3. 행복한 삶을 위한 조건으로서 경제적 안정에 대한 설명으로 옳은 것은 ○, 틀린 것은 ×에 표시하시오.

(1) 물질적 조건은 인간이 행복할 수 있는 기본적인 조건이 될 수 없다. (○, ×)

(2) 국민 소득이 늘어날수록 인간이 느끼는 행복감도 반드시 비례하여 늘어난다. (○, ×)

(3) 국가는 실업 급여 제공, 사회 보험 마련 등 다양한 복지 정책을 통해 구성원의 최소한의 인간다운 생활을 유지하는데 힘써야 한다. (○, ×)

(4) 국가는 국민의 행복한 삶을 위해 소득 수준만 높이면 된다. (○, ×)

(5) 경제적 안정을 위해 경제적 불평등 해소, 고용 안정을 위한 노력이 필요하다. (○, ×)

(6) 맹자는 국가가 경제적 안정을 보장해주어야 백성이 도덕적인 마음을 지닐 수 있다고 보았다. (○, ×)

2 민주주의의 실현과 도덕적 실천

4. 행복한 삶을 위한 조건으로서 민주주의 실현과 도덕적 실천에 대한 내용으로 옳은 것은 ○, 틀린 것은 ×에 표시하시오.

(1) 자신과 타인의 행복을 함께 추구하여 공동체의 행복을 실현하기 위해 노력해야 한다. (○, ×)

(2) 독재 국가나 권위주의적인 정치가 이루어지는 국가에서는 국민이 기본적 인권을 누리기 쉽다. (○, ×)

(3) 타인과 공동체에 해를 입히는 비도덕적인 행위를 하고 있지 않는지 스스로 성찰해야 한다. (○, ×)

(4) 민주적 절차와 시민의 참여가 보장되지 않으면 자유와 평등이 보장된 삶을 누리기 어렵다. (○, ×)

(5) 행복한 삶을 위해 다양한 의견은 정책 결정에 혼선을 주므로 정치 참여를 가급적 제한해야 한다. (○, ×)

(6) 사회적 약자의 고통에 공감하고 기부에 참여하는 것은 진정한 행복을 실현하는 방법이 될 수 없다. (○, ×)

(7) 도덕적 실천을 통해 사회 구성원 사이에 신뢰를 형성하면 개인의 행복을 증진하는 데 도움이 된다. (○, ×)

5. 갑과 을이 이야기하는 행복한 삶을 위해 필요한 조건을 〈보기〉에서 골라 기호를 쓰시오.

갑: 실업 급여, 사회 보험과 같은 복지 제도를 강화해야 합니다.

을: 타인의 입장을 이해하는 역지사지의 마음가짐이 필요합니다.

[보기]

ㄱ. 질 높은 정주 환경　　　ㄴ. 경제적 안정
ㄷ. 민주주의 실현　　　　　ㄹ. 도덕적 실천

갑: (　　　　　　　), 을: (　　　　　　　)

1 질 높은 정주 환경과 경제적 안정

01 ✿✾✾
2025 실시 6월 학평 18

다음 자료의 (가), (나)에서 공통적으로 강조하는 행복 실현의 조건으로 적절한 것만을 〈보기〉에서 고른 것은? [2점]

> (가) 이중환이 저술한 『택리지』에 의하면 사람이 잘 살 수 있는 좋은 터는 지리(地理, 풍수적 명당)가 좋아야 한다. 그리고 생리(生利, 그 땅에서 생기는 이익, 풍부한 산물)와 인심(人心, 온순하고 순박)이 넉넉해야 하고, 산수(山水, 빼어난 경치)가 좋아야 한다.
> (나) 모든 사람은 자신과 가족의 행복 실현을 위해 적절한 생활 수준을 누려야 한다. 여기에는 쾌적한 자연환경뿐만 아니라 주택, 상수도 등의 기반 시설이 해당된다.

[보기]
> ㄱ. 인간다운 삶을 위한 주거 환경을 만들어야 한다.
> ㄴ. 삶의 질을 높일 수 있는 자연환경이 갖추어져야 한다.
> ㄷ. 개인의 행복과는 상관없는 공동체의 이익을 추구해야 한다.
> ㄹ. 시민의 참여를 보장할 수 있는 민주적인 법과 제도가 마련되어야 한다.

① ㄱ, ㄴ ② ㄱ, ㄷ ③ ㄴ, ㄷ ④ ㄴ, ㄹ ⑤ ㄷ, ㄹ

02 ✿✿✾

밑줄 친 ㉠~㉢에 대한 설명으로 옳은 것은?

> 사람이 살 터로는 첫째로 ㉠지리가 좋아야 하고, 둘째로는 ㉡생리가 좋아야 하며, 셋째는 ㉢인심이 좋아야 하며, 넷째로 ㉣산수가 좋아야 한다. 이 네 가지에서 하나라도 모자라면 살기 좋은 땅이 아니다.

① ㉠: 경제 활동이 유리한지 보는 것
② ㉡: 자연 경관이 아름다운지 보는 것
③ ㉢: 사람들의 성향과 풍속이 좋은지 보는 것
④ ㉣: 풍수적으로 명당인지 보는 것
⑤ ㉠, ㉡: 사람이 살아가기에 좋은 인문적 조건을 보는 것

03 ✿✿✾ 단답형

빈칸 ㉠, ㉡에 들어갈 알맞은 말을 쓰시오.

> 질 높은 정주 환경이 조성되려면 기본적으로 깨끗한 ㉠ 이/가 갖추어져야 한다. 물, 대기, 토양 등이 오염된 환경 속에서는 기본적인 생활을 유지하기가 힘들기 때문이다. 치안 서비스, 보건 및 위생 서비스 등 안전하고 풍요로운 삶을 살 수 있는 ㉡ 또한 필요하다.

04 ✿✿✿
2025 실시 9월 학평 14

(가), (나)에 나타난 행복한 삶을 위한 조건에 대한 옳은 설명만을 〈보기〉에서 고른 것은? [1.5점]

> (가) 일반 백성은 고정적인 생업 [恒産]이 없으면 흔들림 없는 도덕적인 마음 [恒心]을 유지하기 어렵다. 그러므로 현명한 임금은 백성들이 생업을 가지게 해 주되 반드시 위로는 부모를 섬기기에 충분하게 하고, 아래로는 자녀를 먹여 살릴 만하게 하여 백성들을 바른 길로 나아가게 한다.
> (나) 무릇 살 터를 잡는 데는 첫째, 지리(地理)가 좋아야 하고 다음은 생리(生利)가 좋아야 하며, 다음은 인심(人心)이 좋아야 하고, 아름다운 산과 물인 산수(山水)가 있어야 한다. 이 네 가지에서 하나라도 모자라면 살기 좋은 땅이 아니다.
> * 생리(生利): 지역에서 얻는 경제적 이익
> ** 인심(人心): 넉넉하고 좋은 이웃 간의 정(情)

[보기]
> ㄱ. (가)를 통해 도덕적인 마음은 경제적 안정을 위한 우선 조건임을 알 수 있다.
> ㄴ. (가)를 통해 인간다운 삶을 위해 일정한 수준의 소득이 필요함을 알 수 있다.
> ㄷ. (나)를 통해 이웃과의 교류가 없는 조용한 곳을 거주지로 정해야 함을 알 수 있다.
> ㄹ. (나)를 통해 질 높은 정주 환경을 위해 자연 환경뿐만 아니라 인문 환경도 필요함을 알 수 있다.

① ㄱ, ㄴ ② ㄱ, ㄷ ③ ㄴ, ㄷ ④ ㄴ, ㄹ ⑤ ㄷ, ㄹ

[05~06] 다음 글을 읽고 물음에 답하시오.

> 아무리 경제적 수준이 높아도 소득의 양극화가 심한 나라에 사는 국민은 행복한 삶을 영위하기 어려울 것이다. 따라서 삶의 기본 조건들이 충족되고 계층 간의 소득 격차가 작아져 ㉠ 이/가 이루어질 때 국민은 행복한 삶을 살 수 있다.

05 ✿✿✾ 단답형

빈칸 ㉠에 들어갈 알맞은 말을 쓰시오.

06 ✿✿✾ 서술형

빈칸 ㉠에 들어가는 말을 실현하기 위해 국가가 할 수 있는 노력 두 가지를 서술하시오.

다음을 통해 추론할 수 있는 행복의 조건으로 가장 적절한 것은?

일반 백성은 일정한 생업[恒産]이 없으면 흔들림 없는 도덕적인 마음[恒心]도 없어진다. 도덕적인 마음이 없어지면 방자하고 사치스러운 짓을 하게 된다. 그러므로 어질고 지혜로운 통치자는 백성의 생업을 보장해 주어야 하며, 그런 연후에 그가 백성들을 선으로 인도할 때 백성들이 그에 따를 수 있다.

① 도덕적 삶을 위해 물질적 가치를 모두 배제해야 한다.
② 구성원의 참여가 활성화된 민주적 제도를 확립해야 한다.
③ 국가는 사회 구성원 모두의 경제적 안정을 도모해야 한다.
④ 자신의 사회적 지위를 과시하기 위한 소비를 추구해야 한다.
⑤ 생업 보장보다는 쾌적한 자연 환경의 조성을 우선해야 한다.

2 민주주의의 실현과 도덕적 실천

08 ✱✱✱

다음 자료의 밑줄 친 ㉠~㉤에 대한 설명으로 옳지 않은 것은? [2.5점]

교사: 민주주의를 주제로 발표를 계획하고 있죠? 계획한 내용을 간략히 소개해 주세요.
학생: 우리 모둠은 ㉠ 민주주의의 의미 및 ㉡ 민주 시민의 자세를 조사하고자 합니다. 그리고 민주주의의 지리적 확산과 지역적 차이를 파악하고자 합니다. 마지막으로 ㉢ 민주주의의 실현을 위한 제도적 장치를 살펴볼 것입니다.
교사: 좋아요. ㉣ 시간적 관점에서의 고찰을 추가한다면 ㉤ 통합적 관점에서 민주주의를 더욱 잘 파악할 수 있겠습니다.

① ㉠에는 시민이 주권을 가지고 국가를 스스로 다스린다는 정치 이념이 내포되어 있다.
② ㉡으로 주체적이고 자율적인 삶의 태도를 지니는 것을 들 수 있다.
③ ㉢에는 선거 제도, 권력분립 제도가 포함될 수 있다.
④ ㉣이 부각된 사례로 '민주주의 발전을 위한 정책 제안'을 들 수 있다.
⑤ ㉤은 복잡한 사회현상을 종합적으로 이해하기 위해 필요하다.

09 ✱✱✿ 서술형

밑줄 친 '다양한 경로의 참여 방법'을 세 가지 서술하시오.

민주주의 국가에서는 주권자인 시민의 의사를 반영하여 정책으로 실현하기 위해 의회 제도, 복수 정당 제도, 권력 분립 제도 등과 같은 민주적 제도를 갖추고 있으며, 시민들이 적극적으로 정치적 의사를 표현할 수 있도록 다양한 경로의 참여 방법을 열어 놓고 있다.

10 ✱✱✿

밑줄 친 부분에 해당하는 내용으로 적절한 것만을 〈보기〉에서 고른 것은?

민주주의의 발전은 시민의 행복과 관련된다. 민주주의가 발전하려면 민주적 제도와 더불어 정치에 활발히 참여하여 자신의 의사를 적극적으로 표현해야 한다.

─────[보기]─────
ㄱ. 국가 정책 결정 과정에 의견을 제시한다.
ㄴ. 투표권을 행사하고 국가 정책을 감시한다.
ㄷ. 타인보다는 자신의 이익을 우선하는 삶을 살아야 한다.
ㄹ. 의견 충돌을 가져올 수 있는 정치적 참여를 제한시키는 제도가 마련되어야 한다.

① ㄱ, ㄴ ② ㄱ, ㄷ ③ ㄴ, ㄷ ④ ㄴ, ㄹ ⑤ ㄷ, ㄹ

11 ✱✱✿

다음 글의 입장에서 지지할 내용으로 적절한 것만을 〈보기〉에서 고른 것은?

기근의 원인을 홍수와 가뭄에서 찾는 사람들이 있지만, 실제로 많은 국가에서는 그와 같은 자연재해를 겪고도 기근이 일어나지 않았다. 왜냐하면, 민주적 선거가 이뤄지고 정부에 대한 비판과 언론의 자유가 보장된 국가는 굶주림의 고통을 방지하고자 신속하고 체계적으로 대응했기 때문이다.

─────[보기]─────
ㄱ. 기근을 피할 수 있는 국가는 없다.
ㄴ. 민주주의 국가는 굶주림의 고통에 적극적으로 대처한다.
ㄷ. 사회 안전망이 갖추어지면 홍수와 가뭄이 발생하지 않는다.
ㄹ. 시민의 활발한 정치 참여는 정부의 기근 방지 노력에 기여한다.

① ㄱ, ㄴ ② ㄱ, ㄷ ③ ㄴ, ㄷ ④ ㄴ, ㄹ ⑤ ㄷ, ㄹ

12 ✿✿✿

다음은 고대 서양 사상가와 제자의 가상 대화이다. (가)에 들어갈 내용으로 가장 적절한 것은? [1.5점]

> 제자: 스승님은 행복한 삶을 위해 무엇이 중요하다고 생각하십니까?
> 사상가: 자네는 신전의 벽 한쪽에 새겨진 '너 자신을 알라.'라는 말을 보았는가?
> 제자: 네, 신전에서 본 적이 있습니다.
> 사상가: 자네는 그 말의 의미가 무엇인지 주의 깊게 생각해 보았는가? 반성하지 않는 삶은 살 가치가 없다네. 행복한 삶을 위해 중요한 것은 _____(가)_____(이)라네.

① 사회적 성공을 통한 경제적인 안정
② 사회적 관습을 그대로 따르려는 의지
③ 자신의 행동이 바람직한지에 대한 성찰
④ 개인의 감정을 근본으로 하는 도덕적 실천
⑤ 감각적 경험에 의해 얻어진 주관적인 신념

[13~14] 다음 글을 읽고 물음에 답하시오.

> 갑: 나는 선을 행하는 것이 인간의 마음이 맛볼 수 있는 가장 진실한 행복임을 알고 있으며, 실제로 그렇게 느낀다.
> 을: 행복은 다른 사람을 배려하고 다른 사람의 행복을 진정으로 바랄 때 생긴다. 돈, 권력, 사회적 지위로 우정과 애정을 만들 수 있지만 돈과 권력이 사라지면 이 또한 사라진다. 상대방에 대한 순수한 배려, 행복을 위한 마음이 진정한 행복을 가져다준다.

13 ✿✿✿

갑, 을이 공통적으로 강조하고 있는 행복한 삶의 조건으로 가장 적절한 것은?

① 질 높은 정주 환경의 조성
② 타인을 위한 진실한 도덕적 실천
③ 삶의 질을 유지하기 위한 경제적 안정
④ 시민 참여가 활성화되는 민주주의의 실현
⑤ 빈곤으로부터 벗어날 수 있는 경제적 성장

14 ✿✿✿ 서술형

갑, 을이 공통적으로 강조하는 행복한 삶을 실현하기 위해 필요한 자세를 두 가지 쓰시오.

15 ✿✿✿

다음은 학생이 작성한 형성 평가지이다. 옳은 답변만을 고른 것은?

> 〈형 성 평 가〉
> 1학년 ○반 ○번 ○○○
>
> ※ 행복한 삶을 누리기 위한 보편적인 조건에 대한 설명이 맞으면 '예', 틀리면 '아니요'에 'V'를 표시하시오.
>
> 행복한 삶의 조건은 다양하지만, 질 높은 정주 환경의 조성, 경제적 안정, 민주주의의 실현, 도덕적 실천은 행복한 삶을 누리기 위한 보편적인 조건이라 말할 수 있다.
>
> • 조건1: 공동체에 해를 입혀도 개인의 행복을 추구해야 한다.　　예☑ 아니요□ ………㉠
> • 조건2: 쾌적하고 생활이 편리한 정주 환경이 조성되어야 한다.　　예☑ 아니요□ ………㉡
> • 조건3: 국가는 고용을 안정시키고 최저 임금을 보장해야 한다.　　예□ 아니요☑ ………㉢
> • 조건4: 시민 참여가 보장되는 민주주의가 정착되어야 한다.　　예☑ 아니요□ ………㉣

① ㉠, ㉡　　② ㉠, ㉢　　③ ㉡, ㉢
④ ㉡, ㉣　　⑤ ㉢, ㉣

16 ✿✿✿

교사의 질문에 적절한 답변을 한 학생만을 고른 것은? [3점]

학습 주제: 행복한 삶을 위한 조건
(가) 질 높은 정주 환경
(나) 민주주의의 실현
(다) 경제적 안정
(라) 도덕적 실천

행복한 삶을 위한 조건 (가)~(라)에 대해 설명해 보세요.

갑: (가)는 교통, 복지, 문화 시설 등 인문 환경적 요소만을 포함합니다.
을: (나)는 권위주의적 정치문화의 확산을 통해 달성할 수 있습니다.
병: (다)를 위해 경제적 불평등 해소, 고용 안정을 위한 노력이 필요합니다.
정: (라)를 위해 바람직한 가치를 행동으로 옮기려는 실천 의지가 필요합니다.

① 갑, 을　　② 갑, 병　　③ 을, 병
④ 을, 정　　⑤ 병, 정

17 ✿✿✿
2025 실시 10월 학평 5

다음 자료의 두 사례를 비교하여 추론할 수 있는 행복한 삶을 실현하기 위한 조건으로 가장 적절한 것은? [1.5점]

> • A국에서는 쿠데타를 일으켜 정치권력을 갖게 된 세력이 자국민을 대규모로 학살하였다. 또한 국민에게 마땅히 주어져야 할 사상의 자유와 거주 이전의 자유를 박탈하였다. 이 사건으로 A국 국민은 큰 상처를 받았고, 그 고통은 현재까지 이어지고 있다.
> • B국 ○○지역에서는 일 년에 한 번씩 모든 주민이 광장에 모여 지역의 중요 사항을 직접 결정한다. 주민은 자신의 의견을 자유롭게 표출할 기회를 갖게 되고, 정책의 결정에 자신의 의견이 반영되는 경험을 하게 된다. 이로 인해 B국 ○○ 지역 주민의 삶에 대한 만족도는 매우 높다.

① 민주주의의 발전
② 경제적 불평등의 해소
③ 고용 안정을 통한 생계 보장
④ 개인의 인격 완성을 위한 도덕적 성찰
⑤ 쾌적한 자연환경 조성을 통한 정주 환경 개선

내신 1등급 문제

18 ✿✿✿
2023 실시 9월 학평 4

(가), (나)에 나타난 행복의 조건에 대한 옳은 설명만을 〈보기〉에서 고른 것은? [3점]

> (가) A국은 ○○국으로부터 독립하였으나 권위주의 정권이 수립되어 국민들을 과도하게 통제하고 있다. 이로 인해 정치 과정에 참여할 방법이 없어진 국민들은 무력감과 고통에 시달리고 있다.
> (나) B국의 세대별 행복 지수를 분석한 결과, 청년층과 노년층의 점수가 낮게 나타났다. 이에 대한 주요 원인으로 청년층은 심각한 취업난으로 인한 경제적 어려움을, 노년층은 부족한 생활비와 미흡한 복지 정책을 손꼽았다.

[보기]

ㄱ. (가)를 통해 주권 회복이 행복을 보장하는 유일한 조건임을 알 수 있다.
ㄴ. (가)를 통해 시민 참여를 보장하는 민주주의의 실현이 행복의 조건임을 알 수 있다.
ㄷ. (나)를 통해 노년층의 행복 지수는 사회 제도와 무관하게 결정됨을 알 수 있다.
ㄹ. (나)를 통해 경제적인 안정이 청년층과 노년층의 행복에 중요한 요소임을 알 수 있다.

① ㄱ, ㄴ ② ㄱ, ㄷ ③ ㄴ, ㄷ ④ ㄴ, ㄹ ⑤ ㄷ, ㄹ

19 ✿✿✿

다음 사례에서 행복의 조건과 관련하여 얻을 수 있는 교훈으로 적절한 것만을 〈보기〉에서 고른 것은?

> 어떤 인류학자가 아프리카 한 부족의 아이들에게 게임을 하자고 제안하였다. 근처 나무에 음식을 매달아 놓고 먼저 도착한 사람이 그것을 먹을 수 있다고 말했다. 아이들은 각자 뛰어가지 않고 모두 손을 잡고 가서 그것을 함께 먹었다. 인류학자는 아이들에게 "왜 함께 뛰어갔지?" 하고 물었다. 그러자 아이들은 '우분투(Ubuntu)'라고 외쳤다. '우분투'는 아프리카 반투어에서 온 말로 "우리가 함께 있기에 내가 있다."라는 뜻이다.

[보기]

ㄱ. 타인의 행복을 고려하여 무관심하게 생활해야 한다.
ㄴ. 공동체의 행복을 고려하여 행동해야 한다.
ㄷ. 타인을 고려하는 역지사지의 자세가 필요하다.
ㄹ. 사회의 행복은 개개인의 이익 추구로 이루어진다.

① ㄱ, ㄴ ② ㄱ, ㄷ ③ ㄴ, ㄷ ④ ㄴ, ㄹ ⑤ ㄷ, ㄹ

20 ✿✿✿ 중요
2021 실시 9월 학평 2

다음은 행복 실현의 조건에 관한 게임 규칙을 설명한 것이다. 게임 규칙에 따라 이동하게 될 경로로 옳은 것은?

> [게임 규칙]
> • 출발 지점은 A이다.
> • 진술 (가)→(나)→(다)→(라)의 순서대로 진행한다.
> • 진술이 행복 실현의 조건에 부합하면 실선 방향으로 한 지점만, 부합하지 않으면 점선 방향으로 한 지점만 이동한다.

순서	진술
(가)	삶의 질을 유지할 수 있는 경제적 안정이 보장되어야 한다.
(나)	시민 참여가 활성화될 수 있는 민주적 제도를 마련해야 한다.
(다)	인간다운 삶을 보장하는 질 높은 정주 환경을 조성해야 한다.
(라)	바람직한 삶에 대한 성찰을 토대로 도덕적 가치를 실천해야 한다.

① A-B-C-D-B
② A-B-C-D-C
③ A-D-B-C-A
④ A-D-C-A-D
⑤ A-D-C-D-B

02 행복의 의미와 기준

01 ❋❋❊

㉠에 대한 일반적인 설명으로 옳은 것만을 〈보기〉에서 있는 대로 고른 것은?

> ┃ ㉠ ┃은/는 탁월성(덕)에 따르는 영혼의 활동이다.
> …(중략)… 탁월성(덕)에 따르는 행위들은 그 자체로 즐거울 것이다. 하지만 ┃ ㉠ ┃은/는 추가로 외적인 좋음 또한 필요로 한다. 일정한 뒷받침이 없으면 고귀한 일을 행한다는 것은 불가능하거나 쉽지 않기 때문이다.

[보기]
ㄱ. 주거, 소득, 고용, 수명 등이 주관적 기준이 된다.
ㄴ. 기후와 지형 등의 자연환경의 영향을 받지 않는다.
ㄷ. 생활 속에서 충분한 만족과 기쁨을 느끼는 상태이다.
ㄹ. 시대 상황이나 지역 여건에 따라 다르게 인식될 수 있다.

① ㄱ, ㄴ   ② ㄱ, ㄹ   ③ ㄷ, ㄹ
④ ㄱ, ㄴ, ㄷ   ⑤ ㄴ, ㄷ, ㄹ

02 ❋❊❊

2021 실시 6월 학평 5

(가)에 들어갈 내용으로 가장 적절한 것은?

> 중세에는 종교적 절대자나 군주의 뜻을 따르는 데 개인의 행복이 있다고 여겼다. 근대에 들어 산업화가 시작되면서는 물질적 기반을 확보하고 개인의 권리를 보장 받는 것이 행복의 중요한 기준이라고 보았다. 오늘날에는 물질적 풍요 외에도 자신이 부여한 삶의 가치와 심리적 만족감 등이 중시되고 있다. 결론적으로 행복의 기준은 ┃　　　(가)　　　┃

① 시대적 상황에 따라 다르게 나타난다.
② 지역을 초월하여 보편타당하게 정해진다.
③ 타인과의 비교를 통해 절대적으로 결정된다.
④ 의식주 등 기본적 욕구와 상관없이 정해진다.
⑤ 소수 지배자의 통치 목적을 실현하기 위해 정해진다.

03 ❋❋❋❊

그림을 통해 추론할 수 있는 내용만을 〈보기〉에서 고른 것은?

[보기]
ㄱ. 자신이 처한 상황을 어떻게 인식하느냐가 행복감의 차이를 가져온다.
ㄴ. 행복감은 스스로 만족하고 평정심을 잃지 않을 때 느낄 수 있다.
ㄷ. 객관적인 상황에 따라 모든 사람에게 행복감은 동일하게 나타난다.
ㄹ. 행복한 삶은 정신적 만족감보다 목표 달성의 정도에 의해 좌우된다.

① ㄱ, ㄴ   ② ㄱ, ㄷ   ③ ㄴ, ㄷ   ④ ㄴ, ㄹ   ⑤ ㄷ, ㄹ

04 ❋❋❋❊

밑줄 친 사회에서 상대적으로 강조되고 있는 행복의 기준으로 적절한 것만을 〈보기〉에서 고른 것은?

> 벼는 논에서 자라므로 공동체와 함께 물길을 만들고 논에 물을 대는 것이 중요하다. (가) 벼농사를 짓는 사회는 이 과정에서 집단과 협력을 중시하는 문화가 형성된다. 반면, 밀은 맨땅에서 자라서 서로 협력할 일도 없고 모여 살지 않아도 되므로 (나) 밀농사를 짓는 사회는 개인적인 생활 방식이 자리 잡았다.

[보기]
ㄱ. (가): 기본적인 의식주 생활의 충족
ㄴ. (가): 원만한 인간관계와 공동체적 유대감
ㄷ. (나): 개인의 자아실현과 자유의 보장
ㄹ. (나): 타인을 위해 양보하고 희생하는 삶

① ㄱ, ㄴ   ② ㄱ, ㄷ   ③ ㄴ, ㄷ   ④ ㄴ, ㄹ   ⑤ ㄷ, ㄹ

05 ★★✿
2023 실시 6월 학평 3

다음의 대화에서 (가)에 들어갈 내용으로 가장 적절한 것은?

> 삶의 궁극적 목적인 행복은 지적 활동을 통해 얻는 것이라고 하셨습니다. 행복해지기 위해서는 구체적으로 어떻게 해야 합니까?

> 인간이 행복해지기 위해서는 동·식물에 없는, 인간만이 지닌 탁월성을 발휘해야 합니다. 구체적인 방법은 (가)

갑   을

① 감각적 쾌락을 추구하는 삶을 살아야 합니다.
② 이성의 기능을 발휘하여 지혜를 얻어야 합니다.
③ 부와 권력을 최우선시하는 삶을 살아야 합니다.
④ 인간의 본능에 충실하여 욕구를 만족시켜야 합니다.
⑤ 공동체와 관계없이 사적인 이익을 추구해야 합니다.

06 ★★★
2023 실시 11월 학평 4

다음 신문 칼럼의 입장으로 가장 적절한 것은?

> ○○신문   ■■■■■   칼 럼   ■■■■■
>
> 동물의 쾌락을 최대한 누릴 수 있게 보장해 준다고 해서 돼지가 되겠다는 사람은 없을 것이다. 존엄감(sense of dignity)은 저급한 존재가 되지 않으려는 인간의 의지이며, 행복의 본질적인 부분이다. 저급한 존재일수록 감각적 쾌락을 좇아 향유하며 쉽게 만족을 느끼지만, 지성과 상상력 등 고등 능력을 지닌 존재일수록 행복을 얻기 위해 보다 높은 수준의 삶을 선호하고 추구한다. 행복은 만족한 돼지의 삶이 아닌, 끊임없이 사유하고 성찰하는 소크라테스의 삶으로부터 온다는 사실을 명심해야 한다.

① 바람직한 삶에 대한 성찰은 행복의 실현과 무관하다.
② 삶의 질적 수준을 높이기 위해 행복을 포기해야 한다.
③ 존엄감을 지키는 삶의 방식으로 행복을 얻을 수 있다.
④ 인간은 정신적 행복보다 육체적 만족을 추구해야 한다.
⑤ 감각적 쾌락이 충족되면 행복의 본질은 저절로 찾아진다.

07 ✿★★★

삶의 목적으로서 행복을 추구할 때 고려해야 할 점은?

① 사회 구성원으로서 누리는 만족감만을 고려한다.
② 내재적인 목표보다 외재적인 목표를 추구해야 한다.
③ 자신이 소중하다고 생각하는 의미 있는 목표를 세운다.
④ 타인과 자신을 비교하며 돈과 명예를 우선적으로 추구해야 한다.
⑤ 물질적 욕망을 억누르면서 이를 절제하는 정신적 가치만 추구해야 한다.

08 ★★★
2021 실시 9월 학평 3

(가)의 관점에서 〈사례〉의 A에게 제시할 조언으로 가장 적절한 것은?

> (가) 만족할 줄 알면 수치를 겪지 않으며, 그칠 줄 알면 위태롭지 않을 터인즉, 오랫동안 안전할 수 있다. 만족을 모르는 것보다 더 큰 재앙은 없고, 탐욕을 부리는 것보다 더 큰 허물은 없다. 따라서 만족을 아는 만족이 영원한 만족이다.
>
> 〈사례〉
> A의 옷장 안에는 옷들이 가득하다. 그럼에도 A는 쇼핑을 계속 한다. 음식도 그렇다. 냉장고에는 음식들이 가득하지만, 계속 새로운 음식을 주문한다. 이미 갖고 있는 것들은 좀처럼 마음에 들지 않아 늘 불만족스러운 상태이다.

① 모든 욕망을 제거하고 세속적인 삶과 단절해야 해요.
② 과도한 욕심을 버리고 주어진 것에 만족할 줄 알아야 해요.
③ 욕구불만인 상태를 유지하는 것이 행복임을 깨달아야 해요.
④ 현재의 삶에 만족하기만 하는 사람은 발전이 없음을 알아야 해요.
⑤ 육체적 쾌락 충족을 위한 소비가 진정한 소비임을 깨달아야 해요.

09 ★★✿
2023 실시 6월 학평 9

(가), (나)에서 공통적으로 강조하는 행복한 삶을 위한 자세로 가장 적절한 것은?

> (가) 고대 그리스 철학자 소크라테스는 "반성하지 않는 삶은 살 가치가 없다."라고 하였다. 그는 자신의 삶을 끊임없이 돌아보고 무지(無知)를 깨달아 도덕적인 삶을 사는 것이 행복이라고 주장하였다.
> (나) 고등학생 ○○은 사회적으로 인정받는 직업과 자신이 원하는 직업 사이에서 고민하였다. 이후 자신이 소중히 여기는 가치를 인식하고, 자신에게 진정으로 행복감을 주는 직업을 선택하기로 하였다.

① 세속적 성공을 도덕적인 가치보다 우선시해야 한다.
② 개인의 행복보다 타인의 요구를 먼저 고려해야 한다.
③ 육체적인 쾌락을 정신적인 만족감보다 중시해야 한다.
④ 삶에 필요한 도구적 가치를 우선적으로 추구해야 한다.
⑤ 삶을 스스로 점검하고 성찰하는 태도를 함양해야 한다.

03 행복한 삶을 실현하기 위한 조건

10 ✱✱✻

㉠과 관련하여 옳은 설명만을 〈보기〉에서 있는 대로 고른 것은?

> 인간의 기본적 삶의 문제가 해결되어야 쾌적하고 인간다운 삶을 살 수 있으므로 행복 실현을 위해서 ㉠ 질 높은 정주 환경이 필요하다.

─────[보기]─────
ㄱ. 자연과 인간이 공존하는 지속 가능한 생태 환경을 만들어야 한다.
ㄴ. 정주 환경 문제는 도시화에 따른 빈곤과 불평등 해소 등의 문제와 관련이 있다.
ㄷ. 정주 환경은 물리적 환경의 한 부분으로 인간의 정서적인 부분에는 영향을 주지 않는다.
ㄹ. 질 높은 정주 환경 조성을 위해서는 주거뿐만 아니라 일상생활 전 영역에서의 노력이 필요하다.

① ㄱ, ㄴ   ② ㄱ, ㄷ   ③ ㄷ, ㄹ
④ ㄱ, ㄴ, ㄹ   ⑤ ㄴ, ㄷ, ㄹ

11 ✱✱✱

밑줄 친 부분에서 강조하는 행복의 실현 조건으로 적절한 것은?

> 맹자가 말년에 고향에 돌아왔을 때의 일이다. 근처에 작은 나라의 왕인 문공이 맹자를 모셔 나라를 잘 다스리는 방법을 물었다. 그는 문공에게 "무항산(無恒産)이면 무항심(無恒心)입니다."라고 말하였다. 맹자는 현명한 군주라면 백성이 부모님을 섬기고 처자식을 거두는 데 충분할 정도의 생업을 이루게 해주어야 하며, 그런 연후에 그가 백성들을 선으로 인도할 때 백성들이 그에 따를 수 있다고 하였다.

① 행복을 위해 통치자는 백성의 경제적 안정에 힘써야 한다.
② 행복은 다른 사람과 함께 추구할 때 참된 의의를 지닐 수 있다.
③ 행복한 삶은 민주주의를 바탕으로 군주를 직접 선출할 때 가능하다.
④ 정신적 가치보다 물질적 풍요로움을 행복의 기준으로 삼아야 한다.
⑤ 행복은 인간이 궁극적으로 도달할 수 없는 이상적인 목표에 불과하다.

12 ✱✱✻

밑줄 친 '다양한 참여 방법'에 대한 옳은 설명만을 〈보기〉에서 있는 대로 고른 것은?

> 민주주의의 핵심은 참여이며, 사회 구성원들의 적극적인 정치 참여만이 진정한 민주주의를 실현할 수 있다. 따라서 민주 국가에서는 주권자인 시민의 의사를 반영하기 위해 다양한 참여 방법을 마련해 두고 있다.

─────[보기]─────
ㄱ. 국민 투표를 통해 자신의 의사를 표현한다.
ㄴ. 집회나 시위 등에서 폭력 등 물리적인 압력을 행사한다.
ㄷ. 정당, 이익 집단, 시민 단체 등에 가입하여 활동한다.
ㄹ. 언론 매체에 투고, 행정 기관에 진정, 건의, 청원을 한다.

① ㄱ, ㄴ   ② ㄴ, ㄷ   ③ ㄷ, ㄹ
④ ㄱ, ㄴ, ㄹ   ⑤ ㄱ, ㄷ, ㄹ

13 ✱✻✻

2021 실시 11월 학평 6

다음 신문 칼럼의 입장으로 가장 적절한 것은?

> ○○신문   □□□□년 △△월 △△일
>
> ■■■■■   칼 럼   ■■■■■
>
> 한 연구 결과에 의하면 일주일에 8시간 이상 봉사 활동을 하는 사람 중 95%가 봉사 활동 후 기분이 좋아지는 경험을 했다고 한다. 그들은 힘든 일을 하면서도 힘든 줄 몰랐을 뿐만 아니라 나눔을 실천하는 과정에서 행복감을 느꼈다고 한다. 이런 행복감을 왜 느끼는 것일까? 그것은 봉사 활동을 통해 자신의 이기적인 마음을 넘어 타인과 더불어 행복하게 사는 방법을 배울 수 있기 때문이다. 이러한 맥락에서 간디는 "보상을 구하지 않는 봉사는 남을 행복하게 할 뿐 아니라 우리 자신도 행복하게 한다."라고 하였다.

① 다른 사람과의 비교를 통해 행복을 얻을 수 있다.
② 행복한 삶을 위해서는 물질적으로 풍요로워야 한다.
③ 도덕적 실천은 다른 사람들에게만 행복을 가져다준다.
④ 자기 자신의 다양한 욕망을 자유롭게 추구할 때 행복해진다.
⑤ 타인을 배려하는 마음의 실천은 행복한 삶을 가능하게 한다.

14 ✽✽❀

2022 실시 6월 학평 7

다음 가상 편지를 쓴 사람이 강조하는 내용으로 가장 적절한 것은?

> ○○에게
> 행복한 삶을 위해서는 의식주가 어느 정도 충족되어야 한다는 자네의 의견에 공감하네. 경제적 풍요로움은 삶을 윤택하게 하는 데 도움이 되기 때문일세. 그러나 물질적인 요소에 얽매여 바람직한 삶에 대한 숙고와 인간으로서 마땅히 행해야 할 바를 결코 잊어서는 안 되네. 공자는 예(禮)가 아니면 보지도 말며, 듣지도 말며, 말하지도 말며, 움직이지도 말라고 하셨네. 자네가 공자의 가르침을 되새기며 진정으로 행복한 삶이 어떠한 삶인지 고민해 보기 바라네. …(후략).

① 명예와 부의 축적은 행복한 삶의 궁극적 목표이다.
② 윤리적 성찰과 실천은 행복한 삶의 핵심을 이룬다.
③ 정치적으로 안정되지 않으면 행복한 삶이 불가능하다.
④ 질 높은 정주 환경은 행복한 삶의 유일한 선결 조건이다.
⑤ 경제적 안정이 보장되면 행복한 삶은 필연적으로 실현된다.

 서술형·단답형 문제

15 ✽❀❀ 단답형

빈칸 ㉠, ㉡에 들어갈 알맞은 용어를 쓰시오.

> 행복 관련 지수들은 대부분 주거, 소득, 고용, 수명 등과 같은 ┃ ㉠ ┃ 기준을 행복 실현의 중요한 기준으로 꼽고 있다. 그러나 진정한 행복을 실현하기 위해서는 ┃ ㉠ ┃ 기준뿐만 아니라 삶의 만족도나 일상생활에서 느끼는 행복감이나 만족감 등 ┃ ㉡ ┃ 기준까지 충족되어야 한다.

16 ✽✽❀ 서술형

그림과 같이 행복의 기준이 다르게 나타나는 이유를 서술하시오.

오늘은 꼭 사냥에 성공하겠어.

맛도 중요하지만 건강도 중요하지.

[17~18] 다음 글을 읽고 물음에 답하시오.

> 힘든 수험 생활을 거쳐 입학한 대학을 스스로 박차고 나가는 학생들이 늘어나고 있다. 대학 졸업장을 필수로 여기는 부모와 사회적 편견에 떠밀려 입학한 대학 생활이 자신의 행복한 삶을 보장해 주지 않는다는 자각 때문이다. ○○씨는 성적에 맞춰 대학에 진학했지만 요즘 자퇴를 고민하고 있다. "고3 때를 돌이켜보면 '대학 간판' 수준을 높이기 위해 공부했을 뿐 진로에 대해 충분히 생각하지 못했다."라며 자퇴를 고민하게 된 배경에 대해 설명했다. 그는 "이제 진짜 어른으로서 원하는 삶을 스스로 선택하고 그 책임을 지겠다."라며 새로운 각오를 다지고 있다.

17 ✽✽❀ 단답형

윗글의 ○○씨가 행복한 삶을 위해 중요시하는 것을 쓰시오. (단, '선택'이라는 단어를 포함하시오.)

18 ✽✽❀ 서술형

밑줄 친 부분을 통해 알 수 있는 '진정한 행복을 찾기 위한 삶의 태도'를 '기준'이라는 말을 넣어 서술하시오.

[19~20] 다음 글을 읽고 물음에 답하시오.

> 국민 소득이 높다고 해서 사회 구성원들의 삶의 질이 반드시 높아지는 것은 아니다. 국가의 부가 증대되면 국민에게 더 좋은 환경과 서비스를 제공할 수 있는 것은 사실이지만, 높은 경제적 수준이 곧 행복을 보장하는 것은 아니다. 즉 ┃ ㉠ ┃. 사람들은 이를 '이스털린의 역설'이라고도 한다.

19 ✽✽❀ 서술형

빈칸 ㉠에 들어갈 소득 수준과 행복의 상관관계를 서술하시오.

20 ✽✽❀ 서술형

행복 실현을 위해 경제적 안정을 보장해야 하는 이유를 서술하시오.

수능 대비 기출 문제

수능 유형 특강

★ 아리스토텔레스와 에피쿠로스의 행복

다음 유형은 갑, 을 사상가가 누구인지 파악한 후, 갑, 을의 입장에 부합하는 내용을 찾는 문제로 주로 출제된다.

행복에 대한 서양 사상가 갑, 을의 입장으로 옳은 것만을 〈보기〉에서 있는 대로 고른 것은?

2028 대비 수능 예시 1(1차)

> 최고선인 행복이 무엇인지 알려면 인간의 고유한 기능을 알아야 합니다. 인간의 고유한 기능은 이성을 동반하는 정신 활동입니다. 그런데 기능을 잘 수행할 수 있는 품성 상태가 덕이므로 행복이란 덕에 따르는 정신 활동입니다.

> 쾌락은 행복의 시작이자 끝입니다. 우리가 추구할 만한 쾌락은 몸에 고통이 없고 마음에 동요가 없는 상태입니다. 그런데 덕은 본성적으로 쾌락의 향유와 연결되므로 사려 깊고 훌륭하고 정의롭게 살지 않고서는 쾌락을 누릴 수 없습니다.

 갑   을

[보기]

ㄱ. 갑: 행복은 인간의 모든 행위의 궁극적인 목적이다.
ㄴ. 갑: 유덕함이 행복을 증진하지만 행복의 필수 조건은 아니다.
ㄷ. 을: 모든 고통이 제거되면 쾌락은 더 이상 증가하지 않는다.
ㄹ. 갑과 을: 이성의 능력을 발휘해야 행복에 이를 수 있다.

① ㄱ, ㄴ ② ㄱ, ㄹ ③ ㄴ, ㄷ ④ ㄱ, ㄷ, ㄹ ⑤ ㄴ, ㄷ, ㄹ

💡 단서+발상

단서 갑: 행복이란 덕에 따르는 정신 활동
       을: 쾌락은 행복의 시작이자 끝
발상 갑은 아리스토텔레스, 을은 에피쿠로스이다.
적용 아리스토텔레스는 행복하기 위해서는 덕을 갖추어야 한다고 주장했다.

|문제 + 자료 분석|

• 갑은 이성을 발휘하고 그에 따르는 사람은 훌륭하고 유덕할 뿐 아니라 행복을 누린다고 본 아리스토텔레스이다.
• 을은 불필요한 욕구를 충족하기보다는 욕구를 조절하고 고통을 줄이는 것이 행복을 증진하는 데 기여한다고 본 에피쿠로스이다.

|보기 분석|

ㄱ 갑: 행복은 인간의 모든 행위의 궁극적인 목적이다.

• 갑(아리스토텔레스)은 행복을 자족적이면서도 완전한 것이자 최종적인 [1]으로 본다.
• 행복을 향유하는 사람은 다른 것을 필요로 하지 않을뿐더러 다른 무언가를 위해 행복을 수단으로 삼지 않기 때문이다.

✗ 갑: 유덕함이 행복을 증진하지만 행복의 필수 조건은 아니다.

• 갑(아리스토텔레스)은 행복하기 위해서는 [2]을 갖추어야 한다고 본다.
• 따라서 갑(아리스토텔레스)은 유덕함은 행복의 필수 조건이라고 본다.

ㄷ 을: 모든 고통이 제거되면 쾌락은 더 이상 증가하지 않는다.

• 을(에피쿠로스)은 더 많은 욕구를 충족하여 더 큰 쾌락을 적극적으로 획득하라고 요구하지 않는다.
• 에피쿠로스는 불필요한 욕구를 [3]하여 고통을 줄여야 한다는 [4] 쾌락주의를 주장한다.

ㄹ 갑과 을: 이성의 능력을 발휘해야 행복에 이를 수 있다.

• 갑(아리스토텔레스)은 인간 고유의 기능인 [5]을 발휘하여 덕을 갖추어야만 행복할 수 있다고 본다.
• 을(에피쿠로스)은 이성을 발휘하여 추구할 만한 욕구와 그렇지 않은 욕구를 구별함으로써 행복을 획득할 수 있다고 본다.

∴ 정답은 ④이다.

대비법

이 유형에 대비하기 위해서는 아리스토텔레스와 에피쿠로스 모두 진정한 행복을 위해 이성을 발휘해야 한다고 주장한 점을 알고 있어야 한다.

• 아리스토텔레스와 에피쿠로스의 행복

아리스토텔레스	행복은 덕에 따른 영혼의 활동으로, 이성을 잘 발휘하는 삶을 통해 달성됨
에피쿠로스	행복은 육체에 고통이 없고 마음에 불안이 평온한 삶을 사는 것임

---

01 ✿✿✿ 2028 대비 수능 예시 1(2차)

다음은 고대 서양 사상가 갑, 을의 가상 대화이다. 갑, 을의 관점에서 〈사례〉 속 A에게 제시할 조언으로 가장 적절한 것은? [2점]

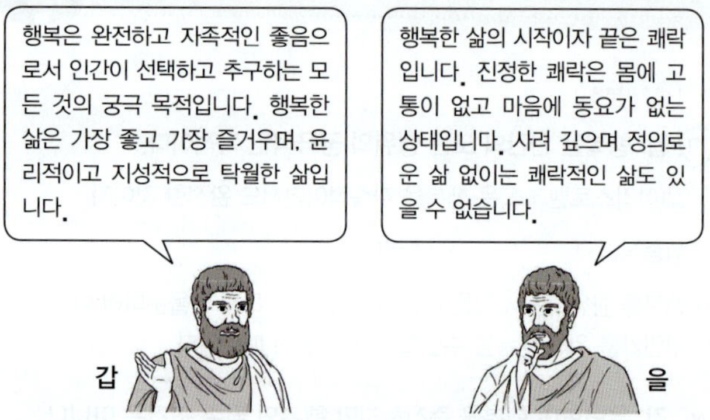

행복은 완전하고 자족적인 좋음으로서 인간이 선택하고 추구하는 모든 것의 궁극 목적입니다. 행복한 삶은 가장 좋고 가장 즐거우며, 윤리적이고 지성적으로 탁월한 삶입니다.
행복한 삶의 시작이자 끝은 쾌락입니다. 진정한 쾌락은 몸에 고통이 없고 마음에 동요가 없는 상태입니다. 사려 깊으며 정의로운 삶 없이는 쾌락적인 삶도 있을 수 없습니다.
갑
을

[사례]

A는 많은 돈을 가진 자산가이다. A는 육체적인 즐거움만을 행복이라 생각하고 매일 향락적인 생활을 하고 있다.

① 갑: 물질적 부는 행복의 실현에 기여할 수 없음을 명심하세요.
② 갑: 행복한 사람의 행위에는 쾌락이 따르지 않음을 명심하세요.
③ 을: 욕구를 충족하려는 시도는 항상 고통을 야기함을 명심하세요.
④ 을: 쾌락이 삶의 목적인 사람은 결코 만족할 수 없음을 명심하세요.
⑤ 갑과 을: 이성을 동반한 덕을 통해 행복을 성취할 수 있음을 명심하세요.

02 ✿✿✿ 수능 대비 기출

다음 가상 대화의 스승이 강조하는 삶의 태도로 가장 적절한 것은?

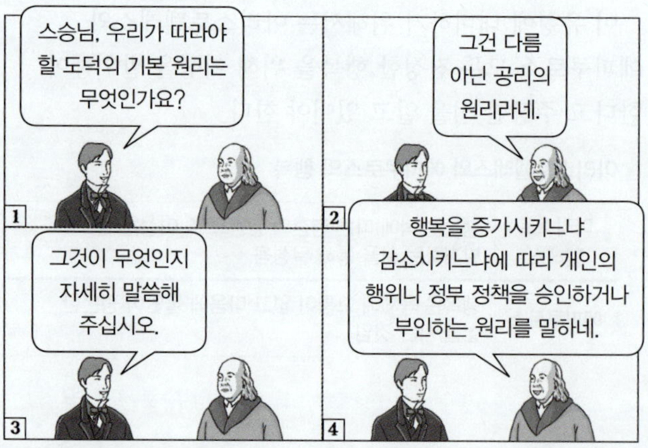

1
스승님, 우리가 따라야 할 도덕의 기본 원리는 무엇인가요?
2
그건 다름 아닌 공리의 원리라네.
3
그것이 무엇인지 자세히 말씀해 주십시오.
4
행복을 증가시키느냐 감소시키느냐에 따라 개인의 행위나 정부 정책을 승인하거나 부인하는 원리를 말하네.

① 헛된 욕심을 버리고 금욕적 태도를 지니려고 노력해야 한다.
② 사회적 삶에서 벗어나 개인적 이익과 쾌락을 추구해야 한다.
③ 쾌락 산출과 무관하게 자신의 소망을 실현하고자 해야 한다.
④ 개인적으로나 사회적으로 쾌락을 증진하는 행위를 해야 한다.
⑤ 쾌락을 멀리하고 검소와 절제를 습관화하려고 노력해야 한다.

03 ✿✿✿ 수능 대비 기출

그림의 강연자가 강조하는 삶의 태도로 가장 적절한 것은?

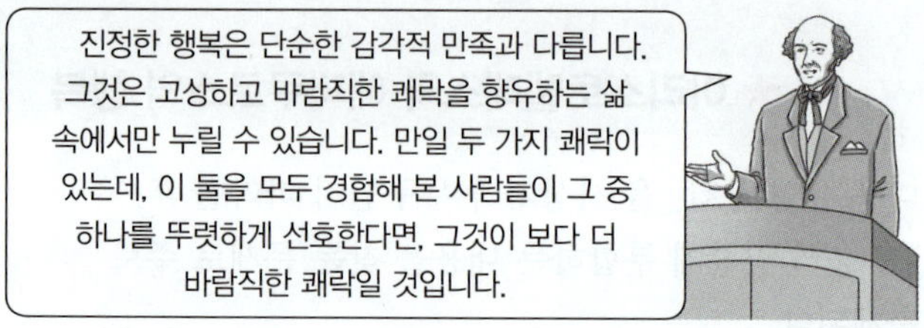

진정한 행복은 단순한 감각적 만족과 다릅니다. 그것은 고상하고 바람직한 쾌락을 향유하는 삶 속에서만 누릴 수 있습니다. 만일 두 가지 쾌락이 있는데, 이 둘을 모두 경험해 본 사람들이 그 중 하나를 뚜렷하게 선호한다면, 그것이 보다 더 바람직한 쾌락일 것입니다.

① 유용성을 초월하여 진리 그 자체를 추구하는 삶을 살아야 한다.
② 전통적 관행과 다수의 의사를 자신의 가치관보다 우선해야 한다.
③ 선험적 법칙과 선의지에서 비롯된 무조건적 의무를 준수해야 한다.
④ 단순한 육체적 쾌락보다 고상하고 정신적인 쾌락을 추구해야 한다.
⑤ 모든 쾌락의 가치는 동일하므로 타인의 다양한 선호를 존중해야 한다.

04 ✿✿✿ 2020 실시 4월 학평 1 (고3) / 한국지리

다음 자료의 ㉠~㉣에 대한 옳은 설명만을 〈보기〉에서 고른 것은? (3점)

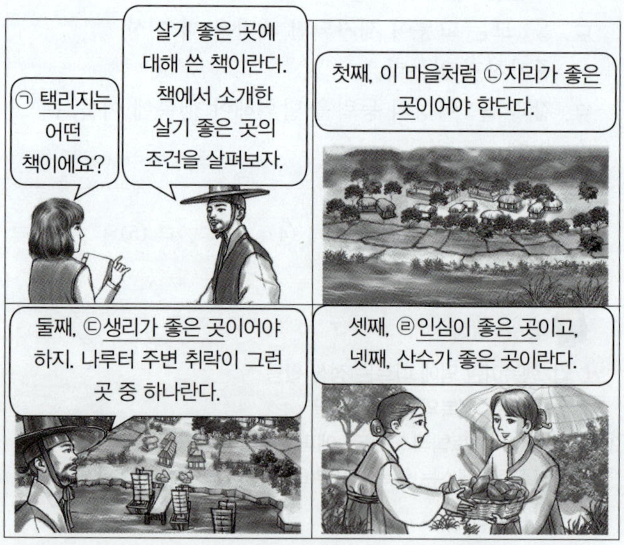

㉠ 택리지는 어떤 책이에요?
살기 좋은 곳에 대해 쓴 책이란다. 책에서 소개한 살기 좋은 곳의 조건을 살펴보자.
첫째, 이 마을처럼 ㉡지리가 좋은 곳이어야 한단다.
둘째, ㉢생리가 좋은 곳이어야 하지. 나루터 주변 취락이 그런 곳 중 하나란다.
셋째, ㉣인심이 좋은 곳이고, 넷째, 산수가 좋은 곳이란다.

[보기]

ㄱ. ㉠ – 조선 전기에 국가 주도로 제작되었다.
ㄴ. ㉡ – 경치가 빼어나 풍류를 즐길 수 있는 곳이다.
ㄷ. ㉢ – 땅이 비옥하거나 물자 교류가 편리한 곳이다.
ㄹ. ㉣ – 풍속이 아름답고 사람들이 온순하며 순박한 곳이다.

① ㄱ, ㄴ ② ㄱ, ㄷ ③ ㄴ, ㄷ ④ ㄴ, ㄹ ⑤ ㄷ, ㄹ

❖ 정답 및 해설 23~24p

Ⅲ 자연환경과 인간

04 자연환경과 인간 생활

중요도

1 자연환경이 인간 생활에 미치는 영향

1. 인간 생활의 토대가 된 자연환경

(1) **자연환경** : 기후, 지형, 토양, 식생 등으로 인간이 살아가는 데 필요한 토대를 마련해 주고 있음

(2) **자연환경의 영향** : 각 지역의 자연환경은 인간의 거주 조건, 지역 고유의 생활 양식, 산업 발달에 많은 영향을 줌

2. 세계의 기후 일정한 지역에서 장기간에 걸쳐 나타나는 대기의 평균적인 상태

(1) **기후의 특징** : 위도, 바다와 육지의 분포(수륙 분포), 해발 고도 등 여러 기후 요인❶에 따라 기온, 강수량, 바람 등 기후 요소가 달라짐

(2) **세계의 기후 구분**

① 기온과 강수량에 따라 구분한다. 저위도에서 고위도로 가면서 대체로 열대, 건조, 온대, 냉대, 한대 기후 순으로 나타난다.

② 위도 0° 부근은 연 강수량이 많으며, 남회귀선, 북회귀선❷ 부근은 연 강수량이 적다.

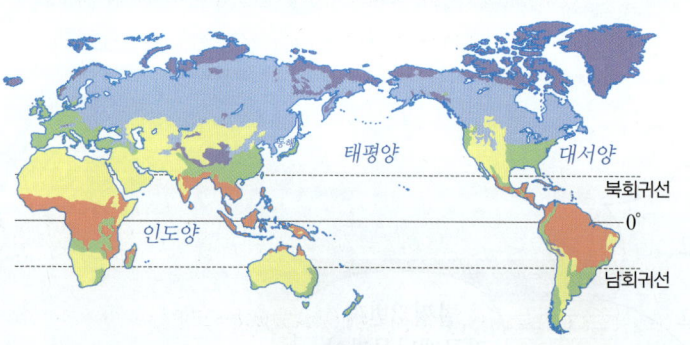

■ 열대 기후 ■ 건조 기후
■ 온대 기후 ■ 냉대 기후
■ 한대 기후
[구드 세계 지도]

3. 기후에 따른 생활 양식의 차이

출제 ○순위 특강 p.51

(1) **열대 기후** : 일 년 내내 기온이 높고, 강수량이 많음

생활 양식	• 음식: 음식이 상하는 것을 막기 위해 기름과 향신료를 많이 사용하는 요리가 발달함 • 의복: 얇은 천으로 만든 간편한 옷 • 가옥: 기온이 높아 개방적이고 통풍이 잘되는 가옥 구조, 고상 가옥❸, 강수량이 많아 빗물이 잘 흘러내리도록 하기 위해 지붕의 경사가 급함
산업	• 이동식 화전 농업❹을 통해 카사바, 얌 등을 재배함 • 유럽인의 자본과 원주민의 노동력이 결합된 플랜테이션으로 커피, 카카오 등을 재배함 • 계절에 따라 풍향이 달라지는 계절풍의 영향을 받는 아시아 지역에서는 벼농사가 이루어짐

(2) **건조 기후** : 연 강수량이 적고, 기온의 일교차가 큼

생활 양식	• 음식: 양고기와 밀로 만든 빵 • 의복: 모래바람과 강한 햇볕을 막기 위해 온몸을 감싸는 헐렁한 옷 • 가옥: 창문이 작고 벽이 두꺼우며 지붕이 평평한 흙벽돌집(사막 기후 지역), 유목 생활에 적합한 이동식 천막집(스텝 기후 지역)❺
산업	• 가축을 사육하며 물과 풀을 찾아 이동하는 유목이 발달함 • 강수량이 적어 오아시스를 중심으로 작물을 재배하는 오아시스 농업이 발달함 • 외래 하천이나 지하수를 이용하는 관개 농업을 통해 밀이나 대추야자를 재배함

+ 개념

❶ 기후 요인

위도	저위도에서 고위도로 갈수록 기온이 낮아짐
수륙 분포	대륙의 영향을 많이 받는 지역은 기온의 연교차가 큼
해발 고도	해발 고도가 높아질수록 기온이 낮아짐

+ 용어

❷ 회귀선

지구의 자전축은 기울어진 채 공전함. 이때, 태양빛이 지구에 수직으로 도달한 지점을 연결하여 지구의 남과 북의 위도 23° 27'에 설정된 위선

❸ 고상 가옥

열과 습기, 해충 등을 막기 위해 가옥의 바닥을 지면에서 띄워 짓는 집

❹ 이동식 화전 농업

나무를 베고 불을 질러 그 재를 비료로 하여 작물을 재배한 후, 지력이 떨어지면 다른 장소로 이동하여 농사를 짓는 전통적인 농업 방식

+ 개념

❺ 이동식 천막집

몽골은 초원 지대가 넓게 펼쳐져 있어 풀밭을 찾아 옮겨 다니며 말, 양 등을 키우는 유목이 발달하였다. 주민들은 유목 생활에 편리한 이동식 천막집인 '게르'를 짓고 살아간다.

▲ 게르

(3) **온대 기후** : 계절의 변화가 뚜렷하고, 기후가 온화함

생활 양식	• 더위와 추위에 대비하고, 계절 변화에 적응할 수 있는 생활 양식 발달 • **음식**: 농축산물이 많이 생산되어 다양한 조리법과 요리 발달 • **의복**: 계절별로 다양한 옷차림 • **가옥**: 햇볕을 반사해 실내 온도를 낮추기 위한 지중해 연안의 하얀색 집❶ (지중해성 기후)
산업	• 쌀❷과 밀 등의 곡물이 많이 생산됨 • 지중해 연안: 건조한 여름을 견딜 수 있는 올리브, 포도 등의 농작물 재배

(4) **냉대 기후** : 기온의 연교차가 크고 <u>겨울이 길고 추워</u> 인간 생활에 불리함

생활 양식	• **음식**: 추위에 강한 밀과 감자를 주로 재배해 빵과 감자가 주재료인 음식 발달 • **의복**: 추위를 견딜 수 있도록 보온이 잘 되는 두꺼운 옷 • **가옥**: 풍부한 침엽수를 이용한 통나무집 잎이 바늘처럼 뾰족한 나무, 냉대 기후 지역에서 자라는 침엽수림을 타이가라고 함
산업	침엽수림이 넓게 나타나 임업이 발달함

(5) **한대 기후** : 겨울이 길고 추워 나무가 자라거나 <u>인간이 거주하기 어려움</u>

생활 양식	• **음식**: 열량이 높은 육류 중심의 음식 발달 • **의복**: 동물의 가죽이나 털로 만든 옷 • **가옥**: 추위를 막기 위한 <u>폐쇄적 구조</u>, 눈과 얼음을 이용하여 만든 가옥(이글루), 순록 유목 지역의 이동식 가옥(네네츠족), 고상 가옥❸
산업	작물 재배가 어려워 수렵·어업 활동, 순록 유목❹이 발달함

4. 지형에 따른 생활 양식의 차이

(1) 산지, 평야, 해안 지역

산지 지역	• 높은 해발 고도와 급한 경사로 인해 인간 거주에 불리함 • 밭농사 및 가축 사육, 임산물 채취가 이루어지며 최근 <u>관광 산업</u>이 발달함 • 열대 고산 기후가 나타나는 지역은 인간 거주에 유리해 고산 도시가 발달함 일 년 내내 봄과 같이 온화한 기후가 나타나 인간이 거주하기에 유리함
평야 지역	• 지표면이 평평해 <u>농경</u>에 유리하고 교통로를 건설하기 쉬움 • 하천 주변의 평야는 토양이 비옥하여 농업이 발달함 ⑩ 세계 4대 문명 • <u>도시가 발달</u>하거나 각종 산업이 발달해 경제 활동의 주요 공간이 됨
해안 지역	• 육지와 바다가 만나는 지역으로 교역에 유리함 • 어업과 양식업이 발달했고, 넓은 평야가 발달한 지역은 농업이 발달함 • 해안, 갯벌 등의 지형을 이용한 관광 산업이 발달함 • 국가 간의 교역 증대로 대규모 <u>항구</u>와 <u>산업 단지</u>가 조성됨

(2) 독특한 지형이 나타나는 지역

① 카르스트 지형❺
  • 석회암이 빗물이나 지하수에 의해 녹는 과정에서 단단한 부분이 남아 형성된 뾰족한 탑 모양의 지형 ➡ 탑 카르스트
  • 아름다운 경관이 나타나 세계적인 관광지가 되기도 함
② 화산 지형
  • 지표로 방출된 화산 분출물의 퇴적 작용으로 형성된 지형
  • 간헐천, 활화산, 노천 온천 등을 이용한 관광 산업이 발달함
  • 아이슬란드(온천, 간헐천, 화산 지형, 지열 발전), 일본, 뉴질랜드
(3) 지형을 활용한 인간 생활 : 과학 기술의 발달로 스프링클러를 설치해 사막에서도 농사를 짓고, 지열 발전처럼 지형을 이용해 에너지를 생산함

➕ 개념

❶ **지중해 연안의 하얀색 집**
지중해 연안 지역은 햇빛을 반사시키기 위해 가옥의 벽을 하얗게 칠하고, 창문을 작게 한다.

❷ **계절풍과 벼농사**
성장기에 고온 다습한 기후 환경에서 잘 자라기 때문에 계절풍의 영향을 받는 아시아 지역에서 많이 생산됨

❸ **한대 기후의 고상 가옥**

기둥을 영구 동토층까지 깊숙이 박고 지표면으로부터 일정한 높이로 띄워 토양층의 융해로 인한 붕괴를 막는 형태의 가옥을 말한다.

❹ **한대 기후 지역의 순록 유목**
한대 기후 지역의 유목민들은 의식주의 대부분을 순록에 의지한다. 순록의 털가죽은 옷이 되고, 고기는 주요 식량이다.

❺ **카르스트 지형**
탄산칼슘을 주성분으로 하는 석회암이 물과 반응하여 녹아 형성되며, 주로 온도와 습도가 높은 지역에서 발달한다. (돌리네, 석회동굴, 종유석 등)

▲ 베트남 할롱 베이(카르스트 지형)

2 안전하고 쾌적하게 살아갈 권리

1. 자연재해 : 기후, 지형 등의 자연환경 요소들이 인간의 안전한 생활을 위협하면서 피해를 주는 현상

(1) 기상 재해 : 기후적 요인에 의한 자연재해

홍수	일시에 많은 비가 내려 시가지와 농경지가 침수되고, 인명 및 재산 피해가 발생함
가뭄	오랫동안 비가 내리지 않아 농작물이 말라 죽고, 식수와 농업용수가 부족해짐
열대 저기압	열대 지방의 바다에서 형성되는 저기압으로, 태풍, 허리케인 등이 있음 └ 강한 바람과 많은 비를 동반함
폭설	많은 눈이 단시간에 집중해서 내려 교통 혼란, 비닐하우스 붕괴 등의 문제가 발생

(2) 지형(지질) 재해 : 환태평양 조산대❶, 알프스·히말라야 조산대에서 자주 발생
└ 판의 경계, 지각판의 움직임이 활발한 지역에서 주로 발생

지진	땅이 갈라지고 흔들리면서 건축물과 도로 등이 붕괴, 바다 밑에서 지진이 발생하면 대규모의 지진 해일이 일어남 └ 바다 밑에서 일어나는 지진이나 화산 폭발 등의 급격한 지각 변동으로 인해 바닷물이 상하로 진동하고 이것이 대규모 파동으로 성장하여 발생하는 해일로, 쓰나미라고도 불림
화산 활동	용암, 화산 가스, 화산재 등에 의한 피해가 발생함

2. 자연재해의 피해와 대응 방안

(1) 피해 : 인명 피해와 재산 손해가 발생하고, 농경지, 산업 시설 등의 생산 공간과 주택 등의 생활 공간이 파괴되며 재해 발생 지역의 경제가 나빠짐

(2) 대응 방안 : 사전 예측에 따른 예방 조치를 수행하고 방어 시설물을 구축해야 하며, 재해 발생 시 신속한 복구를 위한 대응 체계 및 복원 대책을 마련해야 함

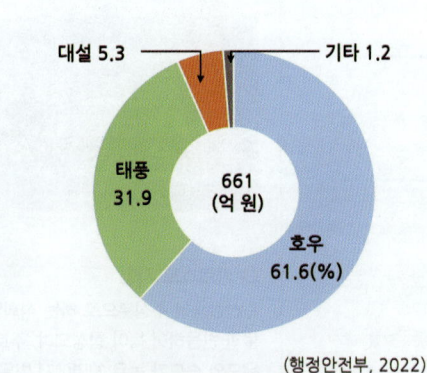

☼ 우리나라에 피해를 주는 자연재해

대설 5.3 ─── 기타 1.2
태풍 31.9
661 (억 원)
호우 61.6(%)

(행정안전부, 2022)
▲ 원인별 자연재해 피해액 규모

• 우리나라는 봄에는 가뭄, 여름에는 홍수, 태풍, 폭염, 겨울에는 폭설과 한파가 발생한다.

• 그중 호우와 태풍으로 인한 피해가 가장 크며, 최근에는 기후변화로 인해 호우의 발생 빈도와 강도가 증가하며 피해가 더욱 커지고 있다.

• 무분별한 도시 개발로 녹지 면적이 줄어들면서 빗물이 땅에 흡수되지 못하고 빠르게 하천으로 흘러들어 피해가 더 커지고 있다.

▲ 폭우로 침수된 공원

3. 안전하고 쾌적한 환경에서 살아갈 시민의 권리

(1) 시민의 권리 : 안전하고 쾌적한 환경에서 살아갈 권리가 있음

(2) 정부의 의무 : 자연재해의 위협으로부터 시민을 안전하게 보호하기 위해 다양한 자연재해 예방 대책을 수립할 의무가 있음❷ 예 스마트 재난 관리 시스템

(3) 개인의 노력 : 재난 대응 훈련에 적극적으로 참여하고 공동체의 빠른 회복을 위해 함께 노력하는 성숙한 시민 의식을 갖춰야 함

▲ 지진으로 무너진 건물

✦ 기후에 따른 생활 양식의 차이

〈기후에 따른 주거 형태〉

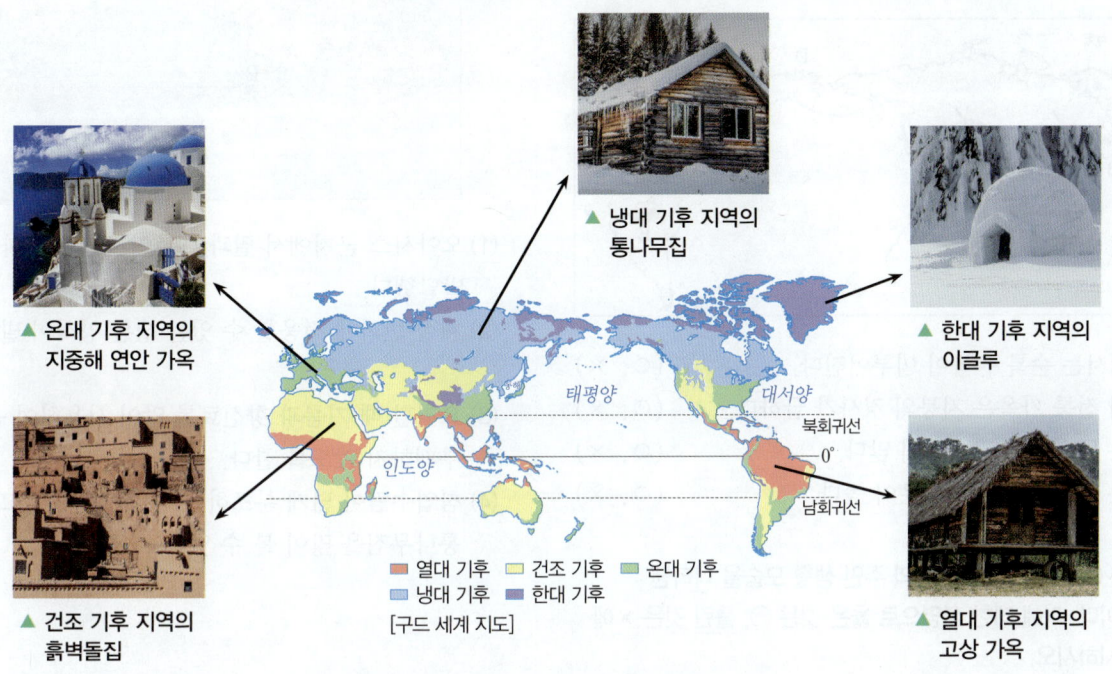

▲ 온대 기후 지역의
지중해 연안 가옥

▲ 냉대 기후 지역의
통나무집

▲ 한대 기후 지역의
이글루

▲ 건조 기후 지역의
흙벽돌집

▲ 열대 기후 지역의
고상 가옥

태평양 대서양 인도양 북회귀선 0° 남회귀선

■ 열대 기후 ■ 건조 기후 ■ 온대 기후
■ 냉대 기후 ■ 한대 기후
[구드 세계 지도]

〈기후에 따른 의식주 비교〉

열대 기후	• 의: 얇고 가벼운 옷 • 식: 향신료를 사용하고 기름에 볶거나 튀긴 요리가 발달함 • 주: 지붕의 경사가 급하고 바닥을 지면에서 띄워 짓는 고상 가옥
건조 기후	• 의: 모래바람과 햇볕을 막기 위해 온몸을 감싸는 헐렁한 의복 • 식: 양고기와 밀로 만든 빵 • 주: 지붕이 평평하고 창문이 작고 벽이 두꺼운 흙벽돌집, 유목 생활에 편리한 이동식 천막
한대 기후	• 의: 동물의 가죽이나 털로 만든 두껍고 무거운 옷 • 식: 육류 위주의 음식 • 주: 추위를 막기 위한 폐쇄적인 가옥 구조, 눈과 얼음으로 만든 이글루

출제 ⓞ순위 포인트는?

• **지도가 제시되는 경우**
특정 기후 지역의 위치를
찾을 수 있어야 하므로
각 기후 지역의 위치를
기억해두자!

• **생활 모습이 제시되는 경우**
어떤 기후인지 파악하고 해당
기후의 의복, 음식, 가옥 구조,
산업을 떠올릴 수 있어야 한다.

확인 문제 ──────────────────────── ▶ 정답과 해설은 다음 페이지에

다음 사진을 보고 물음에 답하시오.

(가)   (나)

1
(가), (나)는 어느 기후 지역에서 볼 수 있는 가옥인지 쓰시오.

2
(가) 지역과 비교한 (나) 지역의 기후 특징을 쓰시오.

1 자연환경이 인간 생활에 미치는 영향

1. 지도를 보고 A~E 지역에 대한 설명으로 옳은 것은 ○, 틀린 것은 ×에 표시하시오.　2021 실시 9월 학평 17 변형

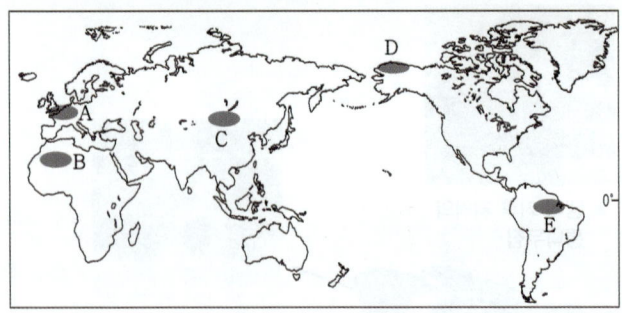

(1) A에서는 순록 유목이 이루어진다.　(○, ×)
(2) B의 전통 가옥은 지붕의 경사가 급하다.　(○, ×)
(3) C는 E보다 연 강수량이 많다.　(○, ×)
(4) E는 D보다 연평균 기온이 높다.　(○, ×)

2. A~C는 어느 기후 지역의 주민 생활 모습을 나타낸 것이다. 이에 대한 설명으로 옳은 것은 ○, 틀린 것은 ×에 표시하시오.

A

고상 가옥

B　　　　　　　C

하얀색 집　　　　　이글루

(1) A는 연 강수량이 적다.　(○, ×)
(2) B는 수목 농업이 주로 이루어진다.　(○, ×)
(3) C는 일 년 내내 기온이 높다.　(○, ×)
(4) A는 C보다 저위도에 있다.　(○, ×)
(5) B는 C와 달리 의식주 대부분을 순록에 의존한다.
　(○, ×)

p.51 확인 문제 [정답]
1　(가)는 건조 기후, (나)는 열대 기후 지역의 가옥이다.
2　열대 기후 지역은 건조 기후 지역에 비해 연 강수량이 많고, 최한월 평균 기온이 높다.

3. 다음 설명에 해당하는 지역을 A~D에서 찾아 쓰시오.

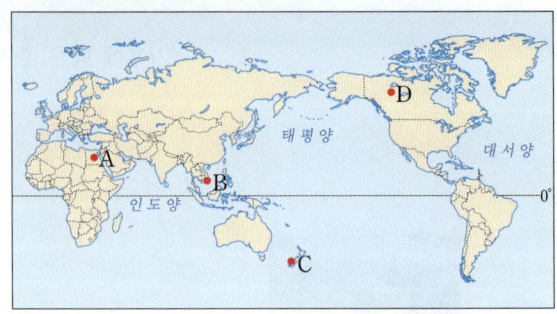

(1) 오아시스 근처에서 밀과 대추야자를 재배하는 농업이 발달했다.　(　　)
(2) 계절 변화에 적응할 수 있는 생활 양식이 발달했다.
　(　　)
(3) 요리할 때 기름과 향신료를 많이 사용하여 음식이 부패하지 않도록 한다.　(　　)
(4) 침엽수림이 넓게 분포하여 임업이 발달했고, 통나무집을 많이 볼 수 있다.　(　　)

2 안전하고 쾌적하게 살아갈 권리

4. 자료에 표시된 A~C 자연재해에 대한 설명으로 옳은 것은 ○, 틀린 것은 ×에 표시하시오. (단, A~C는 대설, 호우, 태풍 중 하나임.)

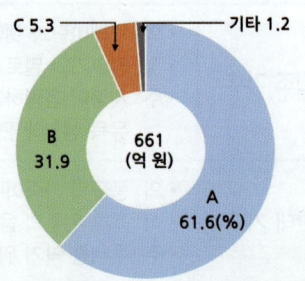

(행정안전부, 2022)
원인별 자연재해 피해액 규모

(1) A는 호우이다.　(○, ×)
(2) 최근 기후변화로 인해 A로 인한 피해가 더욱 커지고 있다.　(○, ×)
(3) B는 지형적 요인에 의한 자연재해이다.　(○, ×)
(4) C는 겨울철보다 여름철에 발생한다.　(○, ×)
(5) B는 C보다 우리나라 총 피해액이 많다.　(○, ×)

1 자연환경이 인간 생활에 미치는 영향

01 ✿✿✿ 2025 실시 6월 학평 2

다음 자료는 지도에 표시된 두 지역의 생활 모습을 나타낸 것이다. (가) 지역과 비교한 (나) 지역의 상대적 특징을 그림의 A~E에서 고른 것은? [2.5점]

개 썰매를 끌고 있는 원주민

카카오를 수확하는 농민

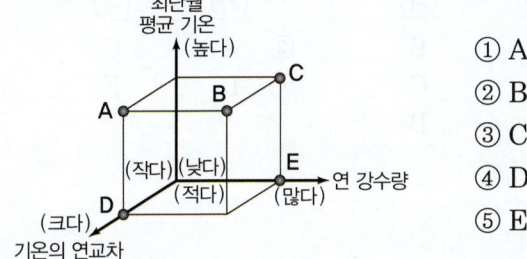

① A
② B
③ C
④ D
⑤ E

02 ✿✿✿ 2025 실시 6월 학평 14

다음은 학생의 탐구 활동 보고서이다. 밑줄 친 ㉠에 대한 설명으로 옳은 것은? [1.5점]

탐구 주제	자연환경이 인간 생활에 미치는 영향
탐구 대상	㉠ ○○ 기후 지역의 전통 가옥과 의복 〈전통 가옥〉　〈전통 의복〉
탐구 내용	• 전통 가옥인 흙벽돌집은 비가 거의 오지 않아 지붕 모양이 평평하고, 창문이 작고 벽이 두껍다. 좁은 간격의 건물들 사이에 생긴 그늘로 더위를 피할 수 있다. • 전통 의복은 강한 햇볕과 모래바람을 막기 위해 온몸을 감싸는 헐렁한 형태이다.

① 계절풍의 영향으로 벼농사가 발달한다.
② 오아시스 농업이나 관개 농업이 발달한다.
③ 이동식 화전 농업을 통해 얌, 카사바를 재배한다.
④ 올리브, 포도 등을 재배하는 수목 농업이 주로 발달한다.
⑤ 대규모 침엽수림의 나무를 베어 목재나 종이를 생산한다.

03 ✿✿✿

인터넷 게시판의 질문에 대해 옳지 <u>않은</u> 답변을 한 학생은?

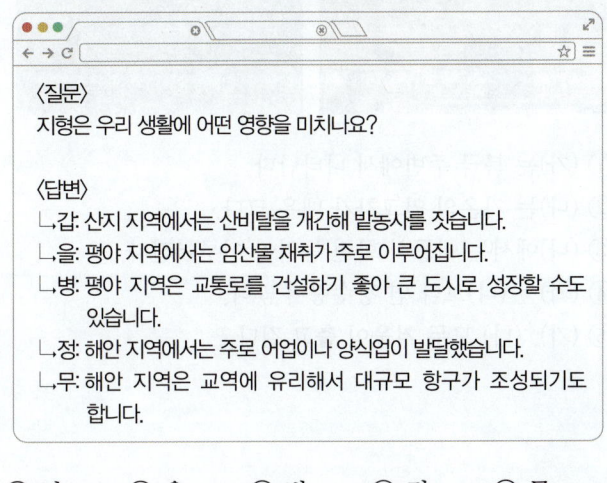

〈질문〉
지형은 우리 생활에 어떤 영향을 미치나요?

〈답변〉
└갑: 산지 지역에서는 산비탈을 개간해 밭농사를 짓습니다.
└을: 평야 지역에서는 임산물 채취가 주로 이루어집니다.
└병: 평야 지역은 교통로를 건설하기 좋아 큰 도시로 성장할 수도 있습니다.
└정: 해안 지역에서는 주로 어업이나 양식업이 발달했습니다.
└무: 해안 지역은 교역에 유리해서 대규모 항구가 조성되기도 합니다.

① 갑　② 을　③ 병　④ 정　⑤ 무

[04~05] 그림을 보고 물음에 답하시오.

농업이 매우 어려워 순록을 유목함

나무의 성장이 불리하며, 짧은 여름철에 풀이 자람

04 ✿✿✿

그림과 같은 특징이 나타나는 기후 지역에 대한 설명으로 옳은 것만을 〈보기〉에서 고른 것은?

[보기]
ㄱ. 계절의 변화가 뚜렷하다.
ㄴ. 폐쇄적인 가옥 구조가 나타난다.
ㄷ. 카사바, 얌 등의 작물이 주로 재배된다.
ㄹ. 동물의 가죽이나 털로 만든 옷을 입는다.

① ㄱ, ㄴ ② ㄱ, ㄷ ③ ㄴ, ㄷ ④ ㄴ, ㄹ ⑤ ㄷ, ㄹ

05 ✿✿✿ 서술형

위 지역의 음식 문화와 해당 음식 문화가 발달한 이유를 기후와 관련지어 서술하시오.

06 ✿✿✾ 출제 0순위 특강

사진은 어느 지역의 전통 가옥을 나타낸 것이다. (가), (나) 지역에 대한 설명으로 옳은 것은?

(가)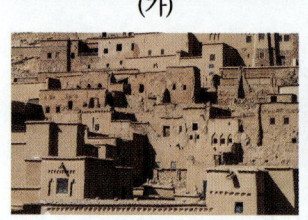

(나)

① (가)는 북극 주변에서 나타난다.
② (나)는 기온의 연교차가 매우 크다.
③ (나)에서는 이동식 화전 농업이 이루어진다.
④ (가)는 (나)보다 연 강수량이 많다.
⑤ (가), (나) 모두 겨울이 춥고 길다.

07 ✿✿✾ 중요

2022 실시 11월 학평 11

(가)~(다) 지역에 대한 설명으로 옳은 것은? [3점]

〈다큐멘터리 제작 계획서〉			
제목	기후, 삶의 모습을 다양하게 조각하다!		
제작 의도	다양한 기후 지역에서 전통을 지키며 살아가는 사람들의 모습을 통해 인간과 자연이 어떻게 관계를 맺고 있는지 보여 주고자 함.		
지역	(가)	(나)	(다)
예상 촬영 장면	유목하여 기른 순록의 가죽으로 이동식 천막을 만들어 생활하는 모습	지열과 습기를 차단하고 해충을 막기 위해 고상 가옥에서 생활하는 모습	대추야자를 재배하며 지붕이 평평한 흙집에서 생활하는 모습

① (가)는 (나)보다 고위도에 위치한다.
② (다)는 (나)보다 연 강수량이 많다.
③ (가)와 (다)는 모두 침엽수림이 넓게 분포한다.
④ (가)~(다)는 모두 벼농사가 발달한다.
⑤ (가)는 건조 기후, (나)는 열대 기후, (다)는 한대 기후에 속한다.

08 ✿✾✾

다음 (가), (나)와 같은 생활 양식이 나타나는 기후 지역을 지도의 A~E에서 고른 것은?

> (가) 침엽수림이 넓게 나타나 임업이 발달하였으며, 주로 통나무를 이용해 집을 만든다.
> (나) 더위와 추위에 대비할 수 있게 계절별로 옷차림이 다양하며, 쌀과 밀 등의 곡물이 많이 생산된다.

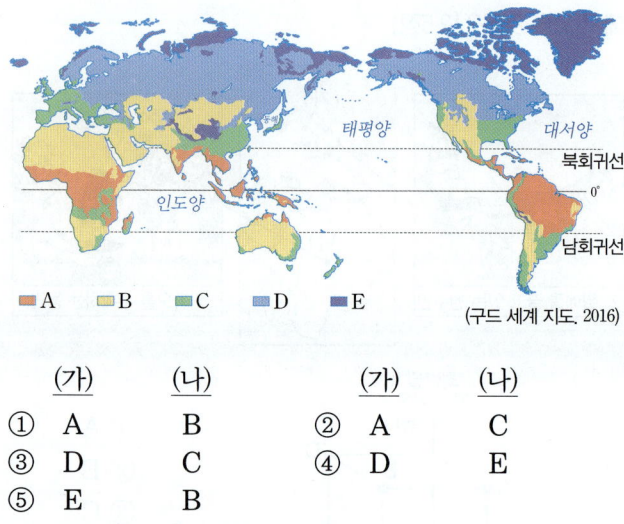

(구드 세계 지도, 2016)

■ A ■ B ■ C ■ D ■ E

	(가)	(나)		(가)	(나)
①	A	B	②	A	C
③	D	C	④	D	E
⑤	E	B			

09 ✿✾✾

2025 실시 9월 학평 3

(가), (나)에 대한 옳은 설명만을 〈보기〉에서 고른 것은? [1.5점]

(가) 노르웨이의 피오르

(나) 모로코의 모래 언덕

[보기]
ㄱ. (가)는 카르스트 지형으로 관광 산업에 활용된다.
ㄴ. (나)에서는 강한 햇빛과 모래바람을 막기 위한 전통 의복을 볼 수 있다.
ㄷ. (가)는 (나)보다 수력 발전소 입지에 유리하다.
ㄹ. (가)는 바람의 퇴적, (나)는 빙하의 침식 작용으로 주로 형성되었다.

① ㄱ, ㄴ ② ㄱ, ㄷ ③ ㄴ, ㄷ ④ ㄴ, ㄹ ⑤ ㄷ, ㄹ

10 ✿✿✿

다음은 온라인 공유 게시판의 일부이다. 밑줄 친 ⊙~ⓔ에 대한 옳은 설명만을 〈보기〉에서 있는 대로 고른 것은? [2.5점]

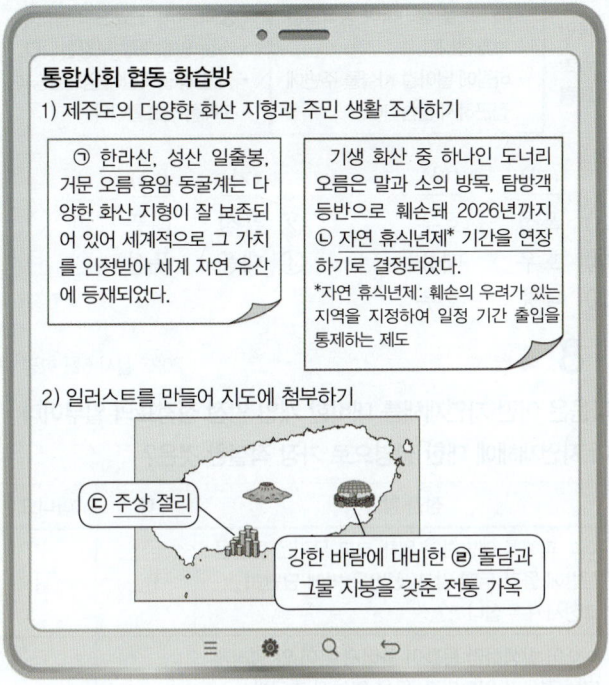

통합사회 협동 학습방

1) 제주도의 다양한 화산 지형과 주민 생활 조사하기

⊙ 한라산, 성산 일출봉, 거문 오름 용암 동굴계는 다양한 화산 지형이 잘 보존되어 있어 세계적으로 그 가치를 인정받아 세계 자연 유산에 등재되었다.

기생 화산 중 하나인 도너리 오름은 말과 소의 방목, 탐방객 등반으로 훼손돼 2026년까지 ⓒ 자연 휴식년제* 기간을 연장하기로 결정되었다.
*자연 휴식년제: 훼손의 우려가 있는 지역을 지정하여 일정 기간 출입을 통제하는 제도

2) 일러스트를 만들어 지도에 첨부하기

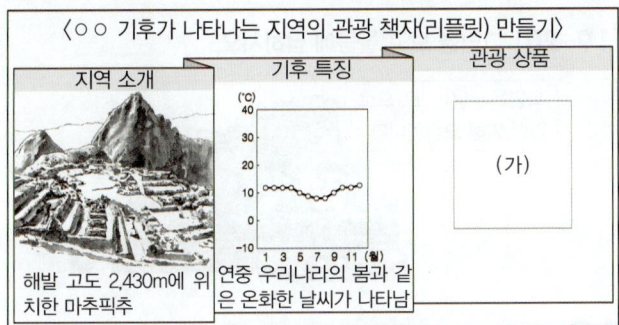

ⓒ 주상 절리

강한 바람에 대비한 ⓔ 돌담과 그물 지붕을 갖춘 전통 가옥

[보기]
ㄱ. ⊙의 정상부에는 분화구에 물이 고인 호수가 있다.
ㄴ. ⓒ은 생태계를 보존하기 위한 노력으로 볼 수 있다.
ㄷ. ⓒ은 용암이 냉각 및 수축되는 과정에서 형성되었다.
ㄹ. ⓔ은 주로 주변에서 얻기 쉬운 석회암을 이용하여 쌓았다.

① ㄱ, ㄷ ② ㄱ, ㄹ ③ ㄴ, ㄹ ④ ㄱ, ㄴ, ㄷ ⑤ ㄴ, ㄷ, ㄹ

11 ✿✿✿

다음은 수행평가의 일부이다. (가)에 들어갈 내용으로 가장 적절한 것은? [2점]

〈○○ 기후가 나타나는 지역의 관광 책자(리플릿) 만들기〉

지역 소개	기후 특징	관광 상품
해발 고도 2,430m에 위치한 마추픽추	연중 우리나라의 봄과 같은 온화한 날씨가 나타남	(가)

① 유람선을 타고 피오르 관광하기
② 밤하늘을 물들이는 오로라 관찰하기
③ 현지인과 함께하는 고무나무 수액 채취하기
④ 넓은 초원에서 이동식 가옥인 게르 체험하기
⑤ 고산 도시에서 라마, 알파카와 함께 영상 촬영하기

12 ✿✿✿

다음은 신문 기사의 일부이다. 밑줄 친 ⊙~ⓔ에 대한 설명으로 옳은 것만을 〈보기〉에서 고른 것은? [2점]

○○ 신문

할롱베이, 부유 쓰레기로 '몸살'

〈할롱베이〉 〈할롱베이의 부유 쓰레기〉

할롱베이는 물에 잠긴 ⊙ 카르스트(Karst) 지형으로 유명하다. ⓒ 할롱베이의 약 1,600개의 크고 작은 기암 괴석과 섬들이 ⓒ 독특한 자연 경관을 이루고 있다. 하지만 최근 할롱베이는 무분별한 개발과 관광객들이 버린 쓰레기로 몸살을 앓고 있으며, 이에 당국은 자연 그 자체를 보존하기 위해서 ⓔ 폐기물 투기 행위에 대한 단속을 강화할 방침이다.

[보기]
ㄱ. ⊙은 기반암이 용식 작용을 받아 형성되었다.
ㄴ. ⓒ의 주된 기반암은 현무암이다.
ㄷ. ⓒ은 관광 산업 발달에 유리한 조건이 될 수 있다.
ㄹ. ⓔ은 경제적 측면만을 강조한 해결 방안으로 환경적 측면이 배제되어 있다.

① ㄱ, ㄴ ② ㄱ, ㄷ ③ ㄴ, ㄷ ④ ㄴ, ㄹ ⑤ ㄷ, ㄹ

[13~14] 다음 자료를 보고 물음에 답하시오.

아이슬란드는 지하 온천수를 이용한 관광 산업이 발달하였다. 또한, 에너지 사용의 40% 이상을 지열 발전으로 공급한다.

지열 발전소

13 ✿✿✿ 서술형

아이슬란드에서 온천수를 이용한 관광 산업과 지열 발전이 발달한 이유를 지형과 관련지어 서술하시오.

14 ✿✿✿

위의 지형에 대한 설명으로 옳은 것만을 〈보기〉에서 고른 것은?

[보기]
ㄱ. 주로 온도와 습도가 높은 지역에서 잘 발달한다.
ㄴ. 난방에 땅속의 열에너지를 활용하는 경우가 많다.
ㄷ. 화산 활동이 활발하게 일어나는 지역에서 발달했다.
ㄹ. 석회암이 물과 반응해 녹아 형성된 지형이 발달했다.

① ㄱ, ㄴ ② ㄱ, ㄷ ③ ㄴ, ㄷ ④ ㄴ, ㄹ ⑤ ㄷ, ㄹ

2 안전하고 쾌적하게 살아갈 권리

15 ✽✽✽
2025 실시 6월 학평 9

다음 자료의 밑줄 친 ㉠～㉢에 대한 설명으로 옳은 것만을 〈보기〉에서 있는 대로 고른 것은? [1.5점]

> ㉠ 자연재해대책법
> 제1장 총칙
> 제1조 (목적) 이 법은 ㉡ 태풍, ㉢ 홍수 등 자연현상으로 인한 재난으로부터 국토를 보존하고 국민의 생명·신체 및 재산과 주요 기간시설을 보호하기 위하여 자연재해의 예방·복구 및 그 밖의 대책에 관하여 필요한 사항을 규정함을 목적으로 한다. …(후략)

[보기]

ㄱ. ㉠을 통해 국가는 국민의 생명과 재산을 보호하고자 한다.
ㄴ. ㉡은 강한 바람과 많은 비를 동반하는 열대 저기압이다.
ㄷ. ㉢의 피해를 줄이기 위한 시설에는 다목적 댐, 저수지 등이 있다.
ㄹ. 우리나라는 여름철보다 겨울철에 ㉡과 ㉢으로 인한 피해가 크다.

① ㄱ, ㄴ   ② ㄱ, ㄹ   ③ ㄷ, ㄹ
④ ㄱ, ㄴ, ㄷ   ⑤ ㄴ, ㄷ, ㄹ

16 ✽✽✽
2022 실시 9월 학평 6

다음 자료의 (가) 자연재해에 대한 설명으로 옳은 것은?

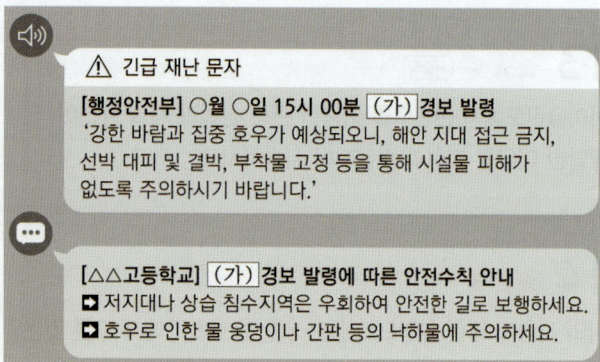

> ⚠ 긴급 재난 문자
>
> [행정안전부] ○월 ○일 15시 00분 (가) 경보 발령
> '강한 바람과 집중 호우가 예상되오니, 해안 지대 접근 금지, 선박 대피 및 결박, 부착물 고정 등을 통해 시설물 피해가 없도록 주의하시기 바랍니다.'
>
> [△△고등학교] (가) 경보 발령에 따른 안전수칙 안내
> ➡ 저지대나 상습 침수지역은 우회하여 안전한 길로 보행하세요.
> ➡ 호우로 인한 물 웅덩이나 간판 등의 낙하물에 주의하세요.

① 대기 중 미세 먼지 농도를 상승시킨다.
② 지형적 요인에 의해 발생하는 자연재해이다.
③ 판의 경계에 위치한 국가에서 발생 빈도가 높다.
④ 열대 해상에서 발생하여 고위도 지방으로 이동한다.
⑤ 우리나라에서는 한랭 건조한 겨울철에 주로 영향을 받는다.

17 ✽✽✽

다음 자료의 (가), (나) 자연재해로 옳은 것은?

구분	(가)	(나)
국민 행동 요령	• 배수로를 정비하여 농작물을 보호합니다. • 바람에 날아갈 시설물 주변에 접근하지 않습니다.	• 붕괴 우려가 있는 비닐하우스는 받침대를 보강합니다. • 집 앞과 골목길에 염화칼슘과 모래를 살포합니다.

　　(가)　　(나)　　　　　　　(가)　　(나)
① 폭설　　호우　　② 폭설　　태풍
③ 호우　　태풍　　④ 태풍　　폭설
⑤ 태풍　　호우

18 ✽✽✽
2022 실시 6월 학평 12

다음은 어떤 자연재해를 대비한 개인 안전 점검표의 일부이다. 이 자연재해에 대한 설명으로 가장 적절한 것은?

점검 항목	예	아니요
○○ 피해를 예방하기 위해 크고 무거운 물건을 선반에 올려 두지 않고, 선반은 벽에 단단히 고정시켜 두십니까?	☐	☐
○○이 발생하면 문틀이 틀어져 문이 안 열리게 되는 경우가 있으므로, 문을 열어서 출구를 확보해 두어야 한다는 사실에 대해서 알고 있습니까?	☐	☐
번화가(빌딩가)에서는 떨어지는 물체(유리 파편, 간판 등)가 가장 위험하므로 우선 갖고 있는 소지품으로 머리를 보호하면서 건물과 떨어진 넓은 장소로 대피하거나, 대형 건물 안으로 대피하는 방법에 대해서 알고 있습니까?	☐	☐

(국민재난안전포털)

① 열대 해상에서 발생하며 강풍과 폭우를 동반한다.
② 신속한 제설 작업으로 교통 혼란을 줄일 수 있다.
③ 무더위로 인한 일사병과 열사병을 유발할 수 있다.
④ 오랫동안 비가 오지 않아 각종 용수가 부족해진다.
⑤ 내진 설계 기준을 강화함으로써 피해를 줄일 수 있다.

[19~20] 그림을 보고 물음에 답하시오.

화면은 (가) 로/으로 인한 피해 모습입니다.

19 ✽✽✽ [단답형]

(가)에 들어갈 자연재해를 쓰시오.

20 ✽✽✽ [서술형]

(가) 자연재해의 발생지를 설명하고 우리나라에 미칠 수 있는 부정적인 영향 한 가지를 서술하시오.

21 ✿✿✿

그래프는 지도에 표시된 세 지역의 기후 값을 나타낸 것이다. 이에 대한 설명으로 옳지 <u>않은</u> 것은? [2.5점]

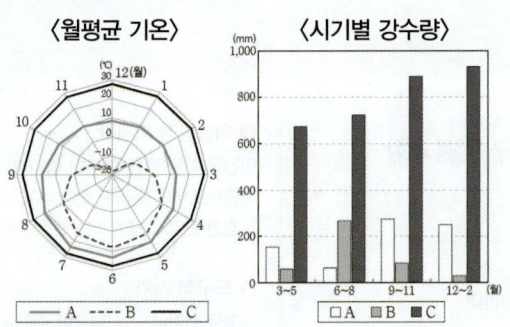

〈월평균 기온〉　　〈시기별 강수량〉

— A ---- B — C

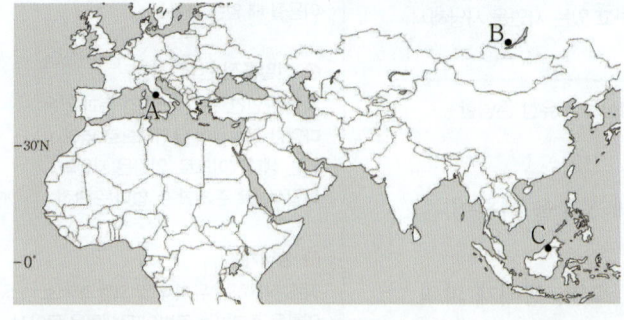

① A에는 오렌지, 올리브 등을 재배하는 수목 농업이 활발하다.
② B에는 타이가라고 불리는 침엽수림이 넓게 분포한다.
③ C에는 지면의 열과 습기를 피하기 위해 고상 가옥이 발달한다.
④ A는 B보다 12~2월 강수 집중률이 높다.
⑤ C는 B보다 기온의 연교차가 크다.

22 ✿✿✿

(가)~(다)에 해당하는 지역을 지도의 A~E에서 고른 것은? [3점]

(가)	(나)	(다)

| 강수량보다 증발량이 많아 건조한 지역으로 강한 햇볕을 막기 위해 예로부터 온몸을 감싸는 헐렁한 옷인 '깐두라'를 입었다. | 연중 고온다습한 지역으로 음식이 쉽게 상하기 때문에 향신료와 고기 등으로 속을 채워 넣고 튀긴 만두인 '빠스테우'를 즐겨 먹는다. | 여름과 겨울의 기온 차이가 매우 큰 지역으로 '타이가'라는 침엽수림이 넓게 분포하여 통나무로 만든 '이즈바'라는 전통 가옥이 발달했다. |

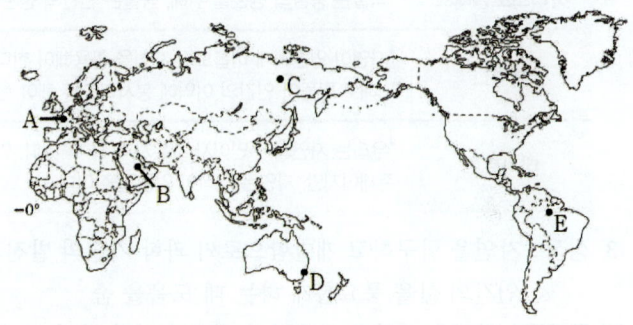

	(가)	(나)	(다)			(가)	(나)	(다)
①	A	B	C		②	A	D	E
③	B	A	D		④	B	E	C
⑤	C	E	D					

23 ✿✿✿

자료는 (가), (나)의 이동 경로를 나타낸 것이다. 이에 대한 옳은 설명만을 〈보기〉에서 고른 것은? (단, (가), (나)는 각각 태풍, 황사 중 하나임.)

(가)의 이동 경로　　(나)의 이동 경로

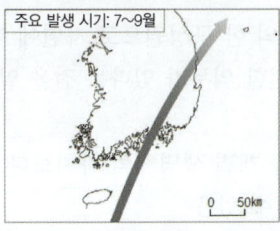

[보기]

ㄱ. (가)는 지형적 요인에 의해 발생한다.
ㄴ. (가)는 주로 강풍과 폭우를 동반한다.
ㄷ. (나)는 열대 해상에서 발생하여 고위도로 이동한다.
ㄹ. (나)로 인해 호흡기 질환과 같은 신체적 피해가 발생한다.

① ㄱ, ㄴ ② ㄱ, ㄷ ③ ㄴ, ㄷ ④ ㄴ, ㄹ ⑤ ㄷ, ㄹ

  # 인간과 자연의 관계

중요도 ★★

1 자연을 바라보는 다양한 관점

출제 ○순위 특강 p.60

1. 인간 중심주의 : 인간을 가장 가치 있는 존재로 여기며, 인간과 자연의 관계에서 인간의 이익이나 행복을 먼저 고려하는 관점

(1) 특징
① 이분법적 세계관❶ : 인간과 자연을 분리하여 바라봄
② 자연의 도구적 가치❷ 강조 : 자연은 인간의 풍요로운 삶을 위한 도구에 불과함
③ 자연을 개발과 극복의 대상으로 바라보고 이용하도록 함

(2) 대표 사상가

아리스토텔레스	"식물은 동물의 생존을 위해, 동물은 인간의 생존을 위해서 존재한다."
베이컨	"자연이 인간에게 이롭도록 지식을 활용해야 한다. 방황하고 있는 자연을 사냥해서 노예로 만들어 인간의 이익에 봉사하도록 해야 한다."
데카르트	"우리는 자연의 주인이자 소유자가 될 수 있다. 인간은 정신을 소유한 존엄한 존재이지만, 자연은 의식이 없는 물질이다."

(3) 장점 : 자연을 탐구하고 개발함으로써 과학 기술의 발전과 경제 성장을 이루어 인간의 삶을 풍요롭게 하는 데 도움을 줌
(4) 문제점 : 자연을 함부로 사용하여 훼손한 결과 자원 고갈, 환경 오염, 생태계 파괴 등과 같은 환경 위기를 초래함

2. 생태 중심주의 : 인간과 자연의 관계에서 인간의 이익보다 인간을 포함한 자연 전체의 균형과 안정을 먼저 고려하는 관점

(1) 특징
① 전일론적 관점❸ : 모든 생명체가 자연의 일부이며, 인간도 자연을 구성하는 일부임
② 자연의 내재적 가치 강조 : 자연은 인간과 무관하게 그 자체로 본래적 가치를 지님
(2) 대표 사상가 : 레오폴드
① 생태계❹ 전체를 하나의 유기체로 보고 공동체의 범위를 동물, 식물, 토양, 물을 비롯한 대지까지 확대함
② 인간 역시 생명 공동체❺의 한 구성원으로 자연에 대해 도덕적 의무를 지님
(3) 장점 : 인간이 생태계를 보전할 의무가 있다는 점을 일깨워 환경 문제 해결의 실마리를 제공함
(4) 문제점 : 생태 공동체의 선을 개별 생명체의 가치보다 우선시하기 때문에 환경 파시즘❻으로 흐를 수 있음

3. 인간 중심주의와 생태 중심주의 비교

인간 중심주의	생태 중심주의
인간의 장기적인 이익을 보호하기 위해 환경 보호가 필요하다고 봄	자연 그 자체의 가치를 존중하기 위해 환경 보호가 필요하다고 봄
환경 보호가 필요함에 동의함	

✚ 용어

❶ 이분법적 세계관
인간을 자연의 한 부분이 아니라 자연으로부터 독립된 존재, 자연보다 우월한 존재로 생각하는 관점

❷ 도구적 가치
목적을 실현하는 데 필요한 수단으로서 이용될 때 얻는 가치

❸ 전일론적 관점
자연은 인간, 동식물, 환경 등과 같은 다양한 구성원이 유기적으로 엮여 있는 생태계이므로, 인간은 자연과 독립적으로 존재할 수 없다는 관점

❹ 생태계
상호 작용하는 유기체 및 그들과 서로 영향을 주고받는 주변의 무생물을 묶어서 부르는 말

❺ 생명 공동체
생태계 내의 무생물과 생물이 상호 의존하고 있는 균형 잡힌 먹이 사슬

❻ 환경 파시즘
생태계 전체의 선(善)을 위해 개체의 선을 희생할 수 있다고 보는 생태 중심주의의 한 입장을 비판적으로 가리킴

★ 암기

★ 자연을 바라보는 관점

인간 중심주의	• 인간의 이익에 따라 자연의 가치 평가 • 이분법적 관점, 자연의 도구적 가치 강조
생태 중심주의	• 자연 전체의 균형과 안정을 먼저 고려 • 전일론적 관점, 자연의 본래적 가치 강조

2 인간과 자연의 바람직한 관계

1. 자연관의 변화
(1) 과거 : 인간은 자연을 두려워하고, 자연에 순응하며 살아옴
(2) 근대 이후
  ① 인간 중심적 사고를 바탕으로 자연을 이용과 지배의 대상으로 인식함
  ② 과학 기술이 발달하면서 자연을 적극적으로 이용하고 개발함
(3) 오늘날 : 환경 문제가 사회적 쟁점이 되면서 이를 극복하기 위해 지속 가능한 발전, 친환경적인 삶을 강조함

2. 인간과 자연의 바람직한 관계
(1) 인간은 생태계의 구성원으로 자연 속의 다른 존재와 유기적 관계❶로 의존하여 살아감
(2) 인간과 자연은 서로 대립하거나 어느 한쪽으로 지배적인 우위를 가진 관계가 아니라 공존해야 하는 관계임

3. 동양의 자연관 : 환경 친화적 태도, 인간과 자연의 조화 강조

유교	• 만물이 본래적 가치❷를 지님 • 인간과 자연이 조화를 이루는 천인합일(天人合一)❸의 경지를 지향함
불교	• 만물이 독립적으로 존재할 수 없다고 봄 • 만물이 서로 연결되어 상호 의존하고 있다는 연기(緣起)를 깨닫고 모든 생명을 소중히 여기며 자비를 베풀 것을 강조 모든 존재와 현상은 무수한 원인과 조건의 상호 관계에 의해 생김
도가	• 자연 그대로의 질서에 따르는 무위자연(無爲自然)❹의 삶을 추구함 • 자연의 한 부분인 인간과 자연의 조화를 강조

4. 인간과 자연의 공존을 위한 노력
(1) 개인적 차원 : 인간이 생태계의 한 구성원으로서 환경친화적 가치관을 바탕으로 자연 보호 실천
(2) 사회적 차원
  ① 자연과 인간의 공생을 중시하는 사회적 인식의 확대
  ② 인간과 자연의 조화를 이루는 개발 : 생태 도시❺와 슬로 시티❻ 지정, 생태 통로❼ 조성
  ③ 생태계 복원 활동 : 자연 휴식년제❽ 도입, 갯벌 복원 사업, 생태계 복원 사업 등

> #### ✪ 동양의 자연관
> • 자연을 가장 이상적인 존재이자 인간이 닮아야 할 최종 목표로 보고 있다.
> • 인간은 자연 속에서 더불어 존재하고, 인간과 자연이 조화를 이루어야 한다고 봤다.
> • 웅장한 자연을 먼저 그리고, 한구석에 인간을 그려 넣는 동양의 산수화에는 인간과 자연의 조화를 추구하는 동양의 자연관이 잘 나타나 있다.
>
>
> ▲ 정선의 '인왕제색도'

➕ 용어

❶ 유기적 관계
전체를 구성하고 있는 각 부분이 서로 밀접하게 관련되어 있어서 떼어낼 수 없는 관계

❷ 본래적(내재적) 가치
그 자체가 의미가 있어 추구되는 가치

❸ 천인합일
하늘과 사람이 합하여 하나가 됨

❹ 무위자연
사람의 힘을 더하지 않은 그대로의 자연

➕ 개념

❺ 생태 도시
사람과 자연 또는 환경이 서로 조화되며 공생할 수 있는 체계를 갖춘 도시를 말한다. 브라질의 쿠리치바, 독일의 킬 하세, 영국의 베드제드, 우리나라의 순천시 등이 대표적이다.

▲ 브라질의 쿠리치바

➕ 용어

❻ 슬로 시티
공해 없는 자연 속에서 전통문화와 자연을 잘 보호하면서 느림의 삶을 추구하는 국제 운동으로 이탈리아에서 시작됨

❼ 생태 통로
인간이 만든 도로 등 시설물에 의해 야생 동물의 서식지가 분리되는 것을 막기 위해 인공적으로 만든 길

❽ 자연 휴식년제
생태계를 복원하기 위해 훼손의 우려가 있는 지역을 지정하여 일정 기간 동안 사람들의 출입을 통제하는 제도

✪ 인간 중심주의와 생태 중심주의 비교

자연을 바라보는 인간의 관점에는 대표적으로 인간을 중심에 놓고 자연을 바라보는 인간 중심주의와 자연을 중심에 놓고 사고하는 생태 중심주의가 있다.

1. 인간 중심주의

- 인간을 가장 가치 있는 존재로 여기고, 인간과 자연의 관계에서 <u>인간의 이익이나 행복을 먼저 고려하는 관점</u>이다.
- 인간과 자연을 분리하여 바라보고, 자연은 인간을 위한 도구에 불과하다고 주장한다.

식물은 동물을 위해, 동물은 인간을 위해 존재해요.
아리스토텔레스

자연은 인간의 이익에 봉사하기 위해 존재합니다.
베이컨

동물은 영혼이 없는 기계 장치일 뿐이에요.
데카르트

> **출제 0순위 포인트는?**
> - 인간은 자연보다 우월하고, 자연과 분리된 존재이며, 자연은 인간을 위한 도구라는 표현이 나오면 인간 중심주의 자연관!!
> - 반면, 인간은 자연의 일부이고, 자연은 그 자체로 가치가 있으며, 공동체의 범위를 확대한다는 표현이 나오면 생태 중심주의 자연관!!

2. 생태 중심주의

- 인간과 자연의 관계에서 인간의 이익보다 인간을 포함한 <u>자연 전체의 균형과 안정을 먼저 고려하는 관점</u>이다.
- 레오폴드의 대지의 윤리는 공동체의 범위를 무생물까지 확대했으며, 인간, 동물, 식물, 토양, 물을 비롯한 대지가 유기적으로 연결되어 균형을 이루어야 한다고 본다.

도덕 공동체의 범위를 토양, 물, 식물, 동물 등을 포함한 대지까지 확대해야 합니다.
레오폴드

> "바람직한 대지 이용을 오직 경제적 문제로만 생각하지 말라. 낱낱의 물음을 경제적으로 무엇이 유리한가 하는 관점뿐만 아니라 윤리적, 심미적으로 무엇이 옳은가의 관점에서도 검토하라. 생명 공동체의 통합성과 안정성 그리고 아름다움의 보전에 이바지한다면, 그것은 옳다. 그렇지 않다면 그르다."
>
> – 레오폴드, "모래 군의 열두 달" –

> ➕ **개념**
> **인간과 자연의 바람직한 관계**
> - 꿀벌은 꽃가루를 옮겨 꽃을 수정하게 해 식량 공급에 중요한 역할을 한다. 그런데 살충제, 이상 기후 등으로 인해 꿀벌이 점점 사라지고 있다.
> - 꿀벌의 개체 수가 감소하면 생태계도 무너지고, 인류는 더 이상 먹을 것을 구하기 어려워진다.
> - 따라서 인간은 자연과 인간이 상호 보완적인 관계임을 깨닫고 자연과 조화를 이루기 위해 노력해야 한다.

▲ 꽃가루를 옮기는 꿀벌

확인 문제 ───────────────── ▶ 정답과 해설은 다음 페이지에

다음 내용이 옳으면 ○, 틀리면 ×에 표시하시오.

1 인간 중심주의는 인간을 포함한 자연 전체를 하나로 보는 전일론적 관점이다.　(○, ×)

2 인간 중심주의는 인간과 자연이 서로 영향을 주고받는 생명 공동체임을 강조한다.　(○, ×)

3 생태 중심주의는 자연의 내재적 가치를 강조하고, 인간 중심주의는 자연의 도구적 가치를 강조한다.　(○, ×)

4 생태 중심주의는 오늘날의 환경 문제를 해결하는 데 도움이 된다.　(○, ×)

1 자연을 바라보는 다양한 관점

1. 다음 설명에 해당하는 자연관을 〈보기〉에서 골라 기호를 쓰시오.

─────[보기]─────
ㄱ. 자연이 인간에게 도움과 혜택을 줄 때에만 가치를 지닌다고 보는 관점
ㄴ. 자연 그 자체가 가지고 있는 본래적 가치를 존중해야 한다고 보는 관점
──────────────

(1) 레오폴드의 '대지 윤리'에 잘 나타난다. (　　)
(2) 인간을 자연으로부터 독립된 우월한 지배자라고 본다. (　　)
(3) 인간은 생명 공동체에 대하여 도덕적 의무를 지닌다. (　　)
(4) 생물, 무생물을 포함한 생태계 전체를 도덕적으로 대우해야 한다고 본다. (　　)
(5) 자연을 순전히 인간의 이익이나 필요에 따라 평가하는 관점과 관련이 있다. (　　)
(6) 생태계의 모든 것은 존재의 이유가 있으므로, 자연 그 자체의 가치를 존중해야 한다고 주장한다. (　　)

2. 다음 자연관에 대한 설명으로 옳은 것은 ○, 틀린 것은 ×에 표시하시오. 2022 실시 9월 학평 7 변형

과학의 목적은 자연을 인간의 의도에 맞도록 변형함으로써 인간의 활동 영역을 넓히는 것입니다. 자연이 인간에게 이롭도록 지식을 활용해야 합니다.

(1) 인간은 자연보다 우위에 있다. (○, ×)
(2) 자연은 인간의 이익과 무관하게 가치를 지닐 수 있다. (○, ×)
(3) 인간을 포함한 자연 전체는 하나의 살아있는 유기체이다. (○, ×)
(4) 이분법적 세계관을 통해 인간과 자연을 구분해야 한다. (○, ×)
(5) 자연은 내재적 가치를 지니고 있다. (○, ×)

3. 다음 자연관에 대한 설명으로 옳은 것만을 〈보기〉에서 모두 골라 기호를 쓰시오. 2022 실시 9월 학평 7 변형

대지 윤리는 인간을 대지 공동체의 정복자에서 그 구성원으로 변화시키는 것입니다. 공동체의 구성원은 전체 공동체에 대해 존경심을 가져야 합니다.

─────[보기]─────
ㄱ. 인간은 자연으로부터 분리된 존재이다.
ㄴ. 생태계 전체를 도덕적으로 고려해야 한다.
ㄷ. 인간이 자연의 정복자이자 지배자가 되어야 한다.
ㄹ. 인간은 자연과 조화를 이루며 더불어 살아가는 존재이다.
──────────────

(　　　　　　　)

2 인간과 자연의 바람직한 관계

4. 서로 관계있는 것끼리 옳게 연결하시오.

(1) 유교 •　　　　　• ㄱ. 무위자연(無爲自然)의 삶 추구

(2) 불교 •　　　　　• ㄴ. 만물이 상호 의존하고 있다고 봄

(3) 도가 •　　　　　• ㄷ. 천인합일(天人合一)의 경지 지향

5. 인간과 자연의 바람직한 관계에 대한 설명으로 옳은 것은 ○, 틀린 것은 ×에 표시하시오.

(1) 동양의 자연관은 인간과 자연의 조화를 강조하는 환경 친화적 관점을 지향한다. (○, ×)
(2) 인간 중심주의적 관점에서 벗어나 인간과 자연 간의 조화를 회복하는 사고방식을 확립해야 한다. (○, ×)
(3) 인간과 자연의 바람직한 관계는 인간이 자연 만물을 지배해야 한다는 서양의 자연관에 잘 나타난다. (○, ×)

p.60 확인 문제 [정답]

1 ×(생태 중심주의)　2 ×(생태 중심주의)　3 ○　4 ○

1 자연을 바라보는 다양한 관점

01 ❋❋❋

다음 사상가의 견해로 적절한 것은?

> 식물은 동물을 위해, 동물은 인간을 위해 존재한다. 자연은 목적이 없거나 헛된 일을 하지 않는다. 자연은 이성적 존재인 인간을 위해 모든 동물을 만들었다.

① 자연은 인간보다 우월한 존재이다.
② 자연의 모든 존재가 도덕적 가치를 지닌다.
③ 인간의 이익보다 생태계 균형을 먼저 고려해야 한다.
④ 인간의 삶의 질 향상을 위해서 자연을 활용해야 한다.
⑤ 윤리적 고려의 대상을 무생물에게까지 확대해야 한다.

02 ❋❋❋ [서술형]

빈칸에 들어갈 관점을 쓰고, 해당 관점이 지나치면 생기는 문제점 한 가지를 서술하시오.

> _____은/는 인간과 자연을 분리하여 바라보는 이분법적 관점을 취한다. 이분법적 관점에 따르면 인간은 자연의 한 부분이 아니라 자연으로부터 독립된 존재, 자연보다 우월한 존재이다.

03 ❋❋❋

다음 사상가의 자연관에 대한 설명으로 적절한 것만을 〈보기〉에서 고른 것은?

> 아는 것이 힘이다. 자연이 인간에게 이롭도록 지식을 활용해야 한다. 방황하고 있는 자연을 사냥해서 노예로 만들어 인간의 이익에 봉사하도록 해야 한다.

[보기]
ㄱ. 자연은 그 자체로 가치를 지니고 있다.
ㄴ. 자연을 인간의 욕구 충족을 위한 도구로 간주한다.
ㄷ. 인간이 자연 전체에 도덕적 의무를 지닌다고 본다.
ㄹ. 인간과 자연을 분리하여 바라보는 이분법적 관점을 바탕으로 한다.

① ㄱ, ㄴ ② ㄱ, ㄷ ③ ㄴ, ㄷ ④ ㄴ, ㄹ ⑤ ㄷ, ㄹ

04 ❋❋❋

다음의 자연관에서 볼 때, 주어진 질문에 대한 대답이 옳지 <u>않은</u> 것은?

> 자연은 그 자체로 가치 있는 존재가 아니라 인간의 생존과 복지를 위한 도구에 불과하다. 자연은 정복의 대상이며, 인간의 욕구와 편의를 위한 도구적 가치만 지닌다.

	질문	대답
①	인간과 자연은 서로 독립된 존재인가?	예
②	인간이 아닌 존재를 윤리적 고려의 대상으로 삼아야 하는가?	아니요
③	자연 생태계는 인간의 복지를 위한 도구인가?	예
④	모든 생명체는 내재적 가치를 지니는가?	예
⑤	생태계의 균형보다 인간의 이익이나 행복을 먼저 고려해야 하는가?	예

05 ❋❋❋

서양 사상가 갑, 을이 모두 긍정의 대답을 할 질문으로 적절한 것만을 〈보기〉에서 고른 것은?

> 동물은 인간을 위해 존재합니다. 자연이 일정한 목적이나 의도를 위한 것이란 우리의 믿음이 타당하다면 그것은 다름 아닌 인간을 위한 것임에 틀림없습니다.

> 야수를 죽이는 것이 죄라고 주장하는 사람은 오류를 범하고 있습니다. 왜냐하면 신의 섭리에 의해 동물은 인간이 사용하도록 운명 지어졌기 때문입니다.

 갑

 을

[보기]
ㄱ. 자연의 내재적 가치를 강조해야 하는가?
ㄴ. 인간과 자연의 동등한 가치를 중시해야 하는가?
ㄷ. 자연은 인간의 행복과 복지를 위해 이용 가능한가?
ㄹ. 자연을 인간의 욕구 충족을 위한 도구로 간주하는가?

① ㄱ, ㄴ ② ㄱ, ㄷ ③ ㄴ, ㄷ ④ ㄴ, ㄹ ⑤ ㄷ, ㄹ

06 ✿✿✿

다음에 나타난 관점에 대한 설명으로 적절한 것만을 〈보기〉에서 고른 것은?

> 자연이 인간에게 주는 유용성과 관계없이 자연은 그 자체로 존중받을 가치가 있다고 여기는 관점

[보기]
ㄱ. 자연의 내재적 가치를 존중해야 한다고 본다.
ㄴ. 인간을 포함한 자연 전체를 하나로 보는 전일론적 입장이다.
ㄷ. 토양이나 물과 같은 무생물은 생명 공동체가 될 수 없다.
ㄹ. 인간이 자연의 다른 존재보다 본질적으로 더 가치 있다고 주장한다.

① ㄱ, ㄴ   ② ㄱ, ㄷ   ③ ㄴ, ㄷ
④ ㄴ, ㄹ   ⑤ ㄷ, ㄹ

07 ✿✿✿

2022 실시 6월 학평 5

다음 글의 입장에 부합하는 진술에만 모두 '✓'를 표시한 학생은? [3점]

> 인간과 자연은 상호 의존적인 존재이다. 인간은 생명 공동체의 평범한 구성원으로서 공동체 자체를 존중해야 한다. 이는 인간의 바람직한 대지 이용을 오직 경제적 문제로만 생각하지 말아야 함을 의미하며, 도덕적 고려의 범위를 동물, 식물, 토양, 물까지 확대 적용하는 것이다. 어떤 것이 생명 공동체의 온전성, 안정성, 아름다움의 보전에 이바지한다면 그것은 옳고, 그렇지 않다면 그르다.

진술 \ 학생	갑	을	병	정	무
인간은 생명 공동체의 안정과 균형에 기여해야 한다.	✓	✓		✓	
인간은 자연으로부터 분리된 존재이며, 자연보다 우월한 존재이다.			✓	✓	✓
자연은 그 자체로 가치를 지니며, 인간은 생명 공동체의 한 구성원이다.	✓		✓		✓
인간 이외의 모든 존재는 인간의 행복과 복지를 위한 도구에 불과하다.		✓		✓	✓

① 갑   ② 을   ③ 병   ④ 정   ⑤ 무

08 ✿✿✿

다음 글에 나타난 관점에 해당하는 설명으로 옳지 <u>않은</u> 것은?

> "인간은 사실상 생명 공동체의 한 구성원에 지나지 않는다는 것은 역사를 생태학적으로 해석해 보면 알 수 있다. 지금까지 인간의 활동으로서만 설명되어 온 많은 역사적 사건들은 실제로는 사람과 땅의 생명적 상호 작용이었다."

① 인간을 자연의 한 구성원으로 파악한다.
② 자연을 인간의 풍요로운 삶을 위한 수단으로 본다.
③ 인간은 생태계의 안정을 유지할 의무가 있다고 본다.
④ 도덕 공동체의 범위를 생태계 전체까지 확대하려 한다.
⑤ 자연은 인간에게 주는 유용성과 관계없이 그 자체로 존중받아야 한다고 본다.

09 ✿✿✿

(가)의 사상가 갑, 을의 입장에서 서로에게 제기할 수 있는 비판을 (나) 그림으로 표현할 때, A, B에 해당하는 내용으로 가장 적절한 것은?

(가)	갑: 대지 윤리는 공동체의 범위를 토양, 물, 식물, 동물 등을 포함한 대지 전체로 확대하는 것이다. 대지 윤리는 인류의 역할을 대지 공동체의 정복자에서 그것의 평범한 구성원이자 시민으로 변화시킨다.
	을: 우리는 자연의 주인이자 소유자가 될 수 있다. 인간은 정신을 소유한 존엄한 존재이지만, 자연은 의식이 없는 물질이다.

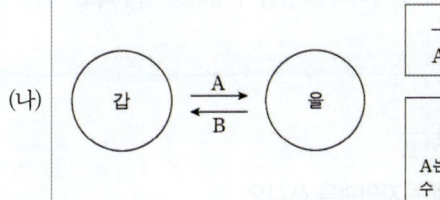

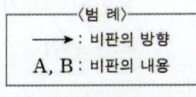

① A: 인간만이 도덕적 지위를 지니는 존재라는 점을 간과한다.
② A: 인간에게는 무생물과 생태계 등에 대한 도덕적 의무가 없음을 간과한다.
③ A: 인간이 자연보다 우월하고 귀한 존재라는 점을 간과한다.
④ B: 자연이 인간의 이익을 위한 도구라는 점을 간과한다.
⑤ B: 자연이 가진 내재적 가치를 중시해야 함을 간과한다.

10 ✽✽✾ 출제 0순위 특강

갑의 입장에서 을의 입장에 대해 제기할 수 있는 비판으로 가장 적절한 것은? [3점]

> 갑: 인간은 자연의 지배자가 아닌 자연의 한 구성원으로서 자연을 보전할 도덕적 의무를 지닌다. 자연은 다양한 구성원이 엮인 생태계로서 그 자체만으로도 가치를 지닌다.
> 을: 인간은 자연의 지배자로서 자연을 정복하고 이용할 권리를 지닌다. 자연은 인간의 욕구 충족을 위한 도구이며 인간에게 혜택을 줄 때에만 가치를 지닌다.

① 인간이 자연보다 우위에 있다는 점을 간과한다.
② 인간은 자연으로부터 독립된 존재라는 점을 간과한다.
③ 인간의 행복을 위해 자연을 이용할 수 있음을 간과한다.
④ 자연은 인간의 이익과 무관하게 가치를 지닐 수 있음을 간과한다.
⑤ 자연 전체의 균형보다 인간의 이익을 먼저 고려해야 함을 간과한다.

[11~12] 다음 글을 읽고 물음에 답하시오.

> (가) 인간만이 그 자체로서 가치 있는 존재이고, 인간 이외의 자연은 인간의 이익을 위한 수단으로 여기는 관점
> (나) 모든 생명체가 자연의 일부이며, 인간도 자연으로부터 독립된 존재가 아니라 자연을 구성하는 일부라고 보는 관점

11 ✽✽✽ 단답형

(가), (나)에 해당하는 자연관을 쓰시오.

12 ✽✽✽ 서술형

(가), (나) 자연관이 환경 보호의 필요성에 동의하는 근거를 각각 서술하시오.

---

13 ✽✽✾

인간과 자연의 관계에 대한 강연자의 입장으로 가장 적절한 것은?

> 토양에서 식물이 자라고 동물은 그 식물을 먹고 그들의 배설물은 토양의 영양분이 되는 것처럼, 여러 고리로 연결된 자연은 하나의 유기적인 전체입니다. 인간도 자연의 평범한 구성원 중 하나로서 자연 속 다른 존재들과 유기적 관계를 맺으며 살아갑니다.

① 인간은 자연보다 우월한 존재이다.
② 인간과 자연은 서로 관계없는 별개의 존재이다.
③ 자연은 인간의 풍요로운 삶을 위한 도구에 불과하다.
④ 자연의 가치는 인간의 경제적 이익에 따라 평가된다.
⑤ 인간을 포함한 자연 전체의 조화와 균형을 고려해야 한다.

---

2 인간과 자연의 바람직한 관계

14 ✽✽✽ 중요

다음 편지에서 강조하는 내용으로 가장 적절한 것은?

> 당신들은 이 땅에 와서, 무엇을 세우려 하십니까? 내가 보기에 당신들은 그저 땅을 파헤치고 건물을 세우고 나무들을 쓰러뜨릴 뿐입니다. 또한 우리는 하늘과 땅을 사고판다는 당신들의 생각을 이해할 수 없습니다. 공기의 신선함이나 물의 광채가 우리 것이 아닌데 어떻게 팔 수 있나요? 우리는 대지의 일부분이며, 대지는 우리의 일부분입니다. 들꽃은 우리의 누이이고, 순록과 말과 독수리는 우리의 형제입니다. …(중략)… 세상의 모든 것은 하나로 연결되어 있습니다.
> ─인디언 추장의 편지 中 일부─

① 인간 이외의 자연 만물은 경제적 가치로만 평가되어야 한다.
② 인간은 동·식물을 포함하는 모든 자연에 대한 소유권을 가진다.
③ 인간은 대지의 일부로 자연과 유기적 관계임을 인식해야 한다.
④ 인간은 대지에 속한 다른 존재보다 더 가치 있고 우월한 존재이다.
⑤ 인종과 상관없이 모든 인간에게 자연을 지배할 동등한 권리를 부여해야 한다.

15 ❋❋❊

(가)~(다) 사상의 공통적 자연관으로 가장 적절한 것은?

> (가) 인간이 하늘의 도를 본받아 다른 인간과 존재를 사랑하고 어질게 행동하는 인(仁)을 베푸는 것이 바람직한 삶이다.
> (나) 연기(緣起)의 원리에 따라 자연 만물은 독립적으로 존재하는 것이 아니라 서로 밀접하게 관계를 맺고 있다.
> (다) 무위자연(無爲自然)을 추구하며 인간의 의지나 욕구와 상관없이 존재하는 자연의 가치와 아름다움을 인정해야 한다.

① 자연은 의식이 없는 단순한 물질이다.
② 인류의 행복을 위해 자연을 보전하고 관리해야 한다.
③ 인간과 자연은 별개의 것이며, 인간은 자연을 지배하고 정복해야 한다.
④ 자연은 그 자체로서 가치 있는 존재가 아니며 인간을 위한 도구에 불과하다.
⑤ 인간도 생태계를 구성하는 자연의 일부로 다른 생명체와 유기적 관계를 이룬다.

16 ❋❊❊

2025 실시 6월 학평 21

(가)의 관점에서 (나)의 밑줄 친 ㉠~㉣을 평가한 것으로 옳은 것만을 <보기>에서 있는 대로 고른 것은? [2점]

> (가) 인간과 자연 중 한쪽만을 강조하는 사고로는 현실의 문제를 해결할 수 없다. 인간이 기본적인 삶을 유지하면서 살아가려면 자연을 개발의 대상이 아닌 인간과 유기적으로 연결되어 있는 대상으로 인식하는 사고의 전환이 필요하다.
> (나) ○○시는 2007년부터 ㉠ 생태계 회복을 위한 ㉡ 하천 복원 사업을 추진하고 있다. 콘크리트 등 인공 소재로 조성했던 호안*을 흙·자갈·큰 돌 같은 자연 소재로 복원하는 ㉢ 자연형 호안 조성 사업을 시행하고 생태 공원을 조성하는 등 ㉣ 생물종 다양성 증가를 위한 여러 노력을 기울였다. 그 결과, 수목은 4배 이상, 하천 서식 생물종은 30% 가까이 늘어났으며, 생태공원에서 수달, 삵, 맹꽁이 등 멸종 위기 동물의 서식이 확인되기도 했다.
>
> *호안: 강이나 바다의 기슭이나 둑 따위가 무너지지 않도록 보호하는 장치

> [보기]
> ㄱ. 생태 도시를 지정하는 것은 ㉠에 기여하는 방안이다.
> ㄴ. ㉡은 자연에 대한 인간의 윤리적 책임을 강조한 것이다.
> ㄷ. ㉢은 하천의 자정 능력을 향상시키고자 한다.
> ㄹ. ㉣은 인간과 자연의 공존을 위협한다.

① ㄱ, ㄴ   ② ㄱ, ㄹ   ③ ㄷ, ㄹ
④ ㄱ, ㄴ, ㄷ   ⑤ ㄴ, ㄷ, ㄹ

17 ❋❋❋

2020 실시 9월 학평 13

㉠, ㉡에 들어갈 내용으로 적절하지 않은 것은? [3점]

> ○○시에 들어설 조력 발전소 건설을 놓고 해당 지역 주민들과 관련자들의 의견이 찬성과 반대로 나뉘어 팽팽히 맞서고 있다.

	조력 발전소 건설	
	찬성	반대
주장 및 근거	㉠	㉡

① ㉠: 신·재생 에너지 정책에 일조할 수 있다.
② ㉠: 고용 창출 및 지역 경제 활성화 효과가 나타날 수 있다.
③ ㉡: 화력 발전보다 대기오염 물질을 많이 발생시킨다.
④ ㉡: 생물종 다양성 감소 등 생태계에 악영향을 끼칠 수 있다.
⑤ ㉡: 갯벌 면적 감소로 지역 주민들의 생계에 악영향을 끼칠 수 있다.

[18~19] 다음 글을 읽고 물음에 답하시오.

> (가) 모든 사람과 사물은 서로 연결되어 있다. 원인[因]과 조건[緣]이 없으면 결과[果]도 존재하지 않는다.
> (나) 스스로의 덕을 소중히 품고 화합의 마음을 키우며 천지자연을 따르는 자는 그 마음이 무심하여 밧줄처럼 평탄하고 그 변화는 모두 자연을 따르고 있어 사물에 거역하는 일이 없다.

18 ❋❋❊

(가), (나) 사상의 자연에 대한 공통적인 입장으로 가장 적절한 것은?

① 인간은 자연보다 우월한 존재이다.
② 인간은 자연을 이용할 권리를 지닌다.
③ 인간은 자연과 더불어 살아가는 존재이다.
④ 자연은 인간에게 무한정의 기회를 제공한다.
⑤ 자연은 인간의 풍요로운 삶을 위한 도구이다.

19 ❋❋❊ (서술형)

(가), (나) 사상의 공통점을 인간과 자연의 관계와 관련지어 서술하시오.

20 ✸✸✸

다음의 관점에서 긍정의 대답을 할 질문만을 〈보기〉에서 있는 대로 고른 것은?

조상들은 감을 딸 때 맨 위쪽에 있는 감을 따지 않고 남겨 두었는데, 이렇게 까치 등의 날짐승이 먹을 수 있도록 따지 않고 몇 개 남겨 두는 감을 까치밥이라고 한다.

[보기]
ㄱ. 인간과 동물을 동등하게 대우해야 하는가?
ㄴ. 인간과 자연 생태계는 유기적인 관계인가?
ㄷ. 동물을 비롯한 자연과 인간은 공존의 관계인가?
ㄹ. 오직 인간과 동물만이 도덕적 고려의 대상인가?

① ㄱ, ㄴ   ② ㄱ, ㄷ   ③ ㄴ, ㄷ
④ ㄱ, ㄴ, ㄷ   ⑤ ㄴ, ㄷ, ㄹ

 **내신 1등급 문제**

21 ✸✸✸

그림은 서술형 평가 문제와 학생 답안이다. 학생 답안의 ㉠~㉣ 중 옳은 것을 고른 것은?

〈서술형 평가〉
⊙ 문제: 갑, 을의 입장을 비교하여 서술하시오.

갑: 인간은 자연의 사용자 및 해석자로서 자연의 질서에 대해 실제로 관찰하고, 고찰한 것만큼 무엇인가를 할 수 있으며 이해할 수 있다. 그 이상의 것은 알 수도 없고, 할 수도 없다. 인간의 지식이 곧 인간의 힘이다.

을: 대지에 기울인 정성, 믿음 등에 의해 인간과 대지의 관계가 좌우된다. 이 관계에서는 대지에 대한 경제적 타산과 함께 윤리적·심미적 측면까지 고려된다.

⊙ 학생 답안
갑, 을의 입장을 비교해 보면, 갑은 ㉠ 이성을 지닌 인간이 이성이 없는 자연을 지배할 수 있다고 보고, ㉡ 자연을 다른 존재와 차별되지 않고 상호 의존적 관계로 인식해야 한다고 본다. 그런데 을은 ㉢ 자연은 생명이 없는 물질적 존재에 불과하다고 보고, ㉣ 인간은 자연의 정복자가 아니라 생태계의 한 구성원임을 주장하고 있다.

① ㉠, ㉡   ② ㉠, ㉣   ③ ㉡, ㉢
④ ㉡, ㉣   ⑤ ㉢, ㉣

22 ✸✸✸

(가)의 갑, 을 사상가들의 입장을 (나) 그림으로 표현할 때, A~C에 해당하는 진술로 가장 적절한 것은? [2.5점]

(가)	갑: 인간은 자연의 사용자이며 해설자로서 자신의 의지에 따라 사용하지 못할 것은 자연 내에 아무것도 없다. 따라서 우리는 자연이 인간에게 이로움을 줄 수 있도록 과학적 지식을 활용해야 한다. 을: 인간은 상호 의존적인 부분들로 이루어진 공동체의 한 구성원이다. 따라서 인간은 생명 공동체를 보존하기 위해 대지를 이용할 때 경제적 관점뿐만 아니라 윤리적, 심미적 관점에서도 검토해야 한다.
(나)	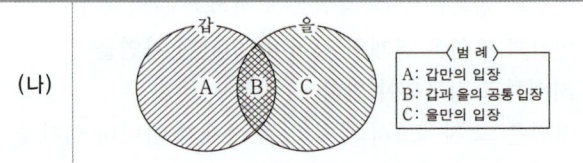

〈범례〉
A: 갑만의 입장
B: 갑과 을의 공통 입장
C: 을만의 입장

① A: 인간은 내재적 가치를 지닌 존재이다.
② A: 인간은 생태계 전체를 도덕적으로 고려해야 한다.
③ B: 인간은 필요에 따라 자연을 이용할 수도 있다.
④ B: 인간을 포함한 자연 전체는 하나의 살아있는 유기체이다.
⑤ C: 인간은 자연의 주인으로서 책임감을 지녀야 한다.

23 ✸✸✸

(가)의 입장에 비해 (나)의 입장이 갖는 상대적인 특징을 그림의 ㉠~㉤ 중에서 고른 것은?

(가) 대지(大地)는 인간을 비롯한 자연의 모든 존재들이 서로 그물망처럼 얽혀 있는 공동체이다. 따라서 생태계 전체를 하나의 도덕 공동체로 보아 이를 존중해야 한다.

(나) 식물은 동물의 생존을 위해서, 동물은 인간의 생존을 위해서 존재한다. …(중략)…자연은 일정한 목적이나 의도를 위한 것이라는 우리의 믿음이 타당하다면, 그것은 다름 아닌 인간을 위한 것임에 틀림이 없다.

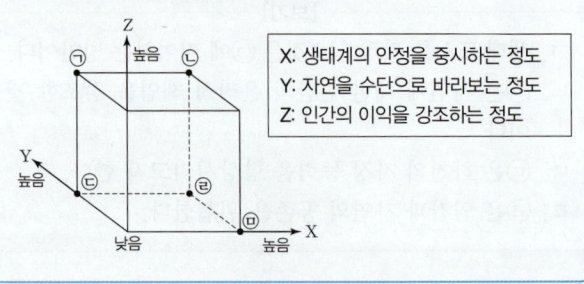

X: 생태계의 안정을 중시하는 정도
Y: 자연을 수단으로 바라보는 정도
Z: 인간의 이익을 강조하는 정도

① ㉠   ② ㉡   ③ ㉢   ④ ㉣   ⑤ ㉤

24 ✳✳✳

(가)의 갑, 을의 입장을 (나) 그림으로 표현할 때, A~C에 해당하는 적절한 진술만을 〈보기〉에서 고른 것은?

(가)	갑: 인드라망은 끝없이 큰 그물로 이음새마다 보석처럼 투명하게 빛나는 구슬이 자리 잡고 있다. 구슬들은 혼자 빛날 수 없으며 반드시 다른 구슬의 빛을 받아야만 세상을 밝힐 수 있다. 을: 도(道)가 크고 하늘이 크고 땅이 크고 인간도 크다. 인간은 땅을 따르고, 땅은 하늘을 따르고 하늘은 도를 따르고, 도는 스스로 그러함 [自然]을 따른다.
(나)	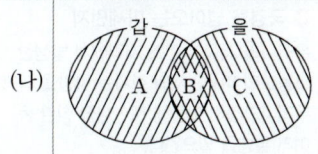 〈범례〉 A: 갑만의 입장 B: 갑, 을의 공통 입장 C: 을만의 입장

[보기]

ㄱ. A: 만물은 상호 독립적으로 존재한다.
ㄴ. A: 자연은 원인과 결과에 의해 움직이는 기계와 같다.
ㄷ. B: 동양의 자연관으로, 인간과 자연의 상생을 강조한다.
ㄹ. C: 자연의 질서에 따르는 무위자연(無爲自然)의 삶을 강조한다.

① ㄱ, ㄴ ② ㄱ, ㄷ ③ ㄴ, ㄷ ④ ㄴ, ㄹ ⑤ ㄷ, ㄹ

25 ✳✳❀

2025 실시 9월 학평 23

(가)의 갑, 을 사상가들의 입장을 (나) 그림으로 탐구하고자 할 때, A ~ C에 해당하는 적절한 질문만을 〈보기〉에서 고른 것은?
[2.5점]

(가)	갑: 아는 것이 힘이다. 인간의 힘은 자연을 파악하고 분석하여 지식을 얻을 때 생겨난다. 인간은 자연의 사용자로서 방황하고 있는 자연을 사냥해서 노예로 만들어 인간의 이익에 봉사하도록 해야 한다. 을: 바람직한 대지 이용을 경제적 문제로만 생각하지 말고 윤리적, 심미적 관점에서도 검토해야 한다. 생명 공동체의 통합성과 안정성, 아름다움의 보전에 이바지한다면 그것은 옳고, 그렇지 않다면 그르다.
(나)	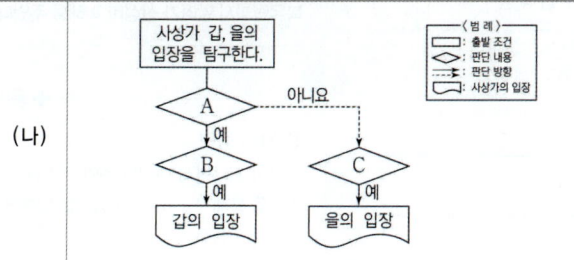

[보기]

ㄱ. A: 인간의 생존을 위해 대지를 자원으로 활용할 수 있는가?
ㄴ. B: 자연의 가치는 인간의 이익과 필요에 따라 평가되는가?
ㄷ. C: 인간은 자연 내의 다른 생명체보다 우월한 존재인가?
ㄹ. C: 무생물을 포함한 생태계 전체를 도덕적으로 고려해야 하는가?

① ㄱ, ㄴ ② ㄱ, ㄷ ③ ㄴ, ㄷ ④ ㄴ, ㄹ ⑤ ㄷ, ㄹ

26 ✳✳✳❀

2023 실시 9월 학평 5

갑, 을의 입장에 대한 설명으로 옳지 <u>않은</u> 것은? [3점]

[△△산 케이블카 설치에 대한 토론]
갑: 자연은 그 자체로 가치를 지니기 때문에 인간은 자연을 파괴할 권리가 없습니다. △△산 케이블카 설치로 인해 경제적 이익은 얻을 수 있을 것입니다. 그러나 장기적인 관점에서 보면 관광객의 증가로 멸종 위기 야생 생물의 서식지가 훼손될 것이 분명합니다.
을: △△산 케이블카 설치로 인해 자연환경 훼손의 우려가 있다는 것은 인정합니다. 하지만 장기적으로 보면 관광객의 증가로 고용 창출 및 지역 경제 활성화에 큰 도움이 될 것입니다. 무엇보다 자연은 인간을 위해 사용될 때 존재 가치가 있습니다.

① 갑은 케이블카 설치로 경제적 이익은 얻을 수 있다고 본다.
② 갑은 자연이 인간을 위해서만 존재하므로 인간은 자연을 개발할 권리가 있다고 본다.
③ 을은 인간 중심주의의 입장에서 자연의 가치를 판단하고 있다.
④ 을은 인간의 경제적 이익을 실현하기 위해서 자연환경을 이용할 수 있다고 본다.
⑤ 갑과 을은 모두 케이블카 설치로 자연환경이 훼손될 우려가 있다고 본다.

  # 06 환경 문제 해결을 위한 노력

중요도

1 다양한 환경 문제

1. 환경 문제의 발생 원인과 특징

(1) 발생 원인
   ① 급속한 인구 증가로 인한 자원 사용량의 증가
   ② 산업화로 인한 에너지 · 광물 자원 사용량의 증가로 오염 물질 배출량의 증가
   ③ 도시화로 인한 자연환경 변화 및 생태계 균형 파괴

(2) 특징: 피해 복구에 많은 시간, 비용이 들고 발생 지역을 넘어 전 지구에 영향을 줌❶

2. 환경 문제의 유형과 주요 국제 환경 협약

(1) 환경 문제의 유형

① 지구 온난화

원인	화석 연료 사용 증가, 삼림 파괴 등으로 인한 온실가스❷ 배출량 증가
영향	빙하 축소, 해수면 상승, 이상 기후 현상 발생, 생태계 변화 등
대책	화석 연료 사용량 감축, 조림 사업 실시 등

② 오존층 파괴

원인	염화 플루오린화 탄소(CFCs)의 사용량 증가 염소와 불소를 포함한 유기 화합물을 총칭하는 것으로, 주로 냉장고와 에어컨의 냉매제, 발포제 등으로 사용됨
영향	피부암 · 백내장 발병률 증가, 식물 성장 저해 등
대책	염화 플루오린화 탄소 배출 규제, 대체 냉매 개발

▲ CFCs 사용이 금지된 스프레이

③ 사막화: 아프리카 사하라 사막 남쪽의 사헬 지대

원인	장기간의 가뭄, 과도한 경작과 방목, 삼림 벌채 등
영향	토양 황폐화로 인한 기근 발생, 황사 현상 심화 등 농작물이 잘 자라지 않아 먹을 양식이 부족해 굶주리게 된 상태
대책	과도한 방목 및 개간 규제, 조림 사업 실시 등

▲ 사막화된 아랄해

④ 산성비❸

원인	공장 · 자동차 등에서 나오는 황산화물과 질소 산화물
영향	삼림 파괴, 호수의 산성화와 무생물화, 구조물 및 건물의 부식, 오염 물질의 이동으로 인한 주변 국가와의 분쟁 등
대책	공장, 자동차에 탈황 시설 설치, 대체 에너지 자원 개발, 국가 간 협력 등

⑤ 열대림 파괴: 아마존강 유역, 동남아시아, 아프리카 중부 지역 등

원인	농경지 및 방목지 확대, 자원 개발, 도로 건설 등
영향	지구 자정 능력❹ 약화, 지구 온난화 심화, 동식물의 서식지 파괴 등
대책	열대림 지역 법적 보호 강화, 조림 사업 실시, 국제적 협력 등

(2) 환경 문제 해결을 위한 주요 국제 환경 협약

지구 온난화 방지, 온실가스 배출 감축 위한 노력

파리 협정❶	선진국과 개발 도상국 모두 온실가스 감축을 포함한 포괄적인 대응에 동참하도록 규정함
교토 의정서	미국, 일본, 유럽 등 선진 38개국의 온실가스 감축 목표를 구체적으로 제시하고, 온실가스(탄소) 배출권 거래제❷를 도입함
몬트리올 의정서	오존층을 보호함으로써 지구 생태계 및 동식물의 피해를 방지하기 위함, 염화 플루오린화 탄소(CFCs) 등 오존층 파괴 물질의 사용 규제를 명시함
제네바 협약	산성비 문제의 해결을 위해 국경을 넘어 이동하는 대기 오염 물질의 감축 및 통제를 목적으로 함
사막화 방지 협약	사막화를 방지하고, 사막화를 겪고 있는 개발 도상국을 재정적·기술적으로 지원하는 것을 목적으로 함
람사르 협약	철새 및 물새 서식지로서 특히 국제적으로 중요한 습지에 관한 협약으로, 습지의 보호와 지속 가능한 이용을 목적으로 함

✛ 개념

❶ 파리 협정(2015년)
· 195개 당사국
· 지구 평균 온도의 상승폭을 산업화 이전과 비교하여 1.5℃ 이하로 제한
· 선진국은 2020년부터 개발 도상국의 기후 변화 대처 사업에 천 억 달러 지원
· 2023년 첫 이행 점검 이후 5년마다 상향된 감축 목표 제출 및 이행 여부 검증

✛ 용어

❷ 온실가스(탄소) 배출권 거래제
국가나 기업 간에 온실가스 배출 허용량을 거래할 수 있는 제도

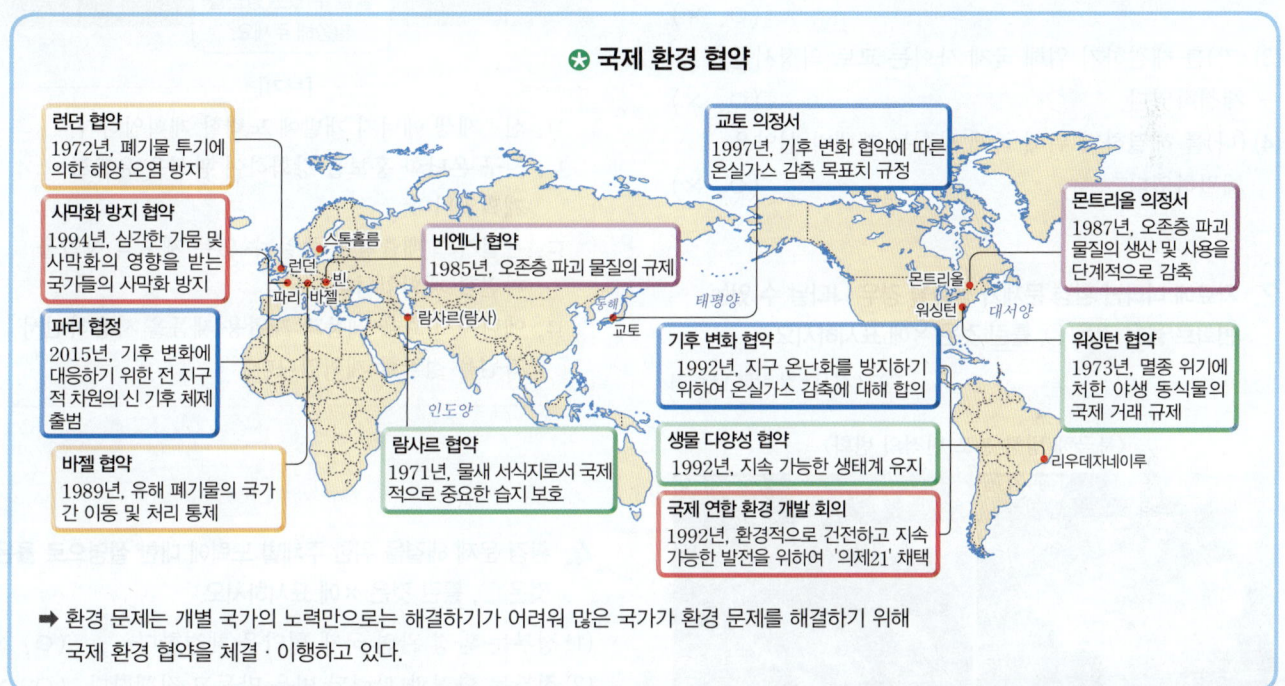

✪ 국제 환경 협약

런던 협약
1972년, 폐기물 투기에 의한 해양 오염 방지

사막화 방지 협약
1994년, 심각한 가뭄 및 사막화의 영향을 받는 국가들의 사막화 방지

파리 협정
2015년, 기후 변화에 대응하기 위한 전 지구적 차원의 신 기후 체제 출범

바젤 협약
1989년, 유해 폐기물의 국가 간 이동 및 처리 통제

비엔나 협약
1985년, 오존층 파괴 물질의 규제

람사르 협약
1971년, 물새 서식지로서 국제적으로 중요한 습지 보호

교토 의정서
1997년, 기후 변화 협약에 따른 온실가스 감축 목표치 규정

기후 변화 협약
1992년, 지구 온난화를 방지하기 위하여 온실가스 감축에 대해 합의

생물 다양성 협약
1992년, 지속 가능한 생태계 유지

국제 연합 환경 개발 회의
1992년, 환경적으로 건전하고 지속 가능한 발전을 위하여 '의제21' 채택

몬트리올 의정서
1987년, 오존층 파괴 물질의 생산 및 사용을 단계적으로 감축

워싱턴 협약
1973년, 멸종 위기에 처한 야생 동식물의 국제 거래 규제

스톡홀름 · 런던 · 빈 · 파리 · 바젤 · 람사르(람사) · 동해 · 교토 · 태평양 · 몬트리올 · 워싱턴 · 대서양 · 인도양 · 리우데자네이루

➡ 환경 문제는 개별 국가의 노력만으로는 해결하기가 어려워 많은 국가가 환경 문제를 해결하기 위해 국제 환경 협약을 체결·이행하고 있다.

2 환경 문제 해결을 위한 정부, 시민 단체, 기업, 개인의 노력 ★

1. 정부의 노력
(1) 환경 문제 해결을 위한 국제 환경 협약 체결
(2) 환경 관련 법률 제정, 제도와 정책 마련 ㉾ 환경 영향 평가 제도
(3) 기업과 개인을 대상으로 환경 정책과 에너지 실천 방안 등에 관한 홍보 활동 등

2. 시민 단체와 기업의 노력
(1) **시민 단체** : 환경 문제의 심각성을 알림, 환경 보호 활동에 시민의 참여 유도, 정부의 환경 정책과 기업의 활동을 감시하고 비판함
(2) **기업** : 환경 오염 방지 시설 설치·정비, 친환경 제품 생산, 신·재생 에너지 사용 확대❸, 고효율 에너지 생산 시스템 도입 등 *기존의 화석 에너지를 변환하여 이용하거나 햇빛, 물, 바람 등 재생 가능한 에너지*

3. 개인의 노력 : 에너지와 자원 절약 실천, 녹색 소비, 시민 단체에 가입하여 환경 감시 활동을 하거나 정부의 환경 정책에 참여 등 *제품을 구매하고 사용 후 버릴 때까지의 전 과정에 걸쳐 친환경적인 행동을 하는 것*

★ 암기

★ 환경 문제의 해결을 위한 노력

환경 문제
정부 -정책·제도 마련
기업 -시설 정비 -기술 혁신
시민 단체 -시민 운동 -캠페인
개인 -녹색 생활 실천 노력

✛ 개념

❸ RE100
RE100이란 기업이 사용하는 전력 100%를 2050년까지 재생 에너지로 충당하겠다고 약속하는 자발적인 캠페인으로, 세계 여러 기업들이 동참하고 있다.

1 다양한 환경 문제

1. (가), (나) 환경 문제에 대한 설명으로 옳은 것은 ◯, **틀린** 것은 ×에 표시하시오.

(가)   (나)

해수면 상승으로 침수 위기에   나무가 죽고, 토양과 호수가
있는 가옥   산성화됨

(1) (가)는 지구 온난화이다.   (◯, ×)

(2) (나)의 대표적인 피해 지역은 아프리카 사헬 지대이다.
                                                           (◯, ×)

(3) (가)를 해결하기 위해 국제 사회는 교토 의정서를
    체결하였다.   (◯, ×)

(4) (나)를 해결하기 위해 국제 사회는 제네바 협약을
    체결하였다.   (◯, ×)

2. 자료에 나타난 환경 문제가 심화될 경우 나타날 수 있는
   변화로 옳은 것은 ◯, 틀린 것은 ×에 표시하시오.

   2023 실시 6월 학평 12 변형

〈북극해 빙하 분포 면적의 변화〉

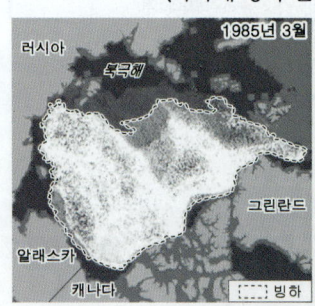

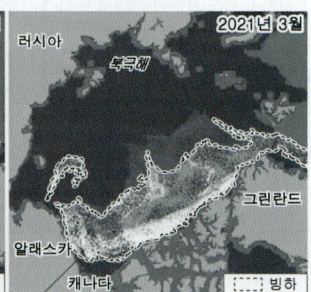

*표시된 빙하는 형성된 지 3년 이상 된 것임.

(1) 봄꽃의 개화 시기가 빨라진다.   (◯, ×)

(2) 서리가 내리는 날이 증가한다.   (◯, ×)

(3) 냉대림의 분포 면적이 넓어진다.   (◯, ×)

(4) 남태평양 해안 저지대의 침수 위험이 증가한다.
                                                           (◯, ×)

(5) 열대야 발생 일수가 감소한다.   (◯, ×)

(6) 여름철보다 겨울철의 지속기간이 길어진다.   (◯, ×)

(7) 호수와 하천의 결빙 일수가 증가한다.   (◯, ×)

(8) 열대성 질병의 발병률이 증가한다.   (◯, ×)

2 환경 문제 해결을 위한 정부, 시민 단체, 기업, 개인의 노력

3. 그림의 (가)~(라)에 들어갈 내용을 〈보기〉에서 각각 하나씩
   고르시오.

[보기]
ㄱ. 신·재생 에너지 개발에 노력할 계획입니다.

ㄴ. 지구 온난화 홍보를 강화하여 관심을 유도할
    계획입니다.

ㄷ. 온실가스 배출량을 줄일 수 있는 제도적 방안을
    마련할 계획입니다.

ㄹ. 에너지 고효율 제품과 재활용 제품을 사용하면서
    자원을 절약할 계획입니다.

4. 환경 문제 해결을 위한 주체별 노력에 대한 설명으로 옳은
   것은 ◯, 틀린 것은 ×에 표시하시오.

(1) 정부는 환경 관련 국제 협약을 체결한다.   (◯, ×)

(2) 정부는 환경과 관련된 법을 만들고 집행한다. (◯, ×)

(3) 시민 단체는 친환경 제품을 생산하고 유통한다.
                                              (◯, ×)

(4) 시민 단체는 정부의 환경 정책을 감시하고 비판한다.
                                              (◯, ×)

(5) 기업은 환경 문제 해결을 위한 정책을 시행한다.
                                              (◯, ×)

(6) 기업은 환경 문제 해결을 위해 사용하는 전력을 재생
    에너지로 충당한다.   (◯, ×)

(7) 소비자는 친환경 제품을 사용하여 에너지를 절약한다.
                                              (◯, ×)

(8) 소비자는 시민 단체에 가입하여 정부의 환경 정책을
    감시한다.   (◯, ×)

❖ 정답 문제편-198p

내신 대비 **필수 문제**

★ 학교시험 100점을 위한 실전 문제와 학평 문제

1 다양한 환경 문제

01 ★★✿

다음 글의 (가), (나)에 들어갈 환경 문제로 옳은 것은?

- 오스트레일리아의 시드니에 있는 해수욕장에서 1,700개의 대형 수건을 펼쳐 놓은 행사가 열렸다. 이 행사의 목적은 (가) 로 자외선의 양이 증가하면서 피부암에 대한 경각심을 높이기 위해서이다.
- 투발루는 9개의 섬으로 구성되어 있는데, 평균 해발 고도가 3m 내외로 평평하다. 현재 이곳은 (나) 에 따른 해수면 상승으로 국토가 바다에 잠기고 있다.

	(가)	(나)
①	산성비	지구 온난화
②	오존층 파괴	산성비
③	오존층 파괴	지구 온난화
④	지구 온난화	산성비
⑤	지구 온난화	오존층 파괴

02 ★★✿

2022 실시 11월 학평 3

(가)에 해당하는 환경 문제가 지속될 경우 우리나라에서 나타날 수 있는 변화에 대한 추론으로 가장 적절한 것은?

○○신문　　　　　　　　　　2000년 ○○월 ○○일

북극해에서 열린 특별한 콘서트

이탈리아의 한 피아노 연주자는 빙하가 떠다니는 북극해에서 '북극을 위한 비가(悲歌)'를 연주했다. 이 곡은 북극 빙하를 녹이는 (가) 의 위험을 경고하기 위해 작곡된 것이다. 그가 연주하는 도중에도 빙하의 일부가 떨어져 내리는 소리는 멈추지 않았다.

① 봄꽃의 개화 시기가 늦어질 것이다.
② 열대야 발생 일수가 감소할 것이다.
③ 냉대림의 분포 면적이 넓어질 것이다.
④ 열대성 질병의 발병률이 감소할 것이다.
⑤ 해안 저지대의 침수 위험이 증가할 것이다.

03 ★✿✿

2025 실시 6월 학평 22

다음 자료의 밑줄 친 ㉠~㉢에 대한 설명으로 옳은 것만을 〈보기〉에서 있는 대로 고른 것은? [1.5점]

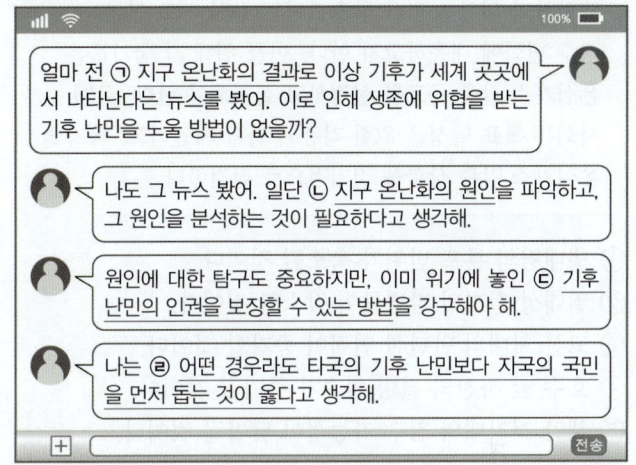

얼마 전 ㉠ 지구 온난화의 결과로 이상 기후가 세계 곳곳에서 나타난다는 뉴스를 봤어. 이로 인해 생존에 위협을 받는 기후 난민을 도울 방법이 없을까?

나도 그 뉴스 봤어. 일단 ㉡ 지구 온난화의 원인을 파악하고, 그 원인을 분석하는 것이 필요하다고 생각해.

원인에 대한 탐구도 중요하지만, 이미 위기에 놓인 ㉢ 기후 난민의 인권을 보장할 수 있는 방법을 강구해야 해.

나는 ㉣ 어떤 경우라도 타국의 기후 난민보다 자국의 국민을 먼저 돕는 것이 옳다고 생각해.

[보기]

ㄱ. ㉠으로 빙하가 녹아 해안 저지대 침수가 나타날 수 있다.
ㄴ. ㉡으로 열대 우림 지역 개발로 인한 삼림 파괴를 들 수 있다.
ㄷ. ㉢으로 기후 난민의 안전을 보장하는 정책 마련을 들 수 있다.
ㄹ. ㉣은 세계는 하나의 공동체이기 때문에 국내 문제와 국제 문제를 동등하게 인식해야 한다는 입장이다.

① ㄱ, ㄴ　② ㄱ, ㄹ　③ ㄷ, ㄹ　④ ㄱ, ㄴ, ㄷ　⑤ ㄴ, ㄷ, ㄹ

[04~05] 다음 사진을 보고 물음에 답하시오.

(가)의 영향으로 죽은 나무들

04 ✿✿✿ 단답형

(가)는 어느 환경 문제인지 쓰시오.

05 ★★✿ 서술형

(가)가 발생하는 원인에 대해 서술하시오. (단, 원인이 되는 물질 두 가지의 이름을 모두 포함하시오.)

❖ 정답 및 해설 35p

Ⅲ 자연환경과 인간　**71**

06 ✹✹✿ ⭐중요

(가)에 해당하는 환경 문제가 지속될 경우 예상되는 현상으로 가장 적절한 것은?

> 유엔 기후 변화 회의에서 채택된 '파리 협정'은 기후 변화에 대처하기 위한 조약이다. 이 조약은 산업화 이전과 비교하여 지구 평균 기온 상승 폭을 1.5℃로 제한하기 위한 노력을 함으로써 ___(가)___ 로 인한 기후 변화에 대응하고자 한다. 이를 위해 각 국가들은 온실가스 감축 목표를 설정하고 실천해야 한다. 국제 사회는 목표 달성을 위한 각종 수단을 지원하고, 국가별 온실가스 감축 상황을 정기적으로 점검한다.

① 냉대림의 분포 범위가 축소될 것이다.
② 열대성 질병의 발병률이 감소할 것이다.
③ 고산 지대의 만년설 면적이 증가할 것이다.
④ 호수 및 하천의 결빙 일수가 증가할 것이다.
⑤ 해안 저지대의 침수 가능성이 낮아질 것이다.

[07~08] 다음 자료를 읽고 물음에 답하시오.

구분	원인	영향	관련 협약
오존층 파괴	염화 플루오린화 탄소(CFCs) 사용 증가	피부암·백내장 발병률 증가 등	(가)
(나)	장기간의 가뭄, 삼림 벌채 등	(다)	(나) 방지 협약
산성비	(라)	건물 부식, 호수의 산성화 등	(마)

07 ✹✹✿

(가)~(마)에 들어갈 내용으로 옳지 <u>않은</u> 것은?

① (가) – 몬트리올 의정서
② (나) – 사막화
③ (다) – 황사 현상 심화
④ (라) – 황산화물과 질소 산화물 증가
⑤ (마) – 람사르 협약

08 ✹✹✿ 서술형

(마)에 들어가는 협약의 이름과 함께 해당 협약의 목표에 대해 서술하시오.

---

09 ✹✹✿

그림이 공통적으로 다루고 있는 환경 문제에 대한 설명으로 옳지 <u>않은</u> 것은?

① 대기 오염 물질이 빗물과 결합하여 내리는 현상이다.
② 해수면이 상승하여 저지대의 침수 위험성이 높아진다.
③ 이산화 탄소 등 온실가스 배출량 증가가 주요 원인이다.
④ 전 지구적으로 이상 기후 현상의 발생 빈도를 증가시킨다.
⑤ 문제 해결을 위한 국제 협력으로 파리 기후 협약이 체결되었다.

---

2 환경 문제 해결을 위한 정부, 시민 단체, 기업, 개인의 노력

10 ✹✿✿

다음 자료의 (가)에 해당하는 환경 문제를 해결하기 위한 대책으로 가장 적절한 것은? [1.5점]

⟨ ___(가)___ 의 주요 집적 지역 공식 화폐⟩

국제 연합(UN)은 해류 순환과 바람의 작용으로 태평양에 쌓인 ___(가)___ 의 주요 집적 지역을 정식 국가로 인정하였다. 공식 여권, 화폐를 만들고 국민을 모집하였는데, 공식 화폐에는 전 세계가 배출한 ___(가)___ 로 고통받는 바다사자, 갈매기, 거북이 등이 등장한다.

① 국제 사회는 몬트리올 의정서를 준수해야 한다.
② 정부는 플라스틱 제품 사용 규제를 완화해야 한다.
③ 시민 단체는 친환경 제품을 인증하는 법률을 제정한다.
④ 기업은 이윤 추구를 위해 일회용품 생산량을 증가시켜야 한다.
⑤ 개인은 생태 시민으로서 플라스틱 제품 사용량을 줄여야 한다.

11 ✿✿✿

다음 자료의 (가)에 들어갈 내용으로 적절한 것만을 〈보기〉에서 있는 대로 고른 것은? [1.5점]

스마트폰 등 디지털 기기 사용 시간이 늘어나면서 온실가스 배출량이 증가하고 있다. 그 이유는 디지털 기기에서 사용하는 네트워크는 데이터 센터와 연결되어 있는데, 데이터 센터의 적정 온도를 유지하기 위해 냉각 장치가 작동되는 과정에서 온실가스가 배출되기 때문이다. 데이터 센터 이외에도 정보 통신 기기 및 서비스의 생산과 폐기에 이르는 전 과정에서 발생하는 온실가스의 양을 '디지털 탄소 발자국'이라 한다. 이러한 디지털 탄소 발자국을 줄이기 위해 생태시민으로서 지녀야 할 자세는 ____(가)____ 등이 있다.

[보기]

ㄱ. 스마트폰을 비롯한 디지털 기기 자주 교체하기
ㄴ. 네트워크 사용량 감소를 위해 디지털 기기 사용 시간 줄이기
ㄷ. 디지털 기기 관련 기업에 탄소 배출을 줄이는 생산 방식 요구하기
ㄹ. 데이터 센터의 운영 과정에서 발생하는 온실가스의 위험성에 대해 경각심 지니기

① ㄱ, ㄷ   ② ㄱ, ㄹ   ③ ㄴ, ㄹ
④ ㄱ, ㄴ, ㄷ   ⑤ ㄴ, ㄷ, ㄹ

[12~13] 다음 자료를 읽고 물음에 답하시오.

탄소 성적 표지제

제품의 생산, 수송, 사용, 폐기 등의 모든 과정에서 발생하는 온실가스의 배출량을 이산화 탄소의 배출량으로 환산하여 라벨 형태로 제품에 부착하는 제도이다. 모든 제품의 탄소 배출량 정보를 공개하여 소비자들이 저탄소 제품을 구매할 수 있도록 하고 있다.

12 ✿✿✿

자료와 가장 관련이 깊은 환경 문제는?

① 산성비   ② 사막화   ③ 오존층 파괴
④ 열대림 파괴   ⑤ 지구 온난화

13 ✿✿✿ (서술형)

해당 환경 문제 해결을 위한 기업의 노력 두 가지를 서술하시오.

14 ✿✿✿

다음 자료에 대한 설명으로 옳은 것은? (단, A~C는 각각 기업, 정부, 시민 단체 중 하나임.) [2점]

• A는 미세플라스틱이 인체에 심각한 위협이 됨을 알리고 ㉠ 건강하고 쾌적한 환경에서 생활할 권리 보장을 위한 대책을 촉구하는 집회를 열었다.
• B는 미세플라스틱 배출로 인한 해양 오염 문제의 심각성을 인지하고 전문가들과 함께하는 공식적인 공청회를 열어 ㉡ 이와 관련한 규제 정책의 보완에 나섰다.
• C는 미세플라스틱으로 인한 오염 문제를 개선하기 위해 친환경 경영을 선언하고 생분해성 플라스틱 소재의 개발과 생산에 나섰다.

① ㉠은 헌법에서 보장되지 않는다.
② ㉡으로는 '폐수 처리 기준의 완화'를 들 수 있다.
③ B는 국제 협약을 맺어 국제 사회와 협력할 수 있다.
④ B와 달리 C는 환경 오염 행위를 감시하고 법적 제재를 가할 수 있다.
⑤ C와 달리 A는 기술 혁신을 통해 오염 물질 배출을 줄일 수 있다.

[15~16] 다음 글을 읽고 물음에 답하시오.

(가) 환경 오염 물질을 배출하는 사업자나 소비자를 처벌하거나 부담금을 부과한다.
(나) 환경 문제의 심각성을 알리고, 서명 운동 등으로 시민의 관심을 촉구한다.

15 ✿✿✿ (단답형)

(가), (나)의 주체가 무엇인지 각각 쓰시오.

16 ✿✿✿

(가), (나)의 주체에 대한 설명으로 옳은 것은?

① (가)는 국제 환경 협약 체결에 동참한다.
② (가)는 기술 개발을 통해 친환경 제품을 만든다.
③ (나)는 환경 관련 법률을 제정한다.
④ (나)는 환경 영향 평가 제도를 실시한다.
⑤ (나)는 환경 정책의 수립 및 시행 과정을 무조건적으로 지지한다.

17 ✿✿❀
2025 실시 6월 학평 20

다음 자료에 대한 설명으로 옳은 것은? [2점]

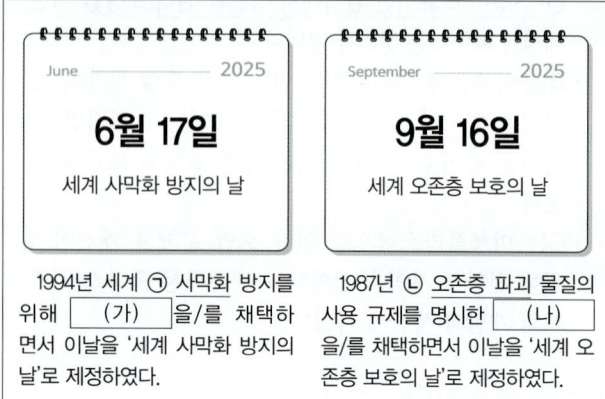

June ——— 2025

6월 17일

세계 사막화 방지의 날

September ——— 2025

9월 16일

세계 오존층 보호의 날

1994년 세계 ㉠ 사막화 방지를 위해 (가) 을/를 채택하면서 이날을 '세계 사막화 방지의 날'로 제정하였다.

1987년 ㉡ 오존층 파괴 물질의 사용 규제를 명시한 (나) 을/를 채택하면서 이날을 '세계 오존층 보호의 날'로 제정하였다.

① ㉠의 대표적인 사례 지역으로 사헬 지대, 아랄해 일대가 있다.
② ㉡으로 인해 지표로 도달하는 자외선이 감소한다.
③ ㉡의 주요 원인은 장기간의 가뭄, 과도한 방목 및 개간 등이다.
④ ㉠과 ㉡을 해결하기 위해서는 인간과 자연을 분리하는 이분법적 세계관이 필요하다.
⑤ (가)는 몬트리올 의정서, (나)는 바젤 협약이다.

18 ✿✿❀
2022 실시 9월 학평 9

환경 문제 (가)가 지속될 경우 예상되는 현상으로 옳지 <u>않은</u> 것은?

그래프는 1850년부터 2020년까지 지구 표면의 연평균 온도 변화를 나타낸 것이다. 21세기 첫 20년 동안(2001~2020년) 지구 표면온도는 1850~1900년에 비해 약 0.99℃ 더 높아졌다. 이는 산업 혁명 이후 인구 및 화석 연료 사용량 증가에 따라 (가) 현상이 가속화되어 나타난 것으로 분석되고 있다.

< 지구 표면의 연평균 온도 변화 >

(IPCC, 2021)

① 벚꽃의 개화 시기가 빨라질 것이다.
② 고산 지대의 빙하 면적이 감소할 것이다.
③ 대도시 지역의 열대야 현상이 증가할 것이다.
④ 여름철보다 겨울철의 지속 기간이 길어질 것이다.
⑤ 해수면 상승으로 해안 저지대의 침수 위험이 증가할 것이다.

19 ✿✿❀
2023 실시 9월 학평 8

밑줄 친 ㉠~㉣에 대한 옳은 설명만을 <보기>에서 고른 것은? [3점]

기후 변화의 주요 원인 중 하나인 ㉠ 지구 온난화는 자연적 요인과 인위적 요인에 의해 발생한다. 주된 인위적 요인에는 ㉡ 화석 에너지의 사용량 증가에 따른 온실가스 배출량의 증가가 있다. 이에 따른 기후 변화 문제를 해결하기 위해서 국제 사회는 1997년 교토 의정서, 2015년 ㉢ 파리 기후 변화 협약 등을 체결하였다. 국제 사회의 노력에 발맞추기 위해서는 ㉣ 정부의 정책 마련과 함께 국민들의 지속적인 실천이 필요하다.

[보기]
ㄱ. ㉠의 영향으로 봄꽃의 개화 시기가 늦어질 것이다.
ㄴ. ㉡의 주요 원인은 산업화와 인구 증가이다.
ㄷ. ㉢은 선진국에만 온실가스 감축 의무를 부여하였다.
ㄹ. ㉣의 사례에는 탄소 배출권 거래제가 있다.

① ㄱ, ㄴ ② ㄱ, ㄷ ③ ㄴ, ㄷ ④ ㄴ, ㄹ ⑤ ㄷ, ㄹ

20 ✿✿✿
2025 실시 6월 학평 25

다음은 학생 발표회의 일부이다. 밑줄 친 ㉠~㉤에 대한 설명으로 옳지 <u>않은</u> 것은? [2.5점]

〈체험 활동 발표회〉

1) 활동 내용
• ㉠ 해안 지역 쓰담 달리기(쓰레기를 담으며 달리기)
• 해안 지역을 관찰하고 스케치하기
2) 그림 내용

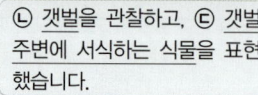

㉡ 갯벌을 관찰하고, ㉢ 갯벌 주변에 서식하는 식물을 표현했습니다.

㉣ 해안 절벽과 그 앞쪽에 발달한 ㉤ 평탄한 바위면을 스케치했습니다.

① ㉠은 육지와 바다가 만나는 공간으로 해안 생물의 서식지 역할을 한다.
② ㉡은 오염 물질 정화의 기능을 가진다.
③ 국제 사회는 람사르 협약을 통해 ㉡을 보호하고자 노력한다.
④ ㉢은 육지 식물에 비해 염분에 강한 특성을 지닌다.
⑤ ㉣과 ㉤은 주로 조류의 퇴적 작용으로 형성되었다.

대단원 마무리 문제   Ⅲ. 자연환경과 인간

04 자연환경과 인간 생활

01 ✽✿✿   2023 실시 11월 학평 13

다음 자료는 다큐멘터리 대본의 일부이다. 밑줄 친 '이 지역'의 전통적인 주민 생활에 대한 설명으로 옳은 것은? [3점]

장면	내레이션
	이 지역은 강수량보다 증발량이 많아 물이 부족합니다. 그리고 햇볕이 강하며 모래바람이 불어 주민들은 온몸을 감싸는 형태의 헐렁한 옷을 입습니다.

① 오아시스 주변에서 대추야자를 재배한다.
② 농업이 거의 불가능하여 순록을 유목한다.
③ 여름이 고온 다습하여 벼농사가 활발하다.
④ 풍부한 침엽수를 이용하여 통나무집을 짓는다.
⑤ 지면의 열과 습기를 피하기 위해 고상 가옥을 짓는다.

02 ✽✽✿   2023 실시 6월 학평 11

(가)에 들어갈 내용으로 옳은 것은? [3점]

> 수업 주제 : 카르스트 지형의 형성과 주민 생활
>
>
>
> • 사례 지역: 중국 구이린, 베트남 할롱 베이
> • 형성 과정: (가) 형성된다.
> • 주민 생활: 지형을 활용한 관광업 종사자 비율이 높다.

① 빙하에 의해 기반암이 깎이는 과정에서
② 용암이 급격하게 식어 수축되는 과정에서
③ 파랑에 의해 운반된 모래가 쌓이는 과정에서
④ 빗물과 지하수에 의해 석회암이 녹는 과정에서
⑤ 바람이 운반한 모래가 기반암을 깎는 과정에서

03 ✽✽✽   2021 실시 9월 학평 17

자료는 어느 지역의 지리 정보이다. 이에 해당하는 지역을 지도의 A~E에서 고른 것은?

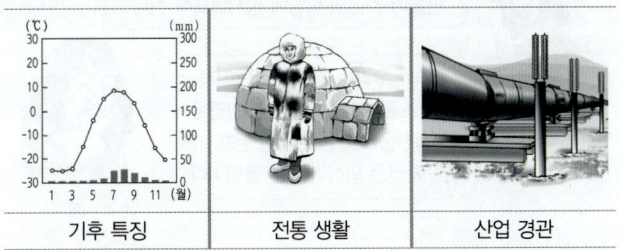

기후 특징	전통 생활	산업 경관

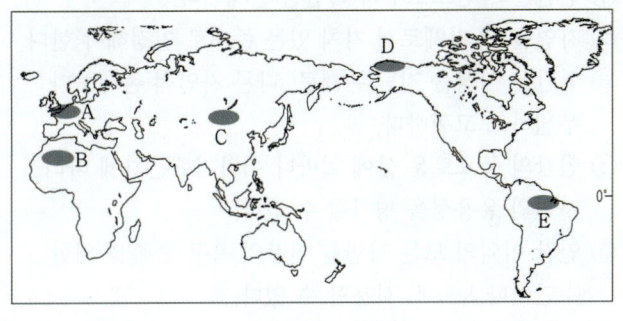

① A   ② B   ③ C   ④ D   ⑤ E

04 ✽✽✿   2023 실시 9월 학평 2

자연재해 (가), (나)에 대한 설명으로 옳은 것은? (단, (가), (나)는 각각 지진, 태풍 중 하나임.)

자연재해 발생 시 국민 행동 요령	⊙ 행정안전부
(가) 발생 시 국민 행동 요령	**(나) 발생 시 국민 행동 요령**
◦ 산사태, 절벽 붕괴에 주의하고, 해안에서 해일 특보가 발령되면 높은 곳으로 대피합니다.	◦ 경보 발령 시 어업 활동을 중단하고, 피서객·저지대 주민은 신속히 안전 지대로 대피합니다.
◦ 떨어지는 물건에 다치지 않게 가방이나 손으로 머리를 보호합니다.	◦ 강풍에 대비하여 비닐하우스·재배 시설 등은 단단히 고정합니다.
◦ 흔들림이 멈추면 건물과 거리를 두고 운동장이나 공원 등 넓은 공간으로 대피합니다.	◦ 축대와 담장은 사전에 점검·보수하고, 가로등·고압 전선 등 전기 시설물 접근을 금지합니다.

① (가)는 건물의 내진 설계로 피해를 줄일 수 있다.
② (가)는 열대 해상에서 발생하여 고위도 지역으로 이동한다.
③ (나)는 여름보다 겨울에 자주 발생한다.
④ (나)는 대기 중의 미세 먼지 농도를 증가시킨다.
⑤ (가)는 기후적 요인, (나)는 지형적 요인에 의해 발생한다.

05 인간과 자연의 관계

05 ✳✳✳

다음 갑, 을 사상가가 모두 동의할 주장으로 옳지 <u>않은</u> 것은?

> 아는 것이 힘이다. 자연이 인간에게 이롭도록 지식을 활용해야 한다. 방황하고 있는 자연을 사냥해서 노예로 만들어 인간의 이익에 봉사하도록 한다.

갑

> 우리는 자연의 주인이자 소유자가 될 수 있다. 인간은 정신을 소유한 존엄한 존재지만, 자연은 의식이 없는 물질이다.

을

① 인간은 자연으로부터 독립된 존재이다.
② 자연을 그 자체로서 가치 있는 존재로 인정해야 한다.
③ 인간은 이성을 지닌 존재로, 다른 자연적 존재보다 우월하고 고귀하다.
④ 인간의 풍요로운 삶에 얼마나 이바지했는가에 따라 자연의 유용성을 평가할 수 있다.
⑤ 인간 이외의 모든 자연을 인간의 욕구 충족을 위한 수단이나 도구로 사용할 수 있다.

06 ✳✳✿ 2023 실시 11월 학평 15

갑의 입장에서 〈문제 상황〉 속 A국에 제시할 조언으로 가장 적절한 것은? [3점]

> 갑: 자연은 인간의 삶을 윤택하게 하는 도구가 아니다. 인간과 자연은 끊임없이 영향을 주고받기 때문에 조화와 균형을 이루어야 한다. 인간의 중요한 의무는 생태계의 안정을 유지하고 자연 그 자체의 가치를 존중하는 것이다.
>
> 〈문제 상황〉
> A국은 심해 채굴의 허용 여부를 결정하는 국제회의에 참석할 예정이다. A국은 전기 자동차나 스마트폰 배터리 제조에 필요한 핵심 광물을 얻기 위해 심해 채굴을 찬성해야 할지, 해양 생태계 훼손을 막기 위해 반대해야 할지 고민하고 있다.

① 인간은 해양 생태계와 분리된 존재임을 기억하세요.
② 심해 채굴로 인해 발생할 경제적 효용만을 고려하세요.
③ 해양 생태계의 본래적 가치보다 도구적 가치를 중시하세요.
④ 심해 채굴로 인해 해양 생태계에 미칠 부작용은 무시하세요.
⑤ 인간은 해양 생태계를 보전할 도덕적 의무가 있음을 명심하세요.

07 ✳✳✿ 2023 실시 6월 학평 17

다음 글의 관점에 부합하는 진술에만 모두 '✓'를 표시한 학생은? [3점]

> 자연을 인간의 이익을 위한 대상으로만 평가해서는 안 되며, 생태계 내의 모든 존재는 그 자체로 존중받아야 한다. 인간과 자연은 공존하는 관계에 있으므로 생태계를 도덕적으로 대우해야 한다.

진술 \ 학생	갑	을	병	정	무
생태계 전체는 하나의 유기체이다.	✓	✓		✓	
인간과 자연은 동등하지 않으며 위계 관계에 있다.	✓			✓	✓
인간은 자연과 조화를 이루며 더불어 살아가는 존재이다.		✓	✓		✓
자연은 있는 그대로가 아닌 인간을 위한 도구적 가치만을 지닌다.			✓	✓	✓

① 갑 ② 을 ③ 병 ④ 정 ⑤ 무

08 ✳✳✳

(가)의 갑, 을의 입장에서 서로에게 제기할 수 있는 비판을 (나) 그림으로 표현할 때, A, B에 해당하는 내용으로 옳지 <u>않은</u> 것은?

(가)	갑: 물질적 육체와 비물질적 영혼의 혼합체인 인간과 달리 동물은 의식이 없는 기계일 뿐이다. 을: 도덕 공동체의 범위를 동물, 식물, 흙, 물을 비롯한 대지까지 확대해야 한다.

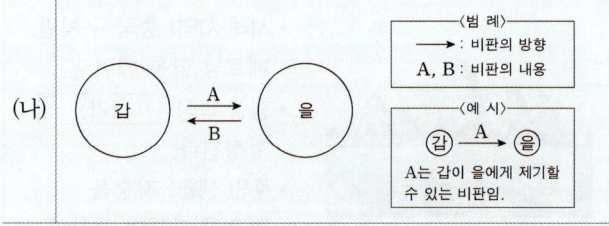

(나)

〈범례〉
→ : 비판의 방향
A, B : 비판의 내용

〈예시〉
갑 →A→ 을
A는 갑이 을에게 제기할 수 있는 비판임.

① A: 인간이 가장 가치 있는 존재라는 점을 간과한다.
② A: 인간은 자연으로부터 독립될 수 없음을 간과한다.
③ B: 모든 존재가 내재적 가치를 지니고 있음을 간과한다.
④ B: 인간은 자연 전체에 도덕적 의무를 지님을 간과한다.
⑤ B: 인간과 자연은 상호 의존적이라는 점을 간과한다.

06 환경 문제 해결을 위한 노력

09 ★★✿

2023 실시 6월 학평 16

자료와 관련된 문제를 해결하기 위한 각 주체의 노력으로 옳은 것만을 〈보기〉에서 고른 것은?

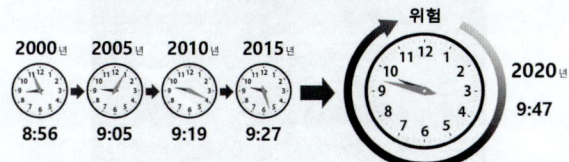

〈환경 위기 시계〉

2000년 2005년 2010년 2015년
8:56   9:05   9:19   9:27

위험
2020년
9:47

*환경 위기 시계: 지구환경 파괴에 대한 위기감을 표현한 것으로 12시에 가까울수록 지구 환경이 극도로 위험해짐을 나타냄.

─────[보기]─────
ㄱ. 정부는 환경 관련 국제 협약을 탈퇴한다.
ㄴ. 시민 단체는 친환경 제품을 인증하는 법률을 제정한다.
ㄷ. 소비자는 친환경 제품을 사용하여 에너지를 절약한다.
ㄹ. 기업은 노후 생산 시설을 정비하는 친환경 경영을 실천한다.

① ㄱ, ㄴ ② ㄱ, ㄷ ③ ㄴ, ㄷ ④ ㄴ, ㄹ ⑤ ㄷ, ㄹ

10 ★★✿
2022 실시 6월 학평 19

다음 자료는 세미나 개최 안내 포스터이다. (가)에 대한 설명으로 옳은 것은? [3점]

세계 [(가)] 방지의 날* 기념 세미나 개최

1. 일시: 2022.6.17.(금) 13:30~16:00
2. 장소: ○○대학교 □□회의실
3. 발표 내용
  ○원인 분석: 장기간의 가뭄, 과도한 방목 및 개간을 중심으로
  ○발생 지역 소개: 사헬 지대, 아랄해, 몽골
  ○성과 공유: 아시아 지역의 토지 황폐화 방지 사업
    몽골 △△ 희망의 숲 조성 사업
* 매년 6월 17일은 국제 연합(UN)에서 [(가)] 방지 협약 채택일을 기념하기 위해 정한 날입니다.

① 농경지 확대, 상업적 벌목 등으로 인해 열대림이 파괴되는 현상이다.
② 황산화물과 질소산화물 등의 대기 오염 물질이 비와 섞여 내리는 현상이다.
③ 연기(smoke)와 안개(fog)의 합성어로 대기 오염에 의하여 나타나는 연무 현상이다.
④ 염화 플루오린화 탄소(CFCs)의 사용량 증가로 성층권의 오존층이 파괴되는 현상이다.
⑤ 자연적 또는 인위적 요인에 의해 기존에 사막이 아니던 곳이 점차 사막으로 변해가는 현상이다.

11 ★★✿

2021 실시 11월 학평 9

㉠에 들어갈 내용으로 가장 적절한 것은?

이산화 탄소 배출량이 증가하여 지구 평균 기온이 상승할 경우 우리나라의 계절 시작일 및 계절 지속 기간은 변화될 것이다. 특히, 우리나라 남부 지방에 위치한 부산은 이러한 변화가 클 것으로 예측되어 현재보다 2090년대에 [㉠]이라고 전망된다.

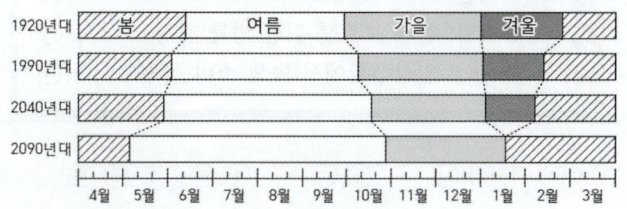

〈부산의 계절 시작일과 계절 지속 기간 예상 변화〉

① 여름 시작일이 늦어질 것
② 겨울의 지속 기간이 길어질 것
③ 열대야 발생 일수가 증가할 것
④ 서리가 내리는 날이 많아질 것
⑤ 해안 저지대의 침수 가능성이 낮아질 것

12 ★★★✿
2021 실시 6월 학평 12

환경 문제 해결을 위한 (가), (나)의 활동만을 〈보기〉에서 고른 것은? (단, (가), (나)는 각각 정부, 시민 단체 중 하나임.) [3점]

과도한 일회용 플라스틱 포장재를 제조업체나 유통업체에 반납하는 '플라스틱 어택(Plastic Attack)' 운동이 우리 사회에 변화를 불러오고 있다. 환경 문제에 관심을 가진 사람들이 자발적으로 조직한 [(가)]은/는 길거리에 버려진 일회용 컵을 주워 해당 매장에 반납하고 일회용품 사용 규제를 촉구하는 서명 운동을 진행하였다. 이에 [(나)]은/는 일회용 컵 보증금제를 2022년 6월부터 부활시키는 등 자원 재사용과 재활용 촉진을 위한 제도를 마련하겠다고 밝혔다.

─────[보기]─────
ㄱ. (가)는 환경과 관련된 법을 만들고 집행한다.
ㄴ. (나)는 이윤 추구를 위해 친환경 상품을 생산·유통한다.
ㄷ. (가)는 여론을 형성하여 (나)의 환경 정책 결정 과정에 영향을 미친다.
ㄹ. (가), (나)는 환경 보호 실천 방안 등에 관한 홍보 및 교육 활동을 한다.

① ㄱ, ㄴ ② ㄱ, ㄷ ③ ㄴ, ㄷ ④ ㄴ, ㄹ ⑤ ㄷ, ㄹ

✿ 정답 및 해설 39~41p

13 ✿✿✿

2022 실시 6월 학평 14

다음은 학생 필기 내용의 일부이다. ㉠~㉤ 중 옳지 <u>않은</u> 것은?

> 〈환경 문제의 발생 원인과 각 주체의 해결 노력〉
> 1. 발생 원인: 산업화와 인구 증가로 인한 자원
>   소비량 증가 ·········· ㉠
> 2. 각 주체의 해결 노력
>   ○정부: 환경 문제 해결을 위한 정책 시행 ····· ㉡
>   ○시민 단체: 정부의 환경 정책에 대한 감시와
>   비판 ··········· ㉢
>   ○기업: 환경 보호를 위한 법률 제정 ·········· ㉣
>   ○개인: 일상생활에서 녹색 소비 실천 ·········· ㉤

① ㉠   ② ㉡   ③ ㉢   ④ ㉣   ⑤ ㉤

서술형 · 단답형 문제

[14~15] 그림은 (가), (나) 지역의 전통 가옥을 나타낸 것이다.
물음에 답하시오.

(가)

(나)

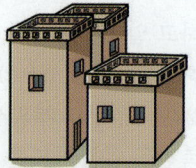

14 ✿✿✿ 단답형

(가), (나)가 어떤 기후 지역인지 쓰시오.

15 ✿✿✿ 서술형

(가), (나) 지역의 전통 가옥의 지붕의 특징을 기후와 관련지어
서술하시오.

16 ✿✿✿ 서술형

사진은 지형적 요인에 의한 자연재해의 피해 모습을 나타낸
것이다. 이 자연재해의 이름을 쓰고, 발생 시 행동 요령 두 가지를
쓰시오.

[17~18] 다음 글을 읽고 물음에 답하시오.

> (가) 인간의 지식이 곧 인간의 힘이다. 원인을 밝히지
>   못하면 어떤 효과도 낼 수 없다. 자연은 오로지
>   복종함으로써만 복종시킬 수 있기 때문이다.
> (나) 동물들은 그들의 정신을 전혀 가지고 있지 않으며,
>   그들 속에 있는 기관들의 배치를 따라 움직이고
>   있는 자연임을 증명하는 것이다.

17 ✿✿✿ 단답형

(가), (나)에 공통적으로 나타난 자연에 대한 관점을 쓰시오.

18 ✿✿✿ 서술형

해당 자연관의 입장에서 생태계 전체를 도덕적 고려의 대상으로
여기는 관점을 비판하는 내용을 '가치'라는 말을 포함하여
서술하시오.

19 ✿✿✿ 단답형 서술형

표의 (가), (나)에 들어갈 알맞은 내용을 쓰시오.

국제 환경 협약	주요 내용
교토 의정서	지구 온난화 방지, 선진 38개국의 온실가스 감축 목표 제시, 온실가스(탄소) 배출권 거래제 도입
(가)	오존층 보호를 위해 염화 플루오린화 탄소(CFCs) 사용 규제
제네바 협약	산성비 문제의 해결을 위해 국경을 넘어 이동하는 대기 오염 물질의 감축 · 통제
람사르 협약	(나)

수능 유형 특강

★ 인간 중심주의와 생태 중심주의

다음 유형은 (가)의 갑, 을 사상가의 입장을 파악한 후, (나)의 자료에 대해 제시할 적절한 견해를 찾는 형태로 주로 출제된다.

(가)의 갑, 을 사상가들의 입장에서 (나)의 ㉠ 지역 개발에 대해 제시할 견해로 가장 적절한 것은?   2028 대비 수능 예시 2(1차)

(가)	갑: 인간의 지식이 곧 인간의 힘이다. 우리는 자연을 연구하여 이리 저리 방황하는 자연의 자취를 마치 사냥개처럼 추적할 수 있다. 을: 인간은 대지의 구성원이다. 어떤 것이 생명 공동체의 통합성, 안정성, 아름다움의 보존에 이바지한다면 그것은 옳고, 그렇지 않다면 그르다.
(나)	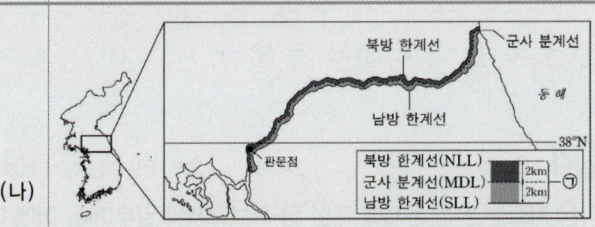 * ㉠ 지역은 1953년 7월 27일 체결된 '한국 군사 정전에 관한 협정'에 따라 무장이 금지된 완충 지대로 군대 주둔과 무기 배치, 군사 시설 설치가 금지되고 있다. 통일 이후 이 지역의 개발에 대해 다양한 견해가 제시되고 있다.

① 갑: 자연에 대한 지식을 이용할 권리가 인간에게 없음을 알아야 한다.
② 갑: 경제적 이익을 위한 개발에 앞서 자연을 도덕적으로 고려해야 한다.
③ 을: 한반도 생태계의 균형 유지를 지역 개발보다 중시해야 한다.
④ 을: 남북한 주민의 경제적 이익 증진을 궁극적 목적으로 삼아야 한다.
⑤ 갑과 을: 현세대와 미래 세대는 생태계의 선(善)을 위해 협력해야 한다.

💡 단서 + 발상

단서 갑: 인간의 지식이 곧 인간의 힘
    을: 인간은 대지의 구성원
발상 갑은 베이컨, 을은 레오폴드이다.
적용 레오폴드는 생태계 자체의 도덕적 지위를 존중해야 한다고 주장했다.

|문제 + 자료 분석|

· 갑은 자연을 인간의 이익을 위한 도구로 보고, 그로부터 이익을 획득하기 위해 자연에 대한 지식이 요구된다고 본 **1**   이다.

· 을은 인간은 생태계의 **2**   에 불과하므로 생태계를 경제적 관점뿐 아니라 윤리적·심미적 관점에서도 봐야 한다고 본 레오폴드이다.

|선택지 분석|

❌ 갑: 자연에 대한 지식을 이용할 권리가 인간에게 없음을 알아야 한다.
· 갑(베이컨)은 자연의 특징과 원리를 파악하여 자연을 인간에게 유용한 방식으로 활용해야 한다고 본다.

❌ 갑: 경제적 이익을 위한 개발에 앞서 자연을 도덕적으로 고려해야 한다.
· 갑(베이컨)은 자연을 인간의 이익을 위한 **3**   로 간주해야 한다고 본다.

③ 을: 한반도 생태계의 균형 유지를 지역 개발보다 중시해야 한다.
· 을(레오폴드)은 **4**   의 도덕적 지위를 존중하므로, 한반도 비무장지대의 개발보다는 생태계 보존을 중시해야 한다고 본다.

❌ 을: 남북한 주민의 경제적 이익 증진을 궁극적 목적으로 삼아야 한다.
· 을(레오폴드)은 대지의 안전성과 통합성을 유지하는 것을 강조하므로, 남북한의 생태계를 보호하는 일을 궁극적 목적으로 삼는다.

❌ 갑과 을: 현세대와 미래 세대는 생태계의 선(善)을 위해 협력해야 한다.
· 갑(베이컨)은 생태계의 선이 아니라 인간의 **5**   을 중시한다.
· 을(레오폴드)은 생태계의 선을 중시하기는 하지만, 아직 태어나지 않은 미래 세대가 생태계 보호를 위해 현세대와 협력해야 한다고 주장하지는 않는다.

∴ 정답은 ③이다.

👀 대비법

이 유형에 대비하기 위해서는 인간 중심주의와 생태 중심주의의 차이점을 정확히 알고 있어야 한다.

[정답]

1 베이컨 **2** 구성원 **3** 도구 **4** 생태계 **5** 이익

01 ✿✿❀

다음 자료의 ㉠ 지형 형성 원인으로 옳은 것은?

중국 남부 구이린(桂林)은 빼어난 경관으로 예로부터 시인과 화가들의 작품 소재가 된 곳입니다. ㉠ 기이하게 솟아 있는 탑 카르스트가 강과 함께 어우러져 있어 세계적인 관광지가 되었습니다.

① 화산 활동
② 바람의 침식 작용
③ 빙하의 침식 작용
④ 파랑의 퇴적 작용
⑤ 석회암의 용식 작용

02 ✿✿✿

다음 자료의 (가)~(다) 지역에 대한 설명으로 옳은 것은? (단, (가)~(다)는 각각 지도에 표시된 세 지역 중 하나임.) [2.5점]

지도에 표시된 세 지역에서 나타나는 전통적인 생활 모습의 특징은 다음과 같다. 한 지역에서는 양, 염소 등을 기르는 유목 생활을, 또 다른 지역에서는 지면의 열기와 습기를 차단하기 위한 고상 가옥을, 마지막 한 지역에서는 올리브 등을 재배하는 수목 농업을 볼 수 있다. 이렇게 지역별로 주민 생활이 다르게 나타나는 이유는 기온과 강수량 등 그 지역의 독특한 기후 특성의 영향을 받기 때문이다. 이러한 기후 특성을 보여 주는 지표 중 기온 편차와 강수 편차는 다음과 같이 계산할 수 있다.

• 월 기온 편차 = 월 평균 기온 − 연평균 기온
• 월 강수 편차 = 월 강수량 − $\left(\dfrac{연\ 강수량}{12}\right)$

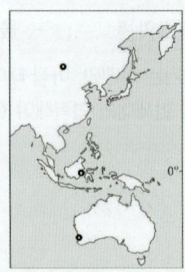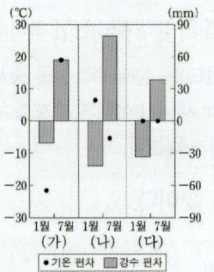

● 기온 편차 ▨ 강수 편차

① (가)는 남반구에 위치한다.
② (나)가 위치한 국가의 전통 가옥은 이동 생활에 유리한 게르이다.
③ (다)가 위치한 국가의 전통 음식은 향신료가 들어간 볶음밥이다.
④ (다)는 (가)보다 기온의 연교차가 크다.
⑤ (가)와 (나)는 모두 여름 강수량이 겨울 강수량보다 많다.

03 ✿✿✿

갑, 을 사상가들 중 적어도 한 사람이 긍정할 진술로 적절한 것만을 〈보기〉에서 있는 대로 고른 것은? [2점]

갑: 인간의 지식과 인간의 힘은 서로 다른 것이 아니다. 방황하고 있는 자연을 사냥해 노예로 만들어 인간의 이익에 봉사하도록 해야 한다.
을: 인간은 대지의 이용을 윤리적으로 검토해야 한다. 대지는 단지 흙이 아니라 토양, 식물 및 동물이라는 회로를 통해 흐르는 에너지의 근원이다.

[보기]
ㄱ. 인간과 달리 자연은 어떠한 가치도 지니지 않는다.
ㄴ. 인간은 자연의 정복자가 아니라 구성원 중 하나일 뿐이다.
ㄷ. 인간과 자연을 차등적으로 구별하는 것은 이성에 부합한다.
ㄹ. 인간의 욕구를 충족하기 위해 자연을 활용하는 것은 정당화될 수 없다.

① ㄱ, ㄹ ② ㄴ, ㄷ ③ ㄷ, ㄹ ④ ㄱ, ㄴ, ㄷ ⑤ ㄱ, ㄴ, ㄹ

04 ✿✿❀

다음 자료는 환경 문제에 대한 탐구 보고서의 일부이다. 이에 대한 옳은 설명만을 〈보기〉에서 고른 것은? [1.5점]

[환경 문제 탐구 보고서]
1. 환경 문제의 주요 원인과 현상

구분	A	B	C
주요 원인	(가)	농경지·목장의 확대를 위한 무분별한 벌목	플라스틱, 비닐 등 쓰레기의 바다 유입
현상			

2. 환경 문제 발생 지역의 분포

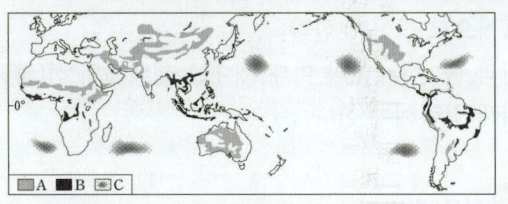

□A ■B ⊙C

[보기]
ㄱ. B에 의해 생물종 다양성이 증가한다.
ㄴ. C는 해류의 순환으로 쓰레기가 집적되어 나타난다.
ㄷ. A는 B보다 연 강수량이 많은 곳에서 주로 나타난다.
ㄹ. (가)에는 '과도한 목축 및 경작'이 들어갈 수 있다.

① ㄱ, ㄴ ② ㄱ, ㄷ ③ ㄴ, ㄷ ④ ㄴ, ㄹ ⑤ ㄷ, ㄹ

❖ 정답 및 해설 42~43p

Ⅳ 문화와 다양성

07 다양한 문화권의 특징과 삶의 방식

중요도

1 문화권 형성에 영향을 준 요인

1. 문화와 문화권

(1) **문화**: 사회 구성원들이 공유하고 있는 사회 전반의 생활 양식 ➡ 인간이 환경과 상호 작용하면서 문화가 형성되기 때문에 지역마다 다양함

(2) **문화권(문화 지역)**
　① 문화적 특성이 비교적 넓은 지표 공간에 걸쳐 유사하게 나타나는 범위
　② 문화권 내에서는 비슷한 생활 양식과 문화 경관❶이 나타남
　③ 문화권의 경계는 높은 산맥, 큰 하천 등의 지형을 기준으로 나뉠 때가 많음
　④ 서로 다른 문화권이 만나는 지역에는 점이 지대❷가 나타남
　⑤ 문화권은 고정된 것이 아니라 인구의 이동, 문화 전파 등을 통해 변화하기도 함

2. 문화 형성에 영향을 미치는 요인

(1) **자연환경**: 기후, 지형 등 자연환경은 의식주 등의 주민 생활에 영향을 줌

의복	• **열대 우림 기후**: 옷을 얇게 입거나 가볍게 입음 • **건조 기후**: 강한 햇볕에 의한 자외선을 차단하고 모래바람으로부터 의복을 보호하기 위해 온몸을 감싸는 헐렁한 옷을 입음 • **한대 기후**: 동물의 가죽이나 털로 만든 보온에 유리한 옷을 입음
음식	• **여름철 고온 다습한 아시아의 계절풍 기후**: 쌀을 주식으로 하는 음식 문화 • **건조 기후와 유럽**: 기후 적응력이 높은 밀을 재배해 발달된 빵과 고기를 이용한 음식 문화 • **냉량한 남아메리카의 고산 지역**: 감자와 옥수수를 이용한 음식 문화
가옥	• **열대 우림 기후**: 고상 가옥❸이나 수상 가옥 • **건조 기후**: 창문이 작고 벽이 두꺼운 흙벽돌집(사막), 이동식 가옥(초원) • **한대(툰드라) 기후**: 고상 가옥❸이나 얼음집(이글루)
산업	• **열대 우림 기후**: 이동식 화전 농업❹, 커피·카카오 등의 플랜테이션 발달 • **건조 기후**: 유목, 오아시스 농업이나 관개 농업 • **한대(툰드라) 기후**: 순록 유목

선진국의 자본과 기술, 원주민의 값싼 노동력으로 넓은 농경지에서 특정 작물을 대규모로 재배하는 농업

✪ 기후와 음식 문화

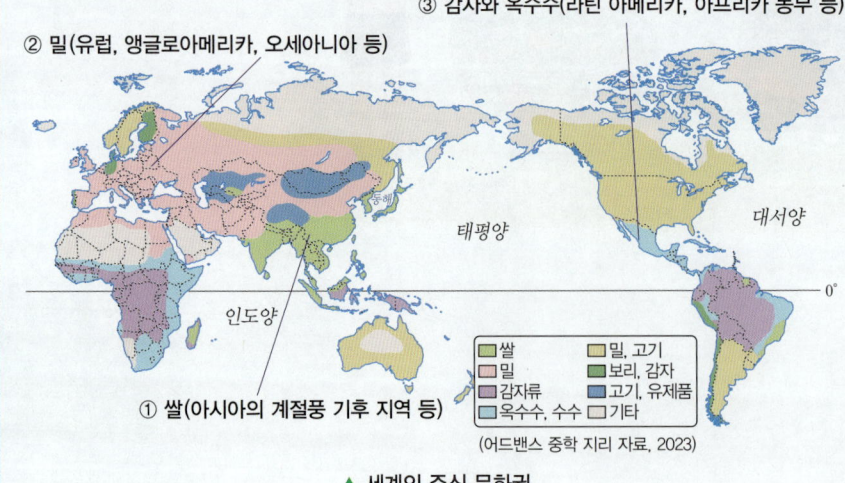

③ 감자와 옥수수(라틴 아메리카, 아프리카 동부 등)

② 밀(유럽, 앵글로아메리카, 오세아니아 등)

동경 180°

태평양

대서양

인도양

0°

① 쌀(아시아의 계절풍 기후 지역 등)

쌀	밀, 고기
밀	보리, 감자
감자류	고기, 유제품
옥수수, 수수	기타

(어드밴스 중학 지리 자료, 2023)

▲ 세계의 주식 문화권

① **쌀**: 아시아는 고온 다습한 계절풍 기후에 적합한 벼농사가 주로 이루어져 쌀을 주식으로 하는 음식 문화가 발달하였다.

② **밀**: 재배 조건이 까다롭지 않아 건조 기후 지역과 유럽에서 주로 재배되며, 빵을 이용한 음식 문화가 발달하였다.

③ **감자와 옥수수**: 라틴 아메리카의 고산 지역에서는 해발 고도가 높아 냉량한 기후로 인해 감자와 옥수수가 주로 재배되며, 이를 이용한 음식 문화가 발달하였다.

▲ 베트남의 포(쌀)　▲ 멕시코의 토르티야(옥수수)

출 제 O순위 특강 p.85

✪ 기후가 전통 가옥에 미친 영향

① 건조(스텝) 기후	② 열대(우림) 기후	③ 한대 기후
• 유목 생활이 이루어지는 건조 기후 지역에서는 이동 생활에 편리한 이동식 가옥(게르)에서 생활한다.	• 일 년 내내 무덥고 강수량이 많은 열대 기후 지역에서는 지붕의 경사가 급한 고상 가옥에서 생활한다.	• 눈과 얼음으로 덮여 있는 한대 기후 지역에서는 얼음집(이글루)에서 생활한다.

(2) 인문 환경: 종교, 언어, 예술, 산업, 관습, 제도 등 사람들이 만들어 낸 인위적인 환경

① 종교 문화권❶

크리스트교 문화권	• 유럽, 아메리카, 오세아니아에 주로 분포함 • 십자가를 상징으로 하는 성당이나 교회에서 예배를 함
이슬람교 문화권	• 건조 문화권과 동남아시아에 주로 분포함 • 중앙에 둥근 돔과 첨탑이 있는 모스크 사원, 돼지고기와 술 금지, 할랄 산업 발달
불교 문화권	• 아시아에 주로 분포함 • 사원, 불상, 탑, 승려들이 음식을 얻어먹는 탁발 등을 볼 수 있음
힌두교 문화권	• 인도를 중심으로 분포함 • 소를 신성시하여 소고기를 먹지 않음. 갠지스강에서 목욕, 화장 등을 볼 수 있음

② 산업 문화권: 농경, 유목, 상공업 등 중심을 이루는 산업에 따라 문화권의 생활양식이 다름

➕ 개념

❶ 세계의 종교 인구

종교별 신자 수는 크리스트교, 이슬람교, 힌두교, 불교 순으로 많다.

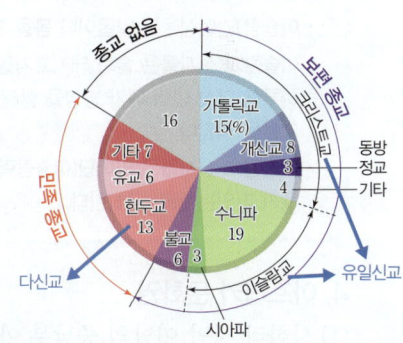

▲ 세계 인구의 종교 구성

2 세계의 다양한 문화권의 특징 ➡ 종교, 민족, 언어 등의 문화 요소를 복합적으로 고려하여 구분

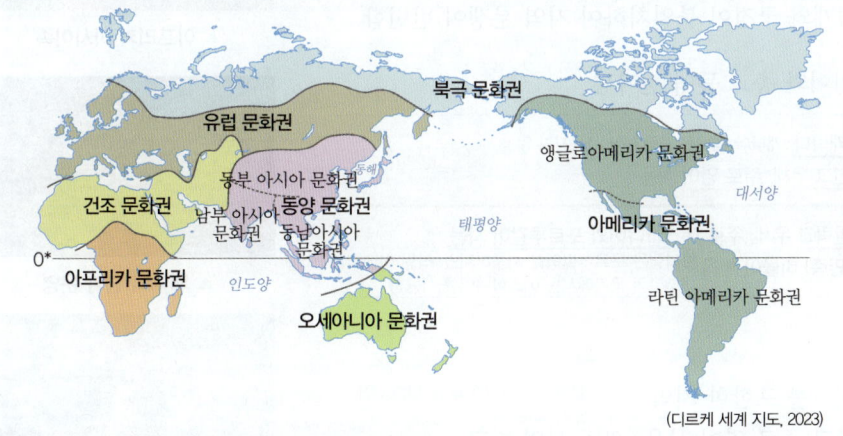

(디르케 세계 지도, 2023)

➕ 개념

❷ 계절풍

계절풍은 대륙과 해양의 온도 차이에 의해 계절에 따라 풍향이 바뀌는 바람을 말한다. 겨울철에는 대륙에서 한랭 건조한 계절풍이 불어오지만, 여름철에는 해양에서 고온 다습한 계절풍이 불어온다.

❸ 동남아시아의 다양한 종교

타이와 캄보디아는 불교, 인도네시아와 말레이시아는 이슬람교, 필리핀은 크리스트교 신자가 많다.

1. 동양 문화권: 계절풍❷의 영향으로 여름철 기온이 높고 강수량이 많아 벼농사 발달

동부 아시아	• 유교와 불교의 영향을 받은 생활 양식 • 젓가락과 한자를 공통으로 사용함
동남 아시아	• 중국 · 인도 · 이슬람 문화 등이 혼재 • 불교, 이슬람교, 크리스트교 등 다양한 종교❸ • 세계적인 벼농사 지역, 플랜테이션 발달
남부 아시아	• 외세의 영향으로 민족 · 언어 · 종교가 다양함 • 힌두교를 중심으로 이슬람교와 불교가 혼재되어 있음

└ 인도를 포함한 파키스탄, 방글라데시, 네팔, 부탄 등

▲ 벼농사

2. 유럽 문화권: 크리스트교가 생활 양식과 사회 제도 등 생활 전반에 큰 영향을 미침

북서부 유럽	• 게르만족과 개신교의 비율이 높음 • 서안 해양성 기후를 바탕으로 혼합 농업과 낙농업 발달 　　농작물 재배와 가축 사육을 유기적으로 결합한 농업 • 산업 혁명의 발상지로 일찍이 산업화를 이룸
남부 유럽	• 라틴족과 가톨릭교의 비율이 높음 • 지중해성 기후를 바탕으로 수목 농업 발달 　　포도, 올리브, 오렌지 등 • 많은 문화 유적과 유리한 기후 환경을 바탕으로 관광 산업 발달
동부 유럽	• 슬라브족과 그리스 정교의 비율이 높음 • 다른 유럽 문화권에 비해 상대적으로 농업 종사자 비율이 높음

▲ 크리스트교의 교회

▲ 그리스의 파르테논 신전

3. 건조 문화권

(1) 건조 기후가 나타나는 북부 아프리카, 서남아시아, 중앙아시아 일대
(2) 주민들은 대부분 이슬람교를 믿고, 아랍어를 사용함. 유목과 오아시스 농업 발달

> ✪ 건조 문화권
> • 건조 문화권에 사는 주민들은 대부분 이슬람교를 믿는다.
> • 이슬람교 여성들은 얼굴이나 몸을 가리는 옷을 입는다.
> • 이슬람교 신자들은 술과 돼지고기를 먹지 않으며,
> 　하루에 다섯 번씩 메카 방향을 향해 기도하는 등의
> 　계율을 지킨다.
> • 이슬람교 신자들은 라마단(이슬람력에서의 9월) 기간에
> 　해가 떠있는 동안 금식한다.

▲ 이슬람교 여성의 옷차림

▲ 이슬람의 성지(메카)

4. 아프리카 문화권

(1) 사하라 사막 이남의 중남부 아프리카 일대로, 대부분 열대 기후가 나타남
(2) 여러 민족이 독자적인 언어를 사용하고, 부족 단위의 공동체 문화와 토속 신앙 발달
(3) 이동식 화전 농업과 플랜테이션 발달
(4) 유럽 식민 지배의 영향으로 부족의 경계와 국경이 불일치하여 지역 분쟁이 빈번함

▲ 아프리카 마사이족

5. 아메리카 문화권: 유럽인의 진출로 언어와 종교 등이 전파됨

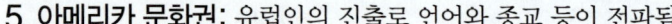

리오그란데강
기준으로 구분

앵글로 아메리카	• 리오그란데강 북쪽의 미국과 캐나다　캐나다 퀘벡은 프랑스어 사용자가 많음 • 북서 유럽의 식민 지배 ➡ 개신교 우세, 주로 영어 사용
라틴 아메리카	• 남부 유럽의 식민 지배 ➡ 가톨릭교 우세, 주로 에스파냐어와 포르투갈어 사용 • 다양한 문화 발달, 혼혈 인종(민족) 비율이 높음　브라질은 포르투갈어를 사용하지만, 라틴 아메리카 　　　　　　　　　　　　　　　　　　　　　　　대부분의 국가에서는 에스파냐어를 사용함

▲ 페루의 잉카 문명

6. 오세아니아 문화권

(1) 오스트레일리아, 뉴질랜드, 태평양 제도를 포함한 지역　┌ 청정한 자연환경이 잘 보존되어
　　　　　　　　　　　　　　　　　　　　　　　　　　　　　있기 때문
(2) 유럽 문화의 전파로 개신교 신자가 많고 주로 영어 사용, 관광 산업 발달
(3) 최근 원주민 문화(오스트레일리아의 애버리지니, 뉴질랜드의 마오리족) 소멸 위기

▲ 호주의 그레이트 오션 로드

7. 북극 문화권

(1) 북극해 연안의 한대 기후 지역으로, 기온이 낮아
　농경에 불리, 순록 유목, 수렵 · 어로 활동
(2) 이누이트 · 네네츠족 · 라프족 등 소수 민족 거주
(3) 최근 현대 문명의 전파로 전통적 생활 양식이 사라짐

▲ 북극권에 사는 이누이트

★ 세계의 종교 문화권

종교는 사람들의 일상생활에 광범위하게 영향을 끼치고, 다른 지역과 구분되는 독특한 문화 경관을 만들어 낸다. 크리스트교의 교회, 불교의 사찰, 이슬람교의 모스크, 힌두교의 사원은 각 종교를 상징하는 예배 장소이다.

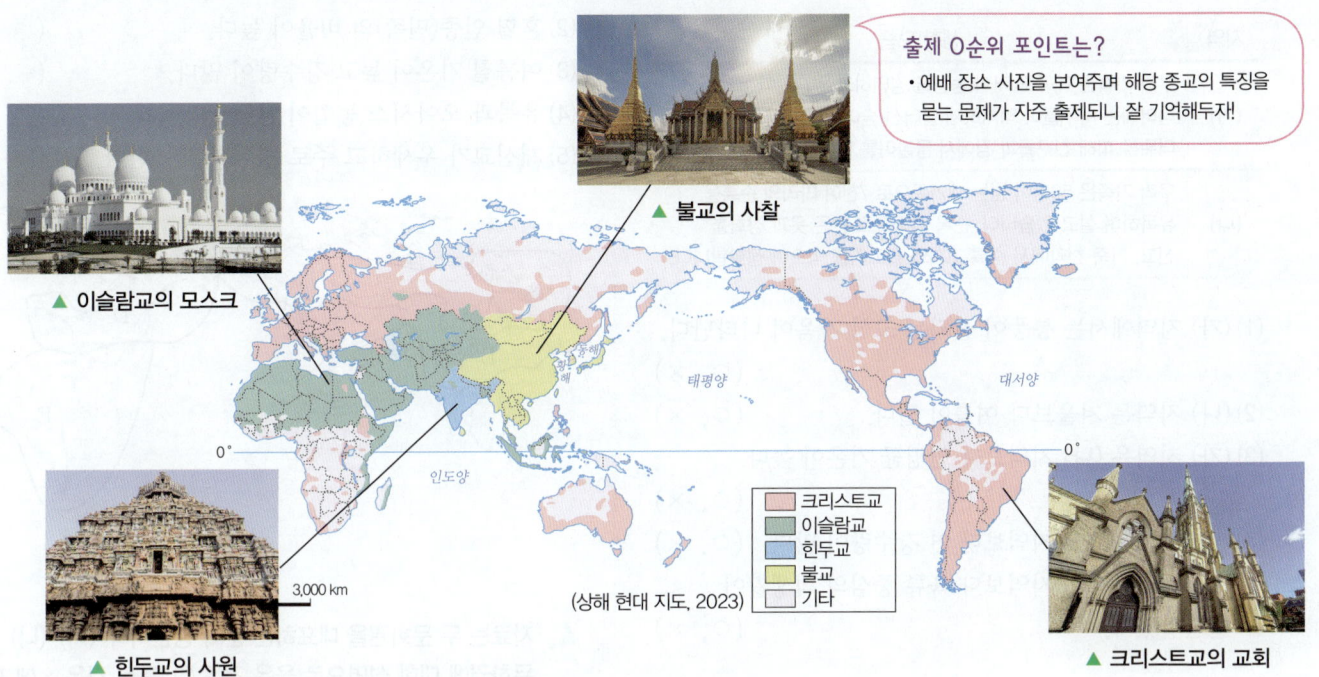

출제 0순위 포인트는?
• 예배 장소 사진을 보여주며 해당 종교의 특징을 묻는 문제가 자주 출제되니 잘 기억해두자!

▲ 이슬람교의 모스크

▲ 불교의 사찰

▲ 힌두교의 사원

▲ 크리스트교의 교회

태평양

대서양

인도양

	크리스트교
	이슬람교
	힌두교
	불교
	기타

(상해 현대 지도, 2023)

3,000 km

〈이슬람교와 힌두교의 음식 문화〉

| 이슬람교 | • 이슬람교에서는 쿠란의 교리에 따라 술과 돼지고기 먹는 것을 금기시한다.
• 술은 곡물과 물이 부족한 지역에서 생산하기 어렵고, 체온 조절에도 도움이 되지 않는다.
• 돼지는 물을 많이 먹고 체온 조절 능력이 약해 일교차가 크고 강수량이 적은 건조 기후 지역에서 키우기에 적합하지 않다.
따라서 건조 문화권에서는 돼지를 불결한 동물로 여기고, 먹기를 꺼려한다. |  |
| 힌두교 | • 힌두교에서는 소를 신성시하여 소고기 먹는 것을 금기시한다. 특히 암소의 몸에는 신들이 거처한다고 여기기 때문에 암소를 먹는 것을 절대적인 금기로 삼는다.
• 소를 숭배하는 교리는 소가 노동력으로 이용될 수 있고, 사람들에게 우유와 연료로 사용할 수 있는 소똥을 제공하는 농경 문화와 깊은 관련이 있다. |  |

확인 문제

▶ 정답과 해설은 다음 페이지에

(가), (나) 모습과 관계 있는 종교 문화권의 특징을 각각 두 가지씩 쓰시오.

(가) 종교의 가르침에 따라 공덕을 쌓고 죄를 짓지 않으려고 한다. 갠지스강에서 목욕하는 모습을 볼 수 있다.

(나) 일상생활에서 술을 마시지 않는다. 중앙에 둥근 돔이 있는 모스크를 볼 수 있다.

• (가):

• (나):

1 문화권 형성에 영향을 준 요인

1. 자료는 어느 지역에 살고 있는 주민 생활 모습을 나타낸 것이다. (가), (나) 지역에 대한 설명으로 옳은 것은 ○, 틀린 것은 ×에 표시하시오.

지역	생활 모습
(가)	우리 가족은 대규모 커피 농장을 경영하고 있습니다. 그 농장 너머에는 나무들이 빽빽하게 들어선 숲이 있습니다. 오후에는 더위를 피해 친구들과 강에서 물놀이를 합니다.
(나)	우리 가족은 50명이 넘는 대가족으로 7천여 마리의 순록을 유목하며 살고 있습니다. 순록 가죽으로 만든 옷과 장화를 신고, 가죽 천막에서 순록 고기와 물고기를 먹으며 생활합니다.

(1) (가) 지역에서는 통풍이 잘되는 고상 가옥이 나타난다.
　　　　　　　　　　　　　　　　　　　　　　　(○ , ×)
(2) (나) 지역은 겨울보다 여름이 길다. 　　　(○ , ×)
(3) (가) 지역은 (나) 지역보다 연평균 기온이 높다.
　　　　　　　　　　　　　　　　　　　　　　　(○ , ×)
(4) (나) 지역은 (가) 지역보다 연 강수량이 많다. (○ , ×)
(5) (나) 지역은 (가) 지역보다 육류 중심의 식생활이
　　발달하였다. 　　　　　　　　　　　　　(○ , ×)

2. 지도는 세계 주요 종교의 분포를 나타낸 것이다. A~D 종교에 대한 설명으로 옳은 것은 ○, 틀린 것은 ×에 표시 하시오.

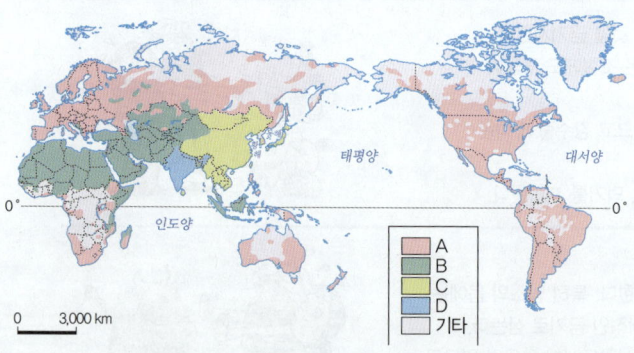

(1) A는 이슬람교이다. 　　　　　　　　　　　(○ , ×)
(2) B의 대표적인 종교 경관은 십자가가 있는 교회이다.
　　　　　　　　　　　　　　　　　　　　　　　(○ , ×)
(3) C의 여성들은 천으로 얼굴과 몸 등을 가린다. (○ , ×)
(4) D의 신자들은 갠지스강에서 종교 의식으로 목욕을
　　한다. 　　　　　　　　　　　　　　　　　(○ , ×)
(5) D의 신자들은 A의 신자보다 채식을 선호한다. (○ , ×)

p.85 확인 문제 [정답]

(가): 힌두교는 인도 지역에서 주로 신봉하며 소고기를 금기시한다.
(나): 이슬람교는 건조 문화권에서 주로 신봉하며, 돼지고기를 금기시한다.

2 세계의 다양한 문화권의 특징

3. 다음 설명에 해당하는 문화권을 A~E에서 찾아 쓰시오.
2022 실시 11월 학평 6 그림

(1) 산업 혁명의 발상지로 경제 발전 수준이 높다. (　　)
(2) 혼혈 인종(민족)의 비율이 높다. 　　　　　(　　)
(3) 여름철 기온이 높고 강수량이 많다. 　　　(　　)
(4) 유목과 오아시스 농업이 발달했다. 　　　(　　)
(5) 개신교가 우세하고 주로 영어를 사용한다. (　　)

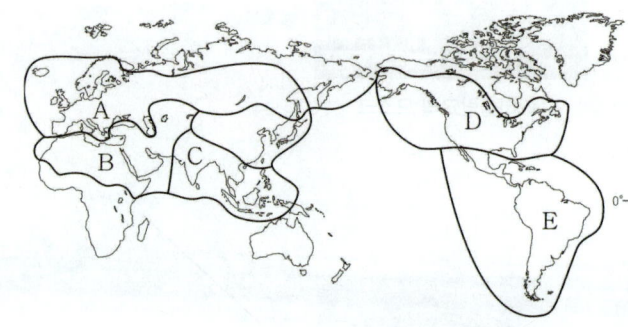

4. 자료는 두 문화권을 대표하는 문화 경관이다. (가), (나) 문화권에 대한 설명으로 옳은 것은 ○, 틀린 것은 ×에 표시 하시오.

(가) 메카 방향을 알려 주는 나침반 기능과 기도 시각 알람 기능이 있는 휴대 전화

(나) 한자를 사용한 길거리 간판

(1) (가) 문화권에는 유럽이 포함된다. 　　　　(○ , ×)
(2) (나) 문화권에는 동부 아시아가 포함된다. 　(○ , ×)
(3) (가) 문화권은 (나) 문화권보다 쌀 생산량이 많다.
　　　　　　　　　　　　　　　　　　　　　　　(○ , ×)
(4) (가) 문화권은 (나) 문화권보다 연 강수량이 많다.
　　　　　　　　　　　　　　　　　　　　　　　(○ , ×)
(5) (가) 문화권은 (나) 문화권보다 이슬람교 신자 비중이
　　높다. 　　　　　　　　　　　　　　　　　(○ , ×)

1 문화권 형성에 영향을 준 요인

01 ✿❀❀

다음은 통합사회 수업의 한 장면이다. 교사의 질문에 옳게 답한 학생만을 있는 대로 고른 것은?

> 선생님: 문화와 문화권의 특징에 대해 발표해 보세요.
> 갑: 문화는 사회 구성원들이 공유하고 있는 사회 전반의 생활 양식입니다.
> 을: 한 문화권 내에서는 비슷한 생활 양식과 문화 경관이 나타납니다.
> 병: 문화권과 문화권이 만나는 곳에서는 점이 지대가 나타납니다.
> 정: 문화권의 특성은 문화 전파, 인구의 이동과는 관계없이 변하지 않습니다.

① 갑, 병   ② 갑, 정   ③ 을, 정
④ 갑, 을, 병   ⑤ 을, 병, 정

02 ✿✿❀

(가), (나)와 같은 전통 가옥이 주로 분포하는 지역에 대한 설명으로 옳은 것은?

(가)	(나)

이동식 가옥 게르   고상 가옥

① (가)에서는 쌀을 주식으로 한다.
② (나)는 겨울철이 춥고 길다.
③ (나)에서는 혼합 농업이 활발하게 이루어진다.
④ (가)는 (나)보다 일 년 내내 기온이 높다.
⑤ (나)는 (가)보다 연 강수량이 많다.

03 ✿❀❀

다음은 학교 급식 안내문의 일부이다. (가) 문화권을 지도의 A~E에서 고른 것은? [2점]

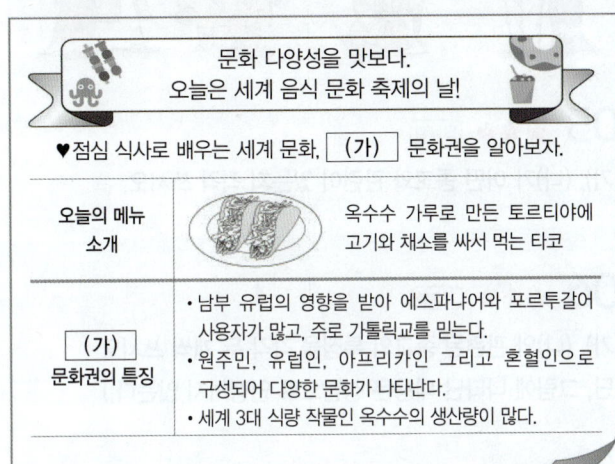

> 문화 다양성을 맛보다.
> 오늘은 세계 음식 문화 축제의 날!
>
> ♥점심 식사로 배우는 세계 문화, [(가)] 문화권을 알아보자.
>
> | 오늘의 메뉴 소개 | 옥수수 가루로 만든 토르티야에 고기와 채소를 싸서 먹는 타코 |
> | --- | --- |
> | (가) 문화권의 특징 | • 남부 유럽의 영향을 받아 에스파냐어와 포르투갈어 사용자가 많고, 주로 가톨릭교를 믿는다.
• 원주민, 유럽인, 아프리카인 그리고 혼혈인으로 구성되어 다양한 문화가 나타난다.
• 세계 3대 식량 작물인 옥수수의 생산량이 많다. |

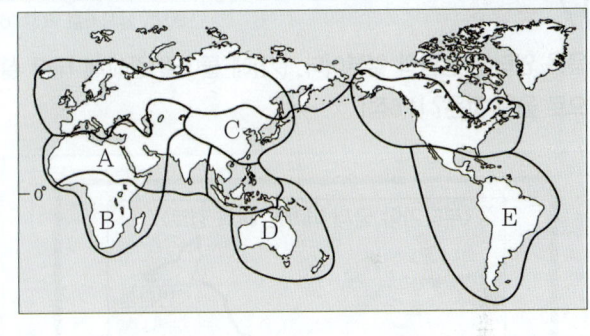

① A   ② B   ③ C   ④ D   ⑤ E

04 ✿✿❀

다음 글의 (가) 종교에 대한 설명으로 옳은 것은?

> 우리 기숙사에는 동남아시아에서 온 유학생들이 많습니다. 나는 그들과 함께 요리를 자주 해 먹는데, [(가)] 신자는 돼지고기를 먹지 않아서 요리할 때마다 조심스럽습니다. 그 친구는 라마단이라는 금식 기간에는 낮 동안 아무것도 먹지 않습니다.

① 사원에는 불상과 탑이 있다.
② 우리나라에서 신자 수가 가장 많다.
③ 대표적인 종교 행사는 크리스마스이다.
④ 여성들은 천으로 얼굴이나 몸을 가린다.
⑤ 갠지스강에서 종교 의식으로 목욕을 한다.

[05~06] 그림은 종교와 관련된 음식 문화를 나타낸 것이다. 이를 보고 물음에 답하시오. (출제 0순위 특강)

(가)   (나)

05 ✱✱✱ 단답형

(가), (나)가 어떤 종교와 관련이 있는지 각각 쓰시오.

06 ✱✱✱ 서술형

(가), (나)와 관련된 종교의 특징을 각각 두 개씩 쓰시오. (단, 그림에 나타난 내용은 정답으로 인정하지 않는다.)

07 ✱✱❀   2025 실시 6월 학평 16

다음은 인터뷰 장면의 일부이다. (가)에 들어갈 종교에 대한 설명으로 옳은 것은? [1.5점]

기자: 이곳은 부다가야 국제 마라톤 대회 현장입니다. 마라톤을 완주한 소감을 말씀해 주세요.
선수: 완주하여 기쁩니다. 또한 다른 문화 경관을 보며 달리는 이색적인 경험을 했습니다.
기자: 이곳 부다가야는 ⬚ (가) ⬚ 의 주요 성지 중 한 곳인데, 특히 어떤 장소가 기억에 남습니까?
선수: 보리수가 있는 마하보디 사원의 불상과 탑이 기억에 남습니다. 그리고 창시자가 고행한 장소로 알려진 동굴을 지나며 저도 힘든 순간을 견딜 수 있었습니다.

① 예수를 구원자로 믿는다.
② 세계에서 신자 수가 가장 많다.
③ 깨달음을 통한 해탈과 열반을 강조한다.
④ 메카로의 성지 순례를 종교적 의무로 한다.
⑤ 라마단 기간 중 해가 떠 있는 시간에는 금식한다.

2 세계의 다양한 문화권의 특징

08 ✱✱❀

다음 문화권에서 볼 수 있는 문화 경관만을 〈보기〉에서 고른 것은?

• 리오그란데강 남쪽
• 혼혈 인종(민족) 비율이 높음
• 남부 유럽의 식민 지배를 받음

[보기]
ㄱ.   ㄴ.
ㄷ.   ㄹ.

① ㄱ, ㄴ ② ㄱ, ㄷ ③ ㄴ, ㄷ ④ ㄴ, ㄹ ⑤ ㄷ, ㄹ

09 ✱✱✱

다음은 챗봇과의 대화 장면이다. 밑줄 친 ㉠~㉣ 중 옳은 설명만을 고른 것은?

🤖 Chatbot

이탈리아에 가보려고 하는데, 이탈리아의 특징에 대해 알려줘!

이탈리아는 예술, 음식, 그리고 아름다운 자연으로 유명합니다. ㉠ 가톨릭교 신자 비중이 높고, ㉡ 수목 농업이 활발하게 이루어지는 것이 특징입니다. 또한, ㉢ 여름보다 겨울에 관광객이 많으며 ㉣ 일 년 내내 비가 내리는 날이 많습니다.

① ㉠, ㉡ ② ㉠, ㉢ ③ ㉡, ㉢ ④ ㉡, ㉣ ⑤ ㉢, ㉣

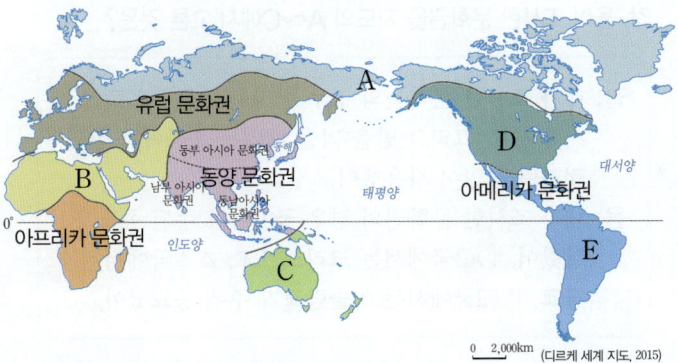

유럽 문화권
동부 아시아 문화권
동양 문화권
남부 아시아 문화권
동남아시아 문화권
아프리카 문화권
아메리카 문화권
A
B
C
D
E
대서양
태평양
인도양
0°
0   2,000km   (디르케 세계 지도, 2015)

10 ✽✽❀

다음 여행 지역이 포함되어 있는 문화권을 지도의 A~E에서 고른 것은?

> 〈테마가 있는 여행〉
> • 이동식 천막집에서 숙박
> • 돔과 첨탑이 있는 모스크 체험하기
> • 밀로 만든 납작한 빵과 양고기 요리 맛보기

① A   ② B   ③ C   ④ D   ⑤ E

11 ✽✽❀ 중요

지도에 표시된 A~E 문화권에 대한 설명으로 옳은 것은?

① A의 주민들은 대부분 이슬람교를 믿는다.
② B에서는 플랜테이션이 활발하게 이루어진다.
③ C에는 이누이트, 네네츠족 등의 소수 민족이 있다.
④ D는 젓가락과 한자를 공통으로 사용한다.
⑤ E에서는 에스파냐어와 포르투갈어를 주로 사용한다.

12 ✽✽✽ 서술형

다음 글의 (가)에 들어갈 알맞은 내용을 유럽의 식민 지배와 관련지어 서술하시오.

> 아프리카 문화권은 사하라 사막 이남 지역을 말하며, 대부분 열대 기후 지역에 해당한다. 종교와 언어 등이 매우 복잡하며 부족 단위의 공동체 생활을 하는 곳도 많다. 이 지역에서는 분쟁이 많이 발생하고 있는데, 그 이유는 ⎡   (가)   ⎤.

13 ✽✽❀

다음 자료는 어떤 문화권의 특징을 워드 클라우드로 표현한 것이다. (가)에 해당하는 문화권을 지도의 A~E에서 고른 것은? [3점]

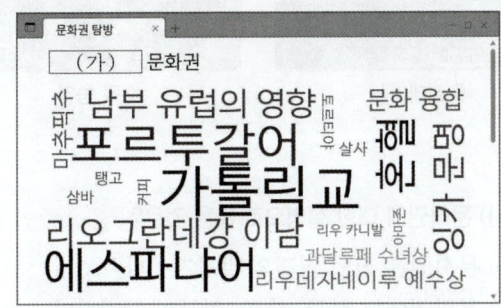

문화권 탐방
(가) 문화권
남부 유럽의 영향   문화 융합
포르투갈어   살사
가톨릭교
삼바   탱고
리오그란데강 이남   리우 카니발
에스파냐어   과달루페 수녀상
리우데자네이루 예수상

*워드 클라우드: 핵심 단어를 시각적으로 돋보이게 하는 기법

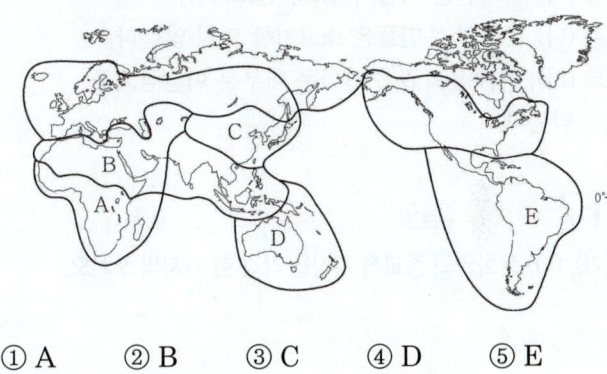

A   B   C   D   E
0°

① A   ② B   ③ C   ④ D   ⑤ E

[14~15] 다음 자료는 어느 문화권에 대한 조사 내용이다. 이를 보고 물음에 답하시오.

인종·언어	• 코카서스 인종, 몽골 인종 • 아랍어와 베르베르어를 사용
자연환경	• 연 강수량이 500mm 미만 • 기온의 일교차가 매우 큼
인문 환경	(가)
생활 양식 특성(산업)	(나)

14 ✽✽❀

(가)에 들어갈 내용으로 옳은 것은?

① 소를 신성하게 여긴다.
② 교회에서 예배를 한다.
③ 돼지고기를 금기시한다.
④ 크리스트교 신자 수가 가장 많다.
⑤ 사원, 불상, 탑을 주로 볼 수 있다.

15 ✽✽✽ 서술형

(나)에 들어갈 내용을 자료에 나타난 문화권의 강수량과 관련지어 두 가지 쓰시오.

[16~17] 다음 사진을 보고 다음 물음에 답하시오.

(가) (나)

플랜테이션 수목 농업

16 ❋❋❀

(가), (나) 문화권에 대한 설명으로 옳은 것은?

① (가) 문화권은 산업 혁명의 발상지이다.
② (가) 문화권에는 한국, 중국, 일본이 해당한다.
③ (나) 문화권은 여름이 덥고, 건조하다.
④ (나) 문화권 주민들은 소고기를 먹지 않는다.
⑤ (가), (나) 문화권 주민들은 대부분 이슬람교를
  믿는다.

17 ❋❋❀ 서술형

(가), (나) 문화권의 종교적 특징을 각각 한 가지씩 쓰시오.

내신 1등급 문제

18 ❋❋❋

밑줄 친 ㉠~㉣에 대한 옳은 설명만을 〈보기〉에서 고른 것은?

세계의 문화권은 크게 ㉠ 북극 문화권, 유럽 문화권,
㉡ 건조 문화권, 아프리카 문화권, 동양 문화권,
아메리카 문화권, 오세아니아 문화권으로 나눌 수 있다.
그리고 같은 문화권 내에서 하위 문화권을 나눌 수
있다. 예를 들어 아메리카 문화권을 ㉢ 앵글로아메리카
문화권과 라틴 아메리카 문화권으로 나누기도 하고,
아시아 문화권을 ㉣ 동부 아시아 문화권, 동남아시아
문화권, 남부 아시아 문화권으로 나누기도 한다.

[보기]
ㄱ. ㉠에서는 순록 유목이 이루어진다.
ㄴ. ㉡의 대표적인 음식은 쌀로 만든 국수이다.
ㄷ. ㉢의 경계는 리오그란데강이다.
ㄹ. ㉣ 중 불교 신자 비중은 남부 아시아 문화권에서
  가장 높다.

① ㄱ, ㄴ ② ㄱ, ㄷ ③ ㄴ, ㄷ ④ ㄴ, ㄹ ⑤ ㄷ, ㄹ

19 ❋❋❀

갑, 을이 조사한 문화권을 지도의 A~C에서 고른 것은?

갑: 내가 조사한 문화권의 경우 한자를 공통적으로
  사용했어. 그리고 밥을 먹을 때에는 숟가락과 함께
  젓가락을 많이 사용했어.
을: 내가 조사한 문화권의 경우 국가마다 주된 종교가
  달랐어. ○○국에서는 크리스트교, △△국에서는
  불교, □□국에서는 이슬람교가 주된 종교였어.

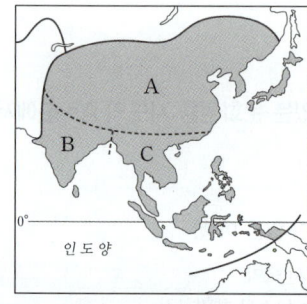

	갑	을
①	A	B
②	A	C
③	B	A
④	B	C
⑤	C	A

20 ❋❋❋ 중요   2022 실시 11월 학평 6

다음 자료는 누리 소통망(SNS)에 게시된 여행기이다. 두 여행
지역이 모두 속한 문화권을 지도의 A~E에서 고른 것은?

happy_tongsa

성모상이 원주민처럼 검은
머리에 갈색 피부를 하고 전통
의상을 입고 있었다. 에스파냐가
이 지역을 식민 지배할 때
가톨릭교를 전파하는 과정에서
현지 종교와 융합되어 나타난
모습이라고 한다. 내일은
에스파냐어로 인사해야지!

happy_tongsa

가톨릭 신자의 비율이 높은
이 도시의 산봉우리에
거대한 예수상이 서 있었다.
곧 카니발이 열리니까 삼바
춤을 구경해 봐야지! 유럽과
아프리카의 문화가 섞여서
만들어진 독특한 문화를 경험할
수 있는 곳이라 새롭다.

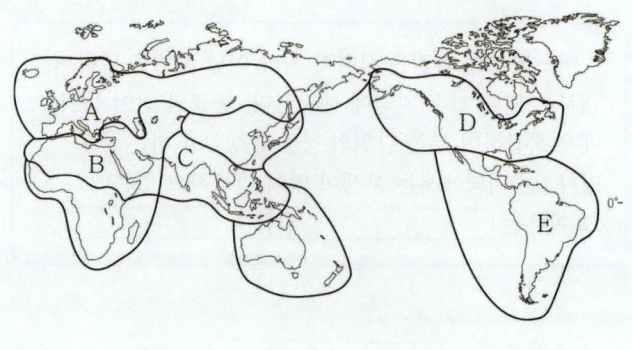

① A ② B ③ C ④ D ⑤ E

08 문화 변동과 전통문화   중요도 ★★

1 문화 변동의 양상

1. 문화 변동의 의미: 새로운 요소가 등장하거나 다른 문화 요소와의 접촉을 통해 한 사회의 문화가 끊임없이 변화하는 현상

2. 문화 변동의 요인   출제 ○순위 특강 p.93

내재적 요인❶	• **발견**: 기존에 있던 것을 새롭게 알아내는 것 예 불, 만유인력의 법칙, 태양계, 비타민 등
	• **발명❷**: 기존에 존재하지 않았던 새로운 문화 요소를 만들어 내는 것 예 한글, 자전거 등
외재적 요인❸ (문화 전파)	• **직접 전파**: 서로 다른 사회 구성원 간 직접적인 접촉을 통한 전파 예 중국으로부터 한자, 유교의 전파 등
	• **간접 전파**: 인쇄물이나 인터넷, TV 등의 매체를 통한 간접적인 전파 예 TV 드라마를 통한 유행의 전파 등
	• **자극 전파**: 다른 문화로부터 아이디어를 얻어 새로운 문화 요소를 발명해 내는 현상 예 한자의 전래 ➡ 이두의 발명

+ 개념

❶ 내재적 요인
한 사회 내부에서 문화 요소가 새롭게 등장하여 문화 변동을 초래하는 요인이다.

❷ 발명
제도나 사상, 관념도 이전에 없던 것이 새로 만들어지면 발명이라고 할 수 있다. 민주주의 제도나 수학과 같은 학문도 발명이라고 할 수 있다.

❸ 외재적 요인
다른 사회와 접촉하거나 교류하는 과정에서 새로운 문화 요소가 유입되어 발생한다.

✪ 문화 변동의 요인

① 발견	② 발명	③ 직접 전파	④ 간접 전파	⑤ 자극 전파
				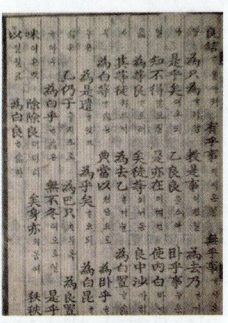
• 인류가 불을 발견해 사용하기 시작했다.	• 발명가 제임스 킹이 세탁기를 발명했다.	• 비단길을 왕래하던 상인을 통해 중국 문물이 유럽으로 전해졌다.	• 인터넷을 통해 전 세계로 한국 문화가 확산되었다.	• 한자에 자극을 받아 이두가 만들어졌다.

3. 문화 변동의 양상   출제 ○순위 특강 p.93

(1) **문화 접변❹**: 서로 다른 문화 체계의 접촉을 통한 상호 작용으로 일어나는 문화 변동

(2) **문화 접변의 결과**

문화 동화	기존의 문화 요소가 외부에서 들어온 문화에 의해 흡수되어 자문화의 정체성을 잃어버리는 현상 예 미국의 인디언이 고유한 문화를 잃어버리고 백인 문화에 흡수된 것
문화 병존	다른 사회의 문화 요소와 기존의 문화 요소가 각각의 고유한 특성을 유지하며 한 사회에서 함께 공존하는 현상 예 우리나라에서 외국 음식 문화와 우리 전통 음식 문화가 함께 존재하는 것
문화 융합	기존의 문화 요소와 전파된 문화 요소가 접촉을 한 결과 기존의 두 문화 요소와 성격이 다른 제3의 문화가 형성되는 현상 예 유럽의 가톨릭교와 멕시코의 토착 문화가 융합된 과달루페 성모상

+ 개념

❹ 강제적 문화 접변과 자발적 문화 접변

강제적 문화 접변	외부 압력에 의해 다른 문화를 강제로 받아들임 → 문화 저항 운동이 발생할 수 있음 예 일제 강점기 창씨 개명
자발적 문화 접변	다른 문화를 자발적으로 받아들임 예 이민자들이 현지 문화를 적극 수용하는 것

✪ 문화 접변의 사례

① 문화 동화

▲ 토속 신앙을 잃은 원주민

· 아메리카 원주민들은 유럽의 식민 지배로 원주민 고유의 토속 신앙을 잃고 대다수가 크리스트교를 믿게 되는 등 원주민 고유의 문화를 상실하였다.

② 문화 병존

▲ 다양한 언어를 사용하는 인도 화폐

· 인도는 영국의 식민 지배에서 독립한 이후에도 다양한 언어를 사용하였다. 인도의 화폐에는 힌디어, 영어를 포함해 총 15개의 언어가 적혀 있다.

③ 문화 융합

▲ 성공회 강화성당

· 외관은 우리나라 불교 사찰의 대웅전 모습을 하고 있지만, 내부는 서양의 바실리카 양식을 도입한 일반적인 성당의 모습으로 동서양의 문화가 절묘하게 어우러져 있다.

2 전통문화의 창조적 계승

1. 전통문화❶의 의미 : 어떤 집단이나 공동체에서 과거로부터 이어져 내려오는 문화 요소 중에서 현재까지 그 가치를 인정받고 있는 것

2. 전통문화의 의의

(1) **사회 유지와 통합의 기능** : 사회 구성원들 간에 유대를 강화하고 사회 통합을 유지하는 바탕이 됨

(2) **문화의 고유성 유지** : 각 문화에서 중시되는 고유한 정신과 가치는 구성원의 사고방식이나 행동 양식에 많은 영향을 줌 ➡ 구성원으로서의 문화 정체성❷을 지키며 살아갈 수 있음

(3) **세계문화의 다양성 증진** : 세계 여러 지역의 개성이 담긴 전통문화는 모두 나름의 의의가 있으며, 전통문화들이 모여 세계의 문화를 더욱 다채롭게 만듦

3. 전통문화의 창조적 계승과 발전

(1) **전통문화의 창조적 계승** : 고유의 전통 문화를 유지하고 지켜내는 것뿐만 아니라 전통문화가 지닌 가치를 깨닫고 시대적 변화에 맞게 재창조하는 것

(2) **전통문화의 계승 및 발전 방안**

① 현실적 여건에 맞게 전통 문화 재해석 : 전통문화를 객관적인 입장에서 분석하여 우리문화만의 고유성과 독창성을 찾아야 함 ➡ 전통문화를 현대적 감각으로 재해석하여 새로운 문화 콘텐츠로 발전시켜야 함

② 외래문화의 비판적 수용 : 외래문화를 무분별하게 받아들이기만 한다면 자기 문화의 정체성을 상실할 수 있으므로 외래문화로부터 유입된 문화 요소의 장단점을 잘 인식하여 비판적으로 수용하도록 해야 함

➕ 개념

❶ 우리나라 전통문화의 특징

· 농경문화의 영향으로 의식주 생활양식, 근면, 협동, 상부상조의 문화가 나타남

· 유교문화의 영향으로 학문 중시, 예와 효 중시

· 인간 중심주의, 현세 중심주의 사상 발달

· 유교, 불교, 무속 신앙, 기독교 등 다양한 종교 공존

➕ 용어

❷ 문화 정체성

한 문화에 속한 사람들이 공유하는 동질감 또는 그 문화에 대한 자긍심

✪ 전통문화의 창조적 계승

· 사물놀이는 꽹과리, 북, 장구, 징 네 가지 악기를 이용하여 과거 우리의 풍물을 현대적으로 재구성하였다.

· 난타는 리듬만으로 스토리를 엮어 나가는 새로운 형식의 문화로 전 세계인들의 각광을 받고 있다. 난타는 사물놀이에 새로운 무대 예술을 활용하여 또다시 전통문화를 창조적으로 계승하고 발전시켰다고 볼 수 있다.

▲ 사물놀이

▲ 주방기구를 악기로 삼은 난타

★ 문화 변동의 요인과 양상

1. 문화 변동의 요인

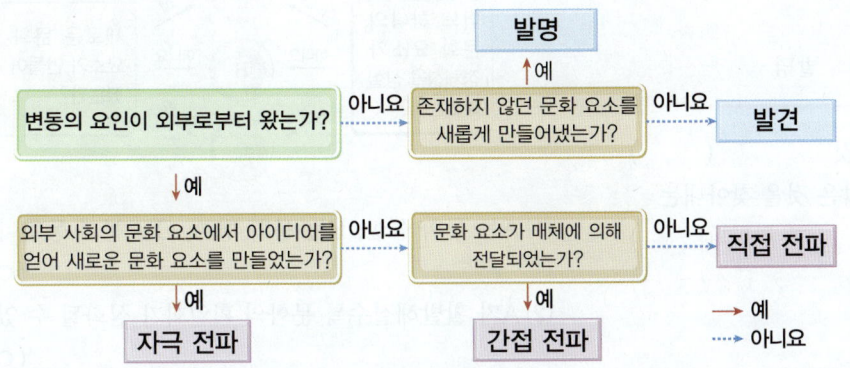

① 내재적 요인	발견	불, 페니실린, X선, 만유인력의 법칙 등 기존에 있던 것을 알아냄
	발명	바퀴, 자동차, 증기 기관차, 전구, 인터넷 등 기존에 없던 것을 만들어 냄
② 외재적 요인	직접 전파	교역, 사신, 탐험가, 침략과 같이 직접적인 접촉을 통한 전파
	간접 전파	인쇄물, 영상 매체, 인터넷 등을 통한 우리 문화 및 외국 문화 전파
	자극 전파	체로키 문자(체로키족이 알파벳에 자극을 받음), 이두(한자에 자극을 받음) 등

▲ 영상 매체로 전파되는 문화

2. 문화 변동의 양상

Ⓐ 전파된 문화 + Ⓑ 기존 문화

문화 동화	기존 문화가 전파된 문화에 흡수되어 정체성을 상실함 예) 만주족의 변발 문화로 대체된 한족 남성의 상투 문화	Ⓐ + Ⓑ → Ⓐ
문화 병존	기존 문화와 전파된 문화가 모두 나란히 존재함 예) 이슬람교, 불교, 힌두교, 크리스트교가 공존하는 말레이시아	Ⓐ + Ⓑ → Ⓐ Ⓑ
문화 융합	기존 문화와 전파된 문화가 결합하여 제3의 문화가 등장함 예) 그리스·로마 풍의 불교 미술 양식인 간다라 양식	Ⓐ + Ⓑ → △Ⓒ

확인 문제 ────────────────────── ▶ 정답과 해설은 다음 페이지에

다음 사례의 ㉠에 나타난 문화 변동 요인과 ㉡에 나타난 문화 변동 양상을 쓰시오.

> A지역에서는 ㉠ 서양 선교사들에 의해 기독교식 장례 방식이 전파되면서, 전통 장례 방식인 상여 놀이와 함께 찬송과 예배를 추가한 ㉡ 새로운 장례 방식이 생겨났다.

- ㉠:

- ㉡:

1 문화 변동의 양상

1. 문화 변동의 요인 중 다음 설명에 해당하는 것을 〈보기〉에서 골라 기호로 쓰시오.

[보기]
ㄱ. 발견   ㄴ. 발명

(1) 새로운 문화 요소를 만들어 내는 것　　　　(　　)
(2) 이미 존재하고 있지만 알려지지 않은 것을 찾아내는 것　　　　　　　　　(　　)

2. 다음 문화 변동 요인에 대한 설명을 바르게 연결하시오.

(1) 직접 전파 •
(2) 간접 전파 •
(3) 자극 전파 •

• ㄱ. 다른 사회에서 전파된 문화 요소에 자극을 받아 새로운 발명이 일어나는 것
• ㄴ. 인터넷 등과 같은 매개체를 통해 문화 요소가 전달되는 것
• ㄷ. 서로 다른 문화를 가진 사회 간의 직접적인 접촉에 의해 문화 요소가 전달되는 것

3. 다음 사례와 관계있는 문화 변동의 양상을 〈보기〉에서 골라 기호로 쓰시오.

[보기]
ㄱ. 문화 융합   ㄴ. 문화 병존   ㄷ. 문화 동화

(1) 필리핀에서 영어와 필리핀어를 공용어로 사용하는 모습　　　　　　　　(　　)
(2) 유럽의 식민 지배로 고유문화를 상실한 아메리카 원주민　　　　　　　　(　　)
(3) 중국 요리법과 포르투갈 요리법이 결합되어 탄생한 새로운 형태의 음식, 매케니즈　　(　　)

4. 그림의 A~C는 문화 변동의 양상이다. 옳은 설명은 ○, 틀린 것은 ×에 표시하시오.

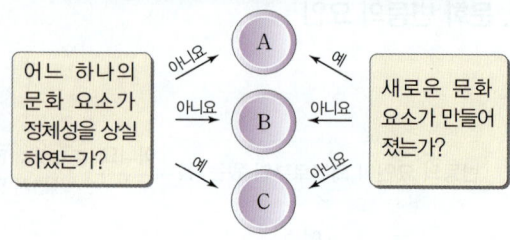

(1) A는 문화 융합, B는 문화 병존, C는 문화 동화이다.　　(○, ×)
(2) A가 활발해질수록 문화의 획일화가 심화될 수 있다.　　(○, ×)
(3) A의 예로 온돌 문화와 침대 문화가 혼합된 돌침대가 만들어진 것을 들 수 있다.　　(○, ×)
(4) 전통문화가 외래문화에 흡수·소멸되는 것은 B에 해당한다.　　(○, ×)
(5) B의 예로 미국의 코리아타운에서 다양한 한국 음식을 즐길 수 있는 것을 들 수 있다.　　(○, ×)
(6) B는 A와 달리 다문화 사회의 갈등 해결에 도움이 된다.　　(○, ×)
(7) C가 일어나면 기존 문화의 요소는 완전히 사라지고 외래문화 요소만 남게 된다.　　(○, ×)
(8) C의 예로 서구식 병원과 한의원이 공존하는 것을 들 수 있다.　　(○, ×)

2 전통문화의 창조적 계승

5. 다음 전통문화에 대한 설명으로 옳은 것은 ○, 틀린 것은 ×에 표시하시오.

(1) 사회 구성원 간의 유대를 강화하고 사회를 통합하는데 기여한다.　　(○, ×)
(2) 전통문화로 인해 세계의 문화는 하나로 통일된다.　　(○, ×)
(3) 전통문화를 시대적 변화에 맞게 현대적 감각으로 재해석해야 한다.　　(○, ×)
(4) 세계의 다양한 전통문화는 세계의 문화를 다채롭게 만드는데 도움을 준다.　　(○, ×)
(5) 외래문화의 장단점을 인식하고 무조건 수용해야 한다.　　(○, ×)

내신 대비 **필수 문제**

1 문화 변동의 양상

01 ✿✿✿

다음 (가), (나)에 대한 설명으로 옳은 것은?

> 불의 (가)은/는 인류의 생활에 큰 변화를 가져왔다. 불을 이용해 야생 동물이나 추위로부터 몸을 보호할 수 있게 되었고, 음식을 익혀 먹게 되었으며, 밤에도 생활이 가능해졌다.
> 숫자의 (나)은/는 수학 체계를 완성시켰으며 동시에 과학 기술 발달의 토대를 제공했다. 만일 숫자와 수학이 없었다면 컴퓨터 공학도, 건축 공학도 탄생하지 못했을 것이다.

[보기]
ㄱ. (가)와 (나)는 문화 변동의 요인이다.
ㄴ. 모든 (가)와 (나)는 문화 변동을 가져온다.
ㄷ. (가)는 (나)보다 문화 변동 속도를 가속화시킨다.
ㄹ. (가)와 (나)는 다른 문화 요소에 영향을 미치며 문화 변동을 이끈다.

① ㄱ, ㄴ ② ㄱ, ㄹ ③ ㄴ, ㄷ ④ ㄴ, ㄹ ⑤ ㄷ, ㄹ

02 ✿✿✿

2025 실시 6월 학평 10

다음 자료는 문화 변동 양상과 관련된 생성형 인공지능(AI)과의 대화 내용이다. 이에 대한 설명으로 옳은 것은? (단, 생성형 인공지능(AI)의 답변은 옳은 내용임.) [2점]

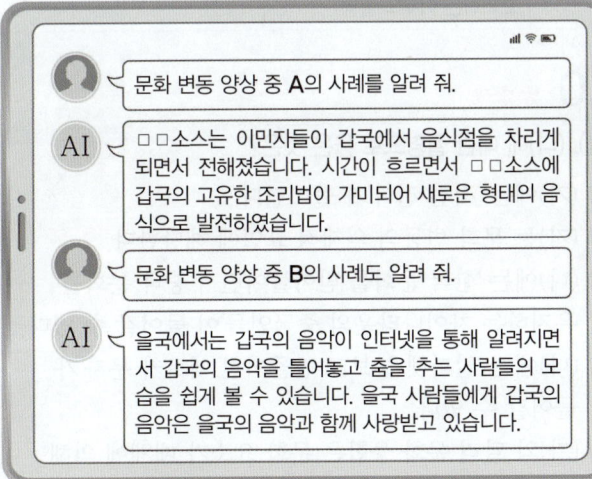

> 문화 변동 양상 중 **A**의 사례를 알려 줘.
>
> AI □□소스는 이민자들이 갑국에서 음식점을 차리게 되면서 전해졌습니다. 시간이 흐르면서 □□소스에 갑국의 고유한 조리법이 가미되어 새로운 형태의 음식으로 발전하였습니다.
>
> 문화 변동 양상 중 **B**의 사례도 알려 줘.
>
> AI 을국에서는 갑국의 음악이 인터넷을 통해 알려지면서 갑국의 음악을 틀어놓고 춤을 추는 사람들의 모습을 쉽게 볼 수 있습니다. 을국 사람들에게 갑국의 음악은 을국의 음악과 함께 사랑받고 있습니다.

① A는 문화 동화이다.
② B는 문화 융합이다.
③ 갑국에서는 발견으로 인한 문화 변동이 나타났다.
④ 을국과 달리 갑국에서는 자발적 문화 접변이 나타났다.
⑤ 갑국과 을국에서는 모두 문화의 다양성이 증대되었다.

03 ✿✿✿

다음 사례에 나타난 문화 변동 관련 개념만을 〈보기〉에서 고른 것은?

> 원나라와의 전쟁 이후 몽고인들의 고려 출입이 잦아지면서 이들을 통해 고려에 몽고 풍속이 들어왔다. 당시 고려인들은 웃옷과 아랫도리를 하나로 이은 옷을 입었는데, 몽고 문화의 영향으로 웃옷과 아랫도리를 따로 재단하기 시작했다. 또한 전통 혼례식 때 신부가 쓰는 족두리와 뺨에 연지를 찍는 풍습도 생겼다. 이는 우리문화와 결합되어 지금도 남아 있다.

[보기]
ㄱ. 직접 전파 　　 ㄴ. 간접 전파
ㄷ. 문화 융합 　　 ㄹ. 강제적 문화 접변

① ㄱ, ㄴ ② ㄱ, ㄷ ③ ㄴ, ㄷ ④ ㄴ, ㄹ ⑤ ㄷ, ㄹ

[04~05] 그림을 보고 물음에 답하시오.

04 ✿✿✿ 출제 0순위 특강

그림의 ㉠~㉤에 대한 설명으로 옳지 <u>않은</u> 것은?
① 민주주의나 자본주의는 ㉠의 사례로 볼 수 있다.
② ㉣은 자극 전파의 개념으로 볼 수 있다.
③ ㉢은 ㉤과 달리 인적 교류를 통해 이루어진다.
④ 모든 ㉠과 ㉡이 문화 변동을 가져오는 것은 아니다.
⑤ 알파벳에서 아이디어를 얻어 문자를 개발한 것은 ㉤의 사례이다.

05 ✿✿✿ 단답형

㉢과 ㉤은 각각 어떤 문화 변동 요인에 해당하는지 쓰시오.

06 ✦✦✦

다음 대화를 통해 알 수 있는 문화 변동의 양상에 대한 설명으로 옳은 것은?

갑: 멕시코의 과달루페 성모상이야.
을: 다른 성모상과 다르게 검은 머리에 갈색 피부네.
갑: 가톨릭교의 성모를 원주민의 모습으로 변형했거든.

① 한 문화 체계 내에서의 변동 양상이다.
② 문화적 정체성이 약한 사회에서 주로 나타난다.
③ 기존 사회 문화의 정체성이 유지된 변동 양상이다.
④ 문화 수용의 정도가 강할 때에 나타나는 문화 변동이다.
⑤ 서로 다른 두 문화 요소가 한 사회 내에서 공존하고 있는 양상이다.

[07~08] 그림은 갑국과 교류한 A~C국의 문화 변동 양상과 결과를 나타낸 것이다. 그림을 보고 물음에 답하시오.

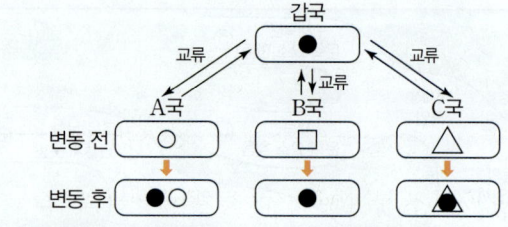

＊◯안의 기호는 각국의 문화 요소이며, ▲는 ●와 △가 혼합되어 나타난 것임

07 ✦✦✦ 단답형

A~C국의 문화 변동 양상을 쓰시오.

08 ✦✦✦ 중요

그림에 대한 옳은 설명만을 〈보기〉에서 고르면?

[보기]
ㄱ. A국은 C국과 달리 외래 문화 요소를 수용하였다.
ㄴ. A, C국에서는 문화 접변 후에도 자문화 정체성이 유지되고 있다.
ㄷ. B국의 문화 변동 결과는 강제적이 아닌 자발적 문화 접변에 의해 나타났다.
ㄹ. C국의 문화 변동 결과에 해당하는 사례로는 햄버거의 빵 대신 밥을 사용한 라이스버거를 들 수 있다.

① ㄱ, ㄴ ② ㄱ, ㄷ ③ ㄴ, ㄷ ④ ㄴ, ㄹ ⑤ ㄷ, ㄹ

09 ✦✦✦

(가), (나)에 나타난 문화 변동에 대한 설명으로 옳은 것은?

(가) 남아메리카에 위치한 페루는 스페인의 식민지였다. 당시 스페인 점령군은 원주민 문화를 탄압하며 스페인어 사용을 강제하였다. 하지만 케추아어와 같은 원주민 언어는 그 명맥을 유지하여 현재도 스페인어와 함께 페루의 공용어로 사용되고 있다.

(나) 중국의 특별 행정 지구인 마카오는 포르투갈의 식민지였다. 당시 마카오에 머물던 포르투갈 사람들은 자신들의 전통 방식으로 음식을 조리하여 먹었는데, 이러한 과정에서 중국 요리법과 포르투갈 요리법이 결합되어 매케니즈라는 새로운 형태의 음식이 탄생하였다.

① (가)에서는 문화 병존이 나타난다.
② (가)에서는 발명에 의한 문화 변동이 나타난다.
③ (나)에서는 문화 동화가 나타난다.
④ (가)에서는 (나)와 달리 직접 전파가 나타난다.
⑤ (나)에서는 (가)와 달리 강제적인 문화 접변이 나타난다.

[10~11] 다음 자료를 읽고 물음에 답하시오.

구분	(가)	문화 융합
의미	다른 문화로부터 아이디어를 얻어 새로운 문화를 발명함	서로 다른 두 문화가 합쳐져 새로운 문화를 형성함
사례	한자의 음과 훈을 빌려 표기하는 이두의 발명	(나)

10 ✦✦✧

(가), (나)에 대한 설명으로 옳은 것은?

① (가)에는 '직접 전파'가 들어간다.
② (가)는 문화 변동의 외재적 요인에 해당한다.
③ (나)에는 '한국 문화를 받아들이면서 중국 문화를 유지하는 차이나타운의 중국인들'이 들어갈 수 있다.
④ (나)에는 '알파벳을 보고 만들어진 체로키 문자'가 들어갈 수 있다.
⑤ (가)와 달리 문화 융합은 문화 요소가 매체에 의해 전달된다.

11 ✦✦✧ 서술형

(가)와 문화 융합의 공통점 1가지를 서술하시오.

2 전통문화의 창조적 계승

12 ✦✦✦

다음 사례를 통해 알 수 있는 우리 전통문화의 특징만을 〈보기〉에서 고른 것은?

> 줄다리기는 농경 의식의 하나인 일종의 편싸움 놀이이다. 줄다리기는 재앙을 막고 풍년을 기원하는 민간 신앙이며, 줄다리기를 통한 농촌 사회의 협동 의식과 민족 생활의 변화를 알 수 있는 문화적 의미를 지니고 있어 중요 무형 문화재로 지정되었다. 줄다리기는 여러 곳에 전승되어 조금씩 다르게 발달하였는데, 유교와 불교, 무속 신앙이 복합된 민간 신앙 행사의 성격을 갖고 있다.

――――――[보기]――――――
ㄱ. 상부상조 정신을 엿볼 수 있다.
ㄴ. 남성 중심주의 가치관이 나타난다.
ㄷ. 무속 신앙의 요소가 내재되어 있다.
ㄹ. 상하 질서를 중시하는 유교 문화의 영향을 받았다.

① ㄱ, ㄴ ② ㄱ, ㄷ ③ ㄴ, ㄷ ④ ㄴ, ㄹ ⑤ ㄷ, ㄹ

[13~14] 다음 글을 읽고 물음에 답하시오.

> ○ 전통문화는 과거의 것을 그대로 유지해야만 해. 과거의 것과 조금이라도 다르다면 전통문화로 볼 수 없어.

> ○ 전통문화를 새롭게 해석하여 재창조한다든지 외국 문화라도 이를 수용해 우리 것으로 소화하면 새로운 한국 문화야.

13 ✦✦✦ [서술형]

○에 대한 반론을 세계화의 흐름 속 전통문화의 계승과 관련지어 서술하시오.

14 ✦✦✦ [서술형]

○을 설명할 수 있는 사례를 하나 제시하시오.

15 ✦✦✦

다음 대화의 밑줄 친 부분에 들어갈 말로 적절하지 않은 것은?

> 갑: 세계화 시대에는 문화적인 교류도 활발해지고 있어.
> 을: 맞아, 다양한 문화를 접할 수 있게 되었지. 해외문화도 들어오고, 또 한편으로는 우리의 전통문화도 새롭게 해석되어 상품화되거나 현대 사회에서 새롭게 조명되고 있어. 이런 때에 우리가 다른 나라 사람들과 평화롭게 공존하며, 문화적인 경쟁력을 갖기 위해서는 _____

① 전통문화를 시대감각에 맞게 재창조해야 해.
② 표준화된 문화를 개발하기 위해 노력해야 해.
③ 세계 여러 사회의 다양한 문화를 존중해야 해.
④ 다른 문화와의 교류를 통해 문화를 발전시켜야 해.
⑤ 보편적인 외래문화를 수용하는 것은 우리문화 발전에 도움이 돼.

 내신 1등급 문제

16 ✦✦✦   2025 실시 9월 학평 18

다음 자료는 서술형 문항 및 답안에 대한 교사의 채점 결과이다. 이에 대한 옳은 설명만을 〈보기〉에서 고른 것은? (단, A~C는 각각 문화 병존, 문화 융합, 문화 동화 중 하나임.) [2.5점]

	[문항] A~C의 적합한 사례를 한 가지씩 서술하시오. (○ : 맞음, ✕ : 틀림)	
구분	학생의 답안	채점 결과
A	아메리카 원주민이 유럽의 식민 지배를 당하는 과정에서 고유 언어를 상실하고 영어를 사용하게 된 것	✕
B	(가)	○
C	우리나라의 전통적인 한옥 양식과 서양의 바실리카 양식이 결합하여 성공회 강화 성당이 새로운 형태로 건축된 것	○

――――――[보기]――――――
ㄱ. A와 달리 B는 문화적 다양성 증진에 기여한다.
ㄴ. B와 달리 C는 기존의 문화 요소와 외래문화 요소가 결합하여 제3의 문화가 나타나는 현상이다.
ㄷ. B, C와 달리 A는 문화 변동 과정에서 자문화의 정체성을 상실한다.
ㄹ. (가)에는 '우리나라의 전통 의학인 한의학과 서양 의학이 공존하는 것'이 들어갈 수 없다

① ㄱ, ㄴ ② ㄱ, ㄷ ③ ㄴ, ㄷ ④ ㄴ, ㄹ ⑤ ㄷ, ㄹ

17 ⭐⭐⭐ 중요⭐

그림은 문화 변동의 요인 A~D를 질문에 따라 분류한 것이다. 이에 대한 옳은 설명만을 〈보기〉에서 고른 것은? (단, A~D는 각각 발견, 발명, 직접 전파, 간접 전파 중 하나이다.)

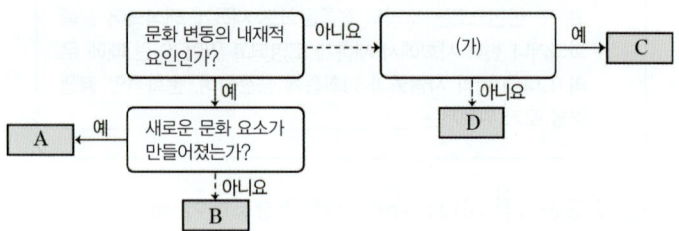

[보기]
ㄱ. 민주주의 제도가 만들어진 것은 A에 해당한다.
ㄴ. 한복과 양복이 합쳐진 개량 한복의 사례는 B에 해당한다.
ㄷ. C가 간접 전파라면 (가)에는 '문화 요소가 매체에 의해 전달되었는가?'가 들어갈 수 있다.
ㄹ. (가)가 '외부 문화가 변형되지 않은 상태로 정착되었는가?'라면 D는 직접 전파이다.

① ㄱ, ㄴ ② ㄱ, ㄷ ③ ㄴ, ㄷ ④ ㄴ, ㄹ ⑤ ㄷ, ㄹ

18 ⭐⭐✿

2025 실시 6월 학평 19

다음은 A국을 여행하며 쓴 일기이다. 밑줄 친 ㉠~㉢에 대한 설명으로 옳은 것은? [2.5점]

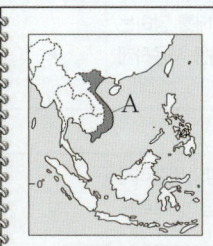

■ 1일차 – ○○역사박물관을 방문하여 ㉠'쯔놈(chu nôm)' 문학에 관한 자료를 관람함. 쯔놈은 A국이 중국의 지배를 받던 시대에 ㉡도입된 한자에서 얻은 아이디어를 활용하여 개발한 문자 체계임.

■ 2일차 – 시내의 한 음식점에 들러 '분짜(bun cha)'를 점심으로 먹음. 분짜는 구운 돼지고기와 ㉢쌀로 만든 얇은 국수, 그리고 새콤달콤한 소스를 함께 먹는 요리임. 점심 식사 후 관광지의 한 가게에 들러 ㉣A국의 전통 의복을 빌려 입고 기념 사진을 찍음. 거리에서 만난 ㉤현지어를 사용하는 사람들의 활기찬 모습이 인상적임.

① ㉠은 자극 전파의 사례이다.
② ㉡은 매개체를 통해 전파된 문화 요소이다.
③ A국의 기후는 ㉢을 생산하기에 불리하다.
④ ㉣은 추위를 견디기 위해 주요 소재로 털가죽을 이용한다.
⑤ ㉤으로 주로 영어가 사용된다.

19 ⭐⭐⭐

다음 자료에 대한 설명으로 옳은 것은?

〈문화 변동 양상에 대한 과제 우수 사례〉

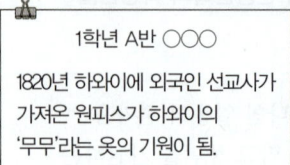

1학년 A반 ○○○	1학년 B반 □□□
1820년 하와이에 외국인 선교사가 가져온 원피스가 하와이의 '무무'라는 옷의 기원이 됨.	유럽인 신부들이 남아메리카의 자파테크 족에게 옷을 강제로 입혀 원주민들이 피부병에 걸림.

① A반 학생의 과제에는 내재적 변동이 나타난다.
② A반 학생의 과제에는 문화 병존의 사례가 나타난다.
③ B반 학생의 과제에는 문화 융합의 사례가 나타난다.
④ B반 학생의 과제에는 자발적 문화 접변이 나타난다.
⑤ A, B반 학생의 과제에서 모두 직접 전파가 나타난다.

20 ⭐⭐✿

2025 실시 9월 학평 5

다음 자료에 대한 설명으로 옳은 것은? (단, A~D는 각각 불교, 이슬람교, 크리스트교, 힌두교 중 하나임.) [2.5점]

인도양과 태평양을 잇는 믈라카 해협은 동양과 서양의 교역이 이루어지던 해상 교통의 요지로, 다양한 민족의 이동과 문화 교류가 활발하였다. 이로 인해 말레이시아에는 ㉠여러 민족과 종교가 유입되어 공존하게 되면서 다양한 종교의 축제일이 공휴일로 지정되었다.

〈2025년 말레이시아의 공휴일 중 일부〉

종교	명칭(날짜)	설명
A	Hari Raya Puasa (3월 31일~4월 1일)	라마단이 끝나는 날로 신도들은 친구나 이웃을 집에 초대하여 음식과 선물을 교환하고 함께 축하한다.
B	Wesak Day (5월 12일)	창시자의 탄생, 깨달음, 열반을 기념하는 날로 신도들은 등불을 밝히며 승려에게 음식을 공양한다.
C	Deepavali (10월 20일)	'빛의 축제'로 불리며 신도들이 밤새도록 곳곳에 등불을 켜 여러 신들에게 기도하고, 음식과 선물을 교환한다.
D	Christmas (12월 25일)	구원자로 믿는 이의 탄생 기념일로 신도들은 교회에 가서 예배를 드리거나 가족과 행복한 시간을 보낸다.

① ㉠은 내재적 요인에 의한 문화 변동의 사례이다.
② A의 신도들은 종교 의식으로 갠지스강에서 목욕을 한다.
③ B의 여성 신도들은 히잡이나 차도르 등을 착용한다.
④ A는 소고기, C는 돼지고기를 금기시한다.
⑤ 유럽 문화권에서는 D가 B보다 신자 수가 많다.

❖ 정답 및 해설 50~51p

09 문화 상대주의와 보편 윤리

중요도 ⭐⭐

1 문화 다양성과 문화 상대주의

1. 문화 다양성 : 문화의 구체적인 모습은 지역의 환경이나 시대의 흐름에 따라 사회마다 다양하게 나타남 ➡ 인간은 자연환경에 적응하며 그에 맞게 생활 방식을 형성해 왔고 역사, 종교, 가치관 등 인문 환경에도 차이가 있기 때문임

2. 문화를 이해하는 태도　출제 ◯순위 특강 p.100

(1) **문화 절대주의** : 문화를 평가의 대상으로 보고 문화에 우열이 있다고 보는 태도

	자문화 중심주의	문화 사대주의❶
의미	<u>자기 문화를 우월한 것으로 여겨</u> 자기 문화를 기준으로 다른 문화를 열등하게 평가하는 태도	<u>다른 문화를 더 우월한 것으로 믿고</u> 동경하여 자기 문화를 무시하거나 낮게 평가하는 태도
장점	자문화의 정체성 및 단결성 유지에 도움이 됨	자기 문화의 낙후성 개선, 선진 문물 수용에 기여함
문제점	• 다른 문화와의 갈등을 초래해서 국제적 고립, 문화 제국주의❷, 국수주의❸, 국제 분쟁의 원인이 될 수 있음 • 자문화의 발전 가능성을 막음	• 자기 문화에 대한 문화적 주체성과 자부심을 잃어버림 • 사회 구성원 간의 소속감이나 일체감이 약화됨

(2) **문화 상대주의** : 문화적 차이를 이해하는 바람직한 태도

의미	한 사회의 문화를 이해하기 위해 그 사회의 특수한 환경과 역사적 상황 및 <u>사회적 맥락</u> <u>속에서 이해하려는 태도</u>
특징	각각의 문화가 고유성과 가치를 지니므로 문화 간의 선악이나 우열에 대한 평가를 내릴 수 없다고 봄
필요성	문화적 차이에 따른 갈등을 방지하고, 다양한 문화가 평화롭게 공존하는데 필요함 문화의 다양성과 특수성을 인정하여 문화 간의 이해와 소통을 확대하여 조화를 이룰 수 있음

2 문화 상대주의의 한계와 보편 윤리

1. 문화 상대주의의 한계

(1) **극단적 문화 상대주의** : <u>인류의 보편적 윤리 등을 무시한 채 모든 문화의 상대성을</u> <u>인정하는 태도</u> ➡ 문화의 특수성 및 상대성을 지나치게 강조한 나머지 인류의 보편적 가치를 무시하는 문화까지 인정해야 한다고 보는 태도

(2) **극단적 문화 상대주의의 문제점** : 인간의 보편적 윤리를 파괴하는 등 사회적 혼란을 불러올 수 있음. 자문화 또는 타 문화가 갖는 문제점을 비판할 수 없어 문화 발전을 기대하기 어려움

2. 보편 윤리❹　출제 ◯순위 특강 p.100

(1) **의미** : 모든 인간과 사회에 타당한 객관적이고 일반적인 도덕 원칙 ➡ 시공을 초월하여 인류가 지향해야 할 가치로서 인간의 존엄성, 생명 존중 등

(2) **보편 윤리 차원에서의 문화 성찰이 필요한 이유**
　① 극단적 문화 상대주의에 빠지는 것을 방지함
　② 보편 윤리의 관점에서 바람직한 문화와 바람직하지 않은 문화를 구분할 수 있음

➕ 개념

❶ 문화 사대주의

▲ 천하도

조선 중기 이후 제작된 상상 속의 세계 지도이다. 중국이 한가운데에 가장 크게 그려져 있고, 다른 나라들이 아주 작게 묘사되어 있는데, 이는 조선인들의 사대주의 사상을 보여 주는 것이다.

➕ 용어

❷ 문화 제국주의

선진국의 문화가 개발 도상국이나 후진국으로 흘러 사회 구조, 가치관, 생활 양식 등이 선진국화 되어 가는 현상. 문화적으로 지배와 피지배 현상이 나타난다는 점에서 문제가 됨

❸ 국수주의

자기 민족이나 국가의 문화만 우수하다고 믿고 다른 민족이나 국가의 문화를 배척하는 태도

➕ 개념

❹ 문화의 보편성과 특수성

보편성	• 어느 사회에서나 언어, 결혼, 의복 등이 존재하듯 모든 사회에 공통적으로 존재하는 생활 양식
특수성	• 해당 사회마다 다른 성격 • 이로 인해 문화 다양성이 나타남

★ 문화를 이해하는 태도와 보편 윤리

1. 문화를 이해하는 태도

왜 더럽게 도구를 쓰지? 음식은 손으로 먹어야지.

불편한 젓가락보다는 포크가 훨씬 낫지.

음식을 먹을 때는 당연히 젓가락을 사용해야지.

• 덩어리 고기는 나이프와 포크로 먹는 것이 더 편하고, 걸쭉한 소스를 빵이나 밥에 발라 먹어야 하는 사회에서는 손으로 먹는 것이 더 편했다.
• 무엇을 먹느냐에 따라 먹는 방식이 달라진 것이기 때문에 옳고 그름의 문제로 판단할 수 없다.

출제 O순위 포인트는?
• 자문화 중심주의와 문화 사대주의는 문화를 우열을 가릴 수 있는 평가의 대상으로 보는 반면, 문화 상대주의는 문화를 이해의 대상으로 본다.
• 극단적 문화 상대주의는 보편 윤리에 반하기 때문에 사회적 혼란을 가져올 수 있다는 점을 명심하자!

2. 보편 윤리 관점에서 살펴본 문화 성찰

★ 명예살인과 보편 윤리

명예살인은 가족의 명예를 지키기 위해 이루어지는 살해 행위이다. 주로 이슬람권 국가에서 여성이 연애, 결혼, 이혼, 성적 행위에 대한 자유를 추구하는 등 집안의 명예를 실추시키는 문제를 일으켰다고 판단될 때 가족 가운데 누군가가 해당 여성을 죽이는 것을 의미한다.

명예살인은 여성에 대한 폭력의 한 형태이지만 이슬람권 국가에서는 명예살인이 문화적 관행으로 여겨져 해당 여성을 살해한 가족은 붙잡혀도 상대적으로 가벼운 처벌만 받는 경우가 많았다. 현재는 많은 인권 단체들이 명예살인에 대해 강력한 법적 조치와 사회적 인식 개선을 촉구하고 있다.

+ 개념

❶ 보편 윤리적 성찰
• 보편 윤리는 모든 인간과 사회에 적용되는 객관적이고 일반적인 도덕 원리이다.
• 보편 윤리의 관점에서 명예살인을 바라보면 생명의 존엄성을 침해한다는 점에서 해당 문화가 바람직하지 않음을 알 수 있다.

• 명예살인은 생명의 존엄성과 같은 인류의 보편적 가치를 훼손할 우려가 있다.
• 시대와 사회를 초월하여 모든 사람이 존중해야 할 행위의 원칙인 보편 윤리❶에 어긋나는 문화는 비판받아야 한다.

확인 문제 ────────────────────────────────── ▶ 정답과 해설은 다음 페이지에

다음은 문화를 이해하는 여러 가지 태도이다. (가)~(다)에 알맞은 태도를 쓰시오.

(가)	다른 문화를 자기 문화의 관점에서 낮게 평가하는 태도
(나)	다른 사회의 문화는 우수하다고 믿고 자문화를 무시하는 태도
(다)	다른 사회의 문화를 그 사회의 입장에서 이해하려는 태도

• (가):

• (나):

• (다):

1 문화 다양성과 문화 상대주의

1. 다음은 문화 이해의 태도를 구분한 것이다. 각 태도에 대한 설명으로 옳은 것은 ○, 틀린 것은 ×를 쓰시오.

구분	자문화 중심주의	문화 사대주의	문화 상대주의
각 사회가 지니고 있는 문화의 고유한 의미와 가치를 인정하는가?	(1) ( )	(2) ( )	(3) ( )
자기 문화가 우월하다는 믿음을 바탕으로 타문화를 판단하는가?	(4) ( )	(5) ( )	(6) ( )
문화를 평가의 대상으로 간주하는가?	(7) ( )	(8) ( )	(9) ( )

2. 다음 그림을 보고 갑의 문화 이해 태도와 관련된 설명에는 '갑', 을의 문화 이해 태도와 관련된 설명에는 '을'을 쓰시오.

우리 문화가 가장 우수하니 다른 나라 사람들은 우리 문화를 본받아야 해.

다른 나라의 우수한 문화를 본받아 낙후된 우리 문화를 발전시켜야 해.

갑   을

(1) 자문화의 정체성을 상실할 우려가 있다. ( )

(2) 자문화와 다른 사회 문화 간 갈등을 초래할 가능성이 높다. ( )

(3) 자신이 속한 사회의 문화보다 다른 사회의 문화를 우수한 것으로 평가한다. ( )

(4) 타 문화를 수용하는 데 적극적이다. ( )

(5) 자기 문화의 가치만을 중시한다. ( )

(6) 사회 구성원 간의 소속감이 약화된다. ( )

(7) 자신이 속한 사회의 문화를 다른 사회에 이식하는 것을 당연시한다. ( )

(8) 자문화의 낙후성을 개선하는 데 기여한다. ( )

3. 문화 상대주의에 대한 설명으로 옳은 것은 ○, 틀린 것은 ×에 표시하시오.

(1) 문화 상대주의는 문화 간에는 우열을 평가할 수 없다고 본다. (○ , ×)

(2) 문화 상대주의는 자문화를 기준으로 타 문화를 평가한다. (○ , ×)

(3) 문화 상대주의는 문화를 해당 사회의 맥락에서 이해하려고 한다. (○ , ×)

(4) 문화 상대주의는 문화의 다양성을 저해할 수 있다. (○ , ×)

(5) 문화 상대주의는 타 문화와의 접촉 과정에서 문화 간 갈등을 초래한다. (○ , ×)

2 문화 상대주의의 한계와 보편 윤리

4. 표는 문화 이해의 태도를 구분한 것이다. (가)~(다)에 대한 설명으로 옳은 것은 ○, 틀린 것은 ×에 표시하시오.

구분	특징	사례
자문화 중심주의	(가)	중화 사상, 게르만 우월주의
(나)	• 문화적 특수성에 대한 지나친 옹호 • 보편적 가치의 존재를 인정하지 않음	야노미묘족의 여아 살해 관습을 용인하는 태도
문화 사대주의	• 타 문화 요소의 수용 용이 • 전통 문화의 단절이 발생할 수 있음	(다)

(1) (가)에는 '자기 문화를 일반화하려는 경향이 강함'이 들어갈 수 있다. (○ , ×)

(2) (나)에는 '극단적 문화 상대주의'가 적합하다. (○ , ×)

(3) (나)는 우열에 대한 평가를 내리며 타 문화를 바라보는 것을 중시한다. (○ , ×)

(4) (다)에는 '동양인이 서양을 세계 문화의 중심으로 보는 태도'가 들어갈 수 있다. (○ , ×)

(5) (다)에는 '고급스러워 보이기 위해 영어로만 쓴 간판을 사용하는 가게'가 들어갈 수 있다. (○ , ×)

p.100 확인 문제 [정답]

(가) 자문화 중심주의, (나) 문화 사대주의, (다) 문화 상대주의

1 문화 다양성과 문화 상대주의

01 ✱✱✱ (출제 0순위 특강)

그림에 나타난 문화 이해 태도의 공통점으로 옳지 <u>않은</u> 것은?

> 여진족, 거란족 등은 모두 오랑캐입니다. 그들의 문화를 받아들여서는 절대 아니 되옵니다.

> 우리가 따라야 할 나라는 중국뿐입니다. 앞서 있는 중국의 문화를 수용하는 것이 마땅하옵니다.

① 자신의 문화적 정체성을 상실할 수 있다.
② 특정 문화를 중심으로 문화를 평가하고 있다.
③ 각 사회의 문화적 다양성을 훼손시킬 우려가 있다.
④ 문화를 사회적, 역사적 맥락으로 보지 못하고 있다.
⑤ 문화를 평가하는 절대적인 기준이 존재한다고 본다.

02 ✱✱✿

그림은 문화를 이해하는 태도를 구분한 것이다. (가)~(다)에 대한 옳은 설명만을 〈보기〉에서 고른 것은?

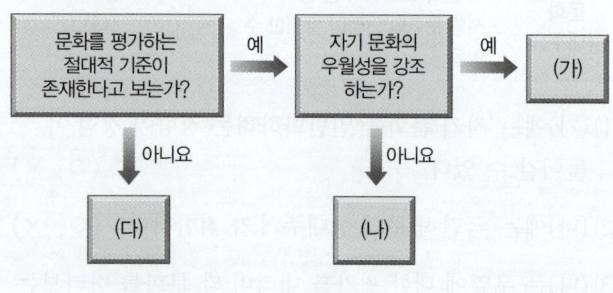

```
문화를 평가하는        예        자기 문화의        예
절대적 기준이    ───────▶   우월성을 강조   ───────▶   (가)
존재한다고 보는가?              하는가?

      │ 아니요                    │ 아니요
      ▼                          ▼
     (다)                       (나)
```

[보기]
ㄱ. (가)는 외래 문화에 대한 편견을 제거할 수 있다.
ㄴ. (나)는 배타적 국수주의를 초래할 수 있다.
ㄷ. (다)는 문화의 다양성을 보존하는 데 기여할 수 있다.
ㄹ. (가)는 (다)와 달리 문화의 상대성을 간과한다.

① ㄱ, ㄴ　② ㄱ, ㄷ　③ ㄴ, ㄷ　④ ㄴ, ㄹ　⑤ ㄷ, ㄹ

03 ✱✿✿

갑~병의 문화 이해 태도에 대한 설명으로 옳은 것은? (단, 갑~병의 태도는 각각 문화 사대주의, 문화 상대주의, 자문화 중심주의 중 하나임.) [1.5점]

> '흑화(Blackening)'는 결혼식을 앞둔 신랑, 신부에게 초콜릿, 배설물 등의 끈적끈적하고 악취가 나는 것들을 던지는 ○○국의 결혼 문화이다. 이 문화에는 결혼 후에 겪을 수 있는 어려움을 미리 경험함으로써 서로를 더 잘 이해하고 배려할 수 있도록 하는 의미가 담겨 있다.

갑 신랑, 신부에게 화려한 장신구를 선물하는 우리 △△국의 세련된 결혼 문화와 비교할 때, ○○국의 문화는 너무 미개해요.

을 깔끔하지 못한 우리 ○○국의 결혼 문화가 알려지다니 부끄럽네요. △△국의 문화를 적극적으로 도입하면 좋겠어요.

병 모든 문화는 고유한 의미와 가치가 있어요. 문화를 그 사회의 맥락에서 살펴보고 이해하려는 태도를 갖춰야 해요.

① 갑의 태도는 자신의 문화가 상대적으로 열등하다고 본다.
② 을의 태도는 선진 문물 수용에 소극적이라는 비판을 받는다.
③ 병의 태도는 문화 간에 우열이 존재한다고 본다.
④ 갑과 달리 을의 태도는 문화 간 갈등을 초래할 위험이 있다는 비판을 받는다.
⑤ 병과 달리 갑, 을의 태도는 문화 다양성을 저해할 수 있다는 비판을 받는다.

04 ✱✱✿

다음과 같은 갈등을 방지하기 위해 필요한 태도에 대한 옳은 설명만을 〈보기〉에서 고른 것은?

> 인도에 사는 힌두교도들은 암소를 생명의 모체로 간주하여 숭배하는 반면, 이슬람교도들은 돼지고기를 먹지 않고 대신 소고기를 먹는다. 이 때문에 힌두교도는 이슬람교도를 소 살해자라고 증오한다. 인도 대륙이 인도와 파키스탄으로 나뉘기 전에는 이슬람교도가 암소를 잡아먹는 것에 분노하여 힌두교도들이 일으킨 유혈 폭동이 연례행사처럼 일어났다.

[보기]
ㄱ. 자기 문화를 기준으로 다른 문화를 평가해야 한다.
ㄴ. 문화 간의 우열을 가리려는 태도를 경계해야 한다.
ㄷ. 각 사회 문화를 그 사회의 특수한 환경과 역사적 상황 속에서 이해해야 한다.

① ㄱ　② ㄷ　③ ㄱ, ㄴ　④ ㄴ, ㄷ　⑤ ㄱ, ㄴ, ㄷ

05 ✿❀❀
2023 실시 11월 학평 17

다음 글의 필자가 지닌 문화 이해의 태도에 대한 설명으로 옳은 것은? [3점]

> 몽골의 마유주는 말의 젖을 가죽으로 만든 자루에 넣어 숙성시켜 만든 것으로 몽골인들이 물처럼 즐겨 마시는 술의 일종이다. 그런데 마유주는 발효되어 시큼한 향과 맛이 나는 데다가 가죽 냄새도 배어 있어 서양의 한 경제 전문지에서 세계 10대 혐오 음식으로 선정할 정도로 부정적인 평가를 받기도 하였다. 하지만 마유주는 물이 귀하고 음식이 상하기 쉬운 환경에서 유목 생활을 하는 몽골인들 나름의 생존 방식으로 바라보아야 한다.

① 문화 간에는 우열이 존재한다고 본다.
② 자문화를 기준으로 타 문화를 평가한다.
③ 자문화보다 타 문화가 우월하다고 본다.
④ 자문화의 정체성을 상실할 우려가 있다.
⑤ 문화를 해당 사회의 맥락에서 이해하려고 한다.

06 ✿✿✿
2022 실시 11월 학평 12

갑~병의 문화 이해의 태도에 대한 설명으로 옳은 것은? (단, 갑~병의 태도는 각각 문화 사대주의, 문화 상대주의, 자문화 중심주의 중 하나이다.) [3점]

> 갑: 우리나라 가수가 전 세계적으로 유명한 것은 당연한 일이에요. 우리나라의 대중음악은 수준이 매우 낮은 다른 나라들의 대중음악보다 훨씬 뛰어나니까요.
> 을: 저는 그렇게 생각하지 않아요. 노래의 멜로디나 가사 모두 ○○국의 대중음악이 더 우수한걸요. 우리나라의 대중음악은 ○○국의 이러한 우수성을 절대 따라갈 수 없어요.
> 병: 각국의 대중음악은 해당 국가의 정서나 문화적 맥락 속에서 이해해야 해요. 따라서 우리나라와 ○○국의 대중음악 중에서 무엇이 더 나은지는 가릴 수 없어요.

① 갑의 태도는 모든 문화의 고유한 가치를 인정한다.
② 을의 태도는 문화의 다양성을 보존하는 데 유리하다.
③ 병의 태도는 자문화보다 타문화를 우월한 것으로 본다.
④ 갑, 을의 태도는 모두 문화 간의 우열을 평가할 수 없다고 본다.
⑤ 갑의 태도는 병의 태도보다 문화적 마찰을 일으킬 가능성이 높다.

07 ✿✿✿❀ 중요★

표는 문화 이해 태도 A와 B를 구분한 것이다. (가)에 들어갈 수 있는 내용으로 옳은 것은? (단, A, B는 각각 문화 사대주의, 자문화 중심주의 중 하나이다.)

구분	A	B
낙후된 자신의 문화를 발전시킬 수 있는가?	예	아니요
국수주의를 초래할 위험이 있는가?	아니요	예
(가)	예	예

① 자문화 정체성을 상실할 우려가 있는가?
② 자기 문화에 대한 자부심을 강화시키는가?
③ 문화의 우열을 정하는 절대적 기준이 있는가?
④ 자기 문화가 우월하다고 믿고 타 문화를 평가하는가?
⑤ 문화를 평가의 대상이 아닌 이해의 대상으로 보는가?

[08~09] 다음 글을 읽고 물음에 답하시오.

> ____(가)____ 는 문화에는 우열이 없고 함부로 평가할 수 없다고 본다는 점에서 ____(나)____, ____(다)____ 와는 구별된다. ____(나)____ 는 자기 문화만을 우수하다고 보고 자기 문화를 기준으로 다른 문화를 평가하며, ____(다)____ 는 특정 타 문화를 동경하며 그 문화를 기준으로 자기 문화를 평가 절하한다.

08 ✿✿✿ 단답형

윗글의 문화 이해 태도 (가)~(다)를 각각 쓰시오.

09 ✿✿✿ 서술형

(다)의 순기능과 역기능을 각각 한 가지씩 서술하시오.

2 문화 상대주의의 한계와 보편 윤리

10 ✿❀❀

빈칸 ㉠에 들어갈 문화 이해 태도로 가장 적절한 것은?

> 문화에는 상대성이 존재하지만 그렇다고 모든 인간의 행위를 윤리 상대주의로 볼 수는 없다. 인간이라면 누구나 마땅히 따라야 할 보편 윤리가 존재하기 때문이다. 그런데 간혹 보편 윤리를 인정하지 않고 모든 인간의 문화적 행위를 상대적으로 인정하려는 태도를 갖는 사람들이 있다. 이를 (㉠)라고 하는데, 이는 잘못된 문화 인식 태도이다.

① 문화 상대주의
② 문화 사대주의
③ 자문화 중심주의
④ 극단적 문화 상대주의
⑤ 종합적 문화 이해 태도

11 ✳︎❀❀

다음 글의 관점에 부합하는 진술에만 모두 '✓'를 표시한 학생은?
[2.5점]

> 문화를 올바르게 이해하려면 각 문화의 고유한 의미와 가치를 존중하면서도 인간 존엄성 등을 기준으로 하는 보편 윤리의 차원에서 성찰해야 한다.

진술 \ 학생	갑	을	병	정	무
극단적 문화 상대주의는 경계해야 한다.	✓			✓	✓
자국의 문화도 비판과 성찰을 해야 한다.	✓	✓		✓	
다른 문화에 대해서 항상 배타적인 태도를 가져야 한다.			✓	✓	✓
가족의 명예를 실추시켰다는 이유로 가족 구성원을 살해하는 문화도 수용해야 한다.			✓	✓	✓

① 갑 ② 을 ③ 병 ④ 정 ⑤ 무

[12~13] 다음 글을 읽고 물음에 답하시오.

> 갑: 난 동물을 사랑하고 보호해야 한다고 생각해.
> 을: 글쎄……, 그건 문화마다 동물에 대한 인식 차이를 무시한 잘못된 가치 아닐까? 어떤 사회에서는 그런 가치가 옳지만, 어떤 사회에서는 동물을 수단이나 자원으로 보는 것이 옳다고 생각하니까…….
> 갑: 동물을 수단이나 자원으로 보는 것은 잘못된 태도야. 사회가 변화되며 인권 의식이 보편화된 것처럼 이제 동물을 사랑하고 보호해야 한다는 인식도 보편화되어야 한다고 생각해.

12 ✳︎✳︎✳︎

갑과 을의 문화 이해 태도에 대한 설명으로 가장 적절한 것은?

① 갑은 문화에 우열이 있을 수 있다고 생각한다.
② 을은 모든 문화가 지향해야 할 가치를 인정한다.
③ 을의 관점에서 갑의 태도는 자문화 중심주의이다.
④ 갑은 을보다 문화의 상대성을 더 중시한다.
⑤ 갑의 관점에서 을의 태도는 극단적 문화 상대주의이다.

13 ✳︎✳︎✳︎ (서술형)

을의 문화 이해 태도를 쓰고, 해당 태도의 문제점을 보편적 윤리와 관련지어 서술하시오.

---

14 ✳︎✳︎❀

다음의 주장을 정당화하기 위한 근거로 제시할 만한 사례만을 〈보기〉에서 있는 대로 고른 것은?

> 문화에는 시공을 초월한 보편성이 존재한다. 여기에는 보편적인 윤리와 가치, 규범과 제도 등이 있다. 인류 문화의 보편성을 토대로 한다면 극단적 문화 상대주의는 잘못된 문화 인식 태도가 될 수 있다.

[보기]

ㄱ. 신분에 따라 사람을 구별하는 인도의 카스트 제도
ㄴ. 가문의 명예를 더럽혔다는 이유로 친족을 살해하는 파키스탄의 명예 살인
ㄷ. 여자아이의 발을 천으로 감아 발이 자라지 못하게 하는 중국의 전족 풍습
ㄹ. 사람이 죽으면 시신을 독수리에게 먹이는 티베트의 조장(鳥葬) 풍습

① ㄱ, ㄴ   ② ㄱ, ㄷ   ③ ㄷ, ㄹ
④ ㄱ, ㄴ, ㄷ   ⑤ ㄴ, ㄷ, ㄹ

[15~16] 다음 글을 읽고 물음에 답하시오.

> 인간이라면 누구나 지켜야 할 (㉠)가 존재하며, 이는 문화 속에서도 실현되어야 한다. 인간의 존엄성, 기본적 인권, 사회 정의, 자유, 평등 등은 인류가 지향해야 할 가치로서 이를 파괴하는 문화까지 인정하는 것을 (㉡)라고 한다. 이는 바람직하지 못한 문화 이해 태도이다. 왜냐하면 문화가 각 사회에서 의미와 가치를 가지는 것이라고 해도 인류가 지향해야 할 가치까지 상대적인 것은 아니기 때문이다.

15 ✳︎✳︎❀ (단답형)

위의 ㉠, ㉡에 들어갈 말을 써 넣으시오.

16 ✳︎✳︎❀

㉠ 차원에서의 문화 성찰이 필요한 이유로 가장 적절한 것은?

① 문화 간의 우열에 대한 평가를 내릴 수 있게 된다.
② 문화의 특수성 및 상대성만을 강조할 수 있게 된다.
③ 자기 문화가 가장 우월하다는 것을 알 수 있게 된다.
④ 인간에게 고통을 주는 문화까지도 인정할 수 있게 된다.
⑤ 바람직한 문화와 바람직하지 않은 문화를 구분할 수 있게 된다.

17 ✳✳✳ 중요

(가)의 갑, 을, 병의 입장에서 서로에게 제기할 수 있는 비판을 (나) 그림으로 표현할 때, A~F에 해당하는 내용으로 적절하지 않은 것은?

(가)	갑: 우리 문화를 기준으로 다른 문화를 평가하는 것이 올바른 태도이다. 을: 다른 사회의 우월한 문화를 적극적으로 수용해서 낙후된 우리 문화를 발전시켜야 한다. 병: 각 사회가 가지고 있는 문화의 고유한 의미와 가치를 인정해야 한다.

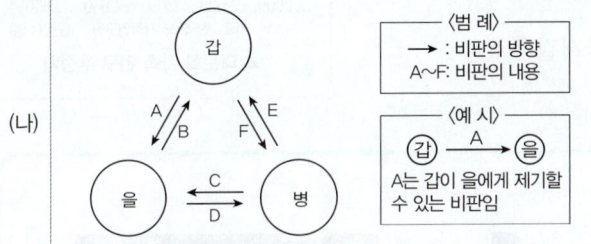

(나)

〈범례〉
→ : 비판의 방향
A~F: 비판의 내용

〈예시〉
갑 —A→ 을
A는 갑이 을에게 제기할 수 있는 비판임

① A: 자문화의 정체성을 유지해야 함을 간과한다.
② B: 문화 간의 우열이 존재함을 간과한다.
③ C, E: 문화는 평가의 대상이 아님을 간과한다.
④ D: 문화를 평가하는 절대적 기준이 있음을 간과한다.
⑤ F: 자문화를 제외한 문화들은 모두 열등하다는 점을 간과한다.

18 ✳✳✳

문화 이해 태도 A~C에 대한 설명으로 옳은 것은?
(단, A~C는 각각 문화 사대주의, 문화 상대주의, 자문화 중심주의 중 하나이다.)

질문	A	B	C
문화 간에 우열이 없다고 보는가?	아니요	아니요	예
자기 문화보다 특정한 타문화를 높게 평가하는가?	예	아니요	아니요

① B는 자기 문화를 기준으로 타문화를 평가한다.
② B는 '모든 문화가 고유한 가치를 지닌다'고 전제한다.
③ C는 인류의 보편적 가치를 훼손할 가능성이 높다.
④ A는 B에 비해 제국주의로 흐를 가능성이 높다.
⑤ C는 A에 비해 타 문화를 맹목적으로 수용할 가능성이 높다.

19 ✳✳✳ 출제 0순위 특강

다음 문화 인류학자 갑과 을의 대화에서 밑줄 친 ⊙에 들어갈 내용으로 가장 적절한 것은?

> 갑: 파키스탄에서 여동생을 명예 살인한 친오빠가 종신형을 선고받았습니다. 그 오빠는 "동생이 가족의 명예를 더럽혔다."며 명예 살인을 자백했죠.
> 을: 명예 살인은 일부 이슬람권 국가에서 남편이나 아버지, 남자 형제가 성폭행 피해를 입거나 히잡을 쓰지 않고 외부인과 접촉했다는 이유 등으로 여성을 살해하는 범죄를 의미하죠.
> 갑: 맞습니다. 명예 살인을 그 사회의 맥락 속에서 이해하려는 노력은 바람직하지 않아요. 그 이유는 _____⊙_____.

① 문화의 우열을 평가해서는 안 되기 때문입니다.
② 우리 문화가 이슬람 문화보다 우수하기 때문입니다.
③ 인류의 보편적 윤리를 파괴할 위험이 있기 때문입니다.
④ 각 사회의 문화 요소는 나름의 가치가 있기 때문입니다.
⑤ 이슬람 문화와 우리 문화와의 공통점을 파악하기 어렵기 때문입니다.

20 ✳✳✳ 2025 실시 6월 학평 24

다음 자료에 대한 설명으로 옳은 것만을 〈보기〉에서 고른 것은? [2점]

> 러시아의 네네츠족은 ⊙ 북극 문화권에서 ⓛ 전통적으로 사냥, 어로, 유목 생활을 하는 민족이다. 그들은 순록을 잡아 생고기와 피를 섭취하고, 가죽으로 집과 옷을 만들어 생활한다. ⓒ 어떤 사람들은 자신의 문화를 우월하다고 여기며 네네츠족의 전통적인 식문화를 야만스럽다고 비난하기도 한다. 하지만 네네츠족이 순록의 생고기와 피를 섭취하는 것은 부족한 비타민과 철분을 보충하기 위해 환경에 적응한 결과이다. 그러므로 우리가 다른 문화를 올바르게 이해하기 위해서는 (가) 하는 태도를 지녀야 한다.

[보기]
ㄱ. ⊙은 기온이 낮아 인간이 거주하기에 불리하다.
ㄴ. 산업화·도시화로 인해 ⓛ의 모습은 확산되고 있다.
ㄷ. ⓒ과 같은 태도는 국수주의로 변질될 수 있다는 비판을 받는다.
ㄹ. (가)에는 '자문화보다 타문화를 동경'이 들어갈 수 있다.

① ㄱ, ㄴ ② ㄱ, ㄷ ③ ㄴ, ㄷ ④ ㄴ, ㄹ ⑤ ㄷ, ㄹ

 **10** # 다문화 사회와 문화 다양성 존중   중요도 ⭐

1 다문화 사회

1. 다문화 사회

(1) 의미

① 서로 다른 문화를 가진 다양한 인종과 민족이 문화의 고유성을 가진 채 한 사회 내에서 살아가는 사회

② 언어나 가치관, 종교 등이 다른 다양한 집단이 하나의 공동체를 구성함으로써 문화 다양성이 나타나는 사회

(2) 등장 배경 : 교통과 통신 수단의 발전, 세계화 속에서 인적 교류와 문화적 교류 증대

(3) 우리나라가 다문화 사회로 변화된 원인

① 외국 출신 이주민❶ 증가 : 이주 노동자의 유입, 외국 유학생, 국제결혼

② 북한 이탈 주민 증가 등이 직접적 원인이 됨

➕개념

❶ 외국 출신 이주민
국내에 90일 이상 장기 체류하는 등록 외국인과 대한민국 국적 취득자, 결혼 이민자 및 국적 취득자의 미성년 자녀를 의미한다.

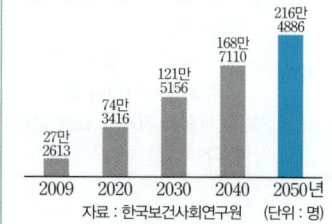

▲ 다문화 가족 인구 추정치

자료 : 한국보건사회연구원   (단위 : 명)

⭐ 우리나라의 다문화 사회로의 변화 양상

▲ 서울 중앙 성원

• 다문화 사회로 변화하며 한국에도 이슬람교도의 예배를 위해 이슬람 사원이 세워졌다. 서울 용산구, 부산 금정구 등에서 이슬람 사원을 볼 수 있다.

▲ 서울 이태원 거리

• 서울 이태원에는 세계 음식 거리가 있다. 골목 안에 들어서면 중국, 인도, 타이, 이탈리아, 프랑스, 멕시코 등 세계 각국의 음식점들이 즐비하다.

▲ 안산 다문화길

• 약 70개 국가에서 온 외국인 7만여 명이 거주하고 있는 경기도 안산의 국경 없는 마을에는 한글 간판보다 외국어로 된 간판이 더 많다.

---

2. 다문화 사회로의 변화가 우리 사회에 미치는 긍정적인 영향

(1) 삶의 질 향상 : 사회 구성원들이 선택할 수 있는 문화가 늘어나 삶의 질이 향상됨

(2) 문화의 다양성 증진 : 다양한 문화적 토대의 형성으로 문화의 다양성 증진에 이바지함, 사회 구성원들의 지식이 확장되고 사고의 개방성이 높아짐

(3) 경제 성장에 기여 : 이주 노동자와 결혼 이주 여성 등으로 부족한 인력을 보완하고 농어촌 지역의 혼인 및 출산을 가능하게 함

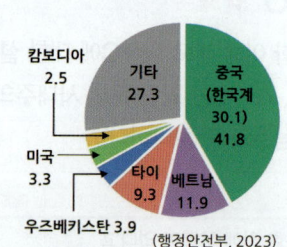

▲ 국적별 국내 거주 외국인 현황

⭐ 우리나라 다문화 사회 현황

① 연도별 외국 출신 이주민 수

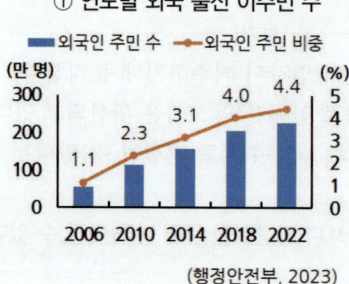

(행정안전부, 2023)

② 유형별 국내 거주 외국인 현황

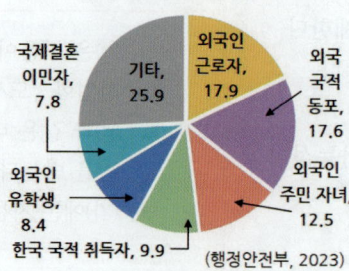

(행정안전부, 2023)

① 우리나라의 외국인 주민 수는 2006년 54만 명에서 꾸준히 증가하여 2018년에 200만 명을 넘어섰다.

② 국내 거주 외국인을 유형별로 살펴보면 외국인 근로자의 비율이 가장 높다. 이는 1990년대 들어 우리나라 생산직 노동력이 부족해지며 외국인 근로자가 증가했기 때문이다.
학령 인구 감소로 국내 대학이 외국인 유학생 유치에 나서면서 유학생 수가 결혼 이민자 수를 넘어섰다.

3. 다문화 사회에서 나타나는 문제점

(1) **서로 다른 문화를 공유하는 집단 간의 갈등** : 문화적 차이에 의한 갈등, 외국인 범죄의 증가와 외국인 지원을 위한 사회적 비용이 증가하면서 이를 둘러싼 갈등이 나타남

(2) **편견과 차별에 의한 인권 침해** : 피부색이나 국적, 혹은 문화적 차이에 위계를 두고 불편하게 생각하거나 더 나아가 불이익을 주는 현상이 종종 나타남 ➡ 제노포비아❶와 같은 심각한 갈등을 초래할 수 있음

(3) **이주민들의 사회 부적응 및 빈곤** : 한국에서 생활하는 이주민들이 생활에서 불편을 겪는데 이를 지원할 만한 제도가 부족하여 사회 적응에 어려움을 겪고 있음

✚ 용어

❶ 제노포비아
'이방'이라는 뜻의 '제노'와 '혐오증'이라는 뜻의 '포비아'가 합쳐진 말. 상대방이 자기와 다르다는 이유만으로 무조건 경계하는 심리 상태

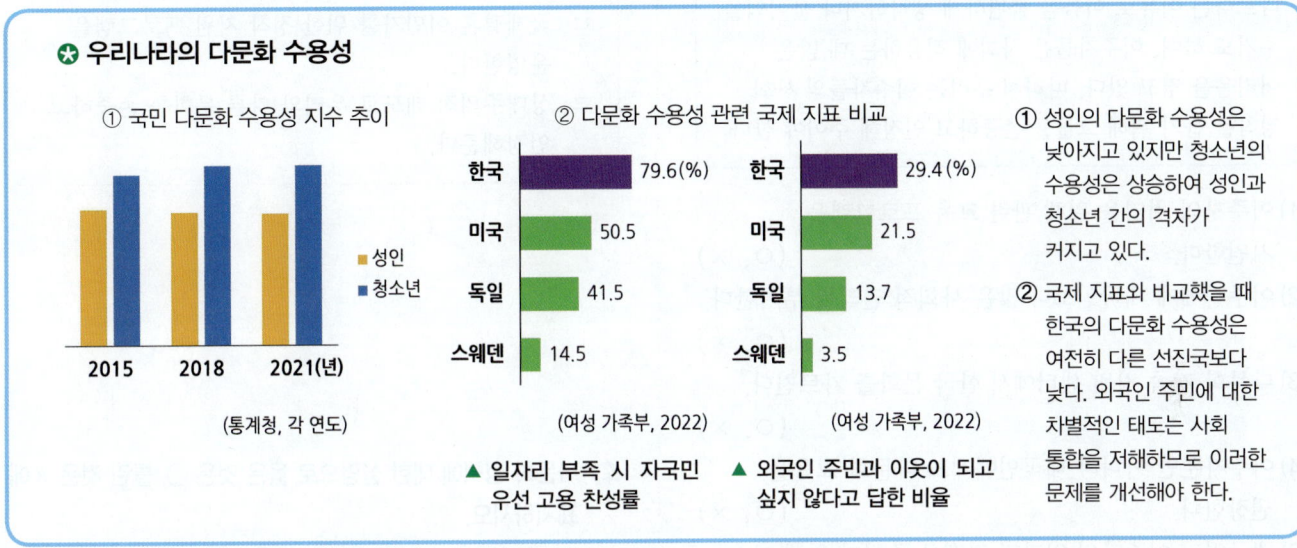

✪ 우리나라의 다문화 수용성

① 국민 다문화 수용성 지수 추이

(2015, 2018, 2021(년))
- 성인
- 청소년

(통계청, 각 연도)

② 다문화 수용성 관련 국제 지표 비교

한국	79.6 (%)	
미국	50.5	
독일	41.5	
스웨덴	14.5	

(여성 가족부, 2022)

▲ 일자리 부족 시 자국민 우선 고용 찬성률

한국	29.4 (%)	
미국	21.5	
독일	13.7	
스웨덴	3.5	

(여성 가족부, 2022)

▲ 외국인 주민과 이웃이 되고 싶지 않다고 답한 비율

① 성인의 다문화 수용성은 낮아지고 있지만 청소년의 수용성은 상승하여 성인과 청소년 간의 격차가 커지고 있다.

② 국제 지표와 비교했을 때 한국의 다문화 수용성은 여전히 다른 선진국보다 낮다. 외국인 주민에 대한 차별적인 태도는 사회 통합을 저해하므로 이러한 문제를 개선해야 한다.

2 다문화 사회의 갈등 해결

1. 다문화 사회의 갈등 해결을 위한 노력

(1) **사회적인 차원**
① 외국인 근로자들을 차별하지 않고 동등한 대우를 보장하기 위한 법과 제도 운영 ➡ 취업 지원 및 근로 환경 개선을 위해 노력
② 국제결혼 이민자를 위한 정착 지원 프로그램 운영 ➡ 다문화 가족 지원법을 통해 문화 체험 및 한국어 교육 프로그램 등 제공

(2) **개인적인 차원**
① 문화 상대주의적 태도로 우리와 다른 문화를 존중하고 인정해 주어야 함
② 개방적이고 관용❷적인 태도로 편견이나 차별 없이 우리 사회 구성원으로 수용해야 함 ➡ 세계 시민 의식❸ 함양

✚ 용어

❷ 관용
자기와는 다른 타인의 생각이나 가치관 등을 받아들이고 용인하는 개방적인 태도

❸ 세계 시민 의식
지구촌 구성원 모두를 이웃으로 생각하고, 세계 곳곳에서 발생하는 다양한 문제를 함께 해결해 나가야 할 공동의 문제로 받아들이는 태도

2. 다문화 정책❹

용광로 정책	• 다양한 문화의 융합으로 동질성 추구 (동화주의 관점) • 기존 사회의 문화와 가치 속에 다양한 문화권에서 온 이민자들을 융화하거나 흡수해야 한다는 정책 • 여러 민족의 다양한 문화를 그 사회의 주류 문화에 동화시키고자 함
샐러드 볼 정책	• 다양한 문화를 인정하고 다양성과 공존을 중시 (다문화주의 관점) • 여러 가지 채소와 과일이 잘 어우러진 샐러드처럼 다양한 민족이 자신의 문화를 유지하면서도 조화를 이루어 새로운 문화를 형성해 가야 한다는 정책 • 다양한 문화를 최대한 보장함으로써 서로 다른 문화가 각각 정체성을 유지하면서 조화를 이루고자 함

✚ 개념

❹ 우리나라의 다문화 정책 변화

초기	우리 사회에 대한 이방인의 적응을 중시하는 한국어 교육, 우리 민족의 전통문화 전수 등 용광로 정책에 가까웠음
↓	이주민을 우리 문화에 일방적으로 동화시키려 한다는 비판을 받음
최근	샐러드 볼 정책을 수용하여 문화 다양성을 보호하는 방향으로 변화함

1 다문화 사회

1. 다음 글의 결론으로 도출할 수 있는 다문화 정책의 방향으로 옳은 것은 ○, 틀린 것은 ×에 표시하시오.

> 다문화 사회에서는 기존 사회의 문화와 새롭게 유입된 문화의 차이로 인해 새로운 사회 갈등이 나타난다. 이주자들의 피부색이나 국적이 내국인과 다르다는 이유로 이들을 불편하게 생각하거나 불이익을 주기도 하여, 이주자들은 사회에 적응하는 데 많은 어려움을 겪고 있다. 따라서 우리는 이주자들의 사회 정착을 돕기 위해 그들을 존중하고 인정해 주어야 한다.

(1) 이주자의 취업을 위해 관련 교육 프로그램을 지원한다. (○, ×)

(2) 이주자에게 내국인보다 많은 사회적 권리를 부여한다. (○, ×)

(3) 다문화 가족 지원 센터에서 한국 문화를 가르친다. (○, ×)

(4) 이주자뿐만 아니라 내국인에게도 다문화 교육을 권장한다. (○, ×)

(5) 내국인과 이주자의 일자리 경쟁을 줄이기 위해 외국인의 취업을 제한한다. (○, ×)

2. 다문화 사회로의 변화로 인해 나타날 수 있는 현상으로 옳은 것은 ○, 틀린 것은 ×에 표시하시오.

(1) 문화의 획일화 현상이 심화된다. (○, ×)

(2) 이주 노동자 등으로 부족한 인력을 보완할 수 있다. (○, ×)

(3) 학교에서 다양한 문화적 배경을 가진 친구들을 만나며 문화적 차이에 의한 갈등이 발생할 수 있다. (○, ×)

(4) 문화적 경험을 할 수 있는 선택의 폭이 좁아진다. (○, ×)

(5) 일부 업종에서 내국인과 외국인이 일자리를 두고 경쟁을 벌일 수 있다. (○, ×)

(6) 다문화 사회의 갈등은 집단 간의 소통 부족에서 비롯된다. (○, ×)

(7) 국제결혼 이민자들의 유입은 농어촌 지역의 혼인 및 출산에 긍정적인 영향을 준다. (○, ×)

(8) 국내에 거주하는 외국인들을 차별로부터 보호하기 위해 법과 제도를 운영할 수 있다. (○, ×)

(9) 이주민의 종교적 신념이 기존 사회의 관습과 달라 갈등이 발생할 수 있다. (○, ×)

2 다문화 사회의 갈등 해결

3. 다문화 사회의 갈등 해결을 위한 노력에 대한 옳은 설명만을 〈보기〉에서 있는 대로 골라 기호로 쓰시오.

[보기]
- ㄱ. 이주민이 겪는 차별을 불가피한 것으로 본다.
- ㄴ. 피부색이나 국적, 문화적 차이에 위계를 두고 생각한다.
- ㄷ. 국제결혼 이민자를 위한 정착 지원 프로그램을 운영한다.
- ㄹ. 상대주의적 태도로 우리와 다른 문화를 존중하고 인정해준다.

(   )

4. 다문화 정책에 대한 설명으로 옳은 것은 ○, 틀린 것은 ×에 표시하시오.

(1) 샐러드 볼 정책은 용광로 정책에 비해 문화적 동질성을 강조한다. (○, ×)

(2) 샐러드 볼 정책은 용광로 정책에 비해 문화 병존을 중시한다. (○, ×)

(3) 샐러드 볼 정책은 비주류 문화를 주류 문화로 바꾸어야 한다고 본다. (○, ×)

(4) 샐러드 볼 정책과 달리 용광로 정책은 이주민을 통합의 주체로 인식한다. (○, ×)

(5) 용광로 정책은 이민자의 문화 정체성을 훼손할 우려가 있다. (○, ×)

(6) 용광로 정책은 서로 다른 문화가 동등한 자격으로 조화를 이루어야 한다고 본다. (○, ×)

(7) 샐러드 볼 정책과 용광로 정책은 모두 자문화 중심주의적 태도를 기본으로 한다. (○, ×)

(8) 샐러드 볼 정책과 용광로 정책 모두 문화의 다양성을 강조한다. (○, ×)

1 다문화 사회

01 ✿✿✿

다음은 다문화 사회에 대한 필기 내용이다. 이에 대한 옳은 설명만을 〈보기〉에서 고른 것은?

> **1. 다문화 사회**
> 가. 의미: 다양한 문화를 가진 사람들이 함께 어우러져 살아가는 사회
> 나. 원인
> 　1) ⓐ 의 발달
> 　2) ⓑ (으)로 인한 사람들의 연결과 이동 가속화
> 다. 우리나라의 상황: ⓒ (으)로 인해 다문화 사회로 이행하고 있음

> [보기]
> ㄱ. ⓐ에는 '교통수단과 정보 통신'이 들어갈 수 있다.
> ㄴ. 지역화의 진행은 ⓑ에 들어갈 수 있다.
> ㄷ. ⓒ에 '북한 이탈 주민 증가'가 들어갈 수 없다.
> ㄹ. ⓒ에 '외국인 노동자의 유입 증가'가 들어갈 수 있다.

① ㄱ, ㄴ　② ㄱ, ㄹ　③ ㄴ, ㄷ　④ ㄴ, ㄹ　⑤ ㄷ, ㄹ

[02~03] 다음 글을 읽고 물음에 답하시오.

> 교통·통신의 발달과 세계화의 영향으로 인구 이동이 국제적으로 활발해지면서 서로 다른 문화권에 속한 사람들 간의 접촉이 빈번해지고 있다. 그 결과, 다양한 인종, 종교, 언어 등 서로 다른 문화적 배경을 가진 사람들이 함께 살아가는 사회로 변화하게 되었는데, 이를 ⓐ (이)라고 한다.

02 ✿✿✿ 단답형

빈칸 ⓐ에 들어갈 단어를 5글자로 쓰시오.

03 ✿✿✿ 서술형

ⓐ에서 나타날 수 있는 문제점을 두 가지 서술하시오.
(단, 인권, 적응이라는 단어를 모두 사용하시오.)

04 ✿✿✿

그림은 우리나라의 외국인 주민 수의 변화 추이를 나타낸 것이다. 이와 같은 추세의 원인으로 볼 수 없는 것은?

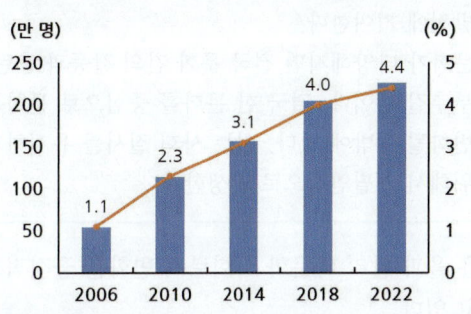

■ 외국인 주민 수　― 외국인 주민 비중　(행정안전부, 2023)

① 국제결혼이 증가하였다.
② 외국인 이주 근로자가 증가하였다.
③ 외국인 유학생의 유입이 많아졌다.
④ 국제 사회에서 난민이 많이 유입되었다.
⑤ 외국과의 인적 교류가 점점 활발해지고 있다.

05 ✿✿✿

다음과 같은 변화가 우리 사회에 가져올 긍정적 변화에 대한 옳은 설명만을 〈보기〉에서 고른 것은?

안산 다문화길

이태원

> [보기]
> ㄱ. 다양한 문화를 접할 수 있게 된다.
> ㄴ. 우리 문화 발전의 토대가 풍요로워진다.
> ㄷ. 문화의 경계가 사라지며 보편화되는 현상이 나타난다.

① ㄱ　　　　② ㄷ　　　　③ ㄱ, ㄴ
④ ㄴ, ㄷ　　　⑤ ㄱ, ㄴ, ㄷ

06 ✽✽✽

다음은 문화 다양성에 대한 갑과 을의 견해이다. 이에 대한 분석으로 옳지 <u>않은</u> 것은?

> 갑: 문화가 다양해지면 개인적으로 다양한 문화를 접할 수 있으므로 삶의 질이 높아질 뿐 아니라 사회적으로도 문화 발전의 토대가 풍부해져 사회 발전에 기여한다.
> 을: 문화가 다양해지면 결국 문화 간의 갈등과 혼란을 부추길 뿐이다. 결국 한 문화를 중심으로 문화는 변화될 수밖에 없다. 이는 사회 질서를 유지하기 위해서도 필연적으로 발생한다.

① 갑은 을과 달리 다문화 사회로의 변화를 긍정적으로 보고 있다.
② 갑은 을과 달리 문화 다양성이 사회 발전에 중요하다고 보고 있다.
③ 갑은 을과 달리 문화 간에도 우열이 형성될 수밖에 없다고 보고 있다.
④ 을은 갑과 달리 다문화 사회에서 다양한 문제가 발생할 것이라고 예측하고 있다.
⑤ 을은 갑과 달리 다양한 문화가 한 사회에서 공존하는 것은 불가능하다고 보고 있다.

07 ✽✽✽ ⭐중요

다문화 사회에서 을과 같은 문화 이해 태도가 필요한 이유로 볼 수 <u>없는</u> 것은?

> 저는 무슬림이라 돼지고기를 안 먹어요. 그래서 아무리 회식이라고 해도 삼겹살을 먹는 회식에는 참여하고 싶지 않아요.

> 미안해요. 우리는 삼겹살이 일반적으로 먹는 음식이라 고려를 못 했어요. 그렇다면 모두 다 먹을 수 있는 양고기 식당으로 바꿀게요.

갑   을

① 서로 다른 문화 간의 갈등을 해소할 수 있다.
② 한 사회 안에서 문화 다양성을 유지하는 데에 도움이 될 수 있다.
③ 서로 다른 문화를 공유하는 사람들 간의 이해의 폭을 넓힐 수 있다.
④ 문화는 각자의 사회에서 나름대로 존재 가치가 있는 것이기 때문이다.
⑤ 한 사회에서 다양한 문화가 공존하는 것은 사회 통합을 저해할 수 있기 때문이다.

2 다문화 사회의 갈등 해결

08 ✽✽✽

자료는 다문화 수용성 관련 국제 지표를 비교한 것이다. 자료에 나타난 문제를 해결하는 방안으로 적절하지 <u>않은</u> 것은?

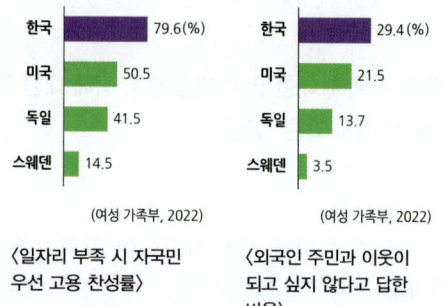

한국 79.6(%)	한국 29.4(%)
미국 50.5	미국 21.5
독일 41.5	독일 13.7
스웨덴 14.5	스웨덴 3.5
(여성 가족부, 2022)	(여성 가족부, 2022)
〈일자리 부족 시 자국민 우선 고용 찬성률〉	〈외국인 주민과 이웃이 되고 싶지 않다고 답한 비율〉

① 외국인을 평등하게 존중한다.
② 차별을 금지하는 법안을 만든다.
③ 외국인에 대한 편견을 버려야 한다.
④ 한국어 사용을 강제해 의사소통의 어려움을 없앤다.
⑤ 차별을 하는 업체나 사람들에 대한 처벌을 강화한다.

[09~10] 다음 글을 읽고 물음에 답하시오.

> (가) 여러 민족의 다양한 문화를 하나로 녹여 주류 문화로 동화시켜야 한다.
> (나) 다양한 문화가 각각의 고유성을 보존하면서도 조화를 이루어 새로운 문화를 형성해야 한다.

09 ✽✽✽

(가), (나)에 대한 설명으로 옳은 것은?

① (가)는 문화 간 공존을 추구한다.
② (가)는 문화적 동질성을 강조한다.
③ (나)는 단일한 문화의 형성을 중시한다.
④ (나)는 문화적 차이를 인정하지 않는다.
⑤ (가), (나)는 모두 소수 문화의 정체성을 인정한다.

10 ✽✽✽

(가)의 입장에 비해 (나)의 입장이 갖는 상대적 특징을 그림의 ㉠~㉤ 중에서 고른 것은?

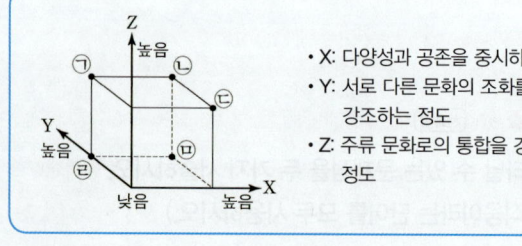

- X: 다양성과 공존을 중시하는 정도
- Y: 서로 다른 문화의 조화를 강조하는 정도
- Z: 주류 문화로의 통합을 강조하는 정도

① ㉠   ② ㉡   ③ ㉢   ④ ㉣   ⑤ ㉤

[11~12] 다음 글을 읽고 물음에 답하시오.

> 다문화 사회를 설명하는 이론으로는 크게 두 가지가 있다. 용광로 이론은 소수 집단인 이민자들이 다수 집단이라는 커다란 주류 사회 속에서 생활하며 그들의 문화가 용해되어 사라지게 된다고 본다. 이에 반해 샐러드 볼 이론은 이민자들이 주류 사회에서도 각자 고유 언어와 문화, 그리고 정체성을 유지하면서 기존 사회와 공존해 나간다고 본다.

11 ✲✲✲✲ [단답형]

다음 밑줄 친 부분은 윗글의 어떤 이론에 대한 설명인지 쓰시오.

> '문화의 공존'을 의미하기보다는, 문화들 사이에 위계를 설정하여 일방적으로 '투항'을 요구하는 것이 되기 쉽다.

12 ✲✲✲✲ [서술형]

우리 사회는 어떤 이론을 바탕으로 다문화 정책을 펼쳐야 하는지 밝히고 그 이유를 서술하시오.

내신 1등급 문제

13 ✲✲✲✲

다음 글을 통해 알 수 있는 우리 사회의 문제점을 고른 것은?

> 서아프리카 코트디부아르 출신 숨 씨의 사연은 약소국 출신의 유색 인종을 바라보는 우리 사회의 '민낯'을 보여 준다. 한국 생활 11년째로 서울 노량진 수산 시장에서 일하는 그는 "지하철을 타면 좌석에 앉아 있던 사람들이 불쾌하다는 듯이 일어나거나, 아주 노골적으로 '냄새난다'며 코를 막고 일어나는 사람도 있다. 또 이슬람 신자라고 밝혀도 '한국 생활에 적응하라'며 억지로 돼지고기가 들어간 김치찌개를 먹으라고 한다."고 말했다.

[보기]
ㄱ. 문화 상대주의적 태도를 찾아볼 수 있다.
ㄴ. 자문화 중심주의적으로 타 문화를 보고 있다.
ㄷ. 한국 사회에의 적응을 제도적으로 방해하고 있다.
ㄹ. 외국인에 대한 편견이 차별로 이어지고 있다.

① ㄱ, ㄴ ② ㄱ, ㄷ ③ ㄴ, ㄷ ④ ㄴ, ㄹ ⑤ ㄷ, ㄹ

14 ✲✲✲✲

자료는 우리나라의 다문화 가족 자녀의 학업 중단 사유를 조사한 표이다. 이에 대한 분석 및 추론으로 옳지 <u>않은</u> 것은?

〈다문화가족 자녀의 학업 중단 사유〉

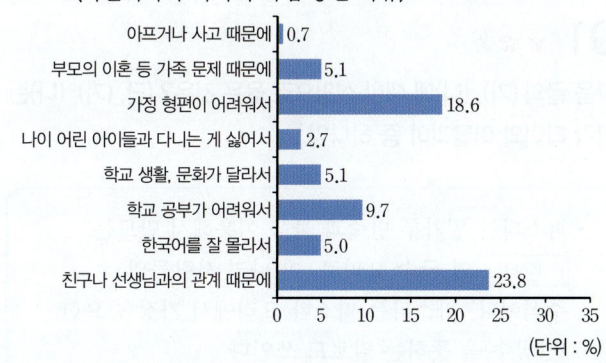

(단위 : %)

① 한국어 교육과 학습에 도움이 필요하다.
② 다문화 가족이 경제적 어려움을 겪고 있다.
③ 다문화 가족 자녀에 대한 편견이 작용하고 있다.
④ 다문화 가족 자녀의 적응을 위해 취업 교육을 강화해야 한다.
⑤ 다문화 가족 자녀의 학교 생활 적응을 위해서는 유대감이 필요하다.

15 ✲✲✲✲

2025 실시 9월 학평 12

(가)의 관점에 비해 (나)의 관점이 갖는 상대적 특징을 그림의 ㉠~㉤ 중에서 고른 것은? [2점]

> 〈다문화 사회를 바라보는 관점〉
> (가) 거대한 용광로 안에 다양한 금속을 넣으면 녹아서 하나가 되는 것처럼, 이민자들을 주류 문화로 동화시켜 단일한 문화를 만들어야 한다.
> (나) 샐러드 볼(Salad bowl)에 담긴 재료들이 본연의 맛을 내며 조화를 이루는 것처럼, 이민자들의 정체성을 인정하고 문화의 다양성을 존중해야 한다.

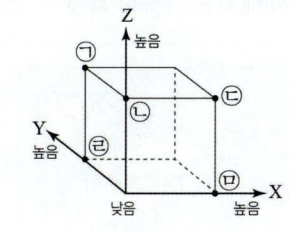

- X: 사회 내 문화의 획일성을 강조하는 정도
- Y: 이민자의 고유한 문화를 존중하는 정도
- Z: 타문화에 대해 관용적인 태도를 보이는 정도

① ㉠ ② ㉡ ③ ㉢ ④ ㉣ ⑤ ㉤

07 다양한 문화권의 특징과 삶의 방식

01 ❋❋❀

다음 글의 (가), (나)에 대한 설명으로 옳은 것은? (단, (가), (나)는 각각 타이와 이탈리아 중 하나임.)

> • 파스타는 밀가루 반죽과 물을 이용해서 만드는 (가) 의 국수 요리로, 이 나라 사람들의 주식이다. 파스타는 파스타 요리에서 가장 중요한 면(국수)을 뜻하는 말로도 쓰인다.
> • 팟타이는 (나) 의 쌀국수 요리이다. 국수와 함께 달걀, 이 나라 방식의 어장(생선 젓갈), 새우, 닭고기, 두부 등을 넣고 고명으로 고수, 라임, 으깬 땅콩 등을 얹어 만든다.

① (가)는 계절풍의 영향을 크게 받는다.
② (나)는 수목 농업이 활발하다.
③ (가)는 (나)보다 고위도에 위치한다.
④ (나)는 (가)보다 연 강수량이 적다.
⑤ (가)는 타이, (나)는 이탈리아이다.

02 ❋❋❀

다음 자료의 (가) 지역을 지도의 A~E에서 고른 것은?

> 〈해외 답사 참가자 모집〉
> • 기   간: 2024. 10. 11. ~ 11. 17.
> • 답사 지역: (가)
> • 모집 인원: ○○명
> • 조사 내용
>   − 계절풍이 주민 생활에 미친 영향
>   − 물 위에 집을 짓고 주민들이 생활하는 이유
>   − 이동식 화전 농업으로 재배되는 작물의 특성

① A   ② B   ③ C   ④ D   ⑤ E

[03~04] 지도는 세계의 문화권을 나타낸 것이다. 이를 보고 물음에 답하시오.

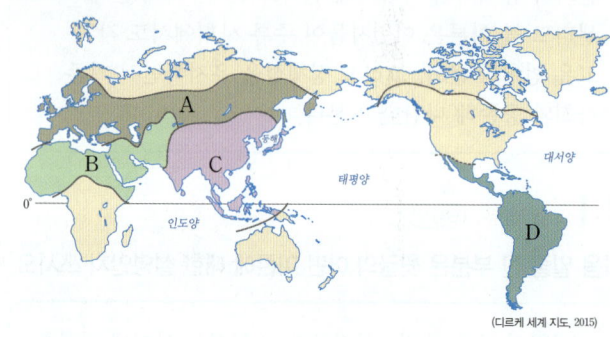

(디르케 세계 지도, 2015)

03 ❋❋❀

(가), (나) 경관을 볼 수 있는 문화권을 지도의 A~D에서 고른 것은?

(가)	(나)
흙벽돌집	리우 카니발

	(가)	(나)			(가)	(나)
①	A	C		②	A	D
③	B	C		④	B	D
⑤	D	A				

04 ❋❋❀

지도의 A~D 문화권에 대한 설명으로 옳은 것은?

① A에서는 이동식 화전 농업이 활발하게 이루어진다.
② B의 전통 가옥은 지붕의 경사가 급하다.
③ A는 D보다 가톨릭교 신자 비율이 높다.
④ C는 B보다 쌀을 주식으로 하는 음식 문화가 발달하였다.
⑤ D는 C 문화의 영향을 많이 받았다.

08 문화 변동과 전통문화

05 ✽✽✽

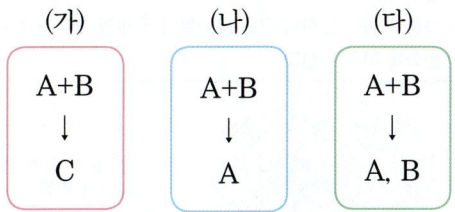

그림은 문화 접변의 결과, 한 사회에서 나타날 수 있는 변화의 유형을 도식화한 것이다. 이에 대한 설명으로 옳지 <u>않은</u> 것은?

(가)	(나)	(다)
A+B ↓ C	A+B ↓ A	A+B ↓ A, B

* A, B, C : 개별 문화 또는 문화 요소
* A는 외래문화, B는 토착 문화
* + : 접촉   → : 변화

① (가)~(다)는 모두 발명 혹은 발견이 직접적 원인이다.
② A+B는 서로 다른 문화 체계 간의 접촉으로 나타난다.
③ (가)에는 그리스·로마 풍의 불교 미술 양식인 간다라 양식이 해당된다.
④ 만일 A가 토착 문화이고 B가 외래문화라면 (나)는 문화 접변으로 볼 수 없다.
⑤ 문화 변동에서 (가) 또는 (나)와 같은 변화가 일어나기 전에 (다)의 과정을 거치는 경우가 많다.

06 ✽✽✾   2023 실시 11월 학평 10

(가), (나)에 나타난 문화 변동에 대한 설명으로 옳은 것은?

(가) 싱가포르는 불교의 베삭 데이, 이슬람교의 하리 라야 푸아사, 기독교의 크리스마스 등 다양한 종교의 기념일을 공휴일로 지정하고 있다. 이처럼 싱가포르에는 다른 지역에서 전파된 여러 종교가 공존하고 있다.
(나) 수리남에는 유럽, 아프리카 등 여러 지역 출신의 이민자가 많다. 이러한 문화적 다양성을 바탕으로 카세코라는 새로운 대중음악 양식이 만들어졌다. 카세코는 수리남 전통 악기를 활용한 리듬, 서양 악기를 활용한 멜로디, 아프리카 특유의 가창 방식이 한데 어우러진 특징이 있다.
**베삭 데이: 석가모니의 탄생을 기리는 불교 축제
**하리 라야 푸아사: 라마단이 끝나는 것을 기념하는 이슬람교 축제

① (가)에서는 문화 융합이 나타난다.
② (가)에서는 발견에 의한 문화 변동이 나타난다.
③ (나)에서는 문화 동화가 나타난다.
④ (나)에서는 (가)에서와 달리 간접 전파가 나타난다.
⑤ (나)에서는 (가)에서와 달리 새로 창조된 문화 요소가 나타난다.

07 ✽✽✾

문화 변동의 요인 A~C에 대한 옳은 진술만을 〈보기〉에서 고른 것은? (단, A~C는 각각 직접 전파, 간접 전파, 발명 중 하나이다.)

질문 \ 요인	A	B	C
문화 요소가 매체에 의해 전달되었는가?	예	아니오	아니오
예로 한글 창제를 들 수 있는가?	아니오	예	아니오

[보기]
ㄱ. A는 B와 달리 내재적 요인에 해당한다.
ㄴ. B는 기존에 존재하지 않았던 새로운 문화 요소를 만들어낸다.
ㄷ. C는 A와 달리 직접적인 접촉으로 문화가 전파된다.
ㄹ. 퀴리 부인이 라듐을 찾아낸 것은 C에 해당한다.

① ㄱ, ㄴ   ② ㄱ, ㄷ   ③ ㄴ, ㄷ   ④ ㄴ, ㄹ   ⑤ ㄷ, ㄹ

08 ✽✽✽

다음은 전통문화에 대한 어느 학자의 개념 정의이다. 이에 대한 옳은 설명만을 〈보기〉에서 고른 것은?

진행자: 전통문화란 무엇을 의미하는지요?
학자: 저는 선조들로부터 내려오는 생활양식, 사고방식, 가치관, 예술의 기법, 학설, 사상 등 유산 가운데서 현재의 생활과 문화의 존속과 발전에 적극적 영향력을 가진 것을 전통문화라고 부르고 싶습니다. 예를 들어 온돌 문화가 원형 그대로 전달될 때에만 전통문화가 아니라 현재의 주택 문화에 살아 숨쉬고 있다면 그 자체를 전통문화라고 할 수 있습니다.

[보기]
ㄱ. 전통문화의 원형성을 중시하고 있다.
ㄴ. 과거의 문화 유산은 모두 전통문화라고 할 수 있다.
ㄷ. 전통문화도 시대에 따라 변화될 수 있음을 강조하고 있다.
ㄹ. 현대 사회에서 의미가 전달되고 있다면 이를 전통문화라고 할 수 있다.

① ㄱ, ㄴ   ② ㄱ, ㄷ   ③ ㄴ, ㄷ
④ ㄴ, ㄹ   ⑤ ㄷ, ㄹ

09 문화 상대주의와 보편 윤리

09 ***

다음 사례에 나타난 '감자'를 문화에 비유할 때, 유추할 수 있는 결론으로 가장 적절한 것은?

> 아일랜드 수도 더블린 항구에는 '기근'이라는 청동 동상이 서있다. 굶주림에 지친 농민들이 보따리를 안은 채 어딘가로 떠나는 모습이다. 실제 1845년부터 7년간 계속된 '아일랜드 감자 대기근' 모습을 형상화한 것인데 당시 인구의 4분의 1이 아사하거나 병사했다고 한다. 물론 정치적인 다양한 배경이 있었지만 감자라는 단일 작물만을 재배했던 당시의 풍토로 인해 대기근이 발생했다는 결과만은 부정하기 어렵다.

① 문화는 인간의 삶의 방식이다.
② 문화 다양성을 실현하는 것은 매우 어렵다.
③ 다양한 문화는 제도적으로 보장되어야 한다.
④ 다양한 문화는 인류의 생존 및 존속에 유리하다.
⑤ 다양한 문화는 결국 획일화의 과정을 겪게 된다.

10 **✤

다음 자료의 갑~병이 지닌 문화 이해 태도에 대한 설명으로 옳지 <u>않은</u> 것은?

> 〈○○의 여행기〉
> 저번 주에 A국으로 여행을 다녀왔다. 우연히 □□ 축제가 열린 모습을 볼 수 있었는데, 사람들이 여러 동물을 죽여 제물로 바치는 모습을 볼 수 있었다. 이는 행운을 가져다달라는 의미의 행동이라고 한다.
> 〈댓글〉
> └, 갑: 동물을 죽이는 건 보편적인 가치를 훼손하는 행위라고 생각합니다.
> └, 을: A국의 사회적 맥락이 반영된 고유의 문화이니 존중해야죠.
> └, 병: A국의 문화는 아직 미개하네요. 선진국인 우리나라를 본받아야 한다고 생각합니다.

① 갑은 모든 문화에 적용되는 보편적인 가치가 존재한다고 본다.
② 갑은 을의 문화 이해 태도를 경계해야 한다고 본다.
③ 을은 모든 문화의 상대성을 인정해야 한다고 본다.
④ 병은 문화를 평가하는 절대적 기준이 없다고 본다.
⑤ 병은 갑과 달리 문화적 다양성 보존에 기여할 수 없다.

11 ***

(가)의 갑, 을의 입장을 (나) 그림으로 표현할 때, A~C에 해당하는 적절한 진술만을 〈보기〉에서 고른 것은?

(가)	갑: 우리의 문화가 가장 좋은 것이고, 다른 것은 나쁘거나 열등한 것이다. 을: 다른 사회의 문화가 우리 문화보다 우월하므로 다른 사회의 문화를 따라야 한다.

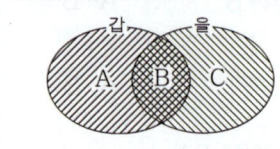

〈범례〉
A: 갑만의 입장
B: 갑, 을의 공통 입장
C: 을만의 입장

[보기]
ㄱ. A: 타문화에 대해 배타적 태도를 취한다.
ㄴ. B: 문화 간의 우열에 대한 평가를 내릴 수 있다.
ㄷ. B: 고유한 문화적 가치를 존중해야 한다.
ㄹ. C: 각 문화는 이해의 대상으로 간주해야 한다.

① ㄱ, ㄴ ② ㄱ, ㄷ ③ ㄴ, ㄷ ④ ㄴ, ㄹ ⑤ ㄷ, ㄹ

12 ***

다음 자료에 대한 설명으로 옳은 것은?

> 〈자료 1〉은 문화 이해의 태도 A~C를 비교한 것이다. 〈자료 2〉는 갑~병이 각 진술에 해당하는 문화 이해 태도를 적은 것이다.
> 〈자료 1〉
> • 자기 문화의 정체성을 보존한다는 점에서 A는 긍정적, B는 부정적이다.
> • C는 문화 다양성을 신장시킨다는 점에서 긍정적이다.
> 〈자료 2〉

진술	갑	을	병
타문화의 수용에 적극적임	B	A	B
타문화를 열등하다고 평가함	C	B	A
인류의 보편적 가치를 훼손하는 D로 발전할 수 있음	A	C	C

① 갑은 모든 진술에 대해 옳은 답을 적었다.
② A는 선진 문물 수용에 기여한다.
③ B는 사회 구성원 간의 소속감을 강화시킨다.
④ C는 B와 달리 문화를 평가하는 대상으로 본다.
⑤ 여아 살해 풍습을 용인하는 것은 D의 사례이다.

10 다문화 사회와 문화 다양성 존중

13 ✶✶✶

자료는 국내 거주 외국인 현황을 나타낸 것이다. 이에 대한 분석 및 추론으로 옳지 <u>않은</u> 것은?

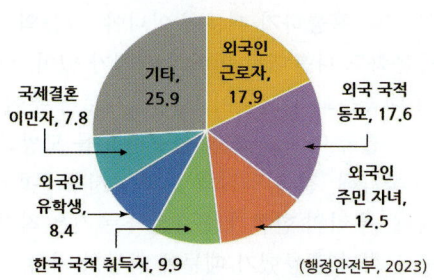

(행정안전부, 2023)

① 결혼과 유학으로 한국에 온 외국인이 10%를 넘는다.
② 기타 유형을 제외하면 외국인 근로자의 비중이 가장 높다.
③ 외국 국적 동포에는 조선족이라 불리는 재중 동포가 포함된다.
④ 결혼 이민자는 대부분 일정 시간이 지난 후 혼인 귀화자가 된다.
⑤ 외국인 주민 자녀는 외국인 근로자나 기타 외국인의 자녀일 가능성이 높다.

14 ✶✶✶

(가)의 갑, 을의 입장을 (나) 그림으로 탐구할 때, A~C에 해당하는 적절한 질문만을 〈보기〉에서 고른 것은?

(가)	갑: 다양한 문화는 용광로에 들어간 광석들처럼 녹고 섞여 주류 문화에 통합시켜야 한다. 을: 다양한 문화는 샐러드에 들어간 재료들처럼 각각의 정체성을 유지하며 조화를 이루어야 한다.

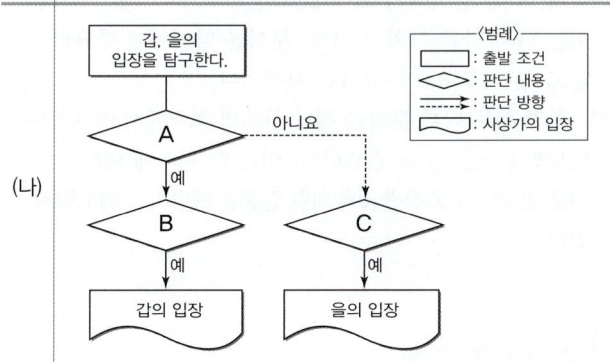

[보기]
ㄱ. A: 이주민의 고유한 문화를 인정해야 하는가?
ㄴ. A: 이주민의 문화를 주류 문화에 동화시켜야 하는가?
ㄷ. B: 사회 통합을 위해 문화적 동질성을 추구해야 하는가?
ㄹ. C: 다양한 문화를 주류 문화에 동화시키고자 하는가?

① ㄱ, ㄴ   ② ㄱ, ㄷ   ③ ㄴ, ㄷ   ④ ㄴ, ㄹ   ⑤ ㄷ, ㄹ

15 ✶✶✶✤

밑줄 친 부분에 해당하는 정책으로 가장 적절한 것은?

> 국내 체류 외국인이 늘어나면서 다문화 가정도 증가하고 있다. 다문화 가정의 구성원은 약 70만 명에 달하는 것으로 추정되고 있다. 이제 우리나라도 다양한 민족 간의 공존에 대한 의식을 키우는 것이 중요해졌다. 다문화 사회의 안정적 정착을 위해 정부의 정책 변화도 필요하다. 아울러 문화적 다양성을 추구하는 것으로 끝나는 것이 아니라 <u>이주자들의 강점을 끌어내 주는 구체적인 정책들이 필요하다.</u>

① 한국어 강좌 프로그램을 개설한다.
② 다문화 가정 자녀들의 학비를 지원한다.
③ 모국어를 사용할 수 있는 직장을 알선한다.
④ 소득 수준에 따른 경제적 지원을 강화한다.
⑤ 한국 전통문화를 체험할 수 있는 장소를 확대한다.

16 ✶✶✶

(가)의 갑, 을의 입장에서 서로에게 제기할 수 있는 비판을 (나) 그림으로 표현할 때, A, B에 해당하는 내용으로 옳지 <u>않은</u> 것은?

(가)	갑: 사회 통합을 위해 이주민들이 기존 사회의 문화를 버리고 우리 사회의 문화에 동화될 수 있도록 하는 정책을 시행해야 한다. 을: 사회 통합을 위해서는 이주민의 문화를 인정하고 우리 사회의 문화와 조화를 이룰 수 있도록 하는 정책을 시행해야 한다.
(나)	〈범 례〉 → : 비판의 방향 A, B : 비판의 내용 / 갑 ⇄(A/B) 을 / 〈예 시〉 갑 →A 을 A는 갑이 을에게 제기할 수 있는 비판임.

① A: 문화를 통합해야 사회적 결속력이 강화됨을 간과한다.
② A: 하나의 정체성을 갖는 사회를 만들어야 함을 간과한다.
③ A: 주류 문화를 중심으로 문화 간 공존을 추구해야 함을 간과한다.
④ B: 다양한 문화가 평등하게 인정되어야 함을 간과한다.
⑤ B: 이주민의 문화적 정체성을 유지해야 함을 간과한다.

서술형·단답형 문제

[17~18] 지도는 다양한 문화권을 나타낸 것이다. 이를 보고 물음에 답하시오.

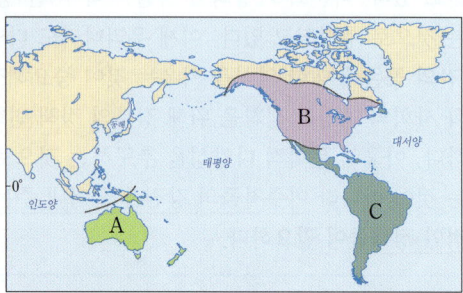

17 ✻✻✽ 단답형

A∼C 문화권이 공통적으로 어느 문화권의 영향을 받았는지 쓰시오.

18 ✻✻✽ 서술형

B 문화권과 비교한 C 문화권의 특징 두 가지를 쓰시오.

[19~20] 다음 글을 읽고 물음에 답하시오.

성공회 강화 성당 외관

바실리카 양식의 성당 내부

> 강화도에 있는 성공회 강화 성당은 1900년에 건립된 한옥 성당이다. 그 당시 한국으로 온 영국인들이 포교를 위해 지은 이 성당의 모습에서 지역 주민의 거부감을 줄이고자 한 노력을 엿볼 수 있다.

19 ✻✻✻ 단답형

윗글에 나타난 문화 변동 요인과 문화 변동 양상을 쓰시오.

20 ✻✻✻ 서술형

윗글과 같은 문화 변동 양상이 나타나는 사례를 하나 서술하시오.

[21~22] 다음 글을 읽고 물음에 답하시오.

> 갑: 한류가 일본과 중국, 동남아시아 등지에서 인기를 얻는 이유는 우리문화가 그들 문화보다 훌륭하기 때문이야. 그들은 우리문화를 좀 보고 배워야 돼.
> 을: 그렇지 않아. 한류가 그들의 문화와 다르기 때문이지, 훌륭하기 때문이 아니야. 그들의 대중문화도 나름대로 의미와 가치가 있어. 단지 우리 대중문화가 그들이 보기에 새로울 뿐이지.
> 병: 한류도 결국 따지고 보면 서구 문화를 모방한 것에 불과해. 결국 양질의 문화는 서구 문화라고 생각해. 우리의 한류가 훌륭하다는 것은 착각이야. 서구 문화가 훌륭했기 때문에 가능한 거야.

21 ✻✻✻ 단답형

갑, 을, 병이 가지고 있는 문화 이해 태도가 무엇인지 각각 쓰시오.

22 ✻✻✻ 서술형

다문화 사회에 적합한 문화 이해 태도를 가진 사람은 누구이며, 그 이유는 무엇인지 서술하시오.

[23~24] 다음 글을 읽고 물음에 답하시오.

> 다문화 사회에서는 인종, 종교, 국적, 민족, 언어 등의 차이로 인한 갈등이나 오해가 발생할 수 있다. 그리고 갈등과 오해는 사회 분열과 혼란을 야기할 수 있다. 이를 방지하기 위해 필요한 태도가 (㉠)이다. 이는 나와 다른 가치나 이념, 문화를 타인에게 강요하지 않고 있는 그대로 존중하는 자세이다.
> 한편 서로 다른 문화를 해당 사회의 맥락에서 이해하는 태도인 (㉡)도 필요하다. 이는 타 문화에 대해 갖기 쉬운 편견이나 고정관념에 의한 갈등을 예방하고 해소할 수 있다.

23 ✻✻✻ 단답형

㉠, ㉡에 들어갈 개념을 바르게 쓰시오.

24 ✻✻✻ 서술형

다문화 사회에서 ㉠, ㉡의 필요성을 문화 다양성과 관련지어 서술하시오.

❖ 정답 및 해설 **61p**

수능 유형 특강

★ **온대 기후와 열대 기후**

다음 유형은 그래프에 나타난 서울과 A, B의 기후 값 차이를 통해 A, B가 어디인지 파악한 후 옳은 설명을 찾는 문제로 주로 출제된다.

다음 지도를 보고 물음에 답하시오.

2028 대비 수능 예시 3(1차)

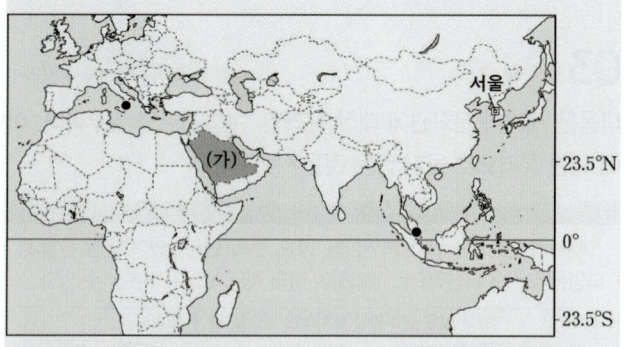

그래프는 지도에 표시된 두 지역과 서울의 기후 값 차이를 나타낸 것이다. 이에 대한 설명으로 옳은 것은? (단, 그래프의 A, B는 각각 지도에 검은 점으로 표시된 두 지역 중 하나임.)

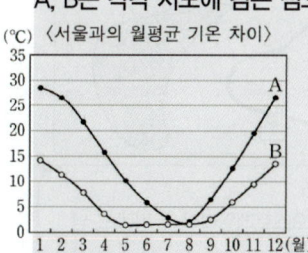

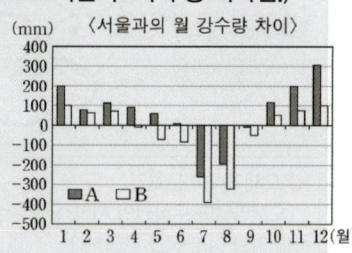

① A에서는 올리브 등을 재배하는 수목 농업이 주로 이루어진다.
② B는 서울보다 여름 강수 집중률이 높다.
③ B에서는 지면의 열과 습기 차단에 유리한 고상 가옥이 발달했다.
④ A는 B보다 여름에 더 건조하다.
⑤ A와 B는 모두 서울보다 연평균 기온이 높다.

💡 **단서+발상**

단서 그래프를 통해 서울과 A, B의 기후 값 차이를 확인한다.
발상 서울과의 1월 평균 기온 차이는 A가, 6~8월의 강수량의 차이는 B가 크다.
적용 지도의 A, B의 위치를 보고 A, B에 해당하는 기후 지역이 무엇인지 파악한다.

|문제 + 자료 분석|
• A는 1월에 서울과의 월평균 기온 차이가 B보다 크므로 1월 평균 기온이 높고, 6~8월에 서울과의 강수량 차이는 B보다 작으므로 6~8월의 강수량이 많은 열대 우림 기후 지역이다.
• B는 1월 평균 기온이 낮고, 6~8월의 강수량이 적은 북반구 지중해성 기후 지역이다.

|선택지 분석|
✗ A에서는 올리브 등을 재배하는 수목 농업이 주로 이루어진다.
• 올리브 등을 재배하는 [1]은 여름이 고온 건조한 B 지중해성 기후 지역에서 활발하다.

✗ B는 서울보다 여름 강수 집중률이 높다.
• 북반구 지중해성 기후 지역은 여름인 6~8월에 아열대 고압대의 영향을 받아 [2].
• 서울은 여름인 6~8월에 여름 계절풍의 영향을 받아 강수가 집중된다.
• 따라서 B는 서울보다 여름 강수 집중률이 [3].

✗ B에서는 지면의 열과 습기 차단에 유리한 고상 가옥이 발달했다.
• 지면의 열과 습기 차단에 유리한 [4]이 발달한 지역은 연중 고온 다습한 A 열대 우림 기후 지역이다.

✗ A는 B보다 여름에 더 건조하다.
• 열대 우림 기후 지역은 연중 적도 수렴대의 영향을 받아 비가 많이 내린다.
• 지중해성 기후 지역은 여름에 아열대 고압대의 영향을 받아 건조하므로 B가 A보다 여름에 더 건조하다.

⑤ A와 B는 모두 서울보다 연평균 기온이 높다.
• 두 지역 모두 모든 달에 서울과의 월평균 기온 차이 값이 양(+)의 값을 기록했다.
• 따라서 두 지역 모두 서울보다 연평균 기온이 [5].

∴ 정답은 ⑤이다.

👓 **대비법**

이 유형에 대비하기 위해서는 각 기후 지역의 농업 및 가옥 문화, 기후의 특징을 알고 있어야 한다.

─────────────────────────────────── [정답]

1 수목 농업 **2** 건조하다 **3** 낮다 **4** 고상 가옥 **5** 높다

01 ✿✾✾

2028 대비 수능 예시 4(1차)

다음 지도의 (가) 국가에 대한 여행 일지이다. 이에 대한 설명으로 옳은 것은?

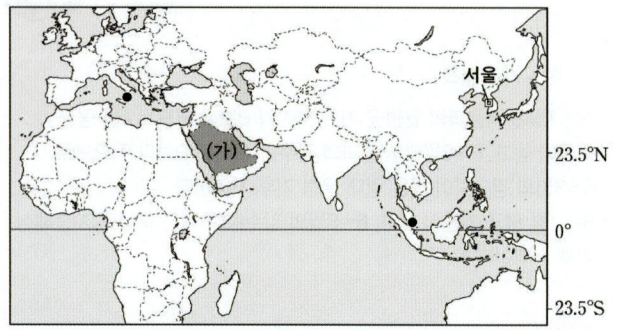

```
        여행 일지        20○○.○○.○○.

  건조 문화권에 속하는 이슬람 국가인  (가)  에 도착하였다.
여행 전 조사를 통해 ㉠ 이슬람교가 7세기 초 무함마드에
의해 창시되었고 이슬람교를 믿는 사람들이 기도와 금식, 순례
등을 행한다는 것을 알게 되었다. 입국 수속을 마치고 숙소로
이동하여 짐을 푼 후 식사를 위해 도심으로 들어왔다. 때마침 기도
시간인지, 이동하는 사람들의 행렬을 따라가니 이슬람 사원인
모스크에 당도하게 되었다.
  최초의 모스크는 간격을 두고 기둥을 세워 기도하기 위한
그늘을 만들고 바닥에 자갈과 모래를 까는 정도였다고 한다. 이후
㉡ 비잔티움 제국에서 교회 건축에 사용되었던 돔 양식을 모스크
건축에 도입하였고, 아치와 첨탑, 거대한 돔을 갖춘 모스크 형태가
자리 잡게 되었다. 모스크 내부에는 성지의 방향을 나타내는
화려하게 장식된 미흐랍이라고 부르는 구조물이 있었다. … (하략)
```

① (가)의 주민들은 주로 침엽수로 지은 목조 가옥에 거주한다.
② (가)에서는 여름 계절풍이 탁월하고 태풍의 발생이 빈번하다.
③ ㉠은 발견에 의한 문화 변동에 해당한다.
④ ㉡에는 서로 다른 문화 요소가 결합하여 새로운 문화가 형성된 문화 변동이 나타나 있다.
⑤ ㉠과 ㉡ 모두에서 기존 문화의 정체성이 상실되었다.

02 ✿✿✾

2023 실시 3월 학평 8 (고3) / 사회문화

다음 자료에 대한 설명으로 옳은 것은? [3점]

표는 질문에 대한 답변을 통해 문화 접변의 양상 A~C를 구분한 것이다. A~C는 각각 문화 동화, 문화 병존, 문화 융합 중 하나이다.

질문	답변
A는 B와 달리 자기 문화의 정체성이 상실되는가?	예
B는 C와 달리 자기 문화와 외래문화가 결합하여 새로운 문화가 형성되는가?	아니요
(가)	예

① A는 문화 병존이다.
② B는 A와 달리 자기 문화가 외래문화로 대체되는 현상이다.
③ C는 B와 달리 외재적 요인에 의한 문화 변동이다.
④ (가)에 'B는 C와 달리 자기 문화와 외래문화가 나란히 존재하는가?'가 들어갈 수 있다.
⑤ (가)에 'C는 B와 달리 기존 사회의 구성원이 새로운 문화를 향유하는가?'가 들어갈 수 있다.

03 ✿✿✿

2028 대비 수능 예시 3(2차)

다음은 세계의 문화권에 대한 온라인 수업 자료의 일부이다. 이에 대한 설명으로 옳지 않은 것은? [2.5점]

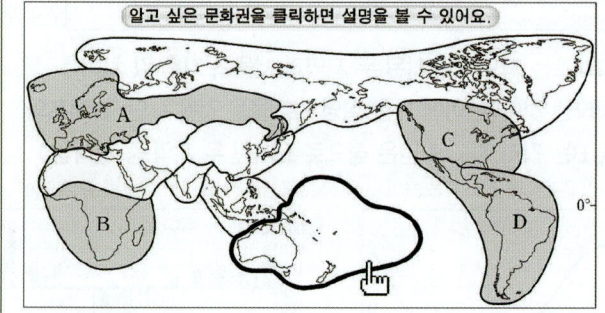

```
◎ 오세아니아 문화권
  오세아니아 문화권의 지리적 범위는 오스트레일리아, 뉴질랜드, 남
태평양의 여러 섬을 포함한다.
• 오스트레일리아의 다문화 역사와 정책
  오스트레일리아는 20세기 초 백호주의를 내세우며 아시아계 등의
이민을 제한했다. 또한 ㉠ 원주민의 자녀를 부모로부터 강제로 분리하
여 주류 집단의 언어와 생활양식 등을 강요하는 정책을 펼치며 원주민
의 인권을 침해했다. 그러나 1970년대에 백호주의 폐지 이후, ㉡ 주류
문화와 소수 문화가 대등하게 조화를 이루려고 하는 정책을 바탕으로
다양한 민족(인종)과 문화가 공존하는 사회로 발전하고 있다.
```

① ㉠은 소수 문화를 주류 문화로 동화시키려는 정책이다.
② ㉡은 다문화주의 정책이다.
③ 오스트레일리아는 A에 속한 국가의 식민 지배를 받았다.
④ B는 이슬람교 신자 수가 크리스트교 신자 수보다 많다.
⑤ C와 D를 구분하는 경계는 리오그란데강이다.

04 ✱✱✱ ✿

다음 자료에 대한 설명으로 옳은 것은? [2점]

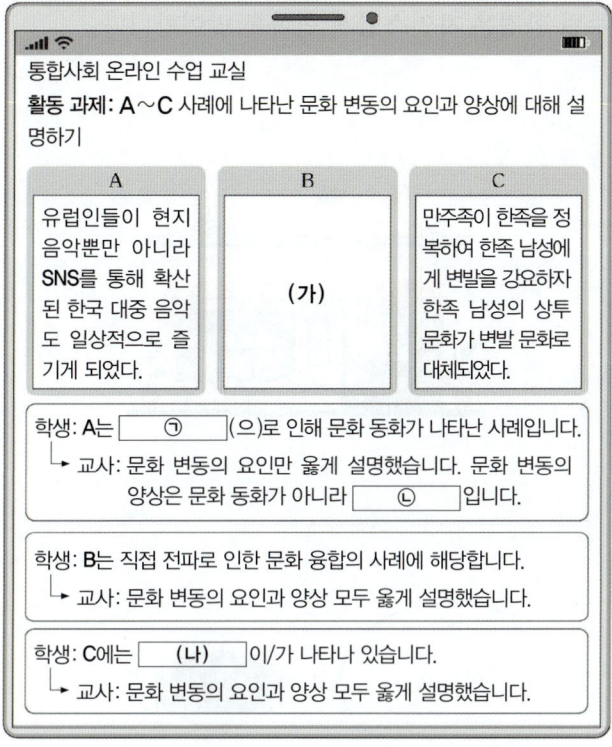

통합사회 온라인 수업 교실

활동 과제: A~C 사례에 나타난 문화 변동의 요인과 양상에 대해 설명하기

A	B	C
유럽인들이 현지 음악뿐만 아니라 SNS를 통해 확산된 한국 대중 음악도 일상적으로 즐기게 되었다.	(가)	만주족이 한족을 정복하여 한족 남성에게 변발을 강요하자 한족 남성의 상투 문화가 변발 문화로 대체되었다.

학생: A는 ___㉠___ (으)로 인해 문화 동화가 나타난 사례입니다.
  ↳ 교사: 문화 변동의 요인만 옳게 설명했습니다. 문화 변동의 양상은 문화 동화가 아니라 ___㉡___ 입니다.

학생: B는 직접 전파로 인한 문화 융합의 사례에 해당합니다.
  ↳ 교사: 문화 변동의 요인과 양상 모두 옳게 설명했습니다.

학생: C에는 ___(나)___ 이/가 나타나 있습니다.
  ↳ 교사: 문화 변동의 요인과 양상 모두 옳게 설명했습니다.

① A와 달리 C는 발견에 의한 문화 변동의 사례이다.
② ㉠에는 '직접 전파'가 들어간다.
③ ㉡에는 '문화 융합'이 들어간다.
④ (가)에는 '멕시코에서 토착 신앙과 에스파냐인이 들여온 가톨릭교가 결합하여 새로운 형태의 성모상이 탄생하였다.'가 들어갈 수 있다.
⑤ (나)에는 '자극 전파로 인한 문화 병존'이 들어갈 수 있다.

05 ✱✱✱

그림의 A~C에 대한 설명으로 옳은 것은? (단, A~C는 각각 자문화 중심주의, 문화 사대주의, 문화 상대주의 중 하나임.)

〈서술형 평가〉

문항1   A, C와 달리 B에만 해당하는 특징 하나를 서술하시오.
    <u>자기 문화의 정체성을 상실할 우려가 있다.</u>
                      (점수: 1점)

문항2   B, C와 달리 A에만 해당하는 특징 하나를 서술하시오.
    <u>문화의 다양성을 보존하는 데 기여한다.</u>   (점수: 0점)

* 문항별로 각각 채점하고 맞으면 1점, 틀리면 0점을 부여함.

① A는 타문화를 수용하는 데 적극적이다.
② B는 국수주의로 변질될 수 있다는 비판을 받는다.
③ A는 C와 달리 특정 문화를 기준으로 타문화를 평가한다.
④ A는 B, C와 달리 타문화에 대한 긍정적 인식에서 비롯된다.
⑤ C는 A, B에 비해 타문화와 문화적 마찰을 일으킬 가능성이 높다.

06 ✱✱✱

다음 가상 편지에서 강조하는 내용으로 가장 적절한 것은?

○○ 국가 다문화 정책 담당자께

지난번에 의뢰해 주신 귀국의 다문화 정책의 추진 방향에 대한 답변을 드리고자 합니다. 귀국에서는 외국인과의 혼인 및 외국인 노동자의 이주가 증가하면서 이주민 문화와 기존 문화 간에 갈등이 발생하고 있습니다.
이러한 갈등을 해소하기 위해서는 다양한 문화를 주류 문화 속에 융합하여 하나의 문화를 형성하는 정책이 아니라, 다양한 문화가 조화를 이루며 평등하게 공존할 수 있는 정책을 추진해야 합니다. 비유하자면, 샐러드처럼 양상추, 당근, 오이 등이 각각 그 고유한 맛을 유지하면서도 다채로운 맛을 낼 수 있도록 해야 한다는 것입니다.
이러한 정책이 각 문화의 특수성을 존중하면서도 자유, 평등, 정의와 같은 보편적 가치를 실현하는 데 기여할 수 있습니다.

① 이주민 문화를 주류 문화에 편입시켜 사회적 결속력을 강화해야 한다.
② 보편 윤리를 실현하기 위해 각 문화의 특수성을 배제해야 한다.
③ 문화 간 갈등이 발생하지 않도록 동화주의 정책을 추진해야 한다.
④ 주류 문화의 우위를 전제로 비주류 문화의 고유성을 존중해야 한다.
⑤ 문화의 다양성을 인정함으로써 문화적 역동성을 증진해야 한다.

하나의 사회에서 어떤 요소가 새롭게 등장하면 주변 환경은 자연스럽게 변화를 맞이합니다. 아래의 이야기에 숨겨진 진실은 무엇일까요?

집 근처에 새로 생긴 식당이 곧 영업을 시작한다는 소식을 들은 수민은 뛸 듯이 기뻐했다. 하지만 식당이 영업을 시작한 뒤 수민은 새로운 식당을 단 한 번도 찾아가지 않았다. 왜일까?

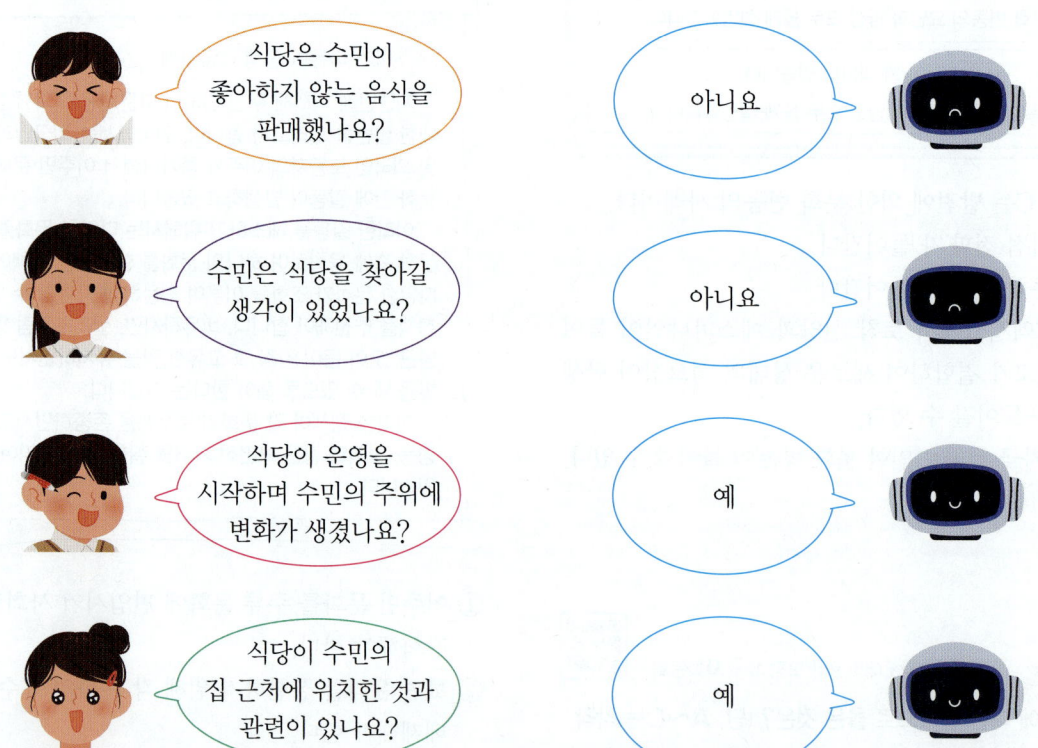

식당은 수민이 좋아하지 않는 음식을 판매했나요? — 아니요

수민은 식당을 찾아갈 생각이 있었나요? — 아니요

식당이 운영을 시작하며 수민의 주위에 변화가 생겼나요? — 예

식당이 수민의 집 근처에 위치한 것과 관련이 있나요? — 예

정답

새로운 식당을 만들기 위한 공사가 시작되자 그 근처에 살고 있던 수민은 늘 들리는 소음으로 인해 괴로워하고 있었다. 해당 식당이 곧 영업을 시작한다는 소식을 들은 수민은 드디어 자신을 괴롭히던 공사가 끝난다는 사실을 알게 되어 기뻐했을 뿐이다.

Ⅴ 생활 공간과 사회

11 산업화와 도시화에 따른 변화

중요도 ⭐⭐

1 산업화 · 도시화에 따른 변화 출제 O순위 특강 p.125

출제 O순위 특강 p.125

1. 산업화와 도시화

(1) 산업화
① 의미 : 농업(1차 산업) 중심의 사회가 광공업(2차 산업), 서비스업(3차 산업) 중심의 사회로 변화하는 현상
② 특징 : 산업화가 진행될수록 산업 구조는 고도화됨, 선진국이 개발 도상국보다 산업화 시기가 이름

(2) 도시화
① 의미 : 도시의 수가 늘어나고, 도시에 거주하는 인구 비율이 증가하고, 도시적 생활 양식과 도시 경관❶이 확대되는 현상
② 특징 : 산업화가 진행되면서 촌락에서 도시로의 인구 이동이 활발해져 도시화가 가속화됨
(이촌 향도 현상이라고도 함)

➕용어

❶ 도시 경관
도시에 존재하는 자연적 요소와 건축물 등이 어우러져 만들어낸 도시의 겉모습

▲ 도시 경관

✪ 우리나라의 산업화와 도시화

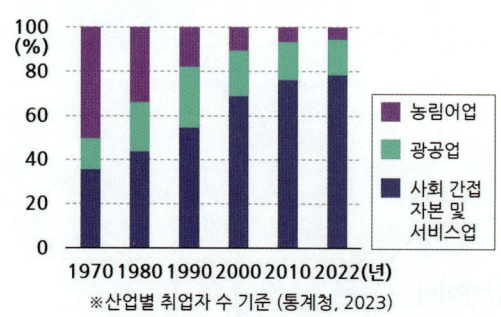

※산업별 취업자 수 기준 (통계청, 2023)

▲ 우리나라 산업 구조의 변화

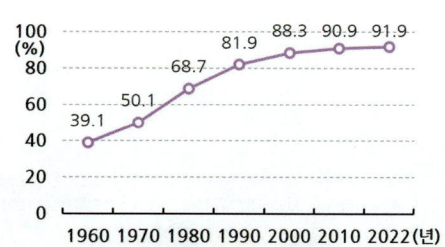

※ 용도 지역별 도시 인구 기준
(국토 교통부, 한국 교통 정보 공사, 2023)

▲ 우리나라 도시화율 변화

· 우리나라는 1970년대에 농림어업 종사자 수 비중이 약 50%였다.
· 산업화로 인해 광공업과 서비스업의 비중이 점차 늘어나면서 2·3차 산업 중심의 사회로 변화하였다.

· 우리나라는 1960년대 이후 수도권과 남동 임해 지역을 중심으로 공업이 발달하면서 도시화가 본격적으로 이루어졌다.
· 2000년대 이후 우리나라의 도시화율은 90%를 넘었다.

---

2. 산업화 · 도시화로 인한 생활 공간의 변화

(1) 거주 공간의 변화

① 토지 이용의 집약도 증가 : 도시에 많은 인구와 기능이 집중되면서 제한된 공간을 효율적으로 이용하기 위해 고층 건물, 아파트 등이 들어서게 됨
② 도시 내부 지역의 기능 분화 : 도시의 규모가 커지며 기능에 따라 내부 지역이 나뉨

도심	· 접근성이 높고 교통이 편리해서 유동 인구가 많음 · 업무와 상업 기능이 집중되어 있고 고층 건물이 밀집함
부도심	· 도심과 주변 지역을 연결해 각종 편의 시설이 모여 있음 · 접근성이 좋아 도심의 기능 분산으로 도심과 비슷한 경관이 나타남
주거 지역	· 많은 인구를 수용하기 위한 대규모 아파트 단지가 들어섬 · 대형 마트와 학교가 많은 편임
공업 지역	· 넓은 부지가 필요하여 주로 도시 외곽에 형성됨 · 최근 아파트형 공장이 들어서며 첨단 산업의 비중이 높아짐

▲ 주거 지역(아파트 단지)

▲ 공업 지역(산업 단지)

(2) 생태 환경의 변화

① 토지 이용의 변화

- 농경지, 산림과 같은 자연 상태의 토지가 주거지나 산업 지역으로 개발되면서 녹지가 감소함
- 도시 표면에는 콘크리트 건물과 아스팔트 도로 등의 인공 건축물이 증가함

② 생활 환경의 악화 : 많은 인구가 좁은 면적에서 다양한 경제 활동을 추구하면서 오염 물질이 과도하게 배출되어 공해 문제 발생

✪ 우리나라 토지 이용 및 지표 상태의 변화

▲ 우리나라 토지 이용의 변화

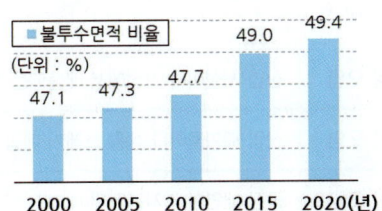

(서울특별시, 2023)
서울 열린데이터 광장(data.seoul.co.kr)

▲ 서울시 불투수 면적 현황

- 임야, 논밭과 같은 녹지 면적은 크게 감소하였다.
- 대지, 도로 등의 도시적 토지 이용 면적은 크게 증가하였다.

- 불투수 면적은 콘크리트나 아스팔트로 포장되어 빗물이 지하로 흡수되지 못하는 면적이다.
- 도시적 토지 이용이 증가할수록 불투수 면적은 증가한다.

---

3. 산업화 · 도시화로 인한 생활 양식의 변화

(1) 도시성의 확산

① 도시성 : 도시에 거주하는 사람들이 가지는 특징적인 사고나 행동 양식

② 특성 : 효율성과 합리성 추구, 2차적 인간관계❶의 중시와 확대

(2) 직업의 분화와 전문화

① 직업 종류의 다양화 : 산업화로 인해 다양한 직업이 새로 생기면서 직업 선택의 폭이 넓어짐

② 직업의 전문화 : 과거에 비해 직업이 세분화 · 전문화됨

(3) 개인주의의 확산

① 개인주의 : 공동체보다는 개인의 자유와 권리를 중시하는 가치관을 의미함

② 개인주의의 영향 : 개인 간의 경쟁 심화, 핵가족과 1인 가구의 보편화

➕ 용어

❶ 2차적 인간관계
친밀함, 유대감으로 이루어진 1차적 인간관계와 달리 특정한 목적의식을 가지고 만들어진 수단적이고 간접적인 인간관계

✪ 산업화 · 도시화와 개인주의의 확산

- 산업화가 진행되면서 가족의 형태는 점차 핵가족화되어 가고, 개인주의가 확산되면서 1인 가구의 비율이 빠른 속도로 증가하고 있다.
- 혼자 밥을 먹고, 술을 마시고 여가를 즐기는 '나 홀로' 문화가 증가하면서 공동체 문화를 중시했던 과거와는 다른 현재의 도시 문화가 형성되어 가고 있다.
- 최근 급증하고 있는 편의점 또한 이러한 '나 홀로' 문화의 형성과 관련된다.

(통계청, 2023)

▲ 1인 가구 비율의 증가

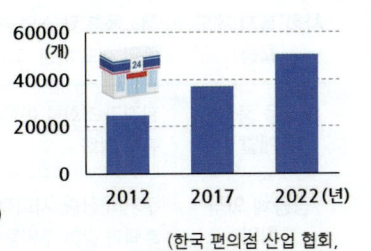

(한국 편의점 산업 협회, 공정 거래 위원회, 각 연도)

▲ 편의점 수의 증가

2 산업화 · 도시화로 인한 문제와 해결 방안

1. 산업화 · 도시화로 인한 문제

(1) **도시 문제** : 인구 증가에 비해 각종 도시 기반 시설❶이 부족하고, 다양한 오염 물질이 배출됨

① 주택 문제 : 좁은 지역에 많은 인구가 밀집 ➡ 주택 부족 문제, 집값 상승, 불량 주택 지역❷ 형성 등의 문제 발생

② 교통 문제 : 교통량 증가에 비해 도로 및 교통 시설이 부족 ➡ 교통 혼잡, 주차난 등의 문제 발생

③ 환경 문제❸

수질 오염	산업 시설이나 가정에서 배출되는 산업 폐수나 생활 하수로 인한 수질 오염 발생
토양 오염	산업 폐기물이나 생활 쓰레기 매립 등으로 인한 토양 오염 발생
대기 오염	공장 매연이나 자동차의 배기가스로 인한 대기 오염 심화
열섬 현상	녹지 부족 및 콘크리트나 아스팔트로 포장된 면적의 증가, 냉난방 시설과 자동차 등에서 배출되는 인공열로 인해 도심의 기온이 주변 지역보다 높은 현상 인간 활동에 의해 만들어진 열(예) 난방열)
침수 피해	콘크리트나 아스팔트로 포장된 면적이 넓어지면서 토양의 빗물 흡수 능력이 떨어져 하천이 범람하거나 하수구의 물이 역류하는 피해 증가

④ 기타 사회 문제 : 범죄 증가, 노사 갈등, 지역 격차, 빈부 격차 심화 등에 따른 사회 갈등이 발생함

(2) **인간 소외 현상 문제**

① 인간 소외 현상 : 노동의 주체인 인간이 노동 과정에서 객체나 수단으로 전락하여 소외되는 현상 ➡ 노동에서 얻는 만족감이나 성취감이 약화됨

② 발생 원인 : 산업 발달에 따른 자동화 · 기계화, 물질 만능주의로 인한 인간의 도구화 · 부품화, 주변 사람들과의 소통 기회 감소 등

2. 산업화 · 도시화로 인한 문제의 해결 방안

(1) **사회적 차원에서의 해결 방안**

균형 개발 정책	낙후된 주거 환경을 개선하고 대도시 주변에 신도시를 건설하여 주택 부족 문제를 완화하는 도시 재개발 사업, 공공 기관을 지방으로 이전하는 혁신 도시 사업❹ 등
교통 환경 개선	대중 교통수단 확충, 공영 주차장 확대, 거주자 우선 제도 정착
사회 복지 제도 확충	저소득층 및 소외 계층에 대한 제도적 지원 강화, 최저 임금제와 비정규직 보호법 등의 제도 마련, 노인 복지 시설 확충 등
환경을 중시한 개발	환경과 조화를 이루는 개발 추진(슬로 시티❺), 녹지 공간 확충, 오염 물질에 대한 규제 강화
공동체 의식 함양	주거비 상승, 사회적 고립감, 주거 불안 등의 문제를 함께 해결할 수 있도록 공동체 주택과 같이 주민들이 함께 모여 공동체 문화를 만드는 통로 마련

(2) **개인적 차원에서의 해결 방안**

① 환경 문제: 쓰레기 분리 배출, 대중교통 이용, 자원 절약, 환경친화적인 삶 실천

② 인간 소외, 개인주의 문제 : 인간의 존엄성 중시 및 타인 존중, 공동체 의식 함양, 소통과 협력 및 배려

➕용어

❶ **도시 기반 시설**

대중교통, 도로, 시장, 공원, 주택 등 도시인의 생활이나 도시 기능의 유지에 필요한 물리적인 요소들

❷ **불량 주택 지역(slum)**

대도시 중심부의 구 시가지(원도심)나 촌락 지역과 맞닿아 있는 외곽 경계 지역에 주로 나타남

➕개념

❸ **도시화에 따른 환경 변화**

도시화 전	도시화 후
• 녹지 면적 넓음 • 평균 기온 낮고 상대 습도 높음 • 빗물의 지표 흡수율이 높음	• 녹지 면적 좁음 • 평균 기온 높고 상대 습도 낮음 • 빗물의 지표 흡수율이 낮음

▲ 열섬 현상

냉난방 시설, 자동차, 콘크리트와 아스팔트에서 나오는 열 등으로 도심 기온이 주변에 비해 높아진다.

➕용어

❹ **혁신 도시 사업**

지역 균형 발전을 위해 이전된 공공 기관과 지역의 기업, 대학, 연구소 등이 협력하며 지역의 성장 동력을 창출할 수 있도록 하는 사업

❺ **슬로 시티**

급변하는 사회 속에서 느리고 여유로운 삶을 지향하며, 지역의 자연 및 문화적 특징을 보전하면서 개발을 추진하는 지역들

★ 우리나라의 도시화

1. 3단계로 알아보는 도시화

• 우리나라는 1960년대 이후 경제 개발 계획이 추진되어 산업화와 도시화가 본격적으로 이루어졌다. 현재는 전체 인구의 90% 이상이 도시에 살고 있다.

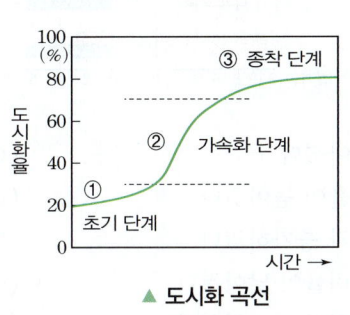

▲ 도시화 곡선

① 초기 단계	• 대부분의 인구가 촌락에 거주 • 농업 중심의 사회
② 가속화 단계	• 산업화가 진행되면서 촌락에서 도시로 많은 인구가 이동하여 도시의 인구 급증 • 도시화율의 증가 속도가 빠름
③ 종착 단계	• 대부분의 인구가 도시에 거주하게 됨 • 도시화율의 증가 속도가 느려짐

➕ 개념

★ 산업화와 도시화의 관계
• 산업화가 진행되면서 세계 도시 수가 늘어나고 도시의 규모가 커지고 있다.
• 최근에는 중국, 동남아시아, 라틴 아메리카 등 개발 도상국에서 산업화가 이루어지면서 도시화가 더욱 빠르게 진행되고 있다.
• 이처럼 산업화와 도시화는 서로 밀접한 관계를 맺고 계속 확산되었다.

2. 산업화 · 도시화에 따른 변화

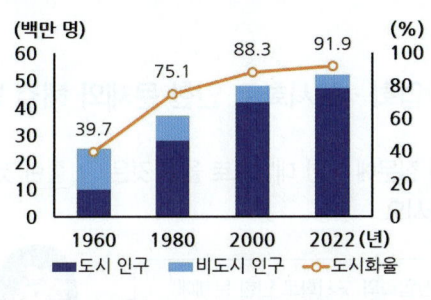

(국토 교통부, 2023)

▲ 우리나라의 도시화율

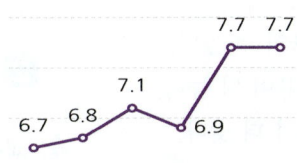

(통계청, 2023)

▲ 생애 최초 주택 마련 소요 연수

(통계청, 2023)

▲ 평균 가구원 수 변화

거주 공간	• **토지 이용의 집약도가 높아짐** : 거주하는 인간이 많아지며 제한된 공간을 효율적으로 이용하기 위해 아파트, 공동 주택, 고층 건물 등을 건설함 • **도시 내부의 분화** : 업무 · 상업 · 주거 · 공업 지역 등으로 분화됨 • **대도시권 형성** : 대도시의 인구와 기능이 주변으로 확대되어 대도시와 주변 지역이 하나의 생활권을 이룸
생태 환경	**녹지 면적 감소** : 농경지와 산림이었던 곳에 도로나 건물이 늘어나면서 콘크리트나 아스팔트로 덮인 시가지 면적이 증가함
생활 양식	• **직업의 분화** : 새로운 직업이 많이 생기고, 같은 직종 내에서도 직업이 전문화됨 • **도시성 확산** : 효율성과 합리성 추구, 사회적 유대감이 약해짐 • **개인주의** : 대가족에서 핵가족으로 변하고 1인 가구의 비율도 증가하면서 개인의 가치와 성취, 자유와 권리를 중시함

출제 O순위 포인트는?
산업화·도시화 이전 시기와 비교한 산업화·도시화 이후 시기의 상대적 특징을 묻는 문제가 자주 출제되니 기억해 두자.

확인 문제 ───────────────────── ▶ 정답과 해설은 다음 페이지에

산업화 · 도시화에 따른 생활 양식의 변화를 크게 3가지로 쓰시오.

1 산업화 · 도시화에 따른 변화

1. 지도는 우리나라의 도시 분포 및 도시 인구를 나타낸 것이다. 1970년, 2020년에 해당하는 설명을 옳게 연결하시오.

2023 실시 11월 학평 7 변형

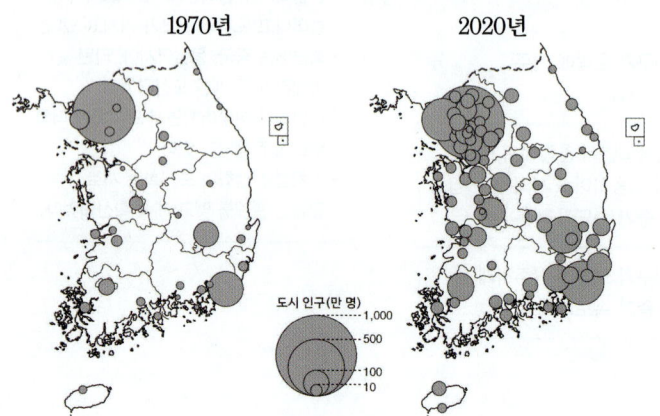

(1) 1970년 •

(2) 2020년 •

- ㄱ. 도시화율이 더 높다.
- ㄴ. 촌락 거주 인구 비율이 더 높다.
- ㄷ. 3차 산업 종사자 비율이 더 높다.
- ㄹ. 토지 이용의 집약도가 더 낮다.

2. 자료는 우리나라 토지 이용의 변화와 불투수 면적률의 변화를 나타낸 것이다. 이를 통해 추론할 수 있는 내용으로 옳은 것은 ○, 틀린 것은 ×에 표시하시오.

우리나라 토지 이용의 변화   불투수 면적률 변화

(1) 포장 면적이 증가하였다. (○, ×)
(2) 홍수 발생 위험이 감소하였다. (○, ×)
(3) 교통 혼잡 비용이 증가하였다. (○, ×)
(4) 평균 기온은 낮아지고 상대 습도는 높아졌다. (○, ×)
(5) 강수 시 하천으로 유입되는 빗물의 양이 감소하였다. (○, ×)

p.125 확인 문제 [정답]

도시성의 확산, 직업의 분화와 전문화, 개인주의의 확산

3. 다음 자료를 통해 추론할 수 있는 △△시의 변화 내용으로 옳은 것은 ○, 틀린 것은 ×에 표시하시오.

(1) 평균 지가가 높아졌다. (○, ×)
(2) 농업 종사자 비율이 높아졌다. (○, ×)
(3) 상업 시설의 수가 증가하였다. (○, ×)
(4) 아파트 거주자 비율이 낮아졌다. (○, ×)
(5) 농가당 경지 면적이 감소하였다. (○, ×)
(6) 전체 경지 면적 중 논의 비율이 높아졌다. (○, ×)

2 산업화 · 도시화로 인한 문제와 해결 방안

4. 교사의 질문에 대한 대답으로 옳은 것은 ○, 틀린 것은 ×에 표시하시오.

산업화와 도시화로 인한 문제에 대해 설명해볼까요?

(1) 불량 주택 지역이 형성되고 집값이 하락했습니다. (○, ×)
(2) 지역 격차, 빈부 격차가 감소하는 현상이 발생했습니다. (○, ×)
(3) 공장 매연과 자동차의 배기가스로 공기가 오염되었습니다. (○, ×)
(4) 아스팔트로 포장된 면적이 감소해 빗물이 토양에 흡수되지 못합니다. (○, ×)
(5) 좁은 지역에 많은 인구가 살게 되면서 주택 부족 문제가 발생했습니다. (○, ×)
(6) 교통량 증가에 비해 교통 시설이 부족해 교통 혼잡 문제가 발생했습니다. (○, ×)
(7) 주변 이웃과 소통할 수 있는 기회가 늘어나 사생활이 보장되지 못합니다. (○, ×)
(8) 냉난방 시설, 자동차 등에서 배출되는 인공열로 도심의 기온이 주변 지역보다 높습니다. (○, ×)

❖ 정답 문제편-199p

1 산업화 · 도시화에 따른 변화

01 ✿✿✿

그래프는 우리나라의 산업별 종사자 수 비중 변화를 나타낸 것이다. 이를 통해 추론할 수 있는 내용으로 옳지 <u>않은</u> 것은?

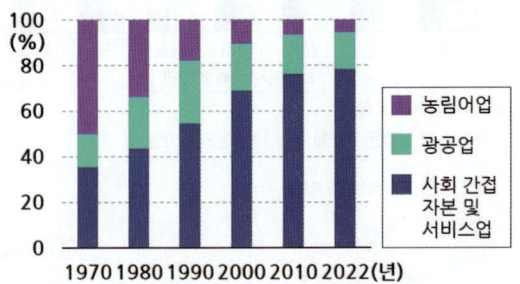

범례:
- 농림어업
- 광공업
- 사회 간접 자본 및 서비스업

※산업별 취업자 수 기준 (통계청, 2023)

① 농업 생산성이 높아졌을 것이다.
② 도시 인구 비율이 높아졌을 것이다.
③ 토지 이용의 집약도가 높아졌을 것이다.
④ 농가의 평균 가구원 수가 많아졌을 것이다.
⑤ 서비스업의 종류가 다양해지고 세분화되었을 것이다.

02 ✿✿✿   2022 실시 11월 학평 4

다음은 학생들의 형성 평가 답안을 정리한 것이다. 각 진술에 대해 모두 옳게 응답한 학생은? [3점]

> • 산업화 · 도시화로 인해 나타나는 변화에 대한 진술이 맞으면 'O', 틀리면 '×'를 표시하시오.

진술＼학생	갑	을	병	정	무
도시 내 토지 이용의 집약도가 높아진다.	O	O	O	O	×
도시에 거주하는 인구의 비율이 증가한다.	O	O	O	×	×
인공적으로 포장된 지표 면적이 감소한다.	O	×	×	×	×
사람들이 종사하는 직업의 종류가 다양해진다.	O	O	×	×	×

① 갑   ② 을   ③ 병   ④ 정   ⑤ 무

03 ✿✿✿   출제 0순위 특강

그래프는 우리나라의 도시화율 변화를 나타낸 것이다. 이에 대한 옳은 설명만을 〈보기〉에서 고른 것은?

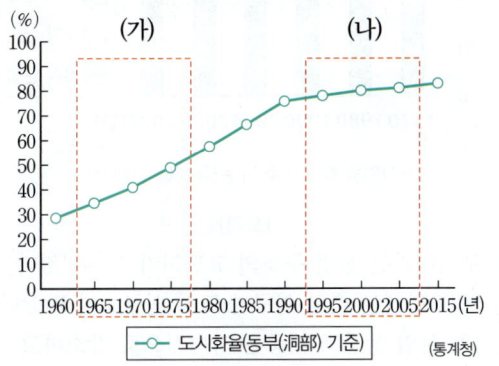

범례: 도시화율(동부(洞部) 기준)   (통계청)

[보기]
ㄱ. (가)는 (나)보다 도시화율 증가 속도가 느리다.
ㄴ. (가)는 (나)보다 촌락 거주 인구 비율이 더 높다.
ㄷ. (나)는 (가)보다 도시 인구 증가율이 더 높다.
ㄹ. (나)는 (가)보다 도시 내부 지역의 기능 분화가 더 뚜렷하게 나타난다.

① ㄱ, ㄴ   ② ㄱ, ㄷ   ③ ㄴ, ㄷ   ④ ㄴ, ㄹ   ⑤ ㄷ, ㄹ

04 ✿✿✿   2021 실시 9월 학평 15

자료는 ○○시의 용도별 토지 이용과 총인구를 나타낸 것이다. (가) 시기와 비교한 (나) 시기의 상대적 특징으로 옳지 <u>않은</u> 것은? [3점]

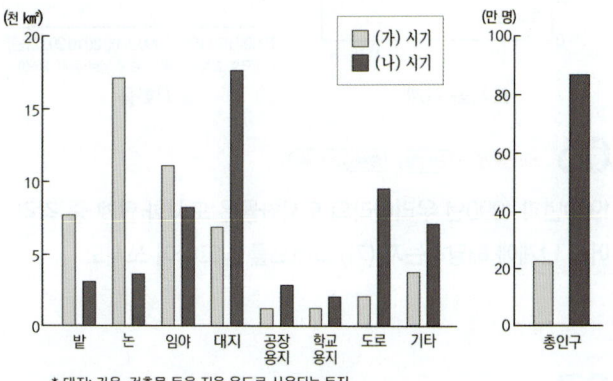

* 대지: 가옥, 건축물 등을 지을 용도로 사용되는 토지
** (가), (나) 두 시기의 총면적은 유의미한 차이가 없음

① 지표의 포장 면적이 넓다.
② 토지 이용 집약도가 높다.
③ 지역 내 인구 밀도가 높다.
④ 도로 교통에 의한 접근성이 높다.
⑤ 농업적 토지 이용의 비중이 크다.

05 ✦✦✦

그래프는 우리나라의 산업별 취업자 수 비중 변화를 나타낸 것이다. 이에 대한 옳은 설명만을 〈보기〉에서 고른 것은?

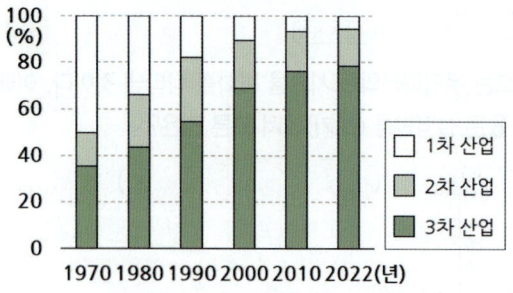

※산업별 취업자 수 기준 (통계청, 2023)

[보기]
ㄱ. 우리나라는 산업 구조의 고도화가 이루어졌다.
ㄴ. 2000년에는 촌락 인구가 도시 인구보다 많았다.
ㄷ. 1차 산업 생산액 비중은 지속적으로 감소하고 있다.
ㄹ. 2차 산업 종사자 비중은 지속적으로 증가하고 있다.

① ㄱ, ㄴ ② ㄱ, ㄷ ③ ㄴ, ㄷ ④ ㄴ, ㄹ ⑤ ㄷ, ㄹ

[06~07] 그래프는 도시화 단계와 우리나라의 도시화율을 나타낸 것이다. 이를 보고 물음에 답하시오.

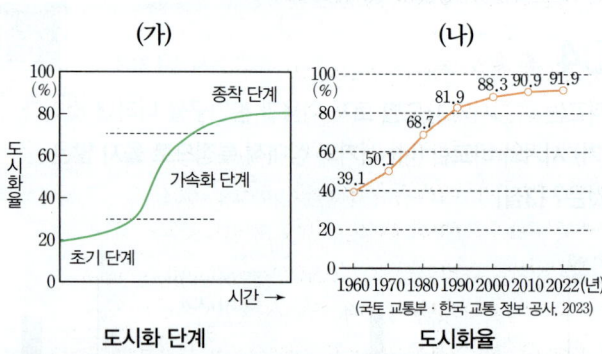

(국토 교통부·한국 교통 정보 공사, 2023)

06 ✦✦✦ (단답형) (출제 0순위 특강)

1960년과 1990년 우리나라의 도시화율은 도시화 단계 중 각각 어느 단계에 해당하는지 (가) 그래프를 참고하여 쓰시오.

07 ✦✦✦ (서술형)

도시화율이 가장 빠르게 증가하는 단계를 (가)에서 찾아 쓰고, 이 단계에서 나타나는 인구 이동의 특징과 이러한 이동이 발생하게 된 원인을 서술하시오.

08 ✦✦✦ 중요 2022 실시 6월 학평 16

그래프는 우리나라 ○○시의 용도별 토지 면적 변화를 나타낸 것이다. 1995년과 비교한 2019년의 상대적 특징을 그림의 A~E에서 고른 것은? (단, ○○시의 연도별 총면적은 유의미한 차이가 없음.) [3점]

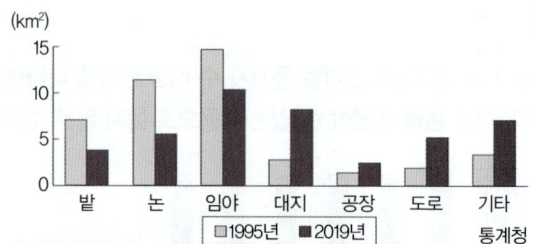

*밭은 과수원의 면적을 포함함.
**대지는 주거용 및 상업용 건물을 짓는 데 활용되는 땅임.

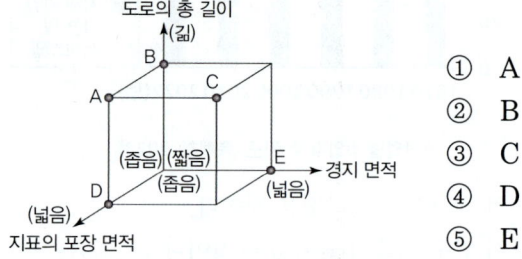

① A
② B
③ C
④ D
⑤ E

09 ✦✦✦

다음 자료를 토대로 도시화에 따른 생활 변화를 적절하게 진술한 내용만을 〈보기〉에서 있는 대로 고른 것은?

저는 광역 버스를 타고 집에서 한 시간도 넘게 걸리는 회사로 출퇴근합니다. 광역 버스 안에서는 몇 년째 매일 같은 사람들을 만나고 있지만, 얼굴만 알 뿐 실제로 이야기를 나누어 본 적은 없습니다.

옛날에는 가정이 육아를 책임졌지만, 맞벌이 부부가 많아지면서 육아와 관련된 직종이 증가하고 있어요. 자녀의 학습과 놀이 등을 전문적으로 돕는 직업도 있고, 매우 다양해요.

[보기]
ㄱ. 여성의 사회 진출이 확대되고 있다.
ㄴ. 직업군과 직업의 종류가 증가하고 있다.
ㄷ. 집과 직장 간 평균 거리가 멀어지고 있다.
ㄹ. 주민들은 이웃 간의 유대 관계가 높아지고 있다.

① ㄱ, ㄹ ② ㄴ, ㄷ ③ ㄴ, ㄹ
④ ㄱ, ㄴ, ㄷ ⑤ ㄱ, ㄷ, ㄹ

10 ✲✲✲

그림은 도시 내부 구조를 나타낸 것이다. A, B에 대한 설명으로 옳지 <u>않은</u> 것은?

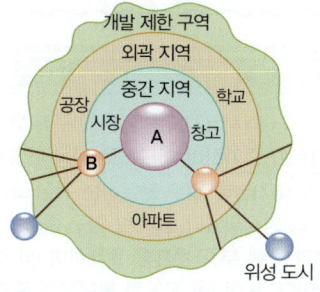

① A는 주로 업무와 상업 기능이 집중되어 있다.
② A에는 유동 인구가 많고 고층 건물이 밀집되어 있다.
③ B는 주로 도심과 주변 지역을 연결해주는 역할을 한다.
④ B는 대체로 도심과 비슷한 경관을 보여주는 경우가 많다.
⑤ A는 B의 기능을 분담하여 B의 과밀화를 완화해주는 역할을 한다.

11 ✲✲✲

다음은 두 시기에 작성한 일기 중 일부이다. (가), (나) 시기의 상대적 특징을 그림과 같이 나타낼 때, A, B에 들어갈 항목으로 적절한 것은?

(가) 내 동생 세 명은 같은 국민학교를 다니고 있다. 오늘 동생들은 집으로 돌아와 교실이 너무 덥다고 한 소리로 불평했다. 한여름이라 가뜩이나 날씨가 더운데 60명이나 되는 학생들이 한 교실에 모여 있으니 더욱 덥게 느끼는 것 같다.

(나) 주말 아침, 아파트에 큰 사다리차가 들어왔다. 우리 동의 누군가가 이사를 가는 것 같다. 그러나 누가 살았는지, 또 누가 새로 이사를 오는지 난 알 수가 없다. 다만 소란스럽지 않고 조용한 이웃이면 좋겠다.

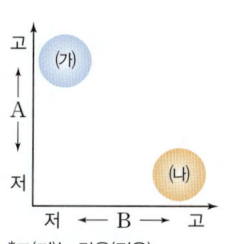

*고(저)는 많음(적음), 높음(낮음)을 의미함.

	A	B
①	직업의 종류	촌락 인구 비율
②	직업의 종류	평균 가구원 수
③	촌락 인구 비율	직업의 종류
④	촌락 인구 비율	평균 가구원 수
⑤	평균 가구원 수	촌락 인구 비율

12 ✲✲✲

2023 실시 9월 학평 3

다음은 학생이 작성한 형성 평가지이다. 옳은 답변만을 고른 것은?

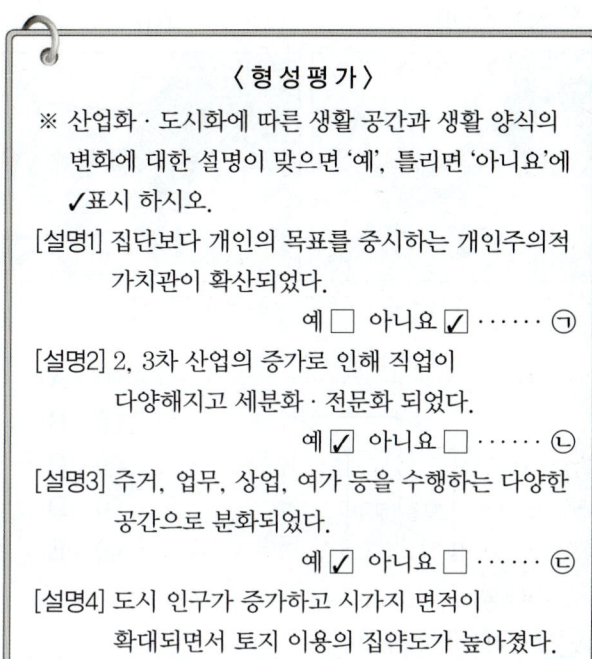

〈 형성 평가 〉

※ 산업화 · 도시화에 따른 생활 공간과 생활 양식의 변화에 대한 설명이 맞으면 '예', 틀리면 '아니요'에 ✓표시 하시오.

[설명1] 집단보다 개인의 목표를 중시하는 개인주의적 가치관이 확산되었다.
　　　　　예 □ 아니요 ✓ ······ ㉠

[설명2] 2, 3차 산업의 증가로 인해 직업이 다양해지고 세분화 · 전문화 되었다.
　　　　　예 ✓ 아니요 □ ······ ㉡

[설명3] 주거, 업무, 상업, 여가 등을 수행하는 다양한 공간으로 분화되었다.
　　　　　예 ✓ 아니요 □ ······ ㉢

[설명4] 도시 인구가 증가하고 시가지 면적이 확대되면서 토지 이용의 집약도가 높아졌다.
　　　　　예 □ 아니요 ✓ ······ ㉣

① ㉠, ㉡　　② ㉠, ㉢　　③ ㉡, ㉢
④ ㉡, ㉣　　⑤ ㉢, ㉣

13 ✲✲✲

2023 실시 6월 학평 10

그래프는 우리나라의 산업별 종사자 비중과 도시 인구 비율 변화를 나타낸 것이다. 1960년과 비교한 2020년의 상대적 특성으로 옳은 것은?

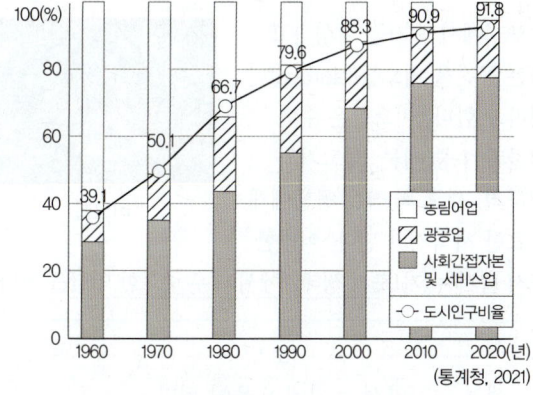

(통계청, 2021)

① 직업의 종류가 다양하다.
② 촌락 인구의 비율이 높다.
③ 토지 이용의 집약도가 낮다.
④ 1차 산업 종사자 비중이 높다.
⑤ 개인주의적 가치관이 약화된다.

14 ✱✱✱

지도는 어느 지역의 토지 이용 변화를 나타낸 것이다. (가) 시기와 비교한 (나) 시기의 상대적 특성을 그림의 A~E에서 고른 것은? [3점]

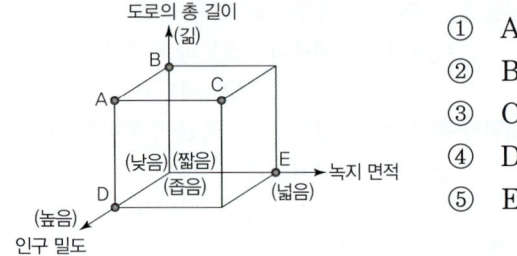

(가)　　　　　　　(나)

■ 가옥　　● 시가지　　▪ 시·군청　　━ 아파트　　┷ 학교

도로의 총 길이
(긺)
B
C
A
(낮음)(짧음)　　E → 녹지 면적
(좁음)
D　　　(넓음)
(높음)
인구 밀도

① A
② B
③ C
④ D
⑤ E

2 산업화 · 도시화로 인한 문제와 해결 방안

15 ✱✿✿

도시가 촌락보다 열섬 현상 발생 빈도가 높은 이유가 <u>아닌</u> 것은?

① 인구 밀도가 높기 때문에
② 인공 구조물이 많기 때문에
③ 녹지 면적의 비중이 높기 때문에
④ 고층 건물과 아파트가 많기 때문에
⑤ 자동차 운행 및 냉방기 가동이 많기 때문에

16 ✱✿✿

밑줄 친 (가)에 해당하는 내용만을 〈보기〉에서 고른 것은?

도시에서 습지를 형성하고 있는 공간을 비오톱(biotope)이라고 한다. 비오톱은 수변 식물과 수중 식물, 물고기와 개구리, 새 등의 작은 동물에게 중요한 서식지가 된다. 이러한 도시 습지는 (가)도시 생태계에서 매우 중요한 역할을 한다.

비오톱

─────[보기]─────
ㄱ. 생물종 다양성 유지에 도움이 된다.
ㄴ. 온도와 습도를 안정적으로 조절한다.
ㄷ. 가뭄 시 식수 및 생활용수를 공급한다.
ㄹ. 대기 중 이산화 탄소 농도를 증가시킨다.

① ㄱ, ㄴ　② ㄱ, ㄷ　③ ㄴ, ㄷ　④ ㄴ, ㄹ　⑤ ㄷ, ㄹ

17 ✱✿✿

다음 신문 기사의 밑줄 친 ㉠ ~ ㉣에 대한 옳은 설명만을 〈보기〉에서 고른 것은? [2점]

□□신문　　　　　　　　　　○○○○년 ○월 ○일

급격한 도시 성장의 그늘, 멕시코시티

오랜 역사를 지닌 멕시코시티는 많은 인구가 유입되고, ㉠ 고층 건물과 아파트가 증가하며 대도시로 성장하였다. 멕시코시티 주변에는 대도시의 기능을 일부 분담하는 위성 도시가 등장하면서 ㉡ 대도시권이 형성되었다. 급속한 인구 증가는 불량 주택 지구(slum) 형성과 주택 부족 문제를 초래하여 ㉢ 주거권 침해가 우려되는 상황이다. 또한 ㉣ 자동차 통행량의 증가로 도심에서 심각한 교통 체증이 발생하여 시 당국은 몸살을 앓고 있다.

─────[보기]─────
ㄱ. ㉠은 도시의 토지 이용 집약도가 낮아졌음을 보여 준다.
ㄴ. ㉡은 대도시와 위성 도시 간의 상호작용으로 형성되었다.
ㄷ. ㉢은 문화생활에 참여하고 예술을 감상하는 혜택을 나누어 가질 권리를 의미한다.
ㄹ. ㉣의 해결 방안으로 승용차 요일제 실시 및 혼잡 통행료 부과 정책이 있다.

① ㄱ, ㄴ　② ㄱ, ㄷ　③ ㄴ, ㄷ　④ ㄴ, ㄹ　⑤ ㄷ, ㄹ

[18~19] 다음 글은 도시화 · 산업화로 인해 발생하는 어떤 문제에 대한 것이다. 이를 보고 물음에 답하시오.

독일의 사회학자 울리히 벡은 그의 저서인 『위험 사회』에서 현대 사회를 위험 사회로 보고 있다. 기후 변화, 범죄 증가, 원자력 발전소 사고 등 현재 많은 사람들이 도시에 살면서 수많은 위험에 노출되어 있으며, 기술이 발달할수록 이러한 위험은 더욱 커진다는 것이다. 울리히 벡은 점차 심화되고 있는 　(가)　 성향이 위험 사회를 가속화한다고 말한다. 가정과 같은 전통적 결속이 약화되고 도시에 사는 수많은 사람들이 개인화되어 가고 있으며, 이러한 　(가)　(으)로 인해 타인이 겪는 고통이나 사회 현상에 무관심하게 된다고 보았다.

18 ✱✱✿ 단답형

(가)에 해당하는 용어를 쓰시오.

19 ✱✱✿ 서술형

(가)로 인한 문제를 해결하기 위한 방안을 타인과의 관계와 관련지어 서술하시오. (단, 공동체 의식이라는 단어를 포함하시오.)

20 ✽✽✽

다음은 학생 필기 내용의 일부이다. (가)~(마)에 들어갈 내용으로 적절하지 <u>않은</u> 것은?

도시 문제와 해결 방안		
1. 발생 원인: (가)		
2. 문제점과 해결 방안		

문제점	해결 방안	
	개인적 차원	사회적 차원
수질 오염	샴푸, 세제 등의 사용 자제	(나)
교통 체증	(다)	(라)
사회적 유대감 약화	이웃을 배려하는 태도 함양	(마)

① (가)-인구와 기능의 과도한 도시 집중
② (나)-생활 오·폐수 배출 및 처리 기준 완화
③ (다)-버스, 지하철 등 대중교통 수단의 이용
④ (라)-승용차 요일제 실시 및 혼잡통행료 부과
⑤ (마)-마을 공동체 회복을 위한 지원 정책 시행

내신 1등급 문제

21 ✽✽✽

자료는 우리나라의 산업 구조와 도시화율 변화를 나타낸 것이다. 이에 대한 옳은 설명만을 〈보기〉에서 고른 것은?

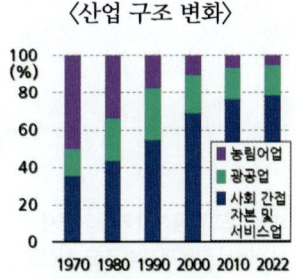

〈산업 구조 변화〉

〈도시화율 변화〉

※산업별 취업자 수 기준 (통계청, 2023)
(국토 교통부·한국 교통 정보 공사, 2023)

[보기]
ㄱ. 1960년 우리나라의 도시화율은 초기 단계에 속한다.
ㄴ. 1차 산업 종사자 수 비중은 1970년 이후 지속적으로 감소하고 있다.
ㄷ. 1990년 이후 도시화율의 증가폭은 둔화되었다.
ㄹ. 2차 산업의 발달은 도시화율의 변화와 지속적으로 '양(+)'의 상관관계를 보인다.

① ㄱ, ㄴ ② ㄱ, ㄷ ③ ㄴ, ㄷ ④ ㄴ, ㄹ ⑤ ㄷ, ㄹ

22 ✽✽✽ 중요

그래프는 우리나라의 도시화율과 산업별 취업자 현황을 나타낸 것이다. 1970년과 비교한 2015년의 상대적 특성으로 옳지 <u>않은</u> 것은? [3점]

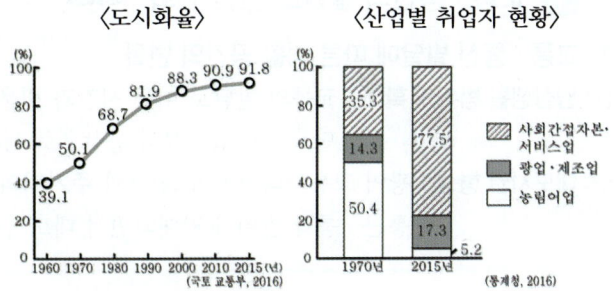

〈도시화율〉   〈산업별 취업자 현황〉

(국토 교통부, 2016)   (통계청, 2016)

사회간접자본·서비스업
광업·제조업
농림어업

① 도시 인구 비율이 높다.
② 직업의 분화 정도가 높다.
③ 이촌 향도 현상이 활발하다.
④ 도시의 시가지 면적이 넓다.
⑤ 3차 산업 종사자 비율이 높다.

23 ✽✽✽

그래프는 (가)~(다) 국가의 도시화율과 국내 총생산(GDP)을 나타낸 것이다. 이에 대한 설명으로 옳은 것은? (단, (가)~(다)는 각각 독일, 에티오피아, 타이 중 하나임.) [2.5점]

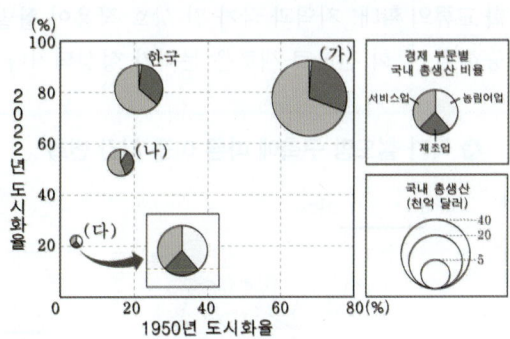

* 1950년, 2022년 도시화율은 원의 중심값임.
** 국내 총생산(GDP)은 2022년 기준임.

① 한국은 (다)보다 국내 총생산에서 농림어업이 차지하는 비율이 높다.
② (나)는 (다)보다 서비스업 부가가치액이 많다.
③ (다)는 (가)보다 산업화가 시작된 시기가 이르다.
④ 타이는 독일보다 1950년 도시화율이 높다.
⑤ 에티오피아는 2022년에 도시 인구가 촌락 인구보다 많다.

12 교통·통신 및 과학기술의 발달

중요도 ⭐⭐⭐

1 교통·통신의 발달로 인한 변화

1. 교통·통신 발달에 따른 생활 공간의 변화

(1) **일상생활 범위의 확대**: 교통의 발달로 이동 시간과 비용 감소 ➡ 시간 거리가
단축되고 접근성의 향상으로 생활 공간이 확대됨

(2) **대도시권 형성**: 광역 교통망의 발달로 인구와 주거지의 교외화❶가 진행되고,
통근·통학 범위가 확대되면서 대도시권을 형성하게 됨

➕ 용어

❶ **교외화**
중심 도시의 인구가 주변의 신도시나
위성 도시, 근교 촌락 지역으로 이동하는
현상

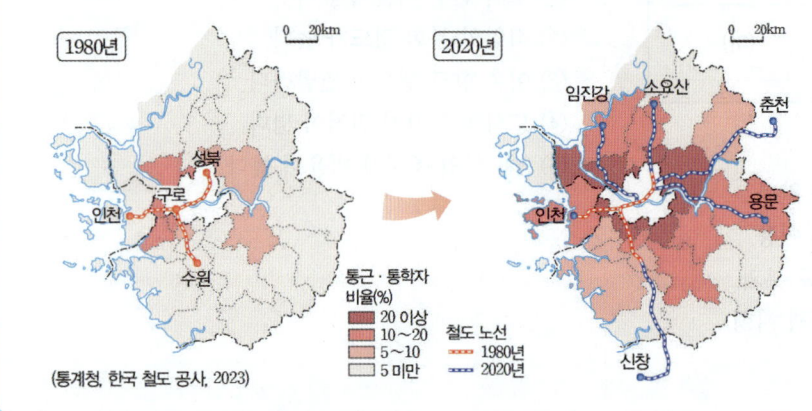

✪ **교통 발달로 인한 서울로의 통근·통학권 변화**

1980년 / 2020년

통근·통학자 비율(%)
20 이상 / 10~20 / 5~10 / 5 미만
철도 노선 1980년 / 2020년

(통계청, 한국 철도 공사, 2023)

- 교통의 발달로 시간적·공간적 제약이
줄어들면서 이동이 편리해지므로 생활
공간의 범위가 확대된다.

- 수도권 광역 교통망의 발달로 인구와
주거지의 교외화가 진행되면서 서울과
인접한 경기·인천에서 서울로
통근·통학하는 사람이 늘어나게 되었고,
그 결과 대도시권을 형성하게 되었다.

2. 교통·통신 발달에 따른 생활 양식의 변화
출제 O순위 특강 p.135

(1) **경제 활동 범위의 확대**: 무역 및 자본과 노동력의 국제적 이동이 활발해짐

(2) **관광 산업 발달**: 장거리 이동이 가능해지면서 국내 여행 및 해외여행 기회가 증가함

(3) **전자 상거래❷의 활성화**: 스마트폰이나 인터넷 통신을 이용한 물건 구매 비중이
증가함, 매장 대신 창고를 이용하여 상품을 판매하는 무점포 상점이 발달함
  인터넷 쇼핑몰이 대표적 사례임

(4) **문화 교류의 확대**: 지역과 국가 간 상호 작용이 활발해지면서 다양한 문화의 교류가
가능해짐, 문화 전파로 새로운 문화가 형성되거나 전 세계적인 보편 문화가 등장함

➕ 용어

❷ **전자 상거래**
TV 홈쇼핑, 인터넷 쇼핑, 모바일 쇼핑

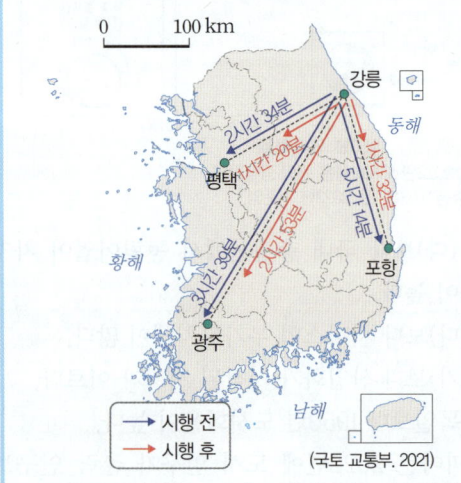 

✪ **국가 철도망 구축에 따른 이동 시간 변화**

시행 전 / 시행 후 (국토 교통부, 2021)

▲ 제4차 국가 철도망 구축 이후의 이동 시간 변화

▲ 고속 철도 강릉선 노선도

- 고속 철도 강릉선이 개통되면서
서울에서 강릉까지의 소요 시간은
약 6시간에서 1시간 30분으로
단축되어 서울과 강릉은 하루
생활권이 되었다.

- 제4차 국가 철도망 구축
계획(2021~2030년) 사업이
성공적으로 끝난다면 2시간대에
전국 주요 거점 간의 이동이
가능해지고, 강릉과 다른 지역과의
이동 시간도 많이 줄어들 것으로
예상된다.

2 교통 · 통신의 발달로 인한 문제점과 해결 방안

1. 지역 격차의 발생

(1) 교통 · 통신의 발달로 인한 지역 격차 발생

① 교통의 발달로 접근성이 향상된 지역 : 인구와 기능이 집중되고 관광 산업이 발달하는 등 경제 활동이 활발해짐

② 교통 조건이 불리한 지역 : 인구와 기능이 외부 지역으로 유출되는 빨대 효과❶로 인해 성장 잠재력이 약화되거나 경제 활동이 위축됨 ➡ 지역 격차 발생

(2) 해결 방안

① 정부의 노력 : 낙후 지역에 교통 기반 시설 구축, 산업 단지와 생활 편의 시설 유치

② 지역 사회의 노력 : 지역 특성에 맞는 관광 자원 개발로 지역 경쟁력 강화

➕ 용어

❶ 빨대 효과
빨대로 음료를 빨아들이는 것처럼 교통이 편리한 지역이 상대적으로 낙후된 지역의 인구, 기능, 자본 등을 흡수하는 현상

2. 생태 환경의 교란❷

(1) 교통 · 통신의 발달이 생태 환경에 미친 부정적인 영향

① 환경 오염 : 교통수단에서 배출되는 각종 오염 물질 ➡ 대기 오염, 토양 오염, 해양 오염 등의 각종 환경 문제 발생

➕ 개념

❷ 선박 평형수를 통해 유입된 외래종의 생태계 교란
선박 평형수는 선박의 무게 중심을 유지하기 위해 선박 내에 채워 넣는 바닷물을 말한다.
이 물을 넣거나 빼낼 때 각종 외래종이 유입되면서 기존 생태계가 교란될 수 있다. 대표적인 예로 지중해 담치는 선박 평형수로 들어와 남해안에 서식하며 생태계를 교란하고 있다.

▲ 대기 오염

교통 시설이 구축되고 교통량이 증가하면서 자동차 배기가스 등 교통수단에서 배출되는 오염 물질로 인해 대기가 오염되고 있다.

▲ 해양 오염

선박을 이용한 국제 이동이 활발해지면서 선박에서 배출되는 기름과 오염 물질로 인해 해양 생태계가 파괴되고 있다.

② 생태계 파괴
- 도로와 철도 건설의 증가로 삼림이 훼손되고 녹지 공간이 감소함 ➡ 생태계의 연속성이 단절되어 야생 동물의 서식지가 감소하고 서식 환경이 악화됨
- 항공기, 자동차, 선박 등에 의해 외래 동식물이 유입됨 ➡ 기존의 생태 환경이 파괴되거나 악화됨

(2) 해결 방안

① 환경친화적 개발 추진 : 개발 계획 수립 시 환경 영향 평가 실시, 도로 건설 시 우회 도로나 생태 통로 건설, 야생 동물 주의 표지판 설치 등
<u>야생 동물이 이동할 수 있도록 만든 길</u>

② 오염 물질 관리 및 배출 규제 강화 : 자동차 배기가스 저감 장치 설치, 선박 평형수 처리 장치의 의무화 등

▲ 생태계 파괴

도로 건설 과정에서 생태계의 연속성이 단절되기도 하고, 녹지 면적이 감소하면서 동식물의 서식지가 파괴되고 있다.

3. 전염병 확산

(1) 교통 · 통신의 발달로 인한 전염병 확산❸

① 국가 간의 교류 증가 : 전염병의 확산 범위가 넓어지고 전파 속도가 빨라져 전 세계적으로 피해가 증가함

② 말라리아, 뎅기열, 코로나19 등 다른 나라의 풍토병과 전염병이 국내로 유입됨

(2) 해결 방안

① 각국 정부의 노력 : 협력을 통한 전염병 예방 및 대응 체계 구축, 출입국 과정의 검역 관리 강화, 정확한 감염 경로 공유

② 국제 사회가 협력해 안전한 백신을 개발하고 누구나 접종받을 수 있도록 지원

➕ 개념

❸ 전염병
세계적으로 전염병 발생 주기가 점점 짧아지고 있어 전문가들은 코로나바이러스 감염증-19 다음으로 유행할 신종 전염병, '전염병 X'에 대비해야 한다고 말한다.
교통의 발달로 국가 간 교류가 활발해지면서 전염병이 확산하기 더 쉬워졌기 때문이다.

▲ 전염병 사태 중 국가 간 이동

3 과학기술의 발달에 따른 변화와 문제점

1. 과학기술의 발달에 따른 변화

(1) 과학기술의 발달에 따른 생활 공간의 변화

① 가상 공간의 등장 : 인터넷을 통한 물건 구매, 업무 처리 가능 ➡ 이동 거리 감소,
　공간적 제약 감소

② 공간 정보 기술❶의 발전 : 위치 정보 시스템(GPS)과 지리 정보 시스템(GIS)
　　　　　　　　　　➡ 일상생활뿐만 아니라 다양한 분야에서 활용됨

③ 사물 인터넷(IoT)❷과 인공지능(AI) 기술을 이용해 멀리서도 전자 기기를 조작함

(2) 과학기술의 발달에 따른 생활 양식의 변화

정치·행정 분야	• 누리 소통망(SNS)이나 가상 공간을 통한 정치 참여의 기회가 확대됨 ➡ 전자 민주주의 실현 • 인터넷을 통한 민원서류 신청 및 발급이 가능해짐
경제 분야	• 전자 상거래 활성화 ➡ 인터넷 쇼핑이나 홈쇼핑을 통한 물건 구매가 용이해짐 • 생산자는 빅 데이터❸로 고객 맞춤형 상품을 설계할 수 있음 • 원격 근무나 화상 회의를 통한 업무의 효율성이 증가함
사회·문화 분야	• 유비쿼터스 구축으로 원격 진료, 원격 교육이 가능해짐 <u>사용자가 장소에 상관없이 자유롭게 네트워크에 접속할 수 있는 환경을 말함</u> • 쌍방향 의사소통이 늘어나면서 정보의 생산과 소비가 활발해짐 • 가상 공간에서 다양한 인간관계가 형성됨

2. 과학기술 발달에 따른 문제점과 대책 　　출제 ○순위 특강 p.135

인터넷 중독	**의미**: 인터넷 사용을 스스로 조절하지 못하는 현상 **대책**: 인터넷 사용 시간 통제, 인터넷 중독 예방 및 치료 프로그램 운영
사이버 범죄	**종류**: 가상 공간상의 익명성을 이용한 사이버 폭력, 해킹, 프로그램 불법 복제, 전자 상거래 사기, 유해 사이트 운영 등 **대책**: 정보 윤리 교육 강화, 사이버 범죄 관련 법령 강화 <u>정보 사회의 구성원으로서 지켜야 할 올바른 가치관과 행동 양식</u>
사생활 침해	**의미**: 개인 정보 유출, CCTV, 휴대 전화 위치 추적 등을 통한 감시·통제 **대책**: 개인 정보 보호법, 국가 정보화 기본법 등의 법률 정비 및 강화
정보 격차	**의미**: 정보의 소유와 접근 정도에 따라 계층 간, 지역 간 격차가 심화되는 현상 **대책**: 정보 소외 계층에 정보 기반 시설 보급 및 정보화 활용 교육 지원
노동 시장의 양극화	**의미**: 기계로 대체가 가능한 인력과 대체가 불가능한 인력 사이에 임금 및 고용 조건의 격차가 더 커지는 현상 **대책**: 기존 인력 재교육 및 플랫폼 노동자❹와 같이 새로운 유형의 노동자를 위한 제도 마련

➕ 개념

❶ 공간 정보 기술

위치 정보 시스템 (GPS)	• 인공위성이 보내는 신호를 수신하여 현재 위치를 알려주는 시스템 • 자동차 내비게이션, 대중교통 도착 알림 시스템, 각종 위치 기반 웹서비스 등에 이용됨
지리 정보 시스템 (GIS)	• 지리 정보를 수치화하여 컴퓨터에 입력·저장하고 이를 분석·가공하여 다양한 분야에서 활용되는 시스템 • 입지 분석, 상권 분석 및 입지 선정, 자연재해 예방 대책 수립 등에 이용됨

➕ 용어

❷ 사물 인터넷(IoT)

사물에 감지기를 부착하여 실시간으로 데이터를 주고받는 기술이나 환경

❸ 빅 데이터

디지털 환경에서 생성되는 대규모 데이터

❹ 플랫폼 노동자

배달원 등 애플리케이션과 같은 디지털 플랫폼을 이용해 노동을 제공하고 보수를 받는 노동자

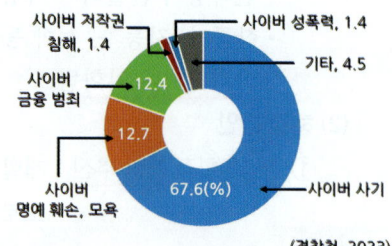

사이버 저작권 침해, 1.4 / 사이버 성폭력, 1.4 / 기타, 4.5 / 사이버 금융 범죄 12.4 / 12.7 / 사이버 명예 훼손, 모욕 / 67.6(%) / 사이버 사기

(경찰청, 2023)

▲ 사이버 범죄 유형별 발생 비율(2022년)

✪ 정보 격차

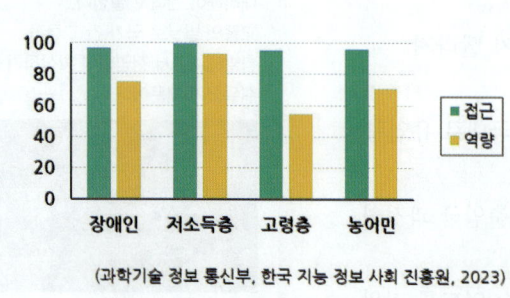

(과학기술 정보 통신부, 한국 지능 정보 사회 진흥원, 2023)

• 왼쪽은 일반 국민의 디지털 정보화 수준을 100으로 가정했을 때, 일반 국민 대비 소외 계층의 디지털 정보화 수준을 의미한다.

• 정보 기기 보유 여부와 인터넷 상시 접속 가능 여부를 뜻하는 디지털 정보화 접근 수준은 정부의 디지털 기기 및 서비스 보급 정책으로 많이 개선되었다. 그러나, 디지털 기기 이용 능력인 역량 수준은 여전히 낮다.

• 이러한 문제를 해결하기 위해서는 정보 취약 계층을 위해 정보 교육 프로그램을 운영하고, 쉬운 언어와 디자인을 통해 누구나 쉽게 쓸 수 있는 디지털 환경을 만들어야 한다.

★ 교통과 과학기술의 발달에 따른 변화와 문제점

출제 O순위 포인트는?
교통과 과학기술의 발달에 따른 지역 변화와 문제점을
묻는 문제가 자주 출제되니 변화한 사회의 특징과
새롭게 나타난 문제들을 잘 기억해두자!

1. 교통 발달에 따른 변화(평창)

• 교통이 발달하며 많은 관광객이
찾아온다고 하더라도, 일부
관광지만 방문하고 떠나면 지역
경제는 크게 좋아지지 않는다.
• 이에 평창군은 숙소, 음식점 등에서
지역 주민과 비슷한 혜택을 받을
수 있는 디지털 관광 주민증 등을
활용해 소비 생활을 유도하고 있다.

▲ 고속 철도 강릉선 노선도

▲ 평창

긍정적 영향	부정적 영향
• 관광 산업 발달: 고속 철도 정차역 부근 상권이 성장함 • 일상생활 범위 확대: 대학 병원 등 다른 지역의 시설을 이용하기 편해짐	• 관광객이 늘어나며 쓰레기 문제가 심각해짐 • 당일치기 관광객이 많아져서 숙박 예약이 줄어들게 됨 • 시외버스 이용객이 줄어 시외버스 노선 수가 급감함

2. 과학기술의 발달에 따른 변화

정보 역량 수준이 낮은 고령층	배달 일을 시작한 플랫폼 노동자
 아무리 봐도 어떻게 사용하는지 모르겠어.	 요즘 플랫폼을 통해 배달 일을 하고 있어.
• 정보 소외 계층은 신체적으로 불편하거나 경제적 능력이 부족하거나 정보 활용 능력이 낮아서 정보 통신 기술의 혜택을 제대로 받지 못한다. • 이는 소득 불평등으로 이어져 경제적·사회적·문화적 격차를 심화할 수도 있다.	• 최근 배달, 택시 예약과 같이 어플리케이션 등을 매개로 일하는 노동자들을 쉽게 볼 수 있다. • 이들은 비정규직으로 단기 계약, 시간제 근무 등으로 고용 계약을 주로 맺기 때문에 근무 조건이 열악할 수 있어 우려를 낳는다.
• 대책 : 정보 교육 프로그램 및 맞춤형 서비스를 제공해 이 문제를 해결해야 한다.	• 대책 : 새로운 유형의 노동자를 보호하는 제도적 장치와 지원 방안을 마련해야 한다

➡ 과학기술의 발달은 급격하게 생활 양식을 변화시켜 새로운 사회문제를 초래할 수 있다. 이는 국민의 사회적, 경제적
격차를 확대할 수 있으므로 개인적 차원을 넘어 국가적 차원에서 해결 방안을 찾는 것이 중요하다.

확인 문제
▶ 정답과 해설은 다음 페이지에

1 교통·통신의 발달에 따른 생활 공간의 변화를 두 가지 쓰시오.

2 정보 격차 문제 해결을 위한 대책을 쓰시오.

1 교통·통신의 발달로 인한 변화

1. 다음 사진과 같은 교통의 발달로 인해 나타날 수 있는 변화를 추론한 내용으로 옳은 것은 ○, 틀린 것은 ×에 표시하시오.

무궁화호   고속 철도

(1) 이동 시간이 단축되었다.   (○, ×)
(2) 대도시의 영향력이 축소될 것이다.   (○, ×)
(3) 통근·통학권의 범위가 확대되고 있다.   (○, ×)
(4) 접근성에 따라 지역 간 발전 격차가 커질 것이다.
                                                        (○, ×)
(5) 경제 활동에 있어 시간적·공간적 제약이 커지고 있다.
                                                        (○, ×)

2 교통·통신의 발달로 인한 문제점과 해결 방안

2. 그래프는 우리나라의 도로 연장 추이를 나타낸 것이다. 이를 통해 추론할 수 있는 변화 내용으로 옳은 것은 ○, 틀린 것은 ×에 표시하시오.

〈고속 도로 연장 변화〉

(1) 자동차 통행량이 증가하였다.   (○, ×)
(2) 녹지 면적 비율이 증가하였다.   (○, ×)
(3) 동식물의 서식지 면적이 확대되었다.   (○, ×)
(4) 아스팔트, 콘크리트 포장 면적이 증가하였다. (○, ×)

---

p.135 확인 문제 [정답]

1 일상생활 범위의 확대, 대도시권 형성
2 정보 소외 계층에 정보 기반 시설 보급 및 정보화 활용 교육 지원

3 과학기술의 발달에 따른 변화와 문제점

3. 그림은 어떤 정보 처리 시스템의 모식도이다. 이와 같은 정보 처리 과정에 대한 설명으로 옳은 것은 ○, 틀린 것은 ×에 표시하시오.

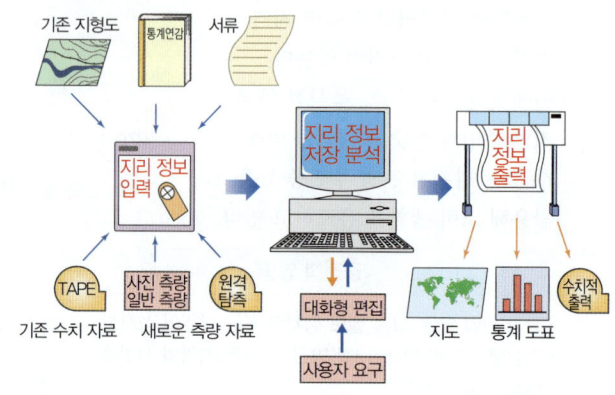

(1) 설문 조사, 면담 등에 널리 이용된다.   (○, ×)
(2) 자료의 수정 및 분석이 까다롭고 어렵다.   (○, ×)
(3) 자연재해의 예방 대책 수립에 적극 활용된다. (○, ×)
(4) 원격 탐사 자료를 분석, 처리하는 데 유용하다.
                                                        (○, ×)
(5) 입지나 상권 분석, 자원 개발 및 재난 예방, 환경 영향 평가 등에 활용된다.   (○, ×)

4. 다음과 같은 변화가 일어난 사회에 대한 설명으로 옳은 것을 모두 골라 기호를 쓰시오. 2022 실시 6월 학평 8 변형

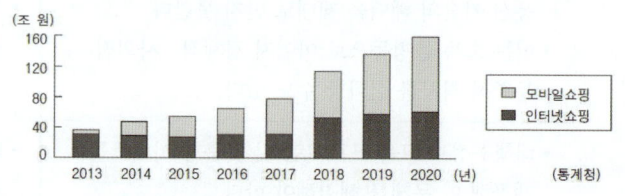

[보기]
ㄱ. 문화의 확산 속도가 빨라졌다.
ㄴ. 상품을 구매할 때 시공간의 제약이 커졌다.
ㄷ. 정보 격차에 따른 정보 불평등 문제가 줄어든다.
ㄹ. 가상 공간상의 익명성을 이용한 범죄가 증가한다.

(   )

내신 대비 필수 문제

★ 학교시험 100점을 위한 실전 문제와 학평 문제

1 교통 · 통신의 발달로 인한 변화

01 ★★❀

지도는 거가 대교의 개통으로 인한 이동 시간 변화를 나타낸 것이다. 이에 대한 옳은 설명만을 〈보기〉에서 고른 것은?

[보기]
ㄱ. 부산의 통근권이 외곽으로 확대될 것이다.
ㄴ. 통영, 거제의 관광 산업이 쇠퇴할 것이다.
ㄷ. 거제-부산 간 유동 인구 비율이 증가할 것이다.
ㄹ. 부산의 중심 업무 기능이 거제로 이동할 것이다.

① ㄱ, ㄴ   ② ㄱ, ㄷ   ③ ㄴ, ㄷ
④ ㄴ, ㄹ   ⑤ ㄷ, ㄹ

02 ★★★ 중요

2021 실시 6월 학평 13

다음 신문 기사를 바탕으로 예상할 수 있는 지역 변화로 적절하지 <u>않은</u> 것은? [3점]

> ○○신문
>
> ### 중부 내륙, 본격적 고속 열차 시대 열려
>
> 2021년 1월, 서울 청량리역과 안동역 사이에 고속 열차 노선이 개통되었다. 최대 시속 260km의 고속 열차가 원주, 영주 등 8개 역을 거치면서 중부 내륙 지역에도 고속 철도 시대가 열리게 되었다. 청량리에서 안동까지 무궁화호 열차로 3시간 54분 걸리던 이동 시간이 2시간 3분으로 크게 단축되었다.

① 지역 간 접근성이 향상될 것이다.
② 주민들의 일상생활 범위가 확대될 것이다.
③ 철도의 여객 수송 분담률이 증가할 것이다.
④ 경제 활동의 시 · 공간적 제약이 커질 것이다.
⑤ 신규 정차역 주변에 새로운 상권이 형성될 것이다.

03 ★★❀

표는 수도권 전철 노선의 연장 사업 계획을 나타낸 것이다. 이 사업이 추진될 경우 나타날 변화 내용으로 가장 적절한 것은?

1호선	서동탄역에서 동탄역까지 연장
3호선	오금역에서 하남시청역까지 연장
5호선	방화역에서 인천 검단, 경기 김포까지 연장
7호선	석남역에서 청라국제도시역까지 연장
8호선	암사역에서 남양주시까지 연장
9호선	서울 강동구에서 남양주시까지 연장

① 서울의 평균 지가가 낮아질 것이다.
② 서울로의 인구 집중이 심화될 것이다.
③ 서울로의 통근자 비율이 감소할 것이다.
④ 서울로의 통근권 범위가 확대될 것이다.
⑤ 경기도 신도시의 인구 비중이 감소할 것이다.

04 ★❀❀

2025 실시 9월 학평 11

다음 자료를 바탕으로 예상할 수 있는 지역의 변화로 적절한 것은?
[1.5점]

2024년 12월 개통한 광역 철도인 대경선(대구 · 경북)은 구미에서 경산까지 총 61.85km를 잇는 비수도권 최초의 광역 철도로, 대구 · 경북 350만 시 · 도민에게 수도권 수준의 광역 전철 혜택을 제공한다. 대경선은 7개 역을 1시간 이내에 연결하며, 하루 최대 왕복 100회 운행한다. 동대구역과 대구역에서는 도시철도 1호선과 환승이 가능하다.

① 경산 주민들의 일상생활 범위가 확대될 것이다.
② 구미~경산 간 시 · 공간적 제약이 증가될 것이다.
③ 구미~대구 간 이동하는 평균 시간은 증가될 것이다.
④ 광역 철도의 신규 정차역 주변 상권이 축소될 것이다.
⑤ 대경선을 이용하는 주민들의 통근권이 축소될 것이다.

❖ 정답 및 해설 69p

V 생활 공간과 사회 **137**

05 ✿✿✿

다음은 어느 학생이 쓴 일기이다. 밑줄 친 ㉠~㉣에 대한 옳은 설명만을 〈보기〉에서 고른 것은? [3점]

> 2022년 ○월 ○일
> 예전에는 보령에서 안면도 영목항까지 90분이 넘게 걸렸는데 ㉠새로 개통한 보령 해저 터널을 통과하니 10여 분 만에 도착했다. 영목항의 한 식당 사장님은 ㉡해저 터널 개통 이후 관광객이 많이 늘어나 지역 상인들이 장사할 맛이 난다고 하셨다. 하지만 ㉢관광객의 증가로 지역 주민들이 피해를 입기도 한다는 말씀에 마음이 무겁기도 했다. 여행 중 먹지 못해 아쉬웠던 요리인 게국지를 집으로 돌아오는 길에 ㉣인터넷을 통해 주문했다.

[보기]
ㄱ. ㉠으로 인해 보령−안면도 영목항 간 접근성은 낮아졌다.
ㄴ. ㉡을 통해 해저 터널 개통이 영목항 일대의 지역 경제 활성화에 이바지함을 알 수 있다.
ㄷ. ㉢의 사례로 관광객들의 쓰레기 무단 투기 증가를 들 수 있다.
ㄹ. ㉣의 등장으로 소비자의 상품 구입에 대한 시·공간적 제약은 강화되었다.

① ㄱ, ㄴ ② ㄱ, ㄷ ③ ㄴ, ㄷ ④ ㄴ, ㄹ ⑤ ㄷ, ㄹ

[06~07] 지도는 서울로의 통근·통학 인구 비율 분포를 나타낸 것이다. 이를 보고 물음에 답하시오.

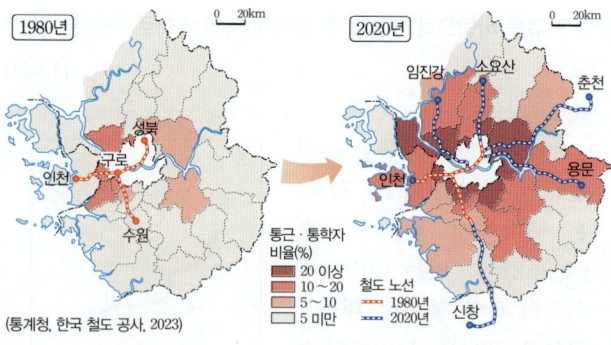

(통계청, 한국 철도 공사, 2023)

06 ✿✿✿ 〔단답형〕

서울과 같은 대도시에 거주하던 사람들이 교통이 편리한 외곽 지역으로 이주해 가는 현상을 무엇이라고 하는지 쓰시오.

07 ✿✿✿ 〔서술형〕

지도를 통해 서울로의 통근권 범위가 어떻게 변화되었는지 쓰고, 이러한 변화에 가장 큰 영향을 미친 요인을 서술하시오.

---

2 교통·통신의 발달로 인한 문제점과 해결 방안

08 ✿✿✾

다음 자료의 (가)에 해당하는 내용으로 가장 적절한 것은?

> • 제목: _____(가)
>
> 호남 고속 철도가 개통된 이후 약 1년 동안 호남선과 전라선 고속 철도의 이용객은 개통 전에 비해 약 42% 증가하였다. 특히 용산역에서 광주 송정역까지의 운행 시간이 1시간 40분 정도로 줄면서 광주 송정역은 역 이용객이 크게 증가하고 이로 인해 상업이 발달하였다. 그러나 호남 고속 철도가 지나가지 않는 기존 역 주변은 경제가 침체되고 있다.

① 고속 철도 개통에 따른 지역 격차 발생
② 고속 철도 개통으로 인한 생태 환경 악화
③ 교통·통신의 발달로 인한 거주지의 교외화
④ 교통·통신의 발달이 도시 개발에 미치는 영향
⑤ 교통의 발달로 인한 이동 시간 및 이동 비용의 감소

09 ✿✿✾

다음 글에 나타난 문제의 해결 방안으로 가장 적절한 것은?

> 국가 간 상호 작용이 활발해지면서 전염병의 확산 범위가 넓어지고 있다. 코로나바이러스 감염증−19가 빠르게 전 세계적으로 퍼진 것처럼, 미래에 또 다른 전염병이 나타나 인간을 위협할 수도 있다. 따라서 국가는 출입국 과정의 검역 관리를 강화하며 전염병 사태에 빠르게 대응하기 위해 미리 다른 나라와의 협력 체계를 구축해야 한다.

① 오염 물질 배출량 검사와 환경 영향 평가를 실시한다.
② 낙후된 지역에 교통 기반 시설과 산업 단지를 만든다.
③ 선박 평형수 처리 장치 의무화로 외래종 유입을 막는다.
④ 검역 관리를 철저히 하고 정확한 감염 경로를 공유한다.
⑤ 야생 동물이 이동하는 경로에 주의 표지판을 설치한다.

3 과학기술의 발달에 따른 변화와 문제점

10 ✿✿✿

다음 글의 관점에 부합하는 진술만을 〈보기〉에서 고른 것은? [1.5점]

> 키오스크는 비용 절감과 업무의 효율성을 높
> 인다는 장점이 있지만, 정보 기기에 대한 접
> 근과 활용에 장벽을 느끼는 정보 소외 계층은
> 키오스크 사용에 어려움을 겪고 있다. 이러한
> 정보 기기 이용의 불균형이 심화되면 정보 격
> 차가 발생할 수 있다. 따라서 정부와 기업 등 다양한 주체들이 이러한
> 문제에 관심을 가지고, 기술 발전과 동시에 사회 정책 마련 및 윤리적
> 책임을 다할 때 정보 격차 문제가 해소될 것이다.
> * 키오스크(kiosk) : 공공장소에 설치된 무인 정보 단말기

[보기]
ㄱ. 정보 격차 문제는 새로운 기술의 개발로만 해결할
   수 있다.
ㄴ. 다양한 주체들은 정보 소외 계층의 어려움에 공감
   하고 배려해야 한다.
ㄷ. 정부는 정보 격차로 인한 불평등 완화를 위해 맞춤
   형 정보 교육을 실시해야 한다.
ㄹ. 기업은 키오스크 보급으로 인해 발생하는 문제에
   대한 사회적 책임으로부터 자유로워야 한다.

① ㄱ, ㄴ ② ㄱ, ㄷ ③ ㄴ, ㄷ ④ ㄴ, ㄹ ⑤ ㄷ, ㄹ

[11~12] 그림을 보고 물음에 답하시오.

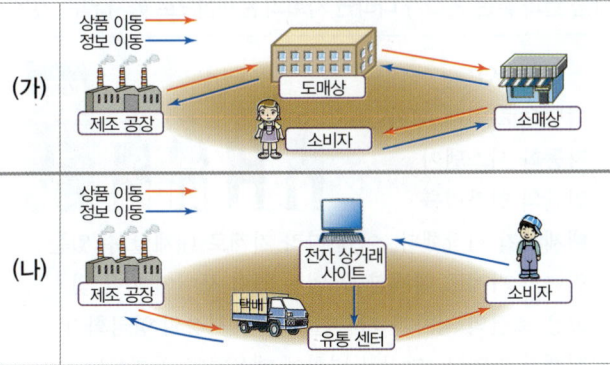

11 ✿✿✿

(가)와 비교한 (나) 상거래의 상대적 특징으로 옳지 않은 것은?

① 유통 단계가 보다 복잡해진다.
② 생산자와의 직거래 비중이 증가한다.
③ 대규모 매장 임대의 필요성이 줄어든다.
④ 택배 산업 발달에 미치는 영향력이 크다.
⑤ 개인 정보 유출 등의 피해 발생 위험이 크다.

12 ✿✿✿ 단답형

(나)와 같이 매장 대신 창고를 이용하여 상품을 판매하는 상점을
가리키는 용어가 무엇인지 쓰시오.

13 ✿✿✿

다음 자료에서 부각되는 정보 사회의 문제점으로 적절한 것만을
〈보기〉에서 고른 것은?

> **사이버렉카**
> • 사이버(Cyber)와
>   렉카(Wrecker:견인차)의
>   합성어
> • 교통사고 현장에 달려가는
>   견인차처럼 사회적 이슈가
>   발생했을 때 재빨리 영상을
>   만들어 온라인 공간에 게시하고 조회수를 올리는
>   사람을 뜻함.
> • 온라인 공간에서 유명인들의 사생활 정보, 가짜
>   뉴스 등을 유포하고 사실을 왜곡하여 부정적 여론을
>   조성함.

[보기]
ㄱ. 정보 독점으로 인해 감시 사회가 도래한다.
ㄴ. 세대 간 정보 격차로 인해 불평등이 심화된다.
ㄷ. 허위 정보의 유포로 인해 사회적 혼란이 발생한다.
ㄹ. 개인 정보 유출로 인한 사생활 침해 문제가
   확대된다.

① ㄱ, ㄴ ② ㄱ, ㄷ ③ ㄴ, ㄷ ④ ㄴ, ㄹ ⑤ ㄷ, ㄹ

[14~15] 다음 검사지를 보고 물음에 답하시오.

번호	항목	점수
1	정해진 시간에만 인터넷을 사용하는가?	
2	꼭 필요한 용도로만 인터넷을 사용하는가?	
3	인터넷을 접속하지 않는 경우 초조함이나 불안감을 느낀 적이 있는가?	
4	인터넷 검색 때문에 잠자는 시간을 줄이는 일은 없는가?	
5	인터넷을 사용하면서 가족이나 친구들과의 대화 시간이 줄어들었는가?	

14 ✿✿✿

위의 검사지에서 측정하고자 하는 문제로 가장 적절한 것은?

① 정보 격차   ② 사이버 범죄
③ 인터넷 중독   ④ 사생활 침해
⑤ 지적 재산권 침해

15 ✿✿✿ 서술형

해당 문제를 해결하기 위해 정부와 개인이 할 수 있는 노력을
각각 한 가지씩 서술하시오.

16 ✿✿✿

2022 실시 6월 학평 2

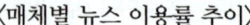

그림은 A, B 사회의 일반적인 특징을 비교한 것이다. 이에 대한 설명으로 옳은 것은? (단, A, B는 각각 산업 사회, 정보 사회 중 하나임.) [3점]

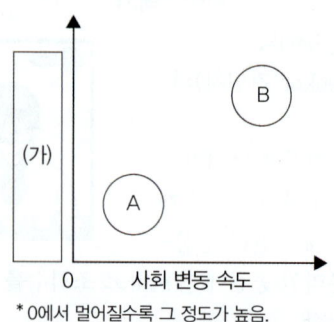

* 0에서 멀어질수록 그 정도가 높음.

① A는 지식과 정보가 가장 중요한 생산 요소이다.
② B는 산업 구조에서 1차 산업이 차지하는 비중이 가장 높다.
③ A는 B에 비해 인간관계를 맺는 방식이 다양하다.
④ B는 A에 비해 정치 참여의 기회가 축소되었다.
⑤ (가)에는 '쌍방향 매체의 활용 정도'가 들어갈 수 있다.

[17~18] 다음 글을 읽고 물음에 답하시오.

⊙ 정보화 사회에서는 _____ⓒ_____ 이/가 인간 생활 전반에 큰 영향을 미친다. 첨단 통신 기술의 발달은 우리의 일상생활과 ⓒ 공간 정보 이용 방식에 큰 변화를 가져왔다. ⓔ 누리 소통망(SNS)을 이용해 의사소통하고, 상업 활동에 있어서도 ⓜ 전자 상거래가 활성화되면서 과거에 비해 시간적 · 공간적 제약이 크게 완화되었다.

17 ✿✿✿

다음 글의 ⊙~ⓜ에 대한 설명으로 옳지 않은 것은?

① ⊙에서는 3차 산업 종사자 비율이 2차 산업 종사자 비율보다 높게 나타난다.
② ⓒ에는 '지식과 정보'가 들어갈 수 있다.
③ ⓒ의 대표적인 사례로 위치 정보 시스템(GPS), 지리 정보 시스템(GIS) 등을 들 수 있다.
④ ⓔ로 인해 인간관계에서 대면 접촉의 비중이 높아지고 있다.
⑤ ⓜ의 발달은 창고업, 택배업 등의 물류 산업 전반에 큰 영향을 미쳤다.

18 ✿✿✿ 서술형

⊙으로 변화하며 나타난 정치 · 행정적 측면의 변화를 두 가지 서술하시오.

19 ✿✿✿

2023 실시 6월 학평 6

자료를 통해 추론할 수 있는 사회의 일반적인 변화 내용으로 가장 적절한 것은?

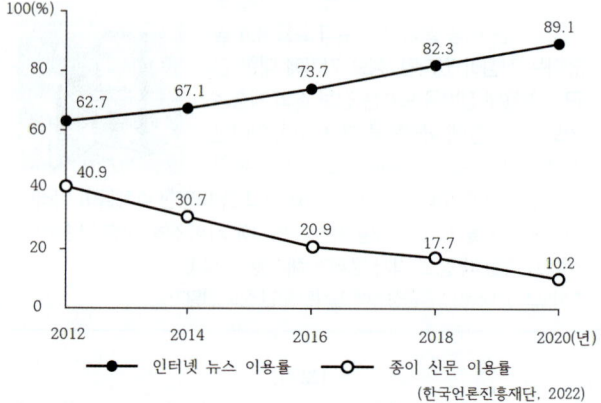

〈매체별 뉴스 이용률 추이〉

(한국언론진흥재단, 2022)

① 쌍방향 통신매체의 영향력이 증가할 것이다.
② 개인 정보 유출에 의한 사생활 침해 빈도가 감소할 것이다.
③ 재택근무의 축소로 가정과 직장의 분리가 뚜렷해질 것이다.
④ 익명성을 악용한 사이버 범죄의 발생 가능성이 낮아질 것이다.
⑤ 시 · 공간의 제약으로 전자 상거래 관련 업종이 쇠퇴할 것이다.

20 ✿✿✿

다음 글과 같은 변화가 나타난 사회의 문제점으로 옳지 않은 것은?

4차 산업 혁명으로 인해 AI와 자동화 시스템이 인간의 일자리를 대체하기 시작했다. 이에 따라 기계로 대체할 수 있는 인력과 기계로 대체할 수 없는 인력 사이에 임금 및 고용 조건의 격차가 커지면서 노동 시장의 양극화가 심해지고 있다. 이러한 변화에 대응하기 위해서는 일자리를 잃은 노동자들이 새로운 일자리에서 일을 할 수 있도록 직업 훈련 프로그램을 지원해 주어야 한다.

① 휴대 전화가 해킹되어 사생활 침해 문제가 발생한다.
② 인터넷에 의존하면서 대면적 인간관계가 강화된다.
③ AI 기술로 피해자의 지인을 흉내 내 피해자의 돈을 가로채는 범죄가 발생한다.
④ 일반 국민과 정보 취약 계층 간 정보 격차로 인해 사회적 격차가 심화된다.
⑤ 온라인 공간에 유포된 허위 정보가 빠른 속도로 퍼져 사회적 혼란이 커진다.

21 ✱✱✱❀

2023 실시 11월 학평 12

다음 자료는 학생이 생성형 인공 지능과 대화한 내용의 일부이다. 밑줄 친 ⑦~ⓔ에 대한 옳은 설명만을 〈보기〉에서 있는 대로 고른 것은?

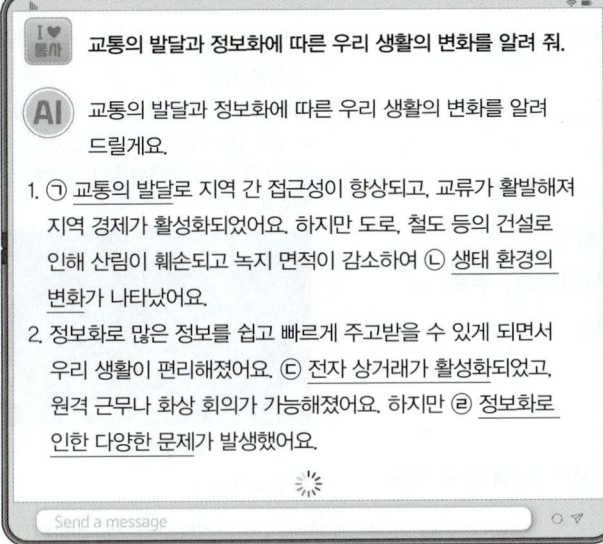

교통의 발달과 정보화에 따른 우리 생활의 변화를 알려 줘.

교통의 발달과 정보화에 따른 우리 생활의 변화를 알려 드릴게요.

1. ⑦ 교통의 발달로 지역 간 접근성이 향상되고, 교류가 활발해져 지역 경제가 활성화되었어요. 하지만 도로, 철도 등의 건설로 인해 산림이 훼손되고 녹지 면적이 감소하여 ⓛ 생태 환경의 변화가 나타났어요.
2. 정보화로 많은 정보를 쉽고 빠르게 주고받을 수 있게 되면서 우리 생활이 편리해졌어요. ⓒ 전자 상거래가 활성화되었고, 원격 근무나 화상 회의가 가능해졌어요. 하지만 ⓔ 정보화로 인한 다양한 문제가 발생했어요.

Send a message

―――――[보기]―――――
ㄱ. ⑦으로 인해 개인의 일상생활 범위가 확대되었다.
ㄴ. ⓛ의 사례로 '교통로 건설에 따른 야생 동물의 이동 통로 단절'을 들 수 있다.
ㄷ. ⓒ으로 인해 소비 활동의 공간적 제약이 강화되었다.
ㄹ. ⓔ로 지역 간, 계층 간 정보 격차 발생을 들 수 있다.

① ㄱ, ㄴ ② ㄱ, ㄷ ③ ㄷ, ㄹ ④ ㄱ, ㄴ, ㄹ ⑤ ㄴ, ㄷ, ㄹ

22 ✱✱✱❀ 출제 0순위 특강

다음 그래프를 보고 추론할 수 있는 내용으로 가장 적절한 것은?

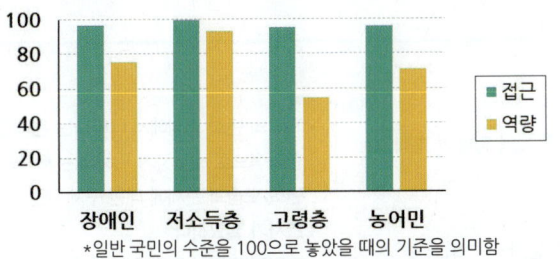

*일반 국민의 수준을 100으로 놓았을 때의 기준을 의미함
(과학기술 정보 통신부, 한국 지능 정보 사회 진흥원, 2023)

① 촌락은 도시보다 정보화 접근 지수가 높다.
② 정보화는 지역 간의 격차를 심화시킬 수 있다.
③ 정보 역량 지수는 접근 지수에 비해 높게 나타난다.
④ 소득 수준의 차이는 정보 격차에 영향을 미치지 않는다.
⑤ 정보화가 추진되면서 세대 간 격차가 완화될 것이다.

23 ✱✱✱

2022 실시 9월 학평 11

다음 신문 기사를 바탕으로 예상할 수 있는 지역의 변화로 적절하지 않은 것은? [3점]

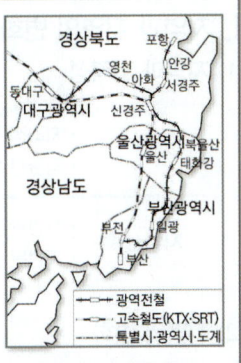

○○신문 ───── 2021년 □월 △일

'첫 비수도권 광역전철'
동해남부선 광역전철 개통!

부산·울산·경북 메가시티의 교통 대동맥인 동남권 4개 광역전철이 2021년 12월 28일 정식 개통되었다. 이는 비(非)수도권 최초이자, 1974년 수도권 광역전철 개통 이래 47년 만의 광역전철이기도 하다.

① 광역전철역 주변의 상권은 확대될 것이다.
② 광역전철 이용 주민들의 통근권이 확대될 것이다.
③ 지역 간 이동 시 소요되는 평균 시간이 단축될 것이다.
④ 광역전철 인근 주민들은 고속철도로의 접근성이 향상될 것이다.
⑤ 대도시가 주변 지역의 경제력을 흡수하는 현상이 없어질 것이다.

24 ✱✱✱

지도는 제4차 국가 철도망 구축 사업 계획안(2021~2030년)이다. 이에 따른 변화를 적절하게 추론한 내용만을 〈보기〉에서 고른 것은?

〈제4차 국가 철도망 구축 이후의 이동 시간 변화〉

(국토 교통부, 2021)

―――――[보기]―――――
ㄱ. 강릉 시민들의 활동 범위가 확대될 것이다.
ㄴ. 강릉을 찾는 관광객들의 수가 늘어날 것이다.
ㄷ. 전국 주요 거점 간의 이동 시간이 증가될 것이다.
ㄹ. 강릉-포항 간 여객 운송에서 항공이 차지하는 비중이 높아질 것이다.

① ㄱ, ㄴ ② ㄱ, ㄷ ③ ㄴ, ㄷ ④ ㄴ, ㄹ ⑤ ㄷ, ㄹ

13 내가 사는 지역의 공간 변화

중요도

1 내가 사는 지역의 변화

1. 지역과 지역의 변화

(1) 지역과 지역성

지역	• 지리적 특성이 다른 지역들과 구별되는 지표상의 공간 범위 • 경관상 유사하거나 기능적으로 서로 밀접하게 관련된 장소들의 모임
지역성	• 자연환경과 인문 환경의 상호 작용으로 형성된 지역의 고유한 특성 • 고정된 것이 아니라 여러 가지 요인에 의해 끊임없이 변화함

(2) 지역의 변화

① 지역의 변화 요인 : 산업화·도시화, 교통·통신의 발달, 정보화 등

② 지역의 변화 과정 : 자연적·인문적 요인에 따라 성장하거나 쇠퇴하고, 주요 기능의 변화를 포함한 공간 변화❶가 나타남

2. 지역 조사

(1) 의미 : 지역에 대한 다양한 정보를 수집하고 분석하는 활동

(2) 목적 : 지역의 특성을 알아보거나 지역에서 발생하고 있는 각종 지역 문제의 원인을 파악하고 해결 방안을 모색하기 위함

(3) 지역 조사의 과정과 방법

① 조사 주제 및 지역 선정		조사 목적을 정하고 그에 맞는 주제와 지역 선정
② 지역 정보 수집	실내 조사	지도, 문헌, 항공 사진❷ 등을 통해 지역 정보 수집, 야외 조사 경로와 일정 계획, 설문지 작성 등의 야외 조사 준비
	야외 조사	조사 지역을 직접 방문하여 관찰, 실측, 면담, 설문 조사, 촬영 등을 통해 지역 정보 수집
③ 지역 정보 분석		수집한 지역 정보를 정리·분석하여 통계 지도❸, 그래프, 표 등으로 표현
④ 보고서 작성		조사 목적과 방법, 분석 자료, 결론이 명확하게 드러나도록 체계적으로 작성

➕용어

❶ 공간 변화
토지 이용, 산업 구조, 인간관계 등을 통해 살펴볼 수 있는 우리가 살고 있는 지역이나 장소의 다양한 변화

➕개념

❷ 항공 사진
국토 정보 플랫폼에서 항공 사진을 찾아 시간에 따른 공간의 변화를 확인하고 접근하기 어려운 지역의 지리 정보를 수집할 수 있다.

▲ 항공 사진

❸ 통계 지도

점지도	밀도나 분포를 나타내기 좋은 점 지도 예 인구분포
유선도	화살표로 방향, 굵기로 이동량을 나타냄 예 자원 이동, 인구 이동
단계 구분도	음영 등을 달리해 단계별로 구분함 예 여름 강수량
도형 표현도	막대그래프나 원그래프 등을 활용 예 공업 생산액
등치선도	같은 수치의 지점을 선으로 연결 예 기온 분포

✪ 지역 조사 과정

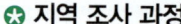

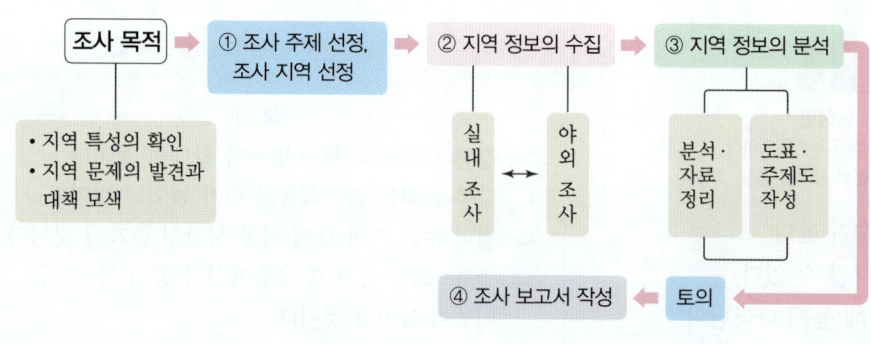

조사 목적 → ① 조사 주제 선정, 조사 지역 선정 → ② 지역 정보의 수집 → ③ 지역 정보의 분석

• 지역 특성의 확인
• 지역 문제의 발견과 대책 모색

실내 조사 ↔ 야외 조사

분석·자료 정리 / 도표·주제도 작성

④ 조사 보고서 작성 ← 토의

• 지역의 변화 과정에서 나타나는 문제를 합리적으로 해결하기 위해서는 지역의 변화 모습과 문제에 대한 구체적인 조사가 필요하다.

• 지역의 다양한 지리 정보를 수집, 분석, 종합하는 지역 조사를 통해 지역의 특성과 변화를 알 수 있다.

• 지역 조사는 조사 주제 및 지역 선정, 실내 조사와 야외 조사를 통한 지역 정보의 수집, 지역 정보의 분석 및 종합, 보고서 작성의 순서로 이루어진다.

2 공간 변화에 따른 문제점과 대책

1. 도시의 공간 변화에 따른 문제점❶

(1) 대도시의 공간 변화에 따른 문제점과 해결 방안

문제점	• 인구 과밀화로 인한 각종 기반 시설의 부족 • 도시 내 노후화된 공간의 증가로 주민들의 삶의 질 저하
해결 방안	• 도시 기반 시설 확충 — 도로, 공원, 철도 등 도시 기능 유지에 필요한 기본적인 시설 • 도시 재개발 사업을 통한 주거 환경 개선

(2) 중소도시의 공간 변화에 따른 문제점과 해결 방안

문제점	• 일자리나 문화 시설 등의 부족으로 대도시로의 의존도가 높음 • 대도시로의 지속적인 인구 유출
해결 방안	• 지역 특성화 사업❷ 추진 • 각종 서비스의 질 개선을 통한 질 높은 정주 환경 제공, 산업 단지 유치를 통한 일자리 창출 ➡ 자족 기능 확대 타 지역에 의존하지 않는 다양한 경제적 기능

2. 촌락의 공간 변화에 따른 문제점

(1) 촌락의 지역 문제

도시와 가까운 촌락	• 도시화의 진행으로 전통적인 가치관 및 전통문화가 사라짐 • 공동체 의식이 약화됨
도시와 멀리 떨어진 촌락	• 인구 감소로 인한 노동력 부족 • 성비❸ 불균형 차이로 인한 문제 발생 • 휴경지❹ 증가 • 생활 여건의 악화로 인한 인구 유출의 가속화와 지역 경제 침체 교육 및 의료, 문화생활 여건 등이 악화됨

(2) 촌락의 지역 문제에 대한 해결 방안

① 도시와의 생활 환경 격차 완화 : 교육, 의료, 문화 시설의 확충을 통한 주민들의
                                     삶의 질 향상

② 지역 경제 활성화 : 지리적 표시제❺를 통한 지역 브랜드화, 인터넷을 통한 농산물
                          지역이나 지역의 상품을 특별한 브랜드로 인식시키고 홍보하는 것
    직거래, 지역 축제 등의 사업 추진

★ 암기

❶ 공간 변화에 따른 지역 문제

대도시	촌락
• 인구 과밀화에 따른 각종 기반 시설 부족 • 각종 시설의 노후화로 인한 삶의 질 저하	• 도시로의 인구 유출로 인한 인구 감소와 지역 경제 침체 • 성비 불균형, 노동력 부족 문제

✚ 용어

❷ 지역 특성화 사업
그 지역만의 독특한 장점을 부각시키고
다른 지역과의 차별화를 통해 지역을
발전시키는 전략

❸ 성비
여성 100명당 남성의 수

❹ 휴경지
경지로 사용되던 땅이 현재 어떤 작물도
재배되지 않고 방치된 것

❺ 지리적 표시제
특정 지역의 지리적 특성(토양, 기후
등)을 반영한 우수한 상품에 대해 그
지역에서 생산된 제품임을 알 수 있도록
표시하고 인정해 주는 제도
예 보성 녹차, 이천 쌀

✪ 화성시의 사례를 통해 보는 지역의 공간 변화

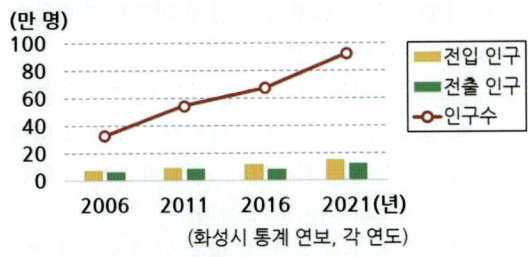

(화성시 통계 연보, 각 연도)

▲ 화성시의 인구수와 전입 · 전출 인구

• 2001년 군에서 시로 승격한 화성시에는 대규모 주거 단지와 산업
단지가 들어서게 되었다.
• 그 결과, 인구가 증가하게 되었으며, 일자리가 풍부해지면서 특히
젊은 세대가 많이 유입되었다.

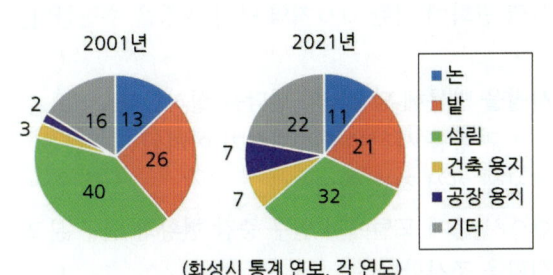

(화성시 통계 연보, 각 연도)

▲ 화성시의 토지 이용 변화

• 화성시는 산업 발달과 인구 증가에 따라 삼림, 논, 밭 등의 녹지
면적이 감소하였다.
• 반면 공장 용지나 건축 용지의 면적은 신도시와 산업 단지 등이
들어서면서 증가하였다.

1 내가 사는 지역의 변화

1. 다음은 지역 조사 과정을 나타낸 것이다. 이에 대한 설명으로 옳은 것은 ○, 틀린 것은 ×에 표시하시오.

> (가) 주민들을 만나 직접 면담한다.
> (나) 지역 조사 보고서를 작성한다.
> (다) 수집한 정보를 종합하여 분석한다.
> (라) 조사 목적과 주제, 조사 지역을 선정한다.
> (마) 지도를 보고, 방문 장소의 위치와 경로를 파악한다.

(1) (가)와 (다)는 지역 정보 수집 단계에 해당한다.
(○, ×)

(2) 통계 지도나 도표는 (다) 단계에서 작성한다. (○, ×)

(3) 일반적으로 (마)는 (가)보다 먼저 실시한다. (○, ×)

(4) (라)에서 조사 지역은 조사 주제와 관계없이 집에서 가장 가까운 곳으로 선정한다. (○, ×)

(5) (라)－(마)－(가)－(다)－(나) 순으로 지역 조사를 실시한다. (○, ×)

2. 다음 조사 방법을 활용하는 지역 조사 단계를 〈보기〉에서 골라 기호를 쓰시오.

> ─────[보기]─────
> ㄱ. 실내 조사   ㄴ. 야외 조사

(1) 교통량과 상권 변화에 관한 문헌을 조사한다. (   )

(2) 마을 기업 설립이 지역에 미친 영향을 주민과의 면담을 통해 조사한다. (   )

(3) 상권 변화에 대한 ○○지역 답사 일정을 수립한다. (   )

(4) 시청을 방문해 담당자와 면담을 실시한다. (   )

(5) △△군 항공 사진에서 식별하기 어려웠던 건물을 현장에 가서 직접 촬영한다. (   )

(6) ○○시 통계 포털에서 인구 증감 현황과 인구 분포 현황을 조사한다. (   )

(7) □□시 시민들의 공동체 의식을 설문조사를 통해 알아본다. (   )

2 공간 변화에 따른 문제점과 대책

3. 지도는 고양시의 지역 변화를 나타낸 것이다. 이에 대한 설명으로 옳은 것은 ○, 틀린 것은 ×에 표시하시오.

(가)

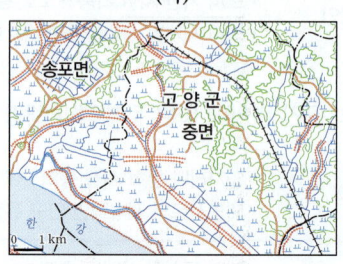

(나)

(1) (가)는 과거, (나)는 현재에 해당한다. (○, ×)

(2) (가)는 (나)보다 경지 비율이 높다. (○, ×)

(3) (나)는 (가)보다 1차 산업 종사자 비율이 높다. (○, ×)

(4) (나)는 (가)보다 주민들의 직업 구성이 다양하다. (○, ×)

(5) (나)는 (가)보다 주민들 간의 공동체 의식이 강하다. (○, ×)

4. 공간 변화에 따른 지역 문제에 대한 설명으로 옳은 것을 〈보기〉에서 모두 골라 기호를 쓰시오.

> ─────[보기]─────
> ㄱ. 각종 시설의 노후화로 인해 대도시 주민들의 삶의 질이 저하되고 있다.
> ㄴ. 대도시에서는 20~30대 여성 인구의 유출로 결혼 적령기 남성들의 결혼 문제가 발생하고 있다.
> ㄷ. 중소도시에는 일자리나 문화 시설이 부족해 대도시로의 의존도가 높다.
> ㄹ. 촌락은 노동력 부족 문제로 인해 농사를 짓지 않는 경지가 증가하고 있다.

(   )

1 내가 사는 지역의 변화

01 ❋❀❀ 2025 실시 9월 학평 19

다음은 지역 조사를 위한 온라인 모둠 활동의 장면이다. 밑줄 친 ㉠~㉤에 대한 설명으로 옳지 않은 것은? [2점]

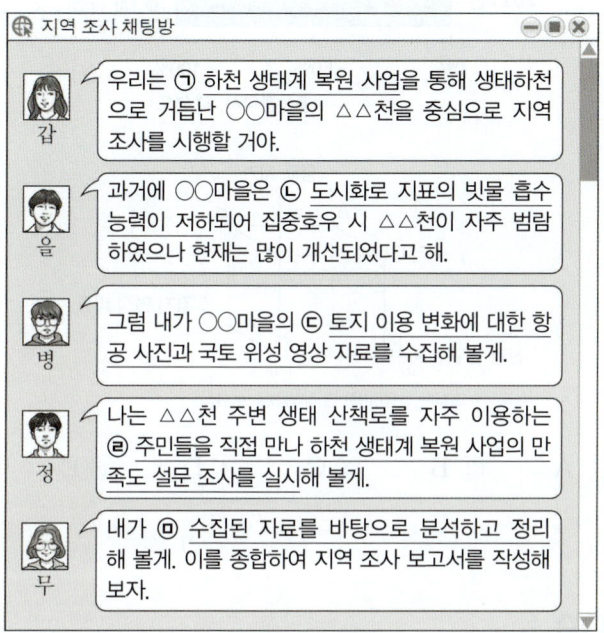

지역 조사 채팅방

갑: 우리는 ㉠ 하천 생태계 복원 사업을 통해 생태하천으로 거듭난 ○○마을의 △△천을 중심으로 지역 조사를 시행할 거야.

을: 과거에 ○○마을은 ㉡ 도시화로 지표의 빗물 흡수 능력이 저하되어 집중호우 시 △△천이 자주 범람하였으나 현재는 많이 개선되었다고 해.

병: 그럼 내가 ○○마을의 ㉢ 토지 이용 변화에 대한 항공 사진과 국토 위성 영상 자료를 수집해 볼게.

정: 나는 △△천 주변 생태 산책로를 자주 이용하는 ㉣ 주민들을 직접 만나 하천 생태계 복원 사업의 만족도 설문 조사를 실시해 볼게.

무: 내가 ㉤ 수집된 자료를 바탕으로 분석하고 정리해 볼게. 이를 종합하여 지역 조사 보고서를 작성해 보자.

① ㉠으로 인해 △△천 주변에 생물종 다양성이 증가할 것이다.
② ㉡은 아스팔트 등 포장된 지표의 면적이 감소하였기 때문이다.
③ ㉢은 문헌이나 인터넷을 통해 수집할 수 있다.
④ ㉣은 지역 조사 단계 중 야외 조사에 해당한다.
⑤ ㉤에서는 도표, 그래프, 통계 지도 등을 작성할 수 있다.

02 ❋❋❋ 2023 실시 6월 학평 4

지역 조사 과정 중 (가) 단계에 해당하는 활동으로 가장 적절한 것은? [3점]

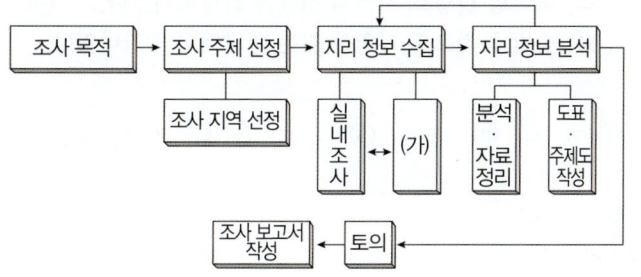

조사 목적 → 조사 주제 선정 → 지리 정보 수집 → 지리 정보 분석
조사 지역 선정 / 실내 조사 / (가) / 분석·자료 정리 / 도표·주제도 작성
조사 보고서 작성 ← 토의

① ○○지역의 교통량과 상권 변화를 주제로 정한다.
② 수집한 자료를 유형별로 분류하고 시각적으로 표현한다.
③ ○○지역의 시청을 방문하여 담당자와 면담을 실시한다.
④ 도서관에서 교통량과 상권 변화에 관한 문헌을 조사한다.
⑤ 교통량과 상권 변화에 대한 ○○지역 답사 일정을 수립한다.

03 ❋❋❀ 2023 실시 9월 학평 6

다음 자료는 지역 조사 과정을 나타낸 것이다. (가)~(다)에 들어갈 적절한 활동만을 〈보기〉에서 고른 것은?

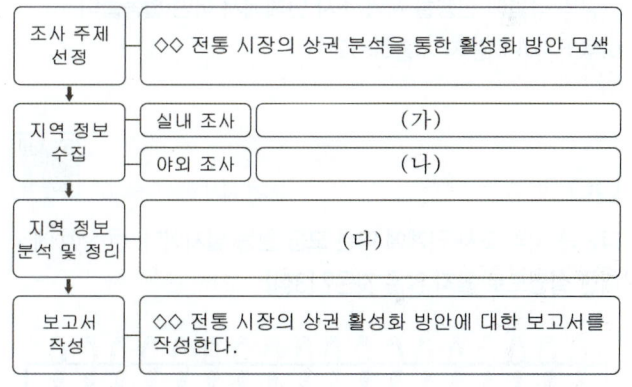

조사 주제 선정	◇◇ 전통 시장의 상권 분석을 통한 활성화 방안 모색
지역 정보 수집	실내 조사 (가) / 야외 조사 (나)
지역 정보 분석 및 정리	(다)
보고서 작성	◇◇ 전통 시장의 상권 활성화 방안에 대한 보고서를 작성한다.

[보기]
ㄱ. ◇◇ 전통 시장의 위치, 교통망, 상점 수 등을 인터넷을 활용하여 조사한다.
ㄴ. ◇◇ 전통 시장을 방문하여 이용자를 대상으로 이용 횟수, 만족도 등을 설문 조사한다.
ㄷ. ◇◇ 전통 시장 이용자의 만족도, 업종별 상점 현황을 분석하여 도표나 그래프 등으로 표현한다.

	(가)	(나)	(다)			(가)	(나)	(다)
①	ㄱ	ㄴ	ㄷ		②	ㄱ	ㄷ	ㄴ
③	ㄴ	ㄱ	ㄷ		④	ㄷ	ㄱ	ㄴ
⑤	ㄷ	ㄴ	ㄱ					

[04~05] 그림은 지역 조사 과정의 일부를 나타낸 것이다. 이를 보고 물음에 답하시오.

최근 이 지역의 변화와 관련하여 가장 큰 문제가 무엇이라고 생각하시나요?

농사짓기 힘들고 아이들 키우기도 힘들고 해서 하나 둘씩 떠나고 있습니다. 그러니 일손이 부족해서 남은 사람들은 농사짓기가 더 어려워지고 있어요. 폐교된 학교도 많아요.

04 ✽✽✾ 단답형

그림에 해당하는 지역 조사 단계와 조사 방법을 각각 쓰시오.

05 ✽✽✾ 서술형

그림의 다음에 진행될 지역 조사 단계에서 어떤 활동들이 이루어져야 하는지 서술하시오.

06 ✽✽✾ 중요

2021 실시 9월 학평 18

다음은 지역 조사 단계에 따른 모둠 활동 일지이다. ㉠~㉤에 대한 설명으로 옳지 <u>않은</u> 것은? [3점]

[○○모둠 지역 조사 활동 일지]

○월 10일: 모둠 회의를 통해 ㉠ '□□시 지역 변화에 따른 산업 시설 활용 방안'을 조사하기로 결정하고, 공장과 같은 산업 시설의 이전이 많은 △△지역을 조사 장소로 선정함.

○월 15일: 계획에 따라 ㉡ □□시청에 방문하여 과거 산업 시설의 분포를 알 수 있는 지도와 통계 자료를 조사함.

○월 20일: 산업시설 이전으로 인한 지역 변화를 알아보기 위해 ㉢ 야외 조사를 준비함.

○월 25일: ㉣ △△지역에 직접 방문하여 주민들에게 산업 시설의 활용 방안을 묻는 설문 조사를 실시함.

○월 30일: 각 조사 과정에서 ㉤ 수집된 자료를 분석하고 정리한 내용을 종합하여 지역 조사 보고서를 완성함.

① ㉠은 조사 주제에 해당한다.

② ㉡은 실내 조사 활동에 해당한다.

③ ㉢에서는 사진 촬영, 면담 등을 실시할 수 있다.

④ ㉣을 위한 설문 문항 제작은 ㉤ 이후에 실시한다.

⑤ ㉤에서는 수집된 자료를 이용해 도표, 그래프, 통계 지도 등을 작성할 수 있다.

---

2 공간 변화에 따른 문제점과 대책

07 ✽✽✽

그래프는 울산광역시의 산업 구조 변화를 나타낸 것이다. 1962년과 비교한 2021년의 상대적인 특징을 그림의 A~E에서 고른 것은?

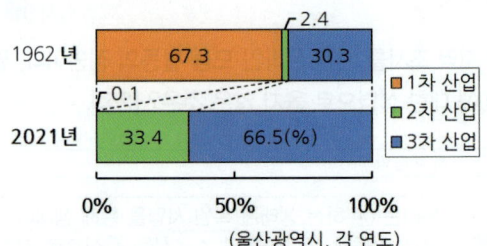

(울산광역시, 각 연도)

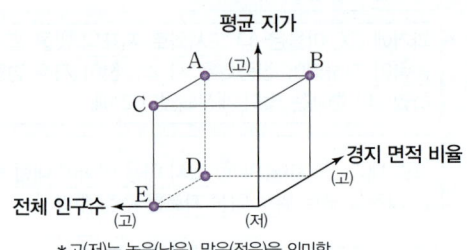

*고(저)는 높음(낮음), 많음(적음)을 의미함.

① A ② B ③ C ④ D ⑤ E

08 ✽✽✾

다음 자료는 어떤 다큐멘터리의 내용 순서를 나타낸 것이다. (가)에 들어갈 적절한 내용만을 〈보기〉에서 고른 것은?

Ⓐ 일본 요코하마의 작은 마을인 고토부키는 일용직 노동자들이 모여 살던 지역이다.	Ⓑ 경제가 어려워지자 노동자들은 이 지역을 떠나고, 사람들이 떠난 마을은 빈방이 넘쳐나게 되었다.
Ⓒ 사회적 기업은 건물을 리모델링하여 숙박 사업을 제안하면서 요코하마 호스텔 빌리지 사업이 시작되었다.	Ⓓ 이 사업은 성공을 거두어 _____(가)_____.

* 내용은 Ⓐ, Ⓑ, Ⓒ, Ⓓ 순임.

[보기]

ㄱ. 요코하마의 사회적 기업이 감소하였다.

ㄴ. 요코하마의 일용직 노동자들이 증가하였다.

ㄷ. 숙박업 발달로 지역의 경제가 활성화되었다.

ㄹ. 숙박 목적으로 지역을 찾는 관광객이 증가하였다.

① ㄱ, ㄴ ② ㄱ, ㄷ ③ ㄴ, ㄷ ④ ㄴ, ㄹ ⑤ ㄷ, ㄹ

[09~10] 사진은 (가), (나) 지역에서 발생하는 문제를 나타낸 것이다. 사진을 보고 물음에 답하시오.

(가)   (나)

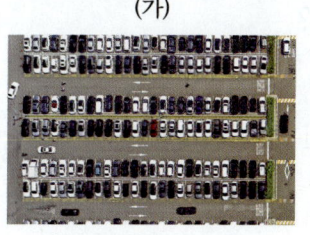   

주차난   휴경지

09 ✽✽✽

(가), (나) 지역에서 발생할 수 있는 문제로 옳은 것만을 〈보기〉에서 고른 것은?

─[보기]─
ㄱ. (가): 일자리가 부족해 대도시로 인구가 유출된다.
ㄴ. (가): 인구 과밀화로 인해 각종 기반 시설이 부족해진다.
ㄷ. (나): 경지로 쓸 땅이 부족해서 지역 경제가 침체된다.
ㄹ. (나): 여자와 남자의 인구수 차이가 커지는 현상이 발생한다.

① ㄱ, ㄴ   ② ㄱ, ㄷ   ③ ㄴ, ㄷ
④ ㄴ, ㄹ   ⑤ ㄷ, ㄹ

10 ✽✽✽

(가), (나) 지역의 문제를 해결하는 방안으로 옳은 것은?

① (가): 인구 유출을 막기 위해 산업 단지를 만들어 일자리를 창출한다.
② (가): 인터넷을 통해 농산물 직거래를 진행하여 경제를 활성화한다.
③ (나): 도시 재개발 사업을 추진하여 주거 환경을 개선한다.
④ (나): 인구 과밀화 문제를 해결하기 위해 기반 시설을 확충한다.
⑤ (나): 교육, 의료, 문화 시설의 확충을 통해 주민들의 삶의 질을 높인다.

11 ✽✽✽

다음 자료의 (가)에 들어갈 내용으로 가장 적절한 것은?

【주제】_____(가)_____의 주요 사례

송파구 캐릭터   보성 키위   보령 머드 축제

① 촌락 지역의 환경 문제 해결 방안
② 효율성을 추구하는 지역 개발 방법
③ 대도시 과밀화에 따른 기반 시설 확충
④ 지역 경쟁력 강화를 위한 지역화 전략
⑤ 산업 재구조화 정책을 통한 지역 발전 전략

 **내신 1등급 문제**

12 ✽✽✽ 중요   2022 실시 6월 학평 4

'공공 기관 이전에 따른 ○○군의 변화'를 주제로 지역 조사를 하고자 한다. (가), (나) 단계에 해당하는 활동으로 옳은 것만을 〈보기〉에서 있는 대로 고른 것은?

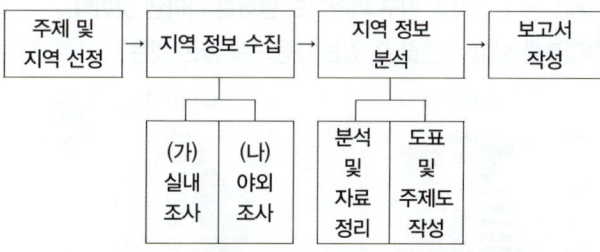

─[보기]─
ㄱ. (가): ○○군으로 이전한 공공 기관 주변의 상인을 찾아가 설문 조사를 한다.
ㄴ. (가): ○○군청 누리집에서 공공 기관 이전 전후의 ○○군 산업별 취업자 통계 자료를 수집한다.
ㄷ. (나): ○○군 항공 사진에서 식별하기 어려웠던 건물을 현장에 가서 직접 촬영한다.
ㄹ. (나): ○○군으로 이전한 공공 기관 앞 도로에 가서 지나가는 차량의 수를 세어 기록한다.

① ㄱ, ㄴ   ② ㄱ, ㄹ   ③ ㄷ, ㄹ
④ ㄱ, ㄴ, ㄷ   ⑤ ㄴ, ㄷ, ㄹ

13 ***

다음 자료를 통해 추론할 수 있는 이 지역의 특징으로 옳은 것만을 〈보기〉에서 있는 대로 고른 것은?

구분	사업체 수(개)	사업체 총 종사자 수(명)
2001년	13,892	113,723
2021년	109,971	564,646

○○시의 산업 현황

구분	농림어업	광·제조업	사회 간접 자본 및 기타 사업 서비스업
2001년	203	78,138	35,382
2021년	607	257,700	306,339

○○시의 산업별 종사자 수 (단위: 명)

[보기]
ㄱ. 주민 대부분이 2·3차 산업에 종사한다.
ㄴ. 2001년에는 2차 산업의 종사자 수가 가장 많다.
ㄷ. 2001년에 비해 2021년 1차 산업의 종사자 수는 증가했다.
ㄹ. 2001년에 비해 2021년 사업체 총 종사자 수는 증가했으나 사업체 수는 감소했다.

① ㄱ, ㄴ　　　② ㄱ, ㄷ　　　③ ㄴ, ㄹ
④ ㄱ, ㄴ, ㄷ　　　⑤ ㄴ, ㄷ, ㄹ

14 **✿

그래프는 ○○시의 인구 피라미드 변화를 나타낸 것이다. 그래프를 보고 추론할 수 있는 내용으로 옳은 것은?

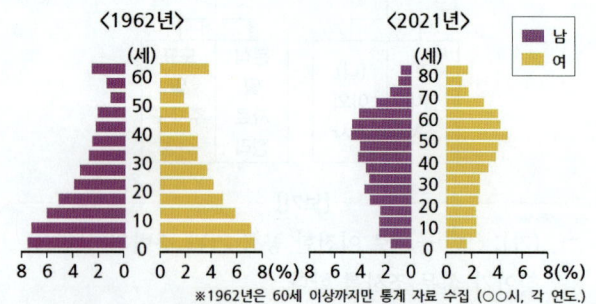

※1962년은 60세 이상까지만 통계 자료 수집 (○○시, 각 연도.)

① 1962년에 비해 2021년 유소년층 비율이 증가하였다.
② 1962년에 비해 2021년 청장년층 비율이 감소하였다.
③ 위 그래프를 통해 ○○시 주민의 가치관 변화를 확인할 수 있다.
④ 위 그래프에 사용된 지역 정보는 통계 자료를 수집하는 방식으로 얻을 수 있다.
⑤ 위 그래프에 사용된 지역 정보는 해당 지역 주민과의 면담을 통해 얻을 수 있다.

15 ***

다음 자료는 지역 조사의 과정을 나타낸 것이다. (가)~(마) 중 조사 내용이 적절하지 않은 것은?

1. 지역 조사 계획 수립
   (1) 조사 주제: ○○시의 인구 증가와 생태환경 변화
   (2) 조사 지역: ○○시
2. 지역 정보 수집
   (1) 실내 조사
      • (가) 인터넷 검색으로 ○○시의 인구 자료를 수집한다.
      • (나) ○○시의 인구 증가와 관련된 신문 기사를 찾는다.
   (2) 야외 조사
      • (다) ○○시의 쓰레기 배출량에 대한 자료를 ○○시 누리집에서 찾는다.
      • (라) ○○시의 수질 상태에 대해 주민들이 어떻게 느끼는지 설문조사를 실시한다.
3. 지역 정보 분석 및 종합
   (1) (마) ○○시의 인구 변화를 그래프로 표현한다.
   (2) ○○시는 산업 단지가 들어서며 인구가 급격히 증가하게 되었다. 인구 증가로 쓰레기 배출량이 계속 증가하고 있고, 산업 오폐수 관리 부재로 인해 수질 오염 문제도 심각해지고 있어 환경을 보전하기 위한 노력이 필요하다.

① (가)　　　② (나)　　　③ (다)
④ (라)　　　⑤ (마)

11 산업화와 도시화에 따른 변화

01 ✳✳✿

그래프는 우리나라의 산업 구조 변화를 나타낸 것이다. 이와 관련된 설명으로 옳은 것은?

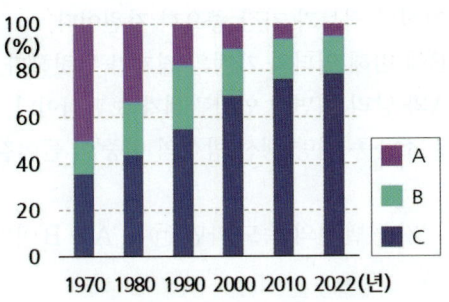

※산업별 취업자 수 기준 (통계청, 2023)

① 인구의 촌락 거주 비중이 높아졌다.
② A 종사자는 주로 도시에 거주한다.
③ B 종사자 수 비중은 꾸준히 증가하였다.
④ C 종사자 수 비중은 시·도 중 서울이 가장 높다.
⑤ A 종사자 수는 증가하고, C 종사자 수는 감소하였다.

02 ✳✳✳   2021 실시 11월 학평 3

다음 자료는 (가), (나) 국가의 도시화율 변화를 나타낸 것이다. 이에 대한 설명으로 옳은 것은? [3점]

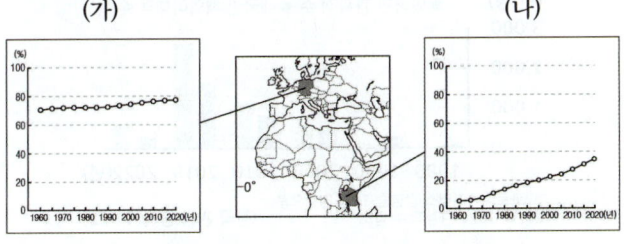

① (가)는 2020년에 도시 인구가 촌락 인구보다 적다.
② (나)는 촌락 인구 비율이 지속적으로 증가하였다.
③ (가)는 (나)보다 3차 산업 종사자 비중이 크다.
④ (나)는 (가)보다 산업화 시작 시기가 이르다.
⑤ (나)는 (가)보다 2000년 이후 도시화 진행 속도가 느리다.

03 ✳✳✳   2022 실시 9월 학평 15

그래프는 두 시기의 우리나라 산업별 종사자 현황과 도시 인구 비율을 나타낸 것이다. (가)에 대한 (나)의 상대적 특성을 그림의 A~E에서 고른 것은? (단, (가), (나)는 1970년, 2019년 중 하나이다.) [3점]

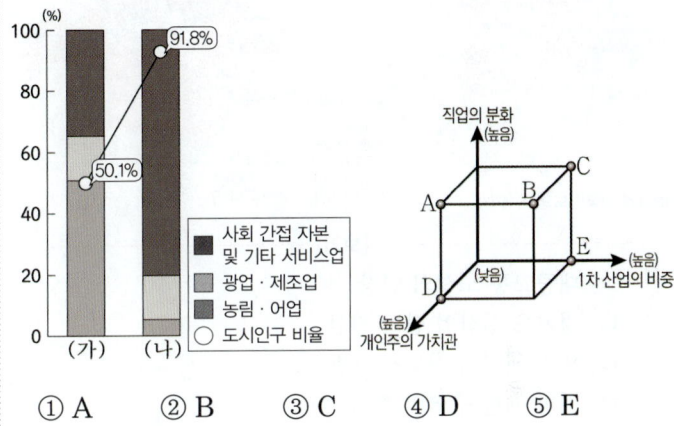

① A   ② B   ③ C   ④ D   ⑤ E

04 ✳✳✳

다음 지도의 (가), (나) 지역에 대한 상대적인 특징을 그림과 같이 나타낼 때, A, B에 들어갈 항목으로 가장 적절한 것은?

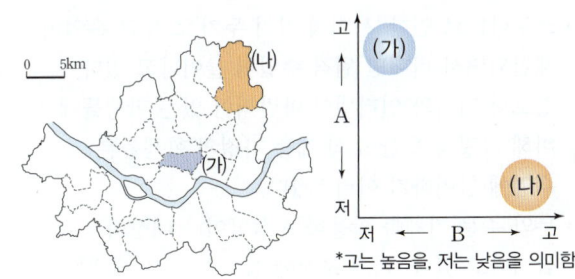

*고는 높음을, 저는 낮음을 의미함.

	A	B
①	상주인구	상업지의 평균 지가
②	상주인구	출근 시 순유입 인구
③	상업지의 평균 지가	상주인구
④	상업지의 평균 지가	출근 시 순유입 인구
⑤	출근 시 순유입 인구	상업지의 평균 지가

12 교통·통신 및 과학기술의 발달

05 ★★✿

지도는 서울로의 통근·통학 인구 비율 분포를 나타낸 것이다. 이와 같은 변화에 영향을 미친 주요 요인만을 <보기>에서 고른 것은?

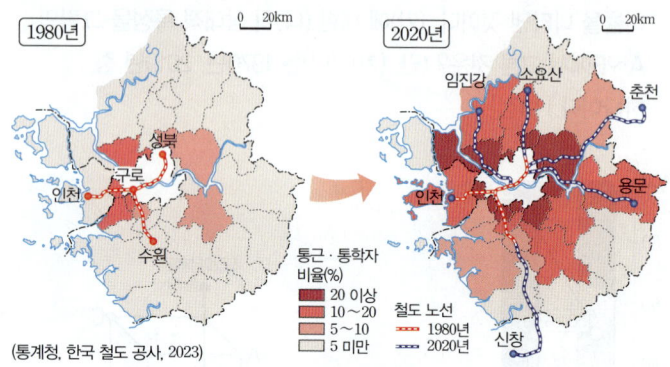

(통계청, 한국 철도 공사, 2023)

```
─────────────[보기]─────────────
ㄱ. 대중교통 노선의 연장
ㄴ. 경기도 신산업 단지 건설
ㄷ. 외곽 지역의 신도시 개발
ㄹ. 개발 제한 구역의 확대 지정
```

① ㄱ, ㄴ ② ㄱ, ㄷ ③ ㄴ, ㄷ ④ ㄴ, ㄹ ⑤ ㄷ, ㄹ

06 ★★✿
2021 실시 6월 학평 16

다음 사례를 통해 공통적으로 추론할 수 있는 정보 사회의 문제점으로 가장 적절한 것은?

- 코로나19로 인한 '사회적 거리 두기'로 등교 수업이 제한되면서 비대면 원격 수업이 늘어나고 있다. 정보화 기기와 인터넷이 마련되어 있는 학생들에 비해 그렇지 못한 소외 계층 가정의 학생들은 수업에 참여하기 어려워졌다.
- 무인 주문 기계를 활용하는 식당이나 매장이 늘어나고 있다. 기기 조작에 능숙한 젊은 세대에 비해 노인 세대 등 기기 조작을 어려워하는 사람들은 주문에 불편함을 겪고 있다.

① 정보 접근 및 이용에서 격차가 발생하고 있다.
② 타인의 지적 재산권 침해 현상이 심화되고 있다.
③ 허위 정보의 유포로 인한 사회적 혼란이 증대되고 있다.
④ 개인 정보 유출로 인한 사생활 침해 문제가 확산되고 있다.
⑤ 정보화 기기에 대한 과도한 의존으로 인해 인터넷 중독 문제가 심각해지고 있다.

07 ★★✿
2023 실시 9월 학평 10

표는 A, B 사회를 비교한 것이다. 이에 대한 설명으로 옳은 것은? (단, A, B는 각각 산업 사회와 정보 사회 중 하나임.) [3점]

분류 기준	비교 결과
제조업의 비중	A > B
(가)	A < B
(나)	㉠

① A는 지식과 정보가 가장 중요한 자원이다.
② A는 B에 비해 일터와 가정의 경계가 뚜렷하다.
③ B는 A와 달리 대면적 인간관계가 보편적이다.
④ (가)에 '소품종 대량 생산 방식의 비중'이 들어갈 수 있다.
⑤ (나)가 '기술 발전의 속도'라면 ㉠은 'A > B'이다.

08 ★★✿

(가), (나)를 통해 추론할 수 있는 내용으로 옳지 않은 것은?

(가) <인터넷 쇼핑 시장 규모 변화>

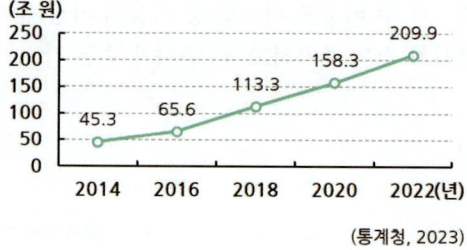

(통계청, 2023)

(나) <우리나라를 찾는 외국인 관광객과 내국인 해외여행객 수>

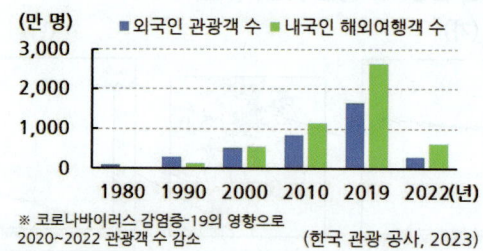

※ 코로나바이러스 감염증-19의 영향으로 2020~2022 관광객 수 감소   (한국 관광 공사, 2023)

① (가): 매장 대신 창고를 이용하여 상품을 판매하는 상점이 발달할 것이다.
② (가): 위와 같은 변화가 지속될 경우 상점 입지의 중요성은 더욱 커질 것이다.
③ (나): 교통과 통신의 발달로 여가 활동과 문화 교류의 기회가 증가할 것이다.
④ (나): 국가 간 상호 작용이 활발해지면서 새로운 문화가 형성될 기회가 많아질 것이다.
⑤ (나): 위와 같은 변화로 전염병의 전파 속도가 빨라지고 확산 범위가 넓어질 것이다.

09 ✿✿✿
2022 실시 6월 학평 13

(가), (나) 사례에 해당하는 정보 사회의 문제점으로 가장 적절한 것은?

> (가) 인터넷, 스마트 기기를 이용한 비대면 금융 거래가 보편화되면서 오프라인 점포 수를 줄이는 금융 기관이 많아지고 있다. 이에 따라 인터넷과 모바일을 활용한 금융 거래에 익숙하지 않은 노년층이 불편함을 겪고 있다.
>
> (나) 인터넷상에서 '신상털기'가 무분별하게 이뤄지면서 사건 당사자의 안전을 위협하거나 심리적 고통을 야기하기도 한다.

	(가)	(나)
①	정보 격차	인터넷 중독
②	정보 격차	사생활 침해
③	저작권 침해	인터넷 중독
④	저작권 침해	사생활 침해
⑤	인터넷 중독	저작권 침해

⑬ 내가 사는 지역의 공간 변화

10 ✿✿✿
2021 실시 6월 학평 19

그림은 지역 조사 과정을 나타낸 것이다. A~C 단계에서 실시하는 활동을 〈지역 조사 계획서〉의 ㄱ~ㄷ에서 고른 것은?

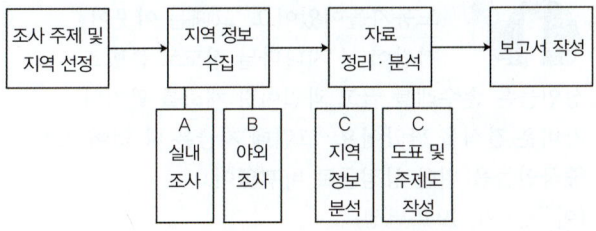

> 〈지역 조사 계획서〉
> • 조사 주제: ○○시 마을 기업 운영 이후 지역 변화
> • 주요 활동 계획
>   ㄱ. 마을 기업 설립이 지역에 미친 영향을 주민과의 면담을 통해 조사한다.
>   ㄴ. 연도별 마을 기업 설립 현황 등과 관련된 문헌 및 통계 자료를 수집한다.
>   ㄷ. 수집한 시기별 지역 총생산 자료를 막대 그래프로 표현한다.

	A	B	C			A	B	C
①	ㄱ	ㄴ	ㄷ		②	ㄱ	ㄷ	ㄴ
③	ㄴ	ㄱ	ㄷ		④	ㄴ	ㄷ	ㄱ
⑤	ㄷ	ㄱ	ㄴ					

11 ✿✿✿

(가)를 추진하는 목적으로 가장 적절한 것은?

〈 (가) 에 등록된 주요 제품〉

① 도심 재활성화
② 도시 인구의 과밀화 해소
③ 산업화를 통한 일자리 창출
④ 촌락 지역의 지역 경쟁력 강화
⑤ 관광 산업 발달을 통한 수입 증대

12 ✿✿✿

2022 실시 9월 학평 5

다음은 학생의 지역 조사 활동 과정을 나타낸 것이다. 밑줄 친 ㉠~㉤에 대한 설명으로 옳지 않은 것은? [3점]

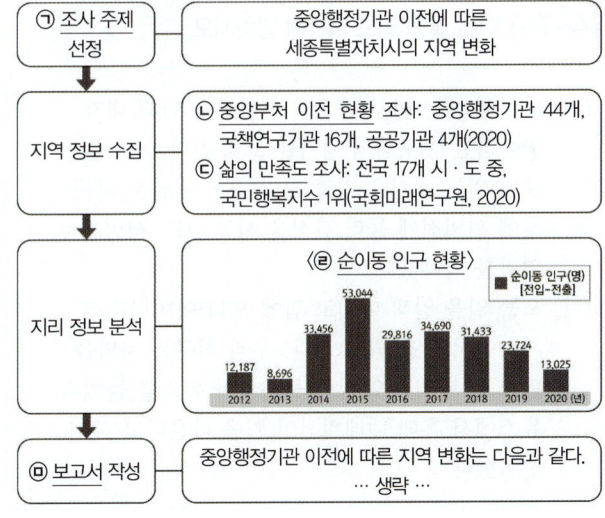

① ㉠은 조사 목적에 맞게 선정되어야 한다.
② ㉡은 문헌이나 인터넷 조사 활동을 통해 수집할 수 있다.
③ ㉢은 인공위성의 영상 촬영을 통해 정보 수집이 가능하다.
④ ㉣은 조사 지역의 인구 변화 과정을 나타낸 그래프이다.
⑤ ㉤은 포스터 또는 카드 뉴스의 형태로도 제작할 수 있다.

13 ✽✽✿

그림은 어느 지역의 공간 변화를 나타낸 것이다. (가)와 비교한 (나) 시기의 상대적인 특징을 그림의 A~E에서 고른 것은?

(가)

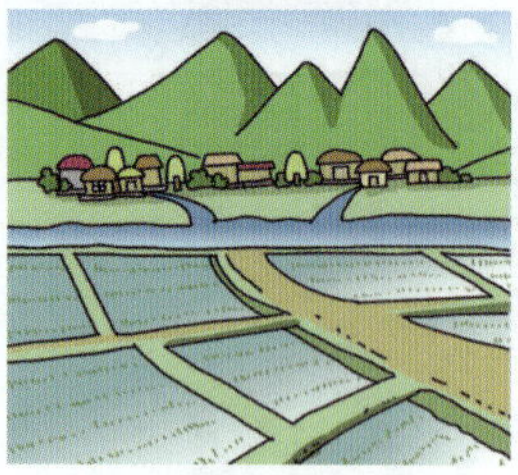

(나)

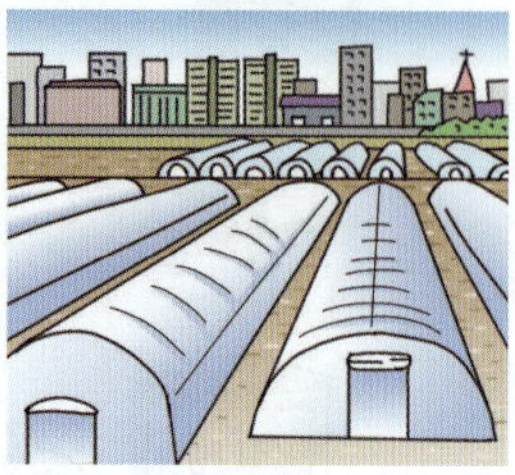

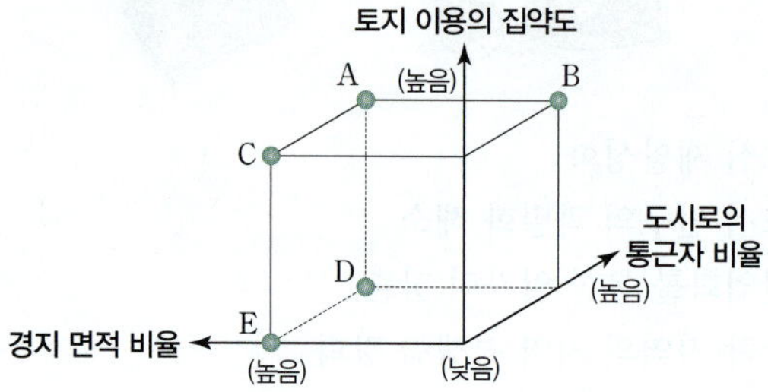

① A ② B ③ C
④ D ⑤ E

서술형 · 단답형 문제

[14~15] 다음 글을 읽고 물음에 답하시오.

> (가) 퇴근 후에는 야구 동호회 사람들과 함께 내가 좋아하는 야구팀의 경기를 보러 갔다. 경기를 보며 먹는 치킨은 정말 별미이다. 내일은 퇴근 후에 편의점에 들러 간식을 사고 OTT 서비스로 영화를 봐야겠다.
>
> (나) 오늘 일을 일찍 마치고 집에 오니 어머니께서 시장에서 장을 봐 오셨다. 우리 식구는 저녁을 먹고 나서 라디오 앞에 둘러앉아 뉴스를 들었다. 뉴스에서 흑백 텔레비전이 처음 나온다고 해서 신기했다.

14 ✽✽✿ 단답형

(가), (나)는 1966년과 2024년의 일기 중 하나이다. 각각 어느 것에 해당하는지 쓰시오.

15 ✽✽✿ 서술형

(가) 시기와 (나) 시기 사이에 일어난 생활공간과 생활양식의 변화를 서술하시오.

[16~17] 그림은 과학기술 발달로 인한 어떤 문제를 나타낸 것이다. 이를 보고 물음에 답하시오.

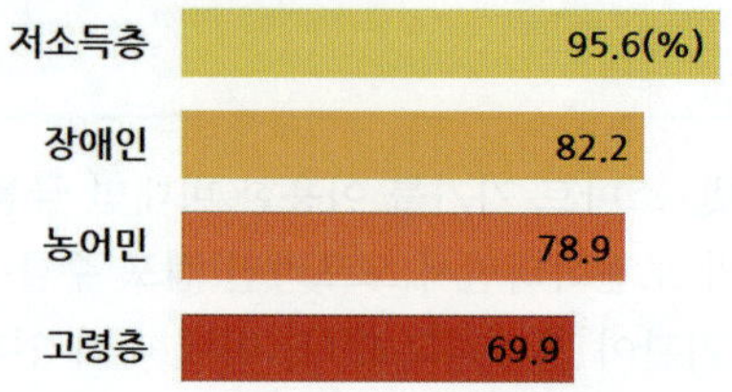

※ 일반 국민의 정보화 수준인 100% 대비 비율임
(과학기술 정보 통신부, 2023)

16 ✽✽✿ 단답형

자료를 통해 확인할 수 있는 과학기술 발달의 문제점을 쓰시오.

17 ✽✽✿ 서술형

자료에 나타난 문제점을 해결하기 위해 정부가 실시할 수 있는 제도적 방안 두 가지 서술하시오.

[18~19] 다음 글을 읽고 물음에 답하시오.

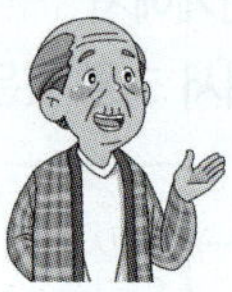

> 1970~80년대에는 가리봉 시장의 주요 고객이 주로 공업 단지의 노동자들이었어요. 그때는 이곳이 사람이 못 지나다닐 정도로 붐볐죠. 상인들은 손수레를 끌고 과일이랑 채소를 팔거나 가벼운 간식을 팔았어요. 그런데 지금은 다 없어지고 중국인들을 위한 상점들로 바뀌었어요.
> (이○○ 씨, 1946년생)

18 ✽✽✿ 단답형

윗글에 나타난 지역 정보의 수집 방법은 무엇인지 쓰시오.

19 ✽✽✿ 서술형

윗글에 해당하는 지역 조사 단계를 쓰고, 해당 단계에서 할 수 있는 정보 수집 방법 세 가지를 서술하시오.

❖ 정답 및 해설 78p

★ 산업화와 도시화

다음 유형은 산업화와 도시화에 대한 자료를 읽고 그래프의 A~C가 어떤 나라인지 파악한 후 옳은 설명을 찾는 문제로 주로 출제된다.

다음은 도시화와 산업화에 대한 자료이다. 이에 대한 설명으로 옳은 것은? (단, 그래프의 A~C는 각각 네팔, 일본, 타이 중 하나임.)
2028 대비 수능 예시 5(1차)

일반적으로 도시화 과정은 초기-가속화-종착의 3단계로 진행되고, 단계마다 도시화율과 도시 인구 증가율이 다르게 나타난다. 반면 도시화의 속도와 구체적 시기는 국가별로 다르다. 따라서 각 국가의 도시화 단계는 도시화율과 도시 인구 증가율을 통해 알 수 있다. 예를 들어 2022년 기준으로 도시화율은 일본, 한국, 타이, 네팔 순으로 높고, 도시 인구 증가율은 반대로 네팔, 타이, 한국, 일본 순으로 높다. 네팔은 도시화율이 21.5%로 가장 낮지만, 연평균 도시 인구 증가율은 3.8%로 가장 높아 가속화 단계에 진입하였음을 알 수 있다.

또한 도시화는 산업화 수준과도 밀접하게 관련되어 있다. 산업화가 고도화될수록 더 많은 사람들이 도시에 살게 되기 때문이다. 다음 그래프는 앞에서 언급한 네 나라의 2022년 경제 부문별 국내 총생산(GDP) 비율을 나타낸 것이다. 이 그래프를 통해 각 국가의 산업 부문별 비중을 알 수 있다.

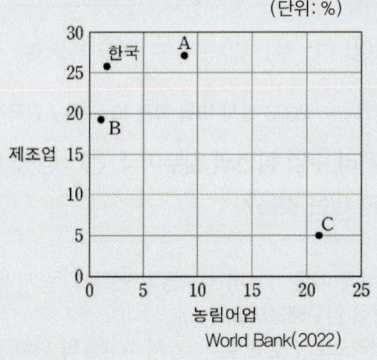
〈4개국의 경제 부문별 국내 총생산 비율〉
(단위: %)
World Bank(2022)

① A의 제조업 총부가가치액은 한국보다 많다.
② B는 한국보다 도시 인구수가 많다.
③ C는 도시 인구수가 촌락 인구수보다 많다.
④ A는 B보다 산업화가 시작된 시기가 이르다.
⑤ 타이는 일본보다 국내 총생산에서 서비스업이 차지하는 비율이 높다.

💡 단서+발상

(단서) 농림어업의 비율이 C가 가장 높고, B가 가장 낮다.
(발상) 따라서 A는 타이, B는 일본, C는 네팔이다.
(적용) 도시화율이 낮으면 도시 인구수보다 촌락 인구수가 많다.

|문제 + 자료 분석|

· A는 제조업 비율이 높지만 한국과 B보다 농림어업의 비율이 높은 타이이다.
· B는 제조업의 비율이 높은 편이고, 한국보다 농림어업의 비율이 낮은 일본이다.
· C는 네 국가 중 제조업의 비율이 가장 낮고 농림어업의 비율이 가장 높은 네팔이다.

|선택지 분석|

❌ A의 제조업 총부가가치액은 한국보다 많다.
· 타이는 한국보다 국내 총생산에서 제조업의 부가가치액이 차지하는 비율이 약간 [1], 국내 총생산은 한국보다 훨씬 적다.
· 따라서 타이는 한국보다 제조업 총부가가치액이 적다.

② B는 한국보다 도시 인구수가 많다.
· 일본과 한국 모두 도시화율이 높게 나타나지만, 일본은 한국보다 [2]가 더 많으므로 도시 인구수가 더 많다.

❌ C는 도시 인구수가 촌락 인구수보다 많다.
· 남부 아시아의 개발 도상국인 네팔은 도시화율이 50% 미만으로 도시 인구수가 촌락 인구수보다 [3].

❌ A는 B보다 산업화가 시작된 시기가 이르다.
· 동남아시아의 개발 도상국인 타이는 동아시아의 선진국인 일본보다 산업화가 시작된 시기가 늦으며 그로 인해 [4]도 낮다.

❌ 타이는 일본보다 국내 총생산에서 서비스업이 차지하는 비율이 높다.
· 국내 총생산에서 서비스업이 차지하는 비율은 100%에서 제조업과 농림어업이 차지하는 비율을 빼면 구할 수 있다.
· 타이는 일본보다 제조업과 농림어업이 차지하는 비율이 높으므로 서비스업이 차지하는 비율은 [5].

∴ 정답은 ②이다.

👀 대비법

이 유형에 대비하기 위해서는 산업화와 도시화가 일어나기 이전과 이후의 특성을 파악하고 있어야 한다.

[정답]

1 높지만 2 총인구 3 적다 4 도시화율 5 낮다

01 ✱✱✱❀

다음 자료는 도시화에 대한 것이다. 이에 대한 설명으로 옳은 것은? (단, A, B는 각각 도시, 촌락 중 하나이고, (가)~(다)는 각각 대한 민국, 베트남, 영국 중 하나임.) [1.5점]

도시화는 전체 인구 중에서 도시에 거주하는 인구의 비율이 높아지거나 도시적 생활양식이 확대되는 현상이다. 도시화 과정은 도시화율에 따라 ㉠ 초기 단계, ㉡ 가속화 단계, ㉢ 종착 단계로 구분되는데, 도시화율은 국가 내 도시와 촌락 인구로 알 수 있다. 전체 인구 중 도시 인구의 비율을 기준으로, 초기 단계는 0~20%, 종착 단계는 80~100%로 구분할 수 있다. 도시화는 전 세계적으로 진행되고 있으며, 국가에 따라 진행 과정과 속도가 다르게 나타난다.

〈국가별 도시 및 촌락 인구 변화〉

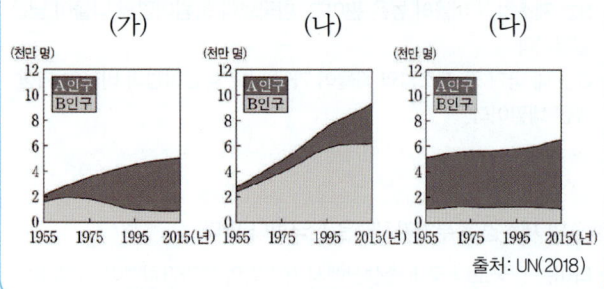

출처: UN(2018)

① 영국은 대한민국보다 1970년대에 도시 인구 증가율이 높다.
② ㉢은 ㉠보다 1차 산업 종사자 비율이 높다.
③ (나)는 2015년에 ㉡에서 ㉢으로 진입하였다.
④ (가)는 (다)보다 교외화 현상의 출현 시기가 이르다.
⑤ (가)~(다) 중 1955년의 도시화율은 (다)가 가장 높다.

02 ✱✱✱

사진은 수도권에 있는 ○○ 지역의 시기별 모습을 나타낸 것이다. 이 지역의 1997년과 비교한 2019년의 상대적 특성을 그림의 A~E에서 고른 것은?

〈1997년〉

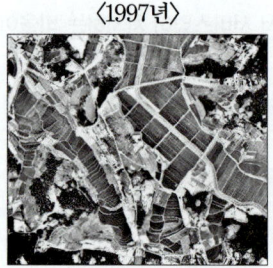

〈2019년〉

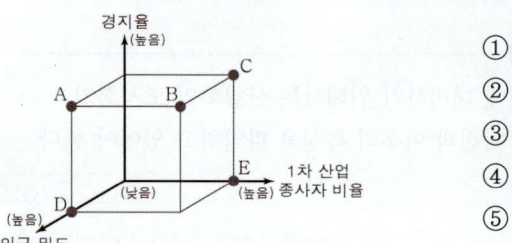

① A
② B
③ C
④ D
⑤ E

03 ✱✱✱❀

다음 자료는 교통 발달에 따른 지역 변화에 대한 것이다. 이에 대한 옳은 설명만을 〈보기〉에서 고른 것은? [1.5점]

2029년 개통을 목표로 페마른벨트(Fehmarnbelt) 해저 터널 공사가 진행되고 있다. 덴마크와 독일을 도로와 고속철도로 연결하는 이 터널은 매년 수백만 명이 이용하는 기존의 여객선 노선을 대체할 것이다. 이에 따라 뢰드부 지역 주민의 (가) 이/가 예상된다. 또한 B 도로 이용 시 이동 거리가 현재 이용 중인 A 도로에 비해 약 160km 단축되어 코펜하겐과 함부르크 간의 육상 물류비가 크게 절감될 것이다. 한편, 일각에서는 해저 터널의 완공 후 교통 발달에 의한 ㉠ 빨대 효과를 우려하기도 한다.

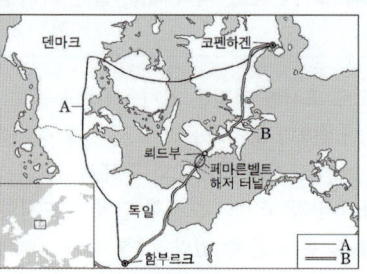

[보기]

ㄱ. 해저 터널이 완공되면 코펜하겐의 접근성이 좋아질 것이다.
ㄴ. ㉠은 대도시의 인구와 경제력이 주변 중소 도시로 분산되는 현상이다.
ㄷ. (가)에는 '생활권 확대'가 들어갈 수 있다.
ㄹ. 해저 터널이 완공되면 함부르크와 코펜하겐 간 이동 소요 시간은 A 도로가 B 도로보다 짧을 것이다.

① ㄱ, ㄴ ② ㄱ, ㄷ ③ ㄴ, ㄷ ④ ㄴ, ㄹ ⑤ ㄷ, ㄹ

04 ✱❀❀

다음은 한국지리 수업 장면의 일부이다. ㉠~㉢에 대한 설명으로 옳지 않은 것은?

교사: 도시화에 따른 △△시 ㅁㅁ동의 변화를 ㉠ 지역 조사 순서에 맞춰 탐구해볼까요?
갑: 조사 지역으로 선정된 ㉡ △△시 ㅁㅁ동의 위치를 찾아보고, 과거와 현재의 경관 변화를 ㉢ 항공 사진과 인터넷 지도를 이용하여 조사하겠습니다.
을: 도시화로 인한 지역의 인구 변화를 살펴보고, 지역 변화에 대한 ㉣ 주민들의 인식을 조사하겠습니다.
병: 수집한 지리 정보를 정리해 그래프와 ㉤ 통계 지도로 표현하고 보고서로 작성하겠습니다.

① ㉠은 지리 정보를 수집하고 분석해 지역성을 파악하는 활동이다.
② ㉡은 지리 정보의 유형 중 공간 정보에 해당한다.
③ ㉢은 지역 조사 과정 중 실내 조사에 해당한다.
④ ㉣은 주로 원격 탐사를 통해 수집한다.
⑤ 단계 구분도, 도형 표현도, 유선도는 ㉤에 해당한다.

01 ✿✿✿✿ 2025 실시 9월 학평 14

(가), (나)에 나타난 행복한 삶을 위한 조건에 대한 옳은 설명만을 〈보기〉에서 고른 것은? [1.5점]

> (가) 일반 백성은 고정적인 생업 [恒産]이 없으면 흔들림 없는 도덕적인 마음 [恒心]을 유지하기 어렵다. 그러므로 현명한 임금은 백성들이 생업을 가지게 해 주되 반드시 위로는 부모를 섬기기에 충분하게 하고, 아래로는 자녀를 먹여 살릴 만하게 하여 백성들을 바른 길로 나아가게 한다.
>
> (나) 무릇 살 터를 잡는 데는 첫째, 지리(地理)가 좋아야 하고 다음은 생리(生利)가 좋아야 하며, 다음은 인심(人心)이 좋아야 하고, 아름다운 산과 물인 산수(山水)가 있어야 한다. 이 네 가지에서 하나라도 모자라면 살기 좋은 땅이 아니다.
>
> * 생리(生利): 지역에서 얻는 경제적 이익
> ** 인심(人心): 넉넉하고 좋은 이웃 간의 정(情)

〈보기〉

> ㄱ. (가)를 통해 도덕적인 마음은 경제적 안정을 위한 우선 조건임을 알 수 있다.
> ㄴ. (가)를 통해 인간다운 삶을 위해 일정한 수준의 소득이 필요함을 알 수 있다.
> ㄷ. (나)를 통해 이웃과의 교류가 없는 조용한 곳을 거주지로 정해야 함을 알 수 있다.
> ㄹ. (나)를 통해 질 높은 정주 환경을 위해 자연 환경뿐만 아니라 인문 환경도 필요함을 알 수 있다.

① ㄱ, ㄴ ② ㄱ, ㄷ ③ ㄴ, ㄷ ④ ㄴ, ㄹ ⑤ ㄷ, ㄹ

💬 출제 의도

• 삶의 목적으로서 행복의 의미에 대한 사상가들의 관점을 실생활의 가치 판단 문제에 적용할 수 있는지를 평가한다.

• 행복한 삶을 실현하기 위한 조건으로 질 높은 정주 환경의 조성, 경제적 안정의 필요성을 사례를 통해 인식할 수 있는지를 평가한다.

👆 문항 분석 - 지리 + 윤리

• 출제 개념 교재 및 단원

[자이스토리 통합사회1] Ⅱ. 인간, 사회, 환경과 행복

- 02강. 행복의 의미와 기준 – **동서양의 행복론**

[자이스토리 통합사회1] Ⅱ. 인간, 사회, 환경과 행복

- 03강. 행복한 삶을 실현하기 위한 조건 – **질 높은 정주 환경과 경제적 안정**

02 ✿✿✿✿ 학력 평가 기출 변형

다음 자료에 대한 옳은 설명만을 〈보기〉에서 고른 것은?

> **Q&A 게시판**
>
> 몇 달 전부터 행복한 삶을 실현하는 방법에 대해 고민 중입니다. 행복하게 살려면 어떤 조건을 만족해야 하나요?
>
> ┗ 갑: 철학자 ㉠ 에피쿠로스는 행복을 쾌락으로 보고 자연적이고 필수적인 욕구를 최소한으로 충족해야 한다고 보았습니다.
> ┗ 을: 이중환의 「택리지」에서는 살기 좋은 곳 중 하나로 ㉡ 인심이 좋은 곳을 언급하고 있습니다.
> ┗ 병: ㉢ 경제적 안정 역시 중요합니다. 생활에 필요한 기본 조건이 충족되어야 자아실현의 기회를 가질 수 있습니다.

〈보기〉

> ㄱ. ㉠은 이성적 숙고를 통해 행복을 성취할 수 있다고 본다.
> ㄴ. ㉠에 따르면 욕구를 충족하려는 시도는 항상 고통을 야기한다.
> ㄷ. ㉡은 당쟁이 없으며 사람들이 온화하며 순박한 곳이다.
> ㄹ. ㉢이 보장되면 행복한 삶은 필연적으로 실현된다.

① ㄱ, ㄴ ② ㄱ, ㄷ ③ ㄴ, ㄷ ④ ㄴ, ㄹ ⑤ ㄷ, ㄹ

03 ✿✿✿✿ 학력 평가 기출 변형

다음은 행복한 삶의 실현 조건에 대한 갑과 을의 대화이다. 밑줄 친 ㉠~㉣에 대한 설명으로 옳은 것은?

> 갑: 행복한 삶을 위해서는 질 높은 정주 환경이 필요합니다. 이중환의 「택리지」에 따르면 지리, ㉠ 생리, 인심, ㉡ 산수가 좋은 곳이 사람이 살기 좋은 곳입니다.
>
> 을: 행복한 삶을 위해서는 도덕적 성찰이 필요합니다. 철학자 ㉢ 소크라테스는 "반성하지 않는 삶은 살 가치가 없다."고 하며 ㉣ 무지를 깨닫고 도덕적 삶을 사는 것을 행복으로 보았습니다.

① ㉠은 경치가 빼어나 풍류를 즐길 수 있는 곳이다.
② ㉡은 풍수지리 사상의 명당에 해당하는 곳이다.
③ 흙빛이 수려한 곳은 ㉠, 땅이 기름진 곳은 ㉡과 관련이 있다.
④ ㉢은 의지가 나약한 사람은 자발적으로 악을 행할 수 있다고 본다.
⑤ ㉢은 ㉣을 악행의 원인으로 보고 참된 앎을 추구해야 한다고 본다.

2 자연관과 환경 문제

04 ❋❋❋❋
2028 대비 수능 예시 2(2차) 변형

다음 자료는 환경 문제에 대한 탐구 보고서의 일부이다. 이에 대한 옳은 설명만을 〈보기〉에서 고른 것은?

[환경 문제 탐구 보고서]

1. 환경 문제의 주요 원인과 현상

구분	A	B	C
주요 원인	과도한 목축 및 경작, 가뭄	농경지·목장의 확대를 위한 무분별한 벌목	플라스틱, 비닐 등 쓰레기의 바다 유입
현상			

2. 탐구 후 느낀 점

　환경 문제는 ㉠ 이분법적 세계관을 바탕으로 자연을 인간을 위한 도구로만 여겼기에 발생했다고 생각한다. 앞으로 인간은 ㉡ 생태 중심주의를 바탕으로 인간을 포함한 자연 전체의 균형과 안정을 위해 노력해야 한다.

〈보기〉

ㄱ. A는 B보다 연 강수량이 많은 곳에서 주로 나타난다.

ㄴ. C는 해류의 순환으로 쓰레기가 집적되어 나타난다.

ㄷ. ㉠은 인간이 자연으로부터 독립된 존재라고 생각한다.

ㄹ. ㉡은 무생물을 제외한 생태계 전체를 도덕적으로 고려해야 한다고 본다.

---

① ㄱ, ㄴ ② ㄱ, ㄷ ③ ㄴ, ㄷ ④ ㄴ, ㄹ ⑤ ㄷ, ㄹ

💬 **출제 의도**

- 국내외적으로 발생하는 환경 문제의 주요 원인과 현상, 분포 지역 등을 이해하고 있는지 평가한다.
- 자연에 대한 인간의 다양한 관점을 비교하고 인간과 자연의 바람직한 관계를 제안할 수 있는지 평가한다.

✋ **문항 분석 – 지리 + 윤리**

- 출제 개념 교재 및 단원

[자이스토리 통합사회1] Ⅲ. 자연환경과 인간
- 05강. 인간과 자연의 관계 – **자연을 바라보는 다양한 관점**

[자이스토리 통합사회1] Ⅲ. 자연환경과 인간
- 06강. 환경 문제 해결을 위한 노력 – **환경 문제의 유형과 국제 환경 협약**

---

05 ❋❋❋❋
2025 실시 6월 학평 11 변형

다음 자료에 대한 설명으로 옳은 것은? (단, A~C는 각각 기업, 정부, 시민 단체 중 하나임.)

- A는 ㉠ 생태계 전체를 하나의 유기체로 보는 관점의 중요성과 함께 인간의 환경 보전 의무를 강조하며 폐플라스틱 관련 대책을 촉구하는 집회를 열었다.
- B는 ㉡ 유해 폐기물의 국가 간 이동을 규제하는 협약의 통제 대상에 폐플라스틱이 포함되어 있음을 언급하고, 공청회를 열어 관련 규제 정책의 보완에 나섰다.
- C는 ㉢ 플라스틱으로 인한 해양 오염 문제를 개선하기 위해 친환경 경영을 선언하고 생분해성 플라스틱 소재의 개발과 생산에 나섰다.

---

① ㉠은 전일론적 관점이다.
② ㉡은 교토 의정서이다.
③ ㉢의 피해는 고위도 지역에 한정된다.
④ A는 국제 협약을 맺어 국제 사회와 협력할 수 있다.
⑤ C와 달리 B는 기술 혁신을 통해 오염 물질 배출을 줄일 수 있다.

---

06 ❋❋❋❋
2025 실시 9월 학평 25 변형

다음 자료에 대한 옳은 설명만을 〈보기〉에서 고른 것은?

〈㉠ 해양 쓰레기의 주요 집적 지역 공식 화폐〉

　국제 연합(UN)은 해양 쓰레기의 주요 집적 지역을 정식 국가로 인정하고, 공식 여권, 화폐를 만들었다. 공식 화폐에는 전 세계가 배출한 해양 쓰레기로 고통받는 바다사자, 갈매기, 거북이 등이 등장한다.

　해양 쓰레기 문제를 해결하기 위해 자연을 개발의 대상이 아닌 ㉡ 인간과 유기적으로 연결된 대상으로 인식하는 사고의 전환이 필요하다. 인간은 생명 공동체의 정복자가 아니며, 대지 위의 모든 존재는 평등한 구성원이다.

〈보기〉

ㄱ. ㉠으로 인해 지표에 도달하는 자외선이 증가한다.

ㄴ. ㉠의 해결을 위해 정부는 플라스틱 제품 사용 규제를 강화해야 한다.

ㄷ. ㉡에 따르면 인간은 해양 생태계와 분리된 존재이다.

ㄹ. ㉡에 따르면 인간은 해양 생태계를 보전할 도덕적 의무가 있다.

---

① ㄱ, ㄴ ② ㄱ, ㄷ ③ ㄴ, ㄷ ④ ㄴ, ㄹ ⑤ ㄷ, ㄹ

3 다양한 문화

07 ✷✷✷

2028 대비 수능 예시 3(2차)

다음은 세계의 문화권에 대한 온라인 수업 자료의 일부이다. 이에 대한 설명으로 옳지 않은 것은? [2.5점]

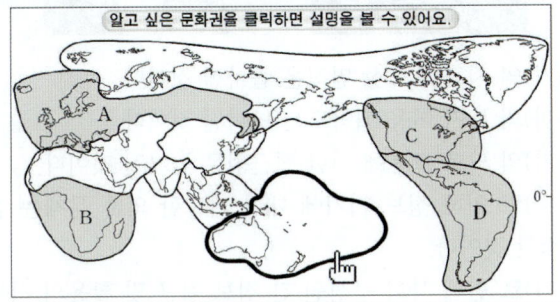

세계의 문화권은 위치, 자연환경, 종교, 민족(인종), 언어, 전통 산업 등 다양한 요소를 복합적으로 고려하여 아래 지도와 같이 구분할 수 있다.

알고 싶은 문화권을 클릭하면 설명을 볼 수 있어요.

◎ **오세아니아 문화권**

　오세아니아 문화권의 지리적 범위는 오스트레일리아, 뉴질랜드, 남태평양의 여러 섬을 포함한다.
• 오스트레일리아의 다문화 역사와 정책
　오스트레일리아는 20세기 초 백호주의를 내세우며 아시아계 등의 이민을 제한했다. 또한 ㉠ 원주민의 자녀를 부모로부터 강제로 분리하여 주류 집단의 언어와 생활양식 등을 강요하는 정책을 펼치며 원주민의 인권을 침해했다. 그러나 1970년대에 백호주의 폐지 이후, ㉡ 주류 문화와 소수 문화가 대등하게 조화를 이루려고 하는 정책을 바탕으로 다양한 민족(인종)과 문화가 공존하는 사회로 발전하고 있다.

① ㉠은 소수 문화를 주류 문화로 동화시키려는 정책이다.
② ㉡은 다문화주의 정책이다.
③ 오스트레일리아는 A에 속한 국가의 식민 지배를 받았다.
④ B는 이슬람교 신자 수가 크리스트교 신자 수보다 많다.
⑤ C와 D를 구분하는 경계는 리오그란데강이다.

💬 **출제 의도**

• 자연환경과 인문환경의 영향을 받아 형성된 다양한 문화권의 특징과 삶의 방식을 이해하고 있는지 평가한다.
• 다문화 사회의 현황을 토대로 문화적 다양성 존중과 관련지어 해결 방안을 모색할 수 있는지 평가한다.

👆 **문항 분석** – 지리 + 일반사회

• 출제 개념 교재 및 단원

[자이스토리 통합사회1] Ⅳ. 문화와 다양성
- 07강. 다양한 문화권의 특징과 삶의 방식 – 세계의 다양한 문화권의 특징

[자이스토리 통합사회1] Ⅳ. 문화와 다양성
- 10강. 다문화 사회와 문화 다양성 존중 – 다문화 정책

08 ✷✷✷

2025 실시 6월 학평 19

다음은 A국을 여행하며 쓴 일기이다. 밑줄 친 ㉠~㉤에 대한 설명으로 옳은 것은? [2.5점]

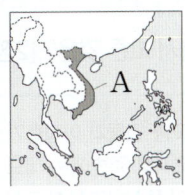

■1일차 – ○○역사박물관을 방문하여 ㉠ '쯔놈(chu nôm)' 문학에 관한 자료를 관람함. 쯔놈은 A국이 중국의 지배를 받던 시대에 ㉡ 도입된 한자에서 얻은 아이디어를 활용하여 개발한 문자 체계임.

■2일차 – 시내의 한 음식점에 들러 '분짜(bun cha)'를 점심으로 먹음. 분짜는 구운 돼지고기와 ㉢ 쌀로 만든 얇은 국수, 그리고 새콤달콤한 소스를 함께 먹는 요리임. 점심 식사 후 관광지의 한 가게에 들러 ㉣ A국의 전통 의복을 빌려 입고 기념 사진을 찍음. 거리에서 만난 ㉤ 현지어를 사용하는 사람들의 활기찬 모습이 인상적임.

① ㉠은 자극 전파의 사례이다.
② ㉡은 매개체를 통해 전파된 문화 요소이다.
③ A국의 기후는 ㉢을 생산하기에 불리하다.
④ ㉣은 추위를 견디기 위해 주요 소재로 털가죽을 이용한다.
⑤ ㉤으로 주로 영어가 사용된다.

09 ✷✷✷

2025 실시 6월 학평 24

다음 자료에 대한 설명으로 옳은 것만을 〈보기〉에서 고른 것은? [2점]

　러시아의 네네츠족은 ㉠ 북극 문화권에서 ㉡ 전통적으로 사냥, 어로, 유목 생활을 하는 민족이다. 그들은 순록을 잡아 생고기와 피를 섭취하고, 가죽으로 집과 옷을 만들어 생활한다. ㉢ 어떤 사람들은 자신의 문화를 우월하다고 여기며 네네츠족의 전통적인 식문화를 야만스럽다고 비난하기도 한다. 하지만 네네츠족이 순록의 생고기와 피를 섭취하는 것은 부족한 비타민과 철분을 보충하기 위해 환경에 적응한 결과이다. 그러므로 우리가 다른 문화를 올바르게 이해하기 위해서는 ⬚ (가) ⬚ 하는 태도를 지녀야 한다.

〈보기〉

ㄱ. ㉠은 기온이 낮아 인간이 거주하기에 불리하다.
ㄴ. 산업화·도시화로 인해 ㉡의 모습은 확산되고 있다.
ㄷ. ㉢과 같은 태도는 국수주의로 변질될 수 있다는 비판을 받는다.
ㄹ. (가)에는 '자문화보다 타문화를 동경'이 들어갈 수 있다.

① ㄱ, ㄴ　② ㄱ, ㄷ　③ ㄴ, ㄷ　④ ㄴ, ㄹ　⑤ ㄷ, ㄹ

10 ✽✽✽

2025 실시 9월 학평 21 변형

(가), (나)에 대한 옳은 설명만을 〈보기〉에서 고른 것은? [2점]

> (가) 멕시코시티는 많은 인구가 유입되고, 고층 건물과 아파트가 증가하며 대도시로 성장하였다. 멕시코시티 주변에는 대도시의 기능을 일부 분담하는 위성 도시가 등장하면서 대도시권이 형성되었다. 급속한 인구 증가는 불량 주택 지구(slum) 형성과 주택 부족 문제를 초래하였고, 자동차 통행량의 증가로 도심에서는 심각한 교통 체증 문제가 발생했다.
>
> (나) 소셜 미디어의 발전으로 누구나 자신의 정보와 의견을 쉽게 전달할 수 있게 되며 정치적 영역에서 시민들의 참여가 활성화되고 있다. 그러나 소셜 미디어를 통해 접하는 정보가 항상 검증된 사실만 담고 있는 것은 아니다. 일부 개인이나 집단은 의도적으로 가짜 뉴스를 제작하고 유포해 사회 갈등을 조장한다.

〈보기〉

ㄱ. (가)에서 멕시코시티의 토지 이용 집약도는 높아졌다.

ㄴ. (가)에는 문화생활에 참여하고 예술을 감상하는 혜택을 나누어 가질 권리가 침해되는 문제가 나타나고 있다.

ㄷ. (나)는 정보를 비판적으로 분석하는 능력의 필요성을 보여 준다.

ㄹ. (나)는 기업의 과도한 개인 정보 수집으로 인해 나타나는 현상이다.

① ㄱ, ㄴ ② ㄱ, ㄷ ③ ㄴ, ㄷ ④ ㄴ, ㄹ ⑤ ㄷ, ㄹ

💬 **출제 의도**

• 산업화, 도시화로 인해 나타난 생활공간과 생활양식의 변화 양상을 조사하고 이에 따른 문제점의 해결 방안을 제안할 수 있는지 평가한다.

• 과학기술의 발달과 함께 나타난 생활양식의 변화 양상을 파악하고 이에 따른 문제점의 해결 방안을 제안할 수 있는지 평가한다.

✋ **문항 분석 – 지리 + 일반사회**

• **출제 개념 교재 및 단원**

[자이스토리 통합사회1] V. 생활 공간과 사회

- 11강. 산업화 · 도시화에 따른 변화 – **산업화 · 도시화로 인한 문제와 해결 방안**

[자이스토리 통합사회1] V. 생활 공간과 사회

- 12강. 교통 · 통신 및 과학기술의 발달 – **과학기술의 발달에 따른 변화 및 문제점**

11 ✽✽✽

학력 평가 기출 변형

(가), (나)에 대한 설명으로 가장 적절한 것은?

(가)	(나)
많은 인구를 수용할 수 있도록 고층 건물을 많이 짓고 접근성을 높이기 위해 아스팔트 도로를 늘리고 있습니다.	노인 대상 정보 통신 교육 정책으로 노인들도 무인 정보 단말기를 능숙하게 사용할 수 있도록 합니다.

① (가)의 지표의 포장 면적은 좁아질 것이다.

② (가)의 토지 이용 집약도는 낮아질 것이다.

③ (가)의 도로 교통에 의한 접근성은 높아질 것이다.

④ (나)로 인해 정보 기기에 대한 과도한 의존 문제는 감소할 것이다.

⑤ (나)로 인해 사회 구성원 간 정보 접근 및 활용의 격차가 증가할 것이다.

12 ✽✽✽

학력 평가 기출 변형

(가), (나)에 들어갈 수 있는 내용으로 적절한 것만을 〈보기〉에서 고른 것은?

> 「도시화와 정보화에 따른 문제점」
>
> ○학년 ○반 ○○○
>
> 1) 도시로 인구와 기능이 집중되며 교통 문제가 심각해지고 있다. 자동차의 증가로 교통량이 늘어나 교통 체증 및 주차난이 심화되고 있으며, 교통사고 및 교통 소음 문제도 증가하고 있다. 이러한 문제를 해결하기 위해 (가)
>
> 2) 필터 버블이란 인터넷 이용자에게 맞춤형 정보를 제공해 이용자가 걸러진 정보만을 접하게 되는 현상이다. 필터 버블에 갇히면 사람들은 자신의 의견과 일치하는 정보만 접해 자신이 가진 견해가 더 옳다고 믿게 되는 확증 편향에 빠지기 쉽다. 이러한 문제를 해결하기 위해 (나)

〈보기〉

ㄱ. (가): 개발제한구역(그린벨트) 축소 방안을 모색해야 한다.

ㄴ. (가): 지역 내 대중교통 이용 활성화 방안을 연구해야 한다.

ㄷ. (나): 저작권 침해에 대한 법적 규제를 강화해야 한다.

ㄹ. (나): 온라인상에서 접하는 정보에 대한 비판적 수용 태도가 필요하다.

① ㄱ, ㄴ ② ㄱ, ㄷ ③ ㄴ, ㄷ ④ ㄴ, ㄹ ⑤ ㄷ, ㄹ

단원별 TEST

01 인간, 사회, 환경을 바라보는 관점

• 문항 수 10개
• 제한 시간 15분

01 ✿✿✿

다음 글에 나타난 관점에 대한 설명으로 옳은 것은?

> "일상생활에서 법·제도가 우리에게 어떻게 영향을 미치는가? 사회 구조는 인간의 사고와 행동에 어떤 영향을 미치는가? 정책 결정 과정에서 정부와 시민의 역할은 무엇인가?" 등의 질문에 답을 찾아가는 관점이다.

① 시대적 배경과 맥락을 토대로 사회 현상을 살펴본다.
② 규범적 방향성과 가치 등을 고려하여 사회 현상을 살펴본다.
③ 사회 구조와 사회 제도의 영향력을 고려하여 사회 현상을 살펴본다.
④ 과거를 돌아봄으로써 현재 나타나고 있는 현상이나 문제를 이해한다.
⑤ 변화하는 사회 속에서 어떻게 하면 바람직하고 행복한 삶을 살아갈 수 있을까를 성찰한다.

02 ✿✿✿

밑줄 친 ㉠~㉣과 관련된 탐구 관점에 대한 옳은 설명만을 〈보기〉에서 있는 대로 고른 것은?

> ㉠ 기후 변화에 따른 해수면 상승으로 ㉡ 남태평양에 있는 키리바시, 투발루 등의 섬나라는 국토가 바닷물에 잠길 위기에 처해 있다. 국제 사회는 기후 변화에 따른 피해를 막기 위해 ㉢ 파리 협정(2015년)과 같은 다양한 협약을 맺었지만, 남태평양 섬나라의 정상들은 ㉣ 선진국들의 더욱 적극적인 대처를 요구하고 있다.

[보기]
ㄱ. ㉠: 시간적 관점에서 기후 변화의 원인을 살펴본다.
ㄴ. ㉡: 기후 변화가 다른 지역에는 어떤 영향을 미쳤는지 탐구한다.
ㄷ. ㉢: 공간적 관점에서 기후 변화의 피해를 방지할 대책을 논의한다.
ㄹ. ㉣: 윤리적 관점에서 선진국들이 책임을 가져야 함을 살펴본다.

① ㄱ, ㄴ   ② ㄱ, ㄷ   ③ ㄷ, ㄹ
④ ㄱ, ㄴ, ㄹ   ⑤ ㄴ, ㄷ, ㄹ

03 ✿✿✿

쓰레기 매립지 조성을 둘러싼 문제를 해결하기 위해 다음의 관점을 토대로 한 탐구 주제만을 〈보기〉에서 고른 것은?

> "개인의 이익이 우선인가, 사회의 이익이 우선인가? 이해 갈등의 바람직한 해결책은 무엇인가? 일상생활에서 도덕적 행위를 판단하는 기준은 무엇인가?" 등과 같은 질문에 답을 찾아가는 관점이다.

[보기]
ㄱ. 환경을 보호할 수 있는 바람직한 쓰레기 처리 방법 찾기
ㄴ. 쓰레기 매립지가 지역의 환경에 미치는 영향 조사하기
ㄷ. 쓰레기 매립지 선정을 둘러싼 가치관의 대립 분석하기
ㄹ. 기피 시설의 입지 문제를 원만하게 해결한 과거 사례 조사하기

① ㄱ, ㄴ   ② ㄱ, ㄷ   ③ ㄴ, ㄷ
④ ㄴ, ㄹ   ⑤ ㄷ, ㄹ

[04~05] 다음 글을 읽고 물음에 답하시오.

> 갑: 커피 생산 과정에서 아동이 노동 착취를 당하거나 생산자가 얻는 이익이 부당하게 적다는 걸 알았어. 그래서 앞으로는 이런 문제가 없는 공정 무역 커피를 주문하려고 해.
>
> 을: 커피를 두 잔 주문해서, 한 잔은 내가 마시고 다른 한잔은 우리 지역의 이웃을 위해 기부할 거야. 커피를 사 마실 여유가 없는 불우한 이웃이 우리 가까이에 있다는 걸 알았거든.

04 ✿✿✿

윗글에 나타난 사회 현상을 바라보는 관점은?

① 공간적 관점   ② 사회적 관점   ③ 윤리적 관점
④ 시간적 관점   ⑤ 통합적 관점

05 ✿✿✿ 서술형

윗글에 나타난 아동 노동 착취 사례를 해당 관점에서 바라보아야 하는 이유에 대해 서술하시오.

06 ✿✿✾

2020 실시 6월 학평 16

다음은 학습 주제에 대한 학생의 발표 장면이다. 이에 대한 옳은 설명만을 〈보기〉에서 고른 것은?

학습 주제: 다양한 관점에서 우리나라의 인구 고령화 현상 이해하기

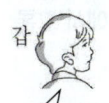   

갑: 저출산과 청·장년층의 인구 유출 등으로 인해 농촌의 노인 인구 비율이 도시보다 매우 높게 나타나고 있어요.

을: 고령화가 진행됨에 따라 노인 부양을 위한 기초 연금 등 사회 복지 비용으로 국가 부담이 늘어나고 있어요.

병: 고령화로 인해 증대되는 노인 부양 부담은 개인보다는 사회와 정부가 책임을 지는 것이 바람직하다고 생각해요.

정: 1960년대부터의 출생률 감소와 의료 기술의 발달로 인한 평균 수명 증가 등으로 고령화 현상이 가속화되었어요.

[보기]

ㄱ. 갑은 고령화 현상의 공간적 특징을 살펴보고 있다.

ㄴ. 을은 제도적 측면에서 고령화 현상의 문제점을 분석하고 있다.

ㄷ. 병은 고령화 현상을 가치 중립적인 입장에서 평가하고 있다.

ㄹ. 정은 고령화의 진행 과정을 시간적 맥락과 무관하게 파악하고 있다.

① ㄱ, ㄴ ② ㄱ, ㄷ ③ ㄴ, ㄷ ④ ㄴ, ㄹ ⑤ ㄷ, ㄹ

07 ✿✾✾

사회 현상을 이해함에 있어서 다음 글이 강조하고 있는 바로 가장 적절한 것은?

하나의 사회 문제에도 여러 분야가 긴밀하게 얽혀 있다. 사회 문제가 갖는 이러한 특성을 경시하고 특정한 관점에서만 사회 문제를 분석하여 해결책을 찾으려고 하면, 그 문제의 속성을 깊이 있게 이해할 수 없어 적절한 대책을 세우기가 어렵다. 따라서 사회 문제에 대한 적절한 대책을 세우기 위해, 우선 다양한 측면을 고려하여 사회 문제를 탐구해야 한다.

① 통합적 관점이 필요하다.
② 시대적 배경과 맥락을 고려해야 한다.
③ 사회 현상에 대한 갈등을 조정해야 한다.
④ 공간 정보를 토대로 결론을 내려야 한다.
⑤ 사회 구조와 사회 제도적 접근이 요구된다.

08 ✿✿✾

2020 실시 9월 학평 1

다음 사례와 관련하여 A~D의 관점에서 탐구할 수 있는 적절한 활동만을 〈보기〉에서 고른 것은?

최근 플라스틱 쓰레기로 인한 환경오염이 심각한 사회문제로 대두되고 있다.

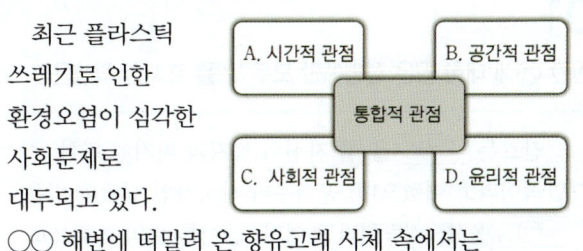

○○ 해변에 떠밀려 온 향유고래 사체 속에서는 플라스틱 컵 115개, 비닐봉지 25개 등 6kg에 달하는 플라스틱 쓰레기가 나오기도 했다.

[보기]

ㄱ. A: 플라스틱 쓰레기의 지역별 배출량 조사하기

ㄴ. B: 플라스틱 쓰레기의 연도별 배출량 변화 분석하기

ㄷ. C: 플라스틱 쓰레기를 줄이기 위한 제도 및 정책 알아보기

ㄹ. D: 플라스틱 쓰레기를 줄이기 위한 바람직한 태도와 습관 찾아보기

① ㄱ, ㄴ ② ㄱ, ㄷ ③ ㄴ, ㄷ ④ ㄴ, ㄹ ⑤ ㄷ, ㄹ

[09~10] 다음 글을 읽고 물음에 답하시오.

___(가)___ 은/는 구체적인 사회 현상을 시대적 배경과 맥락, 장소와 영역 및 네트워크 등의 공간 정보, 사회 구조 및 제도의 영향력, 규범적 방향성과 가치 등을 고려하여 통합적으로 살펴보는 것을 의미한다. 즉 인간, 사회, 국가, 지구 공동체 및 환경을 개별 학문의 경계를 넘어 종합적으로 이해하는 것이다.

09 ✿✾✾ 단답형

(가)에 들어갈 관점을 쓰시오.

10 ✿✿✾ 서술형

사회 현상을 탐구할 때 해당 관점이 필요한 이유를 두 가지 서술하시오.

02 행복의 의미와 기준

01 ✿✿✿

빈칸 ㉠에 대한 옳은 설명에만 모두 '✓'를 표시한 학생은?

> 칸트는 ㉠ 을/를 자신의 복지와 처지에 관한 만족이라고 여겼으며, 공리주의 사상가인 벤담과 밀은 ㉠ 을/를 쾌락이라고 여기고, 이를 삶의 목적으로 제시하였다.

답변 \ 학생	갑	을	병	정	무
사람마다 그 기준이 동일하다.	✓		✓		
자연환경과 인문 환경의 영향을 받는다.		✓	✓		✓
대부분의 사람들이 원하지만 실현될 수 없다.	✓			✓	✓
시대나 지역에 따라 그 기준이 다르게 나타난다.		✓	✓	✓	

① 갑   ② 을   ③ 병
④ 정   ⑤ 무

02 ✿✿✿

갑은 부정, 을은 긍정의 대답을 할 질문으로 가장 적절한 것은?

> 사막은 마실 물이 부족해서 깨끗한 물을 마음껏 마실 수 있는 것이 행복이래. 행복의 기준은 반드시 지역마다 다를거야.

> 행복의 기준이 항상 다른 것은 아니야. 건강, 풍족한 의식주 등은 대부분 사람들이 행복한 삶을 위해 꼭 필요하다고 생각해.

갑

을

① 진정한 행복은 정신적 만족감으로부터 시작되는가?
② 지역의 인문 환경은 행복의 기준에 영향을 미치는가?
③ 정부는 국민의 삶의 질 향상에 중점을 두어야 하는가?
④ 살고 있는 지역의 자연환경에 따라 행복의 기준이 달라지는가?
⑤ 행복의 기준은 시대나 장소에 상관없이 동일하게 나타날 수 있는가?

03 ✿✿✿

시대에 따른 행복의 기준으로 옳은 설명만을 〈보기〉에서 고른 것은?

> [보기]
> ㄱ. 고대 그리스 시대는 군주에게 복종하여 그의 뜻을 따르는 데 개인의 행복이 있다고 보았다.
> ㄴ. 서양 중세 시대에는 신의 은총을 통해 구원을 얻는 것에 행복이 있다고 보았다.
> ㄷ. 근대 산업 사회에서는 행복을 행운과 같은 의미로 사용하였다.
> ㄹ. 현대 사회에서는 개인이 느끼는 주관적 만족감이 중시되면서 행복의 기준이 다양해졌다.

① ㄱ, ㄴ   ② ㄱ, ㄹ   ③ ㄴ, ㄷ   ④ ㄴ, ㄹ   ⑤ ㄷ, ㄹ

04 ✿✿✿

다음 갑, 을의 사상가가 주장하는 행복에 대한 설명으로 가장 적절한 것은?

> 갑: 자신의 복지와 처지에 관한 만족이 행복이다. 인간으로서 마땅히 지켜야 할 도덕 법칙을 실천하는 사람은 행복을 누릴 자격이 있다.
> 을: 행복은 탁월성에 따르는 영혼의 활동이다. 탁월성에 따르는 행위들은 그 자체로 즐거운 것이다.

① 갑은 물질적 풍요와 도덕적 실천을 행복의 조건으로 보았다.
② 갑은 행복은 세상일에서 벗어나 마음의 평온을 얻을 때 느낄 수 있다고 보았다.
③ 을은 욕망의 좌절이 불행을 가져오므로 무욕(無慾)의 삶을 살아야 한다고 보았다.
④ 을은 참된 행복은 인간의 기능인 이성을 잘 발휘할 때 이루어진다고 보았다.
⑤ 갑과 을은 모두 행복을 위해 화목한 인간관계를 맺고 평범하게 살아야 한다고 보았다.

05 ✿✿✿

다음은 동양의 행복론에 대한 설명이다. (가)~(다)에 들어갈 사상을 바르게 묶은 것은?

> (가) 청정한 불성을 바탕으로 '나'라는 의식에서 벗어나 수행과 고통 받는 중생을 구제하는 실천을 통해 해탈의 경지에 이르는 것
> (나) 하늘로부터 부여 받은 도덕적 본성을 보존하고 함양하면서 다른 사람과 더불어 살아가며 인(仁)을 실현하는 것
> (다) 타고난 그대로의 본성에 따라 인위적인 것을 더하지 않고 자연 그대로의 모습으로 살아가는 것

	(가)	(나)	(다)
①	도가	불교	유교
②	불교	유교	도가
③	불교	도가	유교
④	유교	도가	불교
⑤	유교	불교	도가

[06~07] 다음 글을 읽고 물음에 답하시오.

> (가) 행복의 기준은 기후나 지형에 따라 달라진다.
> (나) 행복의 기준은 종교, 정치, 경제 등에 따라 달라진다.

06 ✿✿✿ 단답형

(가), (나)가 강조하는 행복의 기준에 영향을 미치는 요소를 각각 쓰시오.

07 ✿✿✿

(가), (나)에 대한 사례로 적절한 것만을 〈보기〉에서 있는 대로 고른 것은?

> ─────[보기]─────
> ㄱ. (가): 차별이나 구속이 있는 지역에서는 자유를 누리는 것이 행복이다.
> ㄴ. (가): 일조량이 부족한 북유럽 지역에서는 햇볕을 쬘 수 있는 것이 행복이다.
> ㄷ. (나): 빈곤 지역에서는 생명 유지를 위한 일정 수준의 물질적 안정이 행복이다.
> ㄹ. (나): 이슬람교를 믿는 지역에서는 종교적 교리를 잘 실천하는 것이 행복이다.

① ㄱ, ㄴ ② ㄴ, ㄷ ③ ㄴ, ㄹ ④ ㄱ, ㄴ, ㄷ ⑤ ㄴ, ㄷ, ㄹ

08 ✿✿✿

삶의 목적과 행복한 삶에 대한 설명으로 옳지 않은 것은?

① 삶의 모습과 행복의 기준은 사람마다 다를 수 있다.
② 자신이 가진 것을 인정하고 자기 삶에 만족을 느끼며 사는 것이 행복이다.
③ 행복한 삶을 위해서는 물질적인 부와 명예 등을 삶의 궁극적 목적으로 삼아야 한다.
④ 남들과 비교하면서 더 많이 가진 사람들을 부러워하고 불평하며 사는 것은 불행한 삶이다.
⑤ 물질적 풍요만을 추구하는 것보다 떳떳한 마음을 유지하고 정직을 실천할 때 행복한 삶을 살 수 있다.

09 ✿✿✿

행복한 삶을 위한 바람직한 자세만을 〈보기〉에서 고른 것은?

> ─────[보기]─────
> ㄱ. 자신의 삶에 만족하는 생활 태도를 지녀야 한다.
> ㄴ. 물질적 가치를 배제하고 정신적인 가치를 추구해야 한다.
> ㄷ. 사회의 일반적 기준에 따라 평범하게 살도록 노력해야 한다.
> ㄹ. 자신이 소중하다고 생각하는 의미 있는 목표를 세우고 이를 달성하고자 노력해야 한다.

① ㄱ, ㄴ ② ㄱ, ㄹ ③ ㄴ, ㄷ ④ ㄴ, ㄹ ⑤ ㄷ, ㄹ

10 ✿✿✿ 서술형

빈칸 ㉠에 들어갈 진정한 행복을 위한 자세를 '물질적 가치'와 '정신적 가치'라는 말을 넣어 서술하시오.

> 사람이 행복하기 위해서는 의식주나 경제력, 사회적 지위 등의 물질적 조건이 필요하다. 그러나 이것만으로는 부족하며, 가족과 친구들 사이에서 느끼는 감정적 충족감이나 자아실현을 통한 성취감 등의 정신적 만족감도 필요하다. 따라서 행복이란 [㉠   ]

03 행복한 삶을 실현하기 위한 조건

01 ✱✱✱

다음 글이 강조하고 있는 내용으로 가장 적절한 것은?

> • 삶은 집의 품속에 포근하게 자리 잡고 보호되어 시작된다. 집은 인간이 태어나서 최초로 경험하는 공간이며, 거친 세상에 내던져지기 전에 인간을 품어주는 요람이다.
> • 집에 놓인 서랍이나 상자, 혹은 장롱 속에는 그 집에 사는 이들의 삶의 역사가 고스란히 보관되어 있다. 그 속에는 과거, 현재, 미래가 담겨 있다.

① 주거 환경은 쾌적하고 생활이 편리해야 한다.
② 집은 사람들이 살아가는 터전을 둘러싼 환경이다.
③ 정주 환경은 물리적 환경 이상의 의미를 지니고 있다.
④ 주거의 본질적 가치와 경제적 가치를 모두 고려해야 한다.
⑤ 정주 환경은 주거 환경을 비롯한 일상생활의 전 영역을 포함한다.

02 ✱✱✱

다음을 통해 알 수 있는 질 높은 정주 환경의 특징으로 옳지 <u>않은</u> 것은?

> 사람이 살 터를 정할 때 첫째는 지리(地理)가 좋아야 하고, 둘째는 생리(生利)*가 좋아야 하며, 셋째는 인심(人心)이 좋아야 하고, 넷째는 산수(山水)가 좋아야 한다. 이 중 하나라도 모자라면 좋은 땅이라 할 수 없다. 지리가 뛰어나도 생리가 부족하면 오래 살 수 없고, 생리가 좋아도 지리가 나쁘면 그 또한 오래 살 수 없다. 지리와 생리가 모두 좋아도 인심이 나쁘면 반드시 후회할 일이 생기고, 가까운 곳에 즐길 만한 산수가 없으면 마음을 풍요롭게 가꿀 수 없다.
> *생리: 땅에서 나는 이익
>
> — 이중환, "택리지" —

① 지리(地理)는 사람이 살기 좋은 풍수적 길지에 해당한다.
② 생리(生利)는 생산성이 높아 생업에 유리한 곳을 의미한다.
③ 인심(人心)은 풍속이 아름답고 사람들의 인정이 넘치는 곳을 말한다.
④ 산수(山水)는 물자 교류에 필요한 교통의 조건이 편리한 곳을 말한다.
⑤ 지리, 생리, 인심, 산수의 조건이 모두 충족되어야 좋은 땅이다.

03 ✱✱✱

다음의 행동이 행복의 실현에 도움이 되는 이유만을 〈보기〉에서 고른 것은?

 ○○○씨는 △△지역 올해의 봉사왕으로 선정되었다. 그는 매년 노숙인들의 쉼터를 찾아 밥차 봉사를 하고, 홀로 사는 노인들에게 도시락 배달을 하며, 한부모 가정에게 10년 이상 후원한 것으로 알려졌다. 그는 인터뷰에서 "제가 오히려 그분들께 많이 배우고 있어요. 이제는 가족 모두 함께 참여해서 더 행복합니다."라고 하였다.

> [보기]
> ㄱ. 도덕적 실천은 자신의 자존감을 높일 수 있기 때문에
> ㄴ. 자신의 행복을 극대화하는 것은 공동체 행복의 바탕이 되기 때문에
> ㄷ. 도덕적 성찰과 실천은 사회 구성원 모두를 행복하게 만들기 때문에
> ㄹ. 인간은 타인과 함께 살 때보다 홀로 살아갈 때 진정한 행복을 느낄 수 있기 때문에

① ㄱ, ㄴ　　② ㄱ, ㄷ　　③ ㄴ, ㄷ
④ ㄴ, ㄹ　　⑤ ㄷ, ㄹ

04 ✱✱✱

행복의 실현을 위해 경제적 안정이 중요한 이유만을 〈보기〉에서 고른 것은?

> [보기]
> ㄱ. 국민 소득이 증가할수록 행복감이 커지기 때문에
> ㄴ. 생활 수준이 올라갈수록 사회적 박탈감을 느끼기 때문에
> ㄷ. 경제적 불안이 심화되면 삶에 대한 만족도가 낮아지기 때문에
> ㄹ. 기본적인 생계를 유지해야 자아실현의 기회를 가질 수 있기 때문에

① ㄱ, ㄴ　　② ㄱ, ㄷ　　③ ㄴ, ㄷ
④ ㄴ, ㄹ　　⑤ ㄷ, ㄹ

05 ✿✿❀

시민 참여와 민주주의에 대한 설명으로 옳지 <u>않은</u> 것은?

① 권위주의적인 정치 제도하에서는 국민이 기본적 인권을 누리기 어렵다.

② 기본적인 선거 참여만으로도 자신의 자유와 권리를 최대한 보장받을 수 있다.

③ 시민 참여가 불가능하거나 활발하지 않다면 권력 남용이나 부패가 발생하기 쉽다.

④ 시민들은 주체로서 공동체의 문제를 해결해 나가는 것 자체에서 만족감을 얻는다.

⑤ 민주주의 국가는 의회 제도, 복수 정당 제도, 권력 분립 제도 등과 같은 민주적 제도를 갖추고 있어야 한다.

[06~07] 다음 글을 읽고 물음에 답하시오.

하루하루 더 나은 사람이 되려고 노력하는 삶보다 아름다운 삶은 없습니다. 자신이 더 나은 사람으로 발전하고 있다는 것을 느끼는 것보다 큰 기쁨은 세상에 존재하지 않지요.

갑

06 ✿✿✿

윗글의 제목으로 가장 적절한 것은?

① 도덕적 성찰의 필요성
② 민주주의 실현의 중요성
③ 행복과 쾌적한 주거환경
④ 경제 성장과 행복의 관계
⑤ 권위주의적 정치의 위험성

07 ✿✿✿

갑이 지지할 입장만을 〈보기〉에서 고른 것은?

─────[보기]─────
ㄱ. 덕이 있는 사람은 행복한 삶을 살게 된다.
ㄴ. 감각적 쾌락 충족을 삶의 목표로 삼아야 한다.
ㄷ. 내적인 성찰과 도덕적 실천을 행동으로 옮겨야 한다.
ㄹ. 타인의 행복보다 나 자신의 행복에 집중해야 한다.

① ㄱ, ㄴ   ② ㄱ, ㄷ   ③ ㄴ, ㄷ
④ ㄴ, ㄹ   ⑤ ㄷ, ㄹ

08 ✿✿✿

다음 글을 읽고 추론할 수 있는 내용에만 모두 '✓'를 표시한 학생은?

> 행복은 다른 사람을 배려하고 다른 사람의 행복을 진정으로 바랄 때 생긴다. 돈, 권력, 사회적 지위로 우정과 애정을 만들 수 있지만 돈과 권력이 사라지면 이 또한 사라진다. 상대방에 대한 순수한 배려, 행복을 위한 마음이 진정한 행복을 가져다준다.

추론 \ 학생	갑	을	병	정	무
시민 참여가 활성화되는 민주주의 실현이 필요하다.	✓			✓	
인간은 홀로 사는 존재가 아니라 타인과 함께 사는 존재이다.		✓	✓		
자신의 의견을 자유롭게 표현할 때 행복을 실현할 수 있다.	✓		✓		✓
타인의 행복을 포함한 공동체의 행복 실현이 진정한 행복을 가져다준다.		✓		✓	✓

① 갑   ② 을   ③ 병   ④ 정   ⑤ 무

[09~10] 다음 글을 읽고 물음에 답하시오.

> 스위스의 몇몇 주에서는 일 년에 한 번씩 주민들이 광장에 모인다. 광장에 모인 주민들은 해당 마을의 정책에 대해 의견을 나누고, 주민 투표를 진행하여 중요한 사항들을 결정한다.

09 ✿✿❀ 단답형

자료와 관련이 깊은 행복한 삶을 위한 조건을 쓰시오.

10 ✿✿❀ 서술형

해당 조건이 행복한 삶을 실현하기 위한 조건인 이유를 설명하고 해당 조건을 실현하기 위한 정치 참여 방법 두 가지를 서술하시오.

04 자연환경과 인간 생활

· 문항 수 10개
· 제한 시간 15분

01 ✿✿✾

(가), (나) 유형의 가옥이 나타나는 지역에 대한 설명으로 옳은 것은?

(가)   (나)

① (가)에서는 양, 염소 등을 유목한다.
② (나)에서는 벼농사가 활발하다.
③ (가)는 (나)보다 연 강수량이 많다.
④ (나)는 (가)보다 연평균 기온이 높다.
⑤ (가)는 건조 기후, (나)는 열대 기후에 속한다.

02 ✿✿✾

세계 4대 문명의 발상지의 공통점만을 〈보기〉에서 고른 것은?

[보기]

ㄱ. 하천을 끼고 발달하였다.
ㄴ. 벼농사가 활발히 이루어졌다.
ㄷ. 비옥한 충적 평야가 분포한다.
ㄹ. 화석 연료의 매장량이 풍부하다.

① ㄱ, ㄴ ② ㄱ, ㄷ ③ ㄴ, ㄷ ④ ㄴ, ㄹ ⑤ ㄷ, ㄹ

03 ✿✿✿ 서술형

밑줄 친 (가)의 이유를 기후 특성과 관련지어 서술하시오.

태국과 싱가포르는 일 년 내내 강수량이 많은 나라이다. 두 나라의 건축물을 보면 재미있는 특징을 찾아볼 수 있다. 태국의 전통 가옥은 지붕의 경사를 급하게 만들었으며, 싱가포르의 현대식 건물은 건물의 처마가 도로 쪽으로 길게 돌출되어 있다. (가) 왜 태국과 싱가포르에 이러한 건축물이 등장했을까?

04 ✿✿✿

밑줄 친 '이 기후 지역'을 지도의 A~E에서 고른 것은?

북극과 남극 주변에 분포하는 이 기후 지역은 겨울이 길고 몹시 추워 인간이 거주하기에 불리하다. 이러한 기후 특성으로 주민들은 수렵 생활을 하고, 순록을 유목하며 살아간다.

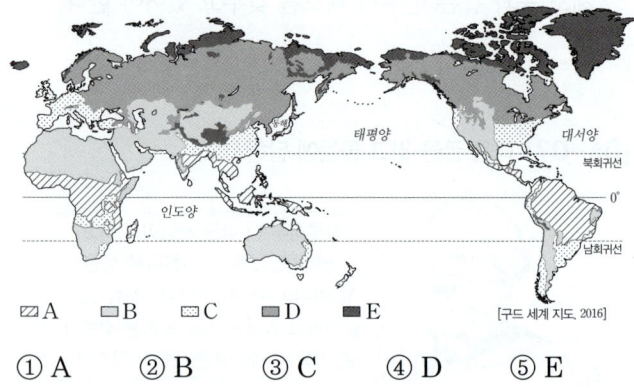

▨A ▢B ▨C ▨D ▮E   [구드 세계 지도, 2016]

① A   ② B   ③ C   ④ D   ⑤ E

05 ✿✿✾

자료의 (가)에 해당하는 국가를 지도의 A~E에서 고른 것은?

(가) 국가

드넓은 초원을 한참 달려 숙소에 도착했다. 우리가 묵을 숙소는 이곳의 전통 가옥인 게르였다. 이곳에 머물면서 양젖으로 끓인 차를 마시고, 양고기와 채소를 넣어 찐 전통 음식을 먹으며, 유목민의 생활을 만끽할 수 있었다. 어제는 태어나서 처음으로 사막에 가 보았다. 낙타를 타고 황량한 사막을 체험하니 다른 세상에 와 있는 것 같았다.

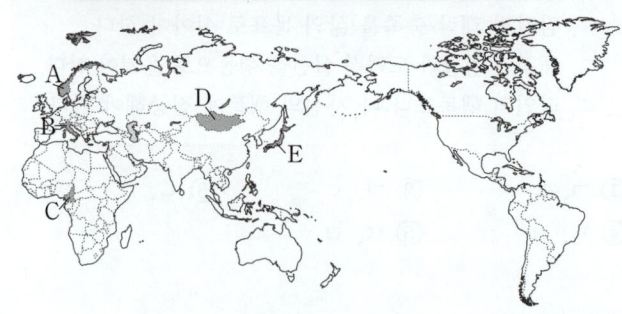

① A   ② B   ③ C   ④ D   ⑤ E

06 ✤✤✤

사진은 어떤 자연재해의 피해 모습을 나타낸 것이다. 해당 자연재해에 대한 옳은 설명만을 〈보기〉에서 고른 것은?

[보기]

ㄱ. 기상 재해에 해당하는 자연재해이다.
ㄴ. 많은 비가 일시에 내려서 발생하는 자연재해이다.
ㄷ. 지각판의 움직임이 활발한 지역에서 주로 발생한다.
ㄹ. 해당 재해로 인한 피해를 막기 위해서는 집 앞에 염화칼슘을 살포해야 한다.

① ㄱ, ㄴ ② ㄱ, ㄷ ③ ㄴ, ㄷ ④ ㄴ, ㄹ ⑤ ㄷ, ㄹ

[07~08] 그림은 어느 기후 지역의 생활 모습을 나타낸 것이다. 이를 보고 물음에 답하시오.

07 ✤✤✤

그림에 나타난 기후 지역의 특징으로 옳은 것은?

① 연 강수량이 적고 기온의 일교차가 크다.
② 토양이 척박하여 이동식 화전 농업을 한다.
③ 타이가가 넓게 분포해 목재 산업이 발달했다.
④ 햇볕을 막기 위해 가옥의 벽을 하얗게 칠한다.
⑤ 농업이 불가능하여 유목을 하며 순록을 키운다.

08 ✤✤✤ 서술형

(가)에 들어갈 주민의 의복 특징과 해당 의복을 입는 이유를 기후 특징과 관련지어 서술하시오.

09 ✤✤✤ 서술형

다음 글의 (가)에 들어갈 자연재해를 쓰고, 우리나라에 미칠 수 있는 부정적인 영향 두 가지를 서술하시오.

> 미국에 영하 46℃의 강력한 한파와 (가) 이/가 발생해 수십 명의 사망자가 발생했다. 전기 공급도 중단되고 열차와 항공편도 취소되면서 시민들이 불편을 겪었다. (가) 은/는 우리나라에 주로 겨울철에 발생하며, 미리 예방 및 복구 대책을 마련해두지 않으면 시민들이 받는 피해가 커질 수 있다.

10 ✤✤✤

2021 실시 9월 학평 20

자료는 자연 재해를 유형에 따라 구분한 것이다. 이에 대한 옳은 설명만을 〈보기〉에서 있는 대로 고른 것은? (단, (가), (나)는 각각 지진, 태풍 중 하나이다.)

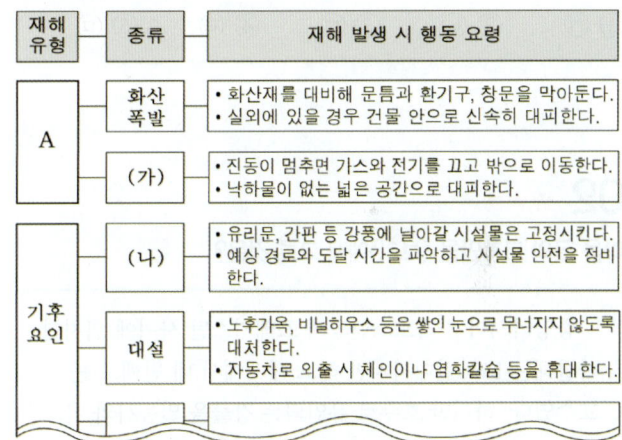

재해 유형	종류	재해 발생 시 행동 요령
A	화산 폭발	• 화산재를 대비해 문틈과 환기구, 창문을 막아둔다. • 실외에 있을 경우 건물 안으로 신속히 대피한다.
	(가)	• 진동이 멈추면 가스와 전기를 끄고 밖으로 이동한다. • 낙하물이 없는 넓은 공간으로 대피한다.
기후 요인	(나)	• 유리문, 간판 등 강풍에 날아갈 시설물은 고정시킨다. • 예상 경로와 도달 시간을 파악하고 시설물 안전을 정비한다.
	대설	• 노후가옥, 비닐하우스 등은 쌓인 눈으로 무너지지 않도록 대처한다. • 자동차로 외출 시 체인이나 염화칼슘 등을 휴대한다.

[보기]

ㄱ. A는 지형 요인이다.
ㄴ. (가)로 인한 시설물 피해는 내진 설계를 통해 줄일 수 있다.
ㄷ. (나)는 우리나라에서 주로 겨울에 발생한다.
ㄹ. (나)는 저위도의 열대 해상에서 발생한 저기압이다.

① ㄱ, ㄴ ② ㄱ, ㄷ ③ ㄷ, ㄹ
④ ㄱ, ㄴ, ㄹ ⑤ ㄴ, ㄷ, ㄹ

05 인간과 자연의 관계

• 문항 수 10개
• 제한 시간 15분

01 ✿✿✿

(가)의 입장에 비해 (나)의 입장이 갖는 상대적 특징을 그림의 ㉠~㉤에서 고른 것은?

> (가) 우리는 자연의 주인이자, 소유자가 될 수 있다. 인간은 정신을 소유한 존엄한 존재지만, 자연은 의식이 없는 물질이며 동물은 기계와 같다.
> (나) 생명 공동체의 통합성과 안정성, 그리고 아름다움의 보전에 이바지한다면 그것은 옳다. 그렇지 않다면 그것은 그르다.

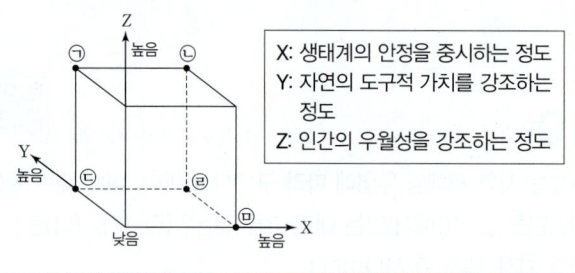

X: 생태계의 안정을 중시하는 정도
Y: 자연의 도구적 가치를 강조하는 정도
Z: 인간의 우월성을 강조하는 정도

① ㉠   ② ㉡   ③ ㉢   ④ ㉣   ⑤ ㉤

02 ✿✿✿

다음 글의 교훈만을 〈보기〉에서 고른 것은?

> 중앙아시아 카자흐스탄과 우즈베키스탄 사이에 위치한 아랄해는 1960년대까지만 해도 세계에서 네 번째로 큰 호수였다. 하지만 호수로 유입되는 강물을 밀농사와 목화 재배를 위한 농업용수로 사용하면서 호수가 말라 가기 시작하였고, 지금은 원래 호수에서 90% 이상의 물이 사라지고 거의 사막으로 변하였다. 이로 인해 아랄해 주변의 식수가 오염되고 먼지 폭풍과 소금 바람이 불어와 지역 사람들이 각종 질병에 시달리게 되었다.

[보기]
ㄱ. 과학 기술을 통해 자연을 적극적으로 이용해야 한다.
ㄴ. 인간과 자연은 상호 보완적 관계임을 파악해야 한다.
ㄷ. 자연에 대한 인간의 어떤 개입도 허용하면 안 된다.
ㄹ. 인간은 생태계를 구성하는 자연의 일부라는 인식이 필요하다.

① ㄱ, ㄴ   ② ㄱ, ㄹ   ③ ㄴ, ㄷ   ④ ㄴ, ㄹ   ⑤ ㄷ, ㄹ

03 ✿✿✿

동양 사상가 갑, 을, 병의 입장에 해당하는 사상을 바르게 연결한 것은?

> 갑: 생명이 있는 것은 연기(緣起)에 의해 있는 것이니 폭력을 쓰지 말라. 다른 사람을 시켜서 죽여도 안 되고, 죽이는 것을 묵인해도 안 된다.
> 을: 세상에는 네 가지 큰 것이 있는데 사람도 그중 하나이다. 사람은 땅을 본받고, 땅은 하늘을 본받고, 하늘은 도를 본받고, 도는 자연(自然)을 본받는다.
> 병: 하늘은 아버지이고, 땅은 어머니이다. 천지에 가득 찬 기운은 나의 몸이요, 천지를 운용하는 원리는 나의 본성이 된다. 사람들과 나는 한배에서 나왔고, 만물은 나와 더불어 한 형제이다.

	갑	을	병
①	불교	도가	유교
②	불교	유교	도가
③	도가	불교	유교
④	도가	유교	불교
⑤	유교	불교	도가

[04~05] 다음 글을 읽고 물음에 답하시오.

> 자연을 사냥해서 노예로 만들어 인간의 이익에 봉사하도록 해야 한다. 지식은 인간이 자연을 의도에 맞게 변형하여 자연에 대한 지배력을 강화하는 데 유용하다.

04 ✿✿✿

윗글에 나타난 자연관의 특징을 〈보기〉에서 고른 것은?

[보기]
ㄱ. 인간과 자연을 둘로 나누어서 바라본다.
ㄴ. 인간의 이익보다 생태계의 안정을 먼저 고려한다.
ㄷ. 자연 전체를 하나로 보는 전일론적 관점을 취한다.
ㄹ. 자연을 인간의 필요를 충족하기 위한 수단으로 본다.

① ㄱ, ㄴ   ② ㄱ, ㄹ   ③ ㄴ, ㄷ   ④ ㄴ, ㄹ   ⑤ ㄷ, ㄹ

05 ✿✿✿ 서술형

자연의 내재적 가치를 강조하는 입장에서 윗글의 입장에게 제기할 수 있는 비판을 서술하시오.

06 ✿✿✿

다음 글에 나타난 자연관에 대한 옳은 설명만을 〈보기〉에서 고른 것은?

> 바람직한 대지 이용을 오직 경제적 문제로만 생각하지 말라. 윤리적·심미적으로 무엇이 옳은가의 관점에서도 검토하라. 생명 공동체의 온전성과 안정성 그리고 아름다움의 보전에 기여하는 대지 이용이라면 그것은 옳다. 그렇지 않다면 그르다.

[보기]
ㄱ. 자연은 내재적 가치를 지니고 있다고 본다.
ㄴ. 자연과 인간을 구분하는 이분법적 세계관을 중시한다.
ㄷ. 생태계 전체를 하나의 유기체로 보아야 함을 강조한다.
ㄹ. 자연을 인간의 풍요로운 삶과 이익을 위한 도구로만 본다.

① ㄱ, ㄴ ② ㄱ, ㄷ ③ ㄴ, ㄷ
④ ㄴ, ㄹ ⑤ ㄷ, ㄹ

[07~08] 다음 글을 읽고 물음에 답하시오.

> 인간은 생태계를 구성하는 자연의 일부로서 다른 생명체와 유기적 관계를 맺으며 살아가고 있다. 즉 인간은 자연 없이 살아갈 수 없으며, 자연 또한 인간의 영향을 받지 않을 수 없는 상호 의존적 관계를 맺고 있다. 따라서 인간이 기본적인 삶을 유지하면서 <u>자연과 공존하기 위해서는 다양한 노력</u>이 필요하다.

07 ✿✿✿ (서술형)

밑줄 친 '자연과 공존하기 위한 다양한 노력'을 위해 개인이 일상에서 실천할 수 있는 방법 두 가지를 서술하시오.

08 ✿✿✿ (서술형)

밑줄 친 '자연과 공존하기 위한 다양한 노력'에 해당하는 제도 두 가지를 서술하시오.

---

09 ✿✿✿

갑의 관점에서 〈사례〉의 문제점을 해결하기 위해 할 수 있는 조언으로 가장 적절한 것은?

> 갑: 대지는 단순한 토양이 아니며, 식물, 동물과 서로 연결되어 흐르는 에너지의 원천이다. 이러한 생명 공동체는 통합성과 안정성, 아름다움을 보전하려고 한다.
>
> 〈사 례〉
>
> ○○기업은 대규모 골프장을 짓는 과정에서 많은 나무를 베었다. 그 결과 산사태가 일어나 인근 마을을 덮쳤다. 그리고 잔디 관리를 위해 엄청난 농약을 살포하여 인근 마을의 상수원이 심각하게 오염되었다.

① 인간의 미래를 위해 자연을 신중하게 다루시오.
② 인간 이외의 다른 존재를 도구적 대상으로 보시오.
③ 인간의 이익이나 행복을 먼저 고려하여 행동하시오.
④ 자연의 모든 구성 요소가 상호 의존적임을 잊지 마시오.
⑤ 인간을 다른 자연적 존재들보다 우월하고 귀한 존재로 파악하시오.

---

10 ✿✿✿

다음 내용과 자연에 대한 관점이 일치하는 견해에만 모두 '✓'를 표시한 학생은?

> 산업 혁명 이후 과학 기술이 발달하면서 인간은 자연을 개발할 수 있게 되었고, 이제는 무분별한 개발로 자연이 훼손되어 인류의 생존마저 위협받게 되었다. 따라서 인간이 기본적인 삶을 유지하며 살아가기 위해서는 자연과 공존하기 위한 노력이 필요하다.

견해 \ 학생	갑	을	병	정	무
자연이 지닌 경제적 가치를 우선시한다.	✓		✓		
지속 가능한 발전, 환경친화적인 삶을 강조한다.		✓	✓		✓
과학 기술로 환경 문제를 해결할 수 있다고 본다.	✓			✓	✓
인간과 자연이 조화를 이루는 생태학적 가치를 강조한다.		✓	✓	✓	

① 갑 ② 을 ③ 병 ④ 정 ⑤ 무

 **06 환경 문제 해결을 위한 노력**

• 문항 수 10개
• 제한 시간 15분

01 ✿✿✿

다음 글의 (가)가 지속될 때 나타날 수 있는 현상만을 〈보기〉에서 고른 것은?

> (가) (으)로 과거 약 30년에 걸쳐 북극권의 빙하가 10년마다 8~10%씩 줄어들고 있다. 그린피스와 세계 자연 기금에서는 북극권 빙하가 북극곰 생존에 필수 요건이라고 강조하고 있다.

─────[보기]─────
ㄱ. 북극해 일대의 해수 염도가 높아진다.
ㄴ. 캐나다에서는 침엽수림의 북한계선이 북상한다.
ㄷ. 우리나라는 여름철이 짧아지고 겨울철이 길어진다.
ㄹ. 남태평양에서는 해안 저지대의 침수 위험성이 높아진다.

① ㄱ, ㄴ   ② ㄱ, ㄷ   ③ ㄴ, ㄷ   ④ ㄴ, ㄹ   ⑤ ㄷ, ㄹ

02 ✿✿✿

(가)에 들어갈 알맞은 내용만을 〈보기〉에서 고른 것은?

> 팜의 열매로부터 얻어지는 식물성 기름인 팜유는 립스틱부터 치약, 도넛까지 수천 가지 제품의 원료로 이용된다. 팜유의 최대 생산지는 인도네시아이다.
>
>
> 팜과 팜유
>
> 원시림에 불을 놓아 만들어진 대규모 팜유 농장은 인도네시아 경제 발전에 크게 이바지하였으나, 농장이 확대되면서 ＿＿＿＿＿＿ (가) .

─────[보기]─────
ㄱ. 야생 동물의 서식지가 축소되었다.
ㄴ. 홍수 시 토사 유출량이 증가하였다.
ㄷ. 농업 관련 일자리가 크게 줄어들었다.
ㄹ. 섬들 사이의 경제적 교류가 줄어들었다.

① ㄱ, ㄴ   ② ㄱ, ㄷ   ③ ㄴ, ㄷ   ④ ㄴ, ㄹ   ⑤ ㄷ, ㄹ

03 ✿✿✿

(가)에 대한 설명으로 옳지 <u>않은</u> 것은?

> 브라질의 쿠리치바는 대표적인 (가) 이다. 쿠리치바에서는 시민들이 재활용 쓰레기를 모아오면  이를 버스 토큰이나 음식 쿠폰으로 바꿔주는 녹색 교환 제도를 시행하고 있다. 그리고 버스 전용 차선을 만들고 간선 급행 버스 체계를 갖추어 대중교통 수단의 이용을 활성화시켰다.

① 사람과 자연이 공생할 수 있는 기반을 갖췄다.
② 오염 물질 배출을 최소화하기 위해 노력한다.
③ 도시 지역의 환경 문제를 해결하기 위해 등장했다.
④ 개발을 멈추고 환경을 보전하는 것을 목표로 한다.
⑤ 도시 환경 관리와 함께 주민의 삶의 질을 높일 수 있다.

[04~05] 다음 글을 읽고 물음에 답하시오.

> 극심한 가뭄과 과도한 경지 개간으로 인해 사헬 지대, 아랄해 등에서 (가) 현상이 나타나고 있다. 이로 인해 식량 생산량이 줄어들면서 식량 부족 문제가 발생하고 있으며 황사 현상도 심해지고 있다.

04 ✿✿✿

위 글의 (가)에 들어갈 내용으로 옳은 것은?

① 열섬   ② 사막화   ③ 산성비
④ 지구 온난화   ⑤ 오존층 파괴

05 ✿✿✿ [서술형]

(가)로 인해 피해를 입은 국가의 정부가 (가)를 해결하기 위해 할 수 있는 노력 두 가지를 서술하시오.

06 ✽✽✽

그림과 같은 표시가 부착된 제품을 사용할 때 얻을 수 있는 이익만을 〈보기〉에서 있는 대로 고른 것은?

[보기]
ㄱ. 전기세를 줄일 수 있다.
ㄴ. 지구 온난화를 완화할 수 있다.
ㄷ. 해외 자원 개발을 확대할 수 있다.
ㄹ. 신·재생 에너지 이용을 늘릴 수 있다.

① ㄱ, ㄴ   ② ㄱ, ㄷ   ③ ㄴ, ㄷ
④ ㄱ, ㄴ, ㄹ   ⑤ ㄴ, ㄷ, ㄹ

[07~08] 그림을 보고 물음에 답하시오.

장기 목표	가스 배출 목표

지구 평균 온도 상승 폭을 산업화 이전과 비교해 1.5℃까지 제한	가능한 한 빠른 시일 내에 온실가스 배출 감축, 5년마다 감축 이행 점검

책임 분담	기후 변화 피해

선진국이 더 많은 책임을 지고 개발 도상국을 지원	기후 변화에 따른 피해에 취약한 국가를 도움

07 ✽✽✽ [단답형]

그림과 가장 관련이 깊은 국제 환경 협약의 이름을 쓰시오.

08 ✽✽✽ [서술형]

환경 문제 해결을 위해 국제 환경 협약이 필요한 이유를 서술하시오.

09 ✽✽✽

(가) 환경 문제 해결을 위한 국제 환경 협약에 대한 설명으로 옳은 것은?

> • 몰디브의 대통령은 연말에 덴마크 코펜하겐에서 열리는 정상 회담을 앞두고 (가) 에 대한 경각심을 일깨우기 위해 수심 6m 바닷속에서 각료 회의를 개최하였다.
> • 남태평양에 위치한 키리바시 공화국은 피지에 있는 약 2,000㎢의 토지를 매입했다. 이는 국토 침수 위기국의 첫 해외 토지 매입 사례이다. 실제 키리바시의 일부 섬들은 완전히 바닷물에 잠겼다. (가) 현상에 따른 해수면 상승이 지속된다면 50년 안에 키리바시 국토 전체가 수몰될 것이라고 예상되고 있다.

① 선진국과 개발 도상국 모두 온실가스 배출량을 감축하도록 규정했다.
② 국경을 넘어 이동하는 대기 오염 물질의 감축 및 통제를 목적으로 한다.
③ 철새와 물새의 서식지로 중요한 습지를 보호하기 위해 맺어졌다.
④ 오존층을 보호함으로써 지구 생태계 및 동식물의 피해를 방지하고자 한다.
⑤ 사막화를 겪고 있는 개발 도상국을 재정적으로 지원해준다.

10 ✽✽✽

다음 글의 밑줄 친 (가)에 해당하는 내용으로 보기 <u>어려운</u> 것은?

> 세계 환경 위기 시계는 전 세계 환경 파괴에 대한 위기감을 시간으로 표시한 것이다. 시계의 0~3시는 '양호', 3~6시는 '불안', 6~9시는 '심각', 9~12시는 '위험' 수준을 가리키며, 12시는 인류의 생존이 불가능한 시간을 나타낸다. (가) <u>세계 환경 위기 시계를 거꾸로 돌리기 위한 방안은 무엇일까?</u>

① 재활용 용지의 사용을 늘린다.
② 외국산 농산물 이용을 늘린다.
③ 쓰레기 분리배출을 철저히 한다.
④ 자가용보다는 대중교통 수단을 이용한다.
⑤ 손을 말릴 때 종이 대신 손수건을 사용한다.

 **07 다양한 문화권의 특징과 삶의 방식**

• 문항 수 11개
• 제한 시간 17분

01 ✿✿✿✿

다음과 같은 문화 경관이 나타나는 문화권 (가), (나)에 대한 설명으로 옳은 것은?

(가)	• 오스트레일리아, 뉴질랜드, 태평양 제도 • 최근 원주민 문화가 소멸할 위기에 처함
(나)	• 리오그란데강 북쪽 지역 • 개신교가 우세하고 주로 영어를 사용함

① (가)에서는 대부분 열대 기후가 나타난다.
② (가)에서는 소를 신성시하여 소고기를 먹지 않는다.
③ (나)에는 부족 중심의 생활을 하는 주민이 많다.
④ (나)에서 개신교가 우세한 것은 북서 유럽의 식민 지배의 영향이다.
⑤ (가), (나) 모두 아메리카 문화권에 해당한다.

02 ✿✿✿✿

지도의 A~E 문화권에 대한 옳은 설명만을 〈보기〉에서 고른 것은?

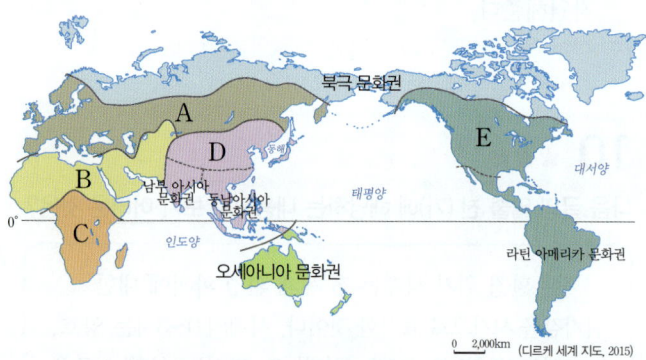

[보기]
ㄱ. A에서는 순록 유목이 주로 이루어진다.
ㄴ. B에서는 오아시스 농업이 발달했다.
ㄷ. C는 D보다 연평균 기온이 높다.
ㄹ. E에서는 가톨릭교가 우세하다.

① ㄱ, ㄴ ② ㄱ, ㄷ ③ ㄴ, ㄷ
④ ㄴ, ㄹ ⑤ ㄷ, ㄹ

03 ✿✿✿✿

문화권과 그에 대한 특징으로 옳은 것은?

① 건조 문화권 – 뉴질랜드, 태평양 제도를 포함한다.
② 동양 문화권 – 계절풍의 영향으로 벼농사가 발달했다.
③ 아프리카 문화권 – 유목과 오아시스 농업이 발달했다.
④ 유럽 문화권 – 젓가락과 한자를 공통으로 사용한다.
⑤ 오세아니아 문화권 – 기온이 낮아 농경에 불리하다.

04 ✿✿✿✿

(가), (나) 종교의 공통점만을 〈보기〉에서 고른 것은?

(가)   (나)

[보기]
ㄱ. 유일신을 신봉한다.
ㄴ. 아시아에 주로 분포한다.
ㄷ. 남부 아시아에서 기원하였다.
ㄹ. 일 년에 한 달씩 금식 기간을 갖는다.

① ㄱ, ㄴ ② ㄱ, ㄷ ③ ㄴ, ㄷ ④ ㄴ, ㄹ ⑤ ㄷ, ㄹ

05 ✿✿✿✿ 서술형

(가) 문화권의 문화적 특색에 관해 서술하시오.

(가) 문화권에는 유럽계, 아프리카계, 원주민과 혼혈족 등이 분포하며 이들의 다양한 특성이 어우러진 독특한 문화권이 발달하였다. 이곳의 대표 춤인 탱고는 유럽인이 좋아하는 음악과 아프리카의 타악기 리듬 등이 결합하여 탄생하였으며, 이주민들의 설움과 애환이 담긴 애절한 리듬과 절도 있는 동작이 특징이다.

06 ✿✿❁

(가), (나)에 해당하는 문화권을 지도의 A~D에서 고른 것은?

(가)

(나)

나일강 주변의 모래 사막

툰드라 지역에서의 순록 유목

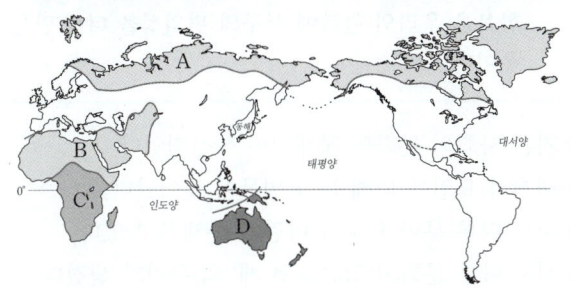

(디르케 세계 지도, 2015)

	(가)	(나)		(가)	(나)
①	A	B	②	B	A
③	B	D	④	C	D
⑤	D	C			

[07~08] 다음 글을 읽고 물음에 답하시오.

'이 문화권'은 종교와 언어 등이 매우 복잡하며, 종족과 국경의 불일치, 낙후된 산업 등이 복합적으로 작용하여 분쟁이 많이 발생하고 있다.

07 ✿✿❁

윗글에 나타난 '이 문화권'으로 옳은 것은?

① 건조 문화권
② 북극 문화권
③ 유럽 문화권
④ 동양 문화권
⑤ 아프리카 문화권

08 ✿✿❁ 서술형

'이 문화권'에서 나타나는 대표적인 기후를 쓰고, 대표적인 농업 형태 두 가지를 서술하시오.

09 ✿✿❁

다음은 통합사회 온라인 수업 장면이다. 교사의 질문에 옳게 대답한 학생은?

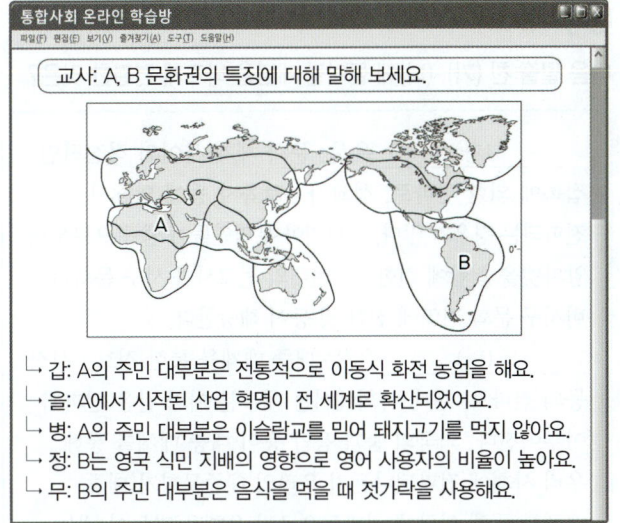

└ 갑: A의 주민 대부분은 전통적으로 이동식 화전 농업을 해요.
└ 을: A에서 시작된 산업 혁명이 전 세계로 확산되었어요.
└ 병: A의 주민 대부분은 이슬람교를 믿어 돼지고기를 먹지 않아요.
└ 정: B는 영국 식민 지배의 영향으로 영어 사용자의 비율이 높아요.
└ 무: B의 주민 대부분은 음식을 먹을 때 젓가락을 사용해요.

① 갑 ② 을 ③ 병 ④ 정 ⑤ 무

10 ✿✿❁

다음 글의 (가), (나)에 들어갈 지역으로 옳은 것은?

동양 문화권은 대체로 계절풍의 영향을 많이 받아 벼농사가 활발한 지역이다. 이들 중 (가) 는 이슬람교, 힌두교, 불교 등 수십 가지의 종교가 섞여 있다. (나) 는 세계적인 벼농사 지역이며, 플랜테이션이 발달하였고, 불교, 이슬람교, 크리스트교 등 다양한 종교의 영향을 받았다.

	(가)	(나)
①	남부 아시아	동부 아시아
②	남부 아시아	동남 아시아
③	동부 아시아	동남 아시아
④	동부 아시아	남부 아시아
⑤	동남 아시아	남부 아시아

11 ✿✿❁ 서술형

자료에 나타난 국기와 관련이 깊은 문화권의 특징을 종교적 측면에서 서술하시오.

리비아 알제리

튀르키예 튀니지

세계의 국기에는 다양한 의미가 담겨 있다. 제시된 국기는 리비아, 알제리, 튀르키예, 튀니지의 것으로, 국기에는 모두 달과 별이 그려져 있다.

08 문화 변동과 전통문화

01 ✹✹✾

다음 밑줄 친 (가), (나)에 들어갈 개념을 바르게 연결한 것은?

> _____(가)_____은/는 문화 체계 사이의 직접적인 접촉에 의한 전파로, 선교사 · 교육자 등에 의해서 전파되는 경우가 많다. 페니키아 무역인들이 셈 족으로부터 알파벳을 희랍에 전한 것, 현대의 선교사가 서구 문화를 비서구 문화 지역에 전한 것 등이 해당한다.
> _____(나)_____은/는 대중 매체를 통한 정보 · 사상 등의 전파로, 현대 사회에서는 대부분 이와 같은 전파가 이루어진다. 외국의 춤과 음악 등이 대중 매체를 통해 우리 사회에 전파된다든지 우리의 대중문화가 대중 매체를 통해 외국에 전파됨으로써 유행을 만들어 내는 것 등이 이에 해당한다.

	(가)	(나)		(가)	(나)
①	문화 접변	자극 전파	②	직접 전파	간접 전파
③	직접 전파	자극 전파	④	자극 전파	간접 전파
⑤	문화 접변	간접 전파			

02 ✹✹✹

다음 글에 나타난 문화 변동에 대한 설명으로 옳지 <u>않은</u> 것은?

>
> 피자는 이탈리아에서 시작된 음식이다. 그런데 세계화가 된 것은 미국 때문이다. 제2차 세계 대전 이후 이탈리아인이 미국으로 건너가 많은 이탈리아 사람들이 피자 가게를 운영했다. 이는 곧 미국 사회 전체에 크게 확산되었는데, 그 때부터는 이탈리아 고유의 피자가 아니라 미국식의 피자가 만들어졌다. 이탈리아에서는 쓰지 않았던 토핑들이 올라갔고, 도우는 두꺼워졌는데, 이와 같은 미국 피자가 다시 유럽으로 전파되어 인기를 끌었다.

① 피자는 이탈리아에서 발명된 것이다.
② 미국 피자는 간접 전파로 설명할 수 있다.
③ 피자는 미국에서 새로운 모습으로 변화되었다.
④ 피자는 이탈리아에서 미국으로 직접 전파되었다.
⑤ 미국의 영향으로 유럽의 피자 문화에 변동이 나타났다.

03 ✹✹✾

(가), (나) 사례에 공통으로 해당하는 설명으로 옳은 것은?

> (가) 구한말 서구의 복장이 들어오면서 서구식 복장을 한 사람과 전통 복장을 한 사람이 혼재되었다.
> (나) 양복과 한복이 만나 개량 한복이 등장했다. 개량 한복은 우리의 한복에 서구의 편의성을 더해 만든 옷이다.

① 기존 사회의 문화의 정체성이 상실되었다.
② 내재적 요인에 의해 문화 변동이 일어났다.
③ 서로 다른 문화 요소가 나란히 존재하고 있다.
④ 서로 다른 문화의 결합으로 제3의 문화가 생겼다.
⑤ 서로 다른 문화 요소가 만나 문화 변동이 일어났다.

04 ✹✹✾ [서술형]

빈칸 ㉠, ㉡에 해당하는 문화 변동과 관련된 개념을 쓰고, 관련 사례를 한 가지씩 서술하시오.

> ㉠ 과/와 ㉡ 은/는 존재하지 않았던 새로운 문화 요소가 만들어진다는 점에서는 공통점을 지닌다. 그러나 ㉠ 은/는 한 사회의 문화 요소가 다른 사회의 문화 체계에 전달되고 이로부터 아이디어를 얻어 새로운 문화를 만들어 내는 현상이고, ㉡ 은/는 외부의 새로운 문화 요소와 내부의 문화 요소가 만나 두 문화 요소와는 성격이 다른 제3의 문화를 형성하는 현상을 말한다.

05 ✹✹✾

다음 중 전통문화의 기능에 대한 설명으로 옳지 <u>않은</u> 것은?

① 사회 구성원들의 자긍심을 고취시킬 수 있다.
② 자문화를 중심으로 다른 문화를 통합할 수 있다.
③ 문화 산업을 통해 새로운 부가가치를 창출할 수 있다.
④ 문화의 고유성 유지 및 세계 문화의 다양성을 증진시킬 수 있다.
⑤ 사회 구성원 간의 유대 강화를 통해 사회 통합에 기여할 수 있다.

06 ✿✿✿

(가)~(다)에 해당하는 개념을 바르게 연결한 것은?

> (가) 피자에 불고기를 올린 불고기 피자가 유행하고 있다.
> (나) 청나라를 세운 만주족은 중국 한족의 문화를 수용하는 과정에서 자신들의 문화를 상실하였다.
> (다) 결혼식이나 환갑 잔치 등 중요한 행사에서 남자는 주로 양복을, 여자는 주로 한복을 정장으로 입는다.

	(가)	(나)	(다)
①	문화 병존	문화 융합	문화 동화
②	문화 병존	문화 동화	문화 융합
③	문화 융합	문화 동화	문화 병존
④	문화 융합	문화 병존	문화 동화
⑤	문화 동화	문화 융합	문화 병존

07 ✿✿✿ 단답형

다음 사례를 설명할 수 있는 문화 변동의 양상을 쓰시오.

> 중국 내에 거주하는 조선족은 집 밖에서는 중국어를 사용하고 평상시에는 중국 음식을 즐긴다. 하지만 가족끼리는 한국어를 사용하고 명절에는 우리의 전통 음식을 먹는다.

08 ✿✿✿

다음 두 사례에서 공통으로 시사하는 내용으로 가장 적절한 것은?

> • 최근에는 한글 디자인으로 장식한 옷을 입는 사람들이 증가하고 있다. 한글 디자인은 해외 패션계에서도 그 아름다움과 실용성을 인정받고 있다.
> • 한옥은 산업화 과정에서 생활하기 불편하다는 이유로 외면 받았지만, 최근에는 현대식 주거 문화가 결합된 개량 한옥이 늘고 있다.

① 외래 문화를 비판적으로 수용해야 한다.
② 전통문화의 정체성 훼손을 감수해야 한다.
③ 전통문화가 상업화되는 것을 방지해야 한다.
④ 전통문화의 원형을 있는 그대로 보존해야 한다.
⑤ 전통문화를 시대적 변화에 맞게 재창조해야 한다.

09 ✿✿✿

다음 (가)~(다)에 해당하는 문화 변동에 대한 옳은 설명만을 〈보기〉에서 고른 것은? (단, (가)~(다)는 각각 문화 병존, 문화 융합, 문화 동화 중 하나이다.)

구분	(가)	(나)	(다)
기존 문화 요소가 외래문화 요소에 의해 대체되는 현상인가?	예	아니요	아니요
접촉한 두 문화 요소가 결합되어 새로운 문화 요소를 만들어 내는 현상인가?	아니요	예	아니요

[보기]
ㄱ. (가)는 외래문화가 변화되지 않고 정착되는 현상이다.
ㄴ. (나)는 제3의 새로운 문화를 형성하는 현상이다.
ㄷ. (다)는 기존 문화의 정체성이 상실된다.
ㄹ. (나)는 (다)와 달리 문화 주체성이 약화된다.

① ㄱ, ㄴ   ② ㄱ, ㄷ   ③ ㄴ, ㄷ
④ ㄴ, ㄹ   ⑤ ㄷ, ㄹ

10 ✿✿✿ 서술형

다음 현상에서 찾을 수 있는 문화 변동 양상을 쓰고, 그 이유를 서술하시오.

바게트

바인 미

> 베트남에는 '바인 미'라는 음식이 있다. '바인 미'란 프랑스의 식민지 시절에 전래된 프랑스 빵 바게트에서 유래한 음식으로, 처음 베트남인들은 바게트를 고급 음식이라고 생각해 연유에 찍어 먹었다. 이후, 이것은 '바인 미'라고 불리게 되었고, 바게트에 베트남 고유 음식으로 속을 채워 먹기 시작하면서 현재는 베트남의 대중적인 먹거리로 변화하였다.

 09 문화 상대주의와 보편 윤리

• 문항 수 10개
• 제한 시간 15분

01 ✽✽✽

그림에 나타난 문화 이해 태도의 문제점만을 〈보기〉에서 고른 것은?

> 우리 유럽은 과학과 기술이 눈부시게 발전했는데, 아시아와 아프리카는 아직 미개하군.

[보기]
ㄱ. 문화 정체성 상실의 우려가 있다.
ㄴ. 문화 제국주의로 변질될 가능성이 높다.
ㄷ. 자기 문화가 가지는 가치를 과소평가한다.
ㄹ. 국수주의로 발전하여 국제적 고립을 초래할 수 있다.

① ㄱ, ㄴ ② ㄱ, ㄷ ③ ㄴ, ㄷ ④ ㄴ, ㄹ ⑤ ㄷ, ㄹ

02 ✽✽✽

다음은 갑과 을이 외국 여행 중 나눈 대화 내용이다. 이에 대한 설명으로 옳은 것은?

> 갑: 여성들이 장례식에서 손가락을 자르며 슬픔을 표현하다니……. 정말 흥미로운 문화야.
> 을: 흥미롭다고? 저 여성들이 겪을 고통을 생각해 봐. 난, 여성을 억압하는 문화라고 생각해. 인정할 수 없어.

① 갑은 문화 사대주의적 태도로 문화를 인식하고 있다.
② 갑은 인류 문화의 보편적 가치를 중시하고 있다.
③ 을은 장례 풍습이 발생하게 된 원인에 관심이 있다.
④ 을은 갑의 문화 이해 태도를 극단적 상대주의로 본다.
⑤ 갑과 을은 모두 그 사회의 맥락에서 문화를 보고 있다.

03 ✽✽✽ 단답형

다음 글의 ㉠에 들어갈 문화 이해 태도를 쓰시오.

> 요즘 영어가 한글보다 더 고급스럽다는 편견을 가지고 제품의 이름을 영문으로만 쓰는 가게가 늘어나고 있다. 이러한 ㅤ (가) ㅤ 은/는 잘못된 문화 인식 태도이다. 자기 문화의 정체성을 상실할 수 있기 때문이다.

04 ✽✽✽

다음 대화에서 을이 갖고 있는 문화 이해 태도에 대한 설명으로 옳지 않은 것은?

> 갑: 우리와 일본, 중국은 모두 젓가락을 사용하지만 젓가락의 모습이나 사용 방법은 조금씩 다른 것 같아.
> 을: 맞아, 중국 젓가락은 나무이면서 길고, 일본은 가늘고 짧지. 우리는 그 중간쯤의 길이이고. 또 중국인이나 일본인은 밥그릇을 들고 젓가락만을 이용해서 밥을 먹잖아. 우리는 숟가락을 사용하고. 중국과 일본은 점잖지 않고 지저분하게 밥을 먹는 문화를 갖고 있는 것 같아.

① 자민족의 통합에 유리하다.
② 타 문화 사회와 갈등이 발생할 수 있다.
③ 자문화의 정체성을 지키는 데 유리하다.
④ 자문화를 발전시키는 데에 도움이 된다.
⑤ 타 문화를 지배하려는 문화 제국주의로 확대될 수 있다.

05 ✽✽✽

(가)~(다)에 대한 설명으로 옳은 것은? (단, (가)~(다)는 각각 문화 상대주의, 자문화 중심주의, 문화 사대주의 중 하나에 해당한다.)

구분	(가)	(나)	(다)
자기 집단에 대한 자부심을 고양하기 위해 인위적으로 형성되기도 합니까?	예	아니요	아니요
각 사회의 문화를 평가할 수 있다고 전제합니까?	예	아니요	예

① (가) – 자기 문화의 정체성을 상실할 우려가 크다.
② (가) – 문화는 그 사회가 속한 환경의 산물임을 간과한다.
③ (나) – 근대 사회의 서구 제국주의 국가의 관점에 해당한다.
④ (나) – 인류 보편의 가치 기준이 존재한다는 사실을 강조한다.
⑤ (다) – 다문화 사회에서 문화 공존을 이루기 위한 필수적 자세에 해당한다.

06 ✳✳✳

대화의 을이 지닌 문화 이해의 태도에 대한 비판으로 가장 적절한 것은?

> 갑: 얼마 전 네팔의 살아 있는 여신 '쿠마리'에 대한 뉴스를 봤어. 네팔에서는 여러 기준을 통과한 어린 여자아이를 선발해 여신으로 섬긴다는데, 외출도 제한되고 어떤 상황에서도 무표정을 강요받는다고 하는데 나는 이게 아동 학대에 가깝다고 생각해.
> 을: 그렇게 볼 수만은 없어. 사회 규범은 그 사회의 역사적 배경과 맥락 속에서 존재하므로 우리가 일방적으로 다른 나라의 법에 대해 나쁘다거나 혹은 바람직하지 않다고 판단하는 것은 잘못이라고 생각해.

① 문화를 우열 평가의 대상으로 간주하고 있다.
② 자기 문화를 기준으로 다른 문화를 바라보고 있다.
③ 특정한 기준을 바탕으로 다른 사회의 문화를 평가하고 있다.
④ 문화를 평가할 수 있는 인류 보편적 기준이 있음을 무시하고 있다.
⑤ 문화를 부분이 아닌 전체로 파악해야 한다는 사실을 간과하고 있다.

07 ✳✳✳

그림은 문화 이해 태도 A, B, C를 구분한 것이다. 이에 대한 설명으로 옳은 것은? (단, A, B, C는 각각 자문화 중심주의, 문화 사대주의, 문화 상대주의 중 하나이다.)

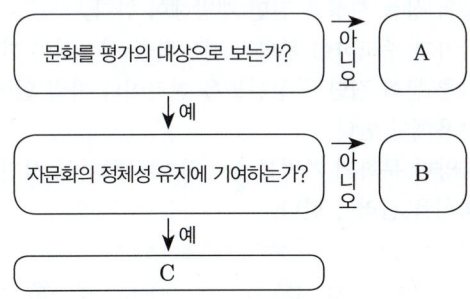

① A는 절대적 기준으로 문화를 평가한다.
② B는 자문화 정체성 유지에 도움이 된다.
③ C는 자문화의 객관적인 이해에 기여한다.
④ A는 C와 달리 사회 통합에 유리하다.
⑤ C는 B와 달리 국제 사회에서 갈등을 유발할 가능성이 높다.

08 ✳✳✳

갑, 을의 문화 이해 태도에 대한 옳은 설명만을 〈보기〉에서 고른 것은?

> 갑: 인사는 상대방에 대한 존중과 감사의 마음을 보여 주는 행위인데, 서양인들의 인사 문화는 저급하고 무례하다고 생각해.
> 을: 나는 오히려 우리 인사 문화가 저급하다고 생각해. 선천적 차이인 나이를 기준으로 위치를 구분하고, 자신이 처한 위치에 맞게 행동할 것을 강요하는 것 같거든. 서구 문화의 우월성을 볼 때 인사 문화도 서양인과 같은 방식으로 빨리 바꿔야 해.

[보기]
ㄱ. 갑은 자기 문화의 관점으로 타문화를 평가하고 있다.
ㄴ. 을의 태도는 보편적 가치를 부정하는 문화까지도 용인하는 단점이 있다.
ㄷ. 갑, 을 모두 문화를 평가하는 기준이 있음을 전제로 하고 있다.
ㄹ. 갑과 달리 을의 태도는 문화의 다양성을 보존하는 데 기여할 수 있다.

① ㄱ, ㄴ   ② ㄱ, ㄷ   ③ ㄴ, ㄷ
④ ㄴ, ㄹ   ⑤ ㄷ, ㄹ

[09~10] 다음 글을 읽고 물음에 답하시오.

> 오스트레일리아의 미개 부족 중에는 단순히 여자가 외출할 때 여러 명의 갓난아기를 데리고 다닐 팔이 없다는 이유로 아이를 죽이는 부족이 있다. 그리고 마다가스카르에서는 액일(厄日)로 정해진 날에 태어난 아이는 가족에게 불행을 가져 오지 않도록 전부 살해되는 것이 지극히 당연한 것으로 받아들여진다. 이러한 사례를 듣고 갑은 살인 행위도 나름대로의 긍정적인 기능이 있다고 생각하였다.

09 ✳✳❀ 단답형

윗글에 나타난 갑의 문화 이해 태도를 쓰시오.

10 ✳✳❀ 서술형

갑의 문화 이해 태도가 가지는 문제점을 서술하시오.

10 다문화 사회와 문화 다양성 존중

01 ✿✿✿

다음 글에 나타난 문제의 해결 방안으로 적절하지 <u>않은</u> 것은?

> 최근 우리나라는 자본과 노동의 국가 간 이동으로 외국인 노동자 수가 늘어나고 외국인과의 결혼이 많아짐에 따라 다문화 사회로 진입하고 있다. 이 때문에 문화적 소수자의 한국 사회 부적응 및 문화적 갈등 같은 문제가 나타나고 있다.

① 문화적 소수자들을 온정주의적 시각으로 대한다.
② 다른 문화를 이해하고 체험하는 교육을 강화한다.
③ 다양한 문화가 교류될 수 있는 각종 행사를 마련한다.
④ 외국인 노동자에게 한국 문화 체험 프로그램을 제공한다.
⑤ 공공시설 및 편의 시설에 다양한 언어로 된 안내문을 마련한다.

02 ✿✿✿

다음 그림을 토대로 내린 해결책으로 적절하지 <u>않은</u> 것은?

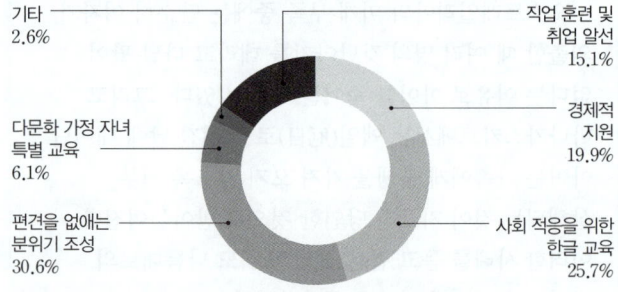

〈다문화 가구원을 위해 가장 시급히 해결해야 할 사항〉

- 기타 2.6%
- 직업 훈련 및 취업 알선 15.1%
- 다문화 가정 자녀 특별 교육 6.1%
- 경제적 지원 19.9%
- 편견을 없애는 분위기 조성 30.6%
- 사회 적응을 위한 한글 교육 25.7%

① 저소득 가정에 대해 경제적 지원을 해야 한다.
② 취업 등에서 불이익을 받지 않도록 해야 한다.
③ 타 문화를 이해하는 관용의 태도를 가져야 한다.
④ 다문화 지원 센터 등을 통해 사회 적응을 도와야 한다.
⑤ 다문화 가정의 출산율을 높이는 방안을 연구해야 한다.

03 ✿✿✿

다문화 사회의 영향에 대한 설명으로 옳지 <u>않은</u> 것은?

① 국내 노동 시장의 노동력 부족 문제를 심화시킨다.
② 외국인에 대한 사회적 편견과 차별이 발생할 수 있다.
③ 서로 다른 문화 간 갈등이 발생하여 사회 통합이 어려워질 수 있다.
④ 사회 구성원들이 풍부한 문화적 경험을 할 수 있는 기회를 제공할 수 있다.
⑤ 생활 양식의 차이, 외국인 지원을 위한 사회적 비용 증가로 인한 갈등이 발생할 수 있다.

[04~05] 다음 글을 읽고 물음에 답하시오.

> 정부 통계에 따르면, 1995년 27만 명 정도였던 국내 외국인의 체류자 수가 2012년 140만 명을 넘었으며, 2050년에는 490만 명을 넘어설 것으로 예상된다. 우리나라도 이제 다양한 인종, 민족, 문화를 가진 사람들이 공존하는 다문화 사회로 변화하고 있다.

04 ✿✿✿

윗글을 읽고 최근 한국 사회의 변화를 고려할 때 바람직한 대응 방향으로 적절한 설명만을 〈보기〉에서 고른 것은?

> [보기]
> ㄱ. 문화 상품 시장을 전면 개방해야 한다.
> ㄴ. 국가가 주도하여 문화적 단일화를 이루어야 한다.
> ㄷ. 다른 문화 집단 구성원들을 편견이나 차별 없이 수용해야 한다.
> ㄹ. 다양한 문화의 가치를 동등하게 존중하는 시민 의식을 길러야 한다.

① ㄱ, ㄴ ② ㄱ, ㄷ ③ ㄴ, ㄷ ④ ㄴ, ㄹ ⑤ ㄷ, ㄹ

05 ✿✿✿ 단답형

윗글과 같이 변화한 한국 사회의 구성원이 외국인과의 갈등을 해결하기 위해 갖춰야 하는 태도를 두 가지 쓰시오.

06 ✤✤✤

밑줄 친 ㉠와 ㉡의 적절한 사례를 〈보기〉에서 바르게 연결한 것은?

> 다문화 사회는 다양한 인종, 민족, 종교, 문화가 공존하기 때문에 여러 형태의 갈등이 나타나기도 한다. 이에 우리 사회는 외국인과 내국인이 조화롭게 살아가는 다문화 사회를 만들기 위해 ㉠개인적, 의식적 차원의 노력과 ㉡사회적, 제도적 차원의 노력이 함께 이루어져야 한다.

[보기]
ㄱ. 문화적 차이를 인정하는 관용의 태도를 확립한다.
ㄴ. 외국인 노동자의 인권 보호를 위한 법률을 제정한다.
ㄷ. 문화적 고정 관념이나 편견을 버리는 자세를 함양한다.
ㄹ. 다문화 가정의 교육, 생계 등을 지원하는 정책을 시행한다.

	㉠	㉡		㉠	㉡
①	ㄱ	ㄴ	②	ㄱ	ㄷ
③	ㄴ	ㄹ	④	ㄷ	ㄱ
⑤	ㄹ	ㄷ			

07 ✤✤✤

다음 글에 나타난 다문화 사회의 이민자 정책에 대한 옳은 설명만을 〈보기〉에서 고른 것은?

> 한 민족이 다른 민족에 융합되는 것이 가능하다는 사실은 경험으로 증명되었으며, 만일 이 민족이 더 열등하고 뒤떨어진 인종이었다면 동화는 굉장한 이점을 가져다준다. 누구도 바스크 사람에게 매우 문명화되고 교양 있는 민족의 사고와 감성에 동화되는 것, 다시 말해서 프랑스 민족의 일원이 되는 것이 바람직하지 않다고 할 수 없을 것이다.

[보기]
ㄱ. 문화 상대주의적이다.
ㄴ. 다양한 문화가 평등하게 인정되어야 함을 강조한다.
ㄷ. 소수 집단에 대한 동화 정책으로 악용되어 비판을 받는다.
ㄹ. 동화주의 관점으로 이민자가 기존 사회의 일원이 되는 것을 목표로 한다.

① ㄱ, ㄴ ② ㄱ, ㄷ ③ ㄴ, ㄷ ④ ㄴ, ㄹ ⑤ ㄷ, ㄹ

08 ✤✤✤

다음은 학생이 작성한 형성 평가지이다. 옳은 답변만을 고른 것은?

> 〈형 성 평 가〉
>
> 　　　　　　　　　　1학년 ○반 ○번 ○○○
> ※ 다문화 정책 (가), (나)에 대한 설명이 맞으면 '예', 틀리면 '아니요'에 '✓'를 표시하시오.
>
> (가): 여러 민족의 문화를 하나로 녹여 그 사회의 주류 문화에 동화시켜야 한다.
> (나): 다양한 인종과 문화가 함께 어울리는 문화를 만들어야 한다.
>
> • 설명1: (가)는 각 문화가 지닌 특수성의 유지를 강조한다.　　예 ✓ 아니요 □ ……… ㉠
> • 설명2: (나)는 이질적인 문화들 간의 우열을 부정한다.　　예 ✓ 아니요 □ ……… ㉡
> • 설명3: (가)는 (나)보다 각각의 문화가 지닌 정체성을 존중한다.　　예 □ 아니요 ✓ ……… ㉢
> • 설명4: (가)는 (나)보다 다양한 문화의 융합을 통한 동질성을 강조한다.　　예 □ 아니요 ✓ ……… ㉣

① ㉠, ㉡ ② ㉠, ㉢ ③ ㉡, ㉢
④ ㉡, ㉣ ⑤ ㉢, ㉣

[09~10] 다음 글을 읽고 물음에 답하시오.

> (가) 커다란 그릇 안에서 각기 다른 맛, 향, 색을 가진 다양한 채소와 과일들이 섞여 각자 고유의 맛을 지키면서도 하나의 샐러드가 된다.
> (나) 여러 민족이 가진 고유한 문화들이, 해당 사회의 지배적인 주류 문화 안에서 변화하고 섞여 서로 영향을 주고받으며 새로운 문화가 된다.

09 ✤✤✤ (단답형)

(가), (나)에 해당하는 다문화 사회의 이민자 정책을 쓰시오.

10 ✤✤✤ (서술형)

우리나라의 다문화 정책의 변화를 (가), (나)에 해당하는 이민자 정책을 활용하여 서술하시오.

11 산업화와 도시화에 따른 변화

• 문항 수 10개
• 제한 시간 15분

01 ✲✲✾

(가) 시기와 비교한 (나) 시기의 상대적 특색을 그림의 A~E에서 고른 것은? (단, (가), (나)는 1960년대와 2010년대 중 하나임.)

(가) 시기의 가족사진

(나) 시기의 가족사진

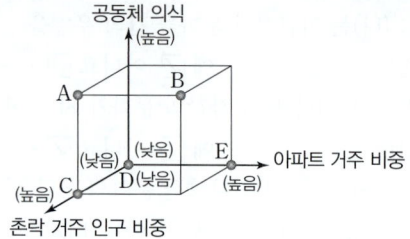

① A   ② B   ③ C   ④ D   ⑤ E

02 ✲✲✲

다음 자료의 (가), (나)에 따른 문제점으로 옳은 것은?

[(가)]와/과
[(나)](으)로 녹지 면적이 줄어들고 콘크리트와 아스팔트로 포장된 면적이 증가하면서 열섬 현상이 나타났다. 열섬 현상이란 냉난방 시설과 자동차 등에서 나오는 인공 열로 인해 도심의 기온이 주변 지역보다 높아지는 현상이다. 열섬 현상을 해결하기 위해서는 건물에 녹지 공간을 만들거나 가로수 길 등을 조성해 도시 기온을 낮춰야 한다.

① 좁은 지역에 많은 인구가 밀집하면서 불량 주택 지역이 형성된다.
② 서식처를 잃은 야생 동물이 찻길에서 사고를 당하는 일이 감소한다.
③ 불투수 면적이 감소해 많은 비가 올 때 침수 피해가 발생하기 쉽다.
④ 말라리아처럼 다른 지역에서 발생한 풍토병이 국내로 유입되고 확산된다.
⑤ 인간이 노동 과정에서 수단으로 여겨지며 노동에서 얻는 만족감이 증가된다.

03 ✲✲✾

그래프의 A, B에 들어갈 내용으로 옳은 것은?

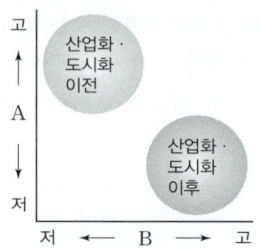

*고(저)는 많음(적음), 넓음(좁음)을 의미함.

	A	B
①	녹지 면적	직업의 종류
②	녹지 면적	평균 가구원 수
③	직업의 종류	녹지 면적
④	직업의 종류	평균 가구원 수
⑤	평균 가구원 수	녹지 면적

04 ✲✲✲

다음 자료는 우리나라의 국토 공간 변화를 나타낸 것이다. 밑줄 친 (가)에 따른 변화 내용을 〈보기〉에서 고른 것은?

산업화 · 도시화가 진행되면서 소음, 대기 오염 및 각종 폐기물과 폐수 등으로 환경 문제가 발생하기도 한다. 그리고 시가지가 개발되면서 녹지 공간이 줄어들어 도시의 생태계가 파괴되고 생물 다양성이 감소한다. 한편, (가) 콘크리트나 아스팔트로 덮인 도시의 지표면이 늘어나고 있다.

서울시 불투수 면적 현황

[보기]
ㄱ. 토양의 빗물 흡수 능력이 커지고 있다.
ㄴ. 도시 내의 상대 습도가 높아지고 있다.
ㄷ. 도시 지역의 지하수면이 낮아지고 있다.
ㄹ. 도시와 주변 지역 간 기온 차가 커지고 있다.

① ㄱ, ㄴ   ② ㄱ, ㄷ   ③ ㄴ, ㄷ   ④ ㄴ, ㄹ   ⑤ ㄷ, ㄹ

05 ✿✿✿

다음 글의 (가)에 들어갈 알맞은 내용만을 〈보기〉에서 있는 대로 고른 것은?

> 창원특례시는 ___(가)___ 을/를 위해 2008년부터 공영 자전거 제도를 실시하고 있다. 친환경 교통수단인 자전거 이용을 활성화하기 위해 자전거 도로를 만들고 공영 자전거 '누비자' 시스템을 구축하였다. 창원시 곳곳에는 자전거 대여소가 설치되어 있어 시민들은 무인 대여 시스템을 이용해 자전거를 자유롭게 빌려 탈 수 있다.

─────[보기]─────
ㄱ. 에너지 절약   ㄴ. 교통 체증 완화
ㄷ. 시민의 건강 증진   ㄹ. 대중교통 이용의 활성화

① ㄱ, ㄴ   ② ㄱ, ㄹ   ③ ㄷ, ㄹ
④ ㄱ, ㄴ, ㄷ   ⑤ ㄴ, ㄷ, ㄹ

06 ✿✿✿

다음 자료는 우리나라의 토지 이용 변화를 나타낸 것이다. 1977년과 비교한 2022년의 상대적 특징을 그림의 A~E에서 고른 것은?

	1977년	2022년	
임야	65,660km²	63,427km²	감소
논밭	22,144km²	18,487km²	감소
대지	1,760km²	3,342km²	증가
도로	1,612km²	3,453km²	증가

(국토 교통부, 각 연도)

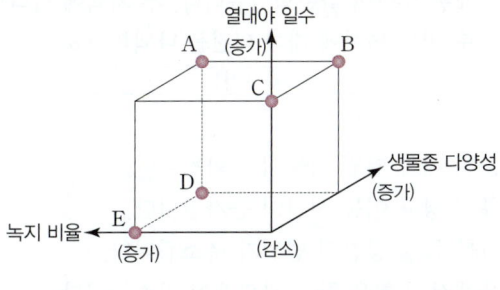

① A   ② B   ③ C   ④ D   ⑤ E

07 ✿✿✿

다음 그림을 토대로 산업화에 따른 변화를 진술한 내용으로 옳지 <u>않은</u> 것은?

〈산업화 이전〉

〈산업화 이후〉

① 분업이 확대되었다.
② 대량 생산이 이루어졌다.
③ 노동 생산성이 높아졌다.
④ 기계의 이용이 활성화되었다.
⑤ 가정의 생산 기능이 강화되었다.

[08~09] 그림을 보고 물음에 답하시오.

08 ✿✿✿ [서술형]

그림 속 문제가 확산될 경우 발생할 수 있는 문제를 도덕적 질서와 관련지어 서술하시오.

09 ✿✿✿ [서술형]

그림 속 문제에 대한 해결 방안을 개인적 차원과 사회적 차원에서 각각 한 가지씩 쓰시오.

10 ✿✿✿ [서술형]

다음 글의 밑줄 친 (가)의 이유를 산업화·도시화로 인한 문제와 관련지어 서술하시오.

> '슬로 시티 운동'은 1999년 10월 이탈리아에서 일어났다. 슬로 시티를 의미하는 이탈리아어인 '치타 슬로'는 환경, 자연, 시간, 계절을 존중하고 느긋하게 산다는 의미로, (가) 오늘날 슬로 시티는 지구촌 곳곳에서 인기를 얻고 있다.

12 교통·통신 및 과학기술의 발달

- 문항 수 10개
- 제한 시간 15분

01 ★★★

그림은 교통·통신의 발달에 따른 변화를 나타낸 것이다. 옳은 내용만을 있는 대로 고른 것은?

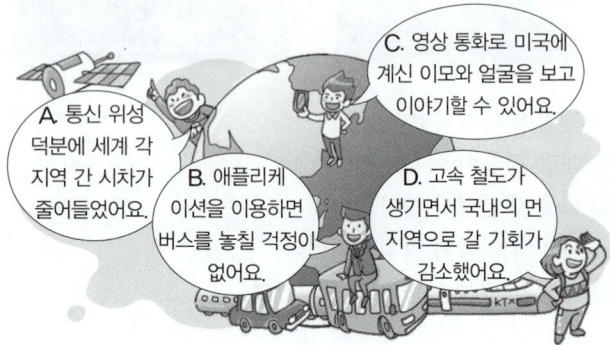

A. 통신 위성 덕분에 세계 각 지역 간 시차가 줄어들었어요.

B. 애플리케이션을 이용하면 버스를 놓칠 걱정이 없어요.

C. 영상 통화로 미국에 계신 이모와 얼굴을 보고 이야기할 수 있어요.

D. 고속 철도가 생기면서 국내의 먼 지역으로 갈 기회가 감소했어요.

① A, C
② A, D
③ B, C
④ A, B, D
⑤ B, C, D

02 ★★☆

다음은 어느 학생의 발표 수업 자료이다. (가)에 들어갈 내용으로 가장 적절한 것은?

〈주제〉 [(가)]

〈사례1〉 한국 도로 공사에 따르면 매해 고속 국도에서 자동차에 치여 목숨을 잃는 야생 동물의 교통사고가 약 2,000건에 달한다고 한다. 고속 국도의 건설로 야생 동물들의 서식지가 파괴되었거나 이동로가 단절되었기 때문이다. 야생 동물이 갑자기 도로에 뛰어들면 이를 피하려는 과정에서 운전자의 교통사고도 발생할 수 있다.

〈사례2〉 2007년 12월, 충청남도 태안 앞바다에서 발생한 유조선 충돌 사고로 원유 약 1만 2,547㎘가 유출되어 국내 최악의 해양 오염 사고로 기록되었다. 사고 이후 초기에 방제 작업이 제대로 이루어지지 못해 원유가 해안가로 유입되면서 해양 생태계가 파괴되었다. 원유는 조류를 타고 퍼져 나가 11개 시·군 375km의 해안을 오염시켰고, 양식장의 조개류와 해조류에도 피해를 입혔다.

① 교통 발달과 지역 격차
② 통신 발달에 따른 문제점
③ 통신 발달과 생태계 변화
④ 교통 발달에 따른 문제점
⑤ 교통 발달과 빨대 효과 발생

03 ★★☆

그림에 나타난 스마트홈 시스템 이용의 장점으로 보기 어려운 것은?

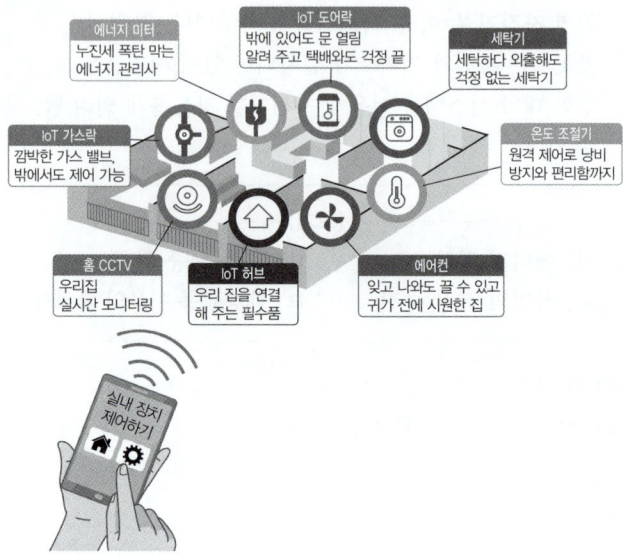

에너지 미터 — 누진세 폭탄 막는 에너지 관리사

IoT 도어락 — 밖에 있어도 문 열림 알려 주고 택배와도 걱정 끝

세탁기 — 세탁하다 외출해도 걱정 없는 세탁기

IoT 가스락 — 깜박한 가스 밸브, 밖에서도 제어 가능

온도 조절기 — 원격 제어로 낭비 방지와 편리함까지

홈 CCTV — 우리집 실시간 모니터링

IoT 허브 — 우리 집을 연결해 주는 필수품

에어컨 — 잊고 나와도 끌 수 있고 귀가 전에 시원한 집

실내 장치 제어하기

① 이웃과의 소통을 확대할 수 있다.
② 에너지를 효율적으로 사용할 수 있다.
③ 가스 폭발 등 안전사고를 줄일 수 있다.
④ 택배 상품을 효과적으로 수령할 수 있다.
⑤ 도난 등 범죄를 효과적으로 예방할 수 있다.

04 ★★☆

2023 실시 6월 학평 18

(가)에 들어갈 학생의 답변으로 가장 적절한 것은?

교사: 서울-춘천 고속 국도, 경춘선 복선 전철, 도시 간 특급 열차(ITX)의 개통으로 서울-춘천 간 교통 수단이 확충되었습니다. 두 지역에 나타날 수 있는 변화에 대해 의견을 나눠볼까요?

학생: [(가)]

① 서울의 대학 병원 기능이 약화됩니다.
② 물류의 평균 이동 시간이 증가합니다.
③ 여가를 즐길 공간의 범위가 축소됩니다.
④ 서울에서 춘천을 찾는 관광객이 감소합니다.
⑤ 서울-춘천 간 통근·통학 비율이 증가합니다.

05 ✽✽✽ 서술형

그림은 교통·통신의 발달에 따른 이점을 나타낸 것이다. (가), (나)에서 공통적으로 파악할 수 있는 이점을 쓰시오.

(가)

버스 도착 시간을 미리 파악하여 시간에 맞춰 정류장에서 대기한다.

(나)

고속 철도를 타고 하루만에 서울에서 목포로 여행을 다녀온다.

06 ✽✽✽

그림과 같은 변화의 영향으로 옳지 <u>않은</u> 것은?

온라인 쇼핑

① 무인 택배 시설, 편의점 안심 택배 서비스가 등장했다.
② 시간과 장소에 얽매이지 않고 상품을 구매할 수 있게 되었다.
③ 상품의 유통 단계가 단순해지면서 전통 시장의 매출액이 증가하였다.
④ 매장 대신 창고를 이용하여 상품을 판매하는 상점의 수가 증가하였다.
⑤ 인터넷을 통한 물건 구매가 용이해져 전자 화폐의 이용이 늘어날 전망이다.

07 ✽✽✽ 단답형

다음 글의 (가)에 들어갈 알맞은 용어를 쓰시오.

> 과학기술의 발달로 누리 소통망(SNS)이나 가상 공간을 통해 정치에 참여할 수 있게 되었고, 인터넷 쇼핑이나 원격 진료를 통해 시공간의 제약 없이 특정 서비스를 누릴 수 있게 되었다. 그런데, 디지털 정보화 수준이 일반 국민보다 낮은 정보 취약 계층은 이러한 혜택을 완전히 누리지 못하고 있다. 이러한 (가) 을/를 해결하기 위해 정보 취약 계층에게 정보 기기와 소프트웨어, 정보 교육 프로그램을 제공해야 한다.

[08~09] 다음 글을 읽고 물음에 답하시오.

> 〈주제〉 (가) 에 따른 사회 변화
> 〈사례1〉 특허청은 2005년 3월 정부 기관 최초로 재택근무를 도입하여 업무 특성에 맞추어 일하는 방식을 바꾸었다. 특히 일·가정 양립, 여성의 경력 단절 완화 등을 해결하기 위해 노력하고 있다.
> 〈사례2〉 인천광역시는 만성 질환으로 인해 장기 입원이나 통원 치료가 필요하여 학교에 다닐 수 없는 건강 장애 학생들을 위해 사이버 학교를 운영하고 있다.

08 ✽✽✽

다음 글의 (가)에 들어갈 내용으로 옳은 것은?

① 도시화 ② 산업화 ③ 정보화
④ 세계화 ⑤ 지역화

09 ✽✽✽

(가)에 따라 변화한 생활 양식으로 옳지 <u>않은</u> 것은?

① 인터넷을 통해 민원서류를 신청할 수 있다.
② 전자 상거래의 활성화로 이동 거리가 증가했다.
③ 화상 회의를 통해 업무의 효율성이 증가하였다.
④ 가상 공간을 통한 정치 참여의 기회가 확대된다.
⑤ 다양한 집단과의 교류로 문화가 빠르게 확산된다.

10 ✽✽✽

그림의 (가)와 비교한 (나)의 상대적 특징만을 〈보기〉에서 있는 대로 고른 것은?

(가) 현실 세계

(나) 사이버 공간

[보기]
ㄱ. 인간관계의 제약이 약하다.
ㄴ. 행동에 대한 책임감이 약하다.
ㄷ. 면대면(面對面) 접촉이 활발하다.
ㄹ. 사회적 지위와 역할이 정해져 있다.

① ㄱ, ㄴ   ② ㄴ, ㄹ   ③ ㄷ, ㄹ
④ ㄱ, ㄴ, ㄷ   ⑤ ㄱ, ㄷ, ㄹ

13 내가 사는 지역의 공간 변화

• 문항 수 10개
• 제한 시간 15분

01 ✽✽✽

그래프의 A~C에 해당하는 산업으로 옳은 것은?

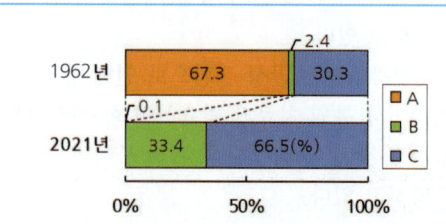

1962년 67.3 ┌2.4 30.3
A
B
C
2021년 ┌0.1 33.4 66.5(%)

0%   50%   100%

(울산광역시, 각 연도)
〈울산광역시의 산업 구조 변화〉

울산광역시는 1962년에 특정 공업 지구로 지정되면서 자동차, 조선, 석유 화학 등의 중화학 공업이 발달했다. 그 결과 B 종사자 비중이 늘어났고, 공업의 성장을 바탕으로 도시화가 진행되면서 C의 비중도 크게 늘었다.

	A	B	C
①	1차 산업	2차 산업	3차 산업
②	1차 산업	3차 산업	2차 산업
③	2차 산업	1차 산업	3차 산업
④	2차 산업	3차 산업	1차 산업
⑤	3차 산업	1차 산업	2차 산업

02 ✽✽✽

자료의 A, B에 들어갈 내용으로 옳은 것은?

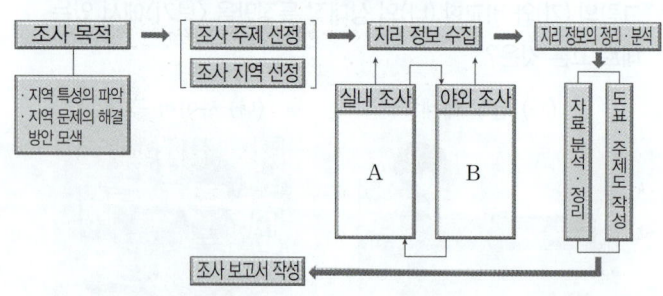

조사 목적 → 조사 주제 선정 / 조사 지역 선정 → 지리 정보 수집 → 지리 정보의 정리·분석

• 지역 특성의 파악
• 지역 문제의 해결 방안 모색

실내 조사 / 야외 조사
A / B

자료 분석·정리 / 도표·주제도 작성

조사 보고서 작성

	A	B
①	지도 분석	촬영
②	지도 분석	설문지 작성
③	관련 기관 방문	면담
④	관련 기관 방문	촬영
⑤	조사 경로도 작성	지도 분석

03 ✽✽✽ 서술형

지도에 나타난 지역의 토지 이용 및 인구 변화를 서술하시오.

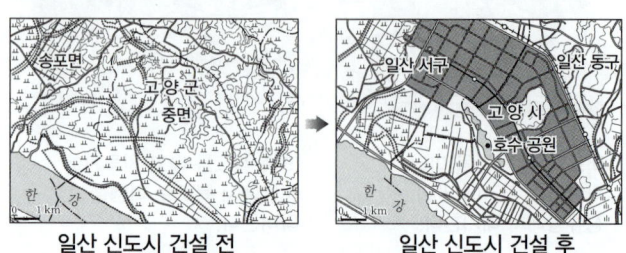

일산 신도시 건설 전   일산 신도시 건설 후

04 ✽✽✽

다음 (가)에 들어갈 옳은 내용만을 〈보기〉에서 고른 것은?

요즘 농촌에서는 관내에 거주하는 농업인의 결혼 지원 사업이나 정착에 도움을 주는 귀농귀촌 사업을 많이 시작하고 있다. _____(가)_____(으)로 인해 침체에 빠진 농촌이 새로운 사업으로 활력이 생길 수 있기를 기대해 본다.

[보기]
ㄱ. 고령화   ㄴ. 인구 감소
ㄷ. 교통의 발달   ㄹ. 농업의 기계화

① ㄱ, ㄴ   ② ㄱ, ㄷ   ③ ㄴ, ㄷ
④ ㄴ, ㄹ   ⑤ ㄷ, ㄹ

05 ✽✽✽

그림에 나타난 지역의 변화 내용으로 옳지 <u>않은</u> 것은?

1960년대 분당   2000년대 분당

① 상주인구가 증가하였다.
② 농경지 면적이 증가하였다.
③ 토지 이용의 집약도가 높아졌다.
④ 2, 3차 산업 종사자 비중이 높아졌다.
⑤ 인근 대도시와의 시간 거리가 축소되었다.

06 ✽✽✿

다음 표는 어느 지역의 토지 이용 변화를 나타낸 것이다.
이 지역의 변화를 설명한 내용으로 옳은 것은?

(단위: km²)

연도(년)	1990	2000	2010	2016
주거 지역	18.60	19.74	28.55	28.95
상업 지역	4.22	4.42	4.97	5.13
공업 지역	1.51	1.60	1.64	1.73
녹지 지역	–	115.96	106.67	105.95

① 녹지 면적이 꾸준히 증가하였다.
② 도시의 열섬 현상이 확대되었다.
③ 전입 인구보다 전출 인구가 많았다.
④ 상업 지역의 평균 지가가 낮아졌다.
⑤ 지역 주민들 간의 유대감이 강화되었다.

[07~08] 다음 자료를 읽고 물음에 답하시오.

> ┌─ (가) 단계 ─┐
> • 자료 수집: 지도와 문헌을 분석하고, 인터넷을 통해
>   통계 자료 등의 정보를 수집할 수 있다.
> • (나)를 위한 준비: (나)를 통해 조사해야 할 항목,
>   조사 방법, 답사 경로와 답사 일자, 방문 기관을
>   결정한다.
>
> ┌─ (나) 단계 ─┐
> • (나)는 (가)만으로는 불충분하거나 직접 정보를
>   수집해야 할 때 시행한다.
> • (나)를 나갈 때는 준비물을 잘 챙기고, 답사를 통해
>   얻은 정보를 사진이나 메모로 기록한다.

07 ✽✽✿ 단답형

자료의 (가), (나)에 들어갈 알맞은 용어를 쓰시오.

08 ✽✽✿ 서술형

자료와 같은 활동이 이루어지는 지역 조사의 필요성을 지역
문제와 관련지어 서술하시오.

09 ✽✽✿

다음 자료는 지역 조사 보고서의 내용이다. (가)~(다)에 들어갈
내용으로 옳은 것은?

> **〈지역 조사 보고서〉**
> 1. (가) : ○○시의 공간 변화
> 2. (나) : ○○시의 산업 구조는 1차 산업 중심에서
>   2·3차 산업 중심으로 바뀌었다.
> 3. 문제점: 공업이 발달하면서 하천 오염이
>   발생하였다.
> 4. (다) : 하천의 수질을 개선하기 위해 인근
>   지역과 함께 협력해야 한다.

	(가)	(나)	(다)
①	변화상	조사 주제	해결 방안
②	변화상	해결 방안	조사 주제
③	조사 주제	변화상	해결 방안
④	조사 주제	해결 방안	변화상
⑤	해결 방안	변화상	조사 주제

10 ✽✽✿

지역 조사 중 다음과 같은 활동이 이루어지는 단계로 옳은
것은?

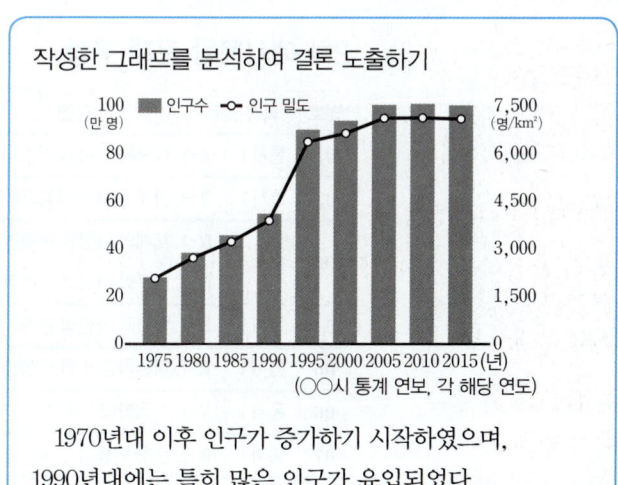

> 작성한 그래프를 분석하여 결론 도출하기
>
> 1970년대 이후 인구가 증가하기 시작하였으며,
> 1990년대에는 특히 많은 인구가 유입되었다.

① 실내 조사   ② 야외 조사
③ 보고서 작성   ④ 조사 주제 선정
⑤ 조사 지역 선정

★2028학년도 대학수학능력시험 통합사회 예시문항

1차 예시문항 문제 구성

(통사: 통합사회)

번호	과목	단원	번호	과목	단원
01	통사1	Ⅱ-1. 행복의 의미와 기준	08	통사2	Ⅰ-3. 인권 문제 해결을 위한 노력
02	통사1	Ⅲ-2. 인간과 자연의 관계	09	통사2	Ⅱ-2. 다양한 정의관의 비교 및 적용
03	통사1	Ⅲ-1. 자연환경과 인간 생활	10	통사2	Ⅱ-3. 불평등 해결과 정의의 실현
04	통사1	Ⅳ-1. 세계의 다양한 문화권	11	통사2	Ⅲ-1. 자본주의 전개와 경제 체제
05	통사1	Ⅴ-1. 산업화와 도시화	12	통사2	Ⅲ-3. 자산 관리와 금융 생활
06	통사2	Ⅰ-1. 인권의 의미와 발전 과정	13	통사2	Ⅳ-2. 평화를 위한 국제 사회의 노력
07	통사2	Ⅰ-2. 인권 보장을 위한 헌법의 역할	14	통사2	Ⅴ-1. 세계의 인구와 인구 문제

2차 예시문항 문제 구성

번호	과목	단원	번호	과목	단원
01	통사1	Ⅱ-1. 행복의 의미와 기준	14	통사1	Ⅱ-2. 행복한 삶을 위한 조건
02	통사1	Ⅲ-3. 환경 문제 해결을 위한 노력		통사2	Ⅰ-2. 인권 보장을 위한 헌법의 역할
03	통사1	Ⅳ-1. 세계의 다양한 문화권	15	통사2	Ⅱ-2. 다양한 정의관의 비교 및 적용
		Ⅳ-4. 다문화 사회와 문화적 다양성	16	통사2	Ⅱ-1. 정의의 의미와 실질적 기준
04	통사1	Ⅲ-2. 인간과 자연의 관계	17	통사2	Ⅲ-1. 자본주의 전개와 경제 체제
05	통사1	Ⅲ-1. 자연환경과 인간 생활	18	통사2	Ⅳ-2. 평화를 위한 국제 사회의 노력
06	통사1	Ⅴ-1. 산업화와 도시화	19	통사2	Ⅲ-2. 합리적 선택과 경제 주체
07	통사1	Ⅳ-2. 문화 변동과 전통문화의 계승			Ⅲ-3. 자산 관리와 금융 생활
08	통사1	Ⅳ-3. 문화 상대주의와 보편 윤리	20	통사2	Ⅳ-1. 세계화의 양상과 문제
	통사2	Ⅰ-2. 인권 보장을 위한 헌법의 역할	21	통사2	Ⅲ-4. 국제 무역과 지속가능발전
09	통사1	Ⅴ-2. 교통·통신 및 과학기술의 발달	22	통사2	Ⅳ-3. 남북 분단, 동아시아 역사 갈등
10	통사2	Ⅰ-1. 인권의 의미와 발전 과정			Ⅴ-3. 미래 사회와 세계시민의 삶
11	통사2	Ⅰ-2. 인권 보장을 위한 헌법의 역할	23	통사2	Ⅳ-3. 남북 분단, 동아시아 역사 갈등
12	통사2	Ⅰ-3. 인권 문제 해결을 위한 노력	24	통사2	Ⅴ-1. 세계의 인구와 인구 문제
13	통사2	Ⅱ-1~3. 사회 정의와 불평등	25	통사2	Ⅴ-2. 세계의 에너지 자원과 발전

01

행복에 대한 서양 사상가 갑, 을의 입장으로 옳은 것만을 〈보기〉에서 있는 대로 고른 것은?

> 최고선인 행복이 무엇인지 알려면 인간의 고유한 기능을 알아야 합니다. 인간의 고유한 기능은 이성을 동반하는 정신 활동입니다. 그런데 기능을 잘 수행할 수 있는 품성 상태가 덕이므로 행복이란 덕에 따르는 정신 활동입니다.

갑

> 쾌락은 행복의 시작이자 끝입니다. 우리가 추구할 만한 쾌락은 몸에 고통이 없고 마음에 동요가 없는 상태입니다. 그런데 덕은 본성적으로 쾌락의 향유와 연결되므로 사려 깊고 훌륭하고 정의롭게 살지 않고서는 쾌락을 누릴 수 없습니다.

을

[보기]
ㄱ. 갑: 행복은 인간의 모든 행위의 궁극적인 목적이다.
ㄴ. 갑: 유덕함이 행복을 증진하지만 행복의 필수 조건은 아니다.
ㄷ. 을: 모든 고통이 제거되면 쾌락은 더 이상 증가하지 않는다.
ㄹ. 갑과 을: 이성의 능력을 발휘해야 행복에 이를 수 있다.

① ㄱ, ㄴ ② ㄱ, ㄹ ③ ㄴ, ㄷ ④ ㄱ, ㄷ, ㄹ ⑤ ㄴ, ㄷ, ㄹ

02

(가)의 갑, 을 사상가들의 입장에서 (나)의 ㉠ 지역 개발에 대해 제시할 견해로 가장 적절한 것은?

(가)
갑: 인간의 지식이 곧 인간의 힘이다. 우리는 자연을 연구하여 이리저리 방황하는 자연의 자취를 마치 사냥개처럼 추적할 수 있다.
을: 인간은 대지의 구성원이다. 어떤 것이 생명 공동체의 통합성, 안정성, 아름다움의 보존에 이바지한다면 그것은 옳고, 그렇지 않다면 그르다.

(나)
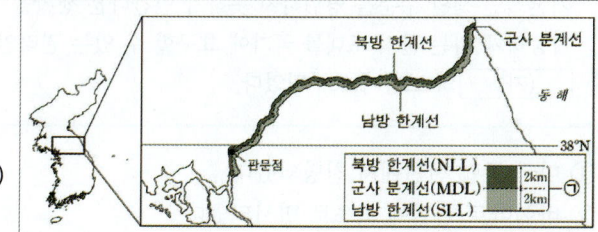

* ㉠ 지역은 1953년 7월 27일 체결된 '한국 군사 정전에 관한 협정'에 따라 무장이 금지된 완충 지대로 군대 주둔과 무기 배치, 군사 시설 설치가 금지되고 있다. 통일 이후 이 지역의 개발에 대해 다양한 견해가 제시되고 있다.

① 갑: 자연에 대한 지식을 이용할 권리가 인간에게 없음을 알아야 한다.
② 갑: 경제적 이익을 위한 개발에 앞서 자연을 도덕적으로 고려해야 한다.
③ 을: 한반도 생태계의 균형 유지를 지역 개발보다 중시해야 한다.
④ 을: 남북한 주민의 경제적 이익 증진을 궁극적 목적으로 삼아야 한다.
⑤ 갑과 을: 현세대와 미래 세대는 생태계의 선(善)을 위해 협력해야 한다.

[03~04] 다음 지도를 보고 물음에 답하시오.

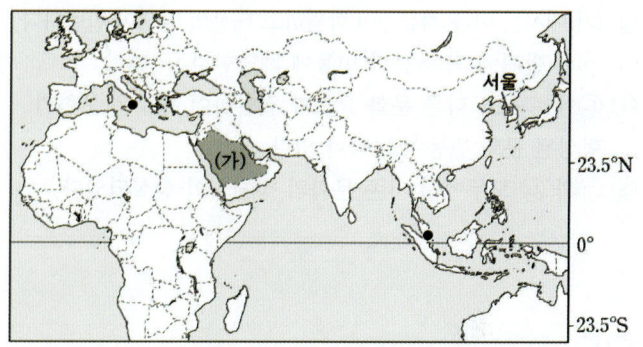

03

그래프는 지도에 표시된 두 지역과 서울의 기후 값 차이를 나타낸 것이다. 이에 대한 설명으로 옳은 것은? (단, 그래프의 A, B는 각각 지도에 검은 점으로 표시된 두 지역 중 하나임.)

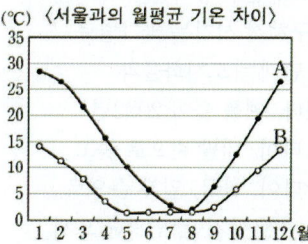

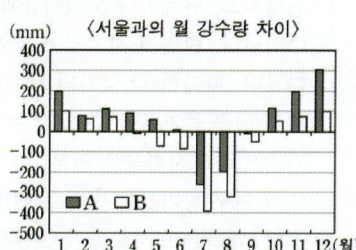

① A에서는 올리브 등을 재배하는 수목 농업이 주로 이루어진다.
② B는 서울보다 여름 강수 집중률이 높다.
③ B에서는 지면의 열과 습기 차단에 유리한 고상 가옥이 발달했다.
④ A는 B보다 여름에 더 건조하다.
⑤ A와 B는 모두 서울보다 연평균 기온이 높다.

04

다음은 위 지도의 (가) 국가에 대한 여행 일지이다. 이에 대한 설명으로 옳은 것은?

여행 일지

20○○.○○.○○.

건조 문화권에 속하는 이슬람 국가인 ☐(가)☐에 도착하였다. 여행 전 조사를 통해 ⊙ 이슬람교가 7세기 초 무함마드에 의해 창시되었고 이슬람교를 믿는 사람들이 기도와 금식, 순례 등을 행한다는 것을 알게 되었다. 입국 수속을 마치고 숙소로 이동하여 짐을 푼 후 식사를 위해 도심으로 들어왔다. 때마침 기도 시간인지, 이동하는 사람들의 행렬을 따라가니 이슬람 사원인 모스크에 당도하게 되었다.

최초의 모스크는 간격을 두고 기둥을 세워 기도하기 위한 그늘을 만들고 바닥에 자갈과 모래를 까는 정도였다고 한다. 이후 ⓒ 비잔티움 제국에서 교회 건축에 사용되었던 돔 양식을 모스크 건축에 도입하였고, 아치와 첨탑, 거대한 돔을 갖춘 모스크 형태가 자리 잡게 되었다. 모스크 내부에는 성지의 방향을 나타내는 화려하게 장식된 미흐랍이라고 부르는 구조물이 있었다. … (하략)

① (가)의 주민들은 주로 침엽수로 지은 목조 가옥에 거주한다.
② (가)에서는 여름 계절풍이 탁월하고 태풍의 발생이 빈번하다.
③ ⊙은 발견에 의한 문화 변동에 해당한다.
④ ⓒ에는 서로 다른 문화 요소가 결합하여 새로운 문화가 형성된 문화 변동이 나타나 있다.
⑤ ⊙과 ⓒ 모두에서 기존 문화의 정체성이 상실되었다.

05

다음은 도시화와 산업화에 대한 자료이다. 이에 대한 설명으로 옳은 것은? (단, 그래프의 A~C는 각각 네팔, 일본, 타이 중 하나임.)

일반적으로 도시화 과정은 초기─가속화─종착의 3단계로 진행되고, 단계마다 도시화율과 도시 인구 증가율이 다르게 나타난다. 반면 도시화의 속도와 구체적 시기는 국가별로 다르다. 따라서 각 국가의 도시화 단계는 도시화율과 도시 인구 증가율을 통해 알 수 있다. 예를 들어 2022년 기준으로 도시화율은 일본, 한국, 타이, 네팔 순으로 높고, 도시 인구 증가율은 반대로 네팔, 타이, 한국, 일본 순으로 높다. 네팔은 도시화율이 21.5%로 가장 낮지만, 연평균 도시 인구 증가율은 3.8%로 가장 높아 가속화 단계에 진입하였음을 알 수 있다.

또한 도시화는 산업화 수준과도 밀접하게 관련되어 있다. 산업화가 고도화될수록 더 많은 사람들이 도시에 살게 되기 때문이다. 다음 그래프는 앞에서 언급한 네 나라의 2022년 경제 부문별 국내 총생산(GDP) 비율을 나타낸 것이다. 이 그래프를 통해 각 국가의 산업 부문별 비중을 알 수 있다.

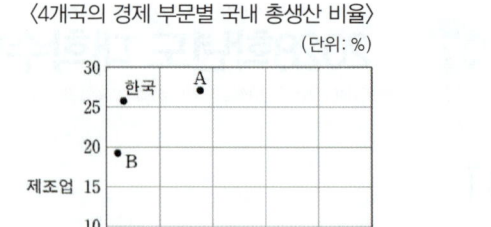

〈4개국의 경제 부문별 국내 총생산 비율〉
(단위: %)

① A의 제조업 총부가가치액은 한국보다 많다.
② B는 한국보다 도시 인구수가 많다.
③ C는 도시 인구수가 촌락 인구수보다 많다.
④ A는 B보다 산업화가 시작된 시기가 이르다.
⑤ 타이는 일본보다 국내 총생산에서 서비스업이 차지하는 비율이 높다.

06

(가)에 해당하는 권리에 대한 설명으로 옳은 것은?

위 그림은 산업 혁명 시기에 나타난 계급 간의 빈부 격차를 풍자한 것이다. 윗부분은 부유한 계급의 편안한 생활을, 아랫부분은 탄광에서 일하는 굶주린 노동자를 표현하였다. 이처럼 산업 혁명 이후 발달한 자본주의는 인간 생활의 물질적 향상을 가져왔지만 자본의 집중에 의한 빈부의 격차를 초래하였다. 궁핍과 빈곤으로 인해 기본적인 생활 수준을 영위하지 못하자 인간다운 생활을 가능하게 하는 물적 토대를 국가에 요구할 수 있는 권리인 ☐(가)☐의 보장이 요구되었다.

① 미국 독립 선언에서 천명되었다.
② 바이마르 헌법에 최초로 명시되었다.
③ 프랑스의 인권 선언에 영향을 주었다.
④ 영국에서는 명예혁명을 계기로 실현되었다.
⑤ 차티스트 운동 당시 인민헌장에 규정되었다.

07

밑줄 친 ㉡을 통해 해결하고자 하는 ㉠의 발생 원인에 대한 설명으로 옳은 것은?

미국의 독립 혁명, 프랑스 혁명 등을 거쳐 확립된 근대 입헌주의 헌법은 시민 계급이 자유를 극대화하는 데 필요한 최소한의 질서 유지를 위해서만 국가의 물리적 강제력 행사를 허용하였다. 사적 자치의 원칙을 강조한 근대법 체제하에서는 개인의 자유로운 경제 활동이 최대한 보장되었지만, ㉠ 시장에서 자원이 효율적으로 배분되지 못하는 현상이 나타나게 되었다. 특히 상품의 생산 과정에서 배출되는 오염 물질로 인한 환경 피해의 경우 오염 물질의 방출이 당시의 과학 기술 수준으로 피할 수 없는 경우라면 행위자의 과실이 인정되지 않아 피해자가 구제받을 수 없는 문제가 발생하게 되었다. 이에 왜곡된 시장경제 구조를 바로잡기 위해 국가의 개입을 인정하는 조항 등이 헌법에 자리 잡게 되었고, 환경 오염으로 피해가 발생한 경우 ㉡ 고의나 과실 여부와 관계없이 원인자에게 손해 배상 책임을 인정하는 입법이 이루어졌다.

① 외부 불경제가 발생하여 시장 거래량이 사회적 최적 거래량보다 많아졌다.
② 비경합성과 비배제성을 특성으로 하는 재화에 무임승차자의 문제가 초래되었다.
③ 독과점 형태의 시장 구조로 인하여 부당한 공동 행위와 불공정 거래 행위가 발생하였다.
④ 정보가 제한된 상황에서 정부의 시장 개입이 사회 후생 개선에 실패하는 현상이 나타났다.
⑤ 산업 자본주의 국가들이 자유 방임주의를 근거로 국가의 시장 개입을 최소화하는 작은 정부를 추구하였다.

08

(가)~(라)에 들어갈 수 있는 옳은 내용만을 〈보기〉에서 있는 대로 고른 것은?

헌법은 연소자의 근로에 대한 특별한 보호에 관해 규정하고 있습니다. 이처럼 청소년의 노동 인권 보호를 강조하는 이유를 사회 불평등의 관점에서 분석하고, 근로 기준법상 연소자 보호 규정과 관련지어 설명해 봅시다.

교사

청소년은 신체적·정신적으로 근로를 감당할 능력이 부족하기 때문에 성인에 비해 불리한 위치에 있으므로 청소년 근로에 대한 보호와 우선적 배려가 요구됩니다. 따라서 근로 계약 체결 과정에서 연소자를 보호하기 위해 │ (가) │와/과 같은 규정을 마련하고 있으며, │ (나) │을/를 명시하여 업무에 있어 안전과 건강에 대한 보호를 하고 있습니다.

청소년은 │ (다) │을/를 이유로 사회적 소수자로 인정될 수 있으며 노동 인권을 침해받기도 합니다. 이에 친권자나 후견인 등에게 미성년자에게 불리한 근로 계약에 대한 해지권을 부여하고, 연소자의 근로 능력과 교육 시간 확보의 필요성 등을 고려하여 │ (라) │을/를 규정해 근로 시간에 대한 특별한 보호를 하고 있습니다.

[보기]
ㄱ. (가): 친권자 또는 후견인의 미성년자 근로 계약에 대한 대리 금지
ㄴ. (나): 도덕상 또는 보건상 유해·위험한 사업에 사용 금지
ㄷ. (다): 후천적 요인과 수적 열세로 인하여 노동 현장에서 다른 구성원으로부터 차별을 받거나 부당한 처우의 대상이 됨
ㄹ. (라): 근로 시간이 4시간인 경우에는 사용자로 하여금 근로 시간 도중에 30분 이상의 휴게 시간을 주도록 함

① ㄱ, ㄴ ② ㄱ, ㄷ ③ ㄷ, ㄹ ④ ㄱ, ㄴ, ㄹ ⑤ ㄴ, ㄷ, ㄹ

09

(가)의 갑, 을 사상가들의 입장을 (나) 그림으로 탐구하고자 할 때, A~C에 들어갈 적절한 질문만을 〈보기〉에서 고른 것은?

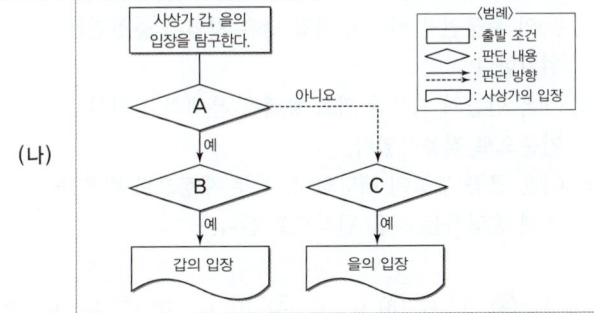

(가)
갑: 한 사람의 소유물은 취득, 이전, 교정의 원리에 의해 권리를 부여받았으면 정당하다. 각 개인의 소유물이 정당하다면 소유물의 전체 집합, 즉 분배도 정당하다.
을: 공정으로서의 정의는 공정한 합의의 관념을 기본 구조 자체로 확장시킨다. 무지의 베일이라 부른 특징을 갖는 원초적 입장이 이러한 관점을 구체화 한다.

(나)

[보기]
ㄱ. A : 정의로운 사회에서 경제적 불평등이 허용될 수 있는가?
ㄴ. B : 각 개인은 자신의 정당한 소유물에 대한 배타적 사용권을 가지는가?
ㄷ. B : 자신이 직접 노동하지 않더라도 정당하게 소유물을 얻는 것이 허용될 수 있는가?
ㄹ. C : 사회적 약자의 경제적 이익을 증진하는 것을 최우선의 정의 원칙으로 삼아야 하는가?

① ㄱ, ㄴ ② ㄱ, ㄷ ③ ㄴ, ㄷ ④ ㄴ, ㄹ ⑤ ㄷ, ㄹ

10

다음 자료에 대한 옳은 설명만을 〈보기〉에서 있는 대로 고른 것은?

우리나라 사회 복지 제도 중 ⊙ 의료 급여 제도는 생활이 어려운 사람에게 의료 급여를 함으로써 보건과 사회 복지의 증진을 목표로 하는 제도이다. 2022년에는 전국 인구의 약 3%가 이 제도의 수급권자였다. 시도별 의료 급여 수급권자 비율이 가장 낮은 지역은 1.2%, 가장 높은 지역은 4.6%로 차이가 있다. 수급권자 비율이 전국 평균보다 낮은 시도는 서울, 경기, 울산, 충남, 세종이다.

〈시도별 의료 급여 수급권자 비율(총인구 대비)〉
(단위: %)

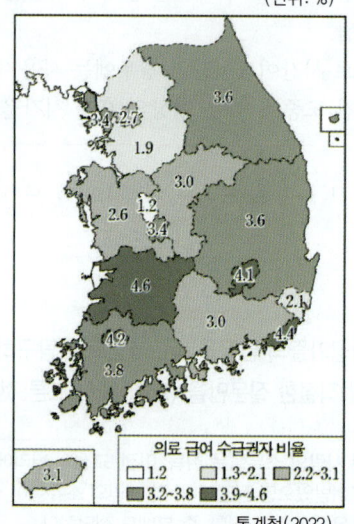

의료 급여 수급권자 비율
☐ 1.2 ☐ 1.3~2.1 ■ 2.2~3.1
■ 3.2~3.8 ■ 3.9~4.6

통계청(2022)

[보기]

ㄱ. 광역시는 모두 ⊙의 수급권자 비율이 4.0% 이상이다.

ㄴ. ⊙의 수급권자 비율이 가장 낮은 지역은 충청권에 위치한다.

ㄷ. ⊙은 인간의 기본적 필요 충족을 분배적 정의의 기준으로 적용하였다.

ㄹ. ⊙은 공공 부조에 해당하며, 정부 재정으로 비용을 전액 충당하는 것을 원칙으로 한다.

① ㄱ, ㄴ ② ㄱ, ㄷ ③ ㄷ, ㄹ ④ ㄱ, ㄴ, ㄹ ⑤ ㄴ, ㄷ, ㄹ

11

밑줄 친 '저'에 대한 설명으로 옳은 것은?

친애하는 후버 대통령과 대법원장, 그리고 여러분! 지금 저와 여러분은 공통적인 난국에 직면해 있습니다. 이러한 난국은 다행히 물질적인 것에만 관련된 것입니다. 물가는 믿을 수 없을 정도로 떨어졌습니다. 상업 거래에서는 돈이 돌지 않고, 생산 기업은 말라죽은 잎사귀처럼 여기저기에 흩어져 있습니다. 농민들은 생산물을 팔 시장을 찾을 수가 없고, 수만 가정에 수년 동안 저축해 온 돈은 삽시간에 사라졌습니다. 더욱 중대한 것은 다수의 실업자들이 냉혹한 생존 문제에 직면해 있습니다. …(중략)… '검은 목요일'로부터 시작된 지금의 난국으로 인해 우리 미국 국민들은 좌절한 일이 없습니다. 그들은 지도자가 규율과 방향을 제시해 줄 것을 요구하며 저를 자신들의 소원을 실현시키는 인물로 만들고 있습니다. 저는 이 임무를 소명으로 기꺼이 받아들일 것이며, 대통령으로서의 헌신을 서약함에 있어 겸허하게 신의 축복을 기원하는 바입니다.

① 자본가와 노동자 간의 계급 투쟁을 강조하였다.

② 대규모 공공사업을 벌이는 등 뉴딜 정책을 실시하였다.

③ 신자유주의에 근거하여 노동 시장의 유연성을 강화하였다.

④ 제1차 석유 파동으로 인한 경기 침체를 극복하고자 하였다.

⑤ 국부론을 저술하여 개인의 경제적 자율성 보장을 역설하였다.

12

다음 자료에 대한 설명으로 옳은 것은? (단, A~C는 각각 예금, 주식, 채권 중 하나임.)

[평가 요소] 금융 자산 A~C의 일반적 특징

[서술형 문항]
⟨1⟩ C와 구별되는 A의 일반적 특징을 1가지만 쓰시오. (1점)
⟨2⟩ C와 구별되는 B의 일반적 특징을 1가지만 쓰시오. (1점)
⟨3⟩ A와 구별되는 C의 일반적 특징을 1가지만 쓰시오. (1점)

[학생 답안지]

서술형 문항	답안	점수
⟨1⟩	배당 수익을 기대할 수 있다.	1점
⟨2⟩	예금자 보호 제도의 적용을 받는다.	1점
⟨3⟩	(가)	⊙

*각 문항별로 채점하며, 옳은 답안은 1점, 틀린 답안은 0점을 부여함.

① A는 계약 기간 동안 일정한 금액을 매달 납입하여 만기 시에 원금과 이자를 받는 자산이다.

② 일반적으로 A는 C보다 안전성이 높다.

③ 일반적으로 B는 A보다 수익성이 높다.

④ B와 C는 모두 이자 수익을 기대할 수 있다.

⑤ (가)에 '시세 차익을 기대할 수 있다.'가 들어가면, ⊙은 '1점'이다.

13

다음 강연자가 지지할 견해로 적절하지 **않은** 것은?

> 우리는 평화 연구의 전제로서 폭력 연구를 수행해야 합니다. 먼저 직접적 폭력은 전쟁이나 범죄와 같이 그 자체로 보복과 공격적인 소요를 일으킵니다. 이는 인간의 신체와 정신과 영혼을 상하게 합니다. 한편, 간접적 폭력은 구조나 문화에 의해 발생하는 폭력을 의미합니다. 이는 비의도적일 수 있지만 그 자체로 반복되며 또 다른 폭력을 낳습니다. 우리가 지향해야 하는 진정한 평화란 직접적 폭력뿐만 아니라 간접적 폭력까지 사라진 상태를 의미합니다.

① 적극적 평화를 실현하는 것이 폭력에 대한 최선의 방어이다.
② 폭력은 소극적 평화를 실현하는 수단으로서만 허용될 수 있다.
③ 직접적 폭력과 간접적 폭력은 서로 유기적으로 연결되어 있다.
④ 폭력은 의도하지 않아도 생길 수 있으며 또 다른 폭력으로 이어질 수 있다.
⑤ 국제 사회의 행위 주체인 국제기구는 갈등 해결을 위해 평화적 수단을 활용해야 한다.

14

다음 자료는 출생률과 경제 수준에 관한 것이다. 이에 대한 설명으로 옳은 것은? (단, 그래프의 A, B는 각각 지도에 표시된 두 국가 중 하나임.)

> 전 세계적으로 출생률과 사망률이 낮아지는 경향을 보이고 있다. 사망률은 이미 1986년부터 10% 미만으로 충분히 낮아져 안정적으로 유지되고 있는 반면, 출생률은 국가에 따라서 상황이 다르다. 여전히 ㉠ 높은 출생률 문제를 겪고 있는 국가는 경제 수준에 비해 인구 증가율이 높아 인구를 부양하기 쉽지 않으며, ㉡ 낮은 출생률 문제에 당면한 국가는 현재 경제 수준이 높지만 해당 문제가 지속될 경우 국가 유지에 어려움을 겪을 수 있다.
>
> 국가별 경제 수준 차이는 결국 이민자의 문제라는 전혀 다른 방향의 인구 문제로 이어진다. 많은 인구로 인해 국민들을 부양하기 어려운 국가에서는 사람들이 일자리를 찾아 선진국으로 이주하려 하고, 자국인 노동력의 부족을 경험하는 선진국에서는 몰려드는 이민자들의 문화적 차이와 자국민과의 일자리 갈등이라는 새로운 문제를 떠안고 있다.

〈A, B의 연령대별 인구 비율〉

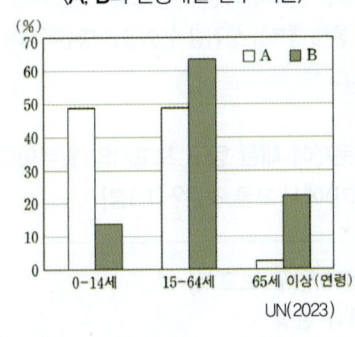

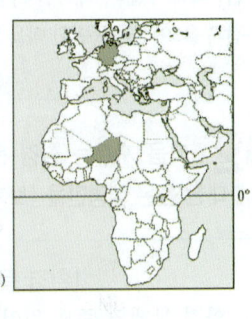

UN(2023)

① 유럽에는 인구 문제 ㉠을 겪는 나라가 ㉡을 겪는 나라보다 많다.
② A는 경제 수준에 비해 출생률이 낮은 국가에 해당한다.
③ B는 이민자의 문화적 정체성을 유지하기 위해 용광로 이론에 기반한 정책을 강화해 왔다.
④ A는 초고령 사회에 도달한 국가로 B보다 중위 연령이 높다.
⑤ B는 A보다 총부양비(인구 부양비)가 낮다.

01 다음은 고대 서양 사상가 갑, 을의 가상 대화이다. 갑, 을의 관점에서 〈사례〉 속 A에게 제시할 조언으로 가장 적절한 것은? [2점]

> 행복은 완전하고 자족적인 좋음으로서 인간이 선택하고 추구하는 모든 것의 궁극 목적입니다. 행복한 삶은 가장 좋고 가장 즐거우며, 윤리적이고 지성적으로 탁월한 삶입니다.

갑

> 행복한 삶의 시작이자 끝은 쾌락입니다. 진정한 쾌락은 몸에 고통이 없고 마음에 동요가 없는 상태입니다. 사려 깊으며 정의로운 삶 없이는 쾌락적인 삶도 있을 수 없습니다.

을

─────[사례]─────

A는 많은 돈을 가진 자산가이다. A는 육체적인 즐거움만을 행복이라 생각하고 매일 향락적인 생활을 하고 있다.

① 갑: 물질적 부는 행복의 실현에 기여할 수 없음을 명심하세요.
② 갑: 행복한 사람의 행위에는 쾌락이 따르지 않음을 명심하세요.
③ 을: 욕구를 충족하려는 시도는 항상 고통을 야기함을 명심하세요.
④ 을: 쾌락이 삶의 목적인 사람은 결코 만족할 수 없음을 명심하세요.
⑤ 갑과 을: 이성을 동반한 덕을 통해 행복을 성취할 수 있음을 명심하세요.

02 다음 자료는 환경 문제에 대한 탐구 보고서의 일부이다. 이에 대한 옳은 설명만을 〈보기〉에서 고른 것은? [1.5점]

[환경 문제 탐구 보고서]

1. 환경 문제의 주요 원인과 현상

구분	A	B	C
주요 원인	(가)	농경지·목장의 확대를 위한 무분별한 벌목	플라스틱, 비닐 등 쓰레기의 바다 유입
현상			

2. 환경 문제 발생 지역의 분포

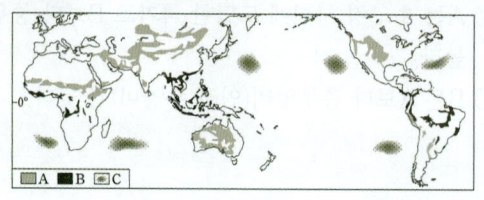

□A ■B ◎C

─────[보기]─────

ㄱ. B에 의해 생물종 다양성이 증가한다.
ㄴ. C는 해류의 순환으로 쓰레기가 집적되어 나타난다.
ㄷ. A는 B보다 연 강수량이 많은 곳에서 주로 나타난다.
ㄹ. (가)에는 '과도한 목축 및 경작'이 들어갈 수 있다.

① ㄱ, ㄴ ② ㄱ, ㄷ ③ ㄴ, ㄷ ④ ㄴ, ㄹ ⑤ ㄷ, ㄹ

03 다음은 세계의 문화권에 대한 온라인 수업 자료의 일부이다. 이에 대한 설명으로 옳지 않은 것은? [2.5점]

> 세계의 문화권은 위치, 자연환경, 종교, 민족(인종), 언어, 전통 산업 등 다양한 요소를 복합적으로 고려하여 아래 지도와 같이 구분할 수 있다.
>
> 알고 싶은 문화권을 클릭하면 설명을 볼 수 있어요.
>
> (지도: A, B, C, D 문화권 표시, 0°)

◎ 오세아니아 문화권
   오세아니아 문화권의 지리적 범위는 오스트레일리아, 뉴질랜드, 남태평양의 여러 섬을 포함한다.
• 오스트레일리아의 다문화 역사와 정책
   오스트레일리아는 20세기 초 백호주의를 내세우며 아시아계 등의 이민을 제한했다. 또한 ⊙ 원주민의 자녀를 부모로부터 강제로 분리하여 주류 집단의 언어와 생활양식 등을 강요하는 정책을 펼치며 원주민의 인권을 침해했다. 그러나 1970년대에 백호주의 폐지 이후, ⓒ 주류 문화와 소수 문화가 대등하게 조화를 이루려고 하는 정책을 바탕으로 다양한 민족(인종)과 문화가 공존하는 사회로 발전하고 있다.

① ⊙은 소수 문화를 주류 문화로 동화시키려는 정책이다.
② ⓒ은 다문화주의 정책이다.
③ 오스트레일리아는 A에 속한 국가의 식민 지배를 받았다.
④ B는 이슬람교 신자 수가 크리스트교 신자 수보다 많다.
⑤ C와 D를 구분하는 경계는 리오그란데강이다.

04 갑, 을 사상가들 중 적어도 한 사람이 긍정할 진술로 적절한 것만을 〈보기〉에서 있는 대로 고른 것은? [2점]

> 갑: 인간의 지식과 인간의 힘은 서로 다른 것이 아니다. 방황하고 있는 자연을 사냥해 노예로 만들어 인간의 이익에 봉사하도록 해야 한다.
> 을: 인간은 대지의 이용을 윤리적으로 검토해야 한다. 대지는 단지 흙이 아니라 토양, 식물 및 동물이라는 회로를 통해 흐르는 에너지의 근원이다.

─────[보기]─────

ㄱ. 인간과 달리 자연은 어떠한 가치도 지니지 않는다.
ㄴ. 인간은 자연의 정복자가 아니라 구성원 중 하나일 뿐이다.
ㄷ. 인간과 자연을 차등적으로 구별하는 것은 이성에 부합한다.
ㄹ. 인간의 욕구를 충족하기 위해 자연을 활용하는 것은 정당화될 수 없다.

① ㄱ, ㄹ ② ㄴ, ㄷ ③ ㄷ, ㄹ ④ ㄱ, ㄴ, ㄷ ⑤ ㄱ, ㄴ, ㄹ

05 다음 자료의 (가)~(다) 지역에 대한 설명으로 옳은 것은? (단, (가)~(다)는 각각 지도에 표시된 세 지역 중 하나임.) [2.5점]

지도에 표시된 세 지역에서 나타나는 전통적인 생활 모습의 특징은 다음과 같다. 한 지역에서는 양, 염소 등을 기르는 유목 생활을, 또 다른 지역에서는 지면의 열기와 습기를 차단하기 위한 고상 가옥을, 마지막 한 지역에서는 올리브 등을 재배하는 수목 농업을 볼 수 있다. 이렇게 지역별로 주민 생활이 다르게 나타나는 이유는 기온과 강수량 등 그 지역의 독특한 기후 특성의 영향을 받기 때문이다. 이러한 기후 특성을 보여 주는 지표 중 기온 편차와 강수 편차는 다음과 같이 계산할 수 있다.

- 월 기온 편차＝월 평균 기온－연평균 기온
- 월 강수 편차＝월 강수량－($\frac{연\ 강수량}{12}$)

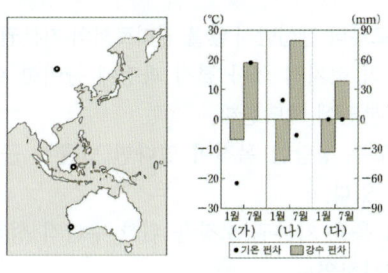

① (가)는 남반구에 위치한다.
② (나)가 위치한 국가의 전통 가옥은 이동 생활에 유리한 게르이다.
③ (다)가 위치한 국가의 전통 음식은 향신료가 들어간 볶음밥이다.
④ (다)는 (가)보다 기온의 연교차가 크다.
⑤ (가)와 (나)는 모두 여름 강수량이 겨울 강수량보다 많다.

06 다음 자료는 도시화에 대한 것이다. 이에 대한 설명으로 옳은 것은? (단, A, B는 각각 도시, 촌락 중 하나이고, (가)~(다)는 각각 대한민국, 베트남, 영국 중 하나임.) [1.5점]

도시화는 전체 인구 중에서 도시에 거주하는 인구의 비율이 높아지거나 도시적 생활양식이 확대되는 현상이다. 도시화 과정은 도시화율에 따라 ㉠ 초기 단계, ㉡ 가속화 단계, ㉢ 종착 단계로 구분되는데, 도시화율은 국가 내 도시와 촌락 인구로 알 수 있다. 전체 인구 중 도시 인구의 비율을 기준으로, 초기 단계는 0~20%, 종착 단계는 80~100%로 구분할 수 있다. 도시화는 전 세계적으로 진행되고 있으며, 국가에 따라 진행 과정과 속도가 다르게 나타난다.

〈국가별 도시 및 촌락 인구 변화〉 출처: UN(2018)

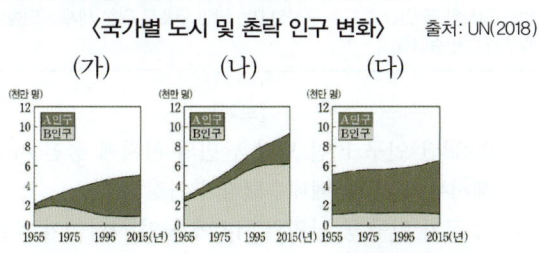

① 영국은 대한민국보다 1970년대에 도시 인구 증가율이 높다.
② ㉢은 ㉠보다 1차 산업 종사자 비율이 높다.
③ (나)는 2015년에 ㉡에서 ㉢으로 진입하였다.
④ (가)는 (다)보다 교외화 현상의 출현 시기가 이르다.
⑤ (가)~(다) 중 1955년의 도시화율은 (다)가 가장 높다.

07 다음 자료에 대한 설명으로 옳은 것은? [2점]

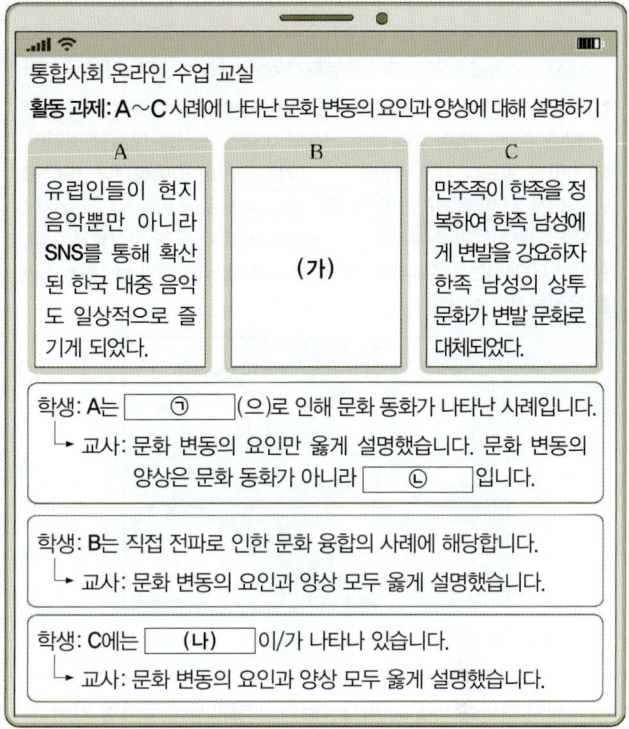

통합사회 온라인 수업 교실
활동 과제: A~C 사례에 나타난 문화 변동의 요인과 양상에 대해 설명하기

A	B	C
유럽인들이 현지 음악뿐만 아니라 SNS를 통해 확산된 한국 대중 음악도 일상적으로 즐기게 되었다.	(가)	만주족이 한족을 정복하여 한족 남성에게 변발을 강요하자 한족 남성의 상투 문화가 변발 문화로 대체되었다.

학생: A는 _㉠_ (으)로 인해 문화 동화가 나타난 사례입니다.
└ 교사: 문화 변동의 요인만 옳게 설명했습니다. 문화 변동의 양상은 문화 동화가 아니라 _㉡_ 입니다.

학생: B는 직접 전파로 인한 문화 융합의 사례에 해당합니다.
└ 교사: 문화 변동의 요인과 양상 모두 옳게 설명했습니다.

학생: C에는 _(나)_ 이/가 나타나 있습니다.
└ 교사: 문화 변동의 요인과 양상 모두 옳게 설명했습니다.

① A와 달리 C는 발견에 의한 문화 변동의 사례이다.
② ㉠에는 '직접 전파'가 들어간다.
③ ㉡에는 '문화 융합'이 들어간다.
④ (가)에는 '멕시코에서 토착 신앙과 에스파냐인이 들여온 가톨릭교가 결합하여 새로운 형태의 성모상이 탄생하였다.'가 들어갈 수 있다.
⑤ (나)에는 '자극 전파로 인한 문화 병존'이 들어갈 수 있다.

08 다음 대화에서 갑~병의 입장에 대한 설명으로 옳은 것은? [1.5점]

갑: A국은 여성이 부모의 허락 없이 혼인하는 행위를 가족 명예를 훼손하는 것으로 간주하여 금지합니다. 이에 반해 우리나라에서는 혼인의 자유와 같은 개인의 권리를 헌법상 기본권으로 보장하고 있습니다. A국은 후진적인 자신의 문화를 버리고 우리나라를 본받아야 합니다.
을: 저는 갑의 입장에 동의하지 않습니다. 문화는 그 문화가 형성된 사회의 맥락 속에서 이해해야 합니다. 부모의 권위에 대한 가족 구성원들의 복종을 바탕으로 사회 질서를 유지해 온 A국의 전통을 고려하면 혼인에 대한 개인의 결정권을 허용하지 않는 A국의 문화도 당연히 존중받아야 합니다.
병: 저는 을과 생각이 다릅니다. 배우자 선택의 문제는 인권의 관점에서 접근해야 합니다. 인권은 누구나 태어나면서부터 갖게 되는 당연한 권리로 개별 사회나 국가를 초월하여 반드시 지켜져야 합니다. 이러한 기준에 비추어 각 사회의 문화를 성찰하는 태도가 필요합니다.

① 갑은 모든 문화의 고유한 가치를 존중해야 한다고 본다.
② 을은 자기 문화를 기준으로 타문화를 평가해야 한다고 본다.
③ 병은 보편적으로 지켜야 할 가치나 원리가 존재한다고 본다.
④ 갑과 달리 병은 인권이 헌법을 통해 보장되어야 한다고 본다.
⑤ 갑, 을, 병 모두 인권의 불가침성을 강조한다.

09 다음 자료는 교통 발달에 따른 지역 변화에 대한 것이다. 이에 대한 옳은 설명만을 〈보기〉에서 고른 것은? [1.5점]

2029년 개통을 목표로 페마른벨트(Fehmarnbelt) 해저 터널 공사가 진행되고 있다. 덴마크와 독일을 도로와 고속철도로 연결하는 이 터널은 매년 수백만 명이 이용하는 기존의 여객선 노선을 대체할 것이다. 이에 따라 뢰드부 지역 주민의 ____(가)____ 이/가 예상된다. 또한 B 도로 이용 시 이동 거리가 현재 이용 중인 A 도로에 비해 약 160km 단축되어 코펜하겐과 함부르크 간의 육상 물류비가 크게 절감될 것이다. 한편, 일각에서는 해저 터널의 완공 후 교통 발달에 의한 ⊙ <u>빨대 효과</u>를 우려하기도 한다.

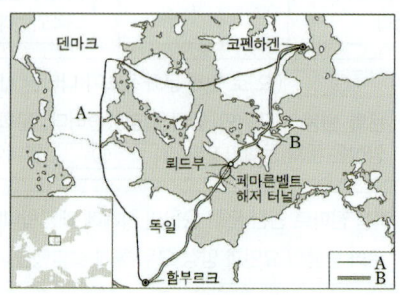

[보기]
ㄱ. 해저 터널이 완공되면 코펜하겐의 접근성이 좋아질 것이다.
ㄴ. ⊙은 대도시의 인구와 경제력이 주변 중소 도시로 분산되는 현상이다.
ㄷ. (가)에는 '생활권 확대'가 들어갈 수 있다.
ㄹ. 해저 터널이 완공되면 함부르크와 코펜하겐 간 이동 소요 시간은 A 도로가 B 도로보다 짧을 것이다.

① ㄱ, ㄴ ② ㄱ, ㄷ ③ ㄴ, ㄷ ④ ㄴ, ㄹ ⑤ ㄷ, ㄹ

10 (가)에 들어갈 내용으로 옳은 것은? [1.5점]

【사료로 보는 역사】

"공께서 저희를 기꺼이 도와주신다니 깊이 감사드립니다. … 저희 국왕은 가톨릭 우대 정책을 펼치고 의회의 동의 없이 정책을 추진하려고 합니다. 저희는 종교, 자유, 재산과 관련한 국왕의 정책에 불만이 큽니다. … 우리 왕국 사람 스물 중 열아홉은 변화를 갈망합니다."

해설

위 서신은 국왕 제임스 2세에게 불만을 품은 고위층 인사들이 윌리엄에게 보낸 것으로, 본인들의 국왕을 물리쳐 달라는 내용이다. 이들 요청에 응해 윌리엄은 함대를 이끌고 바다를 건너 런던으로 진군하였고, 겁에 질린 제임스 2세는 프랑스로 도주하였다. 이후 윌리엄과 메리는 공동 왕으로 추대되었으며, 의회의 요구에 따라 ____(가)____

① 「인민헌장」을 발표하였다.
② 「권리 장전」을 승인하였다.
③ 「바이마르 헌법」을 제정하였다.
④ 「세계 인권 선언」을 공포하였다.
⑤ 「인간과 시민의 권리 선언」을 선포하였다.

11 다음 자료에 대한 설명으로 옳은 것은? [2점]

• 군사 훈련을 받던 갑은 훈련소 측으로부터 종교 행사에 참여하도록 강요받았다. 갑은 거부 의사를 밝혔으나 강압적 조치에 의해 결국 종교 행사에 참여할 수밖에 없었다. 이에 갑은 종교 활동을 자유롭게 할 수 있다는 내용의 ⊙ <u>기본권</u>을 침해받았다며 헌법재판소에 심판을 청구하였다.
• 국회의원이 꿈이었던 을은 검정고시에 합격하고 국립○○대학교의 수시 모집에 지원하고자 하였다. 하지만 법률에 근거하여 규정된 국립○○대학교 수시 모집 요강에서는 검정고시 출신자의 응시 자격을 제한하였다. 이에 을은 능력에 따라 균등하게 교육받을 수 있다는 내용은 ⊙ <u>기본권</u>을 침해받았다며 헌법재판소에 심판을 청구하였다.

① ⊙은 국가로부터 간섭받지 않을 권리로서의 기본권에 해당한다.
② ⊙은 국가의 정치적 의사 결정 과정에 참여할 수 있는 권리로서의 기본권에 해당한다.
③ ⊙과 ⊙ 모두 정당한 목적이 있다면 법률적 근거가 없어도 제한될 수 있다.
④ 갑과 달리 을은 기본권 보장을 위한 수단적 성격을 지닌 기본권을 행사하였다.
⑤ 을과 달리 갑은 헌법 소원 심판을 청구하였다.

12 다음 자료에 대한 옳은 설명만을 〈보기〉에서 고른 것은? [2.5점]

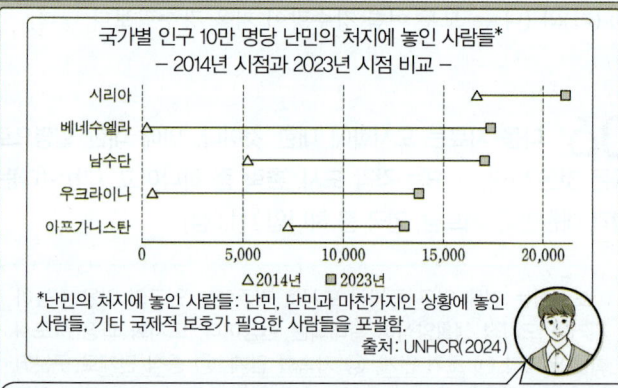

그래프에 제시된 국가와 난민들을 연구한 결과에 따르면, ⊙ 그들은 주류 집단에 속한 사람들에게 차별받고 있었으며, 스스로도 차별받는다고 인식하고 있었습니다. 다행히 국제 사회의 행위 주체 A와 B가 이들을 위해 노력하고 있습니다. 가령 국제 연합과 같은 A는 난민 문제를 공론화하고 있으며, 국제 앰네스티, 국경 없는 의사회 등 민간 주도로 구성된 B는 난민 구호를 위한 세계 시민들의 연대를 촉구하고 있습니다.

[보기]
ㄱ. 2023년 인구 10만 명당 난민의 처지에 놓인 사람들은 제시된 국가 중 베네수엘라가 가장 적다.
ㄴ. 각 국가 인구 중 난민의 처지에 놓인 사람들이 2014년과 2023년 간 비율 차이는 시리아보다 우크라이나가 크다.
ㄷ. ⊙은 사회적 소수자에 해당한다.
ㄹ. A와 달리 B는 국제법을 바탕으로 가입국 간 합의를 통해 활동한다.

① ㄱ, ㄴ ② ㄱ, ㄷ ③ ㄴ, ㄷ ④ ㄴ, ㄹ ⑤ ㄷ, ㄹ

13 밑줄 친 ㉠~㉤에 대한 설명으로 가장 적절한 것은? [2.5점]

교사

사회 불평등 현상에 대한 자료 수집 현황과 향후 조사 계획을 발표해 볼까요?

저는 사회 계층 양극화를 주제로 저소득층의 기본적 생활 수준을 보장하기 위한 ㉠ 제도를 국가별로 비교했습니다. 이후에는 우리나라의 사회 복지 제도 중 하나인 공공 부조가 효과적으로 기능한 ㉡ 사례를 조사하고자 합니다.

갑

저는 사회적 약자에 대한 차별과 정의 실현을 주제로 인터뷰를 진행했습니다. 제가 만난 장애인 지원 센터장은 장애인과 비장애인 모두 공동체에 대한 소속감과 유대를 통해 형성된 정체성을 바탕으로 공동선을 실현하는 것이 중요하다는 ㉢ 관점을 가지고 있었습니다. 저는 이러한 관점을 바탕으로 중증 장애인이 일상에서 겪는 구조적 차별과 실질적 어려움을 확인하고 장애인의 기본적 욕구를 충족하기 위해 자원을 분배하는 ㉣ 방안을 조사하겠습니다.

을

저는 공간 불평등을 주제로 수도권 과밀 문제의 주요 원인을 정리하고, 그중 하나로 우리나라가 국토 개발 초기 단계에 시행했던 ㉤ 정책에 대해 조사했습니다. 이후에는 이 문제를 해결하기 위한 지역 격차 완화 정책에 대해 조사할 예정입니다.

병

① ㉠은 '적극적 평등 실현 조치'에 해당한다.
② ㉡으로 기초 연금을 통해 빈곤에 처한 노인 가구의 생활 여건이 개선된 것을 들 수 있다.
③ ㉢은 사회적 존재로서 구성원의 책임과 의무보다 독립적 자아로서 개인의 자유와 권리를 강조한다.
④ ㉣에서는 필요에 따른 분배보다 업적에 따른 분배를 강조할 것이다.
⑤ ㉤의 사례로 비수도권 지역에서 혁신도시를 건설하여 공공 기관을 이전한 것을 들 수 있다.

14 교사의 질문에 대한 학생의 답변으로 옳지 않은 것은? [2.5점]

거의 정의로운 국가 내에서 시민은 법과 정책이 어느 정도의 부정의를 넘어서지만 않는다면 보통 그 법과 정책에 따라야 한다. 하지만 자기 자신과 타인이 기본적 자유가 부정되는 것을 묵인해야 한다는 것은 아니다. 시민은 법이나 정책이 심각하게 부정의할 경우 불복종할 수 있다. 시민 불복종은 다수가 공유하고 있는 정의관을 근거로 정당화되며, 법에 대한 충실성의 한계 내에서 행해진다.

다음을 주장한 학자의 입장에서 시민 불복종에 대해 말해 볼까요?

① 부정의한 법일지라도 시민 불복종의 대상이 아닐 수 있어요.
② 폭력 행위에 가담하는 것은 시민 불복종으로 간주될 수 없어요.
③ 시민 불복종은 공유된 정의관에 근거하여 헌법 체계에 저항하는 행위예요.
④ 시민 불복종은 처벌이 따를 수 있음에도 불구하고 공개적으로 행해지는 위법 행위예요.
⑤ 기본적 자유 보장을 요구할 권리가 체제 유지를 위한 준법 의무와 충돌할 때 시민 불복종이 발생할 수 있어요.

15

(가)의 갑, 을 사상가들의 입장을 (나) 그림으로 표현할 때, A~C에 해당하는 적절한 진술만을 〈보기〉에서 고른 것은? [2.5점]

(가)	갑: 원초적 입장의 사람들은 누구도 자신이 처한 우연적 여건을 알지 못한다. 이러한 상황에 놓인 사람들은 자신이 가장 불리한 상황에 놓일 가능성을 염두에 두고 정의의 원칙에 합의하게 된다. 을: 개인은 자신의 정당한 소유물에 대한 배타적이고 절대적인 권리를 지닌다. 취득과 이전에서의 정의의 원리 또는 교정의 원리에 의해 어떤 소유물에 대한 권리를 부여받았다면 그 권리는 정당하다.
(나)	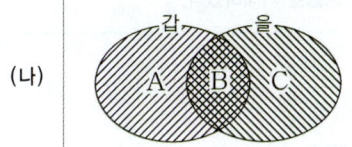 〈범 례〉 A: 갑만의 입장 B: 갑과 을의 공통 입장 C: 을만의 입장

[보기]
ㄱ. A: 정의의 원칙은 우연성이 배제된 상황에서 합의된다.
ㄴ. A: 분배 결과의 정당성 여부는 분배 과정의 정당성에 달려 있다.
ㄷ. B: 최대 다수의 복지 증진을 목적으로 소수자의 자유가 침해되어서는 안 된다.
ㄹ. C: 개인은 자기 노동의 산물에 대해서만 소유 권리를 지닐 수 있다.

① ㄱ, ㄴ ② ㄱ, ㄷ ③ ㄴ, ㄷ ④ ㄴ, ㄹ ⑤ ㄷ, ㄹ

16

그림의 강연자가 지지할 입장으로 가장 적절한 것은? [2점]

형벌은 결코 범죄자 자신의 선(善)을 비롯한 어떤 다른 선을 증진하기 위해 가해질 수는 없고, 오직 범죄자가 범죄를 저질렀기 때문에 가해져야 합니다. 인간은 물건처럼 타인의 의도를 위한 수단으로 취급될 수 없을 뿐만 아니라 자신이 의욕한 행위에 대해 책임지는 존엄한 존재이기 때문입니다. 또한 형벌의 본질은 범죄 행위에 대한 응당한 보복을 가하는 것에 있으며, 공적 정의가 원리와 표준으로 삼아야 하는 것은 동등성의 원리입니다. 만약 어떤 사람이 살인을 했다면 그는 죽어야만 합니다. 제아무리 고통 가득한 생이라 해도 생과 사 사이에 동종성은 없기 때문입니다.

① 살인범이라 하더라도 그의 존엄성은 마땅히 존중되어야 한다.
② 형벌은 개인의 선이 아니라 공동체 전체의 선을 증진하기 위한 수단이다.
③ 범죄자가 자신이 저지른 범죄 행위에 대해 책임지도록 하는 형벌은 없다.
④ 범죄자가 형벌로 인해 받는 고통은 그가 범죄로 인해 끼친 해악을 능가해야 한다.
⑤ 살인에 대한 사형 이외의 형벌은 범죄 예방 효과가 감소하므로 교정적 정의에 부합하지 않는다.

❖ 정답 및 해설 116~120p

17 밑줄 친 '이 시기'에 있었던 사실로 옳은 것은? [1.5점]

밑줄 친 이 시기는 제임스 와트가 개량한 증기 기관이 새로운 동력으로 사용되기 전까지 지속된 시대로, 서유럽의 통치자들이 본인의 권력 강화를 위해 중앙 집권적 관료제와 상비군을 유지하고자 하였다. 그들은 이러한 통치 체제 확립에 필요한 자금을 마련하기 위해 교역을 장려했으며, 일부 상인에게는 막대한 세금 납부를 조건으로 특혜를 부여하였다. 이러한 제휴는 통치자와 상인 모두의 부와 권력을 증대하였다. 통치자들은 금이나 은을 확보하여 많은 함선을 만들고 강력한 군사력을 갖추어 영토 확장을 도모하였다. 또한 통치자와 상인 계층은 완전히 새로운 교역망을 통한 막대한 이윤 창출을 기대하였다.

① 대공황이 발생하였다.
② 독점 자본주의가 등장하였다.
③ 중상주의 정책이 확산하였다.
④ 두 차례의 석유 파동이 일어났다.
⑤ 서브프라임 모기지가 증가하였다.

18 다음을 주장한 사상가의 입장으로 적절한 것만을 〈보기〉에서 고른 것은? [1.5점]

폭력을 예방하고 제거하려면 직접적 폭력, 구조적 폭력, 문화적 폭력에 대한 정확한 진단과 예측, 그리고 처방이 필요하다. 폭력은 직접적-구조적-문화적 폭력의 삼각형의 어느 꼭짓점에서도 시작될 수 있고 다른 꼭짓점으로 쉽게 전달된다. 평화를 구축하는 활동들은 구조적 평화와 문화적 평화를 구축하는 활동과 동일하다고 할 수 있다. 평화는 과정이자, 갈등을 비폭력적이고 창조적으로 변환하는 것이다.

[보기]
ㄱ. 집단 간 갈등은 무조건 회피해야 한다.
ㄴ. 정치적 억압을 줄이면 구조적 폭력이 감소한다.
ㄷ. 문화적 폭력은 직접적 폭력의 정당화에 이용될 수 있다.
ㄹ. 대외적 선제공격은 평화를 구축하는 활동이 될 수 있다.

① ㄱ, ㄴ ② ㄱ, ㄷ ③ ㄴ, ㄷ ④ ㄴ, ㄹ ⑤ ㄷ, ㄹ

19 다음 자료에 대한 설명으로 옳은 것은? (단, A~C는 각각 정기 예금, 주식, 채권 중 하나임.) [2점]

표는 갑이 금융 상품 A, B, C 중 하나를 선택하여 투자하기 위해 작성한 것이다. 갑은 편익과 기회비용만을 고려하여 금융 상품을 선택하며 세 상품 모두 명시적 비용은 없다. 이때 편익은 수익성과 안전성 등을 고려하여 화폐 단위로 평가한 것이다.

금융 상품	A	B	C
편익(만 원)	90	80	100
이자 수익	있음	없음	있음
시세 차익	없음	있음	있음

① A는 배당 수익을 기대할 수 있다.
② C는 예금자 보호 제도의 적용을 받는다.
③ 일반적으로 B는 A에 비해 안전성이 높다.
④ 채권 선택의 암묵적 비용은 100만 원이다.
⑤ 정기 예금 선택의 기회비용과 주식 선택의 기회비용은 같다.

20 다음 자료는 세계 도시에 대한 것이다. A~D 기능에 해당하는 지표로 옳은 것은? [2점]

세계화로 인해 세계의 중심지 역할을 하는 세계 도시가 출현했다. 세계 도시의 선정 기준과 방법은 조사 기관마다 차이가 있는데, 그중 ○○연구소는 2024년에 48개 주요 도시를 대상으로 6가지 기능(거주, 경제, 문화 교류, 연구·개발, 접근성, 환경)을 70개 지표를 활용하여 산출한 점수로 종합 순위를 발표했다. 종합 순위 1위 도시는 '문화 교류'에서 1위를 유지했고 허브 공항 효과로 '접근성'에서도 1위에 올랐다. 종합 순위 2위 도시는 '경제' 및 '연구·개발'에서 1위를 차지했으나, '거주'와 '환경'에서는 30위권으로 밀려났다. 종합 순위 3위 도시는 환율 상승에 따른 해외 관광객 증가로 '문화 교류'에서 3위로 올랐고, '거주'와 '연구·개발'에서도 3위를 차지했다. 종합 순위 4위 도시는 올림픽 개최에 힘입어 '문화 교류'에서 2위로 올랐다.

〈최상위 4개 도시의 기능별 순위〉

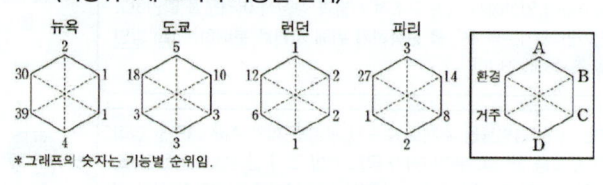

*그래프의 숫자는 기능별 순위임.

	A	B	C	D
①	국제 직항 노선 수	세계 500대 기업 수	특허 등록 건수	외국인 방문자 수
②	국제 직항 노선 수	세계 500대 기업 수	외국인 방문자 수	특허 등록 건수
③	세계 500대 기업 수	특허 등록 건수	외국인 방문자 수	국제 직항 노선 수
④	세계 500대 기업 수	특허 등록 건수	국제 직항 노선 수	외국인 방문자 수
⑤	외국인 방문자 수	국제 직항 노선 수	특허 등록 건수	세계 500대 기업 수

21 다음 수업 장면에서 〈상황1〉, 〈상황2〉에 대한 설명으로 옳은 것은? [2.5점]

다음 자료에는 X재와 Y재만을 생산하는 갑국과 을국이 각 재화 1단위를 생산하는 데 필요한 노동자 수가 상황별로 제시되어 있습니다. 이 자료를 분석하여 무역의 발생 원리에 대해 알아봅시다.

	〈상황1〉			〈상황2〉	
구분	X재	Y재	구분	X재	Y재
갑국	1명	2명	갑국	1명	2명
을국	2명	1명	을국	2명	3명

① 〈상황1〉에서 갑국은 X재와 Y재 생산 모두 절대 우위를 갖는다.
② 〈상황2〉에서 무역이 발생하는 이유를 절대 우위로 설명할 수 있다.
③ 〈상황2〉에서 X재 1단위 생산을 위해 포기해야 하는 Y재의 양은 갑국이 을국보다 많다.
④ 〈상황1〉과 〈상황2〉에서 Y재를 특화해서 생산하는 나라는 모두 갑국이다.
⑤ 〈상황1〉과 〈상황2〉 모두에서 무역이 발생하는 이유를 비교 우위로 설명할 수 있다.

22 다음 문서에 대한 설명으로 옳은 것은? [2.5점]

남북 정상들은 분단 역사상 처음으로 열린 이번 상봉과 회담이 서로 이해를 증진시키고 남북 관계를 발전시키며 평화 통일을 실현하는 데 중대한 의의를 가진다고 평가하고 다음과 같이 선언한다.

1. 남과 북은 나라의 통일문제를 그 주인인 우리 민족끼리 서로 힘을 합쳐 자주적으로 해결해 나가기로 하였다.
2. 남과 북은 나라의 통일을 위한 남측의 연합제 안과 북측의 낮은 단계의 연방제 안이 서로 공통성이 있다고 인정하고 앞으로 이 방향에서 통일을 지향시켜 나가기로 하였다.
3. 남과 북은 올해 8·15에 즈음하여 흩어진 가족, 친척 방문단을 교환하며, 비전향 장기수 문제를 해결하는 등 인도적 문제를 조속히 풀어 나가기로 하였다.
4. 남과 북은 경제협력을 통하여 민족경제를 균형적으로 발전시키고, 사회, 문화, 체육, 보건, 환경 등 제반 분야의 협력과 교류를 활성화하여 서로의 신뢰를 다져 나가기로 하였다.

① 미국과 소련 간 냉전 체제가 형성되기 이전에 합의되었다.
② 평화 통일을 위해 사회·문화적 교류가 필요함을 간과하고 있다.
③ 6·25 전쟁을 일단락하는 정전 협정과 같은 연도에 발표되었다.
④ 분단으로 인해 발생하는 유·무형의 비용을 절감할 수 있는 방안을 제시하고 있다.
⑤ 남북한의 정치 체제 통합 없이는 상호 협력과 신뢰가 가능하지 않음을 강조하고 있다.

23 다음 자료에 대한 옳은 설명만을 〈보기〉에서 고른 것은? [2점]

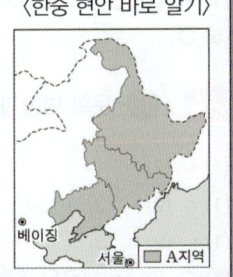

중국에서 연구 사업으로 진행한 ⑤ 이/가 한중 양국 간 주요 현안으로 부각된 것은 2004년 6월 해당 사무처가 A 지역 관련 연구 내용을 공개하면서부터다. 연구 내용에 대한 우리 국민의 관심과 우려가 고조되자, 정부도 본격적인 대응책을 마련하고 중국 정부에 공식적으로 문제를 제기하였다. 2004년 8월 24일 양측 정부는 다음 내용을 구두로 합의하였다. '첫째, 중국 측은 고구려사 문제가 양국 간 중대 현안으로 대두된 것에 유념한다. 둘째, 양측은 향후 역사 문제로 인해 한중 간 우호 협력 관계가 손상되는 것을 방지하기 위해 노력한다. … 다섯째, 양측은 학술 교류의 조속한 개최를 위해 노력한다.' 이어 양국은 2006년 10월 한중 정상 회담에서 ⑤ 을/를 비롯한 역사 인식 문제가 양국 관계에 부정적 영향을 주어선 안 된다는 원칙에 다시 합의하였다.

〈한중 현안 바로 알기〉

[보기]
ㄱ. ⑤은 발해사 연구를 포함하였다.
ㄴ. ⑤은 태정관 지령문을 근거로 삼았다.
ㄷ. A 지역에는 냉대 기후가 나타난다.
ㄹ. A 지역은 티베트 자치구에 해당한다.

① ㄱ, ㄴ   ② ㄱ, ㄷ   ③ ㄴ, ㄷ   ④ ㄴ, ㄹ   ⑤ ㄷ, ㄹ

24 그래프는 지도에 표시된 네 국가의 특성에 대한 것이다. 이에 대한 설명으로 옳은 것은? [2점]

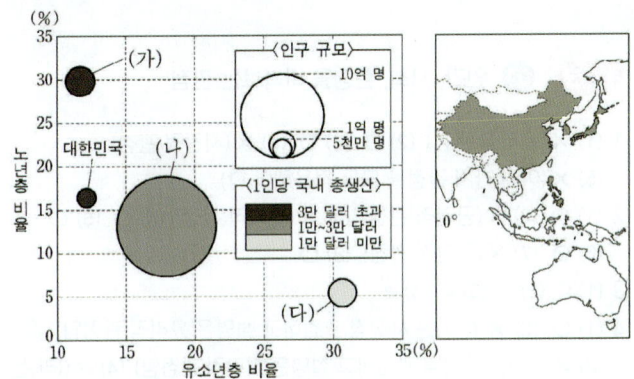

*유소년층 비율과 노년층 비율은 원의 가운데 값임.
출처: UN(2022)

① (나)는 초고령 사회에 해당한다.
② (다)는 대한민국보다 생산 가능 인구가 많다.
③ (나)는 (가)보다 중위 연령이 높다.
④ (다)는 (가)보다 총부양비가 높다.
⑤ 국내 총생산은 (가)>(나)>(다) 순으로 많다.

25 다음 자료에 대한 설명으로 옳은 것은? (단, (가)~(라)는 각각 석유, 석탄, 수력, 천연가스 중 하나임.) [1.5점]

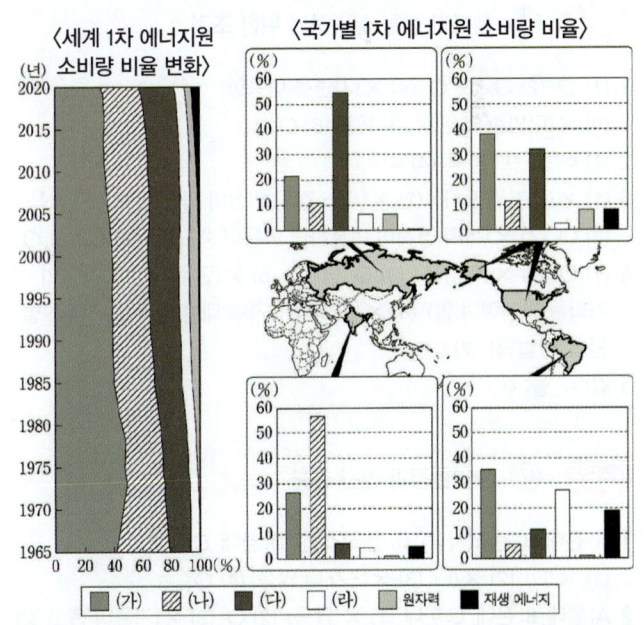

출처: BP(2021)

① 브라질은 수력 소비량이 천연가스 소비량보다 많다.
② 네 국가 모두 화석 에너지의 국가 내 소비량 비율은 60% 이상이다.
③ (라)는 주로 운송 수단의 연료로 이용된다.
④ (가)는 (나)보다 상용화된 시기가 이르다.
⑤ (다)는 (나)보다 연소 시 오염 물질 배출량이 많다.

❖ 정답 및 해설 120~124p

p.13 **01** 인간, 사회, 환경을 바라보는 관점

1 (1) ✕ (윤리적 관점) (2) ○ (3) ○ (4) ✕ (시간적 관점)
  (5) ✕ (여러 가지 관점을 모두 적용해야 함)
2 (1) ○ (2) ✕ (공간적 관점) (3) ✕ (윤리적 관점) (4) ○ (5) ○
  (6) ○ (7) ✕ (공간적 관점) (8) ○
3 (1) ㄴ (2) ㄱ (3) ㄷ (4) ㄹ
4 (1) ○ (2) ✕ ((나)는 사회적 관점이고 설명은 윤리적 관점임)
  (3) ✕ ((다)는 공간적 관점이고 설명은 시간적 관점임) (4) ✕ ((라)는
  윤리적 관점이고 설명은 공간적 관점임) (5) ✕ (여러 가지 관점을
  모두 적용해야 함)

p.29 **02** 행복의 의미와 기준

1 (1) ○ (2) ○ (3) ○ (4) ✕ (정신적이고 지속적인 쾌락 추구)
  (5) ○
2 (1) ○ (2) ✕ (정치적으로 불안정한 국가) (3) ○ (4) ○
  (5) ✕ (물질적 풍요도 중시) (6) ✕ (사막 지역) (7) ○
3 (1) ○ (2) ✕ (이웃과 더불어 사는 삶 강조) (3) ○ (4) ✕ (지혜를
  갖춘 도덕적인 삶 강조) (5) ○ (6) ○ (7) ○ (8) ✕ (자연의 질서에
  순응하는 삶 강조)
4 을, 병

p.36 **03** 행복한 삶을 실현하기 위한 조건

1 (1) ○ (2) ○ (3) ○ (4) ✕ (자연을 이용함)
  (5) ✕ (다양한 조건 중 하나임) (6) ○
2 (1) ㄷ (2) ㄱ (3) ㄹ (4) ㄴ
3 (1) ✕ (기본적 토대) (2) ✕ (어느 정도 이상이 되면 비례하지 않음)
  (3) ○ (4) ✕ (복지 정책이 미흡하면 고통이 증가함) (5) ○ (6) ○
4 (1) ○ (2) ✕ (어려움) (3) ○ (4) ○ (5) ✕ (민주적 정치 참여의
  기회를 확대해야 함) (6) ✕ (사회적 약자에 대한 배려는 도덕적 실
  천의 방법임) (7) ○
5 갑: ㄴ, 을: ㄹ

p.52 **04** 자연환경과 인간 생활

1 A: 온대, B: 건조(사막), C: 건조(스텝), D: 한대, E: 열대
  (1) ✕ (D) (2) ✕ (E) (3) ✕ (E가 더 많음) (4) ○
2 A: 열대, B: 온대, C: 한대 (1) ✕ (많음) (2) ○ (3) ✕ (겨울이 춥고 긺)
  (4) ○ (5) ✕ (순록은 한대 기후 지역에서 많이 키움)
3 (1) A (2) C (3) B (4) D
4 (1) ○ (2) ○ (3) ✕ (기상재해) (4) ✕ (대설은 주로 겨울철에
  발생) (5) ○

p.61 **05** 인간과 자연의 관계

1 (1) ㄴ (2) ㄱ (3) ㄴ (4) ㄴ (5) ㄱ (6) ㄴ
2 (1) ○ (2) ✕ (인간의 이익에 따라 자연의 가치 평가) (3) ✕ (자연은
  도구에 불과함) (4) ○ (5) ✕ (도구적 가치 강조)
3 ㄴ, ㄹ
4 (1) ㄷ (2) ㄴ (3) ㄱ
5 (1) ○ (2) ○ (3) ✕ (유기적 관계를 강조한 동양의 자연관에
  나타남)

p.70 **06** 환경 문제 해결을 위한 노력

1 (1) ○ (2) ✕ (사헬 지대는 사막화 피해 지역) (3) ○ (4) ○
2 (1) ○ (2) ✕ (감소) (3) ✕ (좁아짐) (4) ○ (5) ✕ (증가)
  (6) ✕ (짧아짐) (7) ✕ (감소) (8) ○
3 (가) ㄱ (나) ㄷ (다) ㄴ (라) ㄹ
4 (1) ○ (2) ○ (3) ✕ (기업의 노력) (4) ○ (5) ✕ (정부의 노력)
  (6) ○ (7) ○ (8) ○

p.86 **07** 다양한 문화권의 특징과 삶의 방식

1 (1) ○ (2) ✕ (겨울이 긺) (3) ○ (4) ✕ (적음) (5) ○
2 (1) ✕ (크리스트교) (2) ✕ (B는 이슬람교, 설명은 크리스트교)
  (3) ✕ (C는 불교, 설명은 이슬람교) (4) ○ (5) ○
3 (1) A (2) E (3) C (4) B (5) D
4 (1) ✕ ((가)는 건조 문화권) (2) ○ (3) ✕ (적음) (4) ✕ (적음)
  (5) ○

p.94 **08** 문화 변동과 전통문화

1 (1) ㄴ (2) ㄱ
2 (1) ㄷ (2) ㄴ (3) ㄱ
3 (1) ㄴ (2) ㄷ (3) ㄱ
4 (1) ○ (2) ✕ (새로운 문화의 등장으로 문화가 다양해짐) (3) ○
  (4) ✕ (C) (5) ○ (6) ✕ (A, B 모두 두 문화의 정체성을 유지해
  도움이 됨) (7) ○ (8) ✕ (B)
5 (1) ○ (2) ✕ (문화의 다양성 증진함) (3) ○ (4) ○
  (5) ✕ (외래문화는 비판적 수용)

p.101 **09** 문화 상대주의와 보편 윤리

1 (1) ✕ (자문화만 가치 있음) (2) ✕ (타 문화가 우월함) (3) ○
  (4) ○ (5) ✕ (타 문화가 우월함) (6) ✕ (문화는 우열을 가릴 수 없음)
  (7) ○ (8) ○ (9) ✕ (이해의 대상)
2 (1) 을 (2) 갑 (3) 을 (4) 을 (5) 갑 (6) 을 (7) 갑 (8) 을
3 (1) ○ (2) ✕ (문화를 평가하지 않음) (3) ○ (4) ✕ (증진함)
  (5) ✕ (초래하지 않음)
4 (1) ○ (2) ○ (3) ✕ (보편적 가치를 무시하는 문화도 이해) (4) ○
  (5) ○

p.108 **⑩ 다문화 사회와 문화 다양성 존중**

1 (1) ○ (2) ✕ (이주자에게 내국인과 동등한 대우 보장) (3) ○
　(4) ○ (5) ✕ (취업 지원을 위해 노력)

2 (1) ✕ (문화의 다양성 증진됨) (2) ○ (3) ○ (4) ✕ (넓어짐)
　(5) ○ (6) ○ (7) ○ (8) ○ (9) ○

3 ㄷ, ㄹ

4 (1) ✕ (용광로 정책이 더 강조) (2) ○ (3) ✕ (용광로 정책 입장)
　(4) ✕ (이주민을 통합의 주체로 보지 않음) (5) ○ (6) ✕ (비주류가
　주류로 흡수되어야 한다고 봄) (7) ✕ (샐러드 볼 정책은 자문화
　중심주의적 태도를 기본으로 하지 않음) (8) ✕ (용광로 정책은
　단일한 문화를 강조함)

p.126 **⑪ 산업화와 도시화에 따른 변화**

1 (1) ㄴ, ㄹ (2) ㄱ, ㄷ

2 (1) ○ (2) ✕ (증가함) (3) ○ (4) ✕ (평균 기온은 높아지고 상대
　습도는 낮아짐) (5) ✕ (증가함)

3 (1) ○ (2) ✕ (낮아짐) (3) ○ (4) ✕ (높아짐) (5) ✕ (증가함)
　(6) ✕ (밭의 비율이 높아짐)

4 (1) ✕ (집값 상승) (2) ✕ (증가) (3) ○ (4) ✕ (아스팔트로 포장된
　면적 증가) (5) ○ (6) ○ (7) ✕ (소통 기회 감소) (8) ○

p.136 **⑫ 교통 · 통신 및 과학기술의 발달**

1 (1) ○ (2) ✕ (확대됨) (3) ○ (4) ○ (5) ✕ (작아짐)

2 (1) ○ (2) ✕ (감소함) (3) ✕ (축소됨) (4) ○

3 (1) ✕ (지형도, 서류 등의 지리 정보 분석에 이용) (2) ✕ (용이함)
　(3) ○ (4) ○ (5) ○

4 ㄱ, ㄹ

p.144 **⑬ 내가 사는 지역의 공간 변화**

1 (1) ✕ ((가),(마)) (2) ○ (3) ○ (4) ✕ (주제에 적합한 곳) (5) ○

2 (1) ㄱ (2) ㄴ (3) ㄱ (4) ㄴ (5) ㄴ (6) ㄱ (7) ㄴ

3 (1) ○ (2) ○ (3) ✕ (낮음) (4) ○ (5) ✕ (약함)

4 ㄱ, ㄷ, ㄹ

📷 **사진 출처**

◉ **Getty Images Bank**
　9쪽(남성, 여성), 10쪽(한일전, 교실, 노인), 11쪽(토론회), 12쪽(햄버거),
　15쪽(경영자, 카카오), 19쪽(시위하는 시민들), 21쪽(교통체증, 엘
　클라시코), 24쪽(학생들, 로봇, 엘리베이터), 27쪽(인문 환경), 28쪽(고대,
　근대, 빈곤 지역, 독재 국가), 29쪽(학생 세 명), 30쪽(사막 지역 사람, 북유럽
　사람), 32쪽(철학자), 35쪽(아리스토텔레스), 44쪽(원시인, 요리하는 남자),
　48쪽(게르), 49쪽(지중해 가옥, 순록 유목, 할롱 베이), 50쪽(지진 피해, 침
　수된 공원), 51쪽(지중해 가옥, 흙벽돌집, 통나무집, 이글루, 고상 가옥),
　52쪽(고상 가옥, 지중해 가옥, 이글루), 54쪽(흙벽돌집, 고상 가옥), 55쪽
　(지열 발전소), 59쪽(쿠리치바), 60쪽(꿀벌), 66쪽(까치밥), 68쪽(미세먼
　지, 스프레이, 아랄해), 70쪽(해수면 상승, 산성화), 78쪽(지진 피해),
　82쪽(화전 농업, 쌀국수, 토르티야), 83쪽(게르, 고상 가옥, 이글루, 벼농
　사), 84쪽(교회, 신전, 이슬람교 여성, 메카, 마사이족, 페루, 호주, 이누이
　트), 85쪽(모스크, 사원, 사찰, 교회), 86쪽(한자 간판), 87쪽(게르, 고상 가
　옥), 88쪽(마추픽추, 브라질 예수상, 이글루, 계단식 논, 이탈리아), 90쪽
　(플랜테이션, 수목 농업), 91쪽(불, 세탁기, 비단길, 한식 사진 찍는 외국
　인), 92쪽(인도 화폐, 성공회 강화 성당, 사물놀이), 93쪽(노트북을 보는 여
　성), 97쪽(학생 두 명), 100쪽(음식을 먹는 세 사람, 시위), 106쪽(이슬람
　사원), 112쪽(흙벽돌집), 116쪽(성공회 강화 성당), 120쪽(학생들, 로봇,
　식당), 122쪽(도시 경관, 주거 지역, 공업 지역), 123쪽(편의점), 124쪽(열
　섬 현상, 슬럼), 126쪽(선생님), 133쪽(대기 오염, 해양 오염, 생태계 파괴,
　전염병 사태), 135쪽(평창, 고령층, 배달업), 136쪽(무궁화호, 고속 철도),
　138쪽(방역), 140쪽(AI와 일자리), 142쪽(항공 사진), 147쪽(주차난, 휴경
　지, 보성 키위), 162쪽(두 사람), 164쪽(봉사), 166쪽(게르, 낙타), 167쪽
　(홍수), 170쪽(북극곰, 팜과 팜유, 버스), 173쪽(나일강, 순록, 국기), 174쪽
　(피자), 175쪽(바게트, 바인 미), 176쪽(남성), 180쪽(녹지), 183쪽(온라인
　쇼핑)

◉ **Wikimedia Commons**
　9쪽(착시 그림), 11쪽(아동노동), 14쪽(로봇), 16쪽(여성 참정권 운동),
　71쪽(죽은 나무들), 91쪽(이두), 92쪽(원주민, 난타), 96쪽(과달루페
　성모상), 99쪽(천하도), 112쪽(리우 카니발), 114쪽(아일랜드 기근 동상),
　130쪽(비오톱), 166쪽(몽골 요리)

◉ **Flickr**
　35쪽(란츠게마인데), 108~109쪽(이태원), 116쪽(바실리카 양식의 성당
　내부), 147쪽(보령 머드 축제)

◉ **안산시청 (공공누리 제3유형, 2023년 작성)**
　108~109쪽(안산 다문화길)

◉ **송파구청 (공공누리 제1유형, 2024년 작성)**
　147쪽(송파구 호랑이 캐릭터)

교사용 부록

◉ **Getty Images Bank**
　8쪽(흙벽돌집), 9쪽(나시고렝, 열대의상, 건조의상), 12쪽(순천만 습지),
　21쪽(샐러드, 용광로)

◉ **Wikimedia Commons**
　12쪽(쿠리치바 버스 정거장)

I 통합적 관점

01 인간, 사회, 환경을 바라보는 관점

01 ② 02 ④ 03 ③ 04 윤리적 관점 05 해설 참조 06 ⑤
07 ③ 08 해설 참조 09 ② 10 ④ 11 ② 12 ③ 13 ⑤
14 ② 15 ① 16 통합적 관점 17 해설 참조 18 ④ 19 ②
20 ④ 21 ⑤ 22 ③

▪ 대단원 마무리 문제

01 ③ 02 ⑤ 03 ③ 04 ② 05 ⑤ 06 ② 07 ② 08 ②
09 윤리적 관점 10~13 해설 참조 14 통합적 관점 15 해설 참조

▪ 수능 대비 기출 문제

01 ② 02 ④ 03 ④

II 인간, 사회, 환경과 행복

02 행복의 의미와 기준

01 ③ 02 ⑤ 03 ③ 04 행복 05 해설 참조 06 ② 07 ②
08 ③ 09 ① 10 ③ 11 ③ 12 해설 참조 13 ③ 14 ②
15 ㉠ 가치, ㉡ 성찰 16 해설 참조 17 ② 18 ③ 19 ①
20 ④

03 행복한 삶을 실현하기 위한 조건

01 ① 02 ③ 03 ㉠ 자연환경, ㉡ 인문 환경 04 ④
05 경제적 안정 06 해설 참조 07 ③ 08 ④ 09 해설 참조
10 ① 11 ④ 12 ③ 13 ② 14 해설 참조 15 ④ 16 ⑤
17 ① 18 ④ 19 ③ 20 ①

▪ 대단원 마무리 문제

01 ③ 02 ① 03 ① 04 ③ 05 ② 06 ③ 07 ③ 08 ②
09 ⑤ 10 ④ 11 ① 12 ⑤ 13 ⑤ 14 ② 15 ㉠ 객관적,
㉡ 주관적 16 해설 참조 17 자율적 선택 18~20 해설 참조

▪ 수능 대비 기출 문제

01 ⑤ 02 ④ 03 ④ 04 ⑤

III 자연환경과 인간

04 자연환경과 인간 생활

01 ③ 02 ② 03 ② 04 ④ 05 해설 참조 06 ③ 07 ①
08 ③ 09 ③ 10 ④ 11 ⑤ 12 ② 13 해설 참조 14 ③
15 ④ 16 ④ 17 ④ 18 ⑤ 19 열대 저기압(태풍)
20 해설 참조 21 ⑤ 22 ④ 23 ④

05 인간과 자연의 관계

01 ④ 02 해설 참조 03 ④ 04 ④ 05 ⑤ 06 ① 07 ①
08 ② 09 ④ 10 ④ 11 (가) 인간 중심주의, (나) 생태 중심주의
12 해설 참조 13 ⑤ 14 ⑤ 15 ⑤ 16 ④ 17 ③ 18 ③
19 해설 참조 20 ③ 21 ② 22 ③ 23 ① 24 ⑤ 25 ④
26 ②

06 환경 문제 해결을 위한 노력

01 ③ 02 ⑤ 03 ④ 04 (가) 산성비 05 해설 참조 06 ①
07 ⑤ 08 해설 참조 09 ① 10 ⑤ 11 ⑤ 12 ⑤
13 해설 참조 14 ③ 15 (가) 정부, (나) 시민 단체 16 ①
17 ① 18 ④ 19 ④ 20 ⑤

▪ 대단원 마무리 문제

01 ① 02 ④ 03 ⑤ 04 ① 05 ② 06 ⑤ 07 ② 08 ②
09 ⑤ 10 ⑤ 11 ③ 12 ⑤ 13 ④ 14 (가) 열대 기후,
(나) 건조(사막) 기후 15~16 해설 참조
17 인간 중심주의 18~19 해설 참조

▪ 수능 대비 기출 문제

01 ⑤ 02 ③ 03 ② 04 ④

IV 문화와 다양성

07 다양한 문화권의 특징과 삶의 방식

01 ④ 02 ⑤ 03 ⑤ 04 ④ 05 (가) 힌두교, (나) 이슬람교
06 해설 참조 07 ③ 08 ① 09 ① 10 ② 11 ⑤
12 해설 참조 13 ⑤ 14 ④ 15 해설 참조 16 ③
17 해설 참조 18 ② 19 ② 20 ⑤

08 문화 변동과 전통문화

01 ② 02 ⑤ 03 ② 04 ⑤ 05 ㉢ 직접 전파, ㉣ 간접 전파
06 ③ 07 A: 문화 병존, B: 문화 동화, C: 문화 융합 08 ④
09 ① 10 ② 11 해설 참조 12 ② 13~14 해설 참조
15 ② 16 ④ 17 ② 18 ① 19 ⑤ 20 ⑤

09 문화 상대주의와 보편 윤리

01 ① 02 ⑤ 03 ⑤ 04 ④ 05 ⑤ 06 ⑤ 07 ③
08 (가) 문화 상대주의, (나) 자문화 중심주의, (다) 문화 사대주의
09 해설 참조 10 ④ 11 ② 12 ⑤ 13 해설 참조 14 ④
15 ㉠ 보편 윤리, ㉡ 극단적 문화 상대주의 16 ⑤ 17 ② 18 ①
19 ③ 20 ②

10 다문화 사회와 문화 다양성 존중

01 ② 02 다문화 사회 03 해설 참조 04 ④ 05 ③ 06 ⑤
07 ⑤ 08 ④ 09 ② 10 ⑤ 11 용광로 이론 12 해설 참조
13 ④ 14 ④ 15 ①

Xi STRY
고등 영문법 [기본]

내신+수능 대비 영문법 완성 32일

- 자세한 문법 설명과 예문 첨삭을 통한 **쉬운 이해**
- 개념을 바로 문제에 적용시켜 확인하는 **CHECK UP TEST**
- 문법 개념을 종합적으로 훈련시키는 **내신+수능 대비 종합문제**
- 수능 1등급을 위한 **수능 어법 유형 MASTER**
- 문법 개념을 쉽게 이해시키는 **친절한 해설**
- 단원별 개념 설명 + 문제 풀이 **동영상 강의 QR코드**

 예문으로 직접 확인하며 쉽게 이해하는 문법 개념!

 공부한 문법 개념을 확실히 이해시키는 CHECK UP TEST!

 여러 문법 개념을 종합적으로 적용시키는 실전 훈련 종합문제!

 실제 수능에 출제되는 어법 유형을 그대로 구현한 수능 어법 유형 마스터!

📚 자이스토리 중등 영어 시리즈

영어 독해 [예비 중등]
- Level 1
- Level 2

영어 독해 기본
- Level 1
- Level 2
- Level 3

포인트 리딩
- Level 1
- Level 2
- Level 3
- Level 4

영문법 총정리
- 중1 / 중2 / 중3

듣기 총정리 모의고사
- 중1 / 중2
- 중3 / 고1

NEW
2022
개정 교육과정

저 스토리

Xistory stands for eXtra Intensive story for
the University Entrance Examination.

통합사회 1

[해 설 편]

수경출판사

2022 개정 교육과정

자이스토리 사회·과학 시리즈

"내신 1등급, 수능 1등급을 위한 완벽한 교재 구성!"

고1

통합과학 1, 2	통합사회 1, 2	내신 한국사

통합과학 1, 2 (개념서)
- 교과서 개념 총정리
- 내신 대비 필수 문제
- 서술형+단답형 문제
- 수능대비 기출문제
- 2028 수능 예시문항

통합과학 전국연합 모의고사
- 새교육과정에 꼭 맞춘 25문항 모의고사
- 고1 3월, 6월, 9월, 10월, 고2 3월+
  2028 수능 예시문항으로 구성
- 총 23회 모의고사

통합과학 1, 2 (고1 기출문제집)
- 교과서 핵심개념 총정리
- 출제 자료 특강
- 내신+학평 대비 기출문제
- 서술형+단답형 문제
- 수능대비 기출문제
- 2028 수능 예시문항

*출시 예정

통합사회 1, 2 (개념서)
- 교과서 개념 총정리
- 내신 대비 필수 문제
- 서술형+단답형 문제
- 수능대비 기출문제
- 2028 수능 예시문항

통합사회 전국연합 모의고사
- 새교육과정에 꼭 맞춘 25문항 모의고사
- 고1 3월, 6월, 9월, 10월, 고2 3월+
  2028 수능 예시문항으로 구성
- 총 23회 모의고사

통합사회 1, 2 (고1 기출문제집)
- 교과서 핵심개념 총정리
- 출제 자료 특강
- 내신+학평 대비 기출문제
- 서술형+단답형 문제
- 수능대비 기출문제
- 2028 수능 예시문항

*출시 예정

내신 한국사 1, 2 (개념서)
- 교과서 개념 총정리
- 내신 대비 필수 문제
- 서술형+단답형 문제
- 수능대비 기출문제
- 대단원 마무리, 단원별 테스트
- 한눈에 보이는 입체 첨삭 해설

고2

고2 생명과학, 물리학, 지구과학, 화학	고2 사회와 문화, 현대사회와 윤리, 세계사, 세계시민과 지리

(내신 대비 기출문제집)
- 교과서 핵심개념 총정리
- 출제 자료 특강
- 내신+학평 대비 기출문제
- 서술형+단답형 문제
- 1등급, 고난도 문제 별도 구성
- 통합과학 연계 개념 수능 기출문제

(내신 대비 기출문제집)
- 교과서 핵심개념 총정리
- 출제 자료 특강
- 내신+학평 대비 기출문제
- 서술형+단답형 문제
- 1등급, 고난도 문제 별도 구성
- 통합사회 연계 개념 수능 기출문제

고3

2028 수능대비 통합과학	2028 수능대비 통합사회	2028 수능대비 1등급 한국사

통합과학 (수능대비 기출문제집)
- 교과서 핵심개념 총정리
- 출제 자료 특강
- 수능대비 기출문제
- 2028 수능 예시문항

*출시 예정

통합사회 (수능대비 기출문제집)
- 교과서 핵심개념 총정리
- 출제 자료 특강
- 수능대비 기출문제
- 2028 수능 예시문항

*출시 예정

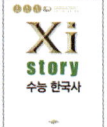

수능 1등급 한국사 (수능대비 기출문제집)
- 교과서 핵심개념 총정리
- 출제 자료 특강
- 수능 1등급 대비 기출문제

*출시 예정

수능 연도별 모의고사 통합과학
- 25문항씩 총 25회 모의고사
  (2028 예시문항 포함)
- 수능 기출문제 총정리
- **특별부록** : 핵심개념 총정리
  수험장 극비노트

*출시 예정

수능 연도별 모의고사 통합사회
- 25문항씩 총 25회 모의고사
  (2028 예시문항 포함)
- 수능 기출문제 총정리
- **특별부록** : 핵심개념 총정리
  수험장 극비노트

*출시 예정

수능 연도별 모의고사 수능 한국사
- 25문항씩 총 25회 모의고사
- 기출문제를 총정리한 실전 모의고사
- **특별부록** : 핵심개념 총정리
  수험장 극비노트

*출시 예정

차 례

Ⅰ 통합적 관점

01 인간, 사회, 환경을 바라보는 관점

01 ② 02 ④ 03 ③ 04 윤리적 관점 05 해설 참조 06 ⑤
07 ③ 08 해설 참조 09 ② 10 ④ 11 ② 12 ③ 13 ⑤
14 ② 15 ① 16 통합적 관점 17 해설 참조 18 ④ 19 ②
20 ④ 21 ⑤ 22 ③

■ 대단원 마무리 문제

01 ③ 02 ⑤ 03 ③ 04 ② 05 ⑤ 06 ② 07 ② 08 ②
09 윤리적 관점 10~13 해설 참조 14 통합적 관점 15 해설 참조

■ 수능 대비 기출 문제

01 ② 02 ④ 03 ④

Ⅱ 인간, 사회, 환경과 행복

02 행복의 의미와 기준

01 ③ 02 ⑤ 03 ③ 04 행복 05 해설 참조 06 ② 07 ②
08 ③ 09 ① 10 ③ 11 ③ 12 해설 참조 13 ③ 14 ②
15 ㉠ 가치, ㉡ 성찰 16 해설 참조 17 ② 18 ③ 19 ①
20 ④

03 행복한 삶을 실현하기 위한 조건

01 ① 02 ③ 03 ㉠ 자연환경, ㉡ 인문 환경 04 ④
05 경제적 안정 06 해설 참조 07 ③ 08 ④ 09 해설 참조
10 ① 11 ④ 12 ③ 13 ② 14 해설 참조 15 ④ 16 ⑤
17 ① 18 ④ 19 ④ 20 ①

■ 대단원 마무리 문제

01 ② 02 ⑤ 03 ① 04 ③ 05 ② 06 ③ 07 ③ 08 ②
09 ⑤ 10 ④ 11 ① 12 ⑤ 13 ⑤ 14 ② 15 ㉠ 객관적,
㉡ 주관적 16 해설 참조 17 자율적 선택 18~20 해설 참조

■ 수능 대비 기출 문제

01 ⑤ 02 ④ 03 ④ 04 ⑤

Ⅲ 자연환경과 인간

04 자연환경과 인간 생활

01 ③ 02 ② 03 ② 04 ④ 05 해설 참조 06 ③ 07 ①
08 ③ 09 ③ 10 ④ 11 ⑤ 12 ② 13 해설 참조 14 ③
15 ④ 16 ④ 17 ④ 18 ⑤ 19 열대 저기압(태풍)
20 해설 참조 21 ⑤ 22 ④ 23 ④

05 인간과 자연의 관계

01 ④ 02 해설 참조 03 ④ 04 ④ 05 ⑤ 06 ① 07 ①
08 ② 09 ④ 10 ④ 11 (가) 인간 중심주의, (나) 생태 중심주의
12 해설 참조 13 ⑤ 14 ③ 15 ⑤ 16 ④ 17 ③ 18 ③
19 해설 참조 20 ③ 21 ② 22 ③ 23 ① 24 ⑤ 25 ④
26 ②

06 환경 문제 해결을 위한 노력

01 ③ 02 ⑤ 03 ④ 04 (가) 산성비 05 해설 참조 06 ①
07 ⑤ 08 해설 참조 09 ① 10 ⑤ 11 ⑤ 12 ⑤
13 해설 참조 14 ③ 15 (가) 정부, (나) 시민 단체 16 ①
17 ① 18 ④ 19 ④ 20 ⑤

■ 대단원 마무리 문제

01 ① 02 ④ 03 ④ 04 ① 05 ② 06 ⑤ 07 ② 08 ②
09 ⑤ 10 ⑤ 11 ③ 12 ⑤ 13 ④ 14 (가) 열대 기후,
(나) 건조(사막) 기후 15~16 해설 참조
17 인간 중심주의 18~19 해설 참조

■ 수능 대비 기출 문제

01 ⑤ 02 ③ 03 ② 04 ④

Ⅳ 문화와 다양성

07 다양한 문화권의 특징과 삶의 방식

01 ④ 02 ⑤ 03 ⑤ 04 ④ 05 (가) 힌두교, (나) 이슬람교
06 해설 참조 07 ③ 08 ① 09 ① 10 ② 11 ⑤
12 해설 참조 13 ⑤ 14 ⑤ 15 해설 참조 16 ③
17 해설 참조 18 ② 19 ② 20 ⑤

08 문화 변동과 전통문화

01 ② 02 ⑤ 03 ② 04 ⑤ 05 ㉢ 직접 전파, ㉣ 간접 전파
06 ③ 07 A: 문화 병존, B: 문화 동화, C: 문화 융합 08 ④
09 ① 10 ② 11 해설 참조 12 ② 13~14 해설 참조
15 ② 16 ④ 17 ② 18 ① 19 ⑤ 20 ⑤

09 문화 상대주의와 보편 윤리

01 ① 02 ② 03 ⑤ 04 ④ 05 ⑤ 06 ⑤ 07 ③
08 (가) 문화 상대주의, (나) 자문화 중심주의, (다) 문화 사대주의
09 해설 참조 10 ④ 11 ② 12 ⑤ 13 해설 참조 14 ④
15 ㉠ 보편 윤리, ㉡ 극단적 문화 상대주의 16 ⑤ 17 ② 18 ①
19 ③ 20 ②

10 다문화 사회와 문화 다양성 존중

01 ② 02 다문화 사회 03 해설 참조 04 ④ 05 ③ 06 ⑤
07 ⑤ 08 ④ 09 ② 10 ⑤ 11 용광로 이론 12 해설 참조
13 ④ 14 ④ 15 ①

Ⅰ 통합적 관점

01 인간, 사회, 환경을 바라보는 관점

내신 대비 필수 문제
문제편 14~17p

01 정답 ② * 시간적 관점, 공간적 관점

| 문제 + 자료 분석 |

• **(가)**: 현재 인공 지능과 로봇 기술로 인해 일자리를 잃은 사람들이 파업에 참여하는 것을 과거 러다이트 운동과 연계해 살펴보고 있음 → 시간적 관점
• **(나)**: 세계 곳곳에서 일어나는 이상 기후 현상에 대해서 살펴보고 있음 → 공간적 관점

| 선택지 분석 |

① 사회의 구조 및 제도와의 영향력을 고려하여 살펴보았다면 사회적 관점이 될 수 있다. 하지만 제시문에는 사회적 관점과 관련된 내용이 없다.
② **(가)**: 기술의 발전으로 인한 일자리의 변화와 사회 운동을 시대의 흐름 속에서 살펴보고 있으므로 시간적 관점이다.
(나): 이상 기후 현상과 관련하여 일어나는 장소, 자연환경 등의 공간적 맥락을 고려하여 살펴보는 것은 공간적 관점이다.
③ (가)는 시간적 관점, (나)는 공간적 관점에서 사회 현상을 살펴보고 있다.
④, ⑤ 인공 지능의 좋고 나쁨, 옳고 그름과 같은 도덕적 가치 판단과 규범적 방향성의 기준을 두어 살펴보았다면 윤리적 관점이 될 수 있다. 하지만, 제시문에는 윤리적 관점과 관련된 내용이 없다.

02 정답 ④ * 시간적 관점, 공간적 관점

| 문제 + 자료 분석 |

• **(가)**: 현재 인공 지능과 로봇 기술로 인해 일자리를 잃은 사람들이 파업에 참여하는 것을 과거 러다이트 운동과 연계해 살펴보고 있음 → 시간적 관점
• **(나)**: 세계 곳곳에서 일어나는 이상 기후 현상에 대해서 살펴보고 있음 → 공간적 관점

| 보기 분석 |

ㄱ. 도덕적 가치 판단에 기초하여 바람직한 사회의 방향을 찾는 데 도움을 주는 것은 윤리적 관점이다.
ㄴ. 특정 현상이 나타나게 된 시대적 배경과 맥락을 고려하여 살펴보는 것은 시간적 관점이다.
ㄷ. 사회 현상을 사회의 구조 및 제도의 영향력을 고려하여 살펴보는 것은 사회적 관점이다.
ㄹ. 인문 및 자연환경, 영역 및 네트워크 등의 공간적 맥락을 고려하여 살펴보는 것은 공간적 관점이다.

* 시간적 관점과 공간적 관점

시간적 관점	• 현재의 모습이 있기까지 변화해 온 모습을 통해 특정 현상의 시대적 배경과 맥락을 살펴보는 것 • 과거의 사실과 사건, 제도나 가치 등을 통해 현재 일어나고 있는 일들을 올바르게 보도록 돕는 관점
공간적 관점	• 인간 생활과 사회 현상을 위치와 장소, 분포 유형, 이동과 네트워크 등 공간적 맥락에서 살펴보는 것 • 여러 지역 간의 유사점과 차이점을 밝히고, 각 지역이 어떻게 네트워크를 형성하여 상호 작용하는지 살펴보는 데 유용한 관점

03 정답 ③ * 사회적 관점

| 문제 + 자료 분석 |

• 뒤르켐은 자살을 사회 현상이라고 보았으며 자살의 원인 역시 사회적이라고 주장하였다. → 사회적 관점

| 선택지 분석 |

① 사회 현상은 가치와 분리되기 힘들지만 제시문에서 윤리적 판단을 하고자 하는 것은 아니다.
② 사회 현상은 다양한 요인들이 복잡하게 얽혀서 나타나지만 제시문에서는 이에 대한 설명이 나타나지는 않는다.
③ 사회 현상을 개인적 측면에서만 이해하는 것은 한계가 있고 사회적인 측면에서 살펴보아야 한다는 것이다. 이러한 사회적 관점이 필요한 이유는 개개인이 사회 구조나 제도의 영향을 많이 받기 때문이다.
④ 사회 현상은 시대적 배경과 맥락에 대한 이해가 필수적이라는 것은 시간적 관점과 연관이 되는데, 제시문은 시간적 관점이 나타나 있지 않다.
⑤ 특정 사회 현상이 나타나게 된 것은 그 지역을 둘러싼 인문·자연환경의 영향이 크다는 것은 공간적 관점에 대한 설명이다.

* 사회적 관점

의미	사회 제도 및 사회 구조와의 관련성 속에서 사회 현상을 이해하는 것
필요성	사회 구조나 제도가 개인에게 영향력을 끼칠 수 있다고 봄 정책적 측면에서 사회 문제의 해결책을 제시하는 데 도움을 줌

04 정답 윤리적 관점

| 문제 + 자료 분석 |

• 햄버거를 소비하는 과정에서 발생하는 미세 플라스틱 문제의 옳고 그름을 판단하고 있다.
• 특정 사회 현상을 도덕적 가치 판단과 규범적 방향성에 기준을 두고 보는 것은 윤리적 관점이다.

* 윤리적 관점

의미	도덕적 가치와 윤리적 규범을 중심으로 사회 현상을 이해하는 것
필요성	개인과 사회에 도덕적인 가치와 방향성을 제공하여 개인의 도덕적 삶과 정의로운 사회를 이루는 데 도움을 줌

05 핵심 키워드: 바람직한 사회, 규범적 방향

모범 답안 윤리적 관점은 가치 판단을 통해 바람직한 사회로 나아가기 위한 규범적 방향을 설정하는 데 도움을 주기 때문에 개인의 도덕적 삶을 이루기 위해 필요하다.

| 문제 + 자료 분석 |

• 햄버거 소비 중 발생하는 플라스틱 문제의 옳고 그름을 판단하여 해양 생태계와 동물의 건강을 보호할 수 있는 방향을 찾을 수 있다.

* 채점 기준

윤리적 관점의 필요성을 정확하게 서술한 경우	100%
윤리적 관점의 필요성을 서술했으나 내용이 미흡한 경우	60%

06 정답 ⑤ * 공간적 관점

| 문제 + 자료 분석 |

- 공간적 관점은 자연환경과 인간의 상호 작용, 지역에 대해 관심을 갖고 사회현상을 바라보는 것이다. 제시문에서는 'A국의 플랜테이션 농업'에 대해 공간적 관점으로 탐구한 내용을 묻고 있다.

| 선택지 분석 |

갑. 플랜테이션 농산물에 대한 제도와 정책에 대해 언급하고 있다. 특정 사회 현상을 사회 제도 및 구조와의 연관 속에서 탐구하는 관점은 사회적 관점이다.

을. 플랜테이션 농업에서 발생하는 갈등의 바람직한 해결책을 이야기하고 있다. 갈등에 대한 도덕적 가치 판단을 하는 것은 윤리적 관점에 해당한다.

병 플랜테이션 농업의 지리적 조건에 따른 분포에 대해 조사하고자 하므로, 지역에 관심을 갖는 공간적 관점에 해당한다.

정 플랜테이션 농업의 생산물이 생산지에서 소비지로 이동하는 경로를 조사하고자 한다. 위치와 분포, 이동과 네트워크를 중심으로 사회 현상을 바라보는 공간적 관점에 해당한다.

＊ 인간, 사회, 환경을 보는 여러 가지 관점의 필요성

시간적 관점	과거를 돌아봄으로써 현재 나타나고 있는 현상이나 문제를 이해하고 바람직한 해결 방안을 찾는 데 도움을 줌
공간적 관점	공간 정보를 통해 지역 간의 차이를 이해하고, 환경이 사회 현상에 미치는 영향을 파악하는 데 도움을 줌
사회적 관점	사회 구조와 사회 제도가 사회 현상에 미치는 영향을 파악하고 정책 대안을 마련하는 데 도움을 줌
윤리적 관점	변화하는 사회 속에서 어떻게 바람직하고 행복한 삶을 살아갈 수 있을까를 성찰하고, 바람직한 사회의 방향을 찾도록 도와줌

07 정답 ③ * 사회적 관점

| 문제 + 자료 분석 |

- 어린 억만장자의 성공 요인을 상류층, 백인, 고등 교육이라는 사회적 측면에서 살펴보고 있다. → 사회적 관점

| 선택지 분석 |

① 시간적 배경에 대한 내용이 나타나지 않았다.
② 특정 장소에 대한 언급이 나타나지 않았다.
③ 가난의 원인을 개인적인 측면에서만 파악하는 것이 아니라 보다 큰 틀에서 바라보고자 하는 것은 사회 구조, 제도의 관점에서 바라보고자 하는 것이다. 따라서 이는 사회 현상을 특정 사회 구조와 제도의 측면에서 살펴보는 사회적 관점에 해당한다.
④ 선악이나 옳고 그름에 대한 내용이 나타나지 않았다.
⑤ 제시문은 가난의 원인을 사회적 관점에서 바라보고 있다.

08 핵심 키워드: 정책, 제도

모범 답안 감염병 대응에 취약한 사회 계층을 위한 정책, 제도로 무엇이 있는가?

| 문제 + 자료 분석 |

- 사회적 관점은 사회 구조 및 사회 제도의 영향력을 고려하며 사회 현상을 살펴보고, 정책적 측면에서 사회 문제의 해결책을 제시하는 데 도움을 준다.

＊채점 기준

정책, 제도를 언급하며 적절한 탐구 질문을 서술한 경우	100 %
사회적 관점에 대해서만 언급한 경우	40 %

09 정답 ② * 윤리적 관점

| 문제 + 자료 분석 |

- 제시문은 '카카오 농장'에서 벌어지는 아동 노동 착취에 관해 이야기하고 있다. 해당 현상을 윤리적 관점에서 살펴보고자 할 때 필요한 질문을 찾아야 한다.

| 보기 분석 |

ㄱ 규범적 방향성과 가치 등을 고려하여 도덕적 차원에서 사회 현상을 살펴보는 것은 윤리적 관점이다.
ㄴ. 세계에서 아동 노동이 이루어지고 있는 공간을 살펴보는 것은 공간적 관점에 해당한다.
ㄷ. 사회적 관점에 대한 사고의 흐름이다. 사회적 관점은 사회 현상에 대한 사회 제도, 정책, 구조의 영향력을 분석하고 예측하는 것이다.
ㄹ 특정 사회 현상을 좋고 나쁨, 선과 악, 옳고 그름과 같은 도덕적 가치 판단에 기준을 두어 살펴보는 것은 윤리적 관점이다.

＊ 카카오 농장의 아동 노동

> 서아프리카의 카카오 농장주들은 카카오를 생산하며 많은 이익을 얻기 위해 불법적으로 아동을 싸게 고용하거나 아이들을 납치하고 있다. 싸게 팔려 온, 또는 납치된 어린아이들은 하루 최대 14시간을 전기톱과 칼 등을 사용하는 위험한 환경에서 일하게 된다. 이러한 아동 노동 착취를 반대하는 목소리는 이전부터 있었지만, 아직도 근절되지 않고 있다.

10 정답 ④ * 시간적 관점

| 문제 + 자료 분석 |

- '과거부터 현재'를 살펴보며 한국 사람들이 일본에 대한 감정이 좋지 않은 이유를 추론한다. → 시간적 관점

| 선택지 분석 |

① 사회 현상이 가치와 분리될 수 없다는 사실은 윤리적 관점의 필요성을 나타낸다.
② 사회 현상을 도덕적 가치 판단을 고려하며 살펴보는 것은 윤리적 관점이다.
③ 다양한 원인이 복합적으로 작용하여 사회 현상이 나타난다는 점은 통합적 관점의 필요성과 연관이 있다.
④ "과거부터 현재의 상황을 두루두루 살펴볼 필요가 있어."라는 말에서 시간적 관점에서 바라보고 있음을 알 수 있다.
시간적 관점은 특정 사회 현상이 나타나게 된 시대적 배경과 맥락을 이해하고자 하는 것이다.
⑤ 장소, 영역, 네트워크 등의 정보를 살펴보는 것은 공간적 관점이다.

11 정답 ② * 공간적 관점

| 문제 + 자료 분석 |

- 제시문은 여성 참정권 운동의 유래와 전개에 대해서 설명하고 있지만, 필요한 연구는 공간적 관점에서 살펴보고자 한다.

| 보기 분석 |

ㄱ 여성 참정권의 '국가별 차이'를 알아보는 것은 그 지역의 인문 환경 등을 살펴보는 것이므로 공간적 관점에 해당한다.
ㄴ. 여성 참정권의 변화 양상을 '시대적 변화' 속에서 살펴보는 것은 시간적 관점에 해당한다.
ㄷ 여성 참정권 운동이 시작된 '지역'의 특성을 살펴보는 것은 공간적 맥락을 고려하는 것이므로 공간적 관점에 해당한다.
ㄹ. 성별에 따른 참정권의 제한이 '바람직한지' 평가하는 것은 윤리적 관점에 해당한다.

12 정답 ③ * 통합적 관점

[보기]
ㄱ. A − 폐마스크를 수거하는 <u>바람직한 방법</u>은 무엇인가요?
　　　　　　　　　　　　　　윤리적 관점
ⓛ B − 폐마스크로 동물의 <u>피해가 집중된 지역</u>은
　　　　　어디인가요?　　　　공간적 관점
ⓒ C − 폐마스크의 <u>무단 투기를 막을 제도</u>는 무엇인가요?
　　　　　　　　　　　　　　사회적 관점
ㄹ. D − 폐마스크로 인한 동물의 <u>피해는 언제부터 증가</u>했나요?
　　　　　　　　　　　　　　시간적 관점

| 문제 + 자료 분석 |

• 폐마스크로 인한 동물의 피해 문제를 해결하기 위해 각 관점이 무엇에 초점을 두고 사회 현상을 살펴보는지 구분한다.

| 보기 분석 |

ㄱ. '바람직한'이라는 가치 판단이 들어가 있으므로 윤리적 관점이다.
ⓛ 공간적 관점은 지역에 관심을 가지므로 폐마스크로 인한 동물의 피해가 집중된 지역을 찾아볼 수 있다.
ⓒ 사회적 관점은 사회 제도나 구조에 관심을 가지므로 폐마스크의 무단 투기를 막을 제도를 모색할 수 있다.
ㄹ. '언제부터'라는 시간의 흐름 속에서 살펴보는 것이므로 시간적 관점과 관련이 있다.

13 정답 ⑤ * 통합적 관점의 필요성

| 문제 + 자료 분석 |

• 제시문은 저출산에 대한 대책을 마련할 때 여러 분야를 종합적으로 고려해야 한다고 주장한다. → 통합적 관점

| 선택지 분석 |

① 어떤 사물이나 현상의 한 부분만 살펴보고 전체를 이해하면 복잡하고 다면적인 의미를 제대로 파악하기 어렵다.
② 전문화의 필요성은 제시문에 나타나 있지 않다.
③ 하나의 관점이 아닌 통합적 관점이 필요함을 강조하고 있다.
④ 특정 현상을 더욱 세분하여 심층적으로 연구해야 한다는 것은 사회 과학의 전문화에 대한 설명이다.
⑤ 총체적 전환이 필요하다는 점, 또 저출산에 대한 대책을 마련함에 있어서 정책뿐 아니라 사회의 모든 것을 아울러 볼 수 있어야 해결이 가능하다는 점에서 통합적 관점이 나타나 있다.

14 정답 ② * 통합적 관점

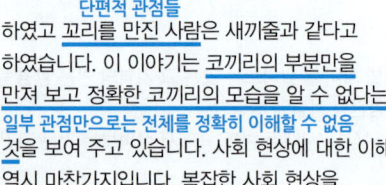

옛날 어느 왕이 코끼리 한 마리를 몰고 와 눈이 안 보이는 사람들을 불러 코끼리를 만져 보게 한 뒤 이에 대해 설명하도록 하였습니다. 코끼리의 상아를 만진 사람은 무와 같다고
　　　　　　　　단편적 관점들
하였고 꼬리를 만진 사람은 새끼줄과 같다고 하였습니다. 이 이야기는 <u>코끼리의 부분만을 만져 보고 정확한 코끼리의 모습을 알 수 없다는</u> <u>일부 관점만으로는 전체를 정확히 이해할 수 없음</u>을 보여 주고 있습니다. 사회 현상에 대한 이해 역시 마찬가지입니다. 복잡한 사회 현상을 제대로 이해하기 위해서는

　　　　　ⓐ　　　　　→ 통합적 접근의 필요성

| 문제 + 자료 분석 |

• 코끼리의 일부만을 만져 보는 것으로는 정확한 코끼리의 모습을 알 수 없다는 이야기이다.
• ⓐ: 일부의 관점만으로는 전체를 정확히 이해할 수 없으며 다양한 관점에서 종합적 이해가 필요하다. → 통합적 관점의 필요성

| 보기 분석 |

ⓛ 다양한 관점에서 얻은 정보를 종합하여 통합적으로 접근하면 복잡한 사회 현상을 정확하게 이해할 수 있다.
ㄴ. 사회 현상은 여러 요소에 의해 복합적으로 나타나므로 다양한 학문을 종합하여 이해하는 <u>간학문적 접근</u>이 필요하다.

> 두 가지 이상의 다양한 학문으로부터 관점이나 방법을 적용하여 통합적으로 접근하는 것

ⓒ 인간과 사회 및 환경 등 사회 현상이 복잡하게 나타나므로 다양한 관점을 통한 종합적 이해가 필요하다.
ㄹ. 한 영역의 지식만으로 사회 현상에 접근하면 사회 현상을 제대로 이해할 수 없으므로, 다양한 영역의 지식을 활용하는 통합적 접근이 필요하다.

* 통합적 관점의 필요성

> 사회 현상은 여러 요인이 영향을 주고받으며 나타나므로 특정 관점으로만 바라보면 그 현상을 제대로 파악하기 어렵다. 통합적 관점을 적용하여 현상을 다양한 측면에서 살펴보아야 문제를 정확히 이해하고 근본적인 해결 방안을 찾을 수 있다. 또한, 여러 관점에서 사회를 이해하려는 노력을 통해 인간과 세상에 대한 통찰력을 기를 수 있다.

15 정답 ① * 통합적 관점

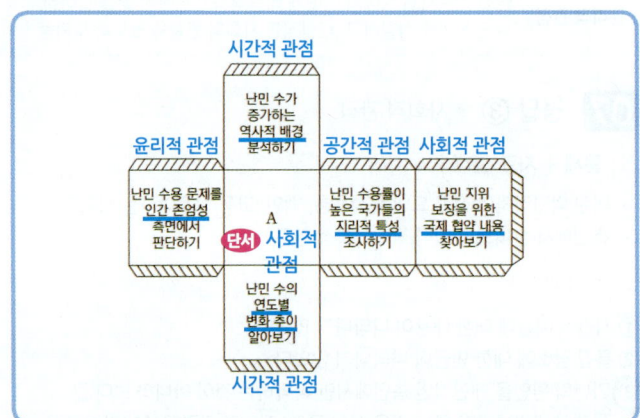

| 문제 + 자료 분석 |

• A와 접하는 면에 위치한 탐구 활동은 시간적 관점(역사적 배경, 연도별 변화), 윤리적 관점(인간 존엄성), 공간적 관점(지리적 특성)이므로 해당 관점이 적용된 내용이 A에 위치할 수 없다.
• A의 반대편에 위치한 탐구 활동은 사회적 관점(국제 협약)이므로 A에는 사회적 관점이 적용된 탐구 활동이 위치할 수 있다.

| 선택지 분석 |

① 난민 수용 제도 및 정책을 분석하는 것은 사회 구조 및 사회 제도의 영향력을 고려하여 살펴보는 사회적 관점이므로 A에 들어갈 수 있다.
② 난민 문제에 대해 시대적 배경과 시간의 흐름 속에서 살펴보는 것은 시간적 관점이다.
③ 난민 문제에 대해 위치, 장소, 지역, 이동, 네트워크 등 공간적 맥락에서 살펴보는 것은 공간적 관점이다.
④ 난민 문제에 대해 도덕적 규범의 방향성에 기준을 두어 살펴보는 것은 윤리적 관점이다.
⑤ 난민 문제 해결과 관련하여 바람직한 태도를 탐구하는 것은 옳고 그름과 같은 도덕적 가치 판단을 내리는 윤리적 관점이다.

16 정답 통합적 관점

| 문제 + 자료 분석 |

- 이슬람 문화권에서 나타나는 돼지고기를 먹지 않는 금기를 종교 제도, 자연환경 등 여러 측면에서 살펴보고자 하는 것은 통합적 관점에 해당한다.

＊ 이슬람교의 돼지고기 금기

> 이슬람교는 주로 건조 기후 지역에 사는 사람들이 믿는데, 돼지는 물을 많이 먹고 체온 조절 능력이 약해 건조 기후 지역에서 키우기 적합하지 않다. 또한, 돼지는 밀, 옥수수, 감자, 콩 등 사람이 먹는 곡물을 주로 먹고, 지방이 많아 고기를 보관하기 어렵다는 단점도 존재했다. 그래서 건조 문화권에서는 돼지를 불결한 동물로 여기며 먹기를 꺼렸다.

17 핵심 키워드: 해결 방안, 복잡한 사회 현상

모범 답안 개별 관점만으로 탐구하면 여러 요인 간의 상호 연관성을 파악할 수 없다. 복잡한 사회 현상을 정확하게 이해하고 사회 문제의 근본적이고 다각적인 해결 방안을 모색하기 위해서는 통합적 관점이 필요하다.

| 문제 + 자료 분석 |

- 개별 관점만으로는 사회 현상의 다양한 측면을 종합적으로 파악하기 어렵기 때문에 여러 관점을 두루 살피는 통합적 관점이 필요하다.

＊ 채점 기준

해결 방안까지 언급한 경우	100 %
복잡한 사회 현상 이해만 언급한 경우	70 %

＊ 통합적 관점

의미	구체적인 사회 현상을 시간적, 공간적, 사회적, 윤리적 관점 등을 통합적으로 고려하여 이해하는 것
특징	• 다양한 관점을 통합적으로 고려하면 복잡한 사회 현상을 제대로 파악할 수 있음 • 사회 문제에 대한 깊이 있는 이해를 통해 근본적이고 다각적인 해결 방안을 모색할 수 있음

18 정답 ④ ＊통합적 관점

| 문제 + 자료 분석 |

- '분쟁 발발의 공간적 원인'은 공간적 관점이 반영된 탐구 주제이므로 (가) 에는 위치와 장소, 분포 유형, 이동과 네트워크 등 공간적 맥락을 살펴보는 자료가 들어가야 한다.
- '분쟁에 따른 경제적 영향'은 사회적 관점이 반영된 탐구 주제이므로 (나) 에는 사회 구조, 사회 제도 등을 살펴보는 자료가 들어가야 한다.

| 보기 분석 |

ㄱ. '러시아와 우크라이나의 군인이 겪는 도덕적 딜레마 사례'는 분쟁이 초래한 '윤리적 문제'에 대한 자료이므로 윤리적 관점에 해당한다.

ㄴ. '러시아와 우크라이나 출신 주민의 분쟁 지역 내 분포 비율'은 '지역 내 분포 비율'을 살펴보는 자료이므로 공간적 관점에 해당한다.

ㄷ. '러시아와 우크라이나 간 대립을 심화시킨 시대적 맥락 고찰'은 분쟁의 '역사적 배경'에 대한 자료이므로 시간적 관점에 해당한다.

ㄹ. '러시아와 우크라이나 간 분쟁으로 인한 물가 상승 대응 정책'은 물가 상승 문제를 해결하기 위한 '정책'을 살펴보는 자료이므로 사회적 관점에 해당한다.

④ 따라서 (가)에는 ㄴ, (나)에는 ㄹ이 들어가야 한다.

19 정답 ② ＊여러 가지 관점

[보기]

ㄱ. A: 해안 침식의 <u>연도별 진행 과정</u> 분석하기
  시간적 관점

ㄴ. D: 해안의 무분별한 개발을 막기 위한 <u>바람직한 태도</u> 탐구하기
  윤리적 관점

ㄷ. C: 해안 침식으로 인한 피해의 <u>복구를 지원하는 정책</u> 조사하기
  사회적 관점

ㄹ. B: 해안 침식이 심각한 지역의 분포 조사하기
  공간적 관점

| 문제 + 자료 분석 |

- 해안 침식을 살펴볼 때 어떤 요소를 중점적으로 보고 있는지 파악하고 A~D의 관점이 무엇인지 파악한다.

| 보기 분석 |

ㄱ. 해안 침식의 연도별 진행 과정을 분석하는 것은 시간의 흐름을 살펴보는 것이므로 A 시간적 관점이다.

ㄴ. 바람직한 태도를 탐구하는 것은 도덕적 가치 판단을 내리는 것이므로 D 윤리적 관점이다.

ㄷ. 피해 복구 지원 정책을 조사하는 것은 사회 구조나 제도와의 연관성을 살펴보는 것이므로 C 사회적 관점이다.

ㄹ. 해안 침식이 심각한 지역 분포를 조사하는 것은 공간적 맥락에서 살펴보는 것이므로 B 공간적 관점이다.

＊ 사회 현상을 살펴보는 다양한 관점

시간적 관점	현재의 모습이 어떤 변화를 거쳐 이루어졌는지 시대적 배경과 시간의 흐름 속에서 살펴본다.
공간적 관점	인간 생활과 사회 현상을 위치, 장소, 분포 유형, 이동 등 공간적 맥락에서 살펴본다.
사회적 관점	사회 현상이 나타나게 된 배경을 사회 구조 및 사회 제도와 연관 지어 살펴본다.
윤리적 관점	사회 현상을 옳고 그름과 같은 도덕적 가치 판단과 규범적 방향성에 기준을 두고 살펴본다.

내신 1등급 문제 문제편 18p

20 정답 ④ ＊윤리적 관점, 사회적 관점

① ㉠: <u>지역별, 연도별</u> 자율 주행 자동차의 구입 현황
  공간적 관점 시간적 관점
  비교하기

② ㉠: 자율 주행 자동차가 주행하기 어려운 <u>공간적 특징</u> 분석하기
  공간적 관점

③ ㉡: 자동차의 <u>역사적 발전 과정</u>을 분석하여 미래
  시간적 관점
  자동차의 모습 예측하기

④ ㉡: 자율 주행 자동차에 적합한 <u>교통 제도를 수립하고 제도의 변화가 사회에 미칠 영향 예측하기</u>
  사회적 관점

⑤ ㉠, ㉡: <u>기후와 지리적 환경이 자율 주행 자동차의 운행에</u>
  공간적 관점
  <u>미치는 영향</u> 탐구하기

- ⊙ 윤리적 관점: 옳고 그름의 도덕적 가치 판단 및 어떤 규범을 적용할지에 초점을 두고 사회 현상을 바라보는 것
- ⓒ 사회적 관점: 사회 제도 및 사회 구조와의 관련성 속에서 사회 현상을 이해하는 것

| 선택지 분석 |

① 자율 주행 자동차의 구입 현황을 '지역별'로 비교하는 것은 공간적 관점, '연도별'로 비교하는 것은 시간적 관점에 해당한다.
② 자율 주행 자동차가 주행하기 어려운 '공간적 특징'을 분석하는 것은 공간적 관점에 해당한다.
③ 자동차의 '역사적 발전 과정'을 분석하여 미래 자동차의 모습을 예측하는 것은 시간적 관점에 해당한다.
④ 사회 제도인 '교통 제도'를 수립하고, 제도의 변화가 사회에 미칠 영향을 예측하는 것은 사회적 관점에 해당한다.
⑤ '기후와 지리적 환경'이 자율 주행 자동차의 운행에 미치는 영향을 탐구하는 것은 공간적 관점에 해당한다.

21 정답 ⑤ * 여러 가지 관점

[보기]

ㄱ. 갑은 시대적 배경과 맥락을 파악하려고 한다.
　　　시간적 관점
ㄴ. 을은 사회 제도와 구조의 영향력을 분석하려고 한다.
　　　사회적 관점
ㄷ. 병은 도덕적 가치와 규범적 판단을 통해 파악하려고 한다.
　　　윤리적 관점
ㄹ. 정은 공간적 맥락을 통해 이해하려고 한다.
　　　공간적 관점

| 문제 + 자료 분석 |

- 갑, 병: 갑은 나이에 따른 참정권의 제한을, 병은 여성 참정권의 제한을 '가치'의 관점에서 보고 있어 윤리적 관점에 해당한다.
- 을: 보통 선거가 가능하게 된 '시점'을 찾아보고자 하므로 시간적 관점에 해당한다.
- 정: 여성 참정권의 '지역별 차이'에 대해 알아보고자 하므로 공간적 관점에 해당한다.

| 보기 분석 |

ㄱ. '어리다고 투표를 하지 못하는 것은 옳지 않다고 생각해.'라고 하여 윤리적 관점에서 사회 현상을 파악하고 있음을 알 수 있다.
ㄴ. '선거가 가능하게 된 것은 언제부터지'라고 하여 참정권의 시간에 따른 변화를 살펴보고자 하므로 이는 시간적 관점에서 파악한 것이다.
ㄷ. 여성에 대한 참정권이 제한되어 있다는 것에 '불공평하다.'라는 가치 평가를 내리고 있다. 이는 윤리적 관점에 해당한다.
ㄹ. '여성 참정권이 지역별로 어떻게 다른지' 공간적인 차이에 따른 참정권 현황을 알아보고자 하였다. 이는 공간적 관점에서 이해하고자 하는 태도이다.

22 정답 ③ * 고령화 현상을 탐구하는 관점

① (가)에는 특정 장소에 대한 공간 정보가 나타나 있다.
　　　농촌과 도시
② (나)는 윤리적 관점을 토대로 수집한 자료이다.
　　　책임 의식
③ (다)에는 문제 해결을 위한 규범적 방향성이 제시되어
　　　(나) 윤리적 관점
있다.

④ (라)를 통해 노인 부양을 위한 사회 복지 부담이 증가됨을 알 수 있다. 노년 부양비 추이 변화로 사회 복지 부담이 증가됨을 알 수 있음
⑤ (가)~(라)를 통합적으로 고려해야 사회 현상의 다양한 공간적, 윤리적, 시간적, 사회적 관점이 모두 나타남 측면을 파악할 수 있다.

| 문제 + 자료 분석 |

- (가): 농촌과 도시 '지역의 차이'를 이해하고 고령화 현상을 탐구하는 것은 공간적 관점에 해당한다.
- (나): 노부모 부양에 대한 '책임 의식'에 대해 살펴보는 것은 윤리적 관점에 해당한다.
- (다): 우리나라 고령 인구 비율의 '변화 양상'을 살펴보는 것은 시간적 관점에 해당한다.
- (라): 인구 부양비 변화 그래프를 보면 유소년 부양비의 감소로 총 부양비가 점차 낮아졌다가, 노년 부양비의 지속적 증가로 총 부양비가 높아지는 모습을 확인할 수 있다. (총 부양비 = 유소년 부양비 + 노년 부양비) 이렇게 '사회 복지'와 관련된 노년 부양비 '추이'를 살펴보는 것은 시간적 관점과 사회적 관점에 해당한다.

| 선택지 분석 |

① 장소 등 공간 정보에 대한 이해를 바탕으로 사회 현상을 살피는 것은 공간적 관점이다.
② 인간 행위에 대한 도덕적 가치 판단과 규범적 방향성을 고려하여 사회 현상을 살피는 것은 윤리적 관점이다.
③ 규범적 방향성을 고려하여 사회 현상을 살피는 것은 윤리적 관점이며, (다)는 시간적 관점이다.
④ 노년 부양비가 가파르게 상승하고 있으므로 사회 복지 부담이 증가됨을 유추할 수 있다.
⑤ 개별 관점에만 의존하지 않고 모든 관점을 고려하여 사회 현상을 통합적으로 살펴야 복잡한 사회 현상을 정확히 이해할 수 있다.

대단원 마무리 문제　Ⅰ　문제편 19~21p

01 정답 ③ * 사회적 관점

| 문제 + 자료 분석 |

- 조혼 풍습을 이해하기 위해서 고려 시대와 일제 강점기 말기의 '사회상'을 살펴보고 있다. → 사회적 관점

| 선택지 분석 |

① 시간적 관점은 나타나지 않았다. '조혼'의 변화를 살펴본 것이 아니라, 원 간섭기의 고려와 일제 강점기라는 특수한 시기에만 나타난 사회상임을 상조하고 있다.
② 공간적 관점은 나타나지 않았다.
③ 조혼 풍습을 그 시대의 사회 구조와 관련하여 알아보고자 하는 공통점이 나타나므로, 사회적 관점에서 파악하려는 태도이다.
④ 조혼 풍습에 대해서 옳다, 그르다라는 판단을 하고 있지 않기 때문에 윤리적 관점이라고 볼 수 없다.
⑤ 통합적 관점은 나타나지 않았다.

02 정답 ⑤ * 여러 가지 관점

| 문제 + 자료 분석 |

- A : '지역별' 감염병 확산의 차이 → 공간적 관점
- B : 갈등 해결을 위한 '바람직한' 태도 → 윤리적 관점
- C : 과거 감염병 발생의 '역사' → 시간적 관점
- D : 감염병 해결을 위한 '제도와 기구' → 사회적 관점

| 보기 분석 |

ㄱ. 시대적 배경과 맥락, 시간의 흐름 속에서 살펴보는 것은 시간적 관점이다.
ㄴ. 공간의 변화에 따른 영향을 탐구하는 것은 공간적 관점이다.
ㄷ. 현재의 모습이 어떤 역사적 배경에 의해 나타나게 되었는지 탐구하는 것은 시간적 관점이다.
ㄹ. B는 바람직한 태도, 가치를 탐구하므로 윤리적 관점, D는 사회 제도나 기구를 탐구하므로 사회적 관점이다.

03 정답 ③ * 윤리적 관점

| 문제 + 자료 분석 |

• ㉠ : 사회에서 발생하는 다양한 현상을 도덕적 가치 판단과 규범적 방향성에 초점을 두고 바라보는 윤리적 관점

| 선택지 분석 |

① 사회 현상이 발생한 시대적 배경과 시간의 흐름 속에서 살펴보는 관점은 시간적 관점이다.
② 자연환경과 인간의 상호작용, 지역에 대한 관심을 갖고 사회 현상을 바라보는 관점은 공간적 관점이다.
③ 사회 현상에 대해 옳고 그름과 같은 도덕적 가치를 판단하는 관점은 윤리적 관점이다.
④ 사회 현상을 법적 처벌 절차와 같은 사회 제도와의 관련성 속에서 살펴보는 관점은 사회적 관점이다.
⑤ 사회 현상을 사회 구조의 측면에서 살펴보는 관점은 사회적 관점이다.

04 정답 ② * 공간적 관점

| 문제 + 자료 분석 |

• 공간적 관점은 사회 현상을 위치, 장소, 자연환경과 인문 환경의 영향 등의 공간적 맥락을 고려하며 살펴보는 관점이다.

| 보기 분석 |

ㄱ. 화장장을 건설하기 좋은 '지역'의 특성이 무엇인지 살펴보는 것은 공간적 관점에 해당한다.
ㄴ. '화장장 건설로 인해 자연 환경이 훼손되는 것이 옳은가?'와 같은 규범적 방향성을 찾는 것은 윤리적 관점이다.
ㄷ. 화장장이 건설되면 '지역'의 공간 이용에 어떤 변화가 일어나는지 살펴보는 것은 공간적 관점이다.
ㄹ. 화장장 건설에 따르는 사회적 문제를 해결하기 위해 사회 구조, 제도적 장치인 법과 정책을 중시하는 것은 사회적 관점이다.

05 정답 ⑤ * 통합적 관점

| 문제 + 자료 분석 |

• ○○지역에서 화장장 건립을 둘러싸고 심해지고 있는 갈등을 시간적, 공간적, 사회적, 윤리적 관점에서 탐구한다.

| 보기 분석 |

ㄱ. 화장장 건립의 입지 조건 조사는 위치, 장소 등 공간적 맥락에서 살펴보는 것이므로 공간적 관점에 해당한다.
ㄴ. 연도별 변화 양상을 조사하는 것은 시간의 흐름 속에서 살펴보는 것이므로 시간적 관점에 해당한다.
ㄷ. 주민을 위한 보상 제도를 알아보는 것은 사회 구조 및 사회 제도의 영향을 고려하는 사회적 관점에 해당한다.
ㄹ. 바람직한 시민 태도를 알아보는 것은 도덕적 가치 판단과 규범적 방향성에 기준을 두어 살펴보는 윤리적 관점에 해당한다.

06 정답 ② * 통합적 관점

| 문제 + 자료 분석 |

• 제시문은 영화 '나비 효과'의 주인공이 시공간 이동을 통해 과거를 바꾸자 현재도 같이 바뀐 이야기를 통해 모든 일들은 서로 연관되어 있음을 보여준다.

| 선택지 분석 |

① 관련성을 파악한다는 것이 사회 제도 및 구조와의 관련성 속에서 사회·문화 현상을 살펴보아야 한다는 것은 아니다.
② 모든 일들이 서로 긴밀하게 연관되어 있기 때문에 관련성을 파악하는 것이 중요하다는 진술을 통해 통합적 관점임을 알 수 있다.
③ 윤리적 관점과 연관이 된다.
④ 시간적 관점에 대한 설명이다.
⑤ 제시문에서 나타나 있지 않다.

07 정답 ② * 여러 가지 관점

[보기]

ㄱ. A: 지방 소도시의 연도별 인구 증감률 분석하기
　　시간적 관점
ㄴ. ✗ 지방 소도시 발전을 위한 바람직한 태도 알아보기
　D　　　　　　　　　　　　　　　윤리적 관점
ㄷ. C: 수도권 집중화를 완화할 수 있는 정책 찾아보기
　　　　　사회적 관점
ㄹ. ✗ 전국 시 · 군 · 구의 대기업 본사 입지 현황 조사하기
　B　　　　　　　　　　　　　　　　공간적 관점

| 문제 + 자료 분석 |

• 지방 소도시의 인구 감소 문제에 대해 각 관점에서 실시할 만한 적절한 활동을 연결해야 한다.

| 보기 분석 |

ㄱ. 사회 현상을 시간의 흐름 속에서 살펴보는 것은 시간적 관점에 해당한다.
ㄴ. 사회 현상을 도덕적 가치 판단과 규범적 방향성에 기준을 두어 판단하는 것은 윤리적 관점에 해당한다.
ㄷ. 사회 현상을 사회 구조 및 사회 제도와의 영향력을 고려하여 살펴보는 것은 사회적 관점에 해당한다.
ㄹ. 사회 현상을 공간적 맥락에서 살펴보는 것은 공간적 관점에 해당한다.

08 정답 ② * 통합적 관점

A	B
과거와 현재의 여행 방식이 변화된 과정과 공정 여행이 등장한 시대적 배경 조사하기 **시간적 관점**	현지 문화와 지리적 특성을 고려한 지역별 공정 여행 코스 계획하기 **공간적 관점**
C 공정 여행을 장려하기 위한 국가 및 지방 자치 단체의 지원 정책 조사하기 **사회적 관점**	**D** 현지 주민들의 삶과 환경을 보호하고 존중하는 여행자의 태도 알아보기 **윤리적 관점**

| 문제 + 자료 분석 |

• A: 여행 방식이 변하고 공정 여행이 등장하게 된 '시대적 배경' 조사 → 시간적 관점
• B: 현지 문화와 '지리적 특성' 조사 → 공간적 관점
• C: 공정 여행 지원 '정책' 조사 → 사회적 관점
• D: 여행자의 '바람직한 태도'를 알아봄 → 윤리적 관점

| 선택지 분석 |

① 사회 현상을 도덕적 가치에 따라 평가하는 관점은 D 윤리적 관점이다.
② B는 위치와 장소 등의 공간적 맥락을 중시하는 공간적 관점이다.
③ 사회 현상을 시간의 흐름 속에서 이해하는 관점은 A 시간적 관점이다.
④ 사회 구조와 사회 제도의 영향력을 강조하는 관점은 C 사회적 관점이다.
⑤ 사회 현상을 다양한 관점으로 바라보는 통합적 관점으로 탐구해야 사회 현상을 정확하게 이해할 수 있다.

09 정답 윤리적 관점

| 문제 + 자료 분석 |

• 옳고 그름을 판단하는 기준과 윤리적 규범을 중심으로 사회 현상을 바라보는 관점은 윤리적 관점이다.

10 핵심 키워드: 도덕적 가치, 평가

모범 답안 윤리적 관점은 도덕적 가치에 따라 사회 현상을 평가하고, 바람직한 삶의 방향을 제시하므로 정의로운 사회를 실현하는 데 필요하다.

✱ 채점 기준

윤리적 관점의 필요성을 정확히 서술한 경우	100 %
윤리적 관점만을 언급한 경우	30 %

11 핵심 키워드: 시간, 질서 의식 수준

모범 답안 • 시간적 관점: 예전에도 이렇게 교통 혼잡이 심했을까?
• 윤리적 관점: 운전자의 교통질서 의식 수준이 낮은 것은 아닐까?

| 문제 + 자료 분석 |

• 사회 현상을 바라볼 때 시간적 관점은 과거와 현재의 관계를 탐구하고, 윤리적 관점은 도덕적 기준 또는 가치의 관점에서 사회 현상을 평가한다.

✱ 채점 기준

시간적 관점, 윤리적 관점 모두 서술한 경우	100 %
한 가지 관점만 서술한 경우	50 %

12 핵심 키워드: 과거, 현재, 도덕적 기준

모범 답안 • 시간적 관점: 특정 현상과 관련된 자료를 수집해 과거와 현재의 관계를 탐구한다.
• 윤리적 관점: 사회 현상을 도덕적 기준이나 가치의 관점에서 평가한다.

| 문제 + 자료 분석 |

• 특정 사회 현상을 살펴볼 때 시간적 관점은 역사적 배경과 시대적 맥락을, 윤리적 관점은 윤리적 규범을 고려한다.

✱ 채점 기준

두 가지 관점의 특징을 모두 서술한 경우	100 %
한 가지 관점의 특징만 서술한 경우	50 %

13 핵심 키워드: 문제 관찰, 분석, 해결책

모범 답안 사회 현상의 한 가지 측면만 보면 여러 요인 간의 상호 연관성과 현상의 복합성을 정확히 이해할 수 없다.

| 문제 + 자료 분석 |

• 사회 현상 탐구에 있어 시간적, 공간적, 사회적, 윤리적 관점을 함께 고려할 때 통합적 관점의 탐구가 가능해진다.

✱ 채점 기준

상호 연관성, 복합성을 언급한 경우	100 %
사회 현상을 정확히 이해할 수 없다고만 서술한 경우	50 %

14 정답 통합적 관점

| 문제 + 자료 분석 |

• 엘 클라시코 경기의 열기가 대단한 이유를 알아보기 위해 스페인의 정치적·경제적 역사를 고려하며 현상을 통합적으로 살펴보고 있다.

15 핵심 키워드: 복합적, 통합적 관점

모범 답안 사회 현상은 여러 원인에 의해 복합적으로 나타나므로 통합적 관점으로 살펴봐야 정확한 이해를 바탕으로 적절한 대책을 세울 수 있다.

| 문제 + 자료 분석 |

• 다양한 관점을 통합적으로 고려하는 통합적 관점으로 사회 현상을 살피면 특정 현상의 복잡하고 다면적인 의미를 제대로 파악할 수 있다.

✱ 채점 기준

해결 방안까지 언급한 경우	100 %
복잡한 사회 현상 이해까지 언급한 경우	70 %

수능 대비 기출 문제 I 문제편 23p

01 정답 ② ✱ 공간적 관점

다음은 세계 4대 메이저 테니스 대회 개최 도시의 특징을 살펴본 보고서이다. 이에 대한 평가로 가장 적절한 것은?

〈테니스 사례로 본 기후와 스포츠〉
• 기원 및 특색 : 유럽에서 시작되었으며 날씨가 경기에 중요함.
• 세계 4대 메이저 대회 개최 도시의 특징
  – 기후 특징 : 온대 기후이며 강수량이 고른 편임.
  <u>자연환경</u>
  – 도시 위치, 개최 시기, 경기 현장의 모습
  <u>공간 정보</u>

구분	위치	개최 시기	경기 현장의 모습
파리	대륙 서안	5월 말 ~ 6월 초	클레이(흙) 코트에서 뛰는 선수들이 신발 바닥에 묻은 흙을 계속 털어 내는 모습을 볼 수 있음.
런던	대륙 서안	6월 말 ~ 7월 초	푸른 잔디 코트에서 진행되고, 기온이 높지 않아 긴 정장을 입은 관중들을 볼 수 있음.
뉴욕	대륙 동안	8월 말 ~ 9월 초	세계에서 테니스장 규모가 가장 크고, 불규칙 바운드가 적은 하드 코트에서 경기가 진행됨.
멜버른	남반구	1월 말 ~ 2월 초	일 년 중 가장 먼저 열리는 메이저 대회로, 많은 유럽인들이 겨울 휴가차 방문하여 경기를 관람하기도 함.

→ 지역 간의 차이를 이해하며 테니스 사례를 살펴봄

① 세계 4대 메이저 테니스 대회 개최 도시의 특징을
시대적 배경에 초점을 맞추어 탐구하고 있다. 시간적 관점

②런던과 뉴욕에서 메이저 테니스 경기가 개최되는
이유를 공간적 맥락에서 파악할 수 있음을 보여준다.
공간적 관점

③ 각 도시의 문화 정책이 스포츠 대회 개최에 영향력을
사회적 관점
끼칠 수 있음을 알려주는 보고서이다.

④ 특정 사회 현상을 도덕적 기준이나 가치의 관점에서
평가해야 한다는 점을 강조하고 있다. 윤리적 관점

⑤ 특정 사회 현상에 대한 자연환경의 영향을 파악할
필요가 있음을 간과하고 있다.
강조하고

| 문제 + 자료 분석 |

• 보고서는 테니스 대회 개최 도시의 기후 특징, 위치, 개최 시기, 경기
현장의 모습을 보여준다. → 공간적 관점

| 선택지 분석 |

① 사회 현상을 시대적 배경에 초점을 두고 살펴보는 것은 시간적 관점이다.
②테니스 경기에 날씨가 중요하므로 런던과 뉴욕에서 테니스 경기가
개최되는 이유를 공간적 맥락에서 파악할 수 있다.
③ 각 도시의 문화 정책을 중시하는 관점은 사회 구조나 제도의 영향력을
고려하는 사회적 관점이다.
④ 사회 현상을 도덕적 기준이나 가치의 관점에서 평가하는 것은 윤리적
관점이다.
⑤ 공간적 관점은 특정 사회 현상을 살펴볼 때 지역 간의 차이를 이해하고
사회 현상에 대한 자연환경과 인문 환경의 영향을 파악하는 것을
중시한다.

02 정답 ④ *사회적 관점

다음 글의 입장에 해당하는 관점에 대한 설명으로 옳은 것은?

오늘날 가족 해체가 증가하는 문제의 책임을 사회의
그림자에 불과한 개인에게 돌려서는 안 된다. 가족
사회는 개인에게 영향을 미침
해체의 증가 원인은 사회 구성원들로 하여금 가족
구성원 간의 유대와 소통을 경시하게 만드는 사회에
사회 문제의 원인을 사회에서 찾음
있다.

① 사회 현상은 인간의 의지에 따라 나타나므로 규범적
방향성에 기준을 두고 살펴봐야 한다고 본다. 윤리적 관점

② 사회 현상과 관련된 과거의 자료를 살펴보면 사회
시간적 관점
문제가 발생하는 원인을 이해할 수 있다고 본다.

③ 사회는 개인들의 집합체에 붙여진 이름에 불과하므로
개인에게 영향력을 끼칠 수 없다고 본다.
영향을 미침

④사회 문제를 해결하려면 의식 개혁보다는 정책적
측면에서 해결책을 제시해야 한다고 본다. 사회적 관점

⑤ 특정 사회 현상을 탐구하기 위해서는 지형, 기후,
언어, 민족과 같은 요소를 살펴봐야 한다고 본다.
공간적 관점

| 문제 + 자료 분석 |

• 가족 해체의 원인을 개인이 아닌 사회로 보고 있다. → 사회적 관점

| 선택지 분석 |

① 사회 현상이 인간의 의지에 따라서 나타난다고 보고 규범적 방향을
중시하는 것은 윤리적 관점이다.
② 사회 문제가 발생한 원인을 이해하기 위해 사회 현상과 관련된 과거의
자료를 살펴보는 것은 시간적 관점이다.
③ 사회적 관점은 사회가 개인에게 영향력을 끼칠 수 있음을 전제한다.
④사회적 관점은 사회 문제의 해결을 위해 의식 개혁보다 제도 개선을
강조하며 정책적 측면에서 사회 문제의 해결책을 제시하고자 한다.
⑤ 지형, 기후와 같은 자연환경과 언어, 민족과 같은 인문 환경이 사회 현상에
미치는 영향을 파악하는 것은 공간적 관점에 해당한다.

03 정답 ④ *통합적 관점

**다음 글에 나타난 사회 현상을 바라보는 관점에 대해 옳게 이해한
학생만을 〈보기〉에서 고른 것은?**

A국에는 마스크 착용을 기피하는 문화가 나타난다.
이러한 문화에는 마스크를 쓴 사람을 전염병 환자나
수상한 사람으로 여기는 구성원들의 인식, 그리고
무더운 기후 때문에 마스크 착용이 불편하다는 환경적
요인이 반영되어 있다. 또한 마스크를 파는 곳이 적어
마스크를 구하기가 어렵다는 사회적 요인과도 관련이
깊다. → A국의 문화를 이해하기 위해 다양한
요인을 살펴봄 (통합적 관점)

[보기]

갑: A국의 기후만 탐구해도 A국 국민이 마스크 착용을
공간적 관점
피하는 현상의 원인을 정확히 이해할 수 있다.

을: 여러 관점을 고려해야 A국에 나타난 마스크 착용을
통합적 관점
기피하는 현상의 다양한 측면을 파악할 수 있다.

병: A국 국민이 마스크 착용을 기피하는 것이 도덕적
측면에서 바람직한지만 살펴보면 된다. 윤리적 관점

정: A국 국민이 마스크 착용을 꺼리는 이유를 정확히
이해하려면 개별 관점의 경계를 넘어야 한다.
통합적 관점

① 갑, 을 ② 갑, 병 ③ 을, 병 ④을, 정 ⑤ 병, 정

| 문제 + 자료 분석 |

• A국에서 마스크 착용을 기피하는 문화는 구성원의 인식, 환경적 요인,
사회적 요인과 관련이 깊다. → 통합적 관점

| 보기 분석 |

갑: 기후 등 자연환경을 탐구하는 공간적 관점만으로 구성원의 인식, 사회적
요인과 A국의 마스크 착용을 피하는 문화의 관계를 알 수 없다.
을:A국의 무더운 기후, 마스크 쓴 사람을 수상하게 여기는 국민의 인식 등을
고려해야 A국의 마스크 착용을 피하는 문화를 정확히 파악할 수 있다.
병: 사회 현상이 도덕적 측면에서 바람직한지를 살펴보는 것은 윤리적
관점이다. 제시문은 A국의 문화에 대한 가치 판단을 내리고 있지 않다.
정:A국의 마스크 착용을 기피하는 문화는 여러 원인에 의해 복합적으로
나타났기 때문에 다양한 관점에서 파악해야 한다.

01   정답 ③   * 아리스토텔레스와 에피쿠로스의 행복

| 문제 + 자료 분석 |

- **갑** 아리스토텔레스: 세상의 모든 것은 목적을 추구하며, 인간은 궁극 목적인 행복에서 멈추게 됨. 최고선, 최고 좋음인 행복은 완전하므로 그 상위의 목적이 없음
- **을** 에피쿠로스: 자연적이며 필수적인 욕구는 충족하지 않으면 고통이 유발되지만, 필수적이지 않은 욕구는 충족하지 않아도 엄청난 고통이 유발되지 않음. 따라서 이성을 발휘하여 욕구를 분별하여 추구해야 함

| 선택지 분석 |

① 갑(아리스토텔레스)은 덕복합일을 주장한다. **꿀팁** 행복은 인간이 인간의 고유 기능인 이성을 잘 발휘하여 잘 살아가는 상태이다. 덕은 탁월함, 목적·기능을 잘 해내는 상태이므로 궁극 목적인 행복은 덕을 갖출 때 이뤄진다.
② 갑(아리스토텔레스)에게 행복은 인간이 추구하는 최종 목적이자 최고선, 최고 좋음이다.
③ 을(에피쿠로스)은 일시적이고 감각적인 쾌락을 계속 추구하면 특정 지점을 넘어설 때 오히려 고통을 유발한다는 쾌락의 역설을 주장한다. 따라서 고통을 유발하지 않도록 이성적 판단을 통해 쾌락을 분별하여 추구해야 한다.
④ 을(에피쿠로스)은 쾌락의 추구를 강조하지만, 여기서의 쾌락은 고통이 없는 소극적 쾌락이다. 궁극적으로는 감정적 동요나 혼란이 없는 상태, 정신과 육체의 고통이 없는 평정심의 상태(아타락시아)를 추구해야 한다.
⑤ 갑(아리스토텔레스)은 인간은 고유한 기능인 이성을 발휘해 욕구적인 부분을 잘 다스려야 한다고 본다. 그렇지 않으면 적절한 상태를 이루기 어렵다. 을(에피쿠로스)은 고통이 없는 평정한 상태의 궁극 목적을 이루기 위해서는 이성을 통해 욕구를 잘 분별하여 추구해야 한다고 본다.

＊ 아리스토텔레스와 에피쿠로스의 행복

아리스토텔레스	에피쿠로스
• 이성 강조 • 행복은 덕에 따르는 영혼의 활동	• 감각 경험 강조 • 행복은 몸과 정신에 고통이 없는 상태
행복을 위해 이성이 필요함	

02   정답 ⑤   * 행복의 의미와 기준

| 문제 + 자료 분석 |

- 스타트업 대표는 휴대용 배터리를 발명해 아프리카 지역 아이들에게 교육의 기회를 주고 행복을 느꼈다.

| 선택지 분석 |

① 어린 시절 자신의 발명품으로 세상에 기여하는 일을 상상하였고, 그 상상을 실현함으로써 행복을 느꼈다.
② 상상했던 일을 실현하며 행복을 느꼈기 때문에 행복한 삶과 상상력의 크기가 반비례한다고 볼 수 없다.
③ 타인을 도와주며 행복을 느낀 것이므로 물질적 조건의 충족만이 행복한 삶을 실현하는 조건이라고 할 수 없다.
④ 발명 그 자체보다는 발명품을 활용해 타인을 도운 것이 행복에 직접적인 영향을 준 것이다.
⑤ 소외된 아프리카 지역 아이들에게 교육의 기회를 제공하여 꿈을 실현하고 행복을 느꼈으므로 적절한 진술이다.

03   정답 ③   * 에피쿠로스의 행복론

| 문제 + 자료 분석 |

- 스승(에피쿠로스): 참된 쾌락은 몸의 고통과 마음의 불안이 모두 제거되어 평온한 상태이다.

| 선택지 분석 |

① 에피쿠로스에 따르면 자연적이고 필수적인 욕구를 충족하지 못하거나 자연적이고 비필수적인 욕구 또는 비자연적 욕구를 충족하려면 고통과 불안이 발생한다. 따라서 모든 욕구를 부정하는 삶이 아니라 자연적이고 필수적인 욕구를 최소한으로 충족하는 삶을 살아야 한다.
② 에피쿠로스는 부와 명예에 대한 욕구는 자연적이지도 필수적이지도 않은 욕구이며, 필수적이지 않은 욕구들은 충족할수록 오히려 고통을 유발할 뿐이라고 본다.
③ 에피쿠로스는 과도한 욕심은 고통으로 이어질 수 있기 때문에 욕심을 버리고 절제하는 검소한 삶의 자세를 강조하였다.
④ 에피쿠로스는 육체적이고 순간적인 쾌락이 아닌 정신적이고 지속적인 쾌락을 추구해야 한다고 본다.
⑤ 에피쿠로스는 몸의 고통과 마음의 불안이 제거된 상태를 추구한다.

04   정답   행복

| 문제 + 자료 분석 |

- 사막 지역에서는 깨끗한 물을 얻는 것이 행복의 기준이 된다.
- 일조량이 부족한 지역에서는 햇볕을 쬘 수 있는 날씨가 행복의 기준이 된다.

05   핵심 키워드: 기후, 환경

모범 답안 대화 속 두 사람의 행복의 기준이 다른 것은 두 사람이 사는 지역의 기후와 환경이 다르기 때문이다.

| 문제 + 자료 분석 |

- 대화를 통해 자연환경에 따라 행복의 기준이 달라질 수 있음을 알 수 있다.

＊ 채점 기준

기후, 환경이 달라 행복의 기준이 다르다고 서술한 경우	100 %
사는 지역이 달라 행복의 기준이 달라졌다고만 서술한 경우	50 %

06   정답 ②   * 시대에 따른 행복의 기준

| 문제 + 자료 분석 |

- **갑** 헬레니즘 시대: 전쟁과 사회적 혼란에 따른 불안에서 벗어나 마음의 평온을 얻는 것이 행복이다.
- **을** 서양 중세 시대: 신앙을 통해 절대자에게 귀의하는 것이 행복이다.
- **병** 근대 시대: 개인의 기본적인 권리를 보장받는 것이 행복이다.

| 선택지 분석 |

① 헬레니즘 시대에는 지속된 전쟁으로 인한 혼란에서 벗어나 얻은 마음의 평온함이 행복이라고 보았다.
② 종교적 신념을 중시한 중세 시대에는 신의 구원과 은총을 받아야 행복해질 수 있다고 보았다.
③ 산업화·민주화 시기에는 물질적 기반을 마련하고 개인의 자유와 권리를 보장받아야 행복이 실현된다고 보았다.
④ 감각적인 만족감과 즐거움만이 행복의 전부는 아니다. 오히려 자극적인 쾌락만 추구하면 더 강도가 높은 쾌락을 원하게 되어 결국에는 고통을 경험할 수 있다.
⑤ 도덕 법칙을 실천하는 사람만이 행복을 누릴 자격이 있다고 본 사람은 칸트이다.

07 정답 ② *행복의 의미

| 문제 + 자료 분석 |

• 일반적으로 행복은 단순한 감각적 만족이나 즐거움을 느끼는 상태로 표현됨. 그러나 행복은 개인의 가능성을 실현하거나 타인에게 좋은 영향을 끼치는 등 바람직한 가치가 실현되었을 때 진정한 의미를 지님. 이를 위해서는 지속적인 성찰과 올바른 삶의 목적 설정이 필요함

| 선택지 분석 |

① 좋은 평판과 부유한 생활로 물질적 부족함이 없었던 것은 만족한 삶이지만 진정으로 행복한 삶이라고 보기 어렵다.
② '행복한 왕자' 동상은 타인의 삶에 공감하고 자신의 몸에 붙은 금은보화를 가난한 사람과 나누며 진정한 행복을 느꼈으므로 해당 선지는 '행복한 왕자'가 진정으로 행복해진 이유에 합당하다.
③ 타인에게 행복한 왕자라고 불렸지만, 타인의 어려움을 모른 것에 부끄러움을 느끼므로 진정으로 행복해진 이유라고 보기 어렵다.
④ 타인에게 좋은 평판을 얻은 것은 만족한 삶이지만 진정으로 행복한 삶이라고 보기 어렵다.
⑤ 현실의 삶에 만족하며 즐거웠던 삶도 행복에 중요한 요소가 될 수 있지만, 행복한 왕자가 느낀 진정한 행복이라고는 보기 어렵다.

08 정답 ③ *행복의 기준

| 문제 + 자료 분석 |

• 강연자: 행복의 기준은 지역적 여건에 따라 다양하게 나타날 수 있다.

| 선택지 분석 |

① 강연자는 행복의 기준은 자신이 처해 있는 지역적 여건과 깊은 관련이 있다고 본다.
② 강연자는 각자가 속한 지역적 여건에 따라 서로 다른 행복의 기준이 적용될 수 있다고 본다.
③ 강연자는 음식, 정치적 자유, 평화 등 지역적 여건에 따라 다양하게 나타나는 행복의 기준을 제시하고 있다.
④ 강연자는 행복의 객관적 기준이나, 시대적 상황에 따라 달라지는 행복의 기준에 대해서는 언급하지 않았다.
⑤ 강연자가 언급하지 않은 내용이다.

09 정답 ① *행복의 의미와 기준

| 문제 + 자료 분석 |

• 행복의 기준이 상대적이라는 점을 떠올리고 시대나 지역 여건에 따른 행복의 기준을 구분한다.

| 선택지 분석 |

첫 번째) 독재 정권이나 정치적 갈등이 있는 나라에서는 국민이 기본적 인권을 누리기 어려우므로 정치적 자유의 실현이 행복이 될 수 있다.
두 번째) 인간의 기본적 권리를 강조했던 근대인들은 자유나 평등의 실현 없이는 결코 행복할 수 없다고 보았다.
(세 번째) 경제적으로 안정이 된 나라에서는 국민의 삶의 질 향상과 관련된 여가 시간이나 문화생활의 향유, 복지 등이 행복의 기준이 될 수 있다.
(네 번째) 전쟁이 빈번했던 헬레니즘 시대에는 행복의 기준은 불안에서 벗어나 마음의 평온을 얻는 것이었다.

* 행복의 기준

시대 상황	• 헬레니즘: 전쟁이 빈번하여 마음의 평온이 행복임 • 근대: 자유, 평등 등 기본적인 권리를 보장 받는 것이 행복임
지역 여건	• 선진국: 경제적으로 안정되어 삶의 질 향상이 행복임 • 독재 국가: 개인의 자유가 억압되어 민주주의 실현이 행복임

10 정답 ③ *진정한 행복

| 문제 + 자료 분석 |

• 행복한 삶을 위해서는 자기 삶에 만족하고, 자기 삶을 성찰하고, 적극적이고 긍정적인 자세를 지녀야 한다.

| 선택지 분석 |

① 경제적 풍요로움은 행복의 한 요소가 될 수 있지만 그 자체를 삶의 목적으로 삼는다면 진정으로 행복한 삶을 살 수 없다.
② 진정으로 행복한 삶을 살기 위해서는 자기 삶의 주인이 자신임을 알고, 자신의 삶에서 행복의 의미를 능동적으로 성찰하는 자세가 필요하다.
③ 진정으로 행복한 삶을 살기 위해서는 자기 삶에 만족하는 자세를 가져야 한다. 남들과 비교하면서 자신의 행복을 확인하다 보면 불행해지기 쉽다.
④ 진정한 행복을 위해서는 행복을 일시적이고 감각적인 만족에서 찾지 말고, 장기적이고 본질적인 만족을 줄 수 있는 것에서 찾아야 한다.
⑤ 타인이 아닌 자신이 소중하다고 생각하는 목표가 중요하다.

11 정답 ③ *행복의 조건

| 문제 + 자료 분석 |

• 제시문은 물질적 조건과 정신적 만족감이 조화를 이룰 때 행복이 실현될 수 있다고 주장함

| 선택지 분석 |

① 제시문은 물질적 풍요로움을 행복의 조건 중 하나로 본다. 행복을 위해 모든 욕망을 제거해야 하는 것은 아니다.
② 제시문에 따르면 세속적인 부는 행복의 조건 중 하나이며 행복 그 자체는 아니다.
③ 제시문에 따르면 물질적 풍요와 더불어 정신적 가치가 조화를 이룰 때 진정한 행복을 실현할 수 있다.
④ 제시문에 따르면 물질적 조건, 즉 경제적 안정만으로는 행복이 실현될 수 없다.
⑤ 제시문은 남을 도우며 느끼는 보람이나 만족감을 물질적 만족과 더불어 행복을 실현하는 중요한 요소라고 본다.

12 핵심 키워드: 가치, 목적

모범 답안 진정한 행복은 어떠한 목적을 이루기 위한 수단이 아니라 행복 그 자체로 가치가 있는 삶의 진정한 목적이다.

| 문제 + 자료 분석 |

• 아리스토텔레스는 진정한 행복을 인간의 삶의 궁극적인 목적, 즉 최고선이라고 보았다.

* 채점 기준

행복이 그 자체로 가치 있는 목적이라고 서술한 경우	100 %
행복의 의미에 대해 서술했으나 내용이 미흡한 경우	50 %

13 정답 ③ *노자와 에피쿠로스의 행복론

(가) 만족할 줄 모르는 것보다 더 큰 재앙은 없고, 얻기만 바라는 욕심보다 더 큰 허물은 없다. 그래서 만족할 줄 아는 데에서 얻는 만족이야말로 영원한 만족이다. → 노자 욕심을 버리고 주어진 것에 만족하는 소박한 삶을 살아야 함
(나) 우리는 자연적이고 필수적인 욕구를 최소한으로 의식주에 대한 기본적 욕구를 최소한으로 충족해야 함 추구하는 소박한 삶을 살아야 한다. 결핍으로 인한 고통이 제거된다면, 단순한 음식에서도 큰 만족감을 얻을 수 있다. → 에피쿠로스

| 문제 + 자료 분석 |

- **(가)** 노자: 가진 것에 만족할 줄 알아야 함
- **(나)** 에피쿠로스: 감각적이고 순간적인 쾌락이 아니라 정신적이고 지속적인 쾌락을 추구해야 함

| 선택지 분석 |

① 노자와 에피쿠로스는 물질적으로 풍요로운 삶이 아닌 절제에 바탕을 둔 소박한 삶을 추구한다.

② 노자는 욕심을 버리고 세속적 가치를 초월해야 한다고 주장하였다. 에피쿠로스는 공적인 삶과 인간관계는 고통의 원인임을 강조했다.

③ 노자와 에피쿠로스 모두 지나친 욕구를 절제하며 소박하고 검소한 삶을 살아야 한다고 보았다.

④ 노자는 모든 욕구의 제거가 아닌 과도한 욕구를 경계할 것을 강조하였다. 에피쿠로스는 자연적이고 필수적인 욕구를 최소한으로 충족하는 것은 인정하였다.

⑤ 노자는 인위적인 다스림이 없는 사회를 이상적인 사회라고 본다. 에피쿠로스는 정치 활동 같은 공적인 삶은 고통과 불안의 원인이 된다고 보았다.

14 정답 ② * 행복의 의미

| 문제 + 자료 분석 |

- 그리스 신화 속 미다스 왕은 더 많은 부를 쌓으려고 신에게 소원을 말하고 결국 자신이 가장 아끼는 딸이 황금으로 변해버리는 비극을 맞는다.

| 보기 분석 |

ㄱ. 그림은 만족하지 못하는 삶이 얼마나 허망하고 위험한지 보여주며, 행복은 자신이 가진 것을 인정하고 만족할 때 가질 수 있음을 보여준다.

ㄴ. 행복한 삶의 조건으로 물질적 가치를 완전히 배제할 수는 없다. 하지만 물질적 가치만을 추구해서는 안 된다.

ㄷ. 행복한 삶을 위해서는 각자의 삶에서 행복의 의미를 적극적이고 능동적으로 성찰해 장기적으로 자신에게 행복감을 줄 수 있는 본질을 찾아야 한다.

ㄹ. 진정으로 행복한 삶은 다른 사람과 비교하면서 부러워하는 삶이 아니라 자신의 삶 속에서 만족을 추구하는 삶이다.

15 정답 ㉠ 가치, ㉡ 성찰

| 문제 + 자료 분석 |

- 행복을 위해서는 자신이 소중히 생각하는 가치가 무엇인지, 어떤 상황에서 만족하는지에 대한 성찰이 필요하다.

16 핵심 키워드: 성찰, 만족

모범 답안 성찰을 통해 자신에 대해서 잘 알게 되면 자신이 가지고 있는 것을 인정하고 자기 삶에 만족할 수 있게 된다.

| 문제 + 자료 분석 |

- 자신의 삶을 성찰해야 자신이 진정으로 바라는 행복이 무엇인지 알 수 있게 되고, 자신의 행복을 타인과 비교하지 않게 된다.

＊ 채점 기준

성찰을 통해 자기 삶에 만족할 수 있다고 서술한 경우	100%
성찰이 중요하다고 언급했으나 내용이 미흡한 경우	50%

＊ 도덕적 성찰

의미	어떻게 살아야 할 것인지를 고민하고 자신을 도덕적인 관점에서 반성적으로 검토하는 것
방법	'올바른 삶이란 무엇인가?', '내가 옳다고 믿고 있는 것들은 정당한가?'
필요성	도덕적 실천으로 이어질 수 있으며 행복한 삶을 실현할 수 있음

17 정답 ② * 아리스토텔레스의 행복론

> 행복은 인간의 궁극적 목적이자 최고선이다. 이를 위해 인간의
> **인간 행위의 궁극적 목적**
> 고유한 기능을 훌륭하게 수행하는 것이 필요하다. 인간의 세 가지 기능은 영양 섭취와 같이 생존에 필요한 생명의 기능, 감각과 운동의 기능, 정신의 이성적 활동 기능이다. 이 중에서 정신의 이성적 활동 기능은 인간만이 가지고 있다. 인간이 이 기능을
> **이성을 통해 행복을 실현할 수 있음**
> 탁월하게 수행할 때 참된 행복이 이루어진다.
> → 행복에 대한 아리스토텔레스의 관점
> 〈사 례〉
> 온라인 게임에 중독된 **A**는 컴퓨터 모니터 속 상대를 공격할 때 쾌락을 느낀다. **A**는 이런 순간적인 즐거움을 주는 게임이 최고의 행복이라고 생각한다. → A는 순간적 쾌락을 최고의 행복으로 봄

| 문제 + 자료 분석 |

- 제시문은 행복에 대한 아리스토텔레스의 관점이다.
- 아리스토텔레스는 행복은 덕에 따르는 정신(영혼)의 활동이라고 보았다.

| 선택지 분석 |

① 아리스토텔레스는 욕망의 과도함과 모자람을 경계했으며, 인간은 공동체 속에서 자아를 실현할 수 있다고 본다.

② 아리스토텔레스는 이성에 따를 때 진정한 행복을 실현할 수 있다고 본다.

③ 아리스토텔레스가 말하는 진정한 행복은 탁월성을 갖춘 삶을 통해 가능하다.

④ 아리스토텔레스는 행복이 최고선이며, 행복은 덕에 따른 영혼의 활동이라고 본다.

⑤ 아리스토텔레스는 인간의 궁극적 목적을 행복이라고 본다.

18 정답 ③ * 아리스토텔레스와 공자의 행복

> **갑**
> **아리스토텔레스** 행복을 위해 인간의 고유한 기능인 이성적 능력을 발휘해야만 합니다. 따라서 인간의 궁극 목적인 행복은 덕에 따르는 정신의 활동입니다. **단서**
>
> **을**
> **공자** 참된 삶을 위해 하늘로부터 부여받은 품성을 함양하고 타인과 함께 살아가야 합니다. 이를 위해 사랑의 정신인 인(仁)을 실천해야 합니다. **단서**

| 문제 + 자료 분석 |

- **갑** 아리스토텔레스: 행복은 최상의 목적이자 최고선임. 인간은 행복을 위해 인간의 고유한 기능인 이성을 발휘함
- **을** 공자: 참된 삶은 인간이 선천적으로 지닌 인(仁)의 정신을 발휘하는 것임

| 선택지 분석 |

① 갑(아리스토텔레스)은 도덕적 덕은 실천적 지혜(지적인 덕)로 마땅한 때에 마땅한 일이 무엇인지를(중용) 인식하고, 이를 반복하여 행동으로 옮기는 습관을 통해 형성된다고 본다.

② 갑(아리스토텔레스)은 덕을 갖추는 것이 행복한 삶과 일치한다는 덕복합일을 주장한다. 행복한 삶을 위해서는 반드시 덕을 갖추어야 한다.

③ 있는 그대로의 무위자연의 삶을 추구하는 것은 도가의 입장이다.

④ 을(공자)은 인의 근본을 효(부모에 대한 공경과 사랑), 제(형제 간의 공경과 사랑 등)라고 본다. 따라서 인간다움, 사랑의 정신을 실현하기 위해서는 효를 다해야 한다.

⑤ 갑(아리스토텔레스)은 참된 행복을 위해서는 지나치지도 모자라지도 않는 적절한 상태인 '중용'을 추구해야 한다고 보는데 절제는 즐거움이라는 감정의 중용이다. 을(공자)은 도덕을 위해 욕구를 절제할 수 있는 자세가 필요하다고 본다.

19 정답 ① * 행복의 기준

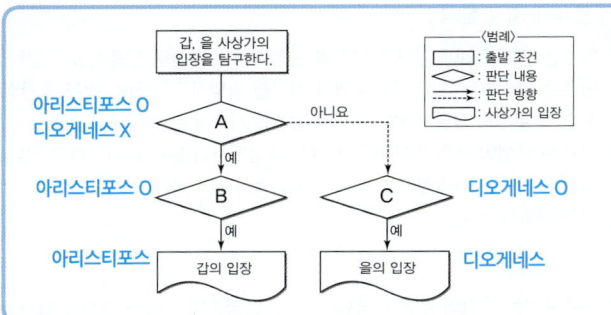

| 문제 + 자료 분석 |

· **갑** 아리스티포스: 행복을 위해 물질적 풍요를 중시한다.
· **을** 디오게네스: 행복을 위해 주관적 만족감을 중시한다.

| 보기 분석 |

ㄱ 갑은 객관적 조건을, 을은 주관적 만족감을 중시했으므로 갑만 긍정할 질문이다.
ㄴ 갑이 긍정할 질문이다. 갑은 명예, 권력 등 외적 환경을 중시했다.
ㄷ. C에 들어갈 질문이다. 갑은 행복이 내적 만족감으로부터 비롯되지 않았다고 본다.
ㄹ. B에 들어갈 질문이다. 을은 빈곤하더라도 자신의 상황에 만족하는 것을 통해 행복할 수 있다고 보았다.

✴ 디오게네스

> 디오게네스는 견유(犬儒) 학파의 대표 철학자로, 떠돌아다니는 개처럼 나무통 속에서 살아갔다. 그는 최소한의 욕망을 가지고 간소하게 자유롭게 사는 것을 추구했으며, 자기 삶에 수치심을 느끼지 않고 스스로 만족할 것을 강조했다.

20 정답 ④ * 석가모니의 행복론

① 고통의 근원인 감정을 ~~모두 제거~~해야 한다.
　　　　　　　긍정적 감정이 행복의 조건이라고 봄
② ~~세속적 욕망의 성취~~를 통해 삼독을 소멸시켜야 한다.
　탐욕이 고통의 원인이라고 봄
③ 경쟁 중심의 사회에서 벗어나 ~~자연 속에서 혼자 살아야~~ 한다.
　　　　　　　이웃과 더불어 살아가야 한다고 봄
④ 자신의 마음을 다스리고 이웃 사랑을 실천하는 데 힘써야 한다.
　마음의 수양을 통해 이웃과 더불어 살아야 한다고 봄
⑤ 분노를 줄이기 위해서는 마음이 아니라 ~~상황을 통제~~해야 한다.
　　　　　　　상황의 통제가 아닌 마음의 수양이 필요하다고 봄

| 문제 + 자료 분석 |

· 석가모니: 모든 고통이 마음에서 비롯된다.
· 제시문: 행복한 삶을 살려면 마음을 수양하고, 가진 것에 감사하고, 이웃을 사랑하며 더불어 살아가야 함.

| 선택지 분석 |

① 제시문은 부정적 감정에서 벗어나야 함을 강조하지만, 감정을 모두 제거할 것을 주장하지는 않았다.
② 제시문은 세속적 욕망의 성취가 아닌 마음의 수양과 욕망의 조절을 통해 행복을 실현해야 한다고 본다.
③ 제시문은 이웃과 더불어 살아갈 때 행복을 실현할 수 있다고 본다.
④ 제시문은 진정한 행복을 위해서는 자신의 마음을 다스리고 이웃과 더불어 살아야 한다고 본다.
⑤ 제시문은 마음의 작용에 따라 분노 등 부정적 감정이 나타난다고 본다.

---

 03 행복한 삶을 실현하기 위한 조건

내신 대비 필수 문제　　　　문제편 37~40p

01 정답 ① * 행복 실현의 조건

| 문제 + 자료 분석 |

· (가)에서는 사람이 잘 살 수 있는 좋은 터의 조건, 즉 질 높은 정주 환경에 대해 이야기하고 있다. 그 조건으로는 풍수적 명당인 지리, 경제적 이익인 생리, 좋은 이웃인 인심, 좋은 자연환경인 산수를 들고 있다.
· (나)에서는 행복 실현을 위해서는 쾌적한 자연환경과 주택, 상수도 등 기반 시설, 즉 주거 환경의 중요성에 대해 이야기하고 있다.
· (가)와 (나)를 통해 행복 실현을 위해서는 좋은 주거 환경과 자연환경이 필요함을 공통적으로 알 수 있다.

| 보기 분석 |

ㄱ (가)에서는 사람이 잘 살 수 있는 좋은 터에 대해 이야기하며, (나)에서는 주택, 상수도 등 기반 시설에 대해 이야기하며 인간다운 삶을 위한 주거 환경의 중요성을 강조하고 있다.
ㄴ (가)에서는 빼어난 경치에 해당하는 산수를 통해, (나)에서는 쾌적한 자연환경에 대한 강조를 통해 삶의 질을 높일 수 있는 자연환경이 갖추어져야 함을 주장하고 있다.
ㄷ. 개인의 행복과 상관없는 공동체의 이익을 추구하는 것은 행복 실현의 조건으로 타당하지 않으며, 제시된 (가)와 (나)의 내용과는 상관이 없다.
ㄹ. 시민의 참여를 보장할 수 있는 민주적인 법과 제도는 시민의 행복 실현을 위해 필요하지만, 제시된 (가)와 (나)의 내용과는 상관이 없다.

✴ 택리지의 가거지 조건

지리(地理)	풍수지리 사상의 명당
생리(生利)	땅이 비옥한 곳, 물자 교류가 편리한 곳
인심(人心)	당쟁이 없고 이웃이 온순하고 순박한 곳
산수(山水)	산과 물이 조화를 이루며 경치가 좋은 곳

02 정답 ③ * 택리지에 나타난 정주 환경의 조건

| 문제 + 자료 분석 |

· ㉠ 지리: 사람이 살기 좋은 자연적 조건을 갖춘 곳
· ㉡ 생리: 이익을 줄 수 있는 경제적인 요소가 좋은 곳
· ㉢ 인심: 마음 씀씀이가 좋은 주변 이웃들이 있는 곳
· ㉣ 산수: 산과 물이 있어 아름다운 경치를 보여주는 곳

| 선택지 분석 |

① 지리는 풍수적으로 좋은 땅, 즉 명당을 뜻하는 길지인지를 보는 것이다.
② 생리는 생업을 이을 만한 넓은 들을 비롯하여 경제 활동의 여건이 유리한지를 보는 것이다.
③ 이중환의 택리지에서 '인심'은 지역 사람들의 성향이나 풍속이 좋은지를 보는 것이다.
④ 산수는 자연 경관이 아름다워 풍류를 즐길 만한지를 보는 것이다.
⑤ 지리와 생리는 사람이 살아가기에 좋은 자연적 환경을 보는 것이다.

03 정답 ㉠ 자연환경, ㉡ 인문 환경

| 문제 + 자료 분석 |

· 질 높은 정주 환경이 조성되려면 기본적으로 깨끗한 자연환경이 갖추어져야 하고, 삶의 질을 높이기 위해 안전하고 풍요로운 삶을 살 수 있는 인문 환경 또한 필요하다.

04 정답 ④ ＊행복한 삶을 실현하기 위한 조건

| 문제 + 자료 분석 |

- (가) 맹자: 백성에게 생업이 보장되어야 도덕적 삶을 유지할 수 있으므로 임금은 백성이 생업을 갖고 바른길로 나아가도록 도와야 함
- (나) 이중환: 살기 좋은 터전의 조건으로 지리, 생리, 인심, 산수를 제시하며 백성의 실질적인 생활 조건과 직결된 요소들을 강조함

| 보기 분석 |

ㄱ. (가) 맹자는 백성의 도덕적 마음은 경제적 안정의 토대 위에서 마련된다고 보고, 도덕적 마음보다 경제적 안정이 우선된다고 주장한다.
ㄴ. (가) 맹자는 인간다운 삶을 위해서는 일정 수준의 생업, 소득이 필요하다고 본다. 먹고 살 수 없는데 인간의 도리를 다하며 살기는 어렵다.
ㄷ. (나) 이중환의 살기 좋은 터전의 조건 중 하나인 인심은 지역 이웃과 멀리 하라는 것이 아니라 뜻이 통하는 이웃과 다양한 이야기를 나누며 함께 살아가는 것을 의미한다.
ㄹ. (나) 이중환은 질 좋은 정주 환경을 위해 자연환경도 필요하지만 산업과 같은 인문 환경도 필요하다고 본다.

05 정답 경제적 안정

| 문제 + 자료 분석 |

- 제시문은 소득 수준이 높아져도 소득의 양극화 현상이 심하면 사람들이 행복을 느낄 수 없으므로 경제적 안정을 위해 노력해야 한다고 주장한다.

06 핵심 키워드: 최저 임금, 복지, 불평등 해소

모범 답안 경제적 안정을 위해 국가는 근로자의 최저 임금을 보장하고, 다양한 복지 제도를 확충하며 경제적 불평등을 해소해야 한다.

| 문제 + 자료 분석 |

- 양극화로 인한 사회적 박탈감, 경제 위기 후 고용의 불안정성 등은 삶의 만족도를 떨어뜨린다.

＊채점 기준

| 경제적 안정을 위한 국가의 노력을 두 가지 서술한 경우 | 100 % |
| 경제적 안정을 위한 국가의 노력을 한 가지만 서술한 경우 | 50 % |

07 정답 ③ ＊맹자의 행복론

| 문제 + 자료 분석 |

- 맹자: 국가는 백성들이 도덕적인 삶을 살아갈 수 있도록 백성의 경제적 안정을 위해 노력해야 한다.

| 선택지 분석 |

① 맹자는 도덕적 삶을 위해 경제적 안정이 필요하며 군주는 백성의 경제적 안정을 위해 노력해야 한다고 본다.
② 구성원의 참여가 활성화된 민주적 제도는 행복 실현의 조건 중 하나지만 제시문의 내용과 관련이 없다.
③ 맹자는 일정한 생업이 도덕적 삶의 토대임을 강조하고 경제적 안정을 위한 국가의 노력을 강조한다.
④ 과시 소비는 자신의 재력을 드러내기 위한 욕망에 바탕을 둔 소비이며 제시문의 내용과 관련이 없다.
⑤ 제시문에서 맹자는 생업 보장의 중요성에 대해 강조하고 있다.

＊ 경제적 안정에 대한 맹자의 입장

맹자는 일반 백성은 일정한 생업이 없으면 도덕적 마음을 지닐 수 없으므로 군주는 백성들의 생업을 먼저 챙겨주어야 한다고 보았다. 반면, 선비는 일정한 생업이 없어도 도덕적인 마음을 유지할 수 있다고 보았다.

08 정답 ④ ＊통합적 관점과 행복 실현 조건

| 문제 + 자료 분석 |

- 학생은 민주주의에 대하여 다양한 관점에서 분석하여 발표하고자 한다. 민주주의의 지리적 확산과 지역적 차이를 파악하고자 하는 것은 공간적 관점, 민주주의 실현을 위한 제도적 장치는 사회적 관점에 해당한다.
- 교사는 학생의 계획에 대하여 시간적 관점에서의 분석을 권유하고 있다. 시간적 관점은 사회현상을 시대적 배경과 역사적 맥락 속에서 바라보는 것을 의미한다.

| 선택지 분석 |

① 민주주의는 국가의 주권이 국민에게 있고, 국민이 권력을 스스로 행사하는 정치 제도를 의미한다. 따라서 국민이 주권을 가지고 스스로 국가를 다스린다는 이념(국민주권주의)이 내포되어 있다.
② 국민이 권력을 가지고 스스로 국가를 다스리는 민주주의에서 시민은 자신과 국가를 위한 의견을 제시하고 권력을 행사해야 한다. 그러므로 주체적이고 자율적인 삶의 태도가 필요하다.
③ 민주주의를 실현하기 위해서는 국민의 의견을 정치에 잘 반영할 수 있는 대표를 뽑을 수 있는 제도와, 그 대표가 권력을 독점하지 않을 제도가 필요하다. 따라서 선거 제도와 권력분립 제도는 민주주의를 위해 반드시 필요하다.
④ 시간적 관점은 사회현상을 시대적 배경과 역사적 맥락을 통해 바라보는 것이다. 민주주의 발전을 위한 정책 제안은 사회현상을 사회 구조와 제도 속에서 바라보는 사회적 관점에 해당한다.
⑤ 통합적 관점은 사회현상을 시간적, 공간적, 사회적, 윤리적 관점 등을 모두 고려하여 종합적으로 살펴보는 것이다. 이를 통해 사회현상을 종합적이고 균형있게 바라볼 수 있다.

09 핵심 키워드: 선거, 정당, 시민 단체, 집회, 시위

모범 답안 선거 참여, 정당 및 이익 집단 또는 시민 단체 활동에 참여, 집회, 시위 등이다.

| 문제 + 자료 분석 |

- 민주주의 국가에서 시민이 다양한 방법으로 정치에 참여할 수 있다. 가장 기본적인 것이 선거이며, 집회나 시위 등을 통해 직접적으로 자기 의사를 표현할 수도 있다.

＊채점 기준

| 참여 방법을 세 가지 모두 서술한 경우 | 100 % |
| 참여 방법을 두 가지 또는 한 가지만 서술한 경우 | 60 % |

10 정답 ① ＊행복한 삶의 조건으로서의 민주주의 실현

| 문제 + 자료 분석 |

- 제시문은 행복한 삶을 실현하기 위해서는 시민들의 적극적인 정치 참여로 민주주의를 발전시켜야 한다고 본다.

| 보기 분석 |

ㄱ. 국민은 정당 활동 등을 통해 국가 정책 과정에 자신의 의견을 제시할 수 있다.
ㄴ. 국민은 선거를 통해 투표권을 행사할 수 있다. 그리고 집회, 시위와 같은 직접적 의사 표현 방법을 통해 자기 의사를 전달하며 국가 정책을 감시할 수 있다.
ㄷ. 자신의 이익만을 추구하지 않고 타인을 존중하고 배려해야 한다.
ㄹ. 사회 구성원들이 다양한 의견을 제시하고 정책적으로 반영되는 민주적인 제도가 마련되어야 한다.

11 정답 ④ ＊행복한 삶의 조건으로서의 민주주의 실현

| 문제 + 자료 분석 |

- 제시문은 기근의 원인이 홍수와 가뭄이 아니라 정치 체제의 차이임을 주장하고 있다.
- 자연재해를 겪었음에도 기근이 일어나지 않은 국가는 민주적 선거, 언론의 자유 등 민주주의 정치 체제가 실현되었기 때문임을 강조하고 있다.

| 보기 분석 |

ㄱ. 제시된 글은 민주주의 국가가 국민이 굶주림의 고통을 겪는 일을 방지하고자 신속하고 체계적으로 대응하기 때문에 민주주의 국가는 기근을 피할 수 있다고 본다.

ㄴ. 제시된 글은 민주주의 국가는 정부에 대한 비판과 언론의 자유가 보장되고 시민의 의사가 정책에 반영되기 때문에 정부가 사회 문제에 신속하고 체계적으로 대응한다고 본다.

ㄷ. 제시된 글은 민주주의 국가는 사회 안전망이 구축되어 자연재해로 인해 발생하는 사회 문제를 신속하고 체계적으로 해결할 수 있다고 보지만, 자연재해인 홍수와 가뭄까지 막을 수 있다고 보는 것은 아니다.

ㄹ. 제시된 글은 민주주의 국가에서는 유권자의 지지를 받아 선출되는 정부가 시민을 위해 사회 문제를 적극적으로 해결하고자 노력한다고 보는 입장이다. 선거 외에도 정당, 이익 집단, 시민 단체 등의 활동 참여, 집회 및 시위 참가 등 시민의 정치 참여가 활발할수록 정부가 시민의 의사를 반영하여 사회 문제 해결을 위해 노력할 수 밖에 없다고 본다.

＊ 기근과 민주주의

> 인도의 경제학자이자 철학자인 아마르티아 센은 민주주의가 정착되면 기근이 발생하지 않는다고 말했다. 그는 정부가 가난한 시민을 지원하거나 외국에서 식량을 사들여 나눠주면 기근을 피할 수 있다고 보았다. 그리고 민주주의는 기근의 책임을 지도층에게 돌리므로 지도층이 기근을 피하고자 움직이게 만들어 민주주의가 정착되면 기근이 발생하지 않는다고 주장했다.

12 정답 ③ ＊소크라테스의 행복

| 문제 + 자료 분석 |

- **소크라테스**: 진정한 행복은 영혼을 잘 돌봐 영혼의 탁월성을 발휘하는 것임. 진정한 행복에 이르기 위해서는 진리 탐구에 열중하여 무지를 자각해야 함. 삶과 진리에 대한 고민, 반성, 성찰로 자신의 영혼을 돌보고 살피는 수련을 지속해야 함

| 선택지 분석 |

① 소크라테스는 단순한 성공, 경제적 안정은 진정한 행복을 보장할 수 없다고 본다. 무지를 자각하고 반성하는 삶이 필요하다.

② 사회적 관습을 그대로 따르는 것은 검토하지 않는 삶이다. 소크라테스는 의미를 생각하는 검토하는 과정이 필요하다고 본다.

③ 소크라테스에 따르면 진정한 행복을 위해서는 자신의 행동이 바람직한지 지속해서 돌아보고 검토하는 성찰의 자세가 필요하다.

④ 소크라스에 따르면 자신의 감정에만 따르는 것이 아니라 이성을 토대로 생각하는 자세가 필요하다.

⑤ 소크라테스는 자신만의 주관적인 감각에 의존하는 것이 아니라 이성적으로 다각적인 관점을 검토하고 성찰하여 누구나 납득할 수 있는 보편적인 진리에 따라야 한다고 본다.

＊ 소크라테스의 행복

> 소크라테스는 참된 앎을 지닌 사람이 덕 있는 사람이 되고, 덕 있는 사람은 행복한 삶을 살게 된다고 보았다. 소크라테스에 따르면 삶의 의미, 본질을 고민하고 성찰하는 삶을 살아야 탁월한 상태이자 행복한 삶에 도달할 수 있다.

13 정답 ② ＊행복한 삶의 조건으로서의 도덕적 실천

> 갑: 나는 <u>선을 행하는 것</u>이 인간의 마음이 맛볼 수 있는 가장 진실한 행복임을 알고 있으며, 실제로 그렇게 느낀다.→ **루소**
>
> 을: <u>행복은 다른 사람을 배려하고 다른 사람의 행복을 진정으로 바랄 때 생긴다.</u> 돈, 권력, 사회적 지위로 우정과 애정을 만들 수 있지만 돈과 권력이 사라지면 이 또한 사라진다. 상대방에 대한 순수한 배려, 행복을 위한 마음이 진정한 행복을 가져다준다. → **달라이 라마**
>
> **갑, 을 모두 도덕적 실천의 중요성을 강조함**

| 문제 + 자료 분석 |

- 갑 루소: 선을 행하는 것이 진실한 행복이다.
- 을 달라이 라마: 상대방을 배려할 때 행복이 생긴다.

| 선택지 분석 |

① 행복한 삶의 조건으로 질 높은 정주 환경의 조성이 필요하지만 갑, 을이 강조하고 있는 내용은 아니다.

② 이들은 삶의 목적인 행복이 자기 자신만을 만족시키는 단순한 쾌락이 아닌 인간다운 덕의 실천을 통하여 이루어진다고 본다.

③ 갑, 을은 행복한 삶을 위해서는 도덕적 실천이 있어야 함을 강조하고 있다.

④ 민주주의 실현에 대한 언급은 없다.

⑤ 행복한 삶의 조건으로 경제적 성장도 필요하지만, 갑, 을이 공통적으로 강조하는 것은 도덕적 실천을 통한 행복의 실현이다.

＊ 도덕적 삶과 행복에 대한 다양한 견해

소크라테스	"하루하루 더 나은 사람이 되려고 노력하는 삶보다 아름다운 삶은 없습니다. 자신이 더 나은 사람으로 발전하고 있다는 것을 느끼는 것보다 큰 기쁨은 세상에 존재하지 않지요. 그것이 바로 제가 오늘날까지 경험해 온 행복입니다."
칸트	"생각하면 생각할수록 새롭고 무한한 감탄과 존경을 불러일으키는 두 가지가 있습니다. 그것은 하늘에 반짝이는 별과 내 마음속의 도덕 법칙입니다."
루소	"나는 선을 행하는 것이 인간의 마음이 맛볼 수 있는 가장 진실한 행복임을 알고 있으며, 실제로 그렇게 느낀다."
달라이 라마	"행복은 다른 사람을 배려하고 다른 사람의 행복을 진정으로 바랄 때 생긴다. 돈, 권력, 사회적 지위로 우정과 애정을 만들 수 있지만 돈과 권력이 사라지면 이 또한 사라진다. 상대방에 대한 순수한 배려, 행복을 위한 마음이 진정한 행복을 가져다 준다."
맹자	"군자가 진정한 즐거움으로 여기는 것은 인의예지가 마음속에 뿌리를 내려 그 기색이 얼굴에 드러나고 등에 가득하며 온몸에 퍼져서, 온몸이 말하지 않아도 저절로 행하게 되는 것입니다."

14 핵심 키워드: 역지사지, 공감, 기부, 봉사

모범 답안 상대방의 입장에서 보는 역지사지의 마음가짐을 가지고, 사회적 약자의 고통에 공감하며 기부나 사회 봉사 활동 등에 참여한다.

| 문제 + 자료 분석 |

- 갑과 을 모두 도덕적 실천을 통해 행복해질 수 있다고 생각한다.

＊채점 기준

도덕적 실천을 위한 자세를 두 가지 서술한 경우	100 %
도덕적 실천을 위한 자세를 한 가지만 경우	50 %

15 정답 ④ * 행복한 삶을 위한 조건

| 문제 + 자료 분석 |

• 행복한 삶을 누리기 위해서는 도덕적 실천, 질 높은 정주 환경의 조성, 경제적 안정, 민주주의의 실현이 필요하다.

| 선택지 분석 |

㉠ 행복한 삶을 실현시키기 위해서는 개인의 행복만 추구하는 것이 아니라 타인과 함께하는 공동체의 행복을 추구해야 한다. → '아니요'
㉡ 깨끗한 자연환경, 생활에 편리한 시설 등을 포함하는 질 높은 정주 환경의 조성은 행복한 삶을 실현시키기 위한 보편적인 조건에 해당한다. → '예'
㉢ 국가는 국민의 행복을 위해서 고용을 안정시키고 근로자의 최저 임금을 보장해 경제적 안정을 보장해야 한다. → '예'
㉣ 시민 참여가 보장되는 민주주의가 정착되면 시민의 기본적 인권이 존중되면서 삶에 대한 시민의 만족도가 올라간다. → '예'

16 정답 ⑤ * 행복한 삶을 위한 조건

| 문제 + 자료 분석 |

• (가) 질 높은 정주 환경 : 깨끗한 자연환경, 교육·문화 시설 등의 사회적 환경, 쾌적한 주거 환경 등으로 실현
• (나) 민주주의 실현 : 권력 분립 제도, 시민들이 적극적으로 정치에 참여할 수 있는 정치 문화 등으로 실현
• (다) 경제적 안정 : 고용 안정, 복지 제도 확충, 경제적 불평등 해소 등으로 실현
• (라) 도덕적 실천 : 역지사지의 마음, 사회적 약자 배려, 공동체의 행복을 위하는 마음 등으로 실현

| 선택지 분석 |

갑 : 정주 환경은 각종 교통 및 통신 시설, 상업 및 문화 시설 등의 인문 환경뿐만 아니라 자연환경도 포함한다.
을 : 권력과 힘의 논리를 앞세우는 권위주의적 정치 문화는 민주주의의 실현을 저해하는 요소이다.
병 : 경제적 불평등 해소와 고용 안정 상태는 경제적 안정에 기여한다.
정 : 타인을 아끼고 배려하는 마음 등 바람직한 가치를 실천하는 것은 도덕적 실천에 해당한다.

17 정답 ① * 행복한 삶을 위한 조건

| 문제 + 자료 분석 |

• A국: 쿠데타로 권력을 얻은 세력이 자국민을 학살하고 사상의 자유, 거주 이전의 자유를 박탈했다.
• B국: 주민들이 자신의 의사를 자유롭게 표출할 수 있고, 정책의 결정에 주민의 의견이 반영된다.

| 선택지 분석 |

① A국 국민은 권력을 독점한 세력으로 인해 인간의 존엄성이 훼손되며 행복한 삶을 실현하고 있지 못하고 있다. 반면 민주주의가 발전한 B국 국민은 자유롭게 정치에 참여하는 등 인간의 존엄성이 실현되고 있으며, 행복한 삶을 살고 있다.
② 경제적 불평등의 해소는 행복한 삶을 위해 필요하지만, 사례와는 관련이 없다.
③ 고용 안정을 통한 생계 보장은 행복한 삶을 위해 필요하지만, 사례와는 관련이 없다.
④ 도덕적 성찰은 행복한 삶을 위해 필요하지만, 사례와는 관련이 없다.
⑤ 쾌적한 자연환경을 비롯한 질 높은 정주 환경은 행복한 삶을 위해 필요하지만, 사례와는 관련이 없다.

18 정답 ④ * 행복한 삶을 위한 조건

(가) A국은 ○○국으로부터 독립하였으나 권위주의 정권이 수립되어 국민들을 과도하게 통제하고 있다. 이로 인해 정치 과정에 참여할 방법이 없어진 국민들은 무력감과
민주주의의 실현이 필요함
고통에 시달리고 있다.

(나) B국의 세대별 행복 지수를 분석한 결과, 청년층과 노년층의 점수가 낮게 나타났다. 이에 대한 주요 원인으로 청년층은 심각한 취업난으로 인한 경제적 어려움을,
경제적 안정이 필요함
노년층은 부족한 생활비와 미흡한 복지 정책을 손꼽았다.
경제적 안정과 복지 정책이 필요함

| 문제 + 자료 분석 |

• (가): A국 국민들은 주권을 회복하였으나 권위주의 정권하에서 고통받음
• (나): B국 청년층은 경제적 어려움으로, 노년층은 부족한 생활비와 미흡한 복지 정책으로 행복 지수가 낮음

| 보기 분석 |

ㄱ. (가)를 통해 행복한 삶을 위해서는 주권 회복뿐 아니라 민주주의의 실현도 필요함을 알 수 있다.
ㄴ. (가)에서 A국 국민들은 정치 과정에 참여할 수 없어 무력감과 고통에 시달리고 있으므로 시민 참여를 보장하는 민주주의의 실현이 행복의 조건임을 알 수 있다.
ㄷ. (나)에서 노년층은 안정된 복지 정책과 같은 사회 제도의 필요성을 인식하고 있다.
ㄹ. (나)에서 행복 지수가 낮게 나타난 주요 원인으로 청년층은 경제적 어려움을, 노년층은 부족한 생활비를 꼽았으므로 경제적 안정이 행복에 중요한 요소임을 알 수 있다.

19 정답 ③ * 행복한 삶의 조건으로서의 도덕적 실천

어떤 인류학자가 아프리카 한 부족의 아이들에게 게임을 하자고 제안하였다. 근처 나무에 음식을 매달아 놓고 먼저 도착한 사람이 그것을 먹을 수 있다고 말했다. 아이들은 각자
혼자서 행복해질 수 있는 방법
뛰어가지 않고 모두 손을 잡고가서 그것을 함께 먹었다.
모두의 행복을 위해 타인을 돕는 도덕적 실천
인류학자는 아이들에게 "왜 함께 뛰어갔지"하고 물었다. 그러자 아이들은 '우분투(Ubuntu)'라고 외쳤다. '우분투'는 아프리카 반투어에서 온 말로 "우리가 함께 있기에 내가 있다."라는 뜻이다.
공동체의 행복을 중시함

| 문제 + 자료 분석 |

• 제시문 속 아프리카 한 부족의 아이들은 모두의 행복을 고려해 다 함께 손을 잡고 가서 음식을 함께 먹었다.

| 보기 분석 |

ㄱ. 타인의 행복을 고려하기 위해서는 이웃의 삶에 관심을 가져야 한다.
ㄴ. 자신만의 이익이나 욕망을 충족하기 위해 타인과 공동체에 해를 끼쳐서는 안 되므로, 공동체의 행복을 고려하여 행동해야 한다.
ㄷ. 타인과 함께하는 삶을 살기 위해서는 이웃의 입장에서 상황을 고려하는 역지사지의 자세가 필요하다.
ㄹ. 개개인의 이익 추구는 공동체의 행복을 바탕으로 해야 하고, 정책적으로 반영되는 민주적인 제도가 마련되어야 한다.

20 정답 ① ＊행복한 삶을 위한 조건

[게임 규칙]
- 출발 지점은 A이다.
- 진술 (가) → (나) → (다) → (라)의
  순서대로 진행한다.
- 진술이 행복 실현의 조건에
  질 높은 정주 환경, 경제적 안정, 민주주의 실현,
  도덕적 실천
  부합하면 실선 방향으로 한 지점만,
  부합하지 않으면 점선 방향으로 한 지점만 이동한다.

순서	진술
(가)	삶의 질을 유지할 수 있는 경제적 안정이 보장되어야 한다. 부합 A → B
(나)	시민 참여가 활성화될 수 있는 민주적 제도를 마련해야 한다. 부합 B → C
(다)	인간다운 삶을 보장하는 질 높은 정주 환경을 조성해야 한다. 부합 C → D
(라)	바람직한 삶에 대한 성찰을 토대로 도덕적 가치를 실천해야 한다. 부합 D → B

| 문제 + 자료 분석 |

- (가) 경제적 안정, (나) 민주주의 실현, (다) 질 높은 정주 환경, (라) 도덕적 가치 실천 모두 행복의 실현 조건에 부합한다.
- A에서 출발하여 실선 방향으로 네 지점 이동하면 A → B → C → D → B이다.

| 선택지 분석 |

(가) 경제적 안정이 보장되어야 자아실현의 기회를 얻고 삶의 질을 유지할 수 있으므로 부합 → B로 이동
(나) 시민의 정치적 의사가 잘 반영되어야 만족도가 높아지므로 부합 → C로 이동
(다) 주거, 문화, 여가, 자연환경 등이 쾌적하게 갖추어져야 인간다운 삶을 누릴 수 있으므로 부합 → D로 이동
(라) 타인을 돕는 도덕적 실천이 스스로의 만족감과 자존감을 높여 지속적 행복감을 느끼게 하므로 부합 → B로 이동
① 따라서, A → B → C → D → B 경로이다.

＊ 행복한 삶을 실현하기 위한 조건

질 높은 정주 환경	기본적 삶의 문제가 해결되어야 쾌적하고 인간다운 삶을 살 수 있음
경제적 안정	생활에 필요한 기본 조건을 충족해야 이를 바탕으로 기본적 욕구, 사회·문화적 욕구 충족이 가능
민주주의 실현	독재 국가나 권위주의적 정치 형태에서는 국민이 기본적 인권을 누리기 어려움
도덕적 실천	타인을 돕는 도덕적 실천이 자신에 대한 자존감과 만족감을 높여 지속적인 행복을 느끼게 함

01 정답 ③ ＊행복의 의미와 기준

| 문제 + 자료 분석 |

- 제시문은 행복에 대한 아리스토텔레스의 견해로 ㉠은 행복이다.
- 아리스토텔레스는 탁월성(덕)에 따르는 영혼의 활동이 행복이라고 보았다.

| 보기 분석 |

ㄱ. 주관적 기준은 삶의 만족도나 일상생활에서 느끼는 행복감 등을 말한다.
ㄴ. 행복의 기준은 기후와 지형 등 자연환경의 영향을 받는다. 예를 들어 건조한 사막에서 생활하는 사람들은 깨끗한 물을 얻는 것이 행복의 기준이 될 수 있다.
ㄷ 행복은 일반적으로 삶에서 충분한 만족감이나 기쁨을 느끼는 상태를 의미한다.
ㄹ 행복의 기준은 시대적 상황이나 지역의 여건에 따라 다양하다. 또한 각 지역의 경제적·사회적·정치적 여건에 따라서도 행복의 기준은 달라진다.

02 정답 ① ＊시대에 따른 행복의 기준

| 문제 + 자료 분석 |

- 행복의 기준은 시대적 상황에 따라 달라진다.
- 중세에는 신이나 군주의 뜻에 대한 순응, 근대에는 물질적 기반 확보 및 자유와 권리 보장, 현대에는 개인의 주관적 만족감 등이 행복의 기준으로 나타났다.

| 선택지 분석 |

① 행복은 다른 목적을 위한 수단이 아닌 삶의 궁극적 목적이며, 행복의 기준은 시대적 상황에 따라 다르게 나타난다.
② 행복의 기준은 지역적 여건에 따라 다르게 나타난다.
③ 행복의 기준은 주거, 소득 등 객관적 기준뿐만 아니라 삶의 만족도, 행복감 등 주관적 기준까지 함께 고려하여 결정된다.
④ 의식주에 대한 기본적 욕구 충족이나 신체적·정서적 건강, 친밀한 인간관계 등은 행복을 위한 필수적인 요소에 해당한다.
⑤ 행복의 기준은 소수 지배자의 통치 목적을 위해 정해지는 것이 아니라 구성원들의 삶의 질을 높이기 위해 정해진다.

03 정답 ① ＊행복의 기준

| 문제 + 자료 분석 |

- 은메달 수상자: 금메달을 수상하지 못해 부족한 자신에게 화를 내고 있음
- 동메달 수상자: 3, 4위전에서 이긴 것에 만족하며 행복을 느끼고 있음

| 보기 분석 |

ㄱ 은메달을 딴 선수가 동메달을 딴 선수보다 더 큰 상을 받았음에도 행복해하지 않는다. 이는 자신의 삶을 어떻게 인식하느냐에 따라 행복감에도 차이가 나타날 수 있음을 보여준다.
ㄴ 행복감은 자신의 상황에 대해 만족하고 욕심내거나 유혹에 빠지지 않는 평정심을 유지할 때 느낄 수 있다.
ㄷ. 객관적 상황에 따라 사람들이 느끼는 주관적 만족도는 다르므로 행복감 역시 다르게 나타난다.
ㄹ. 행복한 삶은 목표 달성 정도에 상관없이 상황에 따른 정신적 만족도에 따라 좌우된다.

04 정답 ③ * 행복의 기준

[보기]
ㄱ. (가): 기본적인 의식주 생활의 충족
　　의식주에 대한 기본적 욕구 충족은 누구나 원함
ㄴ. (가): 원만한 인간관계와 공동체적 유대감
　　(가)는 협력이 중요한 사회로 친밀한 관계를 중시함
ㄷ. (나): 개인의 자아실현과 자유의 보장
　　(나)는 독립적 성향이 강해 자아실현의 욕구가 클 것임
ㄹ. (나): 타인을 위해 양보하고 희생하는 삶
　　(나)는 개인적인 면을 더 중시하는 사회임

| 문제 + 자료 분석 |
- **(가)** 벼농사를 짓는 사회: 공동체 문화가 중시된다.
- **(나)** 밀농사를 짓는 사회: 독립적인 성향을 보인다.

| 보기 분석 |
ㄱ. 행복의 기준에 기본적인 의식주 충족이 들어가지만 제시문을 통해 유추할 수 있는 내용은 아니다.
ㄴ. 벼농사를 짓는 사회는 집단과 협력을 중시하므로 행복의 기준이 원만한 인간관계와 공동체적 유대감에 있음을 유추할 수 있다.
ㄷ. 밀농사를 짓는 사회는 개인적인 생활 방식이 자리 잡았으므로 개인의 자아실현과 자유의 보장이 행복의 기준이 될 수 있다.
ㄹ. 제시문에서 밀농사를 짓는 사회는 개인적이고 독립적인 성향을 보인다고 했으므로, 타인을 위해 양보하고 희생하는 삶을 행복의 기준으로 유추하기는 힘들다.

05 정답 ② * 아리스토텔레스의 행복론

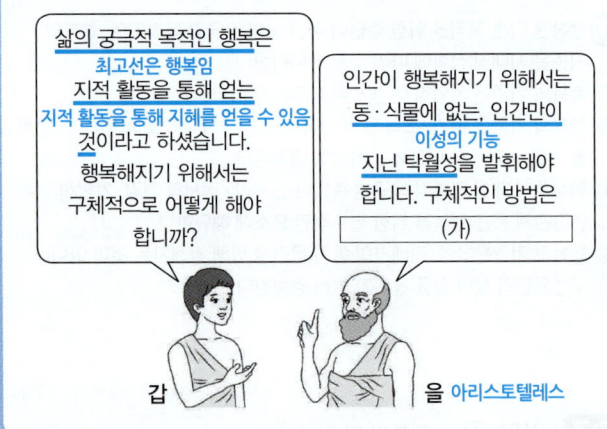

삶의 궁극적 목적인 행복은
최고선은 행복임
지적 활동을 통해 얻는
지적 활동을 통해 지혜를 얻을 수 있음
것이라고 하셨습니다.
행복해지기 위해서는
구체적으로 어떻게 해야
합니까?

인간이 행복해지기 위해서는
동·식물에 없는, 인간만이
이성의 기능
지닌 탁월성을 발휘해야
합니다. 구체적인 방법은
(가)

갑　　　　　　을 아리스토텔레스

| 문제 + 자료 분석 |
- **을** 아리스토텔레스: 인간은 인간만의 기능인 이성의 기능을 탁월하게 발휘하여 지혜를 얻을 때 행복해짐

| 선택지 분석 |
① 아리스토텔레스는 감각과 욕구가 이성에 따라야 한다고 본다.
② 아리스토텔레스는 인간의 고유한 기능인 이성의 기능을 발휘하여 지혜를 얻어야 한다고 본다.
③ 아리스토텔레스는 부와 권력을 추구하는 삶이 아닌 지혜를 갖춘 도덕적인 삶을 살아야 한다고 본다.
④ 아리스토텔레스는 인간의 욕구는 이성에 귀를 기울이고 이성의 명령을 따라야 한다고 본다.
⑤ 아리스토텔레스는 공동체의 구성원으로서 사회적 책무에 충실해야 한다고 본다.

06 정답 ③ * 행복의 의미

○○신문　　■■□□　　칼 럼　　■■□□

　　동물의 쾌락을 최대한 누릴 수 있게 보장해 준다고 해서 돼지가 되겠다는 사람은 없을 것이다. 존엄감(sense of dignity)은 저급한 존재가 되지 않으려는 인간의 의지이며, 행복의 본질적인 부분이다. 저급한 존재일수록 감각적 쾌락을 좋아 향유하며 쉽게 만족을 느끼지만, 지성과
질적으로 낮은 쾌락　　　질적으로 높은 정신적 쾌락의 토대
상상력 등 고등 능력을 지닌 존재일수록 행복을 얻기 위해 보다 높은 수준의 삶을 선호하고 추구한다. 행복은 만족한 돼지의 삶이 아닌,
감각적 쾌락을 추구하는 삶
끊임없이 사유하고 성찰하는 소크라테스의 삶으로부터 온다는 사실을
정신적 쾌락을 추구하는 삶
명심해야 한다.

→ 질적으로 높은 정신적 쾌락을 추구해야 함(공리주의 사상가 밀)

| 문제 + 자료 분석 |
- **밀**: 저급한 존재는 감각적 쾌락을 추구하지만, 정상적인 인간이라면 누구나 질적으로 높고 고상한 쾌락을 추구함

| 선택지 분석 |
① 칼럼에 따르면 바람직한 삶에 대한 성찰은 행복과 긴밀한 관계에 있다.
② 칼럼에 따르면 삶의 질적 수준을 높이기 위해 지성과 상상력 등을 통해 높은 수준의 행복을 추구해야 한다.
③ 칼럼에 따르면 감각적 쾌락보다 인간의 존엄성에 바탕을 둔 질적으로 높은 정신적 쾌락을 추구해야 한다.
④ 칼럼에 따르면 인간은 육체적 만족보다 정신적 행복을 추구해야 한다.
⑤ 칼럼에 따르면 정신적 쾌락을 추구할 때 행복의 본질을 찾을 수 있다.

07 정답 ③ * 행복한 삶을 위한 바람직한 자세

| 문제 + 자료 분석 |
- 행복을 추구할 때 일시적이고 감각적인 즐거움이 아니라 지속적이고 정신적인 즐거움을 추구해야 함을 떠올린다.

| 선택지 분석 |
① 사회 구성원으로서 누리는 만족감뿐만 아니라 개인이 느끼는 만족감도 동시에 추구해야 한다.
② 외재적 목표는 성취감이 금방 사라지지만 내재적 목표는 성취감이 오래 남으므로 내재적 목표를 추구해야 한다.
③ 삶의 목적으로서 행복을 추구하기 위해서 자신이 소중하다고 생각하는 의미 있는 목표를 세우는 것이 중요하다.
④ 자신이 가진 것에 만족하며 돈, 명예를 향한 욕망을 절제하고 정신적 가치를 함께 추구해야 한다.
⑤ 어느 한 가치만 추구하면 행복에 이르기 어려우므로 물질적 가치와 정신적 가치를 더불어 추구해야 한다.

08 정답 ② * 도가의 행복론

| 문제 + 자료 분석 |
- **(가)** 도가 사상: 인위적인 욕망을 버리고 자연의 흐름에 따르는 삶을 살아갈 때 행복을 얻을 수 있음
- 사례의 **A**는 옷과 음식에 대한 과도한 욕망으로 인해 늘 불만족스러운 삶을 살아가고 있음

| 선택지 분석 |
① 도가의 주장은 모든 욕망의 제거를 의미하는 것이 아니라 주어진 것에 만족하는 소박한 삶의 자세를 말한다.
② 도가에서는 과도한 욕심을 버리고 주어진 것에 만족할 때 행복한 삶을 살 수 있다고 본다.

③ 도가에서는 과도한 욕구를 버리고 욕구불만인 상태에서 벗어나면 정신적으로 풍요로운 삶을 살 수 있다고 본다.
④ 도가에서는 현재의 삶에 만족하는 자세가 이상적인 삶의 자세임을 강조한다.
⑤ 도가에서는 육체적 쾌락 충족을 위한 소비는 인위적인 욕망을 충족하려는 소비이므로 어리석다고 본다.

＊ 도가 사상가 노자의 욕망에 대한 입장

> • 가진 것에 만족할 줄 아는 미덕을 가져야 함
> • 만족할 줄 아는 자는 화목하고 편안하고 정신적으로 풍요로운 인생을 살 수 있음
> • 과도한 욕심보다 더 큰 죄악은 없으며 불만보다 더 큰 불행은 없음

09 정답 ⑤ ＊ 윤리적 성찰의 필요성

> (가) 고대 그리스 철학자 소크라테스는 "반성하지 않는 삶은 살 가치가 없다."라고 하였다. 그는 자신의 삶을 <u>인간은 자신의 삶을 성찰하고 변화시키는 존재임</u> 끊임없이 돌아보고 무지(無知)를 깨달아 도덕적인 삶을 사는 것이 행복이라고 주장하였다.
> → 도덕적 실천을 위해 성찰이 필요함
> (나) 고등학생 ○○은 <u>사회적으로 인정받는 직업과 자신이</u> <u>행복한 삶을 위한 성찰 과정임</u> <u>원하는 직업</u> 사이에서 고민하였다. 이후 자신이 소중히 여기는 가치를 인식하고, 자신에게 진정으로 행복감을 주는 직업을 선택하기로 하였다.
> → 행복한 삶을 살아가려면 성찰이 필요함

| 문제 + 자료 분석 |

• (가) 소크라테스: 인간은 성찰을 통해 자신의 무지를 자각하고 도덕적인 삶을 살 수 있음
• (나) 고등학생 ○○: 자신이 소중히 여기는 가치에 대해 성찰하고 행복한 삶을 살 수 있는 직업을 선택하기로 함

| 선택지 분석 |

① 소크라테스는 세속적 성공보다 도덕적인 가치를 중시한다.
② 고등학생은 타인의 요구보다 개인의 행복을 소중히 여기는 선택을 하였다.
③ 고등학생은 육체적인 쾌락이 아닌 행복감과 정신적인 만족감을 주는 선택을 하였다.
④ 소크라테스는 도덕적 가치를 우선적으로 추구해야 하며 이를 위해 성찰이 필요하다고 본다.
⑤ 소크라테스와 고등학생의 사례는 공통적으로 행복한 삶을 위해서는 성찰하는 태도가 필요함을 말하고 있다.

10 정답 ④ ＊ 행복한 삶의 조건으로서의 정주 환경

| 문제 + 자료 분석 |

• 깨끗한 자연환경, 안전한 사회적 환경 등이 갖춰져야 행복한 삶을 위해 필요한 질 높은 정주 환경이 조성된다.

| 보기 분석 |

ㄱ 질 높은 정주 환경이 조성되려면 깨끗한 자연환경이 갖추어져야 한다. 물, 공기, 토양 등이 오염된 상황에서는 기본적인 생활을 유지할 수 없기 때문이다. 따라서 질 높은 정주 환경 조성을 위해서는 무차별적인 개발보다는 자연과 인간이 공존하는 생태 환경을 만들어야 한다.
ㄴ 오늘날 대부분의 사람들이 도시를 중심으로 생활하고 있으므로, 정주 환경의 문제는 곧 도시화에 따른 빈곤과 불평등의 해소, 취약 계층을 위한 주거지 및 기초 서비스 제공 등과 관련이 있다.

ㄷ 정주 환경은 우리의 지각, 태도, 감정에 다양한 영향을 미치고 있으므로 물리적 환경 이상의 의미를 지니고 있다.
ㄹ 정주 환경은 좁게는 주거 환경, 넓게는 문화·여가 공간, 자연환경 등 일상생활의 전 영역을 일컫는다.

11 정답 ① ＊ 맹자의 행복론

| 문제 + 자료 분석 |

• 맹자는 통치자가 백성들에게 경제적 안정을 보장해 주어야 백성들이 도덕성을 유지하고 행복해진다고 주장하였다.

| 선택지 분석 |

① 맹자는 백성들에게 기본적인 생계를 유지할 수 있는 일정한 생업을 보장해 주는 것이 급선무라고 보았다. 따라서 통치자는 백성들의 행복을 위해 기본적인 생계유지 수단을 마련하여 경제적 안정을 도모해야 한다.
② 제시문은 경제적 안정과 관련된 것이다.
③ 제시문은 민주주의의 실현과는 관련이 없다.
④ 맹자는 일반 백성의 경우 물질적 조건이 충족되어야 정신적 가치인 도덕성도 실현할 수 있다고 보았다.
⑤ 제시문과는 관련이 없는 내용으로, 행복은 실현 가능한 목표이다.

12 정답 ⑤ ＊ 민주주의를 실현하기 위한 방법

| 문제 + 자료 분석 |

• '다양한 참여 방법': 민주주의 국가에서의 다양한 정치 참여 방법

| 보기 분석 |

ㄱ 선거는 시민들이 정치에 참여하는 가장 기본적인 방법에 해당한다.
ㄴ 민주주의 사회에서 집회나 시위 등은 직접적 의사 표현 방법에 속하지만 폭력과 같은 물리적인 압력을 행사해서는 안 된다.
ㄷ 정당, 이익 집단, 시민 단체의 활동에 참여하는 것은 시민의 의사를 표현하기 위한 참여 방법 중 하나이다.
ㄹ 언론 매체에 투고, 행정 기관에 진정, 건의, 청원을 하는 것은 민주 국가에서 시민이 의사를 표현할 수 있는 방법 중 하나이다.

13 정답 ⑤ ＊ 행복의 조건

| 문제 + 자료 분석 |

• 이기적인 마음을 넘어 타인을 위해 나눔을 실천하는 도덕적인 삶이 행복의 조건임을 강조하고 있음

| 선택지 분석 |

① 칼럼은 다른 사람과의 비교가 아닌 타인을 위한 나눔이 행복을 가능하게 한다고 본다.
② 칼럼은 행복한 삶은 물질적 풍요가 아닌 이타적인 삶을 통해 가능하다고 본다.
③ 칼럼은 도덕적 실천은 다른 사람은 물론 자신에게도 행복을 가져다준다고 본다.
④ 칼럼은 나눔을 실천하는 이타적인 삶으로 행복이 실현된다고 본다.
⑤ 칼럼은 타인을 배려하는 마음의 실천을 통해 타인은 물론 자신도 행복한 삶을 살아갈 수 있다고 본다.

＊ 행복의 조건

> • 질 높은 정주 환경: 자연적 환경과 사회적 환경의 질이 높아야 함
> • 경제적 안정: 기본적인 생계를 유지하고 자아실현의 기회가 있어야 함.
> • 민주주의의 발전: 민주 국가일수록 시민의 인권이 존중될 수 있음
> • 도덕적인 삶: 도덕적 실천을 통해 삶의 의미와 행복을 느낄 수 있음

14 정답 ② *도덕적 실천

○○에게

행복한 삶을 위해서는 의식주가 어느 정도 충족되어야 한다는 자네의 의견에 공감하네. 경제적 풍요로움은 삶을 윤택하게 하는 데 도움이 되기 때문일세. 그러나 물질적인 요소에 얽매여 <u>바람직한 삶에 대한 숙고와 인간으로서 마땅히 행해야 할 바를 결코 잊어서는</u>
윤리적 성찰과 실천의 중요성 강조
안 되네. <u>공자는 예(禮)가 아니면 보지도 말며, 듣지도 말며, 말하지도</u>
인을 실현하는 방법
<u>말며, 움직이지도 말라</u>고 하셨네. 자네가 공자의 가르침을 되새기며 진정으로 행복한 삶이 어떠한 삶인지 고민해 보기 바라네. …(후략).

| 문제 + 자료 분석 |

• 가상 편지를 쓴 사람은 바람직한 삶에 대한 윤리적 성찰과 실천이 행복한 삶의 핵심 요소임을 강조하고 있음

| 선택지 분석 |

① 가상 편지를 쓴 사람은 경제적 풍요로움이 행복 실현에 도움이 된다는 것은 인정하지만 윤리적 성찰과 실천이 없다면 행복한 삶을 실현하기 어렵다고 본다.
② 가상 편지의 내용은 윤리적 성찰과 실천이 행복한 삶의 핵심을 이룬다는 점을 강조하고 있다.
③ 정치적 안정이 행복 실현의 조건인 것은 맞지만 가상 편지가 강조하는 내용은 아니다.
④ 질 높은 정주 환경은 행복 실현의 여러 조건 중 하나인 것은 맞지만 유일한 선결 조건은 아니다.
⑤ 경제적 안정은 행복 실현의 여러 조건 중 하나인 것은 맞지만 경제적 안정 이외에도 다양한 조건이 충족되어야 행복이 실현될 수 있다.

*도덕적 실천과 행복

필요성	도덕적 실천 과정에서 더 나은 사람이 되고 삶의 의미와 행복을 느낄 수 있음
실천을 위한 노력	• 보편적 가치에 따른 행동 • 옳지 못한 일을 바로잡기 위한 결단 • 다른 사람과 더불어 살아가려는 노력

15 정답 ㉠ 객관적, ㉡ 주관적

| 문제 + 자료 분석 |

• 객관적 기준이 충족되어도 스트레스 등의 요인에 의해 주관적 만족감이 떨어질 수 있다. 따라서 객관적 기준과 더불어 주관적 만족감도 고려해 행복을 측정한다.

16 핵심 키워드: 가치, 사회 변동

모범 답안 시대 상황에 따라 중시되는 가치가 다르고, 사회 변동이 행복의 기준에 영향을 미치기 때문이다.

| 문제 + 자료 분석 |

• 선사 시대에는 생존을 위해 먹을 것을 얻는 것이 행복이었고, 오늘날에는 개인의 주관적 만족감이 중시되고 있다.

*채점 기준

시대별 중시되는 가치, 사회 변동의 영향을 언급하며 서술한 경우	100 %
시대가 달라짐에 따라 행복의 기준도 달라졌다고 서술한 경우	40 %

---

* 시대 상황에 따른 행복의 기준

선사 시대	생존을 위해 먹을 것을 얻는 것
헬레니즘 시대	마음의 평온을 얻는 것
중세 시대	신의 은총을 받아 천국에 가는 것
산업화 시대	물질적 기반, 기본적 권리를 확보하는 것
현대 사회	주관적 만족감이 충족되는 것

17 정답 자율적 선택

| 문제 + 자료 분석 |

• 제시문의 주인공은 주변 사람들의 견해에 따라 선택한 진로가 자신이 원하는 길이 아님을 알고, 자신의 선택을 실천하기 위해 노력하고 있다.

18 핵심 키워드: 스스로, 선택, 책임, 기준

모범 답안 행복은 다른 사람의 시선이나 편견, 세상 사람들이 만들어 놓은 기준에 따라 살아가는 삶이 아니라 자신이 원하는 것을 스스로 선택하고 책임지며 자신의 기준에 따라 성취해 나가는 삶이다.

| 문제 + 자료 분석 |

• 제시문은 진정한 행복이란 타인의 기준이 아닌 자신의 기준에 따라 자신이 원하는 삶을 사는 것이라고 본다.

*채점 기준

자신의 기준에 따라 사는 삶과 행복한 삶의 관련성을 서술한 경우	100 %
기준이라는 말 없이 자율적 선택에 대해 서술한 경우	40 %

19 핵심 키워드: 소득 수준, 행복

모범 답안 소득이 행복과 관련이 있다는 것은 맞지만 소득이 증가한다고 해서 반드시 더 행복한 것은 아니다. 소득이 일정 수준에 도달하고 기본적인 욕구가 충족되면 소득이 증가해도 행복에는 큰 영향을 미치지 않는다.

| 문제 + 자료 분석 |

• 제시문은 국민 소득 또는 국가의 부가 증대된다고 해서 국민의 행복 수준도 증가하는 것은 아니라고 본다.

*채점 기준

소득 또는 국가의 부와 행복이 비례 관계가 아니라고 서술한 경우	100 %
소득이 증가한다고 해서 반드시 행복한 것은 아니라고만 서술한 경우	50 %

20 핵심 키워드: 기본 조건, 자아실현

모범 답안 생활에 필요한 기본 조건을 충족해야 이를 바탕으로 자아실현의 기회를 가지고 행복감을 느낄 수 있기 때문이다.

| 문제 + 자료 분석 |

• 경제 성장으로 국민의 소득이 향상되면 의식주와 같은 기본적 욕구뿐만 아니라 교육, 의료, 문화생활 등 사회·문화적 욕구도 충족시킬 수 있다.

*채점 기준

기본적 욕구가 충족되어 자아실현의 기회를 가질 수 있다고 설명한 경우	100 %
기본적 욕구 충족에 대해서만 언급한 경우	50 %

01 정답 ⑤ * 행복의 기준

다음은 고대 서양 사상가 갑, 을의 가상 대화이다. 갑, 을의 관점에서 〈사례〉 속 A에게 제시할 조언으로 가장 적절한 것은? [2점]

> **단서** 행복은 완전하고 자족적인 좋음으로서 인간이 선택하고 추구하는 모든 것의 궁극 목적입니다. 행복한 삶은 가장 좋고 가장 즐거우며, 윤리적이고 지성적으로 탁월한 삶입니다.

> 행복한 삶의 시작이자 끝은 **쾌락**입니다. 진정한 쾌락은 몸에 고통이 없고 마음에 동요가 없는 상태입니다. 사려 깊으며 정의로운 삶 없이는 쾌락적인 삶도 있을 수 없습니다.

   갑   을

─────[사례]─────
A는 많은 돈을 가진 자산가이다. A는 육체적인 즐거움만을 행복이라 생각하고 매일 향락적인 생활을 하고 있다.

① 갑: 물질적 부는 행복의 실현에 기여할 수 ~~없음~~을 명심하세요.
    있음
② 갑: 행복한 사람의 행위에는 쾌락이 따르지 ~~않음~~을 명심하세요.
    따를 수 있음
③ 을: 욕구를 충족하려는 시도는 ~~항상~~ 고통을 야기함을 명심하세요.
    고통을 야기할 수도 있음
④ 을: 쾌락이 삶의 목적인 사람은 결코 만족할 수 ~~없음~~을 명심하세요.
    있음
⑤ 갑과 을: 이성을 동반한 덕을 통해 행복을 성취할 수 있음을 명심하세요.
    갑: 행복을 위해 이성 발휘, 을: 이성으로 욕구 구분 및 절제

| 문제 + 자료 분석 |

- **갑** 아리스토텔레스: 궁극 목적인 행복은 최고선이자 최고 좋음임. 행복에 도달하기 위해서는 다른 종과 구분되는 인간의 고유한 기능인 이성을 발휘해야 함
- **을** 에피쿠로스: 행복은 진정한 쾌락으로 몸과 마음에 고통이 없는 아타락시아(평정심)의 상태임. 인간은 이성을 발휘하여 욕구를 구분하고 절제하여 제대로 충족해야 함

| 선택지 분석 |

① 물질적 부가 행복의 실현에 아예 기여할 수 없는 것은 아니다. 경제적 수준이 갖춰지고 기본적인 욕구가 충족될 때도 행복에 이를 수 있다. 그러나 갑(아리스토텔레스)이 물질적인 부를 진정한 행복이라고 보지는 않는다.
② 갑(아리스토텔레스)은 행복한 사람의 행위에도 쾌락이 따를 수 있다고 본다. 행복한 사람의 행위가 육체적 즐거움, 쾌락을 무조건 배제하는 것은 아니다. 다만, 쾌락을 추구하는 것을 진정한 행복이라고 보지 않는다.
③ 을(에피쿠로스)은 모든 욕구 충족 시도가 고통을 초래한다고 보지는 않는다. 그러나 쾌락에 집착하며 그것만을 쫓을수록 오히려 고통에 시달리게 되고, 진정한 쾌락에서 멀어진다는 쾌락의 역설을 주장한다.
④ 을(에피쿠로스)의 입장에서 쾌락은 행복의 시작이자 끝이다. 쾌락이 삶의 목적인 사람은 만족할 수 있다. 진정한 쾌락은 몸과 마음에 고통이 없는 상태로, 아타락시아(평정심)에 도달하면 만족의 상태에 이를 수 있다.
⑤ 갑(아리스토텔레스)은 인간의 고유한 기능인 이성을 발휘해 덕복합일을 이루는 것을 강조한다. 을(에피쿠로스)은 이성적 숙고를 통해 욕구를 구분하거나 절제하며 진정한 행복에 이를 수 있다고 본다. **함정**

02 정답 ④ * 벤담의 윤리 사상

다음 가상 대화의 스승이 강조하는 삶의 태도로 가장 적절한 것은?
벤담은 최대 다수의 최대 행복을 도덕과 입법의 원리로 봄

1 스승님, 우리가 따라야 할 도덕의 기본 원리는 무엇인가요?
2 그건 다름 아닌 공리의 원리라네. 벤담
3 그것이 무엇인지 자세히 말씀해 주십시오.
4 행복을 증가시키느냐 감소시키느냐에 따라 개인의 행위나 정부 정책을 승인하거나 부인하는 원리를 말하네. 벤담의 공리의 원리

① 헛된 욕심을 버리고 금욕적 태도를 지니려고 ~~노력해야 한다.~~
    벤담은 쾌락을 선으로 보므로 금욕적 태도를 지닐 것을 요구하지 않음
② 사회적 삶에서 ~~벗어나~~ 개인적 이익과 쾌락을 추구해야 한다.
    벤담은 사회적 삶에서 벗어날 것을 강조하지 않음
③ 쾌락 산출과 ~~무관하게~~ 자신의 소망을 실현하고자 해야 한다.
    벤담은 쾌락을 최대한 산출하는 행위를 할 것을 강조함
④ 개인적으로나 사회적으로 쾌락을 증진하는 행위를 해야 한다.
    벤담은 최대 다수의 최대 행복을 증진하는 행위를 할 것을 강조함
⑤ ~~쾌락을 멀리하고 검소와 절제를 습관화하려고 노력해야 한다.~~
    벤담은 쾌락을 선으로 보므로 쾌락을 추구할 것을 강조함

| 문제 + 자료 분석 |

- **벤담**: 행복이란 쾌락이고, 고통이 없는 상태를 의미한다고 주장함. 사회는 개인의 집합체이므로 개개인의 행복은 사회 전체의 행복과 연결된다고 보고 최대 다수의 최대 행복을 추구하는 공리의 원리를 도덕과 입법의 원리로 제시함. 모든 쾌락이 질적으로 동일하다고 보고, 쾌락과 고통의 양을 측정할 수 있는 계산법까지 제시함

| 선택지 분석 |

① 벤담은 쾌락은 선이고 고통은 악이라고 보고 쾌락을 추구할 것을 강조하였다. 따라서 금욕적 태도를 지니려고 노력해야 한다고 강조하지는 않을 것이다.
② 벤담은 개개인의 행복은 사회 전체의 행복과 연결되며, 더 많은 사람이 행복을 누리는 것은 그만큼 더 좋은 일이라고 보았다. 따라서 사회적 삶에서 벗어나라고 주장하지는 않을 것이다.
③, ⑤ 벤담은 쾌락은 선이고 고통은 악이라고 보고 쾌락을 추구할 것을 강조하였다.
④ 벤담은 행복이란 고통이 없는 상태 또는 쾌락이라고 주장하며, 최대 다수의 최대 행복을 추구하는 행위를 도덕과 입법의 원리로 삼아야 한다고 주장하였다.

* 벤담의 윤리 사상

도덕의 목적	• '최대 다수의 최대 행복'을 도덕과 입법의 원리로 제시함 • 공리의 원리를 행위의 옳고 그름을 판단하는 기준으로 삼음
양적 공리주의	• 쾌락의 질적인 차이는 없다고 보고, 양적인 차이를 중시함 • 쾌락을 양적으로 계산하기 위한 7가지 구체적 기준을 제시함(강도, 지속성, 확실성, 근접성, 생산성, 순수성, 범위)
특징	개인의 행복과 사회 전체의 행복을 조화시키려고 함

03 정답 ④ * 밀이 강조한 삶의 태도 파악

그림의 강연자가 강조하는 삶의 태도로 가장 적절한 것은?

진정한 행복은 단순한 감각적 만족과 다릅니다. 그것은 고상하고 바람직한 쾌락을 <u>공동체의 행복을 중시함</u> 향유하는 삶 속에서만 누릴 수 있습니다. 만일 두 가지 쾌락이 있는데, 이 둘을 모두 경험해 본 사람들이 그 중 하나를 뚜렷하게 선호한다면, 그것이 보다 더 바람직한 쾌락일 것입니다.
→ 두 가지 쾌락을 비교한 후 더 바람직한 쾌락이 무엇인지를 지적(질적 공리주의자 밀)

① 유용성을 ~~초월~~하여 ~~진리 그 자체~~를 추구하는 삶을 살아야 한다. 공리주의는 유용성을 추구함

② 전통적 관행과 다수의 의사를 자신의 가치관보다 ~~우선~~해야 한다. 전통, 관행, 다수의 의견보다 개인의 자유를 강조

③ 선험적 법칙과 선의지에서 비롯된 ~~무조건적 의무~~를 준수해야 한다. 의무론적 윤리를 강조한 칸트가 강조한 내용

④ 단순한 육체적 쾌락보다 고상하고 정신적인 쾌락을 추구해야 한다. 육체적 쾌락보다 고상하며 정신적인 쾌락을 강조

⑤ 모든 쾌락의 가치는 ~~동일~~하므로 타인의 다양한 선호를 존중해야 한다. 쾌락의 질적 차이를 인정함

| 문제 + 자료 분석 |

• 밀: 질적 공리주의자. 진정한 행복은 단순한 감각적 만족이나 쾌락이 아니라 고상하고 바람직한 쾌락을 향유하는 삶이라고 강조하며, 두 가지 쾌락을 경험해 본 사람들이 그 중 하나를 뚜렷하게 선호한다면 그것이 더 바람직한 쾌락이라고 판단함

| 선택지 분석 |

① 공리주의자 밀은 유용성을 초월할 것이 아니라 도덕 판단의 기준으로 삼는다.

② <u>밀은 대표적인 자유주의자로 전통적 관행이나 다수의 의사보다는 개인의 자유와 권리를 강조하였다.</u>

> 밀이 공리주의자라고 해서 다수의 의사를 중시하였다고 생각하면 안 된다. 밀은 다수결의 원리가 지닌 위험성을 비판하면서 개개인의 자유와 권리, 의사 표현을 강조한 자유주의 사상가이다. **함정**

③ 경험이 아니라 선험적인 도덕 법칙, 선의지에서 비롯된 무조건적인 의무에 따른 행위를 강조한 것은 칸트이다.

④ 밀은 단순한 감각적 쾌락은 질적으로 낮은 쾌락이며 내적 교양이 뒷받침된 정신적 쾌락이야말로 질적으로 높은 쾌락이라고 주장하면서 고상하고 정신적인 쾌락을 추구해야 한다고 강조하였다.

⑤ 모든 쾌락은 한 종류뿐이며 질적인 차이가 없다고 본 사상가는 양적 공리주의자 벤담이다. 밀은 쾌락에는 질적인 차이가 있으며 질적으로 낮은 쾌락과 질적으로 높은 쾌락을 구분하여 이를 고려할 것을 주장하였다.

* 밀의 쾌락 구분

질적으로 낮은 쾌락	단순한 감각적 쾌락(맛있는 음식을 먹을 때 느끼는 쾌락)
질적으로 높은 쾌락	내적 교양이 뒷받침된 정신적 쾌락(기부했을 때 느끼는 뿌듯함과 같은 쾌락)

---

04 정답 ⑤ * 택리지의 특징

다음 자료의 ㉠~㉣에 대한 옳은 설명만을 〈보기〉에서 고른 것은? [3점]

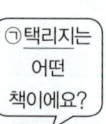  

㉠택리지는 어떤 책이에요?

살기 좋은 곳에 대해 쓴 책이란다. 책에서 소개한 살기 좋은 곳의 조건을 살펴보자.

첫째, 이 마을처럼 ㉡지리가 좋은 <u>풍수지리상의 명당</u> 곳이어야 한단다.

둘째, ㉢생리가 좋은 곳이어야 <u>오늘날의 경제적 여건에 해당</u> 하지. 나루터 주변 취락이 그런 곳 중 하나란다.

셋째, ㉣인심이 좋은 곳이고, 넷째, <u>사람들의 좋은 마음씨, 동네의 아름다운 풍속 등</u> 산수가 좋은 곳이란다.

[보기]

ㄱ. ㉠ - 조선 ~~전기~~에 ~~국가 주도~~로 제작되었다. 후기   개인 이중환

ㄴ. ㉡ - 경치가 빼어나 풍류를 즐길 수 있는 곳이다. 산수

ㄷ. ㉢ - 땅이 비옥하거나 물자 교류가 편리한 곳이다. <u>경제적으로 유리한 곳</u>

ㄹ. ㉣ - 풍속이 아름답고 사람들이 온순하며 순박한 곳이다.

① ㄱ, ㄴ ② ㄱ, ㄷ ③ ㄴ, ㄷ ④ ㄴ, ㄹ ⑤ ㄷ, ㄹ

| 문제 + 자료 분석 |

• **택리지와 가거지 조건**: 이중환은 택리지에서 가거지(사대부가 살만한 땅)를 논하면서 지리, 생리(生利), 산수, 인심 네 가지 조건의 중요성을 강조하였다.

• ㉠: 조선 후기에 이중환이 저술한 사찬 지리지, 복거총론에서 가거지의 조건과 관련 지역을 논함

• ㉡: 지리는 풍수지리를 의미함

• ㉢: 생리는 경제적 요소를 의미함

• ㉣: 인심은 사람의 마음씨를 의미함

| 보기 분석 |

ㄱ. 택리지(㉠)는 조선 후기에 이중환이 저술한 사찬 지리지이다. 조선 전기에 국가 주도로 제작된 것은 세종실록지리지, 신증동국여지승람 등의 관찬 지리지이다.

ㄴ. 가거지 조건 중 지리(㉡)는 풍수지리적 요소를 의미한다. '경치가 빼어나 풍류를 즐길 수 있는 곳'은 산수와 관련이 깊다.

ㄷ. 가거지 조건 중 생리(㉢)는 경제적 요소를 의미한다. 이중환은 '땅이 비옥한 곳'이 가장 좋으며, 땅이 비옥하지 않으면 교통이 편리하여 '물자 교류가 편리한 곳'이 살기 좋은 곳이라고 하였다.

ㄹ. 가거지 조건 중 인심(㉣)은 사람들의 마음씨를 의미한다. 이중환은 인심이 좋은 곳을 '풍속이 아름답고 사람들이 온화하며 순박한 곳'이라고 하였다.

III 자연환경과 인간

04 자연환경과 인간 생활

문제편 53~56p

내신 대비 필수 문제

01 정답 ③ * 한대 기후와 열대 기후

| 문제 + 자료 분석 |

- **(가)**: 고위도의 유럽 스칸디나비아반도에 위치하며 사미족이라 불리는 원주민이 살던 지역으로, 최근에는 오로라와 개 썰매 체험 등을 활용한 관광 산업이 발달함 → 한대(툰드라) 기후의 주민 생활 모습
- **(나)**: 적도 주변 아프리카에 위치하며 플랜테이션을 활용한 카카오 재배가 활발함 → 열대 기후의 주민 생활 모습

| 선택지 분석 |

- **최난월 평균 기온**: 고위도에 위치한 (가) 한대(툰드라) 기후 지역보다 적도 주변에 위치한 (나) 열대 기후 지역이 최난월 평균 기온이 높다. 참고로 툰드라 기후는 최난월 평균 기온이 0~10℃이며, 열대 기후는 최한월 평균 기온이 18℃ 이상이다.
- **연 강수량**: (가) 한대(툰드라) 기후 지역보다 대류성 강수의 빈도가 잦은 (나) 열대 기후 지역이 연 강수량이 많다.
- **기온의 연교차**: 기온의 연교차는 저위도에서 고위도로 갈수록 대체로 커진다. 따라서 고위도에 위치한 (가) 한대(툰드라) 기후 지역보다 저위도에 위치한 (나) 열대 기후 지역이 기온의 연교차가 작다.
- ③ 따라서 (가)에 대한 (나) 지역의 상대적 특징에 해당하는 것은 그림의 **C**이다.

02 정답 ② * 건조 기후

| 문제 + 자료 분석 |

- ㉠ ○○ 기후 지역: 비가 거의 오지 않아 지붕 모양이 평평하고, 창문이 작고 벽이 두꺼운 전통 가옥, 강한 햇볕과 모래바람을 막기 위해 온몸을 감싸는 헐렁한 형태의 전통 의복 → 건조 기후 지역

| 선택지 분석 |

① 계절풍의 영향으로 벼농사가 발달한 지역은 동아시아와 동남아시아, 남부 아시아 지역이다. 벼는 성장기에 고온다습하고 수확기에 건조한 계절풍 기후 지역에서 주로 재배된다.

② ㉠ 건조 기후 지역은 오아시스 농업이나 관개 농업이 발달하였으며, 이를 통해 대추야자나 밀 등을 주로 재배한다.

③ 이동식 화전 농업을 통해 얌, 카사바를 재배하는 기후 지역은 열대 우림 기후 지역이다.

④ 올리브, 포도 등을 재배하는 수목 농업이 주로 발달하는 기후 지역은 지중해성 기후 지역이다.

⑤ 대규모 침엽수림의 나무를 베어 목재나 종이를 생산하는 기후 지역은 냉대 기후 지역이다.

03 정답 ② * 지형과 생활 양식

| 문제 + 자료 분석 |

- 인터넷 게시판의 질문은 산지, 평야, 해안 등 다양한 지형이 인간의 거주 공간과 생활 양식에 어떤 영향을 미쳤는지 묻고 있다.

| 선택지 분석 |

① 산지 지형은 경사가 급해 인간이 거주하기 어렵지만 산지 지형의 주민들은 산비탈을 개간해 밭농사를 짓는 등 지형에 잘 적응하여 살아간다.

② 산지 지형의 주민들이 주로 각종 임산물을 채취한다.

③ 평야 지형은 해발 고도가 낮고 지표면이 평평해 교통로를 건설하기 좋다.

④ 해안 지형은 육지와 바다가 맞닿아 있어 어업과 양식업이 발달했다.

⑤ 해안 지형은 국가 간의 교역을 하기 유리해 대규모 항구나 산업 단지가 조성된다.

04 정답 ④ * 한대 기후

| 문제 + 자료 분석 |

- 순록 유목, 나무가 자라기 불리함, 짧은 여름철에 풀이 자람 → 한대 기후

| 보기 분석 |

ㄱ. 계절의 변화가 뚜렷한 지역은 온대 기후 지역이다.

ㄴ. 한대 기후 지역의 가옥은 추위를 막기 위해 폐쇄적인 구조로 되어 있다.

ㄷ. 카사바, 얌 등의 작물을 주로 재배하는 곳은 열대 기후 지역이다.

ㄹ. 한대 기후 지역 주민들은 주로 동물의 가죽이나 털로 만든 옷을 입는다.

＊ 한대 기후의 주민 생활

> - 음식: 열량이 높은 육류 중심의 음식
> - 의복: 동물의 가죽이나 털로 만든 옷
> - 가옥: 추위를 막는 폐쇄적 구조, 이글루, 순록 유목 지역의 이동식 가옥, 고상 가옥
> - 산업: 수렵·어업 활동, 순록 유목

05 핵심 키워드: 겨울(낮은 기온), 육류

모범 답안 한대 기후 지역은 겨울이 길고 춥기 때문에 곡물 재배가 어려워 육류 중심의 음식 문화가 발달하였다.

| 문제 + 자료 분석 |

- 한대 기후 지역은 연중 기온이 낮아 농업이 불가능하다는 점을 떠올린다.

＊ 채점 기준

음식 문화의 특징과 발달한 이유를 모두 서술한 경우	100 %
음식 문화의 특징만 서술한 경우	60 %

06 정답 ③ * 기후와 전통 가옥

| 문제 + 자료 분석 |

- **(가)**: 건조 기후 지역의 흙벽돌집이다.
- **(나)**: 열대 기후 지역의 고상 가옥이다.

| 선택지 분석 |

① 북극 주변에서는 한대 기후가 나타난다.

② 열대 기후는 일 년 내내 기온이 높기 때문에 기온의 연교차가 작다.

③ 이동식 화전 농업은 나무를 베고 불을 질러 농경지를 조성한 후 카사바, 얌 등의 식량 작물을 재배하는 농업이며, 열대 기후 지역에서 주로 이루어진다.

④ 열대 기후는 일 년 내내 기온이 높고, 강수량이 많다. 따라서 열대 기후가 건조 기후보다 연 강수량이 많다.

⑤ 겨울이 춥고 긴 기후는 냉대 또는 한대 기후이다.

07 정답 ① * 기후와 생활 양식

| 문제 + 자료 분석 |

- **(가)**: 유목하여 기른 순록의 가죽으로 이동식 천막을 만들어 생활함 → 한대 기후
- **(나)**: 지열, 습기, 해충을 차단하기 위해 고상 가옥에서 생활함 → 열대 기후
- **(다)**: 대추야자를 재배하고 지붕이 평평한 흙집에서 생활함 → 건조 기후

| 선택지 분석 |

① 한대 기후 지역은 고위도에 위치하고, 열대 기후 지역은 적도 부근의 저위도에 위치한다.
② 건조(사막) 기후 지역은 연 강수량이 250mm 미만으로 매우 적고, 열대 기후 지역은 연 강수량이 500mm 이상으로 많다.
③ 침엽수림은 냉대 기후 지역에 넓게 분포한다. (가)와 (다)는 모두 나무가 자라기 힘든 지역에 해당한다.
④ 한대 기후 지역과 건조 기후 지역은 너무 춥거나 너무 건조하기 때문에 벼농사가 발달하기 어렵다.
⑤ (가)는 한대 기후, (나)는 열대 기후, (다)는 건조 기후에 속한다.

08 정답 ③ * 기후와 생활 양식

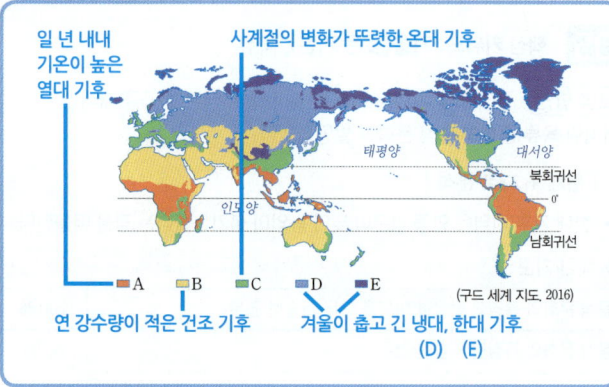

(구드 세계 지도, 2016)

| 문제 + 자료 분석 |

- A는 열대, B는 건조, C는 온대, D는 냉대, E는 한대 기후이다.

| 선택지 분석 |

③ **(가)**: 냉대 기후 지역에서는 타이가라고 불리는 침엽수림이 넓게 나타나 임업이 발달하였고, 침엽수를 이용해 통나무집을 만든다. → D
(나): 온대 기후 지역은 계절의 변화가 뚜렷하여 계절별로 옷차림이 다양하고, 쌀과 밀 등의 곡물이 많이 생산된다. → C

09 정답 ③ * 지형과 인간 생활

| 문제 + 자료 분석 |

- **(가)** 노르웨이의 피오르: 빙식곡이 해수면 상승으로 바닷물에 잠겨 형성된 좁고 길며 수심이 깊은 만
- **(나)** 모로코의 모래 언덕: 바람에 날린 모래가 쌓여 형성된 모래 언덕

| 보기 분석 |

ㄱ. (가) 노르웨이의 피오르는 빙하 지형으로 관광 산업에 활용된다. 카르스트 지형은 석회암이 용식 작용을 받아 형성된 지형이다.
ㄴ. (나) 모로코의 모래 언덕에서는 강한 햇빛과 모래바람으로부터 몸을 보호하기 위해 전신을 가리는 전통 의복을 입는다.
ㄷ. 빙하 지형이 발달한 (가) 노르웨이의 피오르는 큰 낙차와 융빙수를 이용할 수 있으므로 (나) 모로코의 모래 언덕보다 수력 발전소 입지에 유리하다.
ㄹ. (가) 노르웨이의 피오르는 빙하의 침식 작용, (나) 모로코의 모래 언덕은 바람의 퇴적 작용으로 주로 형성되었다.

10 정답 ④ * 화산 지형

| 문제 + 자료 분석 |

- **제주도**: 화산 활동에 의해 형성된 화산섬으로 주된 기반암은 현무암임. 용암 동굴, 기생 화산, 주상 절리 등의 다양한 화산 지형이 나타남

| 보기 분석 |

ㄱ. ㉠ 한라산의 정상부에 있는 ==백록담은 분화구에 물이 고여 형성된 호수인 화구호이다.== 꿀팁 참고로 백두산 정상부의 천지는 화구가 함몰되어 형성된 칼데라 분지에 물이 고여 형성된 칼데라호이다.
ㄴ. ㉡ 자연 휴식년제는 훼손 우려가 있는 지역의 출입을 일정 기간 통제하는 제도이다. 따라서 자연 휴식년제 기간을 연장하는 것은 탐방객의 출입을 통제하여 생태계 보존에 기여할 수 있다.
ㄷ. ㉢ 주상 절리는 용암이 냉각 및 수축되는 과정에서 형성되는 다각형 기둥 모양의 절리를 의미한다. ==절리는 암석의 갈라진 틈을 의미한다.== 꿀팁
ㄹ. 제주도는 화산 활동으로 형성된 화산섬으로 주된 기반암이 현무암이다. 따라서 제주도의 ㉣ 돌담은 주로 주변에서 얻기 쉬운 현무암을 이용하여 쌓았다. ==현무암은 마그마가 식어 형성된 화산암이다.== 꿀팁 석회암은 석회암이 용식 작용을 받아 형성되는 카르스트 지형과 관련이 있다.

* **우리나라의 주요 화산 지형**

화구호	분화구에 물이 고여 형성된 호수 예 한라산의 백록담
칼데라 분지	화구가 함몰되어 형성된 분지 모양의 지형 예 울릉도의 나리 분지
칼데라호	화구가 함몰되어 형성된 분지에 물이 고여 형성된 호수 예 백두산 천지
주상 절리	용암이 냉각 및 수축되는 과정에서 형성된 다각형 기둥 모양의 절리

11 정답 ⑤ * 고산 기후 지역

| 문제 + 자료 분석 |

- ○○ **기후가 나타나는 지역**: 해발 고도 2,430m에 위치한 마추픽추, 연중 우리나라의 봄과 같은 온화한 날씨가 나타남 → 고산 기후
- **(가)**: 고산 기후 지역의 관광 상품

| 선택지 분석 |

① 피오르는 빙하의 침식으로 형성된 U자 모양의 골짜기가 침수되어 만들어진 좁고 긴 형태의 만(灣)이 발달한 해안을 말한다. 따라서 유람선을 타고 피오르를 관광할 수 있는 지역은 노르웨이 북서 해안, 칠레 남부 해안, 뉴질랜드 남섬 등 중·고위도의 해안 지역이다.
② 오로라는 태양의 입자가 지구의 대기권과 부딪히면서 초록색과 분홍색, 보라색 등의 여러 색깔의 빛을 발하는 현상으로 극지방을 비롯한 고위도 지역에서 주로 관찰된다.
③ 현지인과 함께 고무나무 수액을 채취할 수 있는 지역은 플랜테이션을 통해 고무나무를 재배하는 열대 기후 지역이다.
④ 넓은 초원에서 게르라 불리는 이동식 가옥을 체험할 수 있는 지역은 건조(스텝) 기후가 나타나는 지역이다.
⑤ 라마, 알파카는 모두 안데스 산지에서 주민들이 사육하는 동물로, 주민들은 라마와 알파카로부터 가죽과 털, 고기와 젖, 땔감 등을 얻는다. 고산 도시에서 라마, 알파카와 함께 영상을 촬영할 수 있는 지역은 고산 기후가 나타나는 안데스 산지이다. 따라서 (가)에 들어갈 관광 상품으로 가장 적절하다.

* **열대 고산 기후**

분포	열대 기후가 나타나는 저위도 고산 지역에 분포
특징	• 연중 봄과 같은 기후가 나타남(상춘 기후) • 기온의 연교차는 작고 기온의 일교차는 큼 • 연중 온화한 기후가 나타나는 고산 지역은 일찍부터 생활 터전으로 이용됨

12 정답 ② * 카르스트 지형

| 문제 + 자료 분석 |

- **할롱베이**: 베트남 북동부에 위치한 지역으로 석회암이 용식 작용을 받아 형성된 탑 카르스트와 석회 동굴 등의 다양한 카르스트 지형을 볼 수 있음 → 아름다운 카르스트 지형을 활용한 관광 산업 발달

| 보기 분석 |

- ㄱ. ㉠ 카르스트 지형은 석회암이 용식 작용을 받아 형성된 다양한 석회암 지형을 말한다. 주요 지형으로는 탑 모양의 탑 카르스트, 움푹하게 패여 만들어진 돌리네, 땅속에 만들어진 동굴인 석회 동굴 등이 있다.
- ㄴ. ㉡ 할롱베이의 약 1,600개의 크고 작은 기암 괴석과 섬들에서는 모두 주된 기반암인 석회암이 용식 작용을 받아 형성된 다양한 카르스트 지형을 볼 수 있다. 주된 기반암이 현무암인 지역은 화산 지형이 발달한 지역이다.
- ㄷ. ㉢ 독특한 자연 경관은 관광 산업 발달에 유리한 조건이 될 수 있다. 할롱베이는 탑 카르스트를 비롯한 독특한 자연 경관이 발달하여 유네스코 세계유산으로 지정되었다.
- ㄹ. ㉣ 폐기물 투기 행위에 대한 단속을 강화하는 것은 무분별한 개발과 관광객들의 쓰레기 투기를 막아 독특한 자연 경관과 깨끗한 자연환경을 보존하기 위한 대책이므로 경제적 측면만을 강조하고 환경적 측면이 배제되었다고 볼 수 없다.

★ 카르스트 지형의 특징

형성 작용	석회암이 빗물이나 지하수, 강물, 바닷물 등에 의해 용식 작용을 받아 형성됨
주요 지형	탑 카르스트, 석회 동굴, 돌리네 등
유명한 지역	베트남의 할롱베이, 중국의 구이린 등

13 핵심 키워드: 화산 지형, 온천, 지열 발전

모범 답안 아이슬란드는 화산 지형이 나타나는 나라로, 화산 활동이 활발하게 일어나 온천을 개발해 관광 자원으로 활용하고 땅속의 열기로 지열 발전을 할 수 있다.

| 문제 + 자료 분석 |

- 화산 지형은 지표로 방출된 화산 분출물의 퇴적 작용으로 형성된 지형으로, 온천을 이용한 관광 산업과 지열 발전이 발달했다.

★ 채점 기준

화산 지형이 나타나 관광 산업, 지열 발전이 가능하다고 서술한 경우	100 %
화산 지형만 언급한 경우	60 %

★ 화산 지형의 주민 생활

- 농업: 화산재 토양이 비옥하여 농업 발달에 유리함
- 광업: 은, 유황, 구리, 주석 등의 광물 자원이 풍부함
- 지열 발전: 뜨거운 지하수의 증기를 이용하여 전력을 생산함
- 관광 산업: 독특한 화산 지형과 온천 및 간헐천을 이용함

14 정답 ③ * 화산 지형

| 문제 + 자료 분석 |

- 간헐천, 노천 온천 등을 이용한 관광 산업, 지열 발전 → 화산 지형

| 보기 분석 |

- ㄱ. 온도와 습도가 높은 지역에서 잘 발달하는 지형은 카르스트 지형이다.
- ㄴ. 화산 지형에는 지열 에너지가 풍부해서 난방에 지열 에너지를 많이 사용한다.
- ㄷ. 화산 지형은 화산 활동이 활발하게 일어나는 지역에서 나타난다.
- ㄹ. 석회암이 물과 반응해 녹아 형성된 지형은 카르스트 지형이다.

15 정답 ④ * 자연재해의 특징과 대책

> ㉠ **자연재해대책법**
> **단서** 시민의 안전권을 보장하기 위한 법률
>
> 제1장 총칙
> 제1조(목적) 이 법은 ㉡ **태풍**, ㉢ **홍수** 등 자연현상으로 인한 재난으로부터 국토를 보존하고 국민의 생명·신체 및 재산과 주요 기간시설을 보호하기 위하여 자연재해의 예방·복구 및 그 밖의 대책에 관하여 필요한 사항을 규정함을 목적으로 한다. …(후략)
>
> **풍수해 유발** **침수 피해 유발**

| 문제 + 자료 분석 |

- ㉠ 자연재해대책법: 안전하고 쾌적한 환경에서 살아갈 시민의 권리를 규정한 우리나라의 헌법 제34조와 제35조를 바탕으로 국민의 생명과 재산을 보호하기 위해 제정된 법률 중 하나임

| 보기 분석 |

- ㄱ. ㉠ 자연재해대책법의 제1장 제1조를 보면 국가가 국민의 생명·신체 및 재산과 주요 기간시설을 보호하기 위한 목적으로 자연재해대책법이 제정되었음을 알 수 있다. 즉, 국가는 자연재해대책법을 통해 국민의 생명과 재산을 보호하고자 한다.
- ㄴ. ㉡ 태풍은 적도 주변의 바다에서 발원하여 중위도로 이동하는 열대 저기압이며 강한 바람과 많은 비로 인한 풍수해를 유발하기도 한다.
- ㄷ. 다목적 댐과 저수지는 물을 저장하여 용수를 공급하는 기능과 함께 홍수와 가뭄을 조절하는 기능을 한다. 따라서 다목적 댐, 저수지 등으로 ㉢ 홍수의 피해를 줄일 수 있다.
- ㄹ. ㉡ 태풍과 ㉢ 홍수는 우리나라의 겨울철보다 여름철에 발생 빈도가 높다. 따라서 우리나라는 여름철보다 겨울철에 ㉡ 태풍과 ㉢ 홍수로 인한 피해가 작다. 우리나라에서 여름철보다 겨울철에 피해가 큰 자연재해로는 한파, 폭설 등이 있다.

★ 태풍과 홍수

태풍	• 저위도의 열대 해상에서 발생해 고위도로 이동하는 열대 저기압 • 주로 7~9월 사이에 우리나라에 영향을 줌 • 가뭄 해결, 바닷물을 뒤섞어 적조 현상 완화 • 강한 바람, 많은 비, 홍수나 산사태, 농작물 피해, 건축물 파산, 해일 유발 등
홍수	• 장마 기간의 호우, 태풍 등에 의해 주로 발생 • 하천이 범람해 저지대의 농경지 및 가옥 침수

16 정답 ④ * 태풍의 특징

| 문제 + 자료 분석 |

- **(가)**: 강한 바람과 집중 호우, 선박 대피 및 결박, 부착물 고정, 호우로 인한 물 웅덩이, 간판 등의 낙하물 주의 → 태풍

| 선택지 분석 |

① 대기 중 미세 먼지 농도를 상승시키는 기후 현상으로는 황사가 대표적이다.
② 태풍은 기후적 요인에 의해 발생하는 자연재해이다. 지형적 요인에 의해 발생하는 자연재해로는 지진과 화산 활동이 대표적이다.
③ 지각이 불안정한 판의 경계에 위치한 국가에서 발생 빈도가 높은 자연재해는 지진과 화산 활동이다.
④ 태풍은 필리핀 동부의 열대 해상에서 발생하여 고위도 지방으로 이동한다.
⑤ 우리나라는 주로 여름철과 가을철에 태풍의 영향을 받는다. 주로 겨울철에 발생하는 자연재해로는 한파, 대설 등이 있다.

17 정답 ④ * 태풍과 폭설

| 문제 + 자료 분석 |

- **(가)** 태풍: 강한 바람과 폭우를 동반하고, 농작물과 건축물에 피해를 준다.
- **(나)** 폭설: 많은 눈이 단시간에 집중해 내리는 것으로, 교통 혼란이나 비닐하우스 붕괴 등의 문제가 발생한다.

| 선택지 분석 |

④ **(가)**: 태풍 발생 시에는 많은 비가 내리기 때문에 배수로를 정비해야 하며, 강한 바람으로 입간판과 시설물이 날려 피해를 주기도 한다.
   (나): 폭설 발생 시에는 많은 눈이 내려 비닐하우스가 붕괴되기도 하며, 미끄러지는 사고를 방지하기 위해 염화칼슘과 모래를 살포한다.

18 정답 ⑤ * 지진

| 문제 + 자료 분석 |

- ○○: 크고 무거운 물건을 선반에 올려두지 않음, 선반을 벽에 고정시킴, 문틀이 틀어져 문이 안 열리는 경우가 있음, 소지품으로 머리를 보호하며 건물과 떨어진 넓은 장소 또는 대형 건물 안으로 대피해야 함 → 지진

| 선택지 분석 |

① 열대 해상에서 발생하며 강풍과 폭우를 동반하는 자연재해는 태풍이다.
② 신속한 제설 작업으로 교통 혼란을 줄일 수 있는 자연재해는 많은 눈이 내려 발생하는 대설이다.
③ 무더위로 인한 일사병과 열사병을 유발하는 자연재해는 기온이 크게 상승하여 여름철에 주로 발생하는 폭염이다.
④ 오랫동안 비가 오지 않아 각종 용수가 부족해지는 자연재해는 가뭄이다.
⑤ 내진 설계 기준을 강화함으로써 피해를 줄일 수 있는 자연재해는 땅이 갈라지고 흔들려 발생하는 지진이다.

19 정답 열대 저기압(태풍)

| 문제 + 자료 분석 |

- 자동차가 바람에 날려 나무에 걸쳐 있고, 나무가 휘어져 있다. 이는 태풍으로 인한 피해 모습이다.
- 태풍은 강한 바람과 많은 비를 동반하며 홍수나 산사태, 농작물 피해, 건축물 파손, 해일 유발 등의 피해를 일으킨다.

20 핵심 키워드 : 저위도의 열대 해상, 강한 바람과 폭우

모범 답안   열대 저기압은 저위도의 열대 해상에서 발생해 고위도로 이동하며, 주로 여름철에 강한 바람과 폭우로 인한 피해를 발생시킨다.

| 문제 + 자료 분석 |

- 열대 저기압(태풍)은 주로 7~9월 사이에 우리나라에 영향을 주는 자연재해로, 어떤 피해를 주는지 떠올리며 특징을 서술한다.

＊ 채점 기준

발생지와 부정적 영향을 정확하게 서술한 경우	100 %
발생지와 부정적 영향 중 한 가지만 정확하게 서술한 경우	50 %

21 정답 ⑤ * 기후와 인간 생활

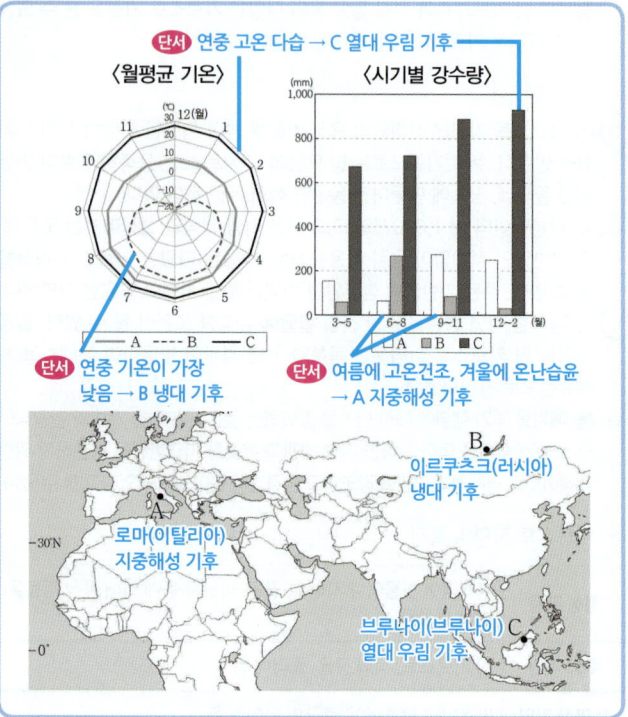

| 문제 + 자료 분석 |

- **A 로마(이탈리아)**: 6~8월(여름)에 고온 건조하고, 12월~2월(겨울)에 온난 습윤한 지중해성 기후 지역
- **B 이르쿠츠크(러시아)**: 세 지역 중 연중 기온이 가장 낮고, 기온의 연교차가 가장 큰 냉대 기후 지역
- **C 브루나이(브루나이)**: 연중 기온이 높고 강수량이 많은 열대 우림 기후 지역

| 선택지 분석 |

① 지중해성 기후가 나타나는 **A** 로마에는 오렌지, 올리브, 포도 등을 재배하는 수목 농업이 활발하다.
② 냉대 기후가 나타나는 **B** 이르쿠츠크에는 타이가라고 불리는 침엽수림이 넓게 분포한다.
③ 열대 우림 기후가 나타나는 **C** 브루나이에는 지면의 열과 습기를 피하기 위해 가옥의 바닥을 지면에서 띄워 짓는 고상 가옥이 발달한다.
④ **A** 로마는 연 강수량 중 12~2월 강수량 비중이 높은 편이지만, **B** 이르쿠츠크는 연 강수량 중 12월~2월 강수량 비중이 가장 낮으므로 **A** 로마는 **B** 이르쿠츠크보다 12~2월 강수 집중률이 높다.
⑤ 적도 부근에 위치하여 연중 기온이 높은 **C** 브루나이는 고위도에 위치하여 가장 더운 달과 가장 추운 달의 기온 차이가 큰 **B** 이르쿠츠크보다 기온의 연교차가 작다.

＊ 기후별 특징

열대 기후	• 적도 주변에 분포하여 연중 기온이 높고 강수량이 많음 • 얇고 간편한 의복, 고상 가옥 발달
온대 기후	• 중위도에 주로 분포하여 계절의 변화가 뚜렷함 • 기온이 온난하여 농경에 유리함
냉대 기후	• 고위도에 주로 분포하여 기온의 연교차가 큼 • 침엽수림(타이가)이 넓게 분포

22 정답 ④ * 기후와 생활 양식

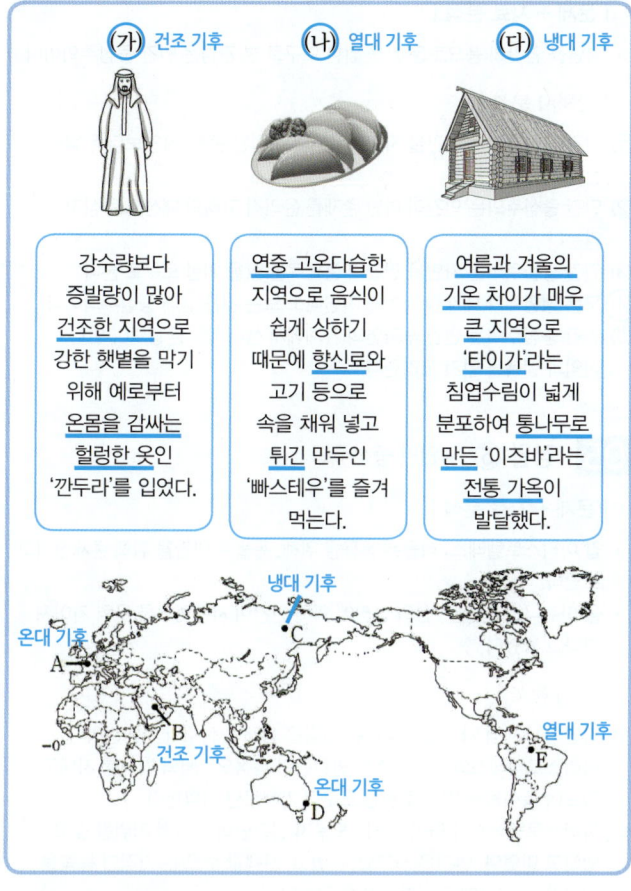

(가) 건조 기후   **(나)** 열대 기후   **(다)** 냉대 기후

강수량보다 증발량이 많아 건조한 지역으로 강한 햇볕을 막기 위해 예로부터 온몸을 감싸는 헐렁한 옷인 '간두라'를 입었다.	연중 고온다습한 지역으로 음식이 쉽게 상하기 때문에 향신료와 고기 등으로 속을 채워 넣고 튀긴 만두인 '빠스테우'를 즐겨 먹는다.	여름과 겨울의 기온 차이가 매우 큰 지역으로 '타이가'라는 침엽수림이 넓게 분포하여 통나무로 만든 '이즈바'라는 전통 가옥이 발달했다.

| 문제 + 자료 분석 |

- **(가)** 건조(사막) 기후: 강수량보다 증발량이 많아 건조하며 예로부터 온몸을 감싸는 헐렁한 옷을 입음
- **(나)** 열대 기후: 연중 고온다습하여 음식이 쉽게 상하기 때문에 음식에 향신료를 많이 사용함
- **(다)** 냉대 기후: 기온의 연교차가 매우 크며 '타이가'라 불리는 침엽수림이 넓게 분포함

| 선택지 분석 |

④ (가): 건조(사막) 기후 지역인 사우디아라비아의 리야드(B)이다.
  (나): 열대 기후 지역인 브라질의 마나우스(E)이다.
  (다): 냉대 기후 지역인 러시아의 베르호얀스크(C)이다.
  A는 온대 기후 지역인 프랑스의 파리, D는 온대 기후 지역인 오스트레일리아의 시드니이다.

* 냉대 기후의 타이가

타이가는 원래 시베리아에 발달한, 소나무처럼 잎이 바늘같이 뾰족한 나무가 모인 침엽수림을 의미하는 단어였다. 오늘날에는 유라시아 대륙과 북아메리카 대륙의 냉대 기후 지역에 분포하는 침엽수림을 뜻한다.

▲ 타이가

이 지역은 임업 자원의 보고로 경제적 가치가 매우 높아 자연스럽게 임업이 발달하게 되었다. 또한, 주민들은 전통적으로 주변에서 쉽게 구할 수 있는 나무를 이용하여 통나무집을 짓고 살아왔다.

---

23 정답 ④ * 태풍과 황사

남쪽에서 북쪽으로 한반도를 관통하는 이동 경로를 보이는 **(가) - 태풍**

중국과 몽골의 건조 기후 지역에서 발원하여 편서풍을 타고 우리나라와 일본으로 이동하는 **(나) - 황사**

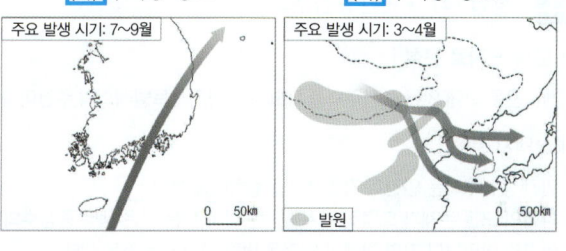

(가)의 이동 경로   **(나)**의 이동 경로

주요 발생 시기: 7~9월   주요 발생 시기: 3~4월

발원

[보기]

ㄱ. (가)는 ~~지형적~~ 요인에 의해 발생한다. ← 기후적
ㄴ. (가)는 주로 **강풍과 폭우를 동반한다.** ← 풍수해를 유발함
ㄷ. ~~(나)~~는 열대 해상에서 발생하여 고위도로 이동한다. ← 태풍
ㄹ. (나)로 인해 **호흡기 질환과 같은 신체적 피해가** ← 대기 중 미세먼지 농도를 높임
   발생한다.

| 문제 + 자료 분석 |

- **(가)**: 남쪽에서 한반도에 상륙하기 시작하여 북동쪽으로 전진하며 한반도를 관통 후 빠져나가는 경로 → 태풍
- **(나)**: 중국 서부와 몽골의 건조 기후 지역에서 발원하여 편서풍을 타고 한국과 일본으로 이동하는 경로 → 황사

| 보기 분석 |

ㄱ. 태풍은 기후적 요인에 의해 발생하는 자연재해이다. 지형적 요인에 의해 발생하는 자연재해로는 지진과 화산 활동이 있다.
ㄴ. 태풍은 주로 강한 바람(강풍)과 폭우를 동반하여 풍수해를 유발한다.
ㄷ. 필리핀 동부의 열대 해상에서 발생하여 고위도로 이동하는 자연재해는 태풍이다.
ㄹ. 황사로 인해 대기 중 미세먼지 농도가 급격히 상승하게 되면 호흡기, 안과 질환 등의 신체적 피해가 발생한다.

* 태풍과 황사

구분	태풍	황사
의미	저위도의 열대 해상에서 발생해 고위도로 이동하는 열대 저기압	중국 내륙 건조 지역에서 발생한 모래 먼지가 바람을 타고 우리나라로 날아오는 현상
발생 시기	주로 여름과 가을	주로 봄
발생 원인	열대 해상의 해수 온도 상승	유라시아 대륙 내부의 사막화
피해 유형	산사태, 홍수, 간판 낙하 등	호흡기 및 안과 질환, 항공기 결항, 정밀 기계의 고장 등

05 인간과 자연의 관계

내신 대비 필수 문제   문제편 62~66p

01 정답 ④ * 인간 중심주의

| 문제 + 자료 분석 |

• 제시문은 고대 인간 중심주의를 대표하는 아리스토텔레스의 주장이다.

| 선택지 분석 |

① 인간 중심주의는 인간이 자연보다 우월하다고 본다.
② 자연의 모든 존재가 도덕적 가치를 지닌다고 보는 것은 생태 중심주의다.
③ 인간의 이익보다 자연 전체의 안정을 먼저 고려하는 것은 생태 중심주의다.
④ 아리스토텔레스는 이성적 존재인 인간이 자연을 활용할 수 있다고 본다.
⑤ 윤리적 고려의 대상을 무생물까지 확대하는 것은 생태 중심주의다.

02 핵심 키워드: 무분별한 개발, 환경 파괴

모범 답안 인간 중심주의가 지나치게 강조되면 무분별한 개발로 인해 자원이 고갈되고 환경이 파괴되는 문제가 발생한다.

| 문제 + 자료 분석 |

• 인간 중심주의는 자연을 개발의 대상으로 보아 지나치게 강조되면 생태계 파괴와 같은 환경 위기를 초래할 수 있다.

✻ 채점 기준

인간 중심주의가 환경 파괴 문제로 이어질 수 있다고 서술한 경우	100 %
인간 중심주의만 언급한 경우	40 %

03 정답 ④ * 인간 중심주의

| 문제 + 자료 분석 |

• 인간 중심주의 관점을 가진 사상가인 베이컨의 주장이다.

| 보기 분석 |

ㄱ. 생태 중심주의 관점이다. 인간 중심주의는 인간을 가장 가치 있는 존재로 여기며, 자연을 인간의 풍요로운 삶을 위한 도구로 여긴다.
ㄴ. 베이컨은 자연을 탐구하고 개발하는 것이 인간의 삶을 풍요롭게 하는 데 도움을 준다고 보았다. 이와 같이 인간 중심주의 입장은 자연을 인간의 욕구 충족을 위한 도구로 간주한다.
ㄷ. 인간 중심주의는 인간만이 본래적 가치가 있다고 본다.
ㄹ. 인간 중심주의는 인간과 자연을 분리하여 바라보는 이분법적 관점을 취한다. 이분법적 관점에 따르면 인간은 자연의 한 부분으로서가 아니라 자연으로부터 독립된 존재, 자연보다 우월한 존재이다.

✻ 인간 중심주의 관점을 가진 사상가

아리스토텔레스	• "식물은 동물의 생존을 위해, 동물은 인간의 생존을 위해서 존재한다." • 이성을 지닌 인간은 자연을 이용할 수 있다고 봄
베이컨	• "아는 것이 힘이다. 자연을 인간에게 이롭도록 지식을 활용해야 한다." • 자연을 정복해 인간의 물질적 생활을 향상시키는 것이 과학의 목적임
데카르트	"우리는 자연의 주인이자 소유자가 될 수 있다. 인간은 정신을 소유한 존엄한 존재이지만, 자연은 의식이 없는 물질이다."

04 정답 ④ * 인간 중심주의

| 문제 + 자료 분석 |

• 자연을 인간의 풍요로운 삶을 위한 도구로 본 관점은 인간 중심주의이다.

| 선택지 분석 |

① 인간 중심주의는 인간을 자연으로부터 독립된 존재, 자연보다 우월한 존재로 본다.
② 인간 중심주의는 인간이 아닌 존재를 윤리적 고려의 대상으로 삼지 않는다.
③ 인간 중심주의는 자연을 인간의 풍요로운 삶을 위한 도구로 본다.
④ 모든 생명체가 내재적 가치를 지닌다고 보는 것은 생태 중심주의이다.
⑤ 인간 중심주의는 인간과 자연의 관계에서 생태계의 균형보다 인간의 이익과 행복을 먼저 고려한다.

05 정답 ⑤ * 인간 중심주의

| 문제 + 자료 분석 |

• 갑 아리스토텔레스: 식물은 동물을 위해, 동물은 인간을 위해 존재한다고 보았다.
• 을 아퀴나스: 동물은 신의 섭리에 의해 인간이 사용하도록 운명 지어져 있다고 보았다.

| 보기 분석 |

ㄱ. 자연의 내재적 가치를 존중하는 입장은 생태 중심주의 자연관이다. 아리스토텔레스와 아퀴나스는 인간만이 목적으로서의 가치를 지니고 있으며 동식물은 인간을 위한 도구적 가치로만 파악한다.
ㄴ. 아리스토텔레스와 아퀴나스는 오로지 인간만이 도덕적 지위를 갖고 있다고 믿었다. 인간은 사고할 수 있고, 선택할 수 있는 지적인 능력을 갖고 있기 때문에 도덕적 지위를 갖는다.
ㄷ. 아리스토텔레스와 아퀴나스는 인간 중심주의 자연관의 입장에서 자연은 인간의 행복과 복지를 위해 이용 가능하다고 본다.
ㄹ. 아리스토텔레스와 아퀴나스는 도구적 자연관의 입장에서 자연을 인간의 욕구 충족에 필요한 도구로 생각하며, 인간의 풍요로운 삶을 위해 자연을 마음대로 이용할 수 있다고 생각한다.

06 정답 ① * 생태 중심주의

| 문제 + 자료 분석 |

• 자연의 내재적 가치를 강조한 관점은 생태 중심주의이다.

| 보기 분석 |

ㄱ. 생태 중심주의는 자연이 인간에게 주는 유용성과 관계없이 그 자체로 존중받을 가치가 있다고 여긴다.
ㄴ. 생태 중심주의는 인간을 포함한 자연 전체를 하나로 보는 전일론적 관점을 취한다. 전일론적 관점에 따르면 자연은 인간, 동식물, 환경 등과 같은 다양한 구성원이 유기적으로 얽혀 있다.
ㄷ. 생태 중심주의는 인간뿐만 아니라 동물, 식물, 그리고 토양과 물 같은 무생물을 포함한 생태계 전체를 도덕적으로 대우해야 한다고 본다.
ㄹ. 생태 중심주의는 인간과 자연의 관계에서 인간의 이익보다 인간을 포함한 자연 전체의 균형과 안정을 먼저 고려한다. 그러므로 인간을 다른 존재보다 본질적으로 더 가치 있다고 생각하지 않는다.

✻ 레오폴드의 생태 중심주의

레오폴드는 공동체의 범위를 식물, 동물, 토양, 물을 포함하는 대지 전체로 보았다. 따라서 인간은 자연을 지배의 대상으로 보지 말고 공동체로 존중해야 한다고 보았으며, 생명 공동체의 통합성과 안정성 그리고 아름다움의 보전에 이바지하는 것이 옳다고 생각했다.

07 정답 ① * 생태 중심주의

| 문제 + 자료 분석 |

- 레오폴드: 대지는 수많은 존재가 서로 균형을 맞추며 살아가는 공동체이며 생태계 전체가 도덕적 고려의 대상임

| 선택지 분석 |

(진술 1) 레오폴드는 생명 공동체인 생태계 전체의 안정과 균형에 이바지하는 것이 윤리적이라고 본다.
(진술 2) 레오폴드에 따르면 인간은 자연의 평범한 구성원이며, 인간과 자연은 유기적인 관계이다.
(진술 3) 레오폴드는 전일론적 관점에서 자연 그 자체가 도덕적 고려의 대상임을 강조한다.
(진술 4) 레오폴드는 자연은 그 자체로 가치를 지니므로 자연을 인간을 위한 수단으로만 보면 안 된다고 주장했다.

08 정답 ② * 생태 중심주의

| 문제 + 자료 분석 |

- 제시문은 레오폴드의 관점으로 생태 중심주의를 대표한다.
- 생태 중심주의는 자연을 단순히 수단으로만 보지 않고 그 자체로 가치를 지닌다고 본다.

| 선택지 분석 |

① 생태 중심주의는 자연은 인간을 비롯한 다양한 구성원이 유기적으로 얽혀 있으며, 인간은 이러한 자연의 한 구성원일 뿐이라고 주장한다.
② 자연을 인간의 욕구 충족을 위한 수단으로 보는 것은 인간 중심주의 입장이다.
③ 생태 중심주의는 인간은 생태계의 안정을 유지할 의무가 있으며, 생태계 균형을 파괴하는 무분별한 개입을 자제해야 한다고 본다.
④ 생명 중심주의는 생태계 전체를 하나의 유기체로 보고 공동체의 범위를 인간에서 대지 전체로 확대하였다.
⑤ 생태 중심주의는 자연이 지닌 내재적 가치를 인정하는 입장으로 이는 자연의 모든 존재가 존중받을 가치가 있다고 보는 관점이다.

* 인간 중심주의와 생태 중심주의

인간 중심주의	• 인간의 이익이나 행복을 먼저 고려하는 관점 • 지나칠 경우 심각한 환경 문제를 발생시킬 수 있음
생태 중심주의	• 자연 전체의 균형과 안정을 먼저 고려하는 관점 • 지나칠 경우 환경 파시즘으로 흐를 수 있음

09 정답 ④ * 인간 중심주의와 생태 중심주의

| 문제 + 자료 분석 |

- 갑 레오폴드: 생태계는 하나의 유기체이며, 인간은 자연에 대해 도덕적 의무를 지닌다.
- 을 데카르트: 인간은 자연보다 우월한 존재이며, 인간은 자연을 도구로 사용할 수 있다.

| 선택지 분석 |

① 을은 인간만이 도덕적 지위를 지니는 존재라는 점을 강조한다.
② 을은 무생물과 생태계 등에 대한 도덕적 의무가 없다고 본다.
③ 을은 인간이 자연보다 우월하고 귀한 존재라고 주장한다.
④ 자연을 인간을 위한 도구로 보는 을과 달리, 갑은 인간이 자연에 대해 도덕적 의무를 지닌다고 본다.
⑤ 갑은 자연이 가진 내재적 가치를 중시해야 한다고 강조한다.

10 정답 ④ * 인간 중심주의와 생태 중심주의

| 문제 + 자료 분석 |

- 갑 생태 중심주의: 인간의 이익보다 자연 전체의 균형과 안정을 먼저 고려해야 함
- 을 인간 중심주의: 인간이 가장 가치 있으며, 인간과 자연의 관계에서 인간의 이익을 먼저 고려해야 함

| 선택지 분석 |

① 생태 중심주의는 인간을 자연의 구성원이라고 보지만, 인간 중심주의는 인간이 자연보다 우위에 있다고 본다.
② 생태 중심주의는 인간과 자연이 유기적 관계라고 보지만, 인간 중심주의는 인간과 자연이 분리된 존재라고 본다.
③ 인간 중심주의는 인간을 위해 자연을 이용할 수 있다고 본다.
④ 생태 중심주의는 자연의 내재적 가치를 강조하지만, 인간 중심주의는 자연의 도구적 가치를 강조한다.
⑤ 생태 중심주의는 자연 전체의 균형을, 인간 중심주의는 인간의 이익을 먼저 고려해야 한다고 본다.

11 정답 (가) 인간 중심주의, (나) 생태 중심주의

| 문제 + 자료 분석 |

- (가): 자연을 인간을 위한 도구로 보는 인간 중심주의자이다.
- (나): 인간을 생태계의 구성원으로 보는 생태 중심주의자이다.

12 핵심 키워드: 장기적인 이익, 가치 존중

[모범 답안] (가) 인간 중심주의는 자연을 인간의 욕구 충족을 위한 도구로 보기 때문에 인간의 장기적인 이익을 위해 자연을 보호해야 한다고 본다. (나) 생태 중심주의는 자연 그 자체의 가치를 존중해야 하기 때문에 자연을 보호해야 한다고 본다.

| 문제 + 자료 분석 |

- 인간 중심주의는 자연의 도구적 가치를, 생태 중심주의는 자연의 내재적 가치를 강조하며 환경 보호의 필요성에 대해 이야기한다.

* 채점 기준

(가), (나) 관점이 환경 보호의 필요성에 동의하는 근거를 구체적으로 서술한 경우	100 %
(가), (나) 관점 중 한 가지 관점에서 환경 보호의 필요성에 동의하는 근거를 구체적으로 서술한 경우	50 %

13 정답 ⑤ * 인간과 자연의 바람직한 관계

| 문제 + 자료 분석 |

- 강연자(생태 중심주의): 자연은 그 자체로 가치를 지니며, 인간의 이익보다 자연 전체의 균형을 먼저 고려해야 함

| 선택지 분석 |

① 생태 중심주의에 따르면 인간은 자연보다 우월한 존재가 아니며, 인간은 자연의 구성원 중 하나이다.
② 생태 중심주의에 따르면 인간의 삶과 자연은 유기적으로 연결되어 있다.
③ 생태 중심주의에 따르면 자연의 어떤 존재도 인간을 위한 도구로만 여기지 않아야 하며, 인간은 자연에 대한 도덕적 의무를 다해야 한다.
④ 생태 중심주의에 따르면 자연은 인간의 경제적 이익과 별개로 그 자체로 내재적 가치를 지닌다.
⑤ 생태 중심주의는 개체에 대한 존중보다 자연 전체의 조화와 균형이 더 중요하다는 전일론의 입장이다.

14 정답 ③ ＊인간과 자연의 바람직한 관계

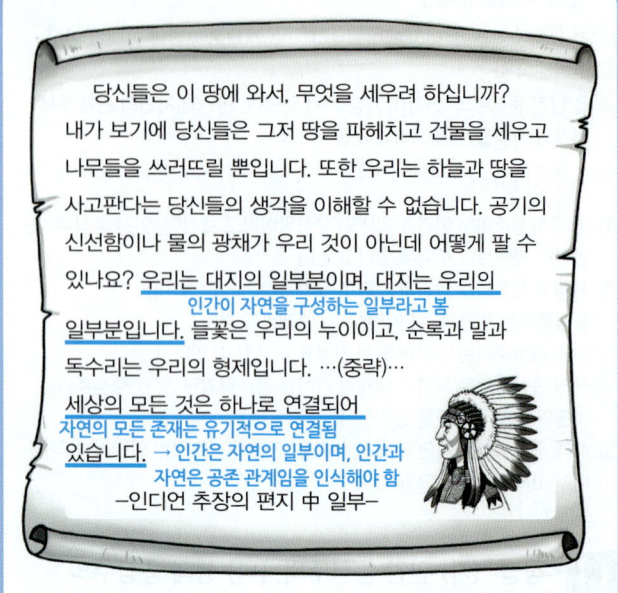

당신들은 이 땅에 와서, 무엇을 세우려 하십니까?
내가 보기에 당신들은 그저 땅을 파헤치고 건물을 세우고
나무들을 쓰러뜨릴 뿐입니다. 또한 우리는 하늘과 땅을
사고판다는 당신들의 생각을 이해할 수 없습니다. 공기의
신선함이나 물의 광채가 우리 것이 아닌데 어떻게 팔 수
있나요? 우리는 대지의 일부분이며, 대지는 우리의
<u>인간이 자연을 구성하는 일부라고 봄</u>
일부분입니다. 들꽃은 우리의 누이이고, 순록과 말과
독수리는 우리의 형제입니다. …(중략)…
세상의 모든 것은 하나로 연결되어
<u>자연의 모든 존재는 유기적으로 연결됨</u>
있습니다. → 인간은 자연의 일부이며, 인간과
<u>자연은 공존 관계임을 인식해야 함</u>
-인디언 추장의 편지 中 일부-

| 문제 + 자료 분석 |

• 인디언 추장: 인간은 자연의 일부이며, 자연의 모든 존재는 유기적으로
연결되어 있음. 따라서 자연을 파괴하고 거래의 대상으로 바라보는 것은
잘못임

| 선택지 분석 |

① 인디언 추장은 인간을 포함한 자연 만물을 경제적 가치로만 평가하는
것은 잘못이라고 보았다.
② 인디언 추장은 인간은 자연의 한 부분이므로 인간에게 자연에 대한
소유권은 있지 않다고 본다.
③ 인디언 추장은 인간은 자연과 유기적인 관계임을 강조하고, 자연을
파괴하거나 거래하는 것을 반대한다.
④ 인디언 추장은 인간을 자연보다 우월한 존재가 아니라 자연의 구성원 중
하나라고 본다.
⑤ 인디언 추장은 인간과 자연이 분리될 수 없다는 점을 강조하며 인간에게
자연을 지배할 권리는 없다고 본다.

15 정답 ⑤ ＊동양의 자연관

| 문제 + 자료 분석 |

• (가): 하늘과 인간이 하나로 일치하는 경지를 지향한 유교
• (나): 만물이 상호 의존하고 있음을 알고 자비를 베풀 것을 강조한 불교
• (다): 무위자연(無爲自然)을 추구하며 인간과 자연의 조화를 강조한 도가

| 선택지 분석 |

① 인간 중심주의 관점을 가진 대표적 철학자 데카르트의 말이다.
② 인류의 행복을 위해 자연을 보전해야 한다는 입장은 온건한 인간
중심주의의 입장이다.
③ 인간과 자연을 이분법적 관점에서 바라보고, 인간을 자연의 지배자로
보는 것은 인간 중심주의이다.
④ 자연을 인간의 풍요로운 삶을 위한 도구에 불과하다고 보는 입장은 인간
중심주의의 입장이다.
⑤ (가)는 유교, (나)는 불교, (다)는 도가 사상이다. 동양의 자연관은
공통적으로 환경 친화적 성격을 갖고 있다. 인간은 자연과 분리되어
존재하는 것이 아니라 자연 속에서 더불어 존재한다고 보고, 자연과
조화를 이루어야 한다고 본다.

16 정답 ④ ＊환경 회복을 위한 노력

| 문제 + 자료 분석 |

• 환경 회복을 위해서는 자연과 인간이 유기적으로 연결되어 있음을 인식하
고, 생태 감수성과 생태 전환적 사고를 바탕으로 자연과 인간이 공존하며
살아갈 수 있는 지속 가능한 삶을 추구해야 함

| 보기 분석 |

ㄱ 생태 도시는 사람과 자연이 조화되며 공생할 수 있는 체계를 갖춘 도시이
다. 따라서 생태 도시를 지정하는 것은 생태계 회복을 위한 제도적 시도이
므로 ㉠에 기여한다.
ㄴ 하천 복원 사업은 인공 소재로 자연을 손상시킨 인간이 자연 소재로 하천
을 복원하여 생태계에 대한 책임을 지고 생태계를 회복하려는 윤리적 실
천이다.
ㄷ 자연형 호안 조성 사업은 기존의 인공 소재의 호안을 자연 소재로 복원하
는 것이므로 하천이 스스로 정화하는 능력(자정 능력)을 높이는 것이다.
ㄹ. 생물종 다양성이 증가하면 수목과 하천 서식 생물종이 증가한다. 따라서
생물종 다양성 증가는 인간과 자연의 공존을 촉진하는 역할을 한다고 볼
수 있다.

17 정답 ③ ＊지역 개발과 환경 보전

| 문제 + 자료 분석 |

• ㉠ : 조력 발전소 건설에 대한 찬성 의견의 근거(지역 개발)
• ㉡ : 조력 발전소 건설에 대한 반대 의견의 근거(환경 보전)

| 선택지 분석 |

① 조력은 신·재생 에너지에 해당하므로, 조력 발전소를 건설하면 신·재생
에너지 정책에 일조할 수 있다.
② 조력 발전소를 운영하는 데 필요한 인력들이 근무하게 되므로 고용 창출
및 지역 경제 활성화를 기대할 수 있다.
③ 신·재생 에너지인 조력을 활용하는 발전소는 화력 발전보다 대기오염
물질 배출량이 적다.
④ 조력 발전소가 건설되면 밀물과 썰물의 자유로운 이동이 방해받아 생물종
다양성이 감소할 수 있다.
⑤ 조력 발전소가 건설되면 조류의 흐름이 바뀌어 갯벌 면적이 감소하고
주민들의 생계에 악영향을 끼칠 수 있다.

18 정답 ③ ＊동양의 자연관

| 문제 + 자료 분석 |

• (가): 모든 사람과 사물은 서로 연결됨 → 상호 의존성을 강조하는 불교
• (나): 천지자연을 따르는 자, 변화는 모두 자연을 따르고 있음 → 자연
그대로의 질서를 따르려는 도가

| 선택지 분석 |

① 인간을 자연보다 우월한 존재로 보는 입장은 인간 중심주의 자연관이다.
② 인간이 자연을 이용할 권리를 지닌다는 관점은 인간 중심주의
자연관이다.
③ 동양의 자연관은 인간도 생태계의 구성원으로서 자연 속의 다른 존재들과
함께 의존하며 살아간다고 본다.
④ 자연은 인간에게 무한정의 기회를 제공한다는 관점은 인간 중심주의
자연관이다.
⑤ 자연을 인간의 풍요로운 삶을 위한 도구로 보는 입장은 인간 중심주의
자연관이다.

19 핵심 키워드: 환경친화적, 조화

모범 답안 (가), (나) 사상 모두 동양의 자연관으로, 환경친화적 태도를 보이면서 인간과 자연의 조화를 강조하고 있다.

| 문제 + 자료 분석 |

· 불교는 만물이 서로 관련을 맺고 있어 모든 생명을 중시해야 한다고 보았다.
· 도가는 무위자연의 원리를 바탕으로 인간과 자연의 조화를 강조했다.
· 이처럼 동양의 자연관은 인간을 자연과 더불어 살아가는 존재로 보았다.

✱ 채점 기준

두 사상 모두 인간과 자연의 조화를 강조했다고 서술한 경우	100 %
두 사상 모두 동양의 자연관임을 언급한 경우	30 %

20 정답 ③ ✱ 인간과 자연의 바람직한 관계

| 문제 + 자료 분석 |

· 제시문은 까치밥 사례로 우리 조상들이 인간과 자연의 공존을 추구했음을 보여준다.

| 보기 분석 |

ㄱ. 까치밥을 남겨두었다고 하여 인간과 동물의 동일한 권리를 인정하는 것은 아니다.
ㄴ. 까치밥은 겨우내 먹을 것이 없는 동물을 배려하는 것으로, 이를 통해 우리 조상들이 인간과 자연의 유기적인 관계를 인정하고 있음을 알 수 있다.
ㄷ. 제시문의 까치밥 사례를 통해 우리 조상들이 인간과 자연의 공존과 조화를 추구했음을 알 수 있다.
ㄹ. 제시문은 우리 조상들이 자연과 공존하려는 모습을 보여주고 있다. 인간과 동물만을 도덕적 고려의 대상으로 보고 있는 것은 아니다.

내신 1등급 문제   문제편 66~67p

21 정답 ② ✱ 인간 중심주의와 생태 중심주의

갑: (인간 중심주의) 인간은 자연의 사용자 및 해석자로서 자연의 질서에 대해 자연을 인간의 이익을 위한 도구로 인정함 실제로 관찰하고, 고찰한 것만큼 무엇인가를 할 수 있으며 이해할 수 있다. 그 이상의 것은 알 수도 없고, 할 수도 없다. 인간의 지식이 곧 인간의 힘이다.

을: (생태 중심주의) 대지에 기울인 정성, 믿음 등에 의해 인간과 대지의 관계가 좌우된다. 이 관계에서는 대지에 대한 경제적 타산과 함께 생태계의 균형과 안정에 이바지해야 함 윤리적·심미적 측면까지 고려된다.

| 문제 + 자료 분석 |

· 갑 베이컨: 자연을 인간의 필요와 이익을 위해 사용할 수 있다.
· 을 레오폴드: 자연을 공동체로 존중하며 자연 그 자체의 가치를 존중해야 한다.

| 선택지 분석 |

㉠ 인간 중심주의는 이성을 지닌 인간만이 본래적 가치를 지닌다고 보고, 인간이 자연을 지배할 수 있다고 보았다.
㉡ 인간과 자연을 상호 의존적인 관계로 본 것은 생태 중심주의이다.
㉢ 자연을 생명이 없는 물질적 존재로 본 것은 인간 중심주의이다.
㉣ 생태 중심주의는 인간은 자연의 정복자가 아니라 상호 의존적인 부분들로 이루어진 공동체의 한 구성원임을 주장한다.

22 정답 ③ ✱ 생태 중심주의

갑: 단서 인간은 자연의 사용자이며 해설자로서 자신의 의지에 따라 사용하지 못할 것은 자연 내에 아무것도 없다. 따라서 우리는 자연이 인간에게 이로움을 줄 수 있도록 과학적 지식을 활용해야 한다.

을: 인간은 상호 의존적인 부분들로 이루어진 공동체의 한 구성원이다. 따라서 인간은 생명 공동체를 보존하기 위해 단서 대지를 이용할 때 경제적 관점뿐만 아니라 윤리적, 심미적 관점에서도 검토해야 한다.

| 문제 + 자료 분석 |

· 갑 베이컨(인간 중심주의): 도덕적으로 고려되어야 할 대상은 인간뿐임. 자연과 인간을 구분하여 자연을 인간의 목적 달성을 위한 수단으로 봄
· 을 레오폴드(생태 중심주의): 생태계 자체를 도덕적으로 고려해야 함. 자연을 수단으로만 보는 것이 아니라, 자연, 동물, 인간 모두 생태계의 구성원으로서 그 자체로 가치를 지닌다고 봄

| 선택지 분석 |

① 갑(베이컨)과 을(레오폴드) 모두 인간의 도덕적 지위를 인정하며, 인간이 내재적 가치를 지닌다고 본다.
② 생태계 전체를 도덕적 고려의 대상으로 보는 것은 을(레오폴드)의 입장이다. 갑(베이컨)은 도덕적 고려 대상을 인간으로 본다.
③ 갑(베이컨)은 자연을 인간의 목적 달성을 위한 수단으로 본다. 따라서 필요에 따라 자연을 이용할 수 있다. 을(레오폴드)의 경우 생태계 전체의 조화, 균형과 안정을 강조하는 것은 맞지만, 이를 위해 자연을 절대 이용할 수 없음을 주장하는 것은 아니다. 을(레오폴드)은 생태계의 균형을 무너뜨리지 않는 한에서 동식물을 자원으로 활용할 수 있다고 본다. 함정
④ 을(레오폴드)은 생태계 구성원 전체의 유기적 관계를 강조한다. 인간과 자연 전체는 구분되는 것이 아니라 서로 그물망처럼 얽힌 유기적 관계를 이룬다.
⑤ 인간을 자연의 주인으로 보는 것은 갑(베이컨)의 입장이다. 인간과 자연을 독립적인 존재로 구분하고 자연을 인간의 목적 달성을 위한 수단으로 이용할 수 있음을 강조한다.

23 정답 ① ✱ 인간 중심주의와 생태 중심주의

(가) (생태 중심주의) 대지(大地)는 인간을 비롯한 자연의 모든 존재들이 서로 전일론적 관점(모든 생명체가 자연의 일부임) 그물망처럼 얽혀 있는 공동체이다. 따라서 생태계 전체를 하나의 도덕 공동체로 보아 이를 존중해야 한다.

(나) (인간 중심주의) 식물은 동물의 생존을 위해서, 동물은 인간의 생존을 위해서 존재한다. …(중략)…자연은 일정한 목적이나 의도를 위한 것이라는 우리의 믿음이 타당하다면, 그것은 다름 아닌 인간을 위한 것임에 틀림이 없다.
자연의 도구적 가치 강조

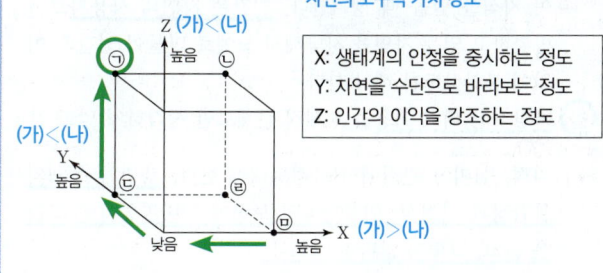

X: 생태계의 안정을 중시하는 정도
Y: 자연을 수단으로 바라보는 정도
Z: 인간의 이익을 강조하는 정도

- (가) 레오폴드: 생태계 전체를 하나의 공동체로 봄
- (나) 아리스토텔레스: 식물은 동물을 위해, 동물은 인간을 위해서 존재함

| 선택지 분석 |

① X: 인간의 이익을 중시하는 (나)는 (가)보다 생태계의 안정을 중시하는 정도가 낮다. 따라서 X의 낮음에 속하는 ㉠, ㉢이 답의 후보군이다.
Y: 자연을 도구로 바라보는 (나)는 (가)보다 자연을 수단으로 바라보는 정도가 높다. 따라서 여전히 ㉠, ㉢이 답의 후보군이다.
Z: (나)는 (가)에 비해 인간의 이익을 강조하는 정도가 높다. 따라서 ㉠, ㉢ 중에 Z의 높음에 해당하는 ㉠이 정답이다.

24 정답 ⑤ * 동양의 자연관

갑 불교: 인드라망은 끝없이 큰 그물로 이음새마다 보석처럼 투명하게 빛나는 구슬이 자리 잡고 있다. 구슬들은 혼자 빛날 수 없으며 반드시 다른 구슬의 빛을 받아야만 상호 의존성 세상을 밝힐 수 있다.

을 도가: 도(道)가 크고 하늘이 크고 땅이 크고 인간도 크다. 인간은 땅을 따르고, 땅은 하늘을 따르고 하늘은 도를 따르고, 도는 스스로 그러함[自然]을 따른다.

| 문제 + 자료 분석 |

- 갑 불교: 연기설을 바탕으로 세상 만물이 상호 의존적으로 존재한다고 보았다.
- 을 도가: 무위자연의 삶을 추구하며 인간과 자연이 조화를 이루어야 한다고 보았다.

| 보기 분석 |

ㄱ. 불교는 만물이 연기에 의해 상호 의존적으로 존재한다고 보았다.
ㄴ. 자연을 움직이는 기계로 본 것은 서구의 기계론적 자연관이다.
ㄷ. 불교와 도가를 비롯한 동양 사상은 자연과의 조화와 상생을 강조한다.
ㄹ. 도가는 자연의 질서에 따르는 무위자연의 삶을 이상적 삶으로 보았다.

* 유교, 불교, 도가의 자연관

유교	• 만물은 그 자체로 가치가 있음 • 천인합일(天人合一)의 경지를 지향함
불교	• 연기(緣起)의 원리에 따라 만물이 상호 의존함 • 모든 생명을 소중히 여기고 자비를 베풀어야 함
도가	• 자연의 질서에 따르는 무위자연(無爲自然)을 추구함

25 정답 ④ * 자연을 바라보는 다양한 관점

갑 베이컨: 단서 아는 것이 힘이다. 인간의 힘은 자연을 파악하고 분석하여 지식을 얻을 때 생겨난다. 인간은 자연의 사용자로서 방황하고 있는 자연을 사냥해서 노예로 만들어 인간의 이익에 봉사하도록 해야 한다.

을 레오폴드: 단서 바람직한 대지 이용을 경제적 문제로만 생각하지 말고 윤리적, 심미적 관점에서도 검토해야 한다. 생명 공동체의 통합성과 안정성, 아름다움의 보전에 이바지한다면 그것은 옳고, 그렇지 않다면 그르다.

| 문제 + 자료 분석 |

- 갑 베이컨: 지식은 자연을 정복하고 인간의 필요에 부합하도록 만드는 실용적 수단임
- 을 레오폴드: 인간은 생명 공동체의 일원으로, 생태계 전체의 균형, 안정을 위해 노력해야 함

| 보기 분석 |

ㄱ. 갑(베이컨)은 자연의 법칙을 파악해 인간의 이익을 위해 활용해야 한다고 본다. 을(레오폴드)은 생태계 전체의 균형과 안정을 강조하지만, 자연을 경제적 관점에서 자원으로 활용할 수 있다고 본다.
ㄴ. 갑(베이컨)은 자연은 인간의 이익과 필요, 발전에 얼마나 기여했는지에 따라 평가된다고 본다.
ㄷ. 을(레오폴드)은 인간은 다른 존재들과 마찬가지로 생태계 공동체의 일원이라고 본다. 따라서 생명 공동체 구성원은 서로 동등한 도덕적 지위를 지닌다.
ㄹ. 을(레오폴드)의 입장에서 무생물을 포함한 생태계 자체는 본래적 가치를 지니며 도덕적 고려 대상이다.

왜 틀렸나?

ㄱ을 옳다고 판단했다면 레오폴드는 생태중심주의이므로 대지를 인간을 위한 도구로 사용하면 안 된다고 주장했을 것이라 보았을 것이다. 대지 이용을 '경제적 문제로만' 생각하지 말라는 말은 경제적 문제로 절대 고려하지 말라는 뜻은 아니다. 레오폴드는 인간의 삶을 위해, 전체 공동체의 안정과 균형을 깨지 않는 한 생태계를 구성하는 개별 생명체의 사용을 인정한다.

26 정답 ② * 생태 중심주의와 인간 중심주의

[△△산 케이블카 설치에 대한 토론]

갑: 자연은 그 자체로 가치를 지니기 때문에 인간은 자연을 파괴할 자연은 내재적 가치를 지니며 인간의 풍요를 위한 도구가 아님 권리가 없습니다. △△산 케이블카 설치로 인해 경제적 이익은 얻을 수 있을 것입니다. 그러나 장기적인 관점에서 보면 관광객의 증가로 멸종 위기 야생 생물의 서식지가 훼손될 것이 분명합니다.

을: △△산 케이블카 설치로 인해 자연환경 훼손의 우려가 있다는 것은 인정합니다. 하지만 장기적으로 보면 관광객의 증가로 고용 창출 및 지역 경제 활성화에 큰 도움이 될 것입니다. 무엇보다 자연은 인간을 위해 사용될 때 존재 가치가 있습니다. 자연은 도구적 가치만을 지니며 인간의 풍요를 위한 수단임

| 문제 + 자료 분석 |

- 갑: 자연은 그 자체로 가치를 지니며, 인간에게는 자연을 파괴할 권리가 없다. 케이블카 설치로 인한 경제적 이익보다 자연환경의 보존이 더 중요하다.
- 을: 자연은 인간의 복지와 이익을 위한 도구이다. 케이블카 설치로 인한 환경 파괴보다 경제적 이익이 더 중요하다.

| 선택지 분석 |

① 갑은 케이블카 설치가 경제적 이익을 얻을 수 있다고 보지만, 경제적 이익보다 환경의 보존이 더 중요하다는 입장이다.
② 갑은 자연은 그 자체로 존중의 대상이며, 인간은 자연의 일부이므로 인간에게 자연을 개발할 권리는 없다고 본다.
③ 을은 자연은 인간의 복지와 풍요를 위한 수단적 가치를 지닌다고 본다.
④ 을은 자연이 인간을 위해 사용될 때 존재 가치가 있다고 본다. 따라서 인간의 경제적 이익 실현을 위한 자연환경 이용은 정당하다고 본다.
⑤ 갑과 을은 모두 케이블카 설치로 자연환경이 훼손될 수 있다고 본다. 그러나 갑은 환경훼손을 이유로 케이블카 설치를 반대하며, 을은 환경훼손보다 경제적 이익이 더 중요하다고 보기 때문에 케이블카 설치를 찬성한다.

 **06 환경 문제 해결을 위한 노력**

내신 대비 필수 문제 문제편 71~73p

01 정답 ③ ＊오존층 파괴와 지구 온난화

| 문제 + 자료 분석 |

- **(가)** 오존층 파괴: 지상에 도달하는 자외선이 증가하는 환경 문제이다.
- **(나)** 지구 온난화: 지구의 평균 기온이 상승하는 환경 문제이다.

| 선택지 분석 |

③ **(가):** 염화 플루오린화 탄소의 사용량이 증가하며 발생하는 오존층 파괴가 지속되면 지상에 도달하는 자외선의 양이 증가하며 피부암, 백내장의 발병률이 높아진다.
(나): 대기 중 온실가스가 증가하며 발생하는 지구 온난화가 지속되면 지구의 평균 기온이 상승함에 따라 해수면이 상승하고, 저지대의 침수 위험성이 증가한다.

02 정답 ⑤ ＊지구 온난화

| 문제 + 자료 분석 |

- **(가):** 북극 빙하를 녹이는 원인이 된 자연재해 → 지구 온난화

| 선택지 분석 |

① 지구 온난화로 겨울철 길이가 짧아지고 봄이 좀 더 일찍 시작되면 봄꽃의 개화 시기도 앞당겨지게 된다.
② 지구 온난화로 여름 평균 기온이 상승하면 열대야 발생 일수도 증가하게 된다.
③ 지구 온난화로 냉대 기후 지역의 평균 기온이 상승하게 되면 냉대림의 분포 면적이 축소된다.
④ 지구 온난화로 평균 기온이 상승하면 열대성 질병의 발병률도 높아지게 된다.
⑤ 지구 온난화로 극지방과 고산 지대의 빙하가 더 많이 녹게 되면 빙하 녹은 물이 바다로 유입되면서 해수면의 상승으로 인해 해안 저지대의 침수 위험이 높아지게 된다.

03 정답 ④ ＊지구 온난화의 원인과 영향력

| 문제 + 자료 분석 |

- **지구 온난화:** 산업화 이후 화석 에너지 자원의 사용량이 증가하여 온실가스 배출량이 늘어남. 이에 따라 온실 효과가 심화하여 지구의 평균 기온이 높아지는 지구 온난화가 가속화되고 있음

| 보기 분석 |

ㄱ ㄱ 지구 온난화의 결과로 빙하가 녹고 바닷물의 온도 상승으로 바닷물이 팽창하면서 해안 저지대의 침수 피해가 나타날 수 있다.
ㄴ ㄴ 지구 온난화의 원인으로 온실가스 배출량의 증가를 들 수 있다. 열대 우림 지역 개발로 온실가스 중 하나인 이산화탄소를 흡수하는 열대림이 파괴되는 것 또한 지구 온난화의 원인 중 하나이다.
ㄷ ㄷ 기후 난민의 인권을 보장할 수 있는 방법으로 기후 난민의 안전을 보장하는 정책 마련을 들 수 있다.
ㄹ. ㄹ 어떤 경우라도 타국의 기후 난민보다 자국 국민을 먼저 돕는 것이 옳다는 입장은 국내 문제를 국제 문제보다 우선시 하는 입장이다. 세계를 하나의 공동체로 보고 국내 문제와 국제 문제를 동등하게 인식해야 한다는 입장으로 볼 수 없다.

04 정답 (가) 산성비

| 문제 + 자료 분석 |

- 사진은 산성비로 파괴된 삼림을 보여준다.
- 대기 오염이 심해지면서 산성도가 높은 비가 내리면 삼림 파괴, 조각상 부식, 토양 오염 등의 피해가 발생한다.

05 핵심 키워드: 황산화물, 질소 산화물

모범 답안 산성비는 공장이나 자동차 등에서 나오는 황산화물과 질소 산화물이 비와 섞여 내리며 발생한다.

| 문제 + 자료 분석 |

- 산성비는 산성이 강한 물질이 비에 섞여 내리는 환경 문제를 의미한다.

＊채점 기준

황산화물, 질소 산화물을 언급한 경우	100 %
산성이 강한 물질이 비와 섞여 내린다고 서술한 경우	60 %

06 정답 ① ＊지구 온난화

| 문제 + 자료 분석 |

- **(가)** 지구 온난화: 지구 평균 기온 상승으로 기후 변화를 초래하는 현상. 온실가스 감축을 통해 지구 평균 기온 상승 폭을 제한하기 위해 파리 협정을 채택함.

| 선택지 분석 |

① 지구 온난화가 지속되면 냉대림의 분포 범위가 북상하며, 냉대림의 분포 범위가 축소될 것이다.
② 지구 온난화가 지속되면 말라리아, 뎅기열 등과 같은 열대성 질병의 발병률이 증가할 것이다.
③ 지구 온난화가 지속되면 고산 지대 만년설의 고도 한계선이 상승하고 만년설 면적이 감소할 것이다.
④ 지구 온난화가 지속되면 겨울에 해당하는 기간이 짧아지고 호수 및 하천의 결빙 일수가 감소할 것이다.
⑤ 지구 온난화가 지속되면 해수면이 상승하고 해안 저지대의 침수 가능성이 높아질 것이다.

07 정답 ⑤ ＊환경 문제와 국제 환경 협약

| 문제 + 자료 분석 |

- **(가):** 오존층을 보호하기 위한 국제 환경 협약 → 몬트리올 의정서
- **(나):** 장기간의 가뭄, 삼림 벌채로 인해 발생하는 환경 문제 → 사막화
- **(다):** 사막화의 영향 → 기근 발생, 황사 현상 심화 등
- **(라):** 산성비의 원인 → 황산화물, 질소 산화물
- **(마):** 산성비 문제 해결을 위한 국제 환경 협약 → 제네바 협약

| 선택지 분석 |

① 몬트리올 의정서는 오존층을 보호하기 위해 오존층 파괴 물질의 사용 규제를 명시한 협약이다.
② 사막화는 장기간의 가뭄, 과도한 경작과 방목, 삼림 벌채 등으로 인해 발생한다.
③ 사막화가 지속되면 토양이 황폐해져 기근이 발생하고, 황사 현상이 심화된다.
④ 공장이나 자동차 등에서 나오는 황산화물과 질소 산화물이 증가하면 산성비가 내린다.
⑤ 람사르 협약은 철새 및 물새의 서식지인 습지를 보호하기 위해 맺어진 협약이다.

6

08 핵심 키워드: 대기 오염 물질, 감축, 통제

모범 답안 제네바 협약은 산성비 문제의 해결을 위해 국경을 넘어 이동하는 대기 오염 물질의 감축 및 통제를 목표로 한다.

| 문제 + 자료 분석 |

- 산성비와 같은 환경 문제는 발생 지역을 넘어 다른 국가에게도 영향을 미치므로 국제 환경 협약을 체결해 환경 문제 해결을 위해 함께 노력해야 한다.

＊ 채점 기준

제네바 협약을 언급하고 협약의 목표를 정확히 서술한 경우	100%
산성비 문제를 해결한다는 내용만 언급한 경우	40%

09 정답 ① ＊ 지구 온난화

| 문제 + 자료 분석 |

- 첫 번째 그림: 남극의 얼음이 녹아 펭귄이 살 곳이 없어짐
- 두 번째 그림: 뜨거워진 기후로 지구가 힘들어하고 있음

| 선택지 분석 |

① 대기 오염 물질이 빗물과 결합하여 내리는 것은 산성비이다.
② 지구 온난화가 지속되면 해수면이 상승해 저지대의 침수 위험성이 높아진다.
③ 이산화 탄소와 같은 온실가스 배출량이 증가하면서 온실 효과가 발생했으며, 온실가스 배출량 증가는 지구 온난화의 주요 원인이다.
④ 지구 온난화가 지속되면 이상 기후 현상의 발생 빈도가 증가한다.
⑤ 지구 온난화 방지를 위해 국제 사회에서는 2015년 파리 협약을 체결하였다. 파리 협정은 선진국과 개발 도상국 모두 온실가스 감축을 포함한 포괄적인 대응에 동참하도록 규정하였다.

10 정답 ⑤ ＊ 환경 문제 해결을 위한 노력

| 문제 + 자료 분석 |

- (가) 해양 쓰레기: 플라스틱, 금속, 유리 등 다양한 재질과 종류를 포함하여 해양환경에 악영향을 미침

| 선택지 분석 |

① 해양 쓰레기 문제를 해결하기 위해 국제 사회는 폐기물의 해양 투기로 인한 해양 오염을 방지하고자 하는 런던 협약을 준수해야 한다. 몬트리올 의정서는 오존층 보호를 위한 환경 협약이다.
② 해양 쓰레기 문제를 해결하기 위해 정부는 플라스틱 제품 사용 규제를 강화해야 한다.
③ 친환경 제품을 인증하는 법률을 제정하고 정책을 수립하는 것은 정부의 역할이다. 시민 단체는 정부의 정책과 제도 수립 및 시행을 촉구하는 역할을 한다.
④ 기업은 환경 오염을 최소화하기 위해 일회용품 생산량을 감소시켜야 한다.
⑤ 개인은 환경과 인간의 공존을 위해 노력하는 생태 시민으로서 플라스틱 제품 사용량을 줄여야 한다.

＊ 환경 문제 해결을 위한 방안

정부	• 환경 관련 법률 제정과 정책 수립 및 시행 • 국제 사회의 해결 노력에 동참
시민 단체	• 정부의 환경 관련 정책과 제도 수립 및 시행을 촉구 • 기업의 활동을 감시 및 비판
기업	• 환경친화적 제품 개발 • 신·재생 에너지 사용 확대

11 정답 ⑤ ＊ 생태시민의 자세

| 문제 + 자료 분석 |

- **생태시민의 자세:** 여러 양상으로 바뀌는 환경 속에서 자연과 인간이 유기적으로 연결되어 있음을 인식하고, 책임감을 바탕으로 자연과 인간이 공존하며 지속 가능한 삶을 살아갈 수 있도록 노력하는 자세가 필요함

| 보기 분석 |

ㄱ. 생태시민은 온실가스 배출량을 줄이기 위해 스마트 디지털 기기 사용을 줄이는 자세를 가져야 한다.
ㄴ. 네트워크는 데이터 센터와 연결되어 있으며, 이 센터의 적정 온도를 유지하는 과정에서 온실가스가 발생한다. 따라서 생태시민은 디지털 기기 사용 시간을 줄이려는 자세를 가져야 한다.
ㄷ. 디지털 기기 관련 생산과 폐기 과정에서 발생하는 온실가스의 양을 줄이기 위해 탄소 배출을 줄이는 생산 방식을 구축하도록 요구할 수 있다.
ㄹ. 생태시민은 데이터 센터 유지를 위한 냉각 장치 작동 과정에서 온실가스가 배출됨을 인식하고 위험성에 대한 경각심을 가질 수 있다.

12 정답 ⑤ ＊ 탄소 성적 표지제와 지구 온난화

| 문제 + 자료 분석 |

- 탄소 성적 표지제는 탄소 배출량이 낮은 제품을 소비하는 문화가 확산되도록 유도하여 온실가스 사용량을 줄이기 위해 도입되었다.

| 선택지 분석 |

① 산성비는 황산화물과 질소 산화물 등의 대기 오염 물질이 원인이다.
② 사막화는 사막 주변 지역에서 주로 나타난다.
③ 오존층 파괴는 염화 플루오린화 탄소의 사용으로 발생한다.
④ 열대림 파괴는 지구 온난화를 유발하지만, 탄소 성적 표지제와 직접적인 관련은 없다.
⑤ 탄소 배출을 줄이면 지구 온난화 현상이 완화될 수 있다.

13 핵심 키워드: 시설 정비, 친환경 제품, 신·재생 에너지

모범 답안 기업은 지구 온난화 해결을 위해 환경 정화 시설을 정비하고, 친환경 제품을 생산하며, 신·재생 에너지 개발 등 기술을 개발한다.

| 문제 + 자료 분석 |

- 기업은 기업 윤리와 사회적 책임 의식을 준수하며 환경 문제 해결을 위해 노력해야 한다.

＊ 채점 기준

기업의 환경 문제 해결 방안 두 가지 서술한 경우	100%
기업의 환경 문제 해결 방안을 한 가지만 서술한 경우	50%

14 정답 ③ ＊ 환경 문제 해결을 위한 주체별 노력

| 문제 + 자료 분석 |

- **A:** 사회권 보장 대책을 촉구하는 집회 → 시민 단체
- **B:** 공청회, 규제 정책 보완 → 정부
- **C:** 친환경 경영, 신상품 개발 및 생산 → 기업

| 선택지 분석 |

① ㉠은 쾌적한 환경에서 생활할 권리로서, 사회권에 해당한다. 이는 헌법에서 보장하는 기본권이다.
② 미세플라스틱 배출로 인한 해양 오염 문제를 해결하기 위해서는 '폐수 처리 기준'을 강화해야 한다.
③ B는 정책을 결정 및 보완하는 주체로 정부이다. 정부는 국제 협약을 맺어 국제 사회와 협력하는 역할을 한다.
④ 환경 오염 행위를 감시하고 법적 제재를 가할 수 있는 주체는 B 정부이다.
⑤ 기술 혁신을 통해 오염 물질 배출을 줄일 수 있는 주체는 C 기업이다.

15 정답 (가) 정부, (나) 시민 단체

| 문제 + 자료 분석 |

• 정부는 환경 문제 해결을 위해 다양한 제도와 정책을 마련해 시행하고, 시민 단체는 여러 활동을 통해 환경 문제를 사회적으로 쟁점화한다.

16 정답 ① * 정부와 시민 단체의 노력

| 문제 + 자료 분석 |

• (가): 처벌, 부담금 부과 → 정부
• (나): 심각성을 알림, 시민의 관심 촉구 → 시민 단체

| 선택지 분석 |

① 환경 문제 해결을 위해 국가 간 협력에 동참하는 주체는 정부이다.
② 기술 개발을 통해 친환경 제품을 만드는 주체는 기업이다.
③ 환경 문제 해결을 위해 환경 관련 법을 마련하는 주체는 정부이다.
④ 환경 영향 평가 제도를 실시하는 주체는 정부이다.
⑤ 시민 단체는 환경 정책의 수립 및 시행 과정을 감시하고 비판한다.

 내신 1등급 문제   문제편 74p

17 정답 ① * 사막화의 원인과 특징

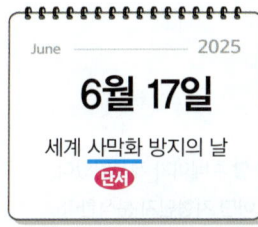

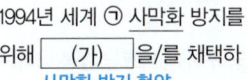

June 2025
6월 17일
세계 사막화 방지의 날
단서

1994년 세계 ㉠ 사막화 방지를 위해 ☐(가)☐ 을/를 채택하
사막화 방지 협약
면서 이날을 '세계 사막화 방지의 날'로 제정하였다.

September 2025
9월 16일
세계 오존층 보호의 날
단서

1987년 ㉡ 오존층 파괴 물질의 사용 규제를 명시한 ☐(나)☐
을/를 채택하면서 이날을 '세계 오존층 보호의 날'로 제정하였다.
몬트리올 의정서

| 문제 + 자료 분석 |

• (가): 1994년 세계 사막화 방지를 위해 채택한 협약인 (가)는 사막화 방지 협약이며, 6월 17일은 '세계 사막화 방지의 날' 임
• (나): 1987년 오존층 파괴 물질의 사용 규제를 명시한 협약인 (나)는 몬트리올 의정서이며, 9월 16일은 '세계 오존층 보호의 날' 임

| 선택지 분석 |

① ㉠ 사막화의 대표적 사례 지역으로는 사하라 사막 이남의 사헬 지대, 중앙 아시아의 아랄해 일대가 있다.
② ㉡ 오존층 파괴가 지속되면 지표로 도달하는 자외선이 증가한다. 이로 인해 각종 피부 질환과 백내장 등의 안구 질환의 발병률이 높아지고 식물 성장을 저해하여 농작물 수확이 감소하기도 한다.
③ ㉡ 오존층 파괴의 주요 원인은 염화 플루오린화 탄소(CFCs)의 사용량 증가이다. 장기간의 가뭄과 과도한 방목 및 개간 등에 의해 발생하는 환경 문제로는 ㉠ 사막화가 있다.
④ ㉠ 사막화와 ㉡ 오존층 파괴 등의 환경 문제를 해결하기 위해서는 인간을 포함한 자연 전체를 하나로 보는 생태 중심주의가 필요하다. 생태 중심주의는 전일론적 관점을 취한다. 전일론적 관점에 따르면 자연은 인간, 동물, 식물, 환경 등이 유기적으로 연결된 생태계이며, 인간은 자연의 한 구성원일 뿐이다.
⑤ (가)는 사막화 방지를 위해 채택한 사막화 방지 협약이며, (나)는 오존층 파괴 물질의 사용 규제를 명시한 몬트리올 의정서이다. 바젤 협약은 유해 폐기물의 국가 간 이동을 규제하기 위해 맺은 협약이다.

18 정답 ④ * 지구 온난화

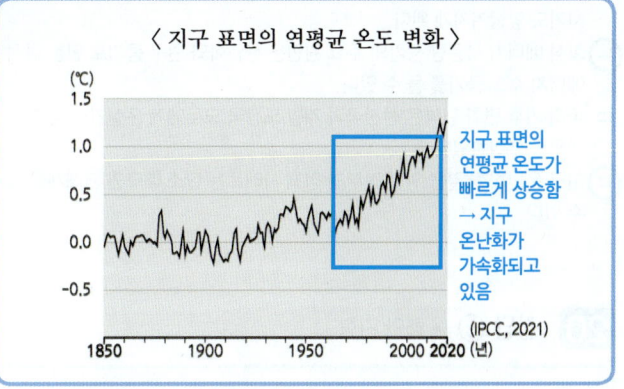

〈 지구 표면의 연평균 온도 변화 〉

지구 표면의 연평균 온도가 빠르게 상승함 → 지구 온난화가 가속화되고 있음

(IPCC, 2021)

❻

| 문제 + 자료 분석 |

• 산업 혁명 이후 인구 및 화석 연료 사용량 증가에 따라 (가) 현상이 가속화되었음
• (가)는 지구 온난화임

| 선택지 분석 |

① 지구 온난화가 지속되어 겨울이 짧아지고 봄이 더 빨리 시작되면 봄철에 피는 벚꽃의 개화 시기도 빨라지게 된다.
② 고산 지대의 평균 기온이 상승하여 고산 지대의 빙하가 더 많이 녹게 되면 빙하 면적도 감소하게 된다.
③ 지구 온난화가 지속되어 대도시 지역의 야간 평균 온도가 높게 유지되면 열대야 현상의 발생 빈도도 증가한다.
④ 지구 온난화가 지속되어 평균 기온이 상승하면 여름철의 지속 기간이 늘어나고 겨울철의 지속 기간이 짧아진다.
⑤ 지구 온난화가 지속되어 빙하 녹은 물이 더 많이 바다로 유입되면 해수면이 상승하게 된다. 해수면이 상승하게 되면 해안 저지대의 침수 위험이 증가하게 된다.

19 정답 ④ * 지구 온난화

기후 변화의 주요 원인 중 하나인 ㉠ 지구 온난화는
평균 기온 상승을 유발함
자연적 요인과 인위적 요인에 의해 발생한다. 주된 인위적 요인에는 ㉡ 화석 에너지의 사용량 증가에 따른 온실가스
산업화와 인구 증가가 원인임
배출량의 증가가 있다. 이에 따른 기후 변화 문제를 해결하기 위해서 국제 사회는 1997년 교토 의정서, 2015년 ㉢ 파리
선진국과 개발 도상국 모두에 온실가스 감축 의무를 부여함
기후 변화 협약 등을 체결하였다. 국제 사회의 노력에 발맞추기 위해서는 ㉣ 정부의 정책 마련과 함께 국민들의 지속적인 실천이 필요하다. 예) 온실가스(탄소) 배출권 거래제

| 문제 + 자료 분석 |

• ㉠ : 대기 중 온실가스 농도 증가로 온실 효과가 강화되어 평균 기온이 상승하는 현상
• ㉡ : 산업화와 인구 증가로 에너지에 대한 수요가 급격히 증가하면서 사용량도 증가함
• ㉢ : 선진국과 개발 도상국 모두 온실가스 감축을 포함한 포괄적 대응에 동참하도록 규정함
• ㉣ : 온실가스(탄소) 배출권 거래제와 같은 환경 관련 정책

ㄱ. 지구 온난화로 겨울이 짧아지고 봄이 더 빨리 시작되면 봄꽃의 개화 시기도 앞당겨지게 된다.

ㄴ. 화석 에너지 사용량 증가의 주요 원인은 산업화와 인구 증가로 인한 화석 에너지 수요 증가를 들 수 있다.

ㄷ. 파리 기후 변화 협약은 선진국과 개발 도상국 모두에게 온실가스 감축 의무를 부여하였다.

ㄹ. 지구 온난화 해결을 위한 정부의 정책 사례로는 탄소 배출권 거래제를 들 수 있다.

20 정답 ⑤ * 해안 지형

ⓒ 갯벌을 관찰하고, ⓒ 갯벌 **단서** 주변에 서식하는 식물을 표현했습니다.

단서 해식애 ⓔ 해안 절벽과 그 앞쪽에 발달한 ⓜ 평탄한 바위면을 스케치했습니다. 파식대

| 문제 + 자료 분석 |

• ⓒ 갯벌: 주로 조류의 퇴적 작용으로 형성되며, 밀물 때는 물에 잠기고 썰물 때는 물 밖으로 드러나는 지형

• ⓔ 해안 절벽: 주로 파랑의 침식 작용으로 형성되는 절벽으로 해식애라고도 함

| 선택지 분석 |

① ⓐ 해안 지역은 육지와 바다가 만나는 공간으로, 해안 생물의 서식지 역할을 한다. 주민들은 어업이나 양식업에 종사하거나 해안 지형의 아름다운 경관을 활용한 관광 산업에 종사하기도 한다.

② ⓒ 갯벌은 다양한 생물이 살아가는 지역으로 생물 다양성을 유지할 뿐만 아니라 오염 물질을 정화하는 기능을 가지며, 어업 및 관광 산업을 통한 경제적 가치 또한 크다.

③ 람사르 협약은 물새 서식지로서 중요한 습지를 보존하기 위한 협약이다. 국제 사회는 람사르 협약을 통해 습지에 해당하는 ⓒ 갯벌을 보호하고자 노력하고 있다. **함정**

④ ⓒ 갯벌 주변에 서식하는 식물은 육지 식물에 비해 염분에 강한 특성을 지니며 염생 식물이라고 한다.

⑤ ⓔ 해안 절벽과 ⓜ 평탄한 바위면은 주로 파랑의 침식 작용으로 형성되었다. 파랑의 침식 작용으로 형성된 ⓔ 해안 절벽은 해식애라고 하며, 해안 절벽 앞쪽에 발달한 ⓜ 평탄한 바위면은 파식대라고 한다.

왜 틀렸나?

람사르 협약은 물새 서식지로서 중요한 습지를 보존하기 위한 협약이다. 갯벌이 습지에 해당한다는 점을 알지 못했다면 ③번을 틀렸다고 판단했을 것이다. 습지는 습기가 많은 축축한 땅을 의미하며, 갯벌은 밀물 때 물에 잠기고 썰물 때 물 밖으로 드러나는 습지에 해당한다.

---

01 정답 ① * 건조 기후

| 문제 + 자료 분석 |

• 이 지역: 모래 언덕 위에서 낙타를 끌고 가는 장면, 강수량보다 증발량이 많음, 온몸을 감싸는 형태의 헐렁한 옷을 입음 → 건조(사막) 기후 지역

| 선택지 분석 |

① 건조 기후 지역에서는 물이 부족하지만 물을 구할 수 있는 오아시스 주변에서는 대추야자를 재배한다.

② 농업이 거의 불가능하여 순록을 유목하는 곳은 한대 기후 지역이다.

③ 여름이 고온 다습하여 벼농사가 활발한 곳은 열대나 온대 기후 지역이다.

④ 풍부한 침엽수를 이용하여 통나무집을 짓는 곳은 냉대 기후 지역이다.

⑤ 지면의 열과 습기를 피해 고상 가옥을 짓는 곳은 열대 기후 지역이다.

＊ 사막 기후 지역의 주민 생활

전통 가옥	벽이 두껍고 창이 작으며 지붕이 평평한 흙벽돌집
의복	강한 햇볕과 모래바람으로부터 몸을 보호하기 위해 얇은 천으로 전신을 가리는 옷
농업	오아시스 농업, 관개 농업을 통해 밀, 대추야자 등을 재배함

02 정답 ④ * 카르스트 지형

단서+발상

단서 탑 모양의 봉우리를 그린 그림

발상 사례 지역으로 중국 구이린과 베트남 할롱 베이가 제시되었다.

적용 지형의 형태와 사례 지역으로 (가)가 어떤 지형인지 분석한다.

| 문제 + 자료 분석 |

• (가): 탑 모양의 봉우리가 솟아 있음, 중국 구이린, 베트남 할롱 베이 → 탑 카르스트

| 선택지 분석 |

① 빙하에 의해 기반암이 깎여 형성된 지형으로는 빙식곡, 호른 등이 있다.

② 용암이 급격하게 식어 수축되며 형성된 지형으로는 주상절리가 있다.

③ 파랑에 의해 운반된 모래가 쌓여 형성된 지형으로는 사빈과 사주가 있다.

④ 탑 카르스트는 석회암이 빗물, 하천, 해수의 차별적인 용식 및 침식 작용을 받는 과정에서 남게 된 탑 모양의 봉우리를 말한다.

⑤ 바람이 운반한 모래가 기반암을 깎아 형성된 지형으로는 버섯바위가 있다.

왜 틀렸나?

⑤번을 정답으로 잘못 선택한 학생은 탑 카르스트 지형의 형성 과정에 대해 정확히 이해하지 못했다. 단순한 탑 모양의 봉우리만 보고 바람이 운반한 모래가 기반암을 깎아서 형성되었다고 잘못 판단한 것이다.

＊ 카르스트 지형

형성	• 탄산칼슘이 주성분인 석회암이 물과 반응하여 녹으면서 형성됨 • 약산성의 빗물이나 지하수와 만났을 때 잘 형성됨
분포	• 기반암인 석회암층이 넓고 깊게 분포하는 지역 • 강수량이 풍부한 열대 및 아열대 기후 지역
대표 지역	중국의 구이린, 베트남의 할롱 베이

03 정답 ④ * 한대 기후

가장 따뜻한 달의 기온이 0~10℃ → 한대 기후

기후 특징	전통 생활	산업 경관
	이글루와 털옷	지상에서 띄워 건설한 가스 파이프

온대 기후 / 건조(스텝) 기후 / 한대 기후 D / A B / 건조 (사막) 기후 / C / 열대 기후 E

| 문제 + 자료 분석 |

- 가장 따뜻한 달의 기온이 0~10℃ → 한대 기후
- 한대 기후의 주민들은 전통적으로 순록의 가죽으로 만든 옷을 입는다.
- 한대 기후에서는 짧은 여름에 지표의 활동층이 녹아 가스 파이프가 무너지는 것을 막기 위해 지상에서 띄워 가스 파이프를 건설한다

| 선택지 분석 |

① A: 프랑스 북부와 네덜란드, 벨기에 등을 포함한 온대 기후 지역이다.
② B: 사하라 사막이 위치한 건조(사막) 기후 지역이다.
③ C: 몽골 일대를 포함한 건조(스텝) 기후 지역이다.
④ D: 알래스카 북부의 한대 기후 지역이다.
⑤ E: 브라질 아마존 일대의 열대 우림 기후 지역이다.

04 정답 ① * 지진과 태풍

| 문제 + 자료 분석 |

- (가): 산사태, 해일, 떨어지는 물건, 건물 흔들림 → 지진
- (나): 어업 활동 중단, 피서객과 저지대 주민 대피, 강풍에 대비, 축대와 담장은 사전에 점검, 보수 → 태풍

| 선택지 분석 |

① 내진 설계된 건물은 지진이 발생해도 붕괴되지 않거나 완전히 붕괴되는 일이 없어서 지진 피해를 줄일 수 있다.
② 열대 해상에서 발생하여 고위도 지역으로 이동하는 자연재해는 태풍이다.
③ 태풍은 주로 여름과 가을에 우리나라에 영향을 준다. 따라서 태풍은 겨울보다 여름에 자주 발생한다.
④ 대기 중의 미세 먼지 농도를 증가시키는 자연재해는 황사이다.
⑤ 지진은 지형적 요인에 의해, 태풍은 기후적 요인에 의해 발생한다.

* 지진과 태풍의 특징

지진	• 땅이 흔들리고 건물이 붕괴되는 지형 재해 • 내진 설계를 통해 피해를 줄일 수 있음
태풍	• 강한 바람과 많은 비를 동반하는 기상 재해 • 열대 해상에서 발생해 고위도 지역으로 이동함

05 정답 ② * 인간 중심주의

다음 갑, 을 사상가가 모두 동의할 주장으로 옳지 <u>않은</u> 것은?

아는 것이 힘이다. 자연이 인간에게 이롭도록 지식을 활용해야 한다. 방황하고 있는 자연을 사냥해서 노예로 만들어 인간의 이익에 봉사하도록 한다. → 자연 정복적 관점

갑 베이컨

우리는 자연의 주인이자 소유자가 될 수 있다. 인간은 정신을 소유한 존엄한 존재지만, 자연은 의식이 없는 물질이다. → 이분법적 자연관

을 데카르트

① 인간은 자연으로부터 독립된 존재이다. 인간 중심주의의 이분법적 관점
② 자연을 그 자체로서 가치 있는 존재로 인정해야 한다. 자연의 내재적 가치를 인정하는 생태 중심주의
③ 인간은 이성을 지닌 존재로, 다른 자연적 존재보다 우월하고 고귀하다. 인간 중심주의의 기본 관점
④ 인간의 풍요로운 삶에 얼마나 이바지했는가에 따라 자연의 유용성을 평가할 수 있다. 자연의 도구적 가치 강조
⑤ 인간 이외의 모든 자연을 인간의 욕구 충족을 위한 수단이나 도구로 사용할 수 있다. 자연을 인간을 위한 수단으로 인정함

| 문제 + 자료 분석 |

- 갑 베이컨: 인간이 자연을 정복하고 인간의 풍요로운 삶을 위해 자연을 이용할 수 있다고 본다.
- 을 데카르트: 인간은 자연의 주인이자 소유자로, 인간의 필요에 따라 자연을 이용할 수 있다고 본다.

| 선택지 분석 |

① 인간 중심주의 사상가인 베이컨과 데카르트 모두 이분법적 세계관을 바탕으로 인간과 자연을 분리하여 바라보았다.
② 자연이 그 자체로서 지니는 가치, 즉 자연의 내재적 가치를 인정한 것은 생태 중심주의이다. 인간 중심주의는 자연의 도구적 가치를 강조하며 자연은 인간의 욕구 충족을 위한 도구에 불과하다고 생각했다. 베이컨은 인간이 자연의 사용자로서 자연에 대해 힘을 행사할 수 있다고 보았으며, 데카르트는 자연은 기계 장치처럼 정해진 질서와 법칙에 따라 작동하고 있을 뿐이므로 인간이 자연의 주인이 될 수 있다고 보았다.
③ 인간 중심주의는 기본적으로 인간만이 이성을 지닌 존재라고 생각한다. 그래서 인간은 다른 자연적 존재보다 우월하고 고귀하다고 보았으며, 자연은 인간의 목적을 위한 수단이라고 생각했다.
④ 베이컨과 데카르트 모두 인간 중심주의 사상가이기 때문에 자연을 유용성의 관점에서 인식하였다.
⑤ 인간 중심주의 사상가들은 인간 이외의 다른 모든 존재를 인간의 행복과 복지를 위해 이용할 수 있는 도구적 존재로 본다.

* 인간 중심주의 자연관의 특징

이분법적 세계관	인간과 자연을 분리하여 바라보는 이분법적 세계관을 지님
도구적 자연관	자연의 도구적 가치 강조 → 자연을 인간의 풍요로운 삶을 위한 도구에 불과하다고 봄
자연 정복적 관점	자연을 개발과 극복의 대상으로 바라보고 이용하도록 함

06 정답 ⑤ * 생태 중심주의

| 문제 + 자료 분석 |
- 갑 생태 중심주의: 인간과 자연은 유기적 관계이며 자연의 내재적 가치를 존중해야 함.
- 문제 상황 속 A국: 자연환경 보존과 경제적 이익 추구 간에 갈등하고 있음

| 선택지 분석 |
① 갑은 A국에게 인간이 해양 생태계를 포함한 자연 전체와 유기적 관계임을 고려하라고 조언할 것이다.
② 갑은 A국에게 심해 채굴로 인해 발생할 경제적 효용보다 자연환경 보존이 더 중요하다고 조언할 것이다.
③ 갑은 A국에게 해양 생태계의 도구적 가치보다 내재적 가치를 중시하라고 조언할 것이다.
④ 갑은 A국에게 심해 채굴로 인한 해양 생태계에 미칠 부작용을 방지하기 위한 선택을 하라고 조언할 것이다.
⑤ 갑은 A국에게 심해 채굴은 생태계를 보전할 도덕적 의무에 어긋나는 행위임을 명심하라고 조언할 것이다.

07 정답 ② * 생태 중심주의

| 문제 + 자료 분석 |
- 제시문(생태 중심주의): 생태계 전체는 하나의 유기체이며, 인간은 자연의 일부이다. 자연의 어떤 존재도 인간의 이익을 위한 수단으로만 고려될 수 없으며, 생태계 전체가 도덕적 고려의 대상이다.

| 선택지 분석 |
(진술1) 생태 중심주의는 생태계 전체를 하나의 유기체라고 보는 전일론적 관점을 강조하며, 인간은 자연의 구성원일 뿐임을 강조한다.
(진술2) 생태 중심주의는 인간은 자연의 일부라고 보면서 인간과 자연은 동등한 관계임을 강조한다.
(진술3) 생태 중심주의는 인간과 자연이 독립적으로 존재한다는 이분법적 관점을 거부하고 인간은 자연과 조화를 이루며 함께 살아가는 존재라고 본다.
(진술4) 생태 중심주의는 자연의 도구적 가치만을 강조하는 인간 중심주의와 달리 자연을 그 자체로 존중해야 함을 강조한다.

08 정답 ② * 인간 중심주의와 생태 중심주의

| 문제 + 자료 분석 |
- 갑 데카르트: 이성이 있는 인간과 다르게 동물은 기계에 불과하다.
- 을 레오폴드: 도덕 공동체의 범위를 무생물까지 확대해야 하며, 인간은 자연에 대해 도덕적 의무를 지닌다.
- A에는 인간 중심주의가 생태 중심주의에게 제기할 수 있는 비판이, B에는 생태 중심주의가 인간 중심주의에게 제기할 수 있는 비판이 들어간다.

| 선택지 분석 |
① 갑은 을과 달리 인간이 자연보다 우월한 존재라고 보고, 인간이 가장 가치 있는 존재라고 주장한다.
② 갑은 인간이 자연으로부터 독립된 존재라고 본다. 인간 중심주의는 이분법적 세계관을 바탕으로 인간을 자연보다 우월한 존재라고 생각한다.
③ 을은 갑과 달리 자연의 모든 존재가 내재적 가치를 지니고 있다고 본다.
④ 을은 갑과 달리 생명 공동체의 구성원인 인간은 자연에 대해 도덕적 의무를 지닌다고 본다.
⑤ 을은 갑과 달리 인간과 자연이 독립적으로 존재할 수 없다고 본다.

09 정답 ⑤ * 주체별 노력

| 문제 + 자료 분석 |
- 제시된 그림은 환경 위기 시계를 시간순으로 나타낸 것으로 이를 통해 환경 문제의 심각성을 파악할 수 있다.

| 보기 분석 |
ㄱ. 환경 문제는 특정 국가만의 노력만으로는 해결하기 어려운 문제로 인류 공동의 노력과 국제 협력이 필요하다.
ㄴ. 시민 단체는 친환경 제품을 인증하는 법률의 제정을 요구할 수는 있지만, 직접 법률을 제정할 권한은 없다.
ㄷ. 소비자가 친환경 제품을 사용하여 에너지를 절약하는 것은 환경 문제 해결에 도움이 될 수 있다.
ㄹ. 기업이 노후 생산 시설을 정비하여 친환경 경영을 실천하는 것은 환경 문제 해결에 도움이 될 수 있다.

10 정답 ⑤ * 사막화

| 문제 + 자료 분석 |
- (가) 사막화: 장기간의 가뭄과 과도한 방목 및 개간이 주요 원인으로, 사헬 지대, 아랄해, 몽골과 같은 스텝 기후 지역에서 주로 발생한다.

| 선택지 분석 |
① 농경지 확대, 상업적 벌목 등으로 인해 열대림이 파괴되는 현상은 열대림 파괴 문제이다.
② 황산화물과 질소산화물 등의 대기 오염 물질이 비와 섞여 내리는 현상은 산성비 문제이다.
③ 연기(smoke)와 안개(fog)의 합성어로 대기 오염에 의하여 나타나는 연무 현상은 스모그(smog) 현상이다.
④ 염화 플루오린화 탄소(CFCs)의 사용량 증가로 성층권의 오존층이 파괴되는 현상은 오존층 파괴 문제이다.
⑤ 자연적 또는 인위적 요인에 의해 기존에 사막이 아니던 곳이 점차 사막으로 변해가는 현상은 사막화이다.

11 정답 ③ * 지구 온난화

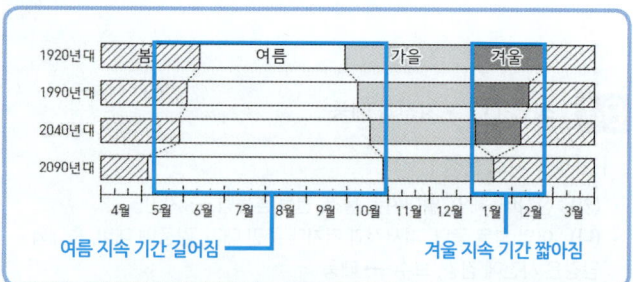

| 문제 + 자료 분석 |
- ㉠ : 주어진 자료를 보면 1920년대부터 2090년대까지 부산의 여름 지속 기간은 계속해서 길어지고, 1920년대부터 2090년대까지 겨울의 지속 기간은 계속해서 짧아질 것으로 예상된다. 따라서 ㉠은 지구 온난화 현상에 따른 변화로 적절한 내용이 들어가야 한다.

| 선택지 분석 |
① 지구 온난화가 지속된다면 2090년대에 여름 시작일은 5월 초순으로 빨라질 것이다.
② 지구 온난화가 지속된다면 겨울은 계속해서 짧아지고 결국 2090년대에 겨울이 사라질 것이다.
③ 지구 온난화가 지속된다면 2090년대에 여름 지속 기간은 길어지고 열대야 발생 일수 또한 증가할 것이다.
④ 지구 온난화가 지속된다면 2090년대에 겨울은 사라지고 서리가 내리는 날은 적어질 것이다.
⑤ 지구 온난화가 지속된다면 2090년대에 해수면이 상승하고 해안 저지대의 침수 가능성이 높아질 것이다.

12 정답 ⑤ * 정부와 시민 단체의 노력

> 과도한 일회용 플라스틱 포장재를 제조업체나 유통업체에 반납하는 '플라스틱 어택(Plastic Attack)' 운동이 우리 사회에 변화를 불러오고 있다. 환경 문제에 관심을 가진 사람들이 자발적으로 조직한 (가) 은/는 길거리에
> (공공의 이익을 위해 자발적으로 구성한 조직 → 시민 단체)
> 버려진 일회용 컵을 주워 해당 매장에 반납하고 일회용품 사용 규제를 촉구하는 서명 운동을 진행하였다. 이에 (나) 은/는 일회용 컵 보증금제를 2022년 6월부터 부활시키는 등 자원 재사용과 재활용 촉진을 위한 제도를
> (법률 제정, 제도와 정책을 마련 → 정부)
> 마련하겠다고 밝혔다.

| 문제 + 자료 분석 |

- **(가)**: 환경 문제와 같이 공통된 관심을 가진 사람들이 자발적으로 모여 공익을 추구하는 집단은 시민 단체이다.
- **(나)**: 환경 관련 법률을 제정하고, 제도와 정책을 마련하는 것은 정부의 노력이다.

| 보기 분석 |

ㄱ. 환경과 관련된 법을 제정하고 집행하는 것은 정부의 노력이다.
ㄴ. 이윤 추구를 위해 친환경 상품을 생산 및 유통하는 것은 기업이다.
ⓒ 시민 단체는 캠페인, 강연 등을 통해 여론을 형성할 수 있고, 정부는 정책을 정할 때 여론을 반영할 수 있다.
ⓔ 환경 보호 실천 방안 홍보 및 교육 활동은 정부와 시민 단체가 공통적으로 할 수 있는 노력이다.

13 정답 ④ * 환경 문제와 각 주체별 노력

| 문제 + 자료 분석 |

- ㉠ : 산업화 및 급속한 인구 증가로 인한 자원 사용량 증가 및 오염 물질 배출량 증가가 환경 문제의 발생 원인
- ㉡ : 정부는 국제 협약 체결 등 국제 사회 노력에 참여, 법률 및 제도 정비
- ㉢ : 시민 단체는 환경 문제의 심각성을 알리는 여론 형성, 환경 오염 유발 행위 감시 및 비판
- ㉣ : 기업은 친환경 경영 추구, 오염 물질 정화 시설 정비, 환경친화적 기술 개발, 신재생 에너지 개발
- ㉤ : 개인은 에너지와 자원 절약 실천, 녹색 소비, 환경 관련 법 준수 및 정부의 환경 정책에 참여

| 선택지 분석 |

① 환경 문제는 산업화와 인구 증가로 인한 자원 소비량 증가, 도시화로 인한 생태계 파괴 등으로 인해 발생하였다.
② 환경 정책 및 제도를 마련하는 것은 정부의 역할에 해당한다.
③ 정부와 기업을 감시하고 비판하는 것은 시민 단체의 역할에 해당한다.
④ 환경 관련 법률을 제정하는 것은 기업이 아닌 정부의 역할에 해당한다.
⑤ 일상생활에서 녹색 소비와 에너지 절약을 실천하는 것은 개인의 역할에 해당한다.

14 정답 (가) 열대 기후, (나) 건조(사막) 기후

| 문제 + 자료 분석 |

- 열대 기후의 전통 가옥은 빗물이 잘 흘러내리도록 지붕의 경사가 급하고 통풍이 잘 되도록 가옥의 바닥이 지면에서 띄워져 있다.
- 건조(사막) 기후의 전통 가옥은 강한 햇볕을 막기 위해 창문이 작고 벽이 두꺼우며 지붕이 평평하다.

15 핵심 키워드: 강수량

모범 답안 열대 기후 지역은 강수량이 많아 급경사의 지붕을 만든다. 반면 건조 기후 지역은 강수량이 적어 지붕이 평평하다.

| 문제 + 자료 분석 |

- (가), (나)의 전통 가옥을 보고 (가)가 열대 기후 지역, (나)가 건조 기후 지역임을 파악하고 기후 특징을 떠올린다.

* 채점 기준

(가), (나) 지역의 전통 가옥 특징과 기후의 관계를 모두 서술한 경우	100 %
(가), (나) 지역 중 한 지역만 서술한 경우	50 %

16 핵심 키워드: 지진, 탁자 아래, 전기와 가스 차단, 계단

모범 답안 사진은 지진을 나타낸다. 지진이 발생하면 탁자 아래로 들어가 몸을 보호해야 하며, 전기와 가스를 차단해야 한다. 또 건물 밖으로 나갈 때는 엘리베이터를 이용하지 않고 계단을 이용해야 한다.

| 문제 + 자료 분석 |

- 사진은 지진의 피해 모습을 나타낸 것이다.

* 채점 기준

지진을 쓰고, 행동 요령 두 가지를 모두 정확하게 서술한 경우	100 %
지진을 쓰고, 행동 요령을 한 가지만 정확하게 서술한 경우	60 %

17 정답 인간 중심주의

| 문제 + 자료 분석 |

- **(가)** 베이컨: 인간은 자연을 사냥하고 노예로 만들어 인간의 이익에 봉사하도록 해야 한다.
- **(나)** 데카르트: 인간은 정신을 소유한 존엄한 존재이지만 자연은 의식이 없는 물질이다.

18 핵심 키워드: 도구적 가치, 내재적 가치

모범 답안 자연의 도구적 가치를 중시하는 인간 중심주의는 자연의 내재적 가치를 중시하는 생태 중심주의가 자연이 인간의 이익과 행복을 위한 도구라는 점을 간과한다고 볼 것이다.

| 문제 + 자료 분석 |

- 생태 중심주의는 자연은 그 자체로 가치를 지닌다고 본다.

* 채점 기준

인간 중심주의의 입장에서 생태 중심주의를 비판한 경우	100 %
생태 중심주의의 한계만 서술한 경우	40 %

19 정답 (가) 몬트리올 의정서

모범 답안 (나) 람사르 협약은 습지의 보호와 지속 가능한 이용을 목적으로 체결된 국제 환경 협약이다.

| 문제 + 자료 분석 |

- 환경 문제는 한 국가의 노력만으로 해결하기 어렵기에 국제 사회는 국제 환경 협약을 체결한다.

* 채점 기준

(가), (나) 모두 정확하게 서술한 경우	100 %
(가), (나) 중 한 개만 정확하게 서술한 경우	50 %

III

01 정답 ⑤ * 탑 카르스트의 특징

다음 자료의 ㉠ 지형 형성 원인으로 옳은 것은?

석회암이 빗물, 하천, 지하수의 차별적인 용식 및 침식 작용을 받게 된 탑 모양의 봉우리

> 중국 남부 구이린(桂林)은 빼어난 경관으로 예로부터 시인과 화가들의 작품 소재가 된 곳입니다. ㉠기이하게 솟아 있는 탑 카르스트가 강과 함께 어우러져 있어 세계적인 관광지가 되었습니다.

① 화산 활동 용암동굴, 주상 절리 등
② 바람의 침식 작용 버섯바위 등
③ 빙하의 침식 작용 U자곡 등
④ 파랑의 퇴적 작용 모래사장(사빈) 등
⑤ 석회암의 용식 작용
　탑 카르스트는 기반암인 석회암이 용식 작용을 받아 형성됨

| 문제 + 자료 분석 |

• 중국 남부 구이린에 위치하며 기이하게 솟아 있는 탑 카르스트는 세계적인 관광지이다.
• 탑 카르스트는 카르스트 지형의 일종으로 탄산칼슘을 주성분으로 하는 석회암이 물과 반응하여 녹는 용식 작용으로 형성된다.

| 선택지 분석 |

① 화산 활동으로 형성된 지형으로는 용암이 흘러가면서 만들어 낸 용암동굴, 용암이 굳으면서 다각형의 기둥 모양으로 쪼개진 주상 절리 등이 있다.
② 바람의 침식 작용으로 형성된 지형으로는 버섯바위 등이 있다. 버섯바위는 바람에 날린 모래가 바위의 아랫부분을 깎아서 만들어진 버섯 모양의 바위이다.
③ 빙하의 침식 작용으로 형성된 지형으로는 U자곡 등이 있다. U자곡은 거대한 빙하가 골짜기를 따라 중력이 작용하는 방향으로 이동하면서 만들어지는 U자 모양의 골짜기이다.
④ 바다와 육지가 만나는 해안에서는 바닷물이 바람의 영향을 받아 일렁이는 물결인 파랑의 퇴적 작용이 나타나 모래사장(사빈) 등이 형성된다.
⑤ 탑 카르스트는 석회암이 빗물, 하천, 해수의 차별적인 용식 및 침식 작용을 받아 형성된 탑 모양의 봉우리를 말한다.

* 용식 작용

> 용식 작용이란 암석의 구성 물질이 물과 화학적으로 반응하여 녹는 과정을 의미한다. 석회암의 주성분인 탄산칼슘이 빗물이나 지하수에 의해 용식되면 다양한 카르스트 지형이 형성된다. 용식 작용은 고온 다습한 환경에서 활발하기에 열대 기후 지역에서 활발하게 나타난다.

▲ 중국 구이린

02 정답 ③ * 열대, 건조, 온대 기후

다음 자료의 (가)~(다) 지역에 대한 설명으로 옳은 것은? (단, (가)~(다)는 각각 지도에 표시된 세 지역 중 하나임.) [2.5점]

> 지도에 표시된 세 지역에서 나타나는 전통적인 생활 모습의 특징은 다음과 같다. 한 지역에서는 양, 염소 등을 기르는 유목 생활을, 또 다른 <u>스텝 기후</u>　지역에서는 지면의 열기와 습기를 차단하기 위한 고상 가옥을, 마지막 <u>열대 우림 기후</u> 한 지역에서는 올리브 등을 재배하는 수목 농업을 볼 수 있다. 이렇게 단서 지중해성 기후 지역별로 주민 생활이 다르게 나타나는 이유는 기온과 강수량 등 그 지역의 독특한 기후 특성의 영향을 받기 때문이다. 이러한 기후 특성을 보여 주는 지표 중 기온 편차와 강수 편차는 다음과 같이 계산할 수 있다.

• 월 기온 편차 = 월 평균 기온 − 연평균 기온
• 월 강수 편차 = 월 강수량 − ($\frac{연 강수량}{12}$)

7월 평균 기온이 1월 평균 기온보다 높음 → 북반구

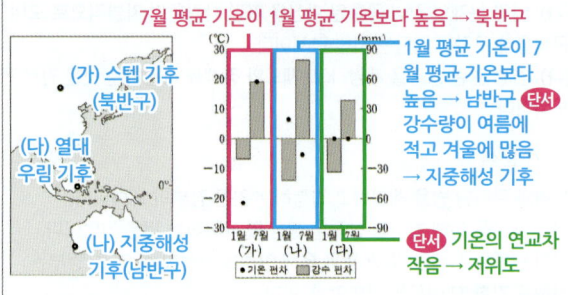

(가) 스텝 기후 (북반구)
(다) 열대 우림기후
(나) 지중해성 기후(남반구)

1월 평균 기온이 7월 평균 기온보다 높음 → 남반구 단서
강수량이 여름에 적고 겨울에 많음 → 지중해성 기후

단서 기온의 연교차 작음 → 저위도

① (가)는 ~~남반구~~에 위치한다.
　　북반구
② (나)가 위치한 국가의 전통 가옥은 이동 생활에 유리한 게르이다.
　　오스트레일리아　　　　　　　　　　　　　몽골
③ (다)가 위치한 국가의 전통 음식은 향신료가 들어간 볶음밥이다.
　　인도네시아　　　　　　　　나시고렝
④ (다)는 (가)보다 기온의 연교차가 ~~크다~~. 작다
⑤ (가)와 (나)는 모두 여름 강수량이 겨울 강수량보다 ~~많다~~. 적다

| 문제 + 자료 분석 |

• (가): 1월의 기온 편차가 음(-)의 값, 7월의 기온 편차가 양(+)의 값, 두 시기 기온 편차가 큼 → 북반구의 스텝 기후 지역
• (나): 1월의 기온 편차가 양(+)의 값, 7월의 기온 편차가 음(-)의 값, 1월의 강수량 편차가 음(-)의 값, 7월의 강수량 편차가 양(+)의 값 → 남반구의 지중해성 기후 지역
• (다): 1월과 7월의 기온 편차가 0에 가까우므로 기온의 연교차가 매우 작음 → 적도 주변의 열대 우림 기후 지역

| 선택지 분석 |

① (가)는 1월의 기온 편차가 음(-)의 값이고 7월의 기온 편차가 양(+)의 값이므로 1월이 겨울, 7월이 여름이다. 따라서 (가)는 북반구에 위치한다.
② (나)는 남반구의 지중해성 기후가 나타나는 지역이며, (나)가 위치한 국가는 오스트레일리아이다. 게르는 아시아 스텝 기후 지역의 전통 가옥이다.
③ (다)는 열대 우림 기후가 나타나는 지역이며, (다)가 위치한 국가는 인도네시아이다. 인도네시아의 전통 음식으로 향신료가 들어간 볶음밥인 나시고렝이 있다.
④ 열대 우림 기후에 해당하는 (다)는 스텝 기후에 해당하는 (가)보다 저위도에 위치하며, 기온의 연교차가 작다.
⑤ (가)는 겨울에 해당하는 1월의 강수 편차가 음(-)의 값이고 여름에 해당하는 7월의 강수 편차가 양(+)의 값이다.
　(나)는 여름에 해당하는 1월의 강수 편차가 양(+)의 값이고 겨울에 해당하는 7월의 강수 편차가 음(-)의 값이다.
　우리나라 기준으로는 7월이 여름이지만 남반구의 경우에는 1월이 여름이다. 따라서 (가), (나) 모두 여름 강수량이 겨울 강수량보다 적다. 함정

갑, 을 사상가들 중 적어도 한 사람이 긍정할 진술로 적절한 것만을 〈보기〉에서 있는 대로 고른 것은? [2점]

> 갑 인간의 지식과 인간의 힘은 서로 다른 것이 아니다.
> 베이컨 단서 아는 것이 힘이다
> 방황하고 있는 자연을 사냥해 노예로 만들어 인간의 이익에 봉사하도록 해야 한다.
> 을 인간은 대지의 이용을 윤리적으로 검토해야 한다. 대
> 레오 단서 대지 윤리
> 폴드 지는 단지 흙이 아니라 토양, 식물 및 동물이라는 회로를 통해 흐르는 에너지의 근원이다.

[보기]

ㄱ. 인간과 달리 자연은 어떠한 가치도 지니지 않는다.
갑×, 을×
ㄴ. 인간은 자연의 정복자가 아니라 구성원 중 하나일 뿐이다. 갑×, ○
ㄷ. 인간과 자연을 차등적으로 구별하는 것은 이성에 부합한다. 갑○, 을×
ㄹ. 인간의 욕구를 충족하기 위해 자연을 활용하는 것은 정당화될 수 없다. 갑×, 을×

① ㄱ, ㄹ ② ㄴ, ㄷ ③ ㄷ, ㄹ ④ ㄱ, ㄴ, ㄷ ⑤ ㄱ, ㄴ, ㄹ

| 문제 + 자료 분석 |

• 갑 베이컨: 인간의 지식이 곧 인간의 힘임. 방황하는 자연을 사냥하여 인간의 이익에 봉사하도록 해야 함
• 을 레오폴드: 인간은 대지의 이용을 윤리적으로 검토해야 함. 대지는 단지 흙이 아니라 에너지의 근원임

| 보기 분석 |

ㄱ. 갑(베이컨)은 자연의 '도구적 가치'를 인정한다. 꿀팁 을(레오폴드)은 인간을 포함한 자연 안의 모든 존재는 대지 공동체의 구성원으로서 동등한 내재적 가치를 지닌다고 본다.
ㄴ. 갑(베이컨)은 인간을 자연의 정복자로 바라보고, 자연을 지배하여 자연이 인간의 이익에 봉사하도록 해야 함을 주장한다. 반면, 을(레오폴드)은 인간을 생태계의 구성원 중 하나로 본다.
ㄷ. 갑(베이컨)은 인간을 자연보다 우월한 존재로 바라보는 것을 긍정하며, 을(레오폴드)은 인간과 자연이라는 이분법적 사고에 반대한다.
ㄹ. 갑(베이컨)과 을(레오폴드)은 인간의 생존 욕구 등을 충족하기 위해 자연을 자원으로써 활용하는 것에 반대하지 않는다. 꿀팁
갑(베이컨)은 인간 중심주의 학자로서 인간을 위해 자연을 도구로 사용할 수 있다고 본다.
을(레오폴드)은 자연을 이용하는 것이 제한적으로 허용될 수 있다고 본다.

✱ 인간 중심주의와 생태 중심주의 비교

인간 중심주의	• 자연은 인간에게 혜택을 줄 때만 가치가 있음 • 인간이 자연을 정복하는 것을 당연시함
생태 중심주의	• 자연 그 자체가 지닌 본래적 가치를 존중함 • 인간은 생태계의 안정을 추구할 의무가 있음

다음 자료는 환경 문제에 대한 탐구 보고서의 일부이다. 이에 대한 옳은 설명만을 〈보기〉에서 고른 것은? [1.5점]

[환경 문제 탐구 보고서]

1. 환경 문제의 주요 원인과 현상

구분	A 사막화	B 열대림 파괴	C 해양 쓰레기 섬
주요 원인	(가) 가뭄, 과도한 개간	농경지·목장의 확대를 위한 무분별한 벌목	플라스틱, 비닐 등 쓰레기의 바다 유입
현상	단서		

2. 환경 문제 발생 지역의 분포

사헬 지대
아마존 열대림
□A ■B □C

[보기]

ㄱ. B에 의해 생물종 다양성이 증가한다 감소한다
ㄴ. C는 해류의 순환으로 쓰레기가 집적되어 나타난다.
해류가 약한 곳에 쓰레기 집적
ㄷ. A는 B보다 연 강수량이 많은 곳에서 주로 나타난다.
적은
ㄹ. (가)에는 '과도한 목축 및 경작'이 들어갈 수 있다.
사막화의 대표적 요인

① ㄱ, ㄴ ② ㄱ, ㄷ ③ ㄴ, ㄷ ④ ㄴ, ㄹ ⑤ ㄷ, ㄹ

| 문제 + 자료 분석 |

• A 사막화: 주로 건조 지역에서 인간의 무분별한 토지 이용과 기후변화로 인해 식생이 파괴되고 토양이 황폐화되는 현상. 아프리카 사헬지대, 중앙아시아, 중국 내몽골 등지에서 심각하게 나타남
• B 열대림 파괴: 농장 개간, 목축, 벌목, 광산 개발 등으로 인해 아마존, 콩고, 동남아시아 지역에서 심각하게 나타남
• C 해양 쓰레기 섬: 대양의 해류 순환 중심부에 부유 쓰레기들이 모여 형성된 해양 오염 지역. 북태평양을 포함한 세계 주요 해역의 환류 내에서 발견됨

| 보기 분석 |

ㄱ. 열대림은 지구 생물종의 절반 이상이 서식하는 생태계의 보고이다. 따라서 열대림이 파괴되면 다양한 동식물의 서식지가 사라지며 멸종 위험이 커지고, 생물종 다양성이 급격하게 감소한다.
ㄴ. 해양 쓰레기 섬은 대양의 해류가 순환하며 부유 쓰레기를 중심부로 끌어들이면서 형성된다. 해류의 순환 중심부는 물의 흐름이 약하고 정체되어 있어서 육지에서 유입된 플라스틱 등의 해양 쓰레기가 이곳에 장기간 머물며 밀집하게 된다.
ㄷ. 사막화 지역은 주로 건조 기후 지역에 위치해 연중 강수량이 매우 적고 증발량이 많아 연 강수량이 열대 우림 지역보다 현저히 낮다. 반면, 열대림 파괴 지역은 열대 기후 지역으로, 연중 고온다우한 기후 특성상 연 강수량이 매우 많다.
ㄹ. 사막화는 건조 지역에서 과도한 목축과 경작이 지속되며 식생이 파괴되고 토양이 황폐화되어 토지가 점차 사막처럼 변하는 현상이다. 가축의 과도한 목축은 가축들이 풀을 지나치게 뜯어 먹어 식생 회복을 어렵게 하고, 반복적인 경작은 토양의 영양분을 고갈시켜 지력을 약화시킨다.

Ⅳ 문화와 다양성

07 다양한 문화권의 특징과 삶의 방식

내신 대비 필수 문제 문제편 87~90p

01 정답 ④ * 문화와 문화권

| 문제 + 자료 분석 |

• 세계에는 다양한 문화가 형성되어 있고, 산맥, 하천 등의 지형에 따라 문화권의 경계가 정해진다.

| 선택지 분석 |

⑴ 문화는 인간과 환경이 상호 작용을 하면서 형성된 생활 양식으로, 사회 구성원들이 공유한다.

⑵ 문화권은 비슷한 문화가 나타나는 범위로, 한 문화권 내에는 비슷한 생활 양식과 문화 경관이 나타난다.

⑶ 문화권과 문화권의 경계에는 점이 지대가 나타나는데, 점이 지대는 두 문화권의 특성이 함께 나타나는 지역이다.

정: 문화권의 특성은 문화 전파, 인구의 이동 등에 따라 변한다.

02 정답 ⑤ * 건조 기후와 열대 기후

이동식 가옥(천막집) **(가)**   고상 가옥 **(나)**

지붕의 경사가 급한 이유는 강수량이 많기 때문임

유목 생활이 이루어지는 건조 기후 지역에서 잘 나타남

지표면의 뜨거운 열기와 습기를 막기 위해 가옥의 바닥을 땅에서 띄워 지음

| 문제 + 자료 분석 |

• **(가)** 건조 기후 지역: 유목 생활에 적합한 이동식 천막집을 짓고 살아간다.

• **(나)** 열대 기후 지역: 지붕의 경사가 급한 고상 가옥을 짓고 살아간다.

| 선택지 분석 |

① 유목민들은 고기와 빵(밀)을 주식으로 한다.

② 열대 기후 지역은 일 년 내내 기온이 높다.

③ 혼합 농업은 유럽의 온대(서안 해양성) 기후 지역에서 이루어진다.

④ 열대 기후 지역은 건조 기후 지역에 비해 저위도에 위치해 있으므로 일 년 내내 기온이 높다.

⑤ 열대 기후 지역은 건조 기후 지역에 비해 연 강수량이 많다.

＊ 열대 기후와 건조 기후

구분	열대 기후	건조 기후
기후	일 년 내내 덥고 강수량이 많음	연 강수량이 적고 기온의 일교차가 적음
의복	얇고 간편한 옷	온몸을 감싸는 헐렁한 옷
가옥	고상 가옥, 수상 가옥	흙벽돌집, 이동식 가옥

03 정답 ⑤ * 라틴 아메리카 문화권

| 문제 + 자료 분석 |

• **(가)** 문화권: 남부 유럽의 영향을 받아 에스파냐어와 포르투갈어 사용자가 많으며 주로 가톨릭교를 믿음, 원주민과 유럽인, 아프리카인 그리고 혼혈인으로 구성되어 다양한 문화가 나타남 → 라틴 아메리카 문화권

| 선택지 분석 |

① A는 북부 아프리카 및 서남아시아 일대의 건조 문화권이다. 건조 문화권은 강수량이 적어 농작물 재배에 불리하므로 주민들은 전통적으로 염소나 양 등을 기르며 이동하는 유목 생활을 하며 살아간다. 또한 대추야자나 밀 등을 재배하는 오아시스 농업 및 관개 농업이 이루어지며 주민들은 주로 이슬람교를 믿는다.

② B는 사하라 사막 이남의 중남부 아프리카 일대의 아프리카 문화권이다. 아프리카 문화권은 토속 종교의 영향이 남아 있으며 이 지역 주민들은 전통적으로 이동식 화전 농업이나 수렵 및 채집 생활을 하며 살아간다. 또한 유럽 식민 지배의 영향으로 플랜테이션이 발달하여 커피, 카카오, 사탕수수 등의 상품 작물을 주로 재배한다.

③ C는 우리나라와 중국, 일본을 포함한 동아시아 문화권이다. 동아시아 문화권은 계절풍의 영향으로 벼농사가 발달하였으며 젓가락을 사용하는 문화가 발달하였다. 또한 유교와 불교의 영향을 받은 생활양식이 나타난다.

④ D는 오스트레일리아와 뉴질랜드, 태평양 제도 일대의 오세아니아 문화권이다. 인구가 적고 개발이 늦어 비교적 청정한 자연환경을 보존하고 있으며 영국을 중심으로 한 유럽 문화가 전파되어 개신교의 비율이 높다.

⑤ E는 중·남부 아메리카 일대의 라틴 아메리카 문화권이다. 라틴 아메리카 문화권은 남부 유럽 식민 지배의 영향을 받아 주민들은 주로 에스파냐어와 포르투갈어를 사용하며, 가톨릭교를 믿는다. 또한 원주민과 유럽인, 아프리카인과 혼혈인 등의 다양한 인종으로 구성되어 그들의 문화가 어우러진 다양한 문화가 나타난다.

04 정답 ④ * 이슬람교

| 문제 + 자료 분석 |

• **(가)** 이슬람교: 이슬람교 문화권에서는 돼지고기를 먹지 않는 금기가 존재한다.

| 선택지 분석 |

① 불상과 탑은 불교의 대표적인 종교 경관이다.

② 우리나라에서 신자 수가 가장 많은 종교는 크리스트교이다.

③ 크리스마스가 대표적인 행사인 종교는 크리스트교이다.

④ 이슬람교 신자들은 돼지고기를 금기시하며, 라마단은 이슬람교의 대표적인 종교 행사이다. 이슬람교 여성들은 천으로 얼굴이나 몸을 가린다.

⑤ 갠지스강에서 종교 의식으로 목욕을 하는 종교는 힌두교이다.

05 정답 (가) 힌두교, (나) 이슬람교

| 문제 + 자료 분석 |

• **(가)** 힌두교: 소고기를 금기시한다.

• **(나)** 이슬람교: 술과 돼지고기를 금기시한다.

06 핵심 키워드: 남부 아시아, 목욕, 서남아시아, 가리는 옷

모범 답안 힌두교는 인도, 네팔 등 남부 아시아에 살고 있는 사람들이 주로 믿는 종교로, 갠지스강에서 목욕을 하는 종교 의식이 있다. 이슬람교는 서남아시아와 북부 아프리카에 살고 있는 사람들이 주로 믿는 종교로, 여성들은 얼굴이나 온몸을 가리는 옷을 입는다.

| 문제 + 자료 분석 |

• 힌두교와 이슬람교를 주로 신봉하는 지역, 의복, 계율, 종교 의식 등을 떠올린다.

✱ 채점 기준

| 4개를 모두 정확하게 서술한 경우 | 100 % |
| 2개를 정확하게 서술한 경우 | 50 % |

07 정답 ③ ✱ 불교의 특징

| 문제 + 자료 분석 |

• (가) 불교: 부다가야는 마하보디 사원의 불상과 탑 등을 볼 수 있는 불교의 성지이며, 불교의 창시자인 싯다르타가 고행한 장소로 알려진 동굴이 위치함

| 선택지 분석 |

① 예수를 구원자로 믿는 종교는 크리스트교이다. 크리스트교의 성지로는 예루살렘, 베들레헴 등이 있다.

② 세계에서 신자 수가 가장 많은 종교는 크리스트교이다. 세계 신자 수는 크리스트교 > 이슬람교 > 힌두교 > 불교 순으로 많다.

③ 깨달음을 통한 해탈과 열반을 강조하는 종교는 (가) 불교이다. 불교의 대표적 종교 경관으로는 불상과 탑 등이 있다.

④ 메카로의 성지 순례를 종교적 의무로 하는 종교는 이슬람교이다. 메카는 이슬람교의 성지이며, 이슬람교 신자들은 매일 메카를 향해 기도하는 의식을 행한다.

⑤ 라마단 기간 중 해가 떠 있는 시간에 신자들이 금식하는 종교는 이슬람교이다. 이밖에 이슬람교를 믿는 신도들은 돼지고기와 알코올이 들어간 음식을 금기시한다.

08 정답 ① ✱ 라틴 아메리카 문화권

| 문제 + 자료 분석 |

• 라틴 아메리카 문화권: 리오그란데강 남쪽에 있는 문화권으로, 에스파냐, 포르투갈 등의 식민 지배를 받았다. 혼혈 인종(민족)이 많이 살고 있다.

| 보기 분석 |

ㄱ. 라틴 아메리카 문화권에서 볼 수 있는 안데스 산지의 마추픽추이다.

ㄴ. 라틴 아메리카 문화권에서 볼 수 있는 브라질의 예수상이다.

ㄷ. 한대 기후 지역에서 볼 수 있는 얼음집(이글루)이다.

ㄹ. 계절풍의 영향을 받는 아시아에서 볼 수 있는 계단식 논이다.

09 정답 ① ✱ 유럽 문화권

| 문제 + 자료 분석 |

• 챗봇과의 대화에 등장한 곳은 이탈리아로, 남부 유럽에 위치한 국가이다.

| 선택지 분석 |

㉠ 이탈리아는 가톨릭교 신자 비중이 높다.

㉡ 이탈리아에서는 여름철 고온 건조한 기후가 나타나 포도, 오렌지 등을 재배하는 수목 농업이 활발히 이루어진다.

㉢ 이탈리아는 주로 고온 건조한 날씨가 나타나는 여름에 관광객이 많이 찾는 편이다.

㉣ 이탈리아는 아열대 고압대의 영향으로 여름에 고온 건조한 날씨가 나타난다. 일 년 내내 비가 내리는 날이 많은 곳은 서부 유럽이다. 서부 유럽 사람들은 태양을 즐기기 위해 여름 휴가를 남부 유럽으로 떠나는 경우가 많다.

10 정답 ② ✱ 건조 문화권

다음 여행 지역이 포함되어 있는 문화권을 지도의 A~E에서 고른 것은?

〈테마가 있는 여행〉
모두 건조 문화권의 특징임

• 이동식 천막집에서 숙박
유목 생활

• 돔과 첨탑이 있는 모스크 체험하기
이슬람교의 종교 경관

• 밀로 만든 납작한 빵과 양고기 요리 맛보기
건조 문화권의 대표 음식

① A   ② B   ③ C   ④ D   ⑤ E

| 문제 + 자료 분석 |

• 이동식 천막집, 모스크, 밀로 만든 빵과 양고기 요리 → 건조 문화권

| 선택지 분석 |

① A는 북극 문화권이다. 북극 문화권에는 인간이 거주하기 어려운 한대 기후가 나타난다.

② 이동식 천막집을 통해 유목 생활을 한다는 것을 알 수 있고, 돔과 모스크를 통해 이슬람교를 믿는다는 것을 알 수 있다.
밀로 만든 납작한 빵과 양고기로 만든 요리가 음식이므로 여행 지역은 건조 문화권(B)이다.

③ C는 오세아니아 문화권이다. 자연경관이 아름다워 관광 산업이 발달했다.

④ D는 앵글로아메리카 문화권이다. 영어를 주로 사용하고 개신교를 믿는다.

⑤ E는 라틴 아메리카 문화권이다. 에스파냐어, 포르투갈어를 사용하고 가톨릭교를 믿는다.

11 정답 ⑤ ✱ 세계 문화권의 특징

| 문제 + 자료 분석 |

• A는 북극 문화권, B는 건조 문화권, C는 오세아니아 문화권, D는 앵글로아메리카 문화권, E는 라틴 아메리카 문화권이다.

| 선택지 분석 |

① A는 북극 문화권이다. 주민들이 대부분 이슬람교를 믿는 곳은 건조 문화권이다.

② B는 건조 문화권이다. 플랜테이션은 열대 기후가 나타나는 아프리카 문화권에서 주로 이루어진다.

③ C는 오세아니아 문화권이다. 이누이트와 네네츠족은 북극 문화권에 거주하는 소수 민족이다.

④ D는 앵글로아메리카 문화권이다. 젓가락과 한자를 공통으로 사용하는 문화권은 동부 아시아 문화권이다.

⑤ E는 라틴 아메리카 문화권이다. 에스파냐어와 포르투갈어를 주로 사용한다.

12 핵심 키워드: 식민 지배, 국경선과 종족 분포의 불일치

모범 답안 아프리카 지역은 오랫동안 유럽의 식민 지배를 받았다. 이후, 식민 지배가 끝나면서 유럽인들이 마음대로 국경선을 분할하여 국경선과 종족의 분포 경계가 일치하지 않는 경우가 많아 분쟁이 발생한다.

| 문제 + 자료 분석 |

• 유럽의 식민 지배 후유증, 국경선과 종족 분포의 불일치 등이 복합적으로 작용해 아프리카 문화권에는 분쟁이 많다.

＊채점 기준

식민 지배와 국경선 문제를 모두 설명한 경우	100 %
식민 지배의 후유증이라고만 설명한 경우	30 %

13 정답 ⑤ ＊라틴 아메리카 문화권

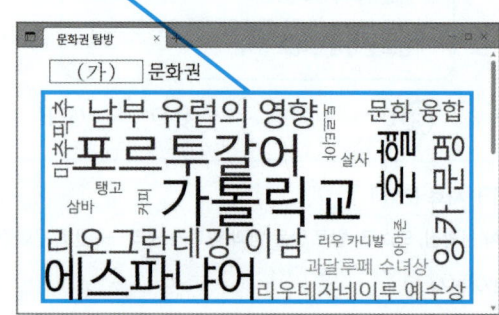

남부 유럽의 영향, 혼혈, 잉카 문명, 리오그란데강 이남, 에스파냐어, 삼바, 탱고, 리우 카니발 등의 내용이 관련되어 있는 (가) 문화권 - 라틴 아메리카 문화권

＊워드 클라우드: 핵심 단어를 시각적으로 돋보이게 하는 기법

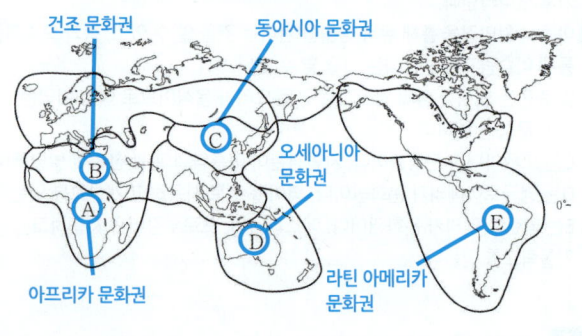

| 문제 + 자료 분석 |

• (가) : 남부 유럽의 영향, 혼혈, 리오그란데강 이남, 에스파냐어, 삼바, 탱고 등 → 라틴 아메리카 문화권

| 선택지 분석 |

① 사하라 사막 이남 아프리카가 속해 있는 A는 아프리카 문화권이다.
② 서남아시아와 북부 아프리카가 속해 있는 B는 건조 문화권이다.
③ 우리나라, 중국, 일본이 속해 있는 C는 동아시아 문화권이다.
④ 오스트레일리아, 뉴질랜드 등이 속해 있는 D는 오세아니아 문화권이다.
⑤리오그란데강 이남의 중·남부 아메리카가 속해 있는 E는 라틴 아메리카 문화권이다.

＊라틴 아메리카 문화권

> • 리오그란데강 남쪽 지역에 위치함
> • 혼혈 인종(민족) 비율이 높아 다양한 문화가 발달함
> • 남부 유럽의 식민 지배의 영향으로 가톨릭교가 우세함
> • 주로 에스파냐어(대부분의 라틴 아메리카 문화권 국가)와 포르투갈어(브라질)를 사용함

14 정답 ③ ＊건조 문화권

| 문제 + 자료 분석 |

• 코카서스 인종과 몽골 인종, 아랍어와 베르베르어 → 건조 문화권

| 선택지 분석 |

① 소를 신성하게 여기고 소고기를 먹지 않는 곳은 힌두교 문화권이다.
② 교회에서 예배를 하는 곳은 크리스트교 문화권이다.
③이슬람교 신자들은 돼지고기를 금기시한다.
④ 건조 문화권 주민들은 대부분 이슬람교를 믿는다.
⑤ 사원, 불상, 탑을 주로 볼 수 있는 곳은 불교 문화권이다.

15 핵심 키워드: 강수량, 유목, 오아시스 농업

모범 답안 (나) 건조 문화권 지역은 강수량이 적어 유목 생활을 하거나 오아시스를 중심으로 작물을 키우는 오아시스 농업을 한다.

| 문제 + 자료 분석 |

• 건조 문화권에서는 건조 기후가 나타나는데, 연 강수량이 약 500mm 미만으로 기온의 일교차가 매우 크다.

＊채점 기준

강수량이 적음을 언급하고 2개를 모두 정확하게 서술한 경우	100 %
강수량이 적음을 언급하고 1개를 정확하게 서술한 경우	50 %

16 정답 ③ ＊아프리카 문화권과 유럽 문화권

| 문제 + 자료 분석 |

• (가): 아프리카 문화권은 대부분 열대 기후로, 플랜테이션이 발달했다.
• (나): 유럽 문화권은 지중해성 기후를 바탕으로 수목 농업이 발달했다.

| 선택지 분석 |

① 산업 혁명의 발상지는 유럽 문화권이다.
② 한국, 중국, 일본은 동양 문화권에 해당한다.
③(나) 문화권은 여름이 덥고 건조하기 때문에 수목 농업이 발달했다.
④ 소고기를 먹지 않는 건 힌두교 문화권이다.
⑤ 주민들 대부분이 이슬람교를 믿는 건 건조 문화권이다.

＊ 유럽과 수목 농업

> 남부 유럽은 대부분 지중해성 기후 지역으로, 여름이 고온 건조하다. 장마철이 길면 과일에 물이 많이 들어가 맛이 없어지지만, 여름이 고온 건조한 남부 유럽에서는 당도가 높은 과일을 재배할 수 있기에 포도, 올리브, 오렌지 등을 재배하는 수목 농업이 활발하게 이루어진다.

17 핵심 키워드: 부족, 토착 신앙, 산업화, 크리스트교

모범 답안 아프리카 문화권은 종교가 매우 복잡하고, 토속 신앙이 발달했다. 유럽 문화권은 크리스트교가 생활 전반에 큰 영향을 미쳤다.

| 문제 + 자료 분석 |

• 아프리카 문화권은 부족 단위 공동체 생활, 다양한 종족과 언어, 빈번한 분쟁 등이 특징이다. 유럽 문화권은 크리스트교, 산업화 등이 특징이다.

＊채점 기준

(가), (나) 문화권의 종교적 특징을 한 가지씩 서술한 경우	100 %
(가), (나) 문화권 중 한 곳의 종교적 특징만 서술한 경우	50 %

18 정답 ② * 세계 문화권의 특징

[보기]

ㄱ. ①에서는 순록 유목이 이루어진다.
 한대(툰드라) 기후 지역에서 이루어짐

ㄴ. ⓒ의 대표적인 음식은 쌀로 만든 국수이다.
 고온 다습한 아시아의 계절풍 기후 지역 음식

ㄷ. ⓒ의 경계는 리오그란데강이다.
 리오그란데강 북쪽에 앵글로아메리카, 남쪽에 라틴 아메리카

ㄹ. ② 중 불교 신자 비중은 남부 아시아 문화권에서 가장 높다.
 동부아시아, 인도차이나반도에서 주로 신봉

| 문제 + 자료 분석 |

· ① 북극 문화권: 순록 유목, 사냥을 하고 육류를 주식으로 먹는다.
· ⓒ 건조 문화권: 대추야자, 밀 등을 재배하거나 유목을 한다.
· ⓒ 아메리카 문화권: 리오그란데강을 기준으로 앵글로아메리카, 라틴 아메리카 문화권으로 구분된다.
· ② 아시아 문화권: 계절풍의 영향으로 벼농사가 발달했다.

| 보기 분석 |

ㄱ. 북극 문화권은 농경이 어려우며, 순록 유목이 이루어진다.
ㄴ. 건조 문화권에서는 밀 재배와 유목이 이루어져 빵과 고기를 이용한 음식 문화가 발달하였다. 쌀로 만든 국수는 동남아시아 문화권에서 먹는다.
ㄷ. 앵글로아메리카와 라틴 아메리카의 경계는 리오그란데강이며, 북아메리카와 남아메리카의 경계는 파나마 지협이다.
ㄹ. 불교 신자 비중은 남부 아시아 문화권에서 가장 낮다. 남부 아시아 문화권에서는 힌두교 신자 비중이 높다.

19 정답 ② * 동양 문화권

갑, 을 학생이 조사한 문화권을 지도의 A~C에서 고른 것은?

갑: 내가 조사한 문화권의 경우 한자를 공통적으로 사용했어. 그리고 밥을 먹을 때에는 숟가락과 함께 젓가락을 많이 사용했어.
 → 젓가락과 한자를 쓰는 동부 아시아 문화권

을: 내가 조사한 문화권의 경우 국가마다 주된 종교가 달랐어. ○○국에서는 크리스트교, △△국에서는 불교, □□국에서는 이슬람교가 주된 종교였어.
 → 불교, 이슬람교, 크리스트교 등 다양한 종교를 신봉하는 동남아시아 문화권

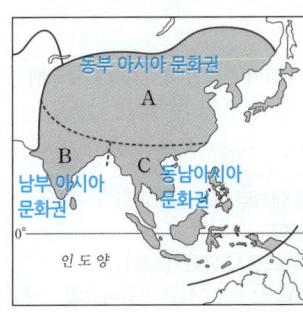

	갑	을
①	A	B
②	A	C
③	B	A
④	B	C
⑤	C	A

| 문제 + 자료 분석 |

· 지도는 동양 문화권을 나타낸 것이다.
· 동양 문화권은 동부 아시아 문화권, 남부 아시아 문화권, 동남아시아 문화권으로 구분된다.

| 선택지 분석 |

A: 동부 아시아 문화권으로, 한자를 공통적으로 사용하며 식사할 때 젓가락을 사용한다. → 갑
B: 남부 아시아 문화권으로, 식사할 때 주로 손을 사용하고 이슬람교와 힌두교를 주로 신봉한다.
C: 국가마다 주된 종교가 다른 동남아시아 문화권으로, 필리핀에서는 크리스트교, 타이에서는 불교, 말레이시아에서는 이슬람교를 주로 신봉한다. → 을

20 정답 ⑤ * 세계 문화권의 특징

성모상이 원주민처럼 검은 머리에 갈색 피부를 하고 전통 의상을 입고 있었다.
에스파냐가 이 지역을 식민 지배할 때 가톨릭교를 전파하는 과정에서 현지 종교와 융합되어 나타난 모습이라고 한다. 내일은 에스파냐어로 인사해야지!

가톨릭 신자의 비율이 높은 이 도시의 산봉우리에 거대한 예수상이 서 있었다. 곧 카니발이 열리니까 삼바 춤을 구경해 봐야지! 유럽과 아프리카의 문화가 섞여서 만들어진 독특한 문화를 경험할 수 있는 곳이라 새롭다.

에스파냐의 식민 지배를 받았던 지역, 유럽과 아프리카의 문화가 섞여 있는 지역 - 라틴 아메리카 문화권

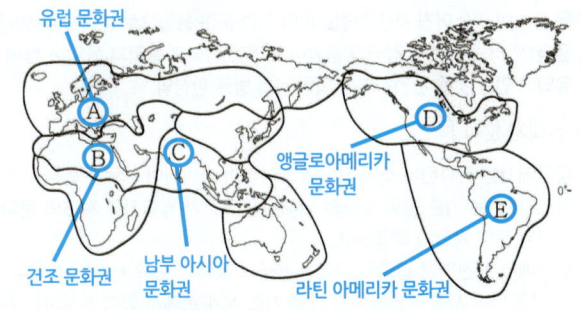

| 문제 + 자료 분석 |

· 첫 번째: 원주민처럼 검은 머리에 갈색 피부를 하고 전통 의상을 입고 있는 성모상 → 에스파냐의 식민 지배 영향으로 가톨릭교와 현지 종교가 융합됨
· 두 번째: 가톨릭 신자의 비율이 높고 카니발에서는 삼바 춤을 구경할 수 있음 → 유럽과 아프리카의 문화가 섞임

| 선택지 분석 |

① A는 생활 전반에 크리스트교의 영향을 받은 유럽 문화권이다.
② B는 주민들이 대부분 이슬람교를 믿는 건조 문화권이다.
③ C는 힌두교를 중심으로 이슬람교, 불교가 혼재된 남부 아시아 문화권이다.
④ D는 영어를 사용하고 주로 개신교를 믿는 앵글로아메리카 문화권이다.
⑤ 두 여행 지역 모두 유럽의 영향을 받았으며 원주민, 아프리카의 문화가 섞여 다양한 문화의 모습이 나타난다는 것을 알 수 있다.
 이러한 특징이 나타나는 문화권은 과거 에스파냐와 포르투갈의 식민 지배 영향을 받았던 E(라틴 아메리카 문화권)이다.

08 문화 변동과 전통문화

01 정답 ② * 문화 변동의 요인

| 문제 + 자료 분석 |
- (가) 발견: 기존에 있던 불을 새롭게 알아냄
- (나) 발명: 기존에 없던 숫자를 새롭게 만들어 냄

| 보기 분석 |
ㄱ (가)와 (나)는 문화 변동을 일으키는 원인 중 내재적 요인이다.
ㄴ. 모든 (가)와 (나)가 문화 변동을 가져오는 것은 아니다. 사회 구성원들에게 공유될 때 문화 변동을 가져온다.
ㄷ. (가)와 (나) 중에서 어느 것이 더 문화 변동 속도를 가속화시키는지 여부는 판단할 수 없다. 그것은 상황에 따라 다르다.
ㄹ 발견과 발명은 단지 그 자체로서 문화 변동을 가져오는 것이 아니라 이것이 전파되거나 확산되어 다른 문화 요소에 영향을 미침으로써 문화 변동을 가져온다.

* 발명과 발견

발명	활, 전구, 전화 등 이전에 없었던 새로운 문화 요소를 만들어 냄
발견	불, 바이러스 등 이미 존재하고 있었지만 알려지지 않았던 것을 찾아냄

02 정답 ⑤ * 문화 변동의 양상

| 문제 + 자료 분석 |
- **갑국:** 이민자들에 의해 전파된 □□소스에 갑국의 조리법이 가미되어 새로운 음식이 만들어진 것은 직접전파에 의한 문화 융합으로 분석할 수 있음
- **을국:** 인터넷을 통해 갑국의 음악이 전해져 갑국과 을국의 음악이 함께 향유되고 있는 것은 간접전파에 의한 문화 병존 현상임

| 선택지 분석 |
① 갑국에서는 전파된 소스에 갑국의 조리법이 가미되어 새로운 음식이 탄생하였다. 이는 기존 문화 요소와 외래문화 요소가 결합하여 제 3의 문화가 형성된 문화 융합에 해당한다.
② 을국에서는 전파된 갑국의 음악과 을국의 음악이 함께 사랑받고 있다. 이는 서로 다른 사회의 문화 요소가 한 사회 체계 속에서 함께 존재하는 현상인 문화 병존에 해당한다.
③ 갑국에서는 이민자들에 의해 □□소스가 전파되면서 문화 변동이 발생했다. 서로 다른 문화 구성원 간의 직접적 접촉에 의해 외래 문화 요소가 전파된 것이므로 발견이 아닌 직접 전파에 의한 문화 변동이다.
④ 갑국과 을국에서는 모두 스스로 다른 사회의 문화 요소를 받아들였다. 강제적으로 문화 요소가 이식되지 않았으므로 모두 자발적 문화 접변이 나타났다.
⑤ 갑국에서는 문화 융합으로 새로운 형태의 음식이 탄생하였고, 을국에서는 갑국의 음악이 함께 향유되고 있으므로, 문화 변동으로 인해 두 국가에서는 모두 문화의 다양성이 증대되었다고 볼 수 있다.

* 문화 변동의 양상

문화 동화	한 사회의 문화 요소가 다른 사회의 문화 속에 흡수되는 현상
문화 병존	서로 다른 문화 요소가 한 문화 속에 나란히 존재하는 현상
문화 융합	기존 문화 요소와 외래문화 요소가 결합하여 제 3의 문화를 형성하는 현상

03 정답 ② * 문화 변동의 양상

| 문제 + 자료 분석 |
- 몽고인들의 고려 출입으로 전파 → 직접 전파
- 전통 혼례식 때 족두리를 쓰고 연지를 찍는 풍습이 생김 → 문화 융합

| 보기 분석 |
ㄱ 몽고풍이 유행하게 된 원인은 몽고인들의 출입이 잦아졌기 때문이다. 이는 몽고인들이 몽고 문화를 가지고 와서 고려인들에게 퍼뜨렸다는 것이므로 직접 전파에 해당한다.
ㄴ. 자료에서는 몽고인과의 접촉을 통한 문화 전파 양상은 알 수 있으나 매체를 통한 전파가 있었는지 여부는 알 수 없다.
ㄷ 몽고 문화의 영향으로 생긴 족두리, 연지 문화가 우리문화와 결합되었다고 했으므로 서로 다른 두 문화 체계 간의 결합으로 새로운 문화 요소가 등장하는 문화 융합이 나타났다는 것을 알 수 있다.
ㄹ. 주어진 자료에서는 강제적으로 문화 접변이 이루어졌다고 판단할 만한 근거가 없다.

04 정답 ⑤ * 문화 변동의 요인

| 문제 + 자료 분석 |
- ㉠ 발명: 새로운 문화 요소를 만드는 내재적 요인
- ㉡ 발견: 새로운 문화 요소를 찾는 내재적 요인
- ㉢ 직접 전파: 직접적인 접촉을 통한 문화 전파
- ㉣ 자극 전파: 새로운 문화 요소를 만드는 외재적 요인
- ㉤ 간접 전파: 매체 요인을 통한 문화 전파

| 선택지 분석 |
① ㉠은 발명이다. 사상이나 이념도 만들어졌다면 발명에 해당한다.
② ㉣은 자극 전파의 개념으로 볼 수 있다. 문화 전파에 의해 새로운 문화 요소가 발명되었기 때문이다.
③ ㉢은 인간에 의해 문화가 전파되었으므로 직접 전파이고, ㉤은 매체에 의해 문화가 전파되었으므로 간접 전파이다. 따라서 ㉢은 ㉤과 달리 인적 교류를 통해 이루어진다.
④ ㉠ 발명과 ㉡ 발견은 문화 변동의 원인이 된다. 하지만 모든 발명과 발견이 문화 변동을 가져오는 것은 아니다.
⑤ 외재적 요인에 자극 받아 새로운 문화 요소를 만든 사례로 ㉣ 자극 전파에 해당한다.

05 정답 ㉢ 직접 전파, ㉤ 간접 전파

| 문제 + 자료 분석 |
- 간접 전파는 인터넷 등의 매체를 통해, 직접 전파는 다른 사회와의 직접적인 교류를 통해 문화를 변화시킨다.

06 정답 ③ * 문화 변동의 양상

| 문제 + 자료 분석 |
- 멕시코 전통문화와 유럽의 가톨릭 문화가 합쳐진 멕시코의 과달루페 성모상 → 문화 융합

| 선택지 분석 |
① 한 문화 체계 내에서의 문화 변동을 내재적 변동이라고 한다. 제시된 사례는 외재적 변동, 즉 문화 접변이다.
② 문화적 정체성이 약한 사회에서는 주로 문화 동화가 나타난다.
③ 검은 머리와 갈색 피부의 멕시코 과달루페 성모상은 가톨릭교의 성모를 원주민의 모습으로 변형한 것으로 유럽의 문화와 원주민의 문화가 결합한 모습을 보여 준다. 이를 통해 문화 접변이 일어난 후에도 멕시코 문화 정체성이 유지되고 있음을 알 수 있다.
④ 문화 수용의 정도가 강하면 문화 동화가 나타난다.
⑤ 서로 다른 두 문화 요소가 한 사회 내에서 함께 존재하고 있는 양상을 문화 병존이라고 한다. 제시문은 문화 융합의 사례이다.

07 정답 A: 문화 병존, B: 문화 동화, C: 문화 융합

| 문제 + 자료 분석 |

• 자기 문화의 정체성을 상실했는지, 제3의 문화가 형성되었는지를
  확인하여 A~C국의 문화 변동 양상을 파악한다.

＊ 문화 변동의 양상

문화 동화	기존 문화가 전파된 문화에 흡수되어 정체성을 상실함
문화 병존	기존 문화와 전파된 문화가 모두 나란히 존재함
문화 융합	기존 문화와 전파된 문화가 결합하여 제3의 문화가 등장함

08 정답 ④ ＊ 문화 변동의 양상

| 문제 + 자료 분석 |

• A: 두 나라 문화가 모두 공존 → 문화 병존
• B: 문화 정체성을 잃고 갑국에 동화 → 문화 동화
• C: 두 나라의 문화가 혼합 → 문화 융합

| 보기 분석 |

ㄱ. A국, B국, C국 모두 외래 문화 요소를 수용하였다.
ㄴ. B국은 갑국의 문화 요소만 남은 문화 동화 현상이 나타났지만, A국과
   C국은 자국의 문화가 모두 정체성을 유지하고 있다.
ㄷ. 해당 그림으로 자발성이나 강제성 여부를 판단할 수는 없다.
ㄹ. 라이스버거는 우리나라의 음식 재료를 외국 요리 방식과 결합하여 만든
   새로운 퓨전 음식으로 문화 융합의 사례이다.

09 정답 ① ＊ 문화 변동의 양상

> (가) 남아메리카에 위치한 페루는 스페인의 식민지였다. 당시
> 스페인 점령군은 원주민 문화를 탄압하며 스페인어 사용
> 을 강제하였다. 하지만 케추아어와 같은 원주민 언어는
> 강제적 문화 접변
> 그 명맥을 유지하여 현재도 스페인어와 함께 페루의 공
> 용어로 사용되고 있다. 문화 병존
>
> (나) 중국의 특별 행정 지구인 마카오는 포르투갈의 식민지였
> 다. 당시 마카오에 머물던 포르투갈 사람들은 자신들의
> 전통 방식으로 음식을 조리하여 먹었는데, 이러한 과정
> 에서 중국 요리법과 포르투갈 요리법이 결합되어 매케니
> 문화 융합
> 즈라는 새로운 형태의 음식이 탄생하였다.

| 문제 + 자료 분석 |

• (가) : 점령군이 원주민 문화를 탄압하며 스페인어 사용을 강제, 원주민
  언어와 스페인어가 공용어 → 강제적 문화 접변, 문화 병존
• (나) : 마카오에 전파된 포르투갈 요리법과 중국 요리법이 결합된 새로운
  음식 → 문화 융합

| 선택지 분석 |

① 페루에 전파된 스페인어와 원주민 언어가 함께 공용어로 사용되고
  있으므로 문화 병존이 나타난다.
② 발명은 문화 변동의 내재적 요인이다. (가)에서는 스페인어라는 외재적
  문화 요소가 페루로 전파되었다.
③ (나)에서는 새로운 문화 요소가 만들어졌으므로 문화 융합이 나타난다.
④ (가), (나) 모두 식민지 지배 과정에서 직접적으로 문화 요소가
  전파되었으므로 직접 전파에 해당한다.
⑤ (가)에서는 스페인어 사용을 강제하였으므로 강제적 문화 접변이
  나타난다. 그러나 (나)에서는 강제성이 드러나지 않는다.

10 정답 ② ＊ 문화 변동의 양상

| 문제 + 자료 분석 |

• (가): 자극 전파
• (나): 서로 다른 문화가 합쳐져 새로운 문화가 만들어진 사례

| 선택지 분석 |

① 다른 문화로부터 아이디어를 얻어 새로운 문화를 발명하는 건 자극
  전파이다.
② 자극 전파는 문화 변동의 외재적 요인에 해당한다.
③ 한국 문화를 받아들이며 중국 문화를 유지하는 차이나타운의 중국인들은
  문화 병존의 사례에 해당한다.
④ 알파벳을 보고 만들어진 체로키 문자는 자극 전파의 사례이다.
⑤ 문화 요소가 매체에 의해 전달되는 것은 간접 전파이다.

＊ 자극 전파와 문화 융합

구분	자극 전파	문화 융합
공통점	기존의 문화 요소와 다른 제3의 문화 요소 등장	
차이점	타문화 요소에서 아이디어를 얻어서 새로운 문화 요소 생성(자문화 요소는 원래 없음)	타문화 요소와 자문화 요소가 결합해 새로운 문화 요소 생성

11 핵심 키워드: 새로운 문화 요소

모범 답안 자극 전파와 문화 융합 모두 다른 문화 요소와 접촉한 이후
새로운 문화 요소가 만들어진다.

| 문제 + 자료 분석 |

• 자극 전파는 다른 문화로부터 아이디어를 얻어 새로운 문화 요소를
  발명하는 것이다.
• 문화 융합은 다른 사회의 문화와 기존의 문화가 합쳐져 제3의 문화가
  형성되는 것이다.

＊ 채점 기준

자극 전파와 문화 융합의 공통점을 정확히 서술한 경우	100 %
(가)가 자극 전파라는 점만 언급한 경우	30 %

12 정답 ② ＊ 전통문화

| 문제 + 자료 분석 |

• 제시문은 줄다리기가 농경 사회의 협동 단결을 끌어내며 풍년을 기원하는
  무속의 성격이 있음을 보여준다.

| 보기 분석 |

ㄱ. 줄다리기가 협동 단결을 끌어내는 것을 통해 농경 사회의 상부상조
   정신을 엿볼 수 있다.
ㄴ. 우리의 전통문화는 남성 중심주의의 가부장제 문화이지만, 주어진
   자료에서는 이와 같은 가치관이 나타났는지 여부를 찾아보기 어렵다.
ㄷ. 재앙을 막고 풍년을 기원하는 민간 신앙이라는 설명을 통해 무속 신앙의
   요소가 내재되어 있다는 것을 알 수 있다.
ㄹ. 줄다리기가 유교와 불교, 무속 신앙이 결합된 문화라고 설명되어 있지만,
   상하 질서를 중시하는 유교 문화의 영향을 받았는지는 알 수 없다.

13 핵심 키워드 : 세계화, 재해석

[모범 답안] 현대 사회는 세계화의 흐름 속에서 빠르고 복잡하게 변하고 있어 전통문화를 그대로 보존하는 것은 쉽지 않다. 전통이 지닌 고유한 가치를 재해석해 현대 사회에 적합하도록 창조적으로 계승하고 발전시켜야 한다.

| 문제 + 자료 분석 |

• 전통문화를 창조적으로 계승하고 발전시키기 위해서는 전통문화를 현대 사회 구성원들의 요구와 특성에 맞게 재해석할 필요가 있다.

＊ 채점 기준

세계화를 언급하며 전통문화를 재해석해야 한다고 서술한 경우	100 %
전통 요소의 재해석에 대해서만 언급한 경우	60 %

14 핵심 키워드 : 전통문화의 재창조

[모범 답안] 현대의 아파트에도 온돌식 난방을 하고 있는 것은 전통문화를 재창조한 것이라고 볼 수 있다.

| 문제 + 자료 분석 |

• 전통문화를 현대적 감각으로 재해석하여 새롭게 발전시키면 세계화 시대에 전통문화의 가치를 높일 수 있다.

＊ 채점 기준

전통문화가 현대 사회에 맞춰 바람직하게 변화된 사례를 제시했을 경우	100 %
전통문화가 현재 남아 있는 것인데 새롭게 재창조된 것을 설명하지 못하거나, 전통문화의 사례를 단편적으로 제시했을 경우	50 %

＊ 전통문화의 창조적 계승

> 전통문화의 국제적 가치를 상승시키고 발전 가능성을 높이기 위해서는 전통문화를 현대적 감각으로 재해석하여 새로운 문화 콘텐츠로 개발해야 한다. 국립 박물관의 상품(Goods)은 전통 문화 유산을 현대적 감각에 맞게 재구성하여 큰 인기를 끌게 된 사례이다. 또한, 퓨전 국악 뮤지컬 역시 한국의 전통 음악을 현실에 맞게 창조적으로 발전시킨 사례로 볼 수 있다.

15 정답 ② ＊ 전통문화

| 문제 + 자료 분석 |

• 세계화 시대에 맞게 전통문화를 재창조할 필요성을 깨닫고 전통문화의 창조적 계승과 발전 방법을 떠올린다.

| 선택지 분석 |

① 전통문화를 시대감각에 맞게 재창조하는 것은 전통문화의 소멸을 막으며 문화를 발전시키는 방법이 될 수 있다.

② 문화의 고유성이 오히려 문화 상품이 될 수 있는 시대이다. 따라서 표준화된 문화를 개발하기 위해 노력하는 것은 문화의 발전에 도움이 된다고 보기 어렵다.

③ 세계 여러 사회의 다양한 문화를 존중하는 것은 평화롭게 다른 나라와 병존하는 길이 될 수 있다.

④ 다른 문화와의 교류는 다양한 문화적 토대를 형성하게 하여 문화 발전의 원동력이 될 수 있다.

⑤ 보편적인 외래문화를 수용하여 우리문화 발전의 토대로 삼는 것은 문화 발전에 도움이 된다. 예를 들어, 인터넷은 우리문화는 아니지만 우리 사회의 문화를 발전시키는 데에 기여하고 있다.

16 정답 ④ ＊ 문화 변동의 양상

구분	학생의 답안	채점 결과
A	아메리카 원주민이 유럽의 식민 지배를 당하는 과정에서 고유 언어를 상실하고 영어를 사용하게 된 것 [단서] 문화 동화	× A ≠ 문화 동화
B	(가) 문화 동화에 대한 사례	○
C	우리나라의 전통적인 한옥 양식과 서양의 바실리카 양식이 결합하여 성공회 강화 성당이 새로운 형태로 건축된 것 [단서] 문화 융합	○ C = 문화 융합

| 문제 + 자료 분석 |

• A: 원주민이 식민 지배를 당하며 고유 언어를 상실하고 영어를 사용하게 된 것은 문화 동화의 사례임

• C: 전통 한옥 양식과 서양 바실리카 양식이 합쳐져 새로운 형태의 성당이 만들어진 것은 문화 융합의 사례임

• A는 문화 동화가 아니며 문화 융합은 C이므로 A는 문화 병존이고, B는 문화 동화임

| 보기 분석 |

ㄱ. 문화적 다양성 증진에 기여하는 것은 문화 병존과 문화 융합이다.

ㄴ. 기존의 문화 요소와 외래문화 요소가 결합하여 제3의 문화가 나타나는 현상은 문화 융합이다.

ㄷ. 문화 변동 과정에서 자문화의 정체성을 상실하는 것은 기존 문화 요소가 소멸되는 문화 동화이다.

ㄹ. (가)에는 문화 동화의 사례가 들어가야 한다. 전통 의학인 한의학과 서양 의학이 공존하는 것은 문화 병존의 사례이므로 (가)에 들어갈 수 없다.

17 정답 ② ＊ 문화 변동의 요인

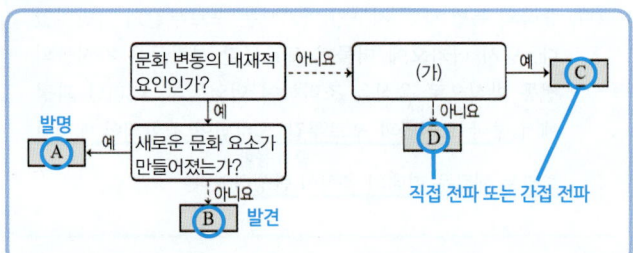

| 문제 + 자료 분석 |

• A: 내재적 요인, 새로운 문화 요소가 만들어짐 → 발명

• B: 내재적 요인, 새로운 문화 요소가 만들어지지 않음 → 발견

• C, D: 외재적 요인 → 직접 전파 또는 간접 전파

| 보기 분석 |

ㄱ. 민주주의 제도는 이전에 없던 요소가 새롭게 만들어진 것이기 때문에 A 발명에 해당한다.

ㄴ. 한복과 양복이 합쳐져 탄생한 개량 한복은 문화 융합에 해당한다.

ㄷ. (가)에 '문화 요소가 매체에 의해 전달되었는가?'가 들어간다면 C는 간접 전파, D는 직접 전파이다.

ㄹ. 직접 전파, 간접 전파 모두 그로 인해 발생한 문화 변동에서 외부 문화가 변형되지 않은 상태로 정착할 수 있다.

18 정답 ① * 다양한 문화권의 특징과 문화 변동

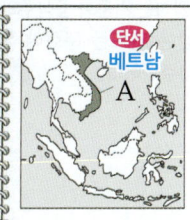

단서
베트남
A

■1일차 – ○○역사박물관을 방문하여
㉠ '쯔놈(chu nôm)' 문학에 관한 자료
자극 전파
를 관람함. 쯔놈은 A국이 중국의 지배
직접적 교류를 통한 전파
를 받던 시대에 ㉡ 도입된 한자에서 얻
은 아이디어를 활용하여 개발한 문자
체계임. 단서 자극 전파
■2일차 – 시내의 한 음식점에 들러 '분짜(bun cha)'를 점심으로
먹음. 분짜는 구운 돼지고기와 ㉢ 쌀로 만든 얇은 국수, 그리
고 새콤달콤한 소스를 함께 먹는 요리임. 점심 식사 후 관광지
의 한 가게에 들러 ㉣ A국의 전통 의복을 빌려 입고 기념 사진
아오자이 등
을 찍음. 거리에서 만난 ㉤ 현지어를 사용하는 사람들의 활기
찬 모습이 인상적임. 베트남어

| 문제 + 자료 분석 |

· **A국**: 지도에 표시된 A국은 베트남이며, 북부는 온대 기후, 중부와 남부는
열대 기후가 나타남. 과거 중국의 한자에서 아이디어를 얻어 만든 쯔놈 문자
를 사용하였으며, 전통 음식으로 분짜, 전통 의복으로 아오자이 등이 있음

| 선택지 분석 |

① 자극 전파는 다른 사회에서 전파된 문화 요소에 자극을 받아 새로운 발명
이 일어나는 것을 의미한다. ㉠ 쯔놈(chu nôm)은 베트남(A국)이 중국의
지배를 받던 시대에 ㉡ 도입된 한자에서 얻은 아이디어를 활용하여 개발
한 문자 체계이며, 이는 자극 전파의 사례에 해당한다.
② 중국의 지배를 받던 시대에 ㉡ 도입된 한자는 매개체가 아닌 인적 교류를
통해 서로 다른 문화 간 직접적인 접촉에 의해 전파된 문화 요소이다. ==매개
체란 두 문화 간 직접적인 인적 교류가 아닌 간접적인 교류를 돕는 서적이
나 대중 매체, 사회 관계망 서비스(SNS) 등을 의미한다.== 꿀팁
③ 베트남(A국)은 주로 계절풍의 영향을 크게 받으며 열대 및 온대 기후가 나
타난다. 따라서 베트남의 기후는 ㉢ 쌀을 생산하기에 유리하며, 쌀을 이용
한 다양한 전통 요리가 발달하였다.
④ ㉣ 베트남(A국)의 전통 의복으로는 아오자이 등이 있다. 아오자이는 상의
는 길고 하의는 헐렁한 베트남 여성의 전통 의상이다. 대체로 가볍고 통기
성이 좋은 소재로 통풍이 잘되는 구조로 되어 있어 더위를 견디기에 유리
하다.
⑤ 베트남(A국)에서 사용하는 ㉤ 현지어는 주로 베트남어이다.

19 정답 ⑤ * 문화 변동의 양상

〈문화 변동 양상에 대한 과제 우수 사례〉

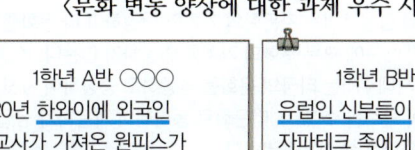

1학년 A반 ○○○
1820년 하와이에 외국인
선교사가 가져온 원피스가
하와이의 '무무'라는 옷의
기원이 됨.
→ 직접 전파

1학년 B반 □□□
유럽인 신부들이 남아메리카의
자파테크 족에게 옷을 강제로
입혀 원주민들이 피부병에
걸림.
→ 직접 전파, 강제적 문화 접변

| 문제 + 자료 분석 |

· **A반**: 선교사가 가져온 원피스 ➞ 직접 전파
· **B반**: 강제로 옷을 입은 유럽인 신부들 ➞ 직접 전파, 강제적 문화 접변

⑧

| 선택지 분석 |

① 직접 전파는 외재적 변동에 해당한다.
② A반 학생의 과제의 '무무'는 서양식 옷을 하와이의 기후에 맞게 새로
개량한 옷이므로 문화 병존의 사례가 아니다.
③ B반 학생의 과제에서 유럽인 신부들이 가져온 옷은 자파테크 족 문화와
접촉하여 제3의 문화를 만들지 못했기에 문화 융합이라고 볼 수 없다.
④ B반 학생의 과제에서 유럽인 신부들이 원주민에게 강제로 옷을 입혔다고
했으므로 강제적 문화 접변에 해당한다.
⑤ A반 학생의 과제와 B반 학생의 과제에서 나타난 문화 변동은 모두 외국인
선교사에 의해서 이루어진 것이다. 이처럼 선교사 등에 의해 외래문화가
유입된 것은 직접 전파에 해당한다.

20 정답 ⑤ * 다양한 종교의 특징과 문화 변동

종교	명칭(날짜)	설명
A 이슬람교	Hari Raya Puasa (3월 31일 ~4월 1일)	라마단이 끝나는 날로 신도들은 친 단서 구나 이웃을 집에 초대하여 음식과 선물을 교환하고 함께 축하한다.
B 불교	Wesak Day (5월 12일)	창시자의 탄생, 깨달음, 열반을 기념 하는 날로 신도들은 등불을 밝히며 승려에게 음식을 공양한다. 단서
C 힌두교	Deepavali (10월 20일)	'빛의 축제'로 불리며 신도들이 밤새 도록 곳곳에 등불을 켜 여러 신들에게 단서 기도하고, 음식과 선물을 교환한다.
D 크리스트교	Christmas (12월 25일)	구원자로 믿는 이의 탄생 기념일로 신도들은 교회에 가서 예배를 드리 단서 거나 가족과 행복한 시간을 보낸다.

| 문제 + 자료 분석 |

· **A**: 라마단 시기에 낮 동안 금식을 실천하고 라마단이 끝나는 날(Hari Raya
Puasa) 축제를 즐기는 이슬람교
· **B**: 석가모니의 탄생, 깨달음, 열반을 기념하는 날(Wesak Day)에 신도들이
등불을 밝히며 승려에게 음식을 공양하는 불교
· **C**: 빛의 축제(Deepavali) 기간 동안 신도들이 여러 신들에게 기도하고,
음식과 선물을 교환하는 힌두교
· **D**: 예수 탄생일(Christmas)을 기념하는 크리스트교

| 선택지 분석 |

① ㉠은 외재적 요인에 의한 문화 변동의 사례이다.
② 신도들이 갠지스강에서 목욕을 하는 것은 C 힌두교의 종교 의식이다.
③ 여성 신도들이 히잡이나 차도르 등을 착용하는 것은 A 이슬람교이다.
④ A 이슬람교는 돼지고기, C 힌두교는 소고기를 금기시한다.
⑤ 유럽 문화권에서는 D 크리스트교가 B 불교보다 신자 수가 많다.

* 세계의 주요 종교

크리스트교	· 세계에서 신자가 가장 많음 · 유일신교로 예수를 구원자로 믿음
이슬람교	· 유일신 알라를 믿고 술과 돼지고기를 금기시함 · 여성들은 니캅, 히잡, 차도르 등을 착용함
불교	· 석가모니의 가르침을 실천하고 개인의 수양을 강조함 · 윤회 사상을 중시하고 살생을 금기시함
힌두교	· 다신교이며 윤회 사상을 중시함 · 소를 신성시하며 소고기를 금시시함

09 문화 상대주의와 보편 윤리

내신 대비 필수 문제   문제편 102~104p

01 정답 ① * 문화 이해 태도

| 문제 + 자료 분석 |

• 왼쪽 자문화 중심주의: 여진족, 거란족의 문화보다 자신들의 문화가 우월하다고 믿음
• 오른쪽 문화 사대주의: 중국의 문화가 자신들의 문화보다 우월하다고 믿음

| 선택지 분석 |

① 문화 사대주의적 태도는 특정 사회의 문화를 우수하다고 보기 때문에 자신의 문화적 정체성을 상실할 우려가 있다. 하지만, 자문화 중심주의 태도는 자기 문화의 주체성과 정체성을 유지시키는 데 유리하다.
② 특정 문화의 가치로 다른 문화의 가치를 평가하고 있다.
③ 자문화 중심주의와 문화 사대주의 모두 특정 문화를 우월하다고 보기 때문에 문화적 다양성을 훼손시킬 수 있다.
④ 양쪽 모두 상대방의 역사적, 사회적 맥락을 고려하지 않고 특정한 기준으로만 문화를 바라본다.
⑤ 자문화 중심주의와 문화 사대주의 모두 문화 우열에 대한 객관적 기준이 있어 우열을 나눌 수 있다고 본다.

02 정답 ⑤ * 문화 이해 태도

| 문제 + 자료 분석 |

• (가): 자기 문화의 우월성을 강조 → 자문화 중심주의
• (나): 문화를 평가하는 절대적 기준이 있다고 보지만 자문화의 우월성을 강조하지 않음 → 문화 사대주의
• (다): 문화를 평가하는 절대적 기준은 없음 → 문화 상대주의

| 보기 분석 |

ㄱ. 자문화 중심주의는 자기 문화를 우월시하고 다른 사회의 문화를 폄하하는 태도이므로 외래 문화에 대해 편견을 갖게 한다.
ㄴ. 국수주의는 자문화에 대한 자부심을 바탕으로 다른 사회의 문화를 배척하는 태도이다. 따라서 배타적 국수주의를 초래할 수 있는 것은 (가) 자문화 중심 주의이다.
ㄷ. 문화 상대주의는 문화의 가치를 해당 사회의 맥락에서 이해하기 때문에 문화의 다양성을 보존할 수 있다.
ㄹ. 자문화 중심주의는 자기 문화를 기준으로 다른 사회의 문화를 평가하는 태도이므로 문화의 상대성을 간과할 수 있다.

03 정답 ⑤ * 문화 이해 태도

| 문제 + 자료 분석 |

• 갑: 자국의 문화를 우월한 것으로 보고, 다른 나라의 문화를 낮게 평가하는 자문화 중심주의
• 을: 다른 나라의 문화를 우월한 것으로 보고, 자국의 문화 가치를 낮게 평가하는 문화 사대주의
• 병: 문화를 우열 평가의 대상으로 보지 않고, 그 사회의 맥락에서 해당 문화의 고유한 의미와 가치를 이해하려는 문화 상대주의

| 선택지 분석 |

① 자신의 문화가 상대적으로 열등하다고 보고 다른 문화를 우수한 것으로 보는 태도는 문화 사대주의이다.
② 선진 문물 수용에 소극적이라는 비판을 받는 태도는 자기 문화의 우수성을 지나치게 강조하여 다른 문화를 부정적으로 여기는 자문화 중심주의이다.

③ 문화 간에 우열이 존재한다고 보는 태도는 자문화 중심주의와 문화 사대주의이다.
④ 문화 간 갈등을 초래할 위험이 있다는 비판을 받는 태도는 자기 문화의 우수성을 지나치게 강조하고 타문화를 낮게 평가하는 자문화 중심주의이다.
⑤ 문화 다양성을 저해할 수 있다는 비판을 받는 태도는 문화에 우열이 존재한다고 보는 자문화 중심주의와 문화 사대주의이다.

04 정답 ④ * 문화 상대주의

| 문제 + 자료 분석 |

• 힌두교도들과 이슬람교도들은 각자의 관점에서 상대방의 문화를 평가하고 있다.
• 이러한 갈등을 해결하기 위해서는 문화 상대주의 태도가 필요하다.

| 보기 분석 |

ㄱ. 자기 문화를 기준으로 다른 문화를 평가하는 태도는 자문화 중심주의 태도이다.
ㄴ. 서로 다른 문화 간의 우열을 가리려는 자문화 중심주의, 문화 사대주의를 경계해야 한다.
ㄷ. 각 사회의 문화를 그 사회의 사회적, 역사적 맥락을 고려하여 고유한 가치를 인정해야 한다.

05 정답 ⑤ * 문화 상대주의

| 문제 + 자료 분석 |

• 마유주는 물이 귀하고 음식이 상하기 쉬운 환경에서 유목하는 몽골인들 나름의 생존 방식임 → 문화 상대주의

| 선택지 분석 |

① 문화 상대주의는 문화를 우열 평가가 아닌 이해의 대상으로 간주한다.
② 자문화를 기준으로 타 문화를 평가하는 태도는 자문화 중심주의이다.
③ 자문화보다 타 문화가 우월하다고 보고 자문화의 가치를 낮게 평가하는 태도는 문화 사대주의이다.
④ 자문화의 정체성을 상실할 우려가 있는 태도는 자문화의 가치를 낮게 평가하는 문화 사대주의이다.
⑤ 문화 상대주의는 다른 사회의 문화를 해당 사회의 특수한 환경과 맥락에서 이해하려는 태도이다.

06 정답 ⑤ * 문화 이해 태도

| 문제 + 자료 분석 |

• 갑: 자문화가 타문화보다 우월하다고 여기는 자문화 중심주의
• 을: 자문화보다 타문화가 우월하다고 믿고 추종하는 문화 사대주의
• 병: 문화를 그 사회의 환경과 맥락 속에서 이해하는 문화 상대주의

| 선택지 분석 |

① 갑과 같은 자문화 중심주의는 자문화의 가치만 인정하고 타 문화를 열등하다고 보기 때문에 모든 문화의 가치를 인정하지 않는다.
② 을과 같은 문화 사대주의는 타국의 문화를 추종하고 숭상하여 자칫 자국 문화의 정체성이 약화될 수 있다. 타문화로 동화되어 자문화가 상실될 수 있기에 문화의 다양성 보존에 불리하다.
③ 병과 같은 문화 상대주의는 문화를 평가의 대상이 아닌 이해의 대상으로 여기기 때문에 우열을 나누지 않는다.
④ 문화 간 우열을 평가할 수 없다고 보는 것은 문화 상대주의이다.
⑤ 자문화 중심주의는 자문화를 우월하다고 여겨 이를 기준으로 타 문화를 열등하다고 평가한다. 그렇기 때문에 문화적 마찰을 일으킬 가능성이 높다. 이에 반해 병과 같은 문화 상대주의는 모든 문화의 고유한 가치를 인정하므로 마찰이 발생할 가능성이 낮다.

07 정답 ③ ＊문화 이해 태도

구분	문화 사대주의 Ⓐ	자문화 중심주의 Ⓑ
낙후된 자신의 문화를 발전시킬 수 있는가? → 문화 사대주의	예	아니요
국수주의를 초래할 위험이 있는가? → 자문화 중심주의	아니요	예
(가)	예	예

문화 사대주의와 자문화 중심주의의 공통점

| 문제 + 자료 분석 |

· A: 자신의 문화의 낙후성 개선 → 문화 사대주의
· B: 국수주의를 초래할 수 있음 → 자문화 중심주의

| 선택지 분석 |

① 문화 사대주의에만 해당하는 설명이다.
② 자기 문화에 대한 자부심을 강화시키는 것은 자문화 중심주의이다.
③ 두 태도 모두 문화의 우열을 정하는 절대적 기준이 있다.
④ 자기 문화가 우월하다고 믿는 것은 자문화 중심주의이다.
⑤ 두 태도 모두 문화를 평가의 대상으로 본다. 문화를 이해의 대상으로 보는 태도는 문화 상대주의이다.

08 정답 (가): 문화 상대주의, (나): 자문화 중심주의, (다): 문화 사대주의

| 문제 + 자료 분석 |

· 문화 상대주의는 문화를 이해의 대상으로 간주한다.
· 자문화 중심주의와 문화 사대주의는 문화를 평가의 대상으로 본다.

09 핵심 키워드: 선진 문물 수용, 정체성 상실

모범 답안 문화 사대주의는 선진 문물을 수용해 자문화를 개선할 수 있다는 장점이 있지만, 타문화를 무비판적으로 수용해 자문화의 정체성을 상실할 수 있다는 단점이 있다.

| 문제 + 자료 분석 |

· 문화 사대주의는 타문화가 자문화보다 우월하다고 믿으며 자문화를 무시하는 태도라는 점을 떠올린다.

＊채점 기준

문화 사대주의의 순기능과 역기능을 모두 서술한 경우	100 %
문화 사대주의의 순기능과 역기능 중 한 가지만 서술한 경우	60 %

10 정답 ④ ＊극단적 문화 상대주의

| 문제 + 자료 분석 |

· ㉠ 극단적 문화 상대주의: 보편 윤리를 무시하고 모든 문화적 행위에 문화 상대주의를 적용하여 용납하는 태도

| 선택지 분석 |

① 문화 상대주의는 각 사회 문화를 그 사회의 특수한 환경과 역사적 상황 및 사회적 맥락 속에서 이해하려는 태도이다.
② 문화 사대주의는 특정 사회의 문화를 우수하다고 보고, 자기 문화를 열등하다고 여기며 평가 절하하는 태도이다.
③ 자문화 중심주의는 자기 문화만을 우수하다고 보고 다른 사회의 문화를 열등하다고 여기며 평가 절하하는 태도이다.

④ 보편 윤리의 측면에서 보았을 때에 비난받아야 할 행위조차도 문화 상대주의의 관점으로 인정하는 것을 극단적 문화 상대주의라고 한다.
⑤ 보편적 가치에 어긋나는 모든 문화를 인정하려는 태도는 극단적 문화 상대주의이다.

11 정답 ① ＊보편 윤리

| 문제 + 자료 분석 |

· 문화를 올바르게 이해하기 위해서는 각 문화의 고유한 의미와 가치를 존중해야 한다. 이를 문화 상대주의라고 한다.
· 하지만 모든 문화를 상대주의적 태도에서 존중하게 되면 인간의 존엄성과 같은 보편 윤리를 훼손하는 문화까지도 인정하게 될 수 있다. 이를 극단적 문화 상대주의라 하는데, 이는 인간다운 삶을 침해할 수 있으므로 경계해야 한다.

| 선택지 분석 |

(진술1) 인간의 존엄성과 같은 보편 윤리를 훼손하는 문화까지도 인정하는 태도를 극단적 문화 상대주의라 한다. 이는 인류 문화 발전에 해가 될 수 있으므로 항상 경계하고 성찰해야 한다.
(진술2) 극단적 문화 상대주의에 빠지지 않기 위해서는 자문화에 대해서도 보편 윤리의 관점에서 비판하고 성찰하는 태도가 필요하다.
(진술3) 다른 문화에 대해서는 그 문화가 발생한 역사적·자연적·사회적 맥락에서 이해하고 존중하려는 태도가 필요하다. 이와 함께 보편 윤리를 훼손하고 있지는 않은지 성찰하고 비판적으로 바라보는 태도 역시 필요하다.
(진술4) 가족의 명예를 실추시켰다는 이유로 가족 구성원을 살해하는 문화는 인간의 존엄성이라는 보편 윤리를 훼손하는 문화이다. 따라서 수용하기보다는 비판하고 개선하려는 노력이 필요하다.

12 정답 ⑤ ＊문화 이해 태도

| 문제 + 자료 분석 |

· 갑: 동물을 보호해야 한다는 인식이 보편화되어야 함
· 을: 문화마다 다른 동물에 대한 인식을 인정해야 함

| 선택지 분석 |

① 갑은 과거와 달리 현재 사회에서는 동물권도 보호해야 한다는 상대성을 강조하고 있다.
② 모든 문화가 지향해야 할 가치를 인정하는 것은 갑의 태도이다.
③ 을의 태도로 갑을 성찰할 때 자문화 중심주의로 볼 만한 근거는 없다.
④ 갑과 을은 모두 상대성을 인정한다. 그러나 갑의 태도에 의하면 을이 주장하는 문화의 상대성이란 인류가 지향해야 할 보편적 가치를 파괴하는 것으로 볼 수 있다.
⑤ 갑은 보편적 윤리를 인정하고 있다. 갑의 태도로 을의 태도를 성찰하면 을은 극단적 문화 상대주의라고 할 수 있다.

13 핵심 키워드: 보편적 윤리 파괴, 문화 발전 어려움

모범 답안 극단적 문화 상대주의는 인간의 보편적 윤리를 파괴하는 등 사회적 혼란을 불러올 수 있고, 특정 문화의 문제점을 비판할 수 없어 문화 발전을 기대하기 어렵다.

| 문제 + 자료 분석 |

· 극단적 문화 상대주의는 문화의 특수성을 지나치게 강조해 인류의 보편적 가치에서 벗어나는 문화도 인정한다.

＊채점 기준

보편적 윤리 파괴, 문화 발전의 어려움을 모두 언급한 경우	100 %
보편 윤리에서 벗어나는 태도라고만 설명한 경우	50 %

14 정답 ④ *극단적 문화 상대주의

| 문제 + 자료 분석 |

- 보편 윤리의 관점에서 바람직한 문화를 구분해야 극단적 문화 상대주의 태도에 빠지는 것을 방지할 수 있다.

| 보기 분석 |

ㄱ 인도의 카스트 제도는 특정 계층의 인권을 유린하여 인간의 존엄성을 파괴한다.

ㄴ 파키스탄의 명예 살인은 생명의 존엄성을 해치는 행위이므로 인간 존중의 가치에 위배된다.

ㄷ 중국의 전족 풍습은 여성의 신체의 자유를 침해하므로 인류의 보편적 가치를 훼손하는 사례이다.

ㄹ. 티베트는 시신이 잘 썩지 않는 자연환경을 고려하고, 독수리를 신성시하는 티베트족의 전통 신앙에 따라 조장을 실시한다. 이처럼 티베트의 종교적, 자연환경적 맥락을 살펴보면 티베트의 조장은 인권을 침해한다고 보기 어렵다.

15 정답 ㉠: 보편 윤리, ㉡: 극단적 문화 상대주의

| 문제 + 자료 분석 |

- ㉠ 보편 윤리: 인류가 지향해야 할 가치
- ㉡ 극단적 문화 상대주의: 보편 윤리를 파괴하는 문화까지 인정하는 문화 이해 태도

16 정답 ⑤ *보편 윤리

| 문제 + 자료 분석 |

- 보편 윤리 차원에서의 문화 성찰은 인류의 보편적 가치에 어긋나는 문화를 비판하고 문화를 발전시키기 위해 필요하다.

| 선택지 분석 |

① 보편 윤리를 지키며 문화를 평가의 대상이 아닌 이해의 대상으로 봐야 한다.

② 문화의 특수성 및 상대성만 강조하면 극단적 문화 상대주의로 빠질 수 있다.

③ 문화 간 우열은 가릴 수 없으며, 보편 윤리를 지키면서 문화의 상대성을 인정해야 한다.

④ 보편 윤리 차원에서 문화를 성찰하면 인간에게 고통을 주는 문화를 비판할 수 있게 된다.

⑤ 보편 윤리 차원에서 문화를 성찰하면 바람직한 문화와 바람직하지 않은 문화를 구분하고 문화를 발전시킬 수 있다.

⚠️ **내신 1등급 문제**　　　　　　　　　　문제편 105p

17 정답 ② *문화 이해 태도

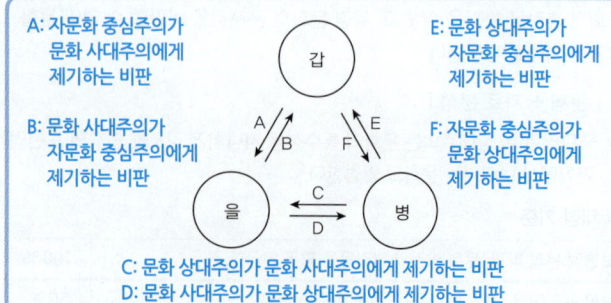

A: 자문화 중심주의가 문화 사대주의에게 제기하는 비판

B: 문화 사대주의가 자문화 중심주의에게 제기하는 비판

E: 문화 상대주의가 자문화 중심주의에게 제기하는 비판

F: 자문화 중심주의가 문화 상대주의에게 제기하는 비판

C: 문화 상대주의가 문화 사대주의에게 제기하는 비판
D: 문화 사대주의가 문화 상대주의에게 제기하는 비판

| 문제 + 자료 분석 |

- 갑: 자문화를 기준으로 타 문화를 평가하는 자문화 중심주의
- 을: 우월한 타 문화를 무조건 수용하고자 하는 문화 사대주의
- 병: 각 문화의 고유성을 인정하고자 하는 문화 상대주의

| 선택지 분석 |

① 자문화 중심주의는 문화 사대주의와 달리 자문화의 정체성을 유지해야 함을 강조한다.

② 자문화 중심주의와 문화 사대주의 모두 문화 간의 우열이 존재한다고 본다.

③ 문화 상대주의는 자문화 중심주의, 문화 사대주의와 달리 문화를 이해의 대상으로 본다.

④ 문화 사대주의는 문화 상대주의와 달리 문화를 평가하는 절대적 기준이 있다고 본다.

⑤ 자문화 중심주의는 문화 상대주의와 달리 자문화가 제일 우수하고, 다른 사회의 문화는 모두 열등하다고 본다.

18 정답 ① *문화 이해 태도

	문화 사대주의 (A)	자문화 중심주의 (B)	문화 상대주의 (C)
질문			
문화 간에 우열이 없다고 보는가? → 문화 상대주의	아니요	아니요	예
자기 문화보다 특정한 타문화를 높게 평가하는가?→ 문화 사대주의	예	아니요	아니요

| 문제 + 자료 분석 |

- A: 자문화보다 타문화를 높게 평가하는 문화 사대주의
- B: 자문화를 우월한 것으로 여기는 자문화 중심주의
- C: 문화 간에 우열이 없다고 보는 문화 상대주의

| 선택지 분석 |

① 자문화 중심주의는 자기 문화를 기준으로 다른 문화를 낮게 평가한다.

② 모든 문화가 고유한 가치를 갖는다고 보는 태도는 문화 상대주의다.

③ 인류의 보편적 가치를 훼손할 가능성이 높은 것은 극단적 문화 상대주의의 문제점이다.

④ 제국주의, 국수주의로 흐를 가능성이 높은 것은 자문화 중심주의인 B다.

⑤ 타문화를 맹목적으로 수용할 가능성이 높은 것은 문화 사대주의인 A다.

19 정답 ③ *극단적 문화 상대주의

① 문화의 우열을 평가해서는 안 되기 때문입니다.
　　　　　　　　　문화 상대주의의 특징

② 우리 문화가 이슬람 문화보다 우수하기 때문입니다.
　　　　　　　　자문화 중심주의 태도

③ 인류의 보편적 윤리를 파괴할 위험이 있기 때문입니다.
　　　극단적 문화 상대주의의 문제점

④ 각 사회의 문화 요소는 나름의 가치가 있기 때문입니다.
　　　　　문화의 다양성과 특수성을 인정

⑤ 이슬람 문화와 우리 문화와의 공통점을 파악하기 어렵기
　　　　　　　　극단적 문화 상대주의와 관련 없음
때문입니다.

| 문제 + 자료 분석 |

- ㉠ 명예 살인을 그 사회의 맥락 속에서 이해하는 것이 바람직하지 않은 이유 → 극단적 문화 상대주의의 문제점

① 문화 상대주의에 대한 설명이다. ㉠에는 극단적 문화 상대주의를
경계해야 하는 이유가 해당된다.
② 자문화 중심주의 태도와 관련된 내용이다.
③ 인간의 존엄성과 같은 인류 보편의 가치를 경시하는 것까지 문화
상대주의의 태도로 바라보는 것은 극단적 문화 상대주의로 지양해야 할
태도이다.
④ 문화 상대주의에 대한 설명이다.
⑤ ㉠에 들어갈 적절한 내용이 아니며, 제시문에서 도출할 수 없다.

20 정답 ② * 북극 문화권과 문화를 바라보는 관점

[보기]

ㄱ. ㉠은 기온이 낮아 인간이 거주하기에 불리하다.
　　　　북극 문화권의 특징
ㄴ. 산업화·도시화로 인해 ㉡의 모습은 확산되고 있다.
　　　　　　　　　　　　　　축소
ㄷ. ㉢과 같은 태도는 국수주의로 변질될 수 있다는 비판을 받
　　자문화 중심주의
　는다.
ㄹ. (가)에는 '자문화보다 타문화를 동경'이 들어갈 수 있다.
　　　문화적 차이를 인정하고 그 의미와 배경을 이해

| 문제 + 자료 분석 |

• 북극 문화권은 북극해 연안의 툰드라 기후 지역으로 가장 더운 달의 평균
  기온이 10℃ 이하로 낮다. 네네츠족, 이누이트, 라프족 등이 순록 유목 및
  사냥 활동을 하지만, 최근 현대 문명의 전파로 이와 같은 전통 생활양식이
  사라지고 있다.
• 네네츠족의 전통적 식문화를 야만스럽다 여기며 자신의 문화를 우월하다 여
  기는 태도는 자문화 중심주의에 해당한다. 자문화 중심주의는 자문화가 우
  월하다고 보며 타문화를 낮게 평가하는 태도로 국수주의로 변질되기 쉽다.
• 타문화를 올바로 이해하기 위해서는 각 문화적 차이를 인정하고 그 의미
  와 배경을 이해하는 문화 상대주의를 지녀야 한다.

| 보기 분석 |

ㄱ. 북극 문화권은 한대 기후에 해당하는 추운 지역으로 인간이 거주하기 불
  리하다.
ㄴ. 네네츠족의 전통적인 생활양식은 산업화·도시화 등의 현대 문명의 전파로
  점차 사라지고 있는 추세이다.
ㄷ. 자신의 문화를 우월하다 여기며 네네츠족의 전통적 식문화를 야만스럽
  다고 비난하는 태도는 자문화 중심주의이다. 자문화 중심주의는 국수주
  의, 문화 제국주의로 변질되기 쉬우며 타문화와의 마찰을 초래할 수 있다
  는 비판을 받는다.
ㄹ. 다른 문화를 올바르게 이해하기 위해서는 문화적 차이를 인정하고 그 의
  미와 배경을 이해하려는 태도인 문화 상대주의가 필요하다. '자문화보다
  타문화를 동경'하는 태도는 문화 사대주의로, 이 역시 문화를 이해하기보
  다는 평가하는 태도이다.

✱ 문화 이해 태도

자문화 중심주의	자문화를 우월한 것으로 여기고 타문화를 낮게 평가함
문화 사대주의	타문화를 숭상하고 자문화를 낮게 평가함
문화 상대주의	서로 다른 문화의 차이를 인정하고 이해하려고 함

10 다문화 사회와 문화 다양성 존중

내신 대비 필수 문제　　　　문제편 109~111p

01 정답 ② * 다문화 사회로의 변화

| 문제 + 자료 분석 |

• ㉠: 교통과 통신 수단의 발전
• ㉡: 세계화 속에서 인적 교류와 문화적 교류 증대
• ㉢: 외국 출신 이주민, 북한 이탈 주민의 증가 등으로 다문화 사회로
  변화하고 있음

| 보기 분석 |

ㄱ. 다문화 사회가 나타나게 된 데는 교통수단의 발달과 정보 통신 기술의
  발전이 큰 영향을 미쳤다.
ㄴ. 지역화가 아닌 세계화의 진행으로 인해 서로 다른 문화권에 속한
  사람들의 연결과 이동이 가속화되었다.
ㄷ. 북한 이탈 주민도 우리나라의 다문화 사회에 기여한다.
ㄹ. 우리나라는 외국인 근로자, 국제결혼 이민자, 유학생, 북한 이탈 주민
  등의 증가로 빠르게 다문화 사회에 진입하고 있다.

02 정답　다문화 사회

| 문제 + 자료 분석 |

• 다양한 인종, 종교, 언어 등 서로 다른 문화적 배경을 가진 사람들이 함께
  살아가는 사회 → 다문화 사회

03 핵심 키워드: 편견, 차별, 인권 침해, 사회 적응 어려움

모범 답안　편견과 차별에 의한 인권 침해 현상이 나타나고, 한국에서
생활하는 이주민들이 사회 적응에 어려움을 겪게 된다.

| 문제 + 자료 분석 |

• 다문화 사회에서는 새롭게 유입되는 문화와 기존 문화 간의 차이로 인해
  이전에 없던 새로운 사회 갈등이 발생하기도 한다.

✱ 채점 기준

다문화 사회의 갈등을 두 가지 서술한 경우	100 %
다문화 사회의 갈등을 한 가지만 서술한 경우	50 %

04 정답 ④ * 다문화 사회로의 변화

| 문제 + 자료 분석 |

• 우리나라의 외국인 주민 수와 외국인 주민 비율이 증가하고 있는
  추세이다.

| 선택지 분석 |

① 우리나라가 다문화 사회로 급격히 변화된 원인 중 하나는 농촌을
  중심으로 국제결혼이 증가하였기 때문이다.
② 우리나라는 3D 업종을 중심으로 외국인 이주 근로자가 증가하였다.
③ 우리나라는 최근 들어 외국인 유학생의 유입이 많아졌다.
④ 우리나라가 다문화 사회로 변화된 원인으로 국제 난민의 유입 증가는
  답이 될 수 없다. 실제로 우리나라는 북한 이탈 주민이나 재중 동포의
  유입은 많지만 국제 난민의 유입은 매우 적은 편이다.
⑤ 우리나라는 다방면에 걸쳐서 외국과의 인적 교류가 활발해지고 있다.

정답 ③ ＊다문화 사회의 긍정적 영향

| 문제 + 자료 분석 |

• 제시된 사진을 통해 우리 사회 안에서 다양한 외국 문화를 접할 수 있게 되었음을 알 수 있다.

| 보기 분석 |

ㄱ 다양한 외국 문화를 접할 수 있게 됨에 따라 개인적인 선택의 폭이 넓어지고 삶의 질이 높아질 수 있다.
ㄴ 다양한 나라의 문화를 접하며 문화 발전의 토대가 다양해져 문화 발전의 원동력이 될 수 있다.
ㄷ. 다양한 문화가 공존한다고 해서 문화의 경계가 사라지며 보편화되는 현상이 나타난다고 보기는 어렵다.

---

06 **정답 ③** ＊문화의 다양성 존중

| 문제 + 자료 분석 |

• 갑: 사회 발전과 삶의 질 향상을 위해서 다양한 문화를 접할 수 있도록 해야 한다.
• 을: 문화가 다양해지면 갈등과 혼란으로 인해 사회 질서를 유지하기 어려워진다.

| 선택지 분석 |

① 갑은 다문화 사회로의 변화를 긍정적으로 보고 있는 데 반해, 을은 부정적으로 보고 있다.
② 갑은 문화 다양성이 사회 발전에 긍정적 기여를 한다고 보는 데 반해, 을은 오히려 사회 통합을 저해할 것이라고 보고 있다.
③ 서로 다른 문화 간의 공존이 개인과 사회에 도움이 된다고 한 주장을 근거로 볼 때, 갑은 문화를 상대주의적 태도로 인정하고 존중하며 다양한 문화를 유지해야 한다고 볼 가능성이 높다. 을은 문화 간에도 우열이 형성될 수밖에 없다고 보고 있다.
④ 을은 다문화 사회에서 다양한 문제가 발생할 것이라고 보는 데 반해, 갑은 긍정적 현상이 발생할 것이라고 예측하고 있다.
⑤ 을은 다양한 문화가 한 사회에서 공존하는 것이 불가능하다고 보는 데 반해, 갑은 다양성 실현이 가능하다고 보고 있다.

---

07 **정답 ⑤** ＊문화의 다양성 존중

| 문제 + 자료 분석 |

• 갑: 무슬림이라 돼지고기를 먹지 않기에 회식에서 삼겹살을 먹는다면 참여하지 않을 것이라 말함
• 을: 무슬림인 갑이 회식에 참여할 수 있도록 회식 장소를 양고기 식당으로 변경함

| 선택지 분석 |

① 을은 문화 상대주의적 태도를 가지고 있다. 문화 상대주의적 태도는 서로 다른 문화 간의 갈등을 해소하는 데에 도움이 된다.
② 문화 상대주의적 태도는 한 사회 안에서 문화의 다양성을 유지하는 데에 도움이 될 수 있다.
③ 문화 상대주의적 태도는 문화를 해당 사회 구성원의 입장에서 이해하는 것이므로 서로 다른 문화를 공유하는 사람들 간의 이해의 폭을 넓힐 수 있다.
④ 문화 상대주의적 태도는 문화가 각자의 사회에서 나름대로 존재 가치가 있는 것이라는 것을 전제로 한다.
⑤ 한 사회에서 다양한 문화가 평화롭게 공존한다면 오히려 사회 통합이 가능하다. 다양한 문화를 인정하지 않고 차별하거나 억압할 때에 사회 통합이 어려워질 수 있다.

---

08 **정답 ④** ＊다문화 사회의 갈등 해결

| 문제 + 자료 분석 |

• 국제 지표와 비교했을 때 한국의 다문화 수용성은 다른 나라보다 낮다. 외국인 주민에 대한 차별적인 태도는 사회 통합을 저해하므로 이러한 문제를 개선해야 한다.

| 선택지 분석 |

① 외국인을 평등하게 존중하는 것은 집단 간의 갈등을 해소해 사회 통합에 도움이 된다.
② 이주민 차별을 금지하는 법안을 만들면 권리 침해, 차별 등으로 인해 어려움을 겪고 있는 이주민을 도울 수 있다.
③ 다문화 사회의 갈등을 해결하기 위해서는 외국인에 대한 편견을 버리고 이주민을 우리 사회의 동등한 주체로 인정해야 한다.
④ 이주민의 문화를 이해하려는 노력 없이 이주민에게 한국어 사용을 강요하면 사회적 갈등은 증가할 것이다. 따라서 한국어 사용을 강제하는 것은 다문화 사회의 갈등을 해결하는 방안으로 보기 어렵다.
⑤ 차별을 하는 업체나 사람들에 대한 처벌을 강화하면 차이를 이유로 이주민의 인권을 침해하는 문제를 예방하는 데 도움이 된다.

---

09 **정답 ②** ＊다문화 정책

| 문제 + 자료 분석 |

• (가): 여러 민족의 문화를 주류 문화로 동화 → 용광로 정책
• (나): 다양한 문화가 각각의 고유성을 보존 → 샐러드 볼 정책

| 선택지 분석 |

① 문화 간 공존을 추구하는 것은 (나) 샐러드 볼 정책이다.
② (가) 용광로 정책은 문화적 동질성을 강조한다. 그래서 다양한 문화권에서 온 이민자들이 기존 사회의 문화에 흡수되어야 한다고 본다.
③ 단일한 문화 형성을 중시하는 것은 (가) 용광로 정책이다.
④ (나) 샐러드 볼 정책은 문화적 차이를 인정하고 여러 문화가 조화를 이루는 것을 추구한다.
⑤ (가) 용광로 정책은 소수 문화의 정체성을 인정하지 않는다.

＊ 다문화 정책

용광로 정책	샐러드 볼 정책
• 문화의 동질성 추구 • 이민자들의 문화를 주류 문화에 동화시키고자 함 (동화주의)	• 문화 간 공존 추구 • 이민자들의 문화가 기존 문화와 조화를 이루도록 함 (다문화주의)

10 정답 ⑤ ＊다문화 정책

| 문제 + 자료 분석 |

• 샐러드 볼 정책은 다양성을 중시하고, 용광로 정책은 주류 문화로의 통합을 중시한다.

| 선택지 분석 |

⑤ X: 다양한 문화를 최대한 보장하는 (나)는 (가)보다 다양성과 공존을 중시하는 정도가 높다. 따라서 X의 높음에 해당하는 ⓒ, ⓓ, ⓔ이 답의 후보군이다.
Y: 이민자들의 문화와 기존 사회의 문화의 조화를 추구하는 (나)는 (가)보다 서로 다른 문화의 조화를 강조하는 정도가 높다. 따라서 Y의 높음에 해당하는 ⓒ, ⓔ이 답의 후보군이다.
Z: (나)는 (가)에 비해 주류 문화로의 통합을 강조하는 정도가 낮다. 따라서 ⓒ, ⓔ 중에 Z의 낮음에 해당하는 ⓔ이 정답이다.

11 정답 용광로 이론

| 문제 + 자료 분석 |

• 용광로 이론은 이민자가 자신의 문화를 포기하고 기존 사회의 일원이 되는 것을 목표로 한다.

12 핵심 키워드: 샐러드 볼 이론

모범 답안 우리 사회는 샐러드 볼 이론을 중심으로 다문화 정책을 펼쳐야 한다. 다양한 문화가 한 사회 안에 공존할 때 인간의 삶의 질도 높아지고, 사회적으로도 발전이 가능하기 때문이다.

| 문제 + 자료 분석 |

• 샐러드 볼 이론은 한 사회 내에서 다양성을 유지하고, 집단 간 차이를 존중하며, 모든 구성원이 독특한 정체성을 유지하면서 사회 활동에 참여할 수 있는 권리를 지향한다.

＊채점 기준

샐러드 볼 이론을 제시하고, 문화 다양성의 실현이 개인과 사회에 미치는 영향까지 서술한 경우	100 %
문화 다양성이 중요하다고만 서술한 경우	60 %

 내신 1등급 문제　　　　　　　　문제편 111p

13 정답 ④ ＊다문화 사회의 갈등

> 서아프리카 코트디부아르 출신 숨 씨의 사연은 약소국 출신의 유색 인종을 바라보는 우리 사회의 '민낯'을 보여 준다. 한국 생활 11년째로 서울 노량진 수산 시장에서 일하는 그는 "지하철을 타면 좌석에 앉아 있던 사람들이 불쾌하다는 듯이 <u>피부색에 위계를 두고 불편하게 생각하는 사람들</u> 일어나거나, 아주 노골적으로 '냄새난다'며 코를 막고 일어나는 사람도 있다. 또 이슬람 신자라고 밝혀도 '한국 생활에 적응하라'며 억지로 돼지고기가 들어간 김치찌개를 먹으라고 한 <u>다른 문화를 존중하지 않고 기존 사회의 음식 문화 강요</u> 다."고 말했다.

| 문제 + 자료 분석 |

• 제시문의 숨 씨는 다른 문화를 존중해주지 않는 우리 사회의 편견과 차별로 인해 인권을 침해당하고 있다.

| 보기 분석 |

ㄱ. 제시문에서는 외국인을 배타적으로 대하고 있다. 따라서 문화 상대주의적 태도와는 거리가 멀다.
ㄴ. 이슬람교도들에게 돼지고기를 강요하는 것은 자문화 중심주의적 태도로 타 문화를 보는 잘못된 태도이다.
ㄷ. 외국인의 한국 사회에의 적응을 제도적으로 방해하고 있다고 볼만한 직접적 근거를 제시문에서는 찾아볼 수 없다.
ㄹ. 유색 인종에게 냄새가 난다고 한다든지 자리에서 일어서는 행동 등은 외국인에 대한 편견을 가지고 차별을 하는 모습이다.

14 정답 ④ ＊다문화 사회의 갈등

> 자료는 우리나라의 다문화 가족 자녀의 학업 중단 사유를 조사한 표이다. 이에 대한 분석 및 추론으로 옳지 않은 것은?

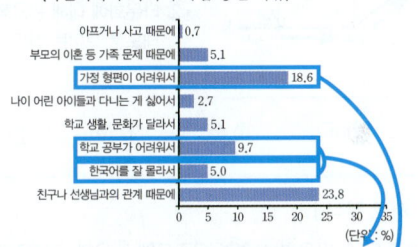

〈다문화가족 자녀의 학업 중단 사유〉

> ① 한국어 교육과 학습에 도움이 필요하다.
> ② 다문화 가족이 경제적 어려움을 겪고 있다.
> ③ 다문화 가족 자녀에 대한 편견이 작용하고 있다.
> 　친구나 선생님과의 관계의 어려움은 다문화 가족 자녀에 대한 편견 때문임
> ④ 다문화 가족 자녀의 적응을 위해 취업 교육을 강화해야
> 　한다.　　제시된 표의 학업 중단 사유와 관련 없음
> ⑤ 다문화 가족 자녀의 학교 생활 적응을 위해서는
> 　유대감이 필요하다. 동질적 유대감 형성을 통해 학교 생활에 잘 적응할 수 있음

| 문제 + 자료 분석 |

• 다문화 가족의 자녀는 친구나 선생님과의 관계가 좋지 못해서, 가정 형편이 어려워서, 학교 공부가 어려워서 등의 이유로 학업을 이어가지 못하고 있다.

| 선택지 분석 |

① 한국어를 몰라서, 그리고 공부가 너무 어려워서 학업을 중단하는 학생들이 있다. 따라서 한국어 교육과 학습에 도움을 준다면 학업 중단 문제를 일정 수준 해소할 수 있다.
② 경제적으로 어려워서 학업을 그만둔다는 학생의 비율도 18.6%로 꽤 높다. 따라서 다문화 가족이 경제적 어려움을 겪고 있다는 것을 알 수 있다.
③ 친구나 교사와 관계 설정에 어려움을 겪는 이유는 다문화 가족 자녀에 대한 편견 때문에 나타날 가능성이 있다.
④ 제시된 그림을 통해 다문화 가정 자녀가 학교 생활에서 어떤 이유로 어려움을 겪는지 알 수 있다. 그런데 취업 때문에 어려움을 겪는다고 볼만한 항목은 없다. 따라서 다문화 가족 자녀의 적응을 위한 취업 교육 강화는 표를 통한 옳은 추론이라고 보기 어렵다.
⑤ 편견을 제거하고 친구나 교사와 동질적인 유대감을 형성하면 학업 중단 문제를 해결하는 데 도움이 될 것이다.

15 정답 ① * 다문화 사회를 바라보는 관점

(가)의 관점에 비해 (나)의 관점이 갖는 상대적 특징을 그림의 ㉠~㉤ 중에서 고른 것은? [2점]

〈다문화 사회를 바라보는 관점〉

(가) 거대한 용광로 안에 다양한 금속을 넣으면 녹아서 [단서] 용광로 모델
하나가 되는 것처럼, 이민자들을 주류 문화로 동화시켜 단일한 문화를 만들어야 한다.

(나) 샐러드 볼(Salad bowl)에 담긴 재료들이 본연의 맛 [단서] 샐러드 볼 모델
을 내며 조화를 이루는 것처럼, 이민자들의 정체성을 인정하고 문화의 다양성을 존중해야 한다.

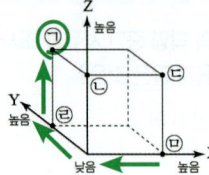

- X: 사회 내 문화의 획일성을 강조하는 정도 ↓낮음
- Y: 이민자의 고유한 문화를 존중하는 정도 ↑높음
- Z: 타문화에 대해 관용적인 태도를 보이는 정도 ↑높음

① ㉠   ② ㉡   ③ ㉢   ④ ㉣   ⑤ ㉤

| 문제 + 자료 분석 |

- **(가) 용광로 모델**: 다문화 사회를 용광로에 비유한 것으로 이민자들이 주류 사회의 문화에 동화되어 단일한 문화를 형성해야 한다는 입장임. 사회적 통일성은 강화될 수 있지만, 이민자의 고유한 문화가 사라질 수 있다는 한계가 있음
- **(나) 샐러드 볼 모델**: 다문화 사회를 샐러드 볼에 비유한 것으로 이민자들의 정체성을 인정하며 다양한 문화의 공존을 강조하는 입장임. 문화적 다양성과 상호 존중이 보장되지만, 사회적 분열 가능성을 내포함

| 선택지 분석 |

(가) 용광로 모델에 비해 (나) 샐러드 볼 모델이 갖는 상대적 특징은 다음과 같다.
- X: (나) 샐러드 볼 모델은 (가) 용광로 모델에 비해 문화의 다양성을 존중해야 한다는 입장이므로 사회 내 문화의 획일성을 강조하는 정도가 낮다.
- Y: (나) 샐러드 볼 모델은 (가) 용광로 모델에 비해 이민자들의 정체성을 인정해야 한다는 입장이므로 이민자의 고유한 문화를 존중하는 정도가 높다.
- Z: (나) 샐러드 볼 모델은 (가) 용광로 모델에 비해 각 문화의 고유성을 유지해야 한다는 입장이므로 타문화에 대한 관용적인 태도를 보이는 정도가 높다.
- ① 따라서 (가)의 관점에 비해 (나)의 관점이 갖는 상대적 특징은 ㉠이다.

∗ 용광로 모델과 샐러드 볼 모델

용광로 모델	• 단일 문화 지향: 소수 문화를 주류 문화에 적응시키고 통합시키고자 함 • 타문화 관용 정도 낮음
샐러드 볼 모델	• 문화 다양성 존중: 한 사회 안의 다양한 문화를 평등하게 인정함 • 타문화 관용 정도 높음

01 정답 ③ * 음식 문화

| 문제 + 자료 분석 |

- **(가) 이탈리아**: 파스타는 이탈리아의 밀로 만든 국수 요리이다.
- **(나) 타이**: 팟타이는 타이의 쌀로 만든 국수 요리이다.

| 선택지 분석 |

① 계절풍은 대륙 동안 지역에서 주로 분다. (나) 타이가 열대 계절풍 기후 지역에 속한다.
② 수목 농업은 지중해성 기후가 나타나는 (가) 이탈리아에서 활발하다.
③ 이탈리아의 수도인 로마는 온대 기후 지역이고, 타이의 수도인 방콕은 열대 기후 지역이다. 따라서 (가) 이탈리아가 (나) 타이보다 고위도에 위치한다.
④ 열대 계절풍 기후가 주로 나타나는 (나) 타이가 지중해성 기후가 주로 나타나는 (가) 이탈리아보다 연 강수량이 많다.
⑤ (가)는 이탈리아, (나)는 타이이다.

02 정답 ③ * 열대 기후

- 조사 내용
  - 계절풍이 주민 생활에 미친 영향
    동부 아시아, 남부 아시아, 동남아시아의 동양 문화권 지역은 계절풍의 영향을 많이 받음
  - 물 위에 집을 짓고 주민들이 생활하는 이유
    수상 가옥은 열대 우림 기후 지역의 전통 가옥임
  - 이동식 화전 농업으로 재배되는 작물의 특성
    열대 우림 기후 지역의 전통적인 농업 방식

| 문제 + 자료 분석 |

- **(가)**: 계절풍, 수상 가옥, 이동식 화전 농업 → 열대 기후인 동양 문화권 지역

| 선택지 분석 |

① A는 온대 기후 지역이다.
② B는 건조 기후 지역이다.
③ C는 인도네시아로, 계절풍의 영향을 받는 열대 기후 지역이다. 열대 기후 지역에서는 더위를 피하기 위해 주민들은 물 위에 지은 집에서 생활하기도 한다. 인도네시아에서는 열대 기후가 나타나기 때문에 이동식 화전 농업이 이루어지기도 한다.
④ D는 냉대 기후 지역이다.
⑤ E는 열대 기후 지역이지만 계절풍의 영향을 받지 않는다.

03 정답 ④ * 건조 문화권과 라틴 아메리카 문화권

| 문제 + 자료 분석 |

- **(가)**: 건조 기후 지역에서 보이는 흙벽돌집
- **(나)**: 브라질 대표 축제인 리우 카니발

| 선택지 분석 |

A: 유럽 문화권이다.
B: 건조 문화권이다. 낮의 뜨거운 열기가 집안으로 들어오는 것을 막기 위해 창문이 작고 벽이 두꺼운 흙벽돌집을 짓는다. → (가)
C: 동양 문화권이다.
D: 라틴 아메리카 문화권이다. 리우 카니발은 브라질의 대표 축제로, 유럽뿐만 아니라 아프리카 문화의 영향을 많이 받았다. → (나)

04 정답 ④ * 세계 문화권의 특징

| 문제 + 자료 분석 |
- A 유럽 문화권: 산업 혁명의 발상지로, 크리스트교의 영향을 많이 받았다.
- B 건조 문화권: 강수량이 적고 유목과 오아시스 농업이 발달했다.
- C 동양 문화권: 계절풍의 영향을 받아 벼농사가 발달했다.
- D 라틴 아메리카 문화권: 가톨릭교가 우세하고 에스파냐어, 포르투갈어를 사용한다.

| 선택지 분석 |
① 이동식 화전 농업은 열대 기후 지역에서 활발하게 이루어진다.
② 건조 기후 지역(B)은 강수량이 적기 때문에 지붕의 경사가 평평하다. 지붕의 경사가 급한 전통 가옥은 열대 기후 지역에서 볼 수 있다.
③ 라틴 아메리카 문화권(D)은 남부 유럽의 영향을 받아서 주민의 대부분이 가톨릭교 신자이다. 북서부 유럽(A)은 개신교 신자의 비중이 높다.
④ 동양 문화권(C)은 계절풍의 영향으로 벼농사가 활발히 이루어지며, 쌀을 주식으로 하는 음식 문화가 발달하였다. 건조 기후 지역(B)에서는 쌀을 재배하기 어렵다.
⑤ 라틴 아메리카 문화권(D)은 주로 에스파냐와 포르투갈 등 유럽 문화권(A)의 영향을 받았다.

05 정답 ① * 문화 변동의 양상

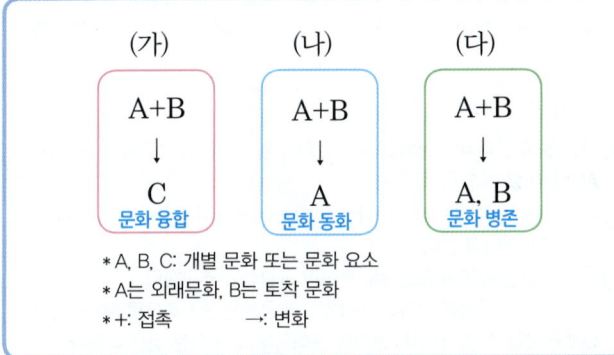

(가)   (나)   (다)

A+B   A+B   A+B
↓   ↓   ↓
C   A   A, B
문화 융합   문화 동화   문화 병존

* A, B, C: 개별 문화 또는 문화 요소
* A는 외래문화, B는 토착 문화
* +: 접촉   → : 변화

| 문제 + 자료 분석 |
- (가): 새로운 문화 요소가 생김 → 문화 융합
- (나): 외래문화로 대체됨 → 문화 동화
- (다): 외래문화와 토착 문화가 공존함 → 문화 병존

| 선택지 분석 |
① (가)~(다)는 모두 문화 접변이다. 문화 접변의 직접적인 원인은 문화 전파이다. 따라서 직접적 원인이 발명이나 발견이라고 보기는 어렵다.
② 문화 접변은 A+B와 같이 서로 다른 문화 체계 간의 접촉으로 나타난다.
③ (가)는 새로운 문화 요소가 탄생한 것으로 문화 융합이다. 문화 융합의 사례에는 그리스 조각상을 본떠 곱슬머리와 주름진 옷자락이 특징인 간다라 양식을 들 수 있다.
④ 만일 A가 토착 문화이고 B가 외래문화라면 토착 문화에는 어떤 변화도 생기지 않았으므로 (나)는 문화 접변으로 볼 수 없다.
⑤ 일반적으로 문화 변동에서 (가) 문화 융합이나 (나) 문화 동화와 같은 변화가 일어나기 전에 (다) 문화 병존의 과정을 거치는 경우가 많다.

06 정답 ⑤ * 문화 변동의 양상

| 문제 + 자료 분석 |
- (가) 문화 병존: 싱가포르에는 다른 지역에서 전파된 여러 종교가 공존하고 있음
- (나) 문화 융합: 수리남의 카세코는 수리남 전통 악기를 활용한 리듬, 서양 악기를 활용한 멜로디, 아프리카 특유의 가창 방식이 한데 어우러진 새로운 대중음악 양식임

| 선택지 분석 |
① (가)에서는 전통 종교와 다른 지역에서 전파된 여러 종교가 고유한 정체성을 유지하면서 공존하고 있으므로 문화 병존이 나타난다.
② (가)에서는 다른 지역에서 전파된 여러 종교가 공존하고 있으므로 문화 전파에 의한 문화 변동이 나타났다. 발견은 한 사회 내부에 이미 존재하고 있었지만 알려지지 않았던 것을 찾아내는 것이다.
③ (나)에서는 기존 문화 요소와 외래문화 요소가 결합하여 제3의 새로운 문화 요소가 만들어지는 문화 융합이 나타난다.
④ (나)에서는 이민자에 의해 문화 요소가 전파되었으므로 직접 전파가 나타난다. 직접 전파는 서로 사회 구성원들 간의 직접적인 접촉 과정에서 문화 요소가 전달되어 정착되는 현상이다.
⑤ 문화 병존이 나타난 (가)에서와 달리 문화 융합이 나타난 (나)에서는 기존 문화 요소들의 성격을 지니면서도 기존 문화 요소들과 다른 성격을 지닌 제3의 새로운 문화 요소가 만들어진다.

07 정답 ③ * 문화 변동의 요인

| 문제 + 자료 분석 |
- A: 문화 요소가 매체에 의해 전달됨 → 간접 전파
- B: 한글 창제와 같이 새로운 문화 요소가 형성됨 → 발명
- C: 직접 전파

| 보기 분석 |
ㄱ. 간접 전파는 외재적 요인, 발명은 내재적 요인이다.
ㄴ. 이전에는 없었던 새로운 문화 요소를 만드는 것은 B 발명이다.
ㄷ. 직접 전파는 매개체를 통한 간접 전파와 달리 사람과의 직접적인 접촉으로 문화가 전파된다.
ㄹ. 퀴리 부인이 라듐을 찾아낸 것은 발견에 해당한다.

08 정답 ⑤ * 전통문화

| 문제 + 자료 분석 |
- 학자: 원형 그대로 전달되지는 않았지만, 현재의 생활과 문화의 존속 및 발전에 영향력을 가지고 있는 선조들의 유산도 전통문화라고 볼 수 있다.

| 선택지 분석 |
ㄱ. 제시문은 전통문화가 시대에 맞게 전승되는 것임을 강조하고 있다.
ㄴ. 전통문화의 현대적 의미를 중시하고 있기 때문에 과거의 문화 유산을 모두 전통문화라고 볼 수는 없다.
ㄷ. 제시문의 학자는 전통문화란 고정불변의 것이 아니라고 보고 있다.
ㄹ. 제시문의 학자는 선조들로부터 내려오는 문화 중 현대 사회에서 의미를 갖고 전승되고 있는 것을 전통문화라고 할 수 있다고 본다.

09 정답 ④ * 문화 다양성의 존중

| 문제 + 자료 분석 |
- 아일랜드 수도 더블린은 오로지 감자만을 재배했다가 대기근을 피할 수 없게 되었다는 이야기를 통해 다양한 문화의 필요성을 알 수 있다.

| 선택지 분석 |
① 제시된 사례와 관련이 없다.
② 문화 다양성을 실현하는 것이 어렵다는 것이 아니라 다양한 문화가 필요함을 나타내고 있다.
③ 제시문은 다양한 문화의 보장을 위한 제도는 언급하지 않았다.
④ 아일랜드 수도 더블린의 사람들은 감자라는 하나의 작물에만 의존하여 생활했기 때문에 대기근을 피할 수 없었다고 이야기하고 있다. 이를 통해 획일화된 문화는 위험하며 다양한 문화가 공존할 때에 인류의 생존 및 존속에 유리하다는 것을 알 수 있다.
⑤ 다양한 문화가 획일화된 문화보다 인류의 생존에 유리하다는 결론을 도출할 수 있지만, 여러 문화가 획일화된다는 결론을 도출할 순 없다.

10 정답 ④ * 문화 이해 태도

| 문제 + 자료 분석 |

- 갑: A국의 축제는 보편 윤리를 훼손하는 문화이다.
- 을 극단적 문화 상대주의: A국의 축제의 고유성을 인정해야 한다.
- 병 자문화 중심주의: A국의 축제는 우리나라와 달리 미개하다.

| 선택지 분석 |

① 갑은 모든 문화에 적용되는 보편 윤리가 있다고 보고 축제를 위해 동물을 죽이는 A국의 축제를 비판하고 있다.
② 을은 보편적 가치를 무시하는 문화까지 인정하는 극단적 문화 상대주의 태도를 보이고 있다. 보편 윤리를 중시하는 갑은 이러한 을의 문화 이해 태도를 경계해야 한다고 본다.
③ 을은 문화의 특수성 및 상대성을 강조하며 모든 문화를 인정해야 한다고 본다.
④ 병은 자신이 속한 나라의 문화가 우월하고, A국의 문화는 미개하다고 평가하고 있는 자문화 중심주의 태도를 보이고 있다. 자문화 중심주의는 문화를 평가하는 절대적 기준이 있다고 본다.
⑤ 병은 자문화와 달리 타 문화는 열등하다고 보기 때문에 자기 문화를 다른 사회에 이식하는 것을 정당화한다. 따라서 병의 태도는 문화적 다양성 보존에 기여할 수 없다.

11 정답 ① * 문화 이해 태도

| 문제 + 자료 분석 |

- 갑: 우리의 문화가 가장 좋은 것이다 → 자문화 중심주의
- 을: 다른 사회의 문화를 따라야 한다 → 문화 사대주의

| 보기 분석 |

ㄱ. 타 문화에 대해 배타적 태도를 취하는 건 자문화 중심주의이다.
ㄴ. 자문화 중심주의, 문화 사대주의 모두 문화를 평가의 대상으로 본다.
ㄷ. 고유한 문화적 가치를 존중하는 건 문화 상대주의이다.
ㄹ. 문화를 이해의 대상으로 간주하는 건 문화 상대주의이다.

12 정답 ⑤ * 문화 이해 태도

진술	갑	을	병
타문화의 수용에 적극적임 → 문화 사대주의	B	A	B
타문화를 열등하다고 평가함 → 자문화 중심주의	C	B	A
인류의 보편적 가치를 훼손하는 D로 발전할 수 있음 → 문화 상대주의	A	C	C

| 문제 + 자료 분석 |

- A: 자기 문화의 정체성을 보존함 → 자문화 중심주의
- B: 자문화 정체성 보존이 어려움 → 문화 사대주의
- C: 문화 다양성을 신장시킴 → 문화 상대주의
- D: 인류의 보편적 가치를 훼손함 → 극단적 문화 상대주의

| 선택지 분석 |

① 모든 진술에 대해 옳은 답을 적은 건 병이다.
② 선진 문물 수용에 적극적인 것은 B 문화 사대주의이다.
③ 사회 구성원 간의 소속감을 높이는 건 A 자문화 중심주의이다.
④ C 문화 상대주의는 문화를 이해의 대상으로 본다.
⑤ 보편 윤리를 훼손하는 문화를 인정하는 건 문화의 특수성 및 상대성을 지나치게 강조한 나머지 극단적 문화 상대주의(D)가 될 경우이다.

13 정답 ④ * 다문화 사회

| 문제 + 자료 분석 |

- 자료는 국내에 외국인 근로자, 외국 국적 동포, 결혼 이민자 등 다양한 이주민이 거주하고 있음을 보여준다.

| 선택지 분석 |

① 결혼 이민자는 7.8%, 유학생은 8.4%로 둘을 합치면 10%가 넘는다.
② 그림을 보면 외국인 근로자의 비중이 17.9%로 기타 유형을 제외하고 가장 높다.
③ 외국 국적 동포에는 조선족이라 불리는 재중 동포나 재일 동포, 재미 동포 등이 포함된다.
④ 결혼 이민자라고 해서 모두 혼인 귀화자가 되는 것은 아니다. 혼인 귀화자가 되기 위해서는 국가에서 정해 놓은 일정한 기준에 부합하여야 한다.
⑤ 외국인 주민 자녀는 외국인 사이에서 태어난 아이로서 대부분 한국에 거주하는 외국인 근로자나 기타 외국인의 자녀일 가능성이 높다.

14 정답 ③ * 다문화 정책

| 문제 + 자료 분석 |

- 갑: 여러 문화를 한 데 녹여 기존 문화에 통합시키는 용광로 정책
- 을: 다양한 문화가 정체성을 유지하며 조화를 이루도록 하는 샐러드 볼 정책

| 보기 분석 |

ㄱ. 갑은 을과 달리 이주민의 고유한 문화를 인정하지 않으므로 해당 질문은 A에 들어갈 수 없다.
ㄴ. 갑은 을과 달리 이주민의 문화를 주류 문화에 융화시켜서 사회 통합을 추구해야 한다고 본다.
ㄷ. 갑은 다양한 문화의 융합으로 문화적 동질성을 추구한다.
ㄹ. 을은 다양한 문화를 인정하고 다양성과 공존을 중시하므로 해당 질문은 C에 들어갈 수 없다. 주류 문화에 동화 시키고자 하는 것은 갑이다.

* 다문화 정책

용광로 이론	비주류 문화(이민자 문화)를 주류 문화로 편입하여 통합시켜야 한다는 입장
샐러드 볼 이론	각각의 문화를 보존하면서 대등한 관점에서 조화를 이루어야 한다는 입장

15 정답 ③ * 다문화 정책

| 문제 + 자료 분석 |

- 제시문은 정부에서 다문화 사회의 정착을 위해 이주자들의 강점을 끌어내 주는 정책을 마련해야 한다고 주장한다.

| 보기 분석 |

① 한국어 강좌 프로그램은 한국에 적응하도록 하기 위한 프로그램으로 밑줄 친 부분과 관련성이 적다.
② 다문화 가정 자녀들의 학비 지원은 빈곤 문제를 해결해주는 정책이다.
③ 이주민들이 모국어를 사용할 수 있는 직장 생활을 한다면 그들의 강점을 활용할 수 있도록 해 주는 정책에 부합한다.
④ 소득 수준에 따른 경제적 지원은 빈곤 문제를 해결하기 위한 것으로, 이주자들의 강점을 끌어내주지 않는다.
⑤ 전통문화 체험 프로그램은 한국 사회에 적응하는 것을 도와주는 것으로, 밑줄 친 부분과 관련성이 적다.

16 정답 ③ * 다문화 정책

| 문제 + 자료 분석 |

- 갑: 이주민들이 우리 사회의 문화에 동화되어야 함 → 용광로 정책
- 을: 이주민의 문화를 인정하고 조화를 추구해야 함 → 샐러드 볼 정책

| 선택지 분석 |

① 갑은 을과 달리 다양한 문화를 하나로 융합시켜야 사회적 결속력이 강화된다고 본다.
② 갑은 을과 달리 이주민들을 기존 사회와 융화시켜 하나의 정체성을 가져야 한다고 본다.
③ 갑은 주류 문화를 중심으로 다양한 문화를 동화시켜야 한다고 본다.
④ 을은 다양한 문화를 보장하며 조화를 이루어야 한다고 본다.
⑤ 을은 갑과 달리 이주민의 문화적 정체성을 유지하며 기존 사회의 문화와 함께 공존해야 한다고 본다.

17 정답 유럽 문화권

| 문제 + 자료 분석 |

- A는 오세아니아 문화권, B는 앵글로아메리카 문화권, C는 라틴 아메리카 문화권이다.
- 세 문화권 모두 유럽 문화권의 영향을 받았다.

18 핵심 키워드: 가톨릭교, 에스파냐어, 포르투갈어

모범 답안 라틴 아메리카 문화권은 앵글로아메리카 문화권에 비해 가톨릭교 신자 비중이 높으며, 에스파냐어와 포르투갈어를 사용한다.

| 문제 + 자료 분석 |

- 앵글로아메리카 문화권은 북서 유럽의 식민 지배를, 라틴 아메리카 문화권은 남부 유럽의 식민 지배를 받았다.

* 채점 기준

특징 두 가지를 모두 정확하게 서술한 경우	100%
특징을 한 가지만 정확하게 서술한 경우	50%

19 정답 직접 전파, 문화 융합

| 문제 + 자료 분석 |

- 영국 선교사가 직접 문화를 전파했고, 유럽과 동양의 건축 양식이 혼합되어 새로운 성당 건축이 탄생했다.

20 핵심 키워드: 결합

모범 답안 미국 흑인들이 즐기던 아프리카 음악 감각에 유럽 전통 음악인 행진곡과 같은 멜로디와 금관 악기 연주 기법 등이 결합한 재즈가 있다.

| 문제 + 자료 분석 |

- 문화 융합 현상은 기존의 문화 요소와 전파된 문화 요소가 결합되어 제3의 문화가 형성되는 현상이다.

* 채점 기준

문화 융합 현상 사례를 정확히 쓴 경우	100%
문화 융합만 언급한 경우	40%

21 정답 갑: 자문화 중심주의, 을: 문화 상대주의, 병: 문화 사대주의

| 문제 + 자료 분석 |

- 갑: 한국의 문화가 일본, 중국, 동남아시아 문화보다 훌륭함 → 자문화 중심주의
- 을: 일본, 중국, 동남아시아의 대중문화도 고유한 의미와 가치가 있음 → 문화 상대주의
- 병: 양질의 문화는 서구 문화임 → 문화 사대주의

* 문화 이해 태도

자문화 중심주의	자문화의 우월성을 강조하여 사회 통합에는 기여할 수 있으나 국제적 갈등과 고립 가능성이 높음
문화 사대주의	자문화의 가치를 평가 절하하며, 선진 문물의 수용에 용이하나 자문화의 정체성을 상실할 우려가 큼
문화 상대주의	해당 사회의 맥락에서 문화를 이해하며, 문화의 다양성 보존에 기여함

22 핵심 키워드: 문화 상대주의, 공존, 존중

모범 답안 다문화 사회에서는 을의 문화 상대주의 태도가 필요하다. 다양한 문화가 갈등 없이 평화롭게 공존하기 위해서는 상호 간에 문화를 해당 사회의 맥락에서 이해하고 존중하는 태도가 필요하기 때문이다.

| 문제 + 자료 분석 |

- 다문화 사회에서는 주류 문화의 중요성을 부각하기보다는 다양한 문화가 평등하게 인정되어야 하므로 문화 상대주의적 태도가 필요하다.

* 채점 기준

을의 문화 상대주의가 다양한 문화의 공존을 위해 필요하다고 한 경우	100%
을의 문화 상대주의가 바람직한 문화 이해 태도라고만 서술한 경우	50%

23 정답 관용적 태도, 상대주의적 태도

| 문제 + 자료 분석 |

- ㉠ 관용적 태도: 자신과 다른 가치, 이념, 문화를 있는 그대로 존중하는 태도
- ㉡ 상대주의적 태도: 다른 문화를 해당 사회의 맥락에서 이해하는 태도

24 핵심 키워드: 타인 수용, 이해, 공존, 문화 다양성

모범 답안 다문화 사회에서 사회 구성원들이 관용적 태도를 통해 편견 및 차별 없이 타인을 수용하고, 상대주의적 태도로 다른 문화를 이해할 수 있게 되면 다양한 문화가 공존할 수 있는 사회가 만들어져 문화 다양성을 실현시킬 수 있다.

| 문제 + 자료 분석 |

- 다문화 사회에서는 문화 간 차이를 인정하고 다른 문화를 깊이 있게 이해하여 문화적 다양성을 존중할 수 있어야 한다.

* 채점 기준

관용적 태도와 상대주의적 태도를 통해 다양한 문화가 공존할 수 있다고 서술한 경우	100%
문화 다양성을 실현시킬 수 있다고 단편적으로 서술한 경우	60%

Ⅳ

01 정답 ④ * 건조 문화권

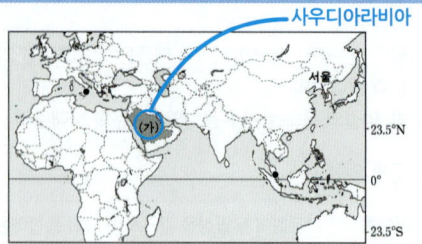

다음 지도의 (가) 국가에 대한 여행 일지이다. 이에 대한 설명으로 옳은 것은?

사우디아라비아

서울

23.5°N

0°

23.5°S

여행 일지   20○○.○○.○○.

사우디아라비아

건조 문화권에 속하는 이슬람 국가인 ⬚(가)⬚ 에 도착하였다. 여행 전 조사를 통해 ⊙ 이슬람교가 7세기 초 무함마드에 의해 창시되었고
　　　　　　　　　발명에 의한 문화 변동

이슬람교를 믿는 사람들이 기도와 금식, 순례 등을 행한다는 것을 알게 되었다. 입국 수속을 마치고 숙소로 이동하여 짐을 푼 후 식사를 위해 도심으로 들어왔다. 때마침 기도 시간인지, 이동하는 사람들의 행렬을 따라가니 이슬람 사원인 모스크에 당도하게 되었다.

최초의 모스크는 간격을 두고 기둥을 세워 기도하기 위한 그늘을 만들고 바닥에 자갈과 모래를 까는 정도였다고 한다. 이후 ⓒ 비잔티움 제국에서
　　　　　　　　　　　　　　　　　　　　　문화 융합 **단서**

교회 건축에 사용되었던 돔 양식을 모스크 건축에 도입하였고, 아치와 첨탑, 거대한 돔을 갖춘 모스크 형태가 자리 잡게 되었다. 모스크 내부에는 성지의 방향을 나타내는 화려하게 장식된 미흐랍이라고 부르는 구조물이 있었다. … (하략)

① (가)의 주민들은 주로 ~~집역수~~로 지은 ~~목조~~ 가옥에 거주한다.
　　　　　　지붕이 평평한 흙벽돌집
② ~~(가)~~에서는 여름 계절풍이 탁월하고 태풍의 발생이 빈번하다.
　열대 몬순 기후 지역과 온대 몬순 기후 지역
③ ⊙은 ~~발견~~에 의한 문화 변동에 해당한다.
　　　발명
④ ⓒ에는 서로 다른 문화 요소가 결합하여 새로운 문화가 형성된
　　문화 융합
　문화 변동이 나타나 있다.
⑤ ⊙과 ⓒ 모두에서 기존 문화의 정체성이 ~~상실되었다.~~
　　　　　　　　　　　　　　　　　유지되고 있음

| 문제 + 자료 분석 |

• (가): 사우디아라비아 → 국토 대부분의 지역에서 건조 기후가 나타남
• ⊙: 이슬람교의 창시로 인한 문화 변동이 나타남
• ⓒ: 이슬람 문화의 정체성을 유지하면서 비잔티움 제국의 문화 요소를 도입한 모스크 양식이 자리잡음 → 문화 융합

| 선택지 분석 |

① 건조 기후 지역인 사우디아라비아의 주민들은 주로 지붕이 평평한 흙벽돌집에서 거주한다.
② 여름 계절풍이 탁월하고 태풍의 발생이 빈번한 지역은 아시아의 열대 몬순 기후 지역과 온대 몬순 기후 지역이다.
③ 이슬람교가 7세기 초 무함마드에 의해 창시되었고 이슬람교를 믿는 사람들이 기도와 금식, 순례 등을 행한다는 내용을 통해 이슬람교의 발명으로 문화 변동이 나타났다는 것을 알 수 있다.
④ 이슬람 문화의 정체성을 유지하면서 비잔티움 제국의 문화 요소를 도입한 모스크 양식은 문화 융합의 사례에 해당한다.
⑤ 이슬람교를 창시했다는 내용과 비잔티움 제국에서 교회 건축에 사용되었던 돔 양식을 이슬람교 모스크의 형태에 반영했다는 내용 모두 기존 문화의 정체성이 유지된 사례에 해당한다.

02 정답 ④ * 문화 접변의 양상

다음 자료에 대한 설명으로 옳은 것은? [3점]

표는 질문에 대한 답변을 통해 문화 접변의 양상 A~C를 구분한 것이다. A~C는 각각 문화 동화, 문화 병존, 문화 융합 중 하나이다.

질문	답변
Ⓐ는 B와 달리 자기 문화의 정체성이 상실되는가? **A: 문화 동화**	예
Ⓑ는 C와 달리 자기 문화와 외래문화가 결합하여 새로운 　　　　　　　　**B: 문화 병존** 문화가 형성되는가?	아니요
(가)	예

① A는 ~~문화 병존~~이다.
　　문화 동화
② ~~B~~는 ~~A~~와 달리 자기 ~~문화가 외래문화로 대체되는~~
　A　　　B　　　　　　**문화 동화**
　현상이다.
③ C는 ~~달리~~ 외재적 요인에 의한 문화 변동이다.
　　　모두
④ (가)에 'B는 C와 달리 자기 문화와 외래문화가 나란히
　존재하는가?'가 들어갈 수 있다. **문화 병존**
⑤ (가)에 'C는 B와 달리 기존 사회의 구성원이 새로운
　문화를 향유하는가?'가 들어갈 수 ~~있다.~~
　　　　　　　　　　　　　　없다

| 문제 + 자료 분석 |

◆ **문화 접변의 양상**: 문화 동화, 문화 병존, 문화 융합
• A는 자기 문화의 정체성이 상실되므로 문화 동화임
• B는 C와 달리 자기 문화와 외래문화가 결합하여 새로운 문화가 형성되지 않으므로 B는 문화 병존, C는 문화 융합임
　∴ A: 문화 동화, B: 문화 병존, C: 문화 융합

| 선택지 분석 |

① A는 B와 달리 문화 접변으로 인해 자기 문화의 정체성이 상실되므로 문화 동화이다.
② 문화 접변으로 인해 자기 문화가 외래문화로 대체되는 현상은 문화 동화이다.
③ 문화 접변은 서로 다른 사회가 비교적 장기간에 걸쳐 접촉하면서 문화 전파 등에 의해 문화가 변동하는 것이다. 따라서 문화 접변의 양상인 문화 동화, 문화 병존, 문화 융합 모두 외재적 요인에 의한 문화 변동이다. **함정**
④ 자기 문화와 외래문화가 나란히 존재하는 것은 문화 병존이다. (가)에는 질문에 대한 답변이 '예'인 질문이 들어가야 하므로 해당 질문이 들어갈 수 있다.
⑤ 문화 병존과 문화 융합 모두 기존 사회의 구성원이 새로운 문화를 향유하므로 해당 질문은 (가)에 들어갈 수 없다.

왜 틀렸나?

⑤에서 '새로운 문화'만을 보고 이를 문화 융합으로 판단했을 수 있다. 문화 동화, 문화 병존, 문화 융합 모두 기존 사회의 구성원은 새로운 문화 (자신의 문화가 아닌 다른 사회의 문화 요소이든, 제3의 새로운 문화 요소이든)를 향유한다는 것을 꼭 기억하자.

03 정답 ④ ＊다양한 문화권의 특징

다음은 세계의 문화권에 대한 온라인 수업 자료의 일부이다. 이에 대한 설명으로 옳지 않은 것은? [2.5점]

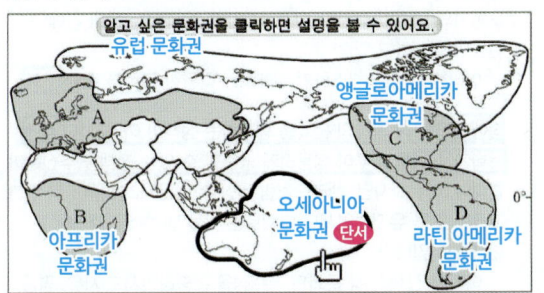

세계의 문화권은 위치, 자연환경, 종교, 민족(인종), 언어, 전통 산업 등 다양한 요소를 복합적으로 고려하여 아래 지도와 같이 구분할 수 있다.

알고 싶은 문화권을 클릭하면 설명을 볼 수 있어요.

유럽 문화권 / 앵글로아메리카 문화권 / 오세아니아 문화권 단서 / 아프리카 문화권 / 라틴 아메리카 문화권

◎ 오세아니아 문화권

오세아니아 문화권의 지리적 범위는 오스트레일리아, 뉴질랜드, 남태평양의 여러 섬을 포함한다.
• 오스트레일리아의 다문화 역사와 정책
오스트레일리아는 20세기 초 백호주의를 내세우며 아시아계
백인(유럽계)의 호주를 추구하는 정책
등의 이민을 제한했다. 또한 ㉠ 원주민의 자녀를 부모로부터 강제로 분리하여 주류 집단의 언어와 생활양식 등을 강요하는
동화주의 정책
정책을 펼치며 원주민의 인권을 침해했다. 그러나 1970년대에 백호주의 폐지 이후, ㉡ 주류 문화와 소수 문화가 대등하게
다문화주의 정책
조화를 이루려고 하는 정책을 바탕으로 다양한 민족(인종)과 문화가 공존하는 사회로 발전하고 있다.

① ㉠은 소수 문화를 주류 문화로 동화시키려는 정책이다.
소수의 원주민 문화를 주류 유럽계 문화로 동화
② ㉡은 다문화주의 정책이다.
서로의 문화를 인정하고 존중
③ 오스트레일리아는 A에 속한 국가의 식민 지배를 받았다.
영국
④ B는 이슬람교 신자 수가 크리스트교 신자 수보다 많다.
적다
⑤ C와 D를 구분하는 경계는 리오그란데강이다.
미국과 멕시코의 경계

| 문제 + 자료 분석 |

· A: 북서 유럽, 남부 유럽, 동부 유럽 일대의 유럽 문화권
· B: 사하라 사막 이남 중남부 아프리카 일대의 아프리카 문화권
· C: 리오그란데강 북쪽의 앵글로아메리카 문화권
· D: 리오그란데강 남쪽 중앙 및 남부 아메리카 일대의 라틴 아메리카 문화권
· 오세아니아 문화권: 과거 영국의 식민 지배를 받아 주민들은 주로 영어를 사용하고 개신교를 믿는 신자 비율이 높음

| 선택지 분석 |

① ㉠ 원주민의 자녀에게 주류 집단의 언어와 생활양식 등을 강요하는 정책은 백호주의의 일환으로 이루어진 정책이며, 이는 원주민의 소수 문화를 당시 주류 문화인 유럽계 이주민의 문화로 동화시키려는 정책이다.
② ㉡ 주류 문화와 소수 문화가 대등하게 조화를 이루려고 하는 정책은 한 사회 내 다양한 인종이나 민족 집단을 주류 문화에 동화시키지 않고 서로 인정하고 존중하며 공존하게 하는 다문화주의 정책이다.
③ 오스트레일리아는 A 유럽 문화권에 속한 영국의 식민 지배를 받았기 때문에 공용어로 영어를 사용하며 개신교 신자의 비율이 높다.
④ B 아프리카 문화권은 유럽 식민 지배의 영향으로 크리스트교가 전파되었으며, 크리스트교 신자 수가 이슬람교 신자 수가 많다.
⑤ C 앵글로아메리카 문화권과 D 라틴 아메리카 문화권을 구분하는 경계는 리오그란데강이다.

04 정답 ④ ＊문화 변동 요인과 양상

다음 자료에 대한 설명으로 옳은 것은? [2점]

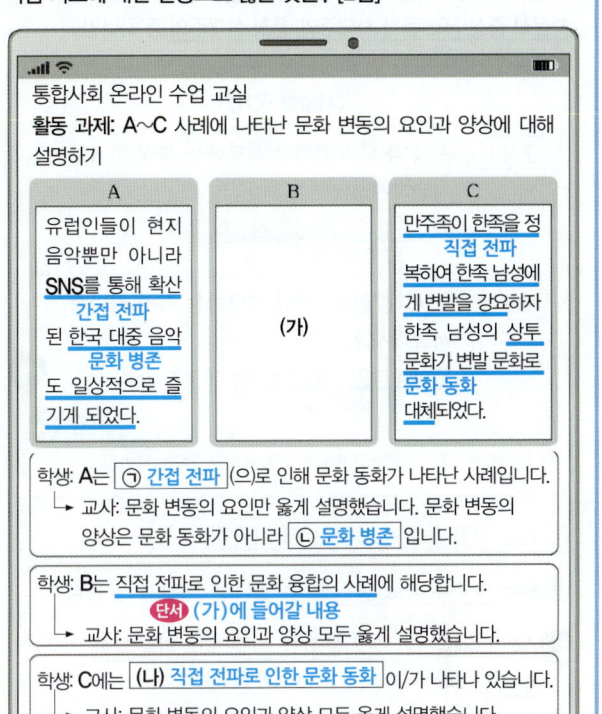

통합사회 온라인 수업 교실
활동 과제: A~C 사례에 나타난 문화 변동의 요인과 양상에 대해 설명하기

A	B	C
유럽인들이 현지 음악뿐만 아니라 SNS를 통해 확산 간접 전파 된 한국 대중 음악 문화 병존 도 일상적으로 즐기게 되었다.	(가)	만주족이 한족을 정 직접 전파 복하여 한족 남성에게 변발을 강요하자 한족 남성의 상투 문화가 변발 문화로 문화 동화 대체되었다.

학생: A는 ㉠ 간접 전파 (으)로 인해 문화 동화가 나타난 사례입니다.
  └ 교사: 문화 변동의 요인만 옳게 설명했습니다. 문화 변동의 양상은 문화 동화가 아니라 ㉡ 문화 병존 입니다.

학생: B는 직접 전파로 인한 문화 융합의 사례에 해당합니다.
단서 (가)에 들어갈 내용
  └ 교사: 문화 변동의 요인과 양상 모두 옳게 설명했습니다.

학생: C에는 (나) 직접 전파로 인한 문화 동화 이/가 나타나 있습니다.
  └ 교사: 문화 변동의 요인과 양상 모두 옳게 설명했습니다.

① A와 달리 C는 발견에 의한 문화 변동의 사례이다.
직접 전파
② ㉠에는 직접 전파가 들어간다.
간접
③ ㉡에는 '문화 융합'이 들어간다.
병존
④ (가)에는 '멕시코에서 토착 신앙과 에스파냐인이 들여온 가톨릭교가
직접 전파로 인해 나타난 문화 융합의 사례
결합하여 새로운 형태의 성모상이 탄생하였다.'가 들어갈 수 있다.
⑤ (나)에는 자극 전파로 인한 문화 병존이 들어갈 수 있다.
직접 / 동화

| 문제 + 자료 분석 |

· A: 유럽인들이 현지 음악뿐만 아니라 SNS를 통해 확산된 한국 대중 음악도 일상적으로 즐기게 되었음 → 간접 전파로 인한 문화 병존
· 첫 번째 학생: A는 ㉠으로 인해 문화 동화가 나타난 사례라고 답함. 교사가 문화 변동의 양상은 ㉡이라고 함 → ㉠은 간접 전파, ㉡은 문화 병존
· 두 번째 학생: B는 직접 전파로 인한 문화 융합의 사례에 해당한다고 하였고 교사가 모두 옳게 설명했다고 함
· B: (가) → 직접 전파로 인한 문화 융합
· C: 만주족이 한족을 정복하여 한족 남성에게 변발을 강요하자 한족 남성의 상투 문화가 변발 문화로 대체되었음 → 직접 전파로 인한 문화 동화
· 세 번째 학생: C에는 (나)가 나타나 있다고 하였고, 교사가 모두 옳게 설명했다고 함 → (나)는 직접 전파로 인한 문화 동화 사례임

| 선택지 분석 |

① A는 간접 전파, C는 직접 전파에 의한 문화 변동의 사례이다.
② 'SNS를 통해 확산된 한국 대중 음악'이라고 하였으므로 ㉠에는 '간접 전파'가 들어간다.
③ 유럽인들이 현지 음악뿐만 아니라 한국 대중 음악도 일상적으로 즐기게 되었다고 하였으므로 ㉡에는 '문화 병존'이 들어간다.
④ (가)에는 직접 전파로 인해 나타난 문화 융합의 사례가 들어가야 한다. '멕시코에서 토착 신앙과 에스파냐인이 들여온 가톨릭교가 결합하여 새로운 형태의 성모상이 탄생하였다.'는 직접 전파에 의한 문화 융합의 사례이다.
⑤ (나)에는 C에 나타난 '직접 전파로 인한 문화 동화'가 들어갈 수 있다.

IV

그림의 A~C에 대한 설명으로 옳은 것은? (단, A~C는 각각 자문화 중심주의, 문화 사대주의, 문화 상대주의 중 하나임.)
A   B   C

〈서술형 평가〉

문항 1   A, C와 달리 B에만 해당하는 특징 하나를 서술하시오.
자기 문화의 정체성을 상실할 우려가 있다.
문화 사대주의
(점수: 1점)

문항 2   B, C와 달리 A에만 해당하는 특징 하나를 서술하시오.
문화의 다양성을 보존하는 데 기여한다.
함정
문화 상대주의
(점수: 0점)
(A≠문화 상대주의)

* 문항별로 각각 채점하고 맞으면 1점, 틀리면 0점을 부여함.

① A는 타문화를 수용하는 데 적극적이다.
B   문화 사대주의
② B는 국수주의로 변질될 수 있다는 비판을 받는다.
A   자문화 중심주의
③ A는 C와 달리 특정 문화를 기준으로 타문화를 평가한다.
자문화 중심주의
④ A는 B, C와 달리 타문화에 대한 긍정적 인식에서 비롯된다.
부정적
⑤ C는 A, B에 비해 타문화와 문화적 마찰을 일으킬 가능성이 높다.
낮다

| 문제 + 자료 분석 |

· 문항 1은 점수가 1점으로 서술된 특징이 옳다. 따라서 자기 문화의 정체성을 상실할 우려가 있는 문화 이해의 태도인 문화 사대주의가 B로 특정된다.
· 문항 2는 점수가 0점으로 서술된 특징이 옳지 않다. 따라서 A는 문화 다양성을 보존하는 데 기여하지 않는 문화 이해 태도이다.
· 문화 다양성을 보존하는데 기여하지 않는 문화 이해 태도는 문화 사대주의와 자문화 중심주의이다.
· 문화 사대주의가 B이기에 A는 자문화 중심주의로 특정되며, 따라서 C는 문화 상대주의가 된다.

| 선택지 분석 |

① 문화 사대주의는 다른 문화의 우수성을 내세워 자기 문화의 가치를 낮게 평가하는 태도로 타문화를 수용하는데 적극적이다.
② 자문화 중심주의는 자기 문화의 우수성을 지나치게 강조한 나머지 다른 문화를 부정적으로 여기고 낮게 평가함에 따라 국수주의로 변질될 수 있다는 비판을 받는다.
③ 자문화 중심주의는 자문화를 기준으로 다른 문화를 부정적으로 여기고 낮게 평가하는 태도이다.
④ 자문화 중심주의는 다른 문화를 부정적으로 여긴다는 점에서, 타문화에 대한 부정적 인식에서 비롯된다고 할 수 있다.
⑤ 문화 상대주의는 다른 문화를 이해의 대상으로 바라본다는 점에서 타문화와의 문화적 마찰을 일으킬 가능성이 낮다.

다음 가상 편지에서 강조하는 내용으로 가장 적절한 것은?

○○ 국가 다문화 정책 담당자께

지난번에 의뢰해 주신 귀국의 다문화 정책의 추진 방향에 대한 답변을 드리고자 합니다. 귀국에서는 외국인과의 혼인 및 외국인 노동자의 이주가 증가하면서 이주민 문화와 기존 문화 간에 갈등이 발생하고 있습니다.
이러한 갈등을 해소하기 위해서는 다양한 문화를 주류 문화
동화주의 비판
속에 융합하여 하나의 문화를 형성하는 정책이 아니라, 다양한
문화가 조화를 이루며 평등하게 공존할 수 있는 정책을 추진해야 합니다. 비유하자면, 샐러드처럼 양상추, 당근, 오이 등이 각각 그 고유한 맛을 유지하면서도 다채로운 맛을 낼 수 있도록 해야 한다는 것입니다.
이러한 정책이 각 문화의 특수성을 존중하면서도 자유, 평등,
여러 문화의 평등한 공존 → 문화의 특수성과 보편적 가치 실현
정의와 같은 보편적 가치를 실현하는 데 기여할 수 있습니다.
→ 샐러드 볼 이론: 다양한 문화의 평등한 공존 정책 추구

① 이주민 문화를 주류 문화에 편입시켜 사회적 결속력을
다양한 문화의 공존 주장
강화해야 한다.
② 보편 윤리를 실현하기 위해 각 문화의 특수성을
배제해야 한다.
문화의 특수성 존중과 보편적 가치의 실현 양립 가능
③ 문화 간 갈등이 발생하지 않도록 동화주의 정책을
단일 문화가 아니라 여러 문화의 공존 지향
추진해야 한다.
④ 주류 문화의 우위를 전제로 비주류 문화의 고유성을
다양한 문화의 동등한 공존 추구
존중해야 한다.
⑤ 문화의 다양성을 인정함으로써 문화적 역동성을
각 문화의 고유성이 한데 어우러져 풍요로운 문화 산출
증진해야 한다.

| 문제 + 자료 분석 |

· 샐러드 볼 이론: 문화 갈등을 해결하기 위해서는 다양한 문화의 평등한 공존을 추구하는 정책을 시행해야 하며, 이를 통해 문화의 특수성과 보편적 가치를 보존하고 실현할 수 있음

| 선택지 분석 |

① 이주민 문화를 주류 문화에 편입시켜 단일한 문화를 형성하는 정책이 아니라 다양한 문화가 조화를 이루며 공존할 수 있는 정책을 펼 때, 비로소 문화 간 갈등이 해소되고 사회적 결속력이 강화될 수 있다.
② 다양한 문화의 평등한 공존을 추구하는 정책은 각 문화의 특수성을 존중하면서도 보편적 가치를 실현하는 방법이다.
③ 문화 간의 갈등을 해소하기 위해서는 다양한 문화를 주류 문화로 편입시키는 동화주의 정책이 아니라 다양한 문화의 평등한 공존을 추구하는 샐러드 볼 정책을 시행해야 한다.
꿀팁
④ 샐러드 볼 이론에서는 다양한 문화의 동등한 공존을 추구하므로 주류 문화와 비주류 문화 간의 우열을 구분하지 않는다.
⑤ 샐러드의 다양한 재료들이 각각의 맛을 잃지 않으면서도 한데 어우러져 다채롭고 조화로운 요리가 만들어지는 것처럼, 다양한 문화의 공존은 문화 간 갈등을 해소하는 데 기여할 뿐만 아니라 풍요롭고 활기찬 문화를 산출하는 데 기여한다.

V 생활 공간과 사회

11 산업화와 도시화에 따른 변화

내신 대비 필수 문제 문제편 127~131p

01 정답 ④ * 산업화에 따른 변화

| 문제 + 자료 분석 |

• 1차 산업인 농림어업의 비중이 작아지고 3차 산업인 사회 간접 자본 및 서비스업의 비중이 높아졌다.

| 선택지 분석 |

① 농업 종사자 수는 감소하고 있지만 기술의 발달과 농업의 기계화 등으로 인해 농업 생산성은 높아지고 있다.

② 산업화로 인해 도시로의 인구 집중이 가속화되면서 도시 인구 비율이 높아졌다.

③ 도시에 많은 인구와 기능이 집중되면서 토지 이용의 집약도가 높아지고 있다.

④ 산업화에 따른 이촌 향도 현상으로 촌락 인구 감소율이 가구 수 감소율보다 빠르게 진행되어 농가의 평균 가구원 수가 점차 감소하고 있다.

⑤ 서비스업 종사자 수가 많아지면서 서비스업의 종류가 다양해지고 세분화되고 있다.

02 정답 ② * 산업화와 도시화에 따른 변화

| 문제 + 자료 분석 |

• 산업화와 도시화로 인해 도시 내 토지 이용의 집약도가 높아지고, 인구의 비율이 증가하며, 사람들의 직업의 종류가 다양해진다.

| 선택지 분석 |

진술 1 산업화와 도시화가 진행되면 논, 밭 등으로 이용되는 지역에 고층의 건물들이나 아파트가 들어서게 되므로 도시 내 토지 이용의 집약도가 높아진다.

진술 2 산업화와 도시화가 진행되면 총인구 중 도시에 거주하는 인구의 비율이 증가하게 된다.

진술 3 산업화와 도시화가 진행되면 도시적 토지 이용이 크게 늘면서 아스팔트, 콘크리트로 포장된 지표 면적이 증가하게 된다.

진술 4 산업화와 도시화가 진행되면 다양한 직업군이 형성되므로 사람들이 종사하는 직업의 종류가 다양해진다.

03 정답 ④ * 도시화에 따른 변화

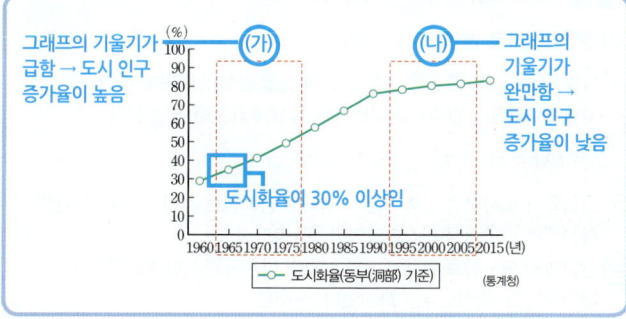

그래프의 기울기가 급함 → 도시 인구 증가율이 높음

(가)

(나)

그래프의 기울기가 완만함 → 도시 인구 증가율이 낮음

도시화율이 30% 이상임

□□ 도시화율(동부(洞部) 기준) (통계청)

| 문제 + 자료 분석 |

• **(가)**: 도시 인구가 크게 증가하면서 도시화가 빠르게 진행됨
• **(나)**: 도시화율이 약 80%가 되면서 도시 인구 증가율이 낮아짐

| 보기 분석 |

ㄱ. (가)는 (나)보다 도시화율이 더 빠르게 증가하고 있다.

ㄴ. (가)는 (나)보다 도시화율이 낮다. 따라서 (가)는 (나)보다 촌락 거주 인구 비율이 더 높다.

ㄷ. 도시 인구 증가율은 그래프의 기울기를 통해 확인할 수 있다. (나)는 (가)보다 그래프의 기울기가 완만하므로 도시 인구 증가율이 낮다.

ㄹ. (나)는 (가)보다 도시 인구 비율이 높은 단계이며, 대도시의 숫자가 많다. 따라서 (나)의 도시들은 (가)의 도시들보다 도시 내부 지역의 기능 분화가 더 뚜렷하게 나타난다.

04 정답 ⑤ * 도시화에 따른 변화

| 문제 + 자료 분석 |

• 용도별 토지 이용: (나) 시기가 (가) 시기보다 밭과 논, 임야의 면적이 좁고, 대지와 도로의 면적이 넓음
• 총인구: (나) 시기 인구가 (가) 시기보다 4배 이상 많음
• (가) 시기에서 (나) 시기로 가면서 산업화 및 도시화가 이루어졌음

| 선택지 분석 |

① 지표가 아스팔트, 시멘트 등으로 포장된 면적은 (가) 시기보다 (나) 시기가 더 넓다.

② (가) 시기보다 (나) 시기의 대지 면적이 넓어 가옥이나 건축물이 많고 공장 용지, 학교 용지가 넓으므로 (나) 시기의 토지를 집약적으로 이용하는 정도가 더 높다.

③ (가) 시기보다 (나) 시기의 총인구가 많다. 따라서 (가) 시기보다 (나) 시기의 지역 내 인구 밀도가 높다.

④ (가) 시기보다 (나) 시기의 도로 면적이 4배 이상 넓으므로 (나) 시기의 도로 교통에 의한 접근성이 더 높다.

⑤ (가) 시기와 (나) 시기 간 총면적은 유의미한 변화가 없는데, (가) 시기보다 (나) 시기의 밭과 논 면적이 모두 크게 감소했으므로 (나) 시기의 농업적 토지 이용 비중이 더 작다.

05 정답 ② * 산업화에 따른 변화

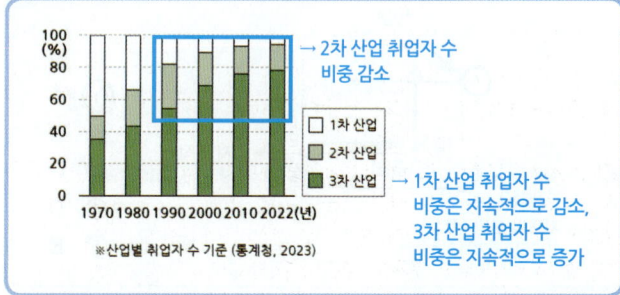

→ 2차 산업 취업자 수 비중 감소

□ 1차 산업
□ 2차 산업
■ 3차 산업

1970 1980 1990 2000 2010 2022(년)

※산업별 취업자 수 기준 (통계청, 2023)

→ 1차 산업 취업자 수 비중은 지속적으로 감소, 3차 산업 취업자 수 비중은 지속적으로 증가

| 문제 + 자료 분석 |

• 산업별 취업자 수 비중 변화를 통해 1차 산업 중심의 사회에서 3차 산업 중심의 사회로 변하는 것을 볼 수 있다.

| 보기 분석 |

ㄱ 그래프에서 우리나라는 산업화가 진행되면서 1차 산업 비중은 감소하고, 2·3차 산업 비중은 증가하였다. 이후 3차 산업 중심의 사회로 변화하면서 산업 구조의 고도화가 이루어졌음을 알 수 있다.

ㄴ. 2차 산업과 3차 산업은 도시에서 주로 발달한다. 2000년에는 2차 산업과 3차 산업 종사자 비중의 합이 약 90%이기 때문에 촌락 인구가 도시 인구보다 적다.

ㄷ 도시화·산업화가 진행되면서 전체 생산액에서 1차 산업 생산액이 차지하는 비중은 점차 감소하고 있다.

ㄹ. 2차 산업 종사자 비중은 1990년 이후 지속적으로 감소하고 있다.

⑪

06 정답 1960년: 가속화 단계, 1990년: 종착 단계

| 문제 + 자료 분석 |

- 1960년: 도시화율이 급격하게 증가하는, 가속화 단계에 해당한다.
- 1990년: 도시화율이 81.9%로, 종착 단계에 해당한다.

07 핵심 키워드: 가속화 단계, 이촌 향도, 일자리, 경제

모범 답안 도시화율이 가장 빠르게 증가하는 단계는 가속화 단계이다. 가속화 단계에서는 촌락의 인구가 도시로 이동하는 이촌 향도 현상이 나타나는데, 이는 도시가 촌락에 비해 교육기회, 취업, 결혼, 문화적 혜택 등이 유리하기 때문이다.

| 문제 + 자료 분석 |

- 가속화 단계에는 이촌 향도 현상으로 인해 도시 인구가 가장 빠르게 증가한다.

✳ 채점 기준

가속화 단계를 쓰고, 이촌 향도 현상과 그 원인을 모두 서술한 경우	100 %
가속화 단계를 쓰고, 이촌 향도 현상만 바르게 설명한 경우	60 %

08 정답 ① ✳ 도시화에 따른 변화

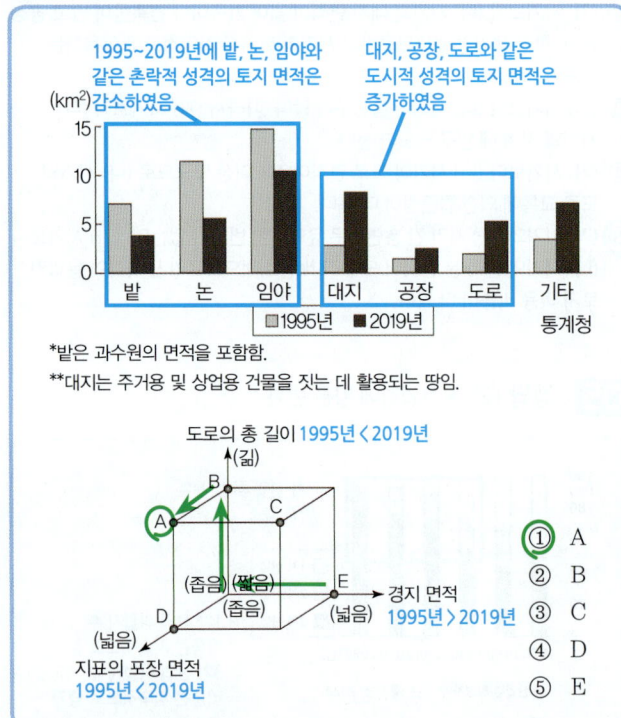

*밭은 과수원의 면적을 포함함.
**대지는 주거용 및 상업용 건물을 짓는 데 활용되는 땅임.

| 문제 + 자료 분석 |

- 1995년에 비해 2019년에 밭, 논, 임야와 같은 촌락적 성격의 토지 면적은 감소함
- 1995년에 비해 2019년에 대지(건물을 지을 수 있는 땅), 공장, 도로와 같은 도시적 성격의 토지 면적은 증가함
- 1995~2019년에 ○○시는 도시화가 진행되었음을 알 수 있음

| 선택지 분석 |

① ○○시는 1995년에 비해 2019년에 밭, 논과 같은 경지 면적이 좁으므로 답의 후보군은 경지 면적의 좁음에 해당하는 A, B, D이다.
○○시는 1995년에 비해 2019년에 도로 면적이 증가하였으므로 A, B, D 중에서 도로의 총 길이의 긺에 해당하는 A, B가 답의 후보군이다.
○○시는 1995년에 비해 2019년에 대지와 공장 면적이 증가하였으므로 A, B 중에서 지표의 포장 면적의 넓음에 해당하는 A가 답이다.

09 정답 ④ ✳ 도시화에 따른 변화

| 문제 + 자료 분석 |

- 도시화 이후 대도시 지역을 중심으로 주거지와 직장 간 거리가 멀어졌으며, 맞벌이 부부가 증가하였다.

| 보기 분석 |

ㄱ 맞벌이 부부의 증가는 여성의 사회 진출이 확대되었음을 의미한다.
ㄴ 가정의 기능이 약화되고 기술이 발달하면서 직업군과 직업의 종류가 증가하고 있다.
ㄷ 대도시에는 대기업 본사, 은행 본점 등이 모여들고, 주택과 학교, 공장 등은 외곽으로 이동하면서 집과 직장 간 평균 거리가 멀어진다.
ㄹ. 얼굴만 알 뿐 실제로 이야기를 나누어 본 적은 없다는 내용을 통해 도시에 사는 주민들은 이웃 간의 유대 관계가 낮다는 것을 알 수 있다.

10 정답 ⑤ ✳ 도시 내부 구조

| 문제 + 자료 분석 |

- A: 도시 중심부에 위치한 도심
- B: 도심과 주변 지역을 연결해주는 부도심

| 선택지 분석 |

① 도심은 도시 중심부에 위치해 지대가 높기 때문에 높은 지대를 지불할 수 있는 고급 상가, 전문 서비스업 등 업무 및 상업 기능이 주로 입지한다.
② 도심은 접근성이 높고 교통이 편리해 유동 인구가 많고, 업무와 상업 기능이 집중되어 있어 고층 건물이 밀집해 있다.
③ 부도심은 도시가 성장함에 따라 도심과 주변 지역을 연결하는 부분에 형성되어 도심의 과밀화를 완화해준다.
④ 부도심은 도심의 일부 기능을 분담하는 역할을 하기 때문에 대체로 도심과 비슷한 모습이 나타난다.
⑤ 도심이 부도심의 기능을 분담하는 것이 아니라, 부도심이 도심의 기능을 분담하여 도심의 과밀화를 완화해주는 역할을 한다.

11 정답 ③ ✳ 산업화와 도시화에 따른 변화

| 문제 + 자료 분석 |

- (가) 과거: 학급당 학생 수가 60명이다.
- (나) 현재: 주변 이웃에 관심이 없고 사다리차를 이용하여 이사를 한다.

| 선택지 분석 |

③ A는 과거에 상대적으로 높게 나타나는 항목이고, B는 현재에 상대적으로 높게 나타나는 항목이다.
따라서 (가)에는 촌락 인구 비율, 평균 가구원 수가 들어갈 수 있고, (나)에는 직업의 종류가 들어갈 수 있다.

12 정답 ③ ✳ 산업화와 도시화에 따른 변화

| 문제 + 자료 분석 |

- 산업화와 도시화에 따른 생활 공간과 생활 양식의 변화에 대한 설명1~4가 맞으면 '예', 틀리면 '아니요'에 v 표시를 하면 된다.

| 선택지 분석 |

㉠ 산업화와 도시화로 인해 개인의 목표를 중시하는 개인주의적 가치관이 확산되었고 도시성이 강화되었다. → '예'
㉡ 산업화와 도시화로 인해 2, 3차 산업의 비율이 증가하였고 직업이 다양해지고 세분화, 전문화되었다. → '예'
㉢ 산업화와 도시화로 인해 주거, 업무, 상업, 여가 등을 수행하는 다양한 공간으로 분화되었다. → '예'
㉣ 산업화와 도시화로 인해 도시 인구가 증가하고 시가지 면적이 확대되며 토지 이용의 집약도가 높아졌다. → '예'

13 정답 ① ＊산업화와 도시화에 따른 변화

| 문제 + 자료 분석 |

- 2020년: 1960년보다 1차 산업인 농림어업의 종사자 비율이 낮음, 3차 산업인 사회 간접 자본 및 서비스업의 종사자 비율이 높음, 1960년보다 도시 인구 비율이 높음 → 산업 구조가 고도화되고 도시화가 진행되어 도시화율이 높아짐

| 선택지 분석 |

① 산업화로 2·3차 산업이 발달하면서 직업이 분화되고 전문성이 증가하였으며 직업의 종류가 다양화되었다.
② 도시화가 진행되면서 도시 인구 비율이 높아진 반면 촌락 인구의 비율은 낮아졌다.
③ 논, 밭 등으로 이용되던 땅에 고층의 건물들이 들어서게 되면서 토지 이용의 집약도가 높아졌다.
④ 산업화가 진행되면서 1차 산업인 농림어업의 종사자 비율이 낮아졌다.
⑤ 산업화와 도시화가 진행되면서 공동체보다 개인을 강조하는 경향이 커져 개인주의적 가치관이 강화되었다.

＊ 산업화와 도시화로 인한 생활 양식의 변화

도시성 확산	자율성과 다양성이 존중되는 대신 사회적 유대감이 약화됨
직업의 분화	2, 3차 산업이 발달하면서 직업이 분화되고 전문성이 증가하여 직업이 다양화됨
개인주의 확대	공동체보다 개인을 강조하는 경향이 커짐

14 정답 ① ＊도시화에 따른 변화

| 문제 + 자료 분석 |

- (가) 시기에 비해 (나) 시기에 논 면적이 크게 감소하였고, 논이 있던 자리에 도로, 가옥, 아파트, 학교 등이 들어서게 되면서 시가지 면적이 크게 증가하였음 → 해당 지역에 도시화가 진행됨

| 선택지 분석 |

① (가) 시기에 비해 (나) 시기에 논 면적이 감소하고 시가지 면적이 증가했으므로 녹지 면적의 좁음에 해당하는 A, B, D가 답의 후보군이다. (가) 시기에 비해 (나) 시기에 도로가 더 많아졌으므로 A, B, D 중에서 도로의 총 길이의 긺에 해당하는 A, B가 답의 후보군이다. (가) 시기에 비해 (나) 시기에 가옥, 아파트, 학교의 수가 증가했으므로 총인구가 증가했음을 알 수 있다. 따라서 인구 밀도의 높음에 해당하는 A가 답이다.

15 정답 ③ ＊열섬 현상

| 문제 + 자료 분석 |

- 도심의 기온이 주변 지역보다 높게 나타나는 것을 열섬 현상이라고 한다.

| 선택지 분석 |

① 도시가 촌락보다 인구 밀도가 높아 인공열 발생이 많다.
② 도시가 촌락보다 인공 구조물이 많아 인공열 발생이 많다.
③ 도시는 촌락보다 녹지 면적의 비중이 낮다.
④ 도시가 촌락보다 고층 건물과 아파트가 많아 인공열 발생이 많다.
⑤ 도시가 촌락보다 자동차 운행 및 냉방기 가동이 많다.

16 정답 ① ＊도시 습지

| 문제 + 자료 분석 |

- 비오톱: 도시에서 습지를 형성하고 있는 공간으로, 도시 생태계 유지에 중요한 역할을 한다.

| 보기 분석 |

ㄱ 도시 습지는 다양한 수중 식물과 수변 식물, 물고기와 철새 등의 서식지이다. 따라서 도시 습지를 보존할 경우 생물종 다양성 유지에 기여할 수 있다.
ㄴ 도시 습지는 도시의 열섬 현상을 완화하고 대기 중 수분을 유지해줌으로써 온도와 습도를 안정적으로 조절하는 기능을 한다.
ㄷ. 도시 습지의 물은 식수 및 생활용수로 이용하지 않는다.
ㄹ. 습지가 보존될 경우 다양한 습지 식물들이 대기 중 이산화 탄소를 흡수하기 때문에 이산화 탄소 농도가 줄어들게 된다.

17 정답 ④ ＊도시화로 인한 문제점과 해결 방안

| 문제 + 자료 분석 |

- ㉠: 도시의 제한된 공간을 효율적으로 이용하기 위해 이루어지며, 그 결과 토지 이용의 집약도가 상승함
- ㉡: 기능적으로 상호 밀접한 대도시와 그 인근 지역으로 대도시로 통근 및 통학이 가능한 범위
- ㉢: 쾌적하고 안정적인 주거 환경에서 인간다운 주거 생활을 할 수 있도록 보장받아야 하는 기본권
- ㉣: 도시화에 따른 교통 문제

| 보기 분석 |

ㄱ. ㉠ 고층 건물과 아파트 증가로 인해 도시 공간이 수직적으로 확장되면서 도시의 토지 이용 집약도가 높아진다.
ㄴ ㉡ 대도시권은 대도시의 인구나 기능 등이 도시 주변으로 확산되는 교외화 현상으로 인해 대도시와 위성 도시 간의 상호작용이 강화되어 형성된다.
ㄷ. ㉢ 주거권은 누구나 인간다운 주거 생활을 할 수 있도록 보장받아야 하는 권리를 의미한다. 문화생활에 참여하고 예술을 감상하는 혜택을 나누어 가질 권리는 문화권에 해당한다.
ㄹ 승용차 요일제 실시 및 혼잡 통행료 부과 정책 등으로 ㉣ 도심의 교통 체증 문제를 완화할 수 있다.

18 정답 개인주의

| 문제 + 자료 분석 |

- 울리히 벡: 개인주의 성향이 강해지며 전통적 결속이 약해지고 타인이 겪는 고통에 무관심해지고 있다.

19 핵심 키워드: 소통, 협력, 공동체 의식

모범 답안 개인주의가 심화되어 약해진 타인과의 관계를 회복하기 위해 사람들과 소통하고 협력해야 하며, 타인과 더불어 살아가려는 공동체 의식을 함양해야 한다.

| 문제 + 자료 분석 |

- 개인주의에 따른 문제를 해결하기 위해서는 서로 배려하고 소통하고 협력하면서 타인과 더불어 살아가려는 공동체 의식을 가져야 한다.

＊ 채점 기준

타인과의 관계 회복을 위해 공동체 의식을 가져야 한다고 서술한 경우	100%
공동체 의식을 가져야 한다고만 서술한 경우	40%

20 정답 ② ＊도시 문제와 해결 방안

| 문제 + 자료 분석 |

- 인구 증가에 비해 각종 도시 기반 시설이 부족하고, 다양한 오염 물질이 배출되면서 도시 문제가 발생한다.

⑪

① (가) - 늘어나는 인구를 수용할 수 있는 도시 기반 시설이나 일자리가 부족하면 다양한 도시 문제가 발생한다.

② (나) - 생활 오·폐수 배출 및 처리에 대한 기준을 완화하면 수질 오염은 더욱 심각해질 우려가 있다.

③ (다) - 인구의 도시 집중으로 교통 체증과 같은 문제가 발생하며, 대중교통 수단의 이용으로 이를 해결할 수 있다.

④ (라) - 사회적 차원에서 교통 체증 문제를 해결하기 위한 방안으로 승용차 요일제 실시 및 혼잡통행료 부과 등이 있다.

⑤ (마) - 사회적 차원에서 사회적 유대감 약화를 해결하기 위해 마을 공동체 회복을 위한 지원 정책을 시행할 수 있다.

 내신 1등급 문제　　　　　　　　문제편 131p

21 정답 ③ ＊산업화와 도시화에 따른 변화

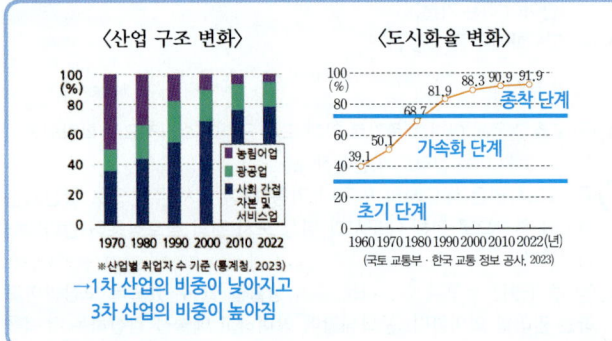

〈산업 구조 변화〉　　〈도시화율 변화〉

→1차 산업의 비중이 낮아지고 3차 산업의 비중이 높아짐

| 문제 + 자료 분석 |

• 산업 구조: 1차 산업 비중이 낮아지고 3차 산업 비중이 높아지고 있다.
• 도시화율: 1960년대부터 도시화가 빠르게 진행되었다가 약 80%에 도달하면서 도시화율 증가 속도가 느려졌다.

| 보기 분석 |

ㄱ. 1960년 우리나라의 도시화율은 39.1%로 가속화 단계에 해당한다. 초기 단계는 도시화율이 25% 미만인 단계이다.

ㄴ. 1차 산업에 해당하는 농림어업의 종사자 수 비중은 1970년에 약 50%였고, 그 이후 지속적으로 감소하고 있다.

ㄷ. 1990년 이후 지가 상승, 교통 체증, 환경 오염 등 도시 과밀화에 따른 부작용으로 도시화율이 둔화되고 있다.

ㄹ. 도시화율은 지속적으로 증가하고 있는 반면, 2차 산업 비율은 증가하다가 1990년대 이후 감소하고 있다. 따라서 2차 산업 비율과 도시화율의 변화가 지속적으로 '양(+)'의 상관관계라고 보기 어렵다.

22 정답 ③ ＊도시화에 따른 변화

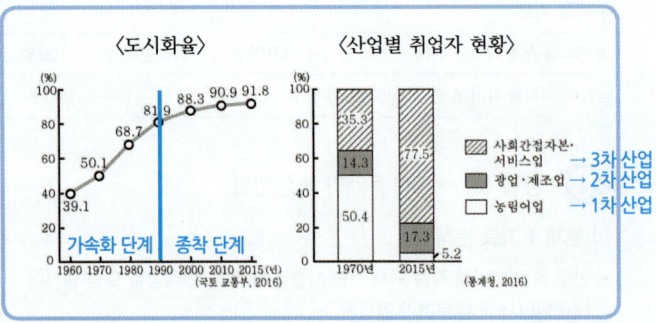

〈도시화율〉　　〈산업별 취업자 현황〉

가속화 단계　종착 단계

사회간접자본·서비스업 → 3차 산업
광업·제조업 → 2차 산업
농림어업 → 1차 산업

| 문제 + 자료 분석 |

• 도시화율은 1970년 약 50.1%에서 2015년 91.8%로 높아짐
• 1970년에는 농림어업의 취업자 비율이 50% 이상이었으나 2015년 농림어업의 취업자 비율은 약 5.2%로 감소함
• 사회간접자본·서비스업의 취업자 비율이 크게 높아짐
• 1970년 이후 우리나라의 도시화가 급속도로 진행되었음

| 선택지 분석 |

① 도시화율은 전체 인구 중 도시에 사는 인구 비율을 말한다. 따라서 2015년은 1970년보다 도시 인구 비율이 높다.

② 도시화가 진행되면서 직업이 여러 갈래로 분화되고 직업의 종류가 다양해졌다. 따라서 2015년은 1970년보다 직업의 분화 정도가 높다.

③ 1970년은 도시화율이 급속도로 높아지는 시기이다. 1970년은 1960년보다 도시화율이 약 11%p 증가하였다. 반면 2015년은 2000년보다 도시화율이 약 3.5%p 증가하였다. 따라서 촌락을 떠나 도시로 향하는 이촌 향도 현상은 1970년이 2015년보다 활발하다.

④ 도시의 시가지는 도시에서 주택이나 상점 등이 늘어서 있는 지역으로 2015년은 1970년보다 도시의 시가지 면적이 넓다.

⑤ 농림어업은 1차 산업, 광업·제조업은 2차 산업, 사회간접자본·서비스업은 3차 산업에 속한다. 따라서 2015년은 1970년보다 3차 산업 종사자 비율이 높다.

왜 틀렸나?

이촌 향도 현상이 도시화율이 높은 종착 단계에서 활발하다고 착각할 수 있다. 촌락에서 도시로 인구가 이동하는 이촌 향도 현상은 도시 인구가 급증하고 도시화율 증가 속도가 빠른 가속화 단계에서 활발하다.

23 정답 ② ＊산업화와 도시화로 인한 변화

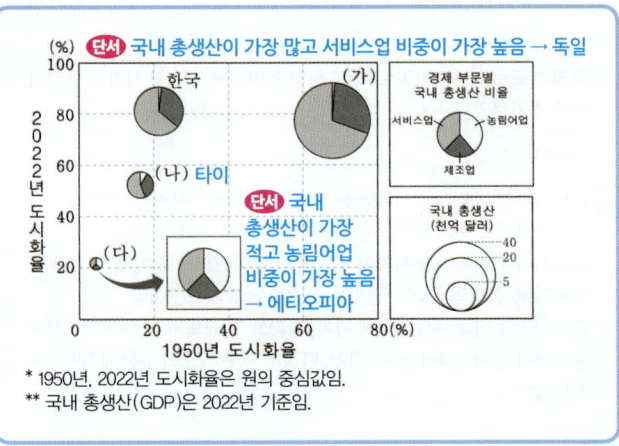

단서 국내 총생산이 가장 많고 서비스업 비중이 가장 높음 → 독일

단서 국내 총생산이 가장 적고 농림어업 비중이 가장 높음 → 에티오피아

경제 부문별 국내 총생산 비율
국내 총생산(천억 달러)

＊ 1950년, 2022년 도시화율은 원의 중심값임.
＊＊ 국내 총생산(GDP)은 2022년 기준임.

| 문제 + 자료 분석 |

• (가): (가)~(다) 중 국내 총생산이 가장 많고, 서비스업 비중이 가장 높고, 1950년 도시화율이 가장 높음 → 독일
• (나): (가)~(다) 중 국내 총생산이 두 번째로 많고, 제조업 비중이 가장 높고, 2022년 도시화율이 두 번째로 높음 → 타이
• (다): (가)~(다) 중 국내 총생산이 가장 적고, 농림어업 비중이 가장 높고, 2022년 도시화율이 가장 낮음 → 에티오피아

| 선택지 분석 |

① 한국은 (다) 에티오피아보다 국내 총생산에서 농림어업이 차지하는 비율이 낮다.

② (나) 타이는 (다) 에티오피아보다 국내 총생산이 많고, 서비스업 비중도 높으므로 서비스업 부가가치액이 더 많다.

③ (다) 에티오피아는 (가) 독일보다 산업화가 시작된 시기가 늦다.

④ (나) 타이는 (가) 독일보다 1950년 도시화율이 낮다.

⑤ (다) 에티오피아는 2022년에 도시화율이 50% 미만이므로, 도시 인구가 촌락 인구보다 적다.

12 교통·통신 및 과학기술의 발달

내신 대비 필수 문제

문제편 137~140p

01 정답 ② *교통 발달에 따른 변화

| 문제 + 자료 분석 |

· 부산과 거제를 잇는 거가 대교가 개통되어 이동 시간이 단축되었다.

| 보기 분석 |

ㄱ. 거가 대교의 개통으로 부산과 거제와의 시간 거리가 단축되면서 이 구간에 위치한 지역 주민들은 부산으로 통근하는 경우가 많아질 것이다. 따라서 부산의 통근권은 외곽으로 확대될 것이다.
ㄴ. 새로 개통된 거가 대교를 이용함으로써 통영, 거제의 관광 산업은 활기를 띨 것이다.
ㄷ. 거제-부산 간 시간 거리가 단축되면서 이 두 지역을 이동하는 유동 인구 비율이 증가할 것이다.
ㄹ. 새로운 교통로가 신설되어도 부산의 중심 업무 기능이 거제로 이동하지는 않을 것이다.

02 정답 ④ *교통 발달에 따른 변화

| 문제 + 자료 분석 |

· 서울과 안동을 연결하는 고속 열차가 개통되면서 서울 청량리에서 안동까지의 이동 시간이 크게 단축되었다. 이로 인해 시간적·공간적 제약이 줄어들면서 이동이 편리해져 생활 공간의 범위가 확대된다.

| 선택지 분석 |

① 교통 발달로 지역 간 이동 시간이 단축되면 두 지역 간 접근성이 향상될 것이다.
② 교통 발달로 지역 간 접근성이 향상되면 지역 주민들의 일상생활 범위가 확대될 것이다.
③ 고속 열차 노선 개통으로 철도를 이용하는 여행객이 증가하면 철도 여객 수송 분담률이 증가할 것이다.
④ 두 지역 간 이동 시간이 단축되고 접근성이 향상되면 경제 활동의 시·공간적 제약은 작아질 것이다.
⑤ 고속 열차 개통 이후 신규 정차역 주변에는 유동 인구가 늘어나고 새로운 상권이 형성될 것이다.

03 정답 ④ *교통 발달에 따른 변화

| 문제 + 자료 분석 |

· 수도권 전철 노선이 연장됨에 따라 전철을 이용하는 사람들의 생활 공간이 확대되었다.

| 보기 분석 |

① 교통로가 연장된다고 해도 서울의 중심지 기능은 그대로 유지되기 때문에 서울의 평균 지가가 하락할 가능성은 거의 없다.
② 교통로가 연장된 외곽 지역을 중심으로 새로운 주거 단지가 조성되면 서울에 집중되었던 인구가 외곽으로 분산될 것이다.
③ 이동 시간의 단축, 대중교통 이용의 편리성으로 인해 서울로 통근하는 인구 비율이 증가할 것이다.
④ 서울과 외곽 지역을 연결하는 전철 노선이 연장될 경우 서울로의 이동 시간이 단축되면서 서울로 출퇴근하는 인구 비율이 높아진다. 따라서 서울로의 통근권 범위가 확대되는 결과가 나타날 것이다.
⑤ 경기도 신도시의 경우 교통이 편리해지면서 서울로의 이동이 용이해져 인구가 증가할 것이다.

04 정답 ① *교통 발달에 따른 지역 변화

| 문제 + 자료 분석 |

· 대경선: 경상북도 구미역과 경산역을 잇는 광역철도 노선으로, 개통 이후 지역 주민들의 이동 시간 감축, 생활 공간 확대 등의 효과가 기대됨

| 선택지 분석 |

① 교통 발달로 이동에 필요한 시간이 감축되어 경산 주민들의 일상생활 범위가 확대될 것이다.
② 광역 교통망 발달로 인해 구미~경산 간 시·공간적 제약이 감소할 것이다.
③ 광역 철도 개통으로 인해 구미~대구 간 이동하는 평균 시간이 감소할 것이다.
④ 광역 철도의 신규 정차역 이용객이 증가하면서 주변 상권이 확대될 것이다.
⑤ 장거리 통근·통학이 가능해지면서 대경선을 이용하는 주민들의 통근권이 확대될 것이다.

05 정답 ③ *교통 발달에 따른 변화

| 문제 + 자료 분석 |

· ㉠: 보령과 안면도 영목항까지 한 번에 연결하는 해저 터널
· ㉡: 관광객 증가로 인한 지역 경제 활성화 효과
· ㉢: 쓰레기 무단 투기, 소음 발생량 증가 등의 피해
· ㉣: 인터넷 쇼핑의 발달로 소비자의 상품 구입이 편리해짐

| 보기 분석 |

ㄱ. 새로 개통한 터널을 통과하니 보령에서 영목항까지 걸리는 시간이 줄었다는 내용을 통해 보령-안면도 영목항 간 접근성이 높아졌음을 알 수 있다.
ㄴ. 해저 터널 개통 이후 관광객이 많이 늘어났고 그로 인해 지역 상인들의 수입이 증대되었다는 내용을 통해 해저 터널 개통이 영목항 일대의 지역 경제 활성화에 이바지함을 알 수 있다.
ㄷ. 관광객 증가로 인한 지역 주민들의 피해 사례로 관광객들의 쓰레기 무단 투기, 소음 발생량 증가 등을 들 수 있다.
ㄹ. 인터넷의 등장으로 소비자들이 원하는 시간에 직접 상점에 가지 않고도 상품을 주문할 수 있게 되었으므로 소비자의 상품 구입에 대한 시·공간적 제약은 약화되었다.

06 정답 교외화

| 문제 + 자료 분석 |

· 1980년 이후 서울과 경기도 외곽 지역을 연결하는 전철 노선이 확대되며 경기도로 이주해 가는 현상이 나타났다.

07 핵심 키워드: 확대, 교통망, 시간 거리

[모범 답안] 1980년에 비해 2020년 서울의 통근권 범위는 경기도 외곽 지역으로 확대되었다. 이는 서울과 외곽 지역을 연결하는 교통망이 발달하면서 서울과의 이동 시간이 단축되었기 때문이다.

| 문제 + 자료 분석 |

· 서울과 외곽 지역을 연결하는 도로망이나 전철 노선이 확대되면서 서울과의 접근성이 향상된 지역을 중심으로 서울로 출퇴근하는 인구의 비율이 높아지고 있다.

＊채점 기준

통근권 범위의 변화와 그 이유를 정확하게 서술한 경우	100 %
교통이 발달하였다는 부분만 서술하고 통근권 범위의 변화는 정확하게 서술하지 못한 경우	60 %

08 정답 ① ＊교통 발달로 인한 문제

| 문제 + 자료 분석 |

• 호남 고속 철도 개통 이후 호남 고속 철도가 지나가는지 아닌지에 따라 경제 활동이 활발해지거나 위축되었다.

| 선택지 분석 |

① 호남 고속 철도 개통 이후 고속 철도 역 주변 지역은 상업이 발달하는 반면, 고속 철도가 지나가지 않는 기존 역 주변은 상권이 쇠퇴하고 있음을 보여준다. 그러므로 자료의 제목으로 고속 철도 개통에 따른 지역 격차 발생이 가장 적절하다.

② 고속 철도 개통으로 인한 생태 환경 악화는 주어진 자료의 내용과 직접적으로 관련이 없다.

③ 교통·통신의 발달로 인한 거주지의 교외화는 주어진 자료의 내용과 직접적으로 관련이 없다.

④ 교통·통신의 발달이 도시 개발에 미치는 영향은 주어진 자료의 내용과 직접적으로 관련이 없다.

⑤ 교통의 발달로 인한 이동 시간 및 이동 비용의 감소는 주어진 자료의 내용과 직접적으로 관련이 없다.

09 정답 ④ ＊교통 발달로 인한 문제

| 문제 + 자료 분석 |

• 제시문은 교통의 발달로 국가 간 교류가 활발해지면서 감염병의 전파 속도가 빨라지고 확산 범위가 넓어진 현상에 대해 이야기하고 있다.

| 선택지 분석 |

① 오염 물질 배출량 검사를 강화하고 환경 영향 평가를 실시하는 것은 생태환경을 보호하는 방법이다.

② 낙후된 지역에 교통 기반 시설과 산업 단지를 만드는 것은 교통 발달로 인한 지역 격차 문제를 해결하는 방안이다.

③ 선박 평형수 처리 장치를 의무화하는 것은 외래종의 유입을 막아 생태계의 균형을 지키는 방법이다.

④ 교통 발달로 인한 전염병 확산 문제를 해결하기 위해서는 검역 관리를 강화해 전염병에 걸린 사람들의 입국과 출국을 막고, 정확한 감염 경로를 공유해야 한다.

⑤ 야생 동물이 이동하는 경로에 주의 표지판을 설치하는 것은 교통 발달로 인해 서식처를 잃은 동물들을 로드킬로부터 보호하는 방법이다.

10 정답 ③ ＊정보 통신 발달에 따른 문제

| 문제 + 자료 분석 |

• 키오스크와 같은 새로운 기술의 도입이 정보 격차를 발생시킬 수 있으며, 정보 격차 문제를 해결하기 위해서는 정부와 기업 등 다양한 주체가 관심을 갖고 기술 발전, 사회 정책 마련, 윤리적 책임을 다하기 위해 노력해야 함

| 보기 분석 |

ㄱ. 기술 발전과 동시에 사회 정책 마련 및 윤리적 책임을 다할 때 정보 격차 문제가 해소될 수 있다고 설명하고 있으므로 글의 관점에 부합하지 않는 진술이다.

ㄴ. 정부와 기업 등 다양한 주체들이 키오스크 이용에 어려움을 겪는 정보 소외 계층의 문제에 관심을 가져야 할 것을 설명하고 있으므로 글의 관점에 부합하는 진술이다.

ㄷ. 정보 격차 문제 해소를 위해 정부가 사회 정책을 마련해야 한다고 설명하고 있으므로 글의 관점에 부합하는 진술이다.

ㄹ. 기업이 정보 격차 문제에 관심을 가지고 윤리적 책임을 다해야 한다고 설명하고 있으므로 글의 관점에 부합하지 않는 진술이다.

11 정답 ① ＊과학기술의 발달에 따른 변화

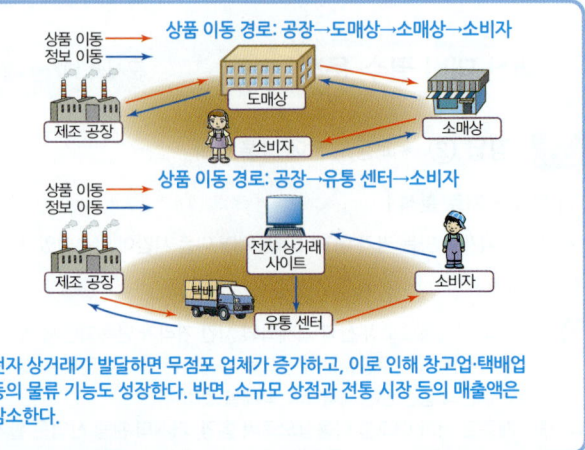

상품 이동
정보 이동

상품 이동 경로: 공장→도매상→소매상→소비자

제조 공장　도매상　소매상　소비자

상품 이동
정보 이동

상품 이동 경로: 공장→유통 센터→소비자

제조 공장　전자 상거래 사이트　소비자　택배　유통 센터

전자 상거래가 발달하면 무점포 업체가 증가하고, 이로 인해 창고업·택배업 등의 물류 기능도 성장한다. 반면, 소규모 상점과 전통 시장 등의 매출액은 감소한다.

| 문제 + 자료 분석 |

• (가) 기존 상거래: 상품이 도매상과 소매상을 거쳐 소비자에게 이동된다.
• (나) 전자 상거래: 전자 상거래 사이트를 통해 상품을 구매하고, 유통 센터를 거쳐 소비자에게 이동된다.

| 선택지 분석 |

① 기존 상거래는 상품이 공장에서 도매상, 소매상을 거쳐 소비자에게 전달되는 반면, 전자 상거래는 공장에서 유통 센터를 거쳐 소비자에게 전달되므로 유통 단계가 단순화되었다고 볼 수 있다.

② 전자 상거래는 도매상과 소매상을 거치지 않기 때문에 기존 상거래에 비해 생산자와의 직거래 비중이 증가한다.

③ 전자 상거래는 상점 대신 유통 센터(물류 창고)가 필요하다. 대규모 매장 임대의 필요성은 도매상, 소매상을 중심으로 제품이 판매되는 기존 상거래에서 높게 나타난다.

④ 전자 상거래는 소비자가 주문한 제품을 택배를 통해 운송해 주는 경우가 많으므로 전자 상거래의 발달은 택배 산업에 긍정적인 영향을 미친다.

⑤ 전자 상거래는 인터넷을 이용한 주문 과정에서 입력한 개인 정보가 유출되어 각종 사이버 범죄에 이용될 수 있다.

12 정답 무점포 상점

| 문제 + 자료 분석 |

• 교통·통신의 발달로 창고에 상품을 보관하고 주문한 소비자에게 택배로 상품을 배송하는 상점이 증가하였다.

13 정답 ⑤ ＊과학기술의 발달에 따른 문제점

| 문제 + 자료 분석 |

• 사이버렉카: 온라인 공간에서 유명인들의 사생활 정보, 가짜 뉴스 등을 유포하고 사실을 왜곡하여 부정적 여론을 조성함

| 보기 분석 |

ㄱ. 정보 사회에서는 특정인이나 특정 집단에 의한 정보 독점으로 인해 감시 사회가 나타날 수 있지만, 제시된 자료에서 부각된 문제는 아니다.

ㄴ. 정보 사회에서는 세대 간 정보 격차로 인해 경제적 불평등이 심화될 수 있지만, 제시된 자료에서 부각된 문제는 아니다.

ㄷ. 자료에는 가짜 뉴스와 같은 허위 정보의 유포로 사회적 혼란이 발생하는 문제가 부각되어 있다.

ㄹ. 자료에는 유명인들의 사생활 정보와 같은 개인 정보 유출로 인한 사생활 침해 문제가 부각되어 있다.

14 정답 ③ * 인터넷 중독

| 문제 + 자료 분석 |
- 인터넷 사용 시간을 스스로 조절할 수 있는지 확인하는 검사지이다.

| 선택지 분석 |
① 정보 격차는 정보의 소유와 접근 정도에 따라 계층 간, 지역 간 격차가 심화되는 현상이다.
② 사이버 범죄는 가상 공간상의 익명성을 이용한 사이버 폭력, 해킹 등을 의미한다.
③ '정해진 시간에만 인터넷을 사용하는가', '인터넷 검색 때문에 잠자는 시간을 줄이는 일은 없는가' 등의 항목 등을 통해 '인터넷 중독' 실태를 파악하고자 하는 검사지임을 알 수 있다.
④ 사생활 침해는 개인 정보 유출, CCTV 등을 통한 감시 등을 의미한다.
⑤ 지적 재산권 침해는 저작권자가 저작물에 대해 갖는 권리를 침해하는 방식으로 저작물을 이용하는 것을 의미한다.

15 핵심 키워드: 통제, 치료 프로그램

모범 답안 개인은 평소 올바른 디지털 기기 사용 습관을 갖고 인터넷 사용 시간을 통제하고, 정부는 인터넷 중독 예방 및 치료 프로그램을 실시할 수 있다.

| 문제 + 자료 분석 |
- 인터넷에 중독되면 인터넷 사용을 스스로 조절하지 못하게 되므로 적절한 치료를 받아야 한다.

＊ 채점 기준

개인과 정부의 노력을 모두 정확하게 서술한 경우	100 %
개인과 정부의 노력 중 하나만 정확하게 서술한 경우	50 %

16 정답 ⑤ * 산업 사회와 정보 사회 비교

| 문제 + 자료 분석 |
- A : 사회 변동 속도가 B보다 느린 산업 사회에 해당
- B : 사회 변동 속도가 A보다 빠른 정보 사회에 해당
- (가) : B가 A보다 0에서 멀리 있으므로 정보 사회의 특징이 들어감

| 선택지 분석 |
① 지식과 정보가 중요한 생산 요소인 것은 정보 사회의 특징이다.
② 산업 구조에서 1차 산업이 차지하는 비중이 가장 높은 것은 농업 사회다. 정보 사회는 3차 산업 비중이 가장 높고 1차 산업 비중이 가장 낮다.
③ 정보 사회는 다양성과 개성을 존중하는 문화가 형성되었고 정보 통신 기술이 발달하였기 때문에 산업 사회보다 관계를 형성하는 방식이 다양해졌다.
④ 정보 사회는 정보 통신 기술을 토대로 전자 민주주의가 발달하게 되었다. 인터넷을 통해 자신의 정치적 의견을 표명하고 정치적 의견이 같은 사람들과 온라인 커뮤니티를 형성하는 등 정치 참여 기회가 확대되었다.
⑤ 산업 사회에서 주로 활용되었던 TV, 라디오, 신문, 책 등은 정보 생산자가 소비자에게 일방향적으로 전달하는 특징을 갖는다. 이와 달리 정보 사회에 새롭게 등장하여 자리 잡은 인터넷, 스마트폰 등은 정보 생산자와 소비자의 상호작용이 가능한 쌍방향적 성격을 갖는 매체이다.

＊ 산업 사회와 정보 사회 비교

산업 사회 > 정보 사회	직업의 동질성, 대면 접촉 정도, 사회적 관계를 맺는 공간적 제약 정도, 관료제 조직 비중, 업무 방식의 표준화 정도
산업 사회 < 정보 사회	비대면 접촉 정도, 구성원 간 익명성 정도, 핵가족 비중, 서비스 산업 비중, 사회 변화 속도, 사회 다원화 정도, 가정과 일터의 결합 정도

17 정답 ④ * 과학기술의 발달에 따른 변화

| 문제 + 자료 분석 |
- 제시문은 과학기술의 발달에 따른 생활 공간 및 생활 양식의 변화에 관해 이야기하고 있다.

| 선택지 분석 |
① 정보화 사회에서는 지식, 정보를 중심으로 한 3차 산업 종사자 비율이 2차 산업 종사자 비율보다 높게 나타난다.
② 정보화 사회에서는 지식과 정보가 부가 가치를 창출하는 주요 수단이다.
③ 위치 정보 시스템(GPS), 지리 정보 시스템(GIS)은 정보 통신 기술의 발달로 인한 공간 정보 기술의 사례이다.
④ 누리 소통망(SNS)은 인터넷 통신을 활용한 의사소통 방식이다. 누리 소통망의 이용률이 높아지면서 직접 대면 접촉의 비중이 낮아졌다.
⑤ 전자 상거래가 활성화되면서 제품을 주문자에게 배송해주는 택배업과 인터넷으로 주문할 수 있는 제품을 일시적으로 보관하는 창고업 등의 물류 산업이 빠르게 성장하고 있다.

18 핵심 키워드: 전자 민주주의, 인터넷, 민원서류

모범 답안 SNS나 가상 공간을 통해 정치에 참여할 수 있게 되면서 전자 민주주의가 실현되었다. 그리고 인터넷을 통한 민원서류 신청 및 발급이 가능해졌다.

| 문제 + 자료 분석 |
- 과학기술의 발달로 가상 공간을 활용할 수 있게 되면서 정치·행정, 경제, 사회·문화 분야에서 생활 양식이 변화되었다.

＊ 채점 기준

정보화 사회의 정치·행정 분야의 변화를 두 가지 서술한 경우	100 %
정보화 사회의 정치·행정 분야의 변화를 한 가지만 서술한 경우	50 %

19 정답 ① * 과학기술의 발달에 따른 변화

| 문제 + 자료 분석 |
- 자료에서 인터넷 뉴스 이용률은 지속적으로 상승하는 반면, 종이 신문 이용률은 지속적으로 하락하고 있으며, 이는 정보 사회의 특징이다.

| 선택지 분석 |
① 정보 사회에서는 인터넷 뉴스, SNS와 같이 인터넷에 기반한 쌍방향 통신매체의 영향력이 증가한다.
② 정보 사회에서는 개인 정보 유출에 의한 사생활 침해가 증가할 수 있다.
③ 정보 사회에서는 재택근무의 확산으로 가정과 직장의 분리가 약화되고 통합이 확대될 것이다.
④ 정보 사회에서는 가상 공간상의 익명성을 악용한 사이버 범죄의 발생 가능성이 높아질 것이다.
⑤ 정보 사회에서는 교통·통신 기술의 발달로 시·공간의 제약이 감소하여 전자 상거래의 이용이 증가할 것이다.

＊ 정보 사회의 특징

- 부가 가치의 원천: 지식, 정보
- 산업에서 서비스업이 차지하는 비중이 높음
- 다품종 소량 생산 방식
- SNS 등 인터넷 기반 쌍방향 매체 증가

20 정답 ② * 과학기술의 발달에 따른 변화

| 문제 + 자료 분석 |
- 제시문은 AI와 자동화 시스템의 도입으로 인한 노동시장의 양극화 문제에 대해 이야기하고 있다. 이러한 문제는 과학기술의 발달에 따라 발생한다.

| 선택지 분석 |
① 과학기술의 발달에 따라 CCTV, 휴대 전화 등을 통한 사생활 침해 문제가 발생하고 있다.
② 인터넷 사용 시간을 스스로 조절하지 못하고 인터넷에 의존하게 되면 대면적 인간관계는 약화된다.
③ 과학기술의 발달로 AI 기술을 이용해 피해자의 지인의 얼굴이나 목소리를 흉내내며 돈을 가로채는 사이버 금융 범죄가 발생하고 있다.
④ 일반 국민과 정보 취약 계층 간 정보 격차는 경제적, 사회적, 문화적 격차를 심화시킬 수 있다.
⑤ 과학기술의 발달에 따라 온라인 공간에 유포된 허위 정보가 빠르게 퍼지면서 사회적 혼란이 커지는 문제가 발생하고 있다.

내신 1등급 문제   문제편 141p

21 정답 ④ * 교통, 과학기술 발달에 따른 변화

[보기]
ㄱ. ㉠으로 인해 개인의 일상생활 범위가 확대되었다.
   이동 시간과 비용이 줄면서 이동 가능한 거리가 늘어남
ㄴ. ㉡의 사례로 '교통로 건설에 따른 야생 동물의 이동 통로
   생태 환경의 부정적인 변화
   단절'을 들 수 있다.
ㄷ. ㉢으로 인해 소비 활동의 공간적 제약이 ~~강화~~되었다.
                                   약화
ㄹ. ㉣로 지역 간, 계층 간 정보 격차 발생을 들 수 있다.
   정보화에 따른 문제점

| 문제 + 자료 분석 |
- 자료에는 교통과 과학기술의 발달이 우리 생활에 미친 긍정적인 영향과 부정적인 영향이 나타나 있다.

| 보기 분석 |
ㄱ. 교통의 발달로 인해 이동 시간과 비용이 줄어들면서 이동 가능한 거리가 늘어나 일상생활 범위가 확대되었다.
ㄴ. 도로나 철도 등의 교통로 건설에 따라 산림이 훼손되어 야생 동물들이 기존에 이동하던 통로가 단절되는 것은 생태 환경의 부정적인 변화 사례에 해당한다.
ㄷ. 전자 상거래의 활성화로 인해 소비 활동의 공간적 제약이 약화되어 소비자들은 다양한 지역에서 생산된 상품을 소비할 수 있게 되었다.
ㄹ. 지식과 정보가 부가가치의 원천인 정보 사회에서 정보 격차 문제는 경제적 불평등을 더욱 심화시킬 수 있다.

＊ 교통·통신의 발달에 따른 문제점과 해결 방안

문제점	해결 방안
교통 조건이 유리해진 지역과 불리해진 지역 간의 격차 발생	• 새로운 교통 기반 시설의 구축 • 지방 중추 도시권 육성 사업의 시행을 통한 지역 경제 활성화 등
도로, 철도 등의 건설 과정에서 산림 훼손, 외래종 전파로 인한 생태계 교란 등	• 도로 건설 시 우회 도로나 생태 통로 건설 • 선박 평형수 처리 장치의 설치 의무화 등

22 정답 ② * 정보 격차

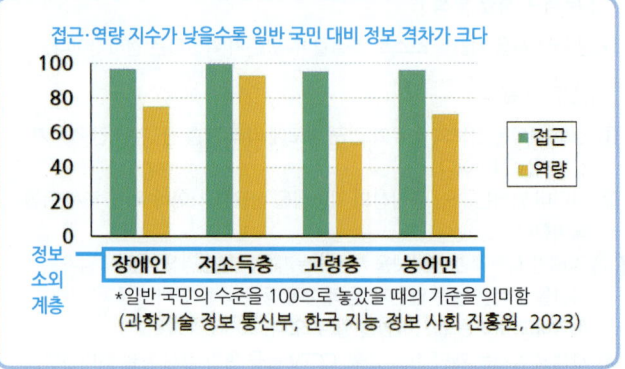

접근·역량 지수가 낮을수록 일반 국민 대비 정보 격차가 크다

정보 소외 계층: 장애인 저소득층 고령층 농어민
*일반 국민의 수준을 100으로 놓았을 때의 기준을 의미함
(과학기술 정보 통신부, 한국 지능 정보 사회 진흥원, 2023)

| 문제 + 자료 분석 |
- 정보의 소유나 접근의 기회가 적은 정보 소외 계층이 평균적인 수준에 비해 정보화 수준이 낮다.

| 선택지 분석 |
① 농어민의 정보화 접근 지수가 일반인 평균인 100보다 낮으므로 촌락의 정보화 접근 지수가 도시보다 낮음을 추론할 수 있다.
② 정보 격차는 정보 소외 계층의 정보화 수준이 일반인들에 비해 낮게 나타나는 현상이다. 정보화를 통한 정보 격차의 심화는 지역 간 격차를 심화시키는 부작용을 유발할 수 있다.
③ 모든 정보 소외 계층에서 정보 역량 지수는 접근 지수보다 낮다.
④ 저소득층의 정보화 수준이 일반인들에 비해 낮으므로 소득 수준의 차이가 정보화의 격차에 영향을 미치고 있음을 알 수 있다.
⑤ 장노년층의 정보화 수준이 일반인들의 평균에 비해 낮으므로 정보화가 추진되면서 세대 간 격차가 더욱 커질 수 있음을 추론할 수 있다.

＊ 배리어 프리 무인 단말기

배리어 프리란 고령자나 장애인이 일상생활을 함에 있어 물리적 장벽이 없는 환경을 말한다. 최근 사회적 약자를 위한 배리어 프리 무인 단말기가 보급되고 있으며, 음성 안내 기능, 적외선 감지기를 이용한 자동 높이 조절 기능, 수어 아바타 기능 등을 제공해 정보 격차 해결에 도움을 주고 있다.

23 정답 ⑤ * 교통 발달에 따른 변화

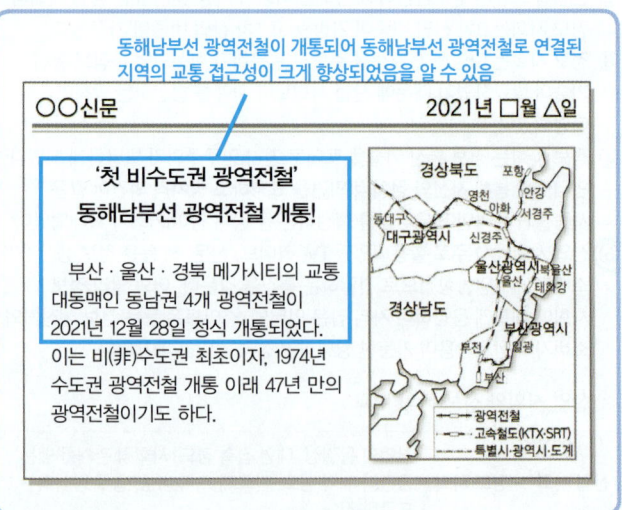

동해남부선 광역전철이 개통되어 동해남부선 광역전철로 연결된 지역의 교통 접근성이 크게 향상되었음을 알 수 있음

○○신문   2021년 □월 △일

'첫 비수도권 광역전철'
동해남부선 광역전철 개통!

부산·울산·경북 메가시티의 교통 대동맥인 동남권 4개 광역전철이 2021년 12월 28일 정식 개통되었다. 이는 비(非)수도권 최초이자, 1974년 수도권 광역전철 개통 이래 47년 만의 광역전철이기도 하다.

| 문제 + 자료 분석 |
- 부산·울산·경북 메가시티의 교통 대동맥인 광역전철이 개통되어 지역 간 교통 접근성이 크게 향상되었다.

① 광역전철이 개통되면 광역전철역 주변의 유동 인구가 증가하므로
광역전철역 주변의 상권은 확대될 것이다.

② 광역전철이 개통되면 광역전철 이용 주민들의 교통 접근성이 향상되므로
주민들의 통근권이 확대될 것이다.

③ 광역전철이 개통되면 더 빨리 이동할 수 있게 되므로 지역 간 이동 시
소요되는 평균 시간이 단축될 것이다.

④ 광역전철이 개통되면 광역전철을 이용하여 고속철도역에 좀 더 쉽게
접근할 수 있게 된다.

⑤ 광역전철이 개통되면 대도시 주변 지역의 주민들이 대도시의 편의 시설을
좀 더 쉽게 이용할 수 있게 되므로 대도시가 주변 지역의 경제력을 흡수할
가능성이 높아진다.

＊ 빨대 효과

> 빨대 효과란 빨대로 음료를 빨아들이는 것처럼 대도시가 주변 중소 도시의
> 인구, 자본 등을 흡수하는 현상을 말한다. 광역 교통망이 확충되어 대도시와
> 대도시 주변 지역 간의 교통 접근성이 크게 개선되면 빨대 효과가 강화되어
> 대도시가 주변 지역의 경제력을 흡수하여 지역 간 경제적 격차가 오히려 더
> 커지는 부작용이 나타날 수 있다.

24 정답 ① ＊ 교통 발달에 따른 변화

제4차 국가 철도망이 구축되면 강릉과 평택, 광주, 포항 간 이동 시간이
감소되고, 그에 따라 지역 간 교류가 많아짐

| 문제 + 자료 분석 |

• 철도망이 구축되면서 철도의 영향권이 확대되고 있다.

| 보기 분석 |

ㄱ. 제4차 국가 철도망이 구축되면 강릉과 다른 지역 간 시간 거리를
축소시켜 강릉 시민들의 활동 범위는 확대될 것이다.

ㄴ. 강릉과 다른 지역을 잇는 철도망이 구축되면 강릉을 찾는 관광객의 수는
늘어날 것이다.

ㄷ. 교통 발달은 전국 주요 거점 간의 이동 시간을 감소시킨다.

ㄹ. 고속 철도역은 대체로 도심 가까이에 위치하는 반면, 공항은 교외 지역에
위치해 도심에서 공항으로 이동하는 데 시간이 많이 소요된다. 따라서
항공 교통보다는 고속 철도가 더 선호될 것이다.

내신 대비 필수 문제　　문제편 145~147p

01 정답 ② ＊ 지역 조사 방법

| 문제 + 자료 분석 |

• ㉠: 수질 개선, 하천 주변 식생 조성 등을 통해 하천의 생태환경을 복원하
는 사업

• ㉡: 도시 내 지표의 포장 면적이 증가하고 녹지가 감소하면서 지표의 빗물
흡수 능력이 저하됨

• ㉢: 문헌, 인터넷 등을 통해 수집할 수 있는 지리 정보

• ㉣: 조사 지역을 직접 방문하여 지리 정보를 수집하는 활동

• ㉤: 지역 조사 과정 중 수집한 지리 정보를 분석하여 통계 지도, 그래프, 표
등으로 표현하는 단계

| 선택지 분석 |

① ㉠으로 인해 △△천 주변의 생태환경이 복원되면서 생물종 다양성이 증
가할 것이다.

② ㉡은 아스팔트 등 포장된 지표의 면적이 증가하였기 때문이다.

③ ㉢은 문헌이나 인터넷과 같은 간접 조사 방식을 통해 수집할 수 있다.

④ ㉣은 지역 조사 단계 중 야외 조사에 해당한다. 야외 조사 방법으로는 설
문, 면담, 측정, 관찰, 촬영 등이 있다.

⑤ ㉤에서는 도표, 그래프, 통계 지도 등을 작성하여 지리 정보를 분석할 수 있다.

02 정답 ③ ＊ 야외 조사

| 문제 + 자료 분석 |

• (가): 지리 정보 수집 단계에서 실내 조사와 병행하여 수행 → 야외 조사

| 보기 분석 |

① ○○지역의 교통량과 상권 변화를 주제로 정하는 활동은 조사 주제 선정
단계의 활동에 해당한다.

② 수집한 자료를 유형별로 분류하고 시각적으로 표현하는 활동은 도표·
주제도 작성 단계의 활동에 해당한다.

③ 야외 조사는 조사 지역을 직접 방문하여 관찰, 측정, 면담, 설문, 촬영
등으로 지리 정보를 수집하는 활동을 말한다. 따라서 ○○지역의 시청을
방문하여 담당자와 면담을 실시하는 활동은 야외 조사 단계의 활동에
해당한다.

④ 도서관에서 교통량과 상권 변화에 관한 문헌을 조사하는 활동은 실내
조사 단계의 활동에 해당한다.

⑤ 교통량과 상권 변화에 대한 ○○지역 답사 일정을 수립하는 활동은 조사
주제 및 조사 지역 선정 단계나 실내 조사 단계에서 수행된다.

03 정답 ① ＊ 지역 조사 과정

| 문제 + 자료 분석 |

• (가): 지역 정보 수집 단계 중 실내 조사에 해당하는 활동

• (나): 지역 정보 수집 단계 중 야외 조사에 해당하는 활동

• (다): 지역 정보 분석 및 정리에 해당하는 활동

| 보기 분석 |

ㄱ. 전통 시장의 위치, 교통망 등을 인터넷을 조사하여 정보를 수집하는
활동이므로 실내 조사에 해당하는 활동 (가)이다.

ㄴ. 전통 시장을 방문해 이용자를 대상으로 만족도 등을 조사하는 활동은
조사 대상 지역을 직접 방문해 정보를 수집하는 활동이므로 야외 조사에
해당하는 활동 (나)이다.

ㄷ. 전통 시장 이용자의 만족도, 업종별 상점 현황을 분석해 도표나 그래프
등으로 표현하는 활동은 지역 정보 분석 및 정리에 해당하는 활동 (다)이다.

04 정답 지역 정보 수집 단계(야외 조사), 면담

| 문제 + 자료 분석 |

- 지역 주민들을 직접 만나 면담하는 것은 지역 정보 수집 단계에서 진행하며, 야외 조사에 해당한다.

05 핵심 키워드: 지역 정보 분석, 통계 지도, 그래프, 표

모범 답안 지역 정보 분석 단계에서는 수집한 지역 정보를 종합·정리·분석하고 필요한 경우 통계 지도, 그래프, 표 등으로 표현한다.

| 문제 + 자료 분석 |

- 지역 정보 수집 이후에는 수집한 지역 정보를 종합·정리·분석하는 활동을 진행한다.

＊채점 기준

지역 정보 분석 단계와 구체적인 활동 내역을 정확하게 서술한 경우	100%
통계 지도, 그래프, 표 작성에 대해서만 서술한 경우	60%

06 정답 ④ ＊지역 조사 과정

| 문제 + 자료 분석 |

- ○○모둠의 지역 조사 활동 일지를 살펴보고 ㉠~㉤이 지역 조사 단계 중 어느 단계에 해당하는지 파악한다.

| 선택지 분석 |

① '□□시 지역 변화에 따른 산업시설 활용 방안'(㉠)은 ○○모둠의 조사 주제에 해당한다.
② □□시청에 방문하여 관련 지도와 통계 자료를 조사하는 활동(㉡)은 실내 조사 활동에 해당한다.
③ 야외 조사(㉢)에서는 사진 촬영, 면담, 설문, 관찰, 측정 등을 실시할 수 있다.
④ △△지역에 직접 방문하여 설문 조사 실시(㉣)를 위한 설문 문항 제작은 실내 조사 단계에서 실시한다.
⑤ 수집된 자료를 분석하고 정리(㉤)하는 활동에서는 수집된 자료를 이용해 도표, 그래프 등을 작성할 수 있다.

07 정답 ③ ＊지역의 공간 변화

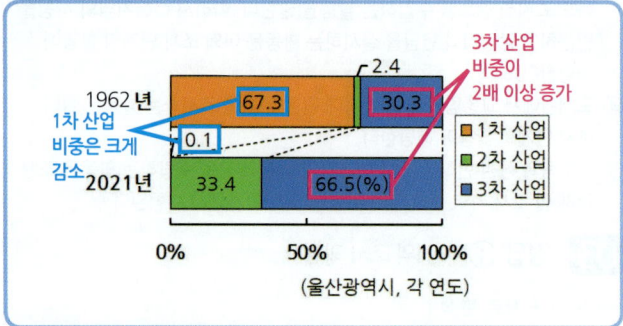

| 문제 + 자료 분석 |

- 1962년: 1차 산업 비중이 67.3%였던 전형적인 촌락
- 2021년: 도시화·산업화로 인해 1차 산업 비중이 0.1%로 급감하고 2·3차 산업 비중이 크게 증가함

| 선택지 분석 |

③ 도시화로 인해 전체 인구수는 크게 증가하였을 것이므로 전체 인구수의 많음에 해당하는 A, C, D, E가 답의 후보군이다.
도시화로 인해 평균 지가도 높아졌음을 추론할 수 있으므로 A, C, D, E 중에서 평균 지가의 높음에 해당하는 A, C가 답의 후보군이다.
1차 산업 비중의 감소를 통해 경지 면적 비율이 감소하였음을 예상할 수 있으므로 A, C 중에서 경지 면적 비율의 낮음에 해당하는 C가 답이다.

08 정답 ⑤ ＊지역 문제 해결 방안

| 문제 + 자료 분석 |

- 일본의 요코하마 고토부키: 경제가 어려워지면서 노동자들이 떠나 빈방이 넘치게 되자 지역을 호스텔 빌리지로 꾸몄다.

| 보기 분석 |

ㄱ. 요코하마의 사회적 기업 증감은 파악할 수 없다.
ㄴ. 호스텔에 머무는 사람들은 일용직 노동자들이 아니므로 일용직 노동자가 증가했다고 볼 수 없다.
ㄷ. 숙박업이 발달하자 관광객이 많이 찾아오며 지역 경제가 활성화되었다.
ㄹ. 호스텔 빌리지가 조성되자 숙박 목적으로 지역을 찾는 관광객이 증가하였다.

09 정답 ④ ＊지역 문제

| 문제 + 자료 분석 |

- (가): 대도시는 인구 과밀화로 기반 시설이 부족해 주차난 문제를 겪는다.
- (나): 촌락은 인구 감소로 노동력이 부족해 휴경지가 증가한다.

| 보기 분석 |

ㄱ. 일자리가 부족해 대도시로 인구가 유출되는 지역은 중소도시이다.
ㄴ. 인구 과밀화로 인해 각종 기반 시설이 부족해지는 건 대도시가 겪는 지역 문제이다.
ㄷ. 촌락은 경지로 사용되던 땅이 어떤 작물도 재배되지 않고 방치되며 문제를 겪는다.
ㄹ. 여자와 남자의 인구수 차이가 커지는 성비 불균형 문제는 촌락의 지역 문제이다.

10 정답 ⑤ ＊지역 문제 해결 방안

| 문제 + 자료 분석 |

- 대도시는 공간이 노후화되고 기반 시설이 부족해지는 문제를 겪는다.
- 촌락은 인구 감소로 인한 노동력 부족, 성비 불균형, 유휴 경작지 증가, 지역 경제 침체 등의 문제를 겪는다.

| 선택지 분석 |

① 산업 단지를 만들어 일자리를 창출하는 건 중소도시의 인구 유출 문제를 위한 해결 방안이다.
② 인터넷을 통한 농산물 직거래는 촌락의 지역 경제를 활성화시키는 방법이다.
③ 도시 재개발 사업을 통한 주거 환경 개선으로 지역 문제를 해결하는 건 대도시이다.
④ 대도시는 인구 과밀화로 인해 기반 시설이 부족해지는 문제를 해결하기 위해 도로, 공원 등 도시 기반 시설을 확충할 수 있다.
⑤ 촌락은 교육, 의료, 문화 시설 등을 확충하여 도시와의 생활 환경 격차를 완화함으로써 주민들의 삶의 질을 향상시킬 수 있다.

11 정답 ④ ＊지역화 전략

| 문제 + 자료 분석 |

- 지역 브랜드화, 지리적 표시제, 지역 축제를 통해 지역 경제를 활성화시킬 수 있다.

| 선택지 분석 |

① 자료는 촌락 지역의 환경 문제 해결과 관련이 없다.
② 자료는 효율성을 추구하는 지역 개발 방법과 거리가 멀다.
③ 자료는 대도시 과밀화에 따른 기반 시설 확충과 관련이 없다.
④ 지역 브랜드, 지리적 표시제, 지역 축제는 지역의 이미지와 특산물을 홍보하고 지역 경제를 활성화시키는 지역화 전략의 사례들이다.
⑤ 자료는 산업 재구조화 정책을 통한 지역 발전 전략과 거리가 멀다.

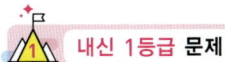

12   정답 ⑤   * 실내 조사와 야외 조사

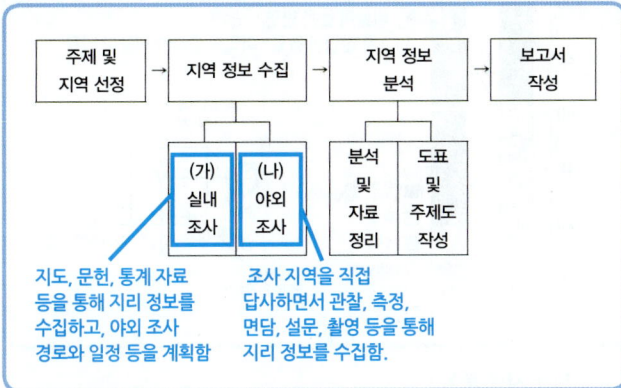

| 보기 분석 |

ㄱ. ○○군으로 이전한 공공 기관 주변의 상인을 직접 찾아가 설문 조사를 하는 활동은 야외 조사에 해당한다.

ㄴ. ○○군청 누리집에서 공공 기관 이전 전후의 ○○군 산업별 취업자 통계 자료를 수집하는 활동은 실내 조사에 해당한다.

ㄷ. ○○군 항공 사진에서 식별하기 어려웠던 건물을 현장에 가서 직접 촬영하는 활동은 야외 조사에 해당한다.

ㄹ. ○○군으로 이전한 공공 기관 앞 도로에서 지나가는 차량의 수를 세어 기록하는 활동은 야외 조사에 해당한다.

| 문제 + 자료 분석 |

• (가): 실내 조사 ⟶ 지도, 문헌 등을 통해 지리 정보를 수집하고, 야외 조사 경로와 일정 등을 계획하는 단계
• (나): 야외 조사 ⟶ 조사 지역을 직접 답사하면서 관찰, 측정, 면담 등을 통해 지리 정보를 수집하는 단계

13   정답 ④   * 지역의 공간 변화

구분	사업체 수(개)	사업체 총 종사자 수(명)	
2001년	13,892	113,723	→ 사업체 수, 종사자 수의 증가로 산업이 발달했음을 알 수 있음
2021년	109,971	564,646	

○○시의 산업 현황

구분	농림어업	광·제조업	사회 간접 자본 및 기타 사업 서비스업	
2001년	203	78,138	35,382	2차 산업 종사자 수가 가장 많음
2021년	607	257,700	306,339	3차 산업 종사자 수가 가장 많음

○○시의 산업별 종사자 수 (단위: 명)

| 문제 + 자료 분석 |

• 사업체 수와 종사자 수의 증가로 ○○시의 산업 발달을 확인할 수 있다.
• 2001년에는 2차 산업, 2021년에는 3차 산업 종사자 수가 가장 많다.

| 보기 분석 |

ㄱ. 해당 지역의 주민들 대부분은 2차 산업인 광·제조업과 3차 산업인 사회 간접 자본 및 기타 사업 서비스업에 종사하고 있다.

ㄴ. 2001년 2차 산업의 종사자 수는 78,138명으로, 1차 산업과 3차 산업의 종사자 수보다 많다.

ㄷ. 2001년 1차 산업 종사자 수는 203명, 2021년 1차 산업 종사자 수는 607명으로, 해당 지역의 1차 산업 종사자 수는 증가했다.

ㄹ. 2001년에 비해 2021년 사업체 수, 종사자 수 모두 증가했다.

14   정답 ④   * 지역 문제 해결 방안

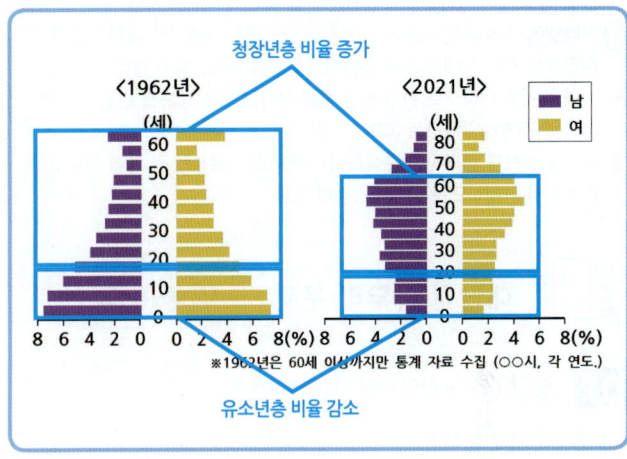

| 문제 + 자료 분석 |

• ○○시는 1962년에 비해 2021년 유소년층 비율이 감소하고, 청장년층 비율은 증가했다.

| 선택지 분석 |

① 해당 지역의 유소년층 비율은 1962년에 비해 2021년에 감소했다.
② 해당 지역의 청장년층 비율은 1962년에 비해 2021년에 증가했다.
③ 위 그래프는 ○○시의 인구 구조 변화 양상을 보여주고 있다. 주민의 가치관 변화를 확인하기는 어렵다.
④ 위 그래프에 사용된 인구 변화 자료는 실내 조사를 통해 지역 통계 자료를 수집하여 얻을 수 있다.
⑤ 위 그래프에 사용된 인구 변화 자료는 지역 주민과의 면담을 통해서 얻기는 어렵다.

15   정답 ③   * 지역 조사 과정

2. 지역 정보 수집
(1) 실내 조사
• (가) 인터넷 검색으로 ○○시의 인구 자료를 수집한다.
   인터넷을 통한 지역 정보 수집
• (나) ○○시의 인구 증가와 관련된 신문 기사를 찾는다.
   기사를 통한 지역 정보 수집
(2) 야외 조사
• (다) ○○시의 쓰레기 배출량에 대한 자료를 ○○시 누리집에서 찾는다. 누리집을 통한 지역 정보 수집(실내 조사)
• (라) ○○시의 수질 상태에 대해 주민들이 어떻게 느끼는지 설문조사를 실시한다. 지역 주민을 대상으로 한 설문 조사

3. 지역 정보 분석 및 종합
(1) (마) ○○시의 인구 변화를 그래프로 표현한다.
   수집한 정보를 정리·분석하여 그래프로 표현

| 문제 + 자료 분석 |

- **(가)**: 인터넷을 통한 지역 정보 수집 → 실내 조사
- **(나)**: 기사를 통한 지역 정보 수집 → 실내 조사
- **(다)**: 누리집을 통한 지역 정보 수집 → 실내 조사
- **(라)**: 설문 조사를 통한 지역 정보 수집 → 야외 조사
- **(마)**: 수집한 정보를 그래프로 표현 → 지역 정보 분석

| 선택지 분석 |

① 인터넷을 통해 조사 지역의 인구 자료를 수집하는 건 실내 조사에 해당하므로 (가)는 적절하다.
② 조사 지역의 인구 증가와 관련된 신문 기사를 보고 지역 정보를 수집하는 건 실내 조사에 해당하므로 (나)는 적절하다.
③ 인터넷에서 누리집을 통해 조사 지역의 쓰레기 배출량에 대한 자료를 수집하는 것은 실내 조사에 해당하므로 (다)는 적절하지 않다.
④ 지역 주민을 대상으로 한 설문 조사를 실시해 지역 정보를 수집하는 건 야외 조사에 해당하므로 (라)는 적절하다.
⑤ 수집한 정보를 정리하고 분석하여 그래프로 표현하는 건 지역 정보 분석 단계에서 진행하므로 (마)는 적절하다.

대단원 마무리 문제   Ⅴ 문제편 149~152p

01   정답 ④   *산업화에 따른 변화

| 문제 + 자료 분석 |

- 우리나라는 산업화 과정 중 1차 산업 종사자 수 비중이 낮아지고, 2차·3차 산업 종사자 수 비중은 높아졌다.
- **A**는 1차, **B**는 2차, **C**는 3차 산업에 해당한다.

| 선택지 분석 |

① 산업화 과정에서 인구의 도시 거주 비중, 즉 도시화율이 높아졌다.
② 1차 산업(A) 종사자는 주로 촌락에 거주한다.
③ 2차 산업(B) 종사자 수 비중은 증가하였다가 감소하고 있다.
④ 우리나라에서 3차 산업인 서비스업 종사자 수 비중이 가장 높은 시·도는 서울이다. 서울은 농업 활동이 거의 이루어지지 않아 1차 산업 종사자 수 비중이 매우 낮을 뿐만 아니라 탈공업화 과정에서 2차 산업 종사자 수 비중도 크게 줄어들었기 때문이다.
⑤ 1차 산업(A) 종사자 수는 감소하고, 3차 산업(C) 종사자 수는 증가하였다.

02   정답 ③   *선진국과 개발 도상국의 도시화 단계 비교

| 문제 + 자료 분석 |

- **(가)**: 1960년 이후 도시화율이 완만하게 증가하는 추세의 도시화 종착 단계에 있으며 2020년 도시화율이 80%에 가까운 유럽의 독일
- **(나)**: 1960년 도시화율이 매우 낮으며 이후 (가)보다 가파르게 도시화율이 증가하고 있으나 2020년 도시화율이 40%에 미치지 못하는 아프리카의 탄자니아

| 선택지 분석 |

① (가) 독일은 2020년에 도시화율이 약 80%이며, 전체 인구의 약 80%가 도시에 살고 있다. 따라서 2020년 독일의 도시 인구는 독일의 촌락 인구보다 많다.
② (나) 탄자니아는 도시 인구 비율의 지속적인 증가로 도시화율이 지속적으로 높아졌다. 따라서 탄자니아는 촌락 인구 비율이 지속적으로 감소하였다.
③ (가) 독일은 (나) 탄자니아보다 1차 산업 종사자 비중이 작고, 3차 산업 종사자 비중이 크다.
④ (나) 탄자니아는 (가) 독일보다 산업화 시작 시기가 늦다.
⑤ (나) 탄자니아는 (가) 독일보다 2000년 이후 도시화율의 증가 폭이 크며 도시화의 진행 속도가 빠르다.

03   정답 ①   *산업화와 도시화에 따른 변화

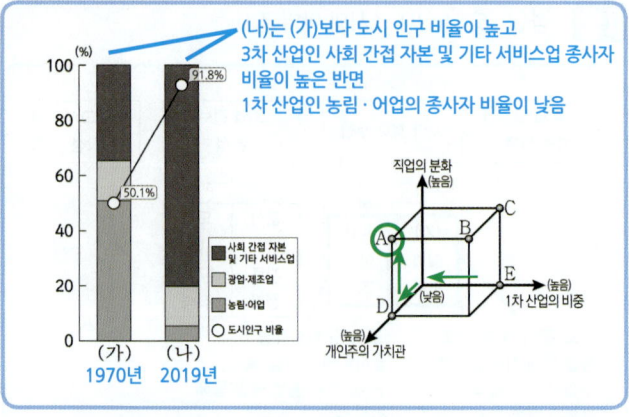

| 문제 + 자료 분석 |

- **(가)**: (나)보다 도시 인구 비율이 낮고 사회 간접 자본 및 기타 서비스업의 종사자 비율이 낮은 반면 농림·어업의 종사자 비율이 높음 → 1970년
- **(나)**: (가)보다 도시 인구 비율이 높고 사회 간접 자본 및 기타 서비스업의 종사자 비율이 높은 반면 농림·어업의 종사자 비율이 낮음 → 2019년

| 선택지 분석 |

① (나)는 (가)에 비해 농림·어업의 종사자 비율이 낮으므로 1차 산업의 비중의 낮음에 해당하는 A, D가 답의 후보군이다.
(나)는 (가)에 비해 도시 인구 비율이 높으므로 개인주의 가치관의 높음에 해당하는 A, D가 여전히 답의 후보군이다.
(나)는 (가)에 비해 도시 인구 비율이 높고 산업 구조가 고도화되었으므로 A, D 중에서 직업의 분화 정도가 높음에 해당하는 A가 정답이다.

04   정답 ③   *도심과 주변 지역

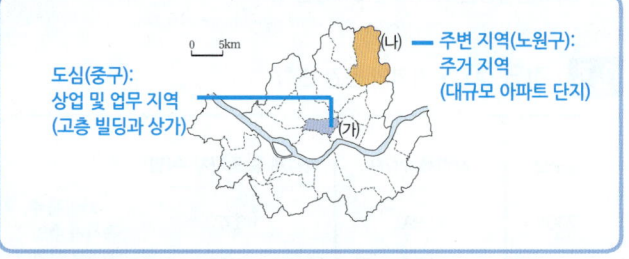

| 문제 + 자료 분석 |

- **(가)**: 상업과 업무 기능이 집중된 도심
- **(나)**: 주거 기능이 발달한 주변 지역

| 선택지 분석 |

- 그림의 A에는 도심일수록 수치가 큰 항목이 들어가야 하고, B에는 주변 지역일수록 수치가 큰 항목이 들어가야 한다.
따라서 A에는 상업지의 평균 지가와 출근 시 순유입 인구, B에는 상주인구가 들어갈 수 있다.
③ A – 상업지의 평균 지가, B – 상주인구가 정답이다.

05   정답 ②   *교통 발달에 따른 변화

| 문제 + 자료 분석 |

- 철도 노선 확대, 시외 고속버스 노선 증가와 같은 수도권 광역 교통망의 발달로 서울로의 통근·통학권 범위가 점차 넓어지게 되었다.

| 보기 분석 |

ㄱ. 통근권의 확대는 도로 연장이나 전철 노선 연장 등 대중교통 노선의 연장으로 서울과 경기도의 시간 거리가 단축되면서 나타난 변화이다.

ㄴ. 경기도에 신산업 단지가 건설될 경우 경기도에서 서울로 출퇴근하는 인구가 많아지는 것이 아니라 반대로 서울에서 경기도로 출퇴근하는 인구가 많아지기 때문에 서울의 통근권 확대에는 영향을 미치지 못한다.

ㄷ. 서울과의 교통이 편리한 외곽 지역을 중심으로 쾌적한 주거 단지가 조성되면서 서울에 거주하던 인구가 이동하였다. 이들 중 상당수는 주거지는 경기도이지만 서울로 출퇴근하는 경우가 많기 때문에 신도시가 개발될수록 서울의 통근권 범위는 점차 넓어지는 결과가 나타난다.

ㄹ. 개발 제한 구역이 확대 지정될 경우 신도시 개발과 새로운 교통로 건설이 제한되어 서울의 통근권 범위는 유지되거나 축소될 수 있다.

06 정답 ① * 과학기술 발달에 따른 변화

| 문제 + 자료 분석 |

- 첫 번째 사례 : 원격 수업 중 정보화 기기와 인터넷을 갖춘 학생들과 그렇지 못한 소외 계층 가정 학생 사이에서 발생하는 정보 격차
- 두 번째 사례 : 무인 주문 기계 이용 중 젊은 세대와 노인 세대 사이에서 발생하는 정보 격차

| 선택지 분석 |

① 두 사례에서 공통적으로 정보에 대한 접근 및 이용에 있어서 경제적 여건 차이나 세대 차이 등으로 인해 격차가 발생하고 있음을 보여준다.
② 타인의 지식 · 정보 · 기술 등의 창작물을 무단으로 사용하는 지적 재산권 침해 현상은 나타나지 않았다.
③ 허위 정보를 유포하여 사회 혼란이 발생하는 내용은 나타나지 않았다.
④ 원격 수업이나 무인 주문 기계 이용 과정에서 수집된 정보가 유출되어 사생활 침해 문제가 발생할 수 있으나 나타나지 않았다.
⑤ 정보화 기기, 무인 주문 기계의 편의성 때문에 점차 이용이 늘어나고 있지만 이로 인한 인터넷 중독 문제는 나타나지 않았다.

07 정답 ② * 산업 사회와 정보 사회

| 문제 + 자료 분석 |

- 제조업의 비중은 산업 사회가 정보 사회보다 높으므로 A는 산업 사회, B는 정보 사회이다.

| 선택지 분석 |

① 정보 사회는 지식과 정보가 가장 중요한 자원이고, 산업 사회는 자본과 노동이 가장 중요한 자원이다.
② 산업 사회는 정보 사회에 비해 일터와 가정의 경계가 뚜렷한 반면, 정보 사회는 재택근무의 확산으로 가정과 직장의 통합이 확대된다.
③ 사람과 사람이 직접 만나 얼굴을 마주 보고 소통하는 대면적 인간관계가 보편적인 것은 산업 사회이다. 정보 사회는 대면 접촉이 감소하고 사이버 공간을 통해 사회적 관계를 맺는 비대면 접촉이 증가한다.
④ (가)에는 산업 사회보다 정보 사회가 높거나 강한 특징이 들어갈 수 있다. '소품종 대량 생산 방식'의 비중은 정보 사회보다 산업 사회가 높으므로 (가)에 들어갈 수 없다.
⑤ 기술 발전의 속도는 산업 사회보다 정보 사회가 빠르다. 따라서 (나)가 '기술 발전의 속도'라면 ⊙은 'A<B'이다.

08 정답 ② * 교통, 과학기술 발달에 따른 변화

| 문제 + 자료 분석 |

- 인터넷 쇼핑 시장 규모는 점점 커지고 있다.
- 우리나라를 찾는 외국인 관광객의 수나 내국인 해외여행객의 수는 코로나바이러스 감염증-19의 영향을 받기 전까지 계속 증가했었다.

| 선택지 분석 |

① 인터넷 쇼핑 시장이 커지면서 매장 대신 창고를 이용하는 무점포 상점이 발달했을 것이다.
② 인터넷 쇼핑은 소비자가 직접 상점으로 가서 제품을 구매하지 않으므로 일반 상거래에 비해 상점 입지의 중요성이 크지 않다.
③ 외국인 관광객 수와 내국인 해외여행객 수 증가를 통해 여가 활동과 문화 교류의 기회가 증가했음을 알 수 있다.
④ 교통의 발달로 국가 간 교류가 활발해지면서 다른 문화를 쉽게 접할 수 있게 되었고, 새로운 문화가 형성될 기회도 증가했을 것이다.
⑤ 교통의 발달로 국가 간의 교류가 증가하면서 전염병의 확산 범위가 넓어지고 전파 속도가 빨라졌을 것이다.

09 정답 ② * 과학기술의 발달로 인한 문제

| 문제 + 자료 분석 |

- (가) 정보 격차: 젊은 세대와 달리 노인 세대는 비대면 금융 거래에 불편함을 겪음
- (나) 사생활 침해: 신상 털기를 통해 개인의 안전을 위협하거나 심리적 고통을 야기함

| 선택지 분석 |

① 인터넷 중독은 인터넷 사용 빈도 및 시간을 스스로 조절하지 못하여 무분별하게 사용하는 부작용을 의미한다.
② (가)는 세대 간 정보 격차 문제가 발생한 사례이고, (나)는 타인의 사생활에 대한 침해가 발생한 사례이다.
③ 저작권 침해는 저작권자의 허락 없이, 또는 저작자의 인격을 침해하는 방법으로 저작물을 이용하는 것이다.
④ (가)는 정보 격차에 해당하는 사례이다.
⑤ (가)는 정보 격차, (나)는 사생활 침해에 해당하는 사례이다.

10 정답 ③ * 지역 조사 과정

| 문제 + 자료 분석 |

- A: 실내 조사 단계에는 지도, 문헌, 인터넷 등을 통한 지역 정보 수집, 야외 조사를 위한 설문 작성 및 이동 경로 파악 등이 포함된다.
- B: 야외 조사 단계는 조사 지역을 직접 방문하여 관찰, 측정, 면담, 설문, 촬영 등의 방법으로 지역 정보를 수집하는 것을 말한다.
- C: 도표 및 주제도 작성 단계에서는 실내 조사와 야외 조사를 통해 수집한 지역 정보를 도표, 그래프, 통계 지도 등 다양한 방법으로 표현한다.

| 선택지 분석 |

③ 실내 조사 단계(A)에는 '연도별 마을 기업 설립 현황'과 같은 문헌 및 통계 자료를 수집하는(ㄴ)의 활동이 포함된다. 이후 야외 조사 단계(B)에서는 마을 기업 설립이 지역에 미친 영향을 주민과의 면담을 통해 조사하는(ㄱ)의 활동이 포함된다. 도표 및 주제도 작성 단계(C)에서는 수집한 시기별 지역 총생산 자료를 막대 그래프로 표현하는(ㄷ)는 활동이 포함된다.

11 정답 ④ * 지리적 표시제

| 문제 + 자료 분석 |

- 보성 녹차, 횡성 한우, 의성 마늘, 이천 쌀 → 지리적 표시제에 등록된 제품들

| 선택지 분석 |

① 지리적 표시제는 도심 재활성화와 관련이 없다.
② 지리적 표시제는 도시 인구의 과밀화 해소와 관련이 없다.
③ 지리적 표시제는 산업화를 통한 일자리 창출과 관련이 없다.

④ 지리적 표시제는 특정 지역의 지리적 특성(토양, 기후 등)을 반영한 우수한 상품에 대해 그 지역에서 생산된 제품임을 알 수 있도록 표시하고 인정해 주는 제도이다.
촌락 지역의 경우 해당 지역의 특산물을 지리적 표시제에 등록하게 되면, 제품의 홍보 효과를 통해 판매량을 늘릴 수 있고, 제품을 판매한 수익을 다시 지역 발전에 투자하면서 지역 경제를 발전시킬 수 있다.
⑤ 지리적 표시제는 지역 특산물의 품질과 명성을 보호하고 지역 경제를 활성화시키는 것이 주된 목적이다. 부가적으로 관광 산업 발달에도 긍정적 영향을 줄 수 있다.

12 정답 ③ * 지역 조사 과정

| 문제 + 자료 분석 |

- ㉠: 조사 주제 ⟶ 지역 조사 활동의 수행 목적(조사 목적)에 가장 잘 맞는 조사 주제를 선정하는 것이 중요함
- ㉡: 중앙부처 이전 현황 ⟶ 실내 조사를 통해 자료를 찾을 수 있음
- ㉢: 삶의 만족도 ⟶ 설문 조사, 면담, 관찰 등을 통해 수집할 수 있음
- ㉣: 순이동 인구 현황 ⟶ 전입 인구에서 전출 인구를 뺀 값. 조사 지역의 인구 변화 과정을 파악하는 데 필요함
- ㉤: 보고서 ⟶ 수집된 지리 정보를 분석하고 지도나 통계, 그래프로 표현 및 정리하여 보고서를 작성하게 됨

| 선택지 분석 |

① 조사 주제 선정은 조사 목적을 가장 잘 반영할 수 있게 선정되어야 한다.
② 중앙부처 이전 현황은 문헌이나 인터넷 조사 활동을 통해 수집할 수 있으며, 이는 실내 조사 단계에 수행된다.
③ 삶의 만족도는 면담, 관찰 등의 직접 조사를 통해 수집될 수 있으며, 원격 탐사를 통해서는 수집하기 어렵다.
④ 순이동 인구 현황은 전입 인구와 전출 인구 간 차이를 나타내므로 조사 지역의 인구 변화 과정을 알 수 있다.
⑤ 보고서 작성 시 보고서의 형태는 포스터 또는 카드 뉴스의 형태로도 제작할 수 있다.

13 정답 ② * 지역의 공간 변화

| 문제 + 자료 분석 |

- (가): 농경지, 산과 같은 자연 ⟶ 과거
- (나): 고층 건물, 비닐하우스 ⟶ 현재

| 선택지 분석 |

② (나)는 (가)에 비해 토지 이용의 집약도가 높으므로 그림의 A~E에서 A, B, C가 답의 후보군이다.
(나)는 (가)에 비해 도시로의 통근자 비율이 높으므로 A, B, C 중에서 도시로의 통근자 비율의 높음에 해당하는 A, B가 답의 후보군이다.
(나)는 (가)에 비해 경지 면적 비율이 낮으므로 A, B 중에서 경지 면적 비율의 낮음에 해당하는 B가 답이다.

14 정답 (가): 2024년, (나): 1966년

| 문제 + 자료 분석 |

- (가): 퇴근 후 야구 경기, OTT서비스로 영화를 봄 ⟶ 2024년
- (나): 시장, 라디오, 흑백 텔레비전 ⟶ 1966년

15 핵심 키워드: 거주 공간, 자율성, 유대감

모범 답안 (나) 시기에서 (가) 시기로 변하면서 주된 거주 공간은 촌락에서 도시로 바뀌었다. 그리고 개인의 자율성을 중시하는 분위기가 형성되었다.

| 문제 + 자료 분석 |

- 산업화와 도시화가 진행되며 도시의 인구 밀도는 높아졌고, 사회적 유대감은 약화되었다.

* 채점 기준

(가), (나) 시기의 생활 공간과 생활 양식의 변화를 서술한 경우	100 %
생활 공간과 생활 양식 중 한 요소의 변화만 서술한 경우	50 %

16 정답 정보 격차

| 문제 + 자료 분석 |

- 장애인, 저소득층 등의 정보 소외 계층은 신체적으로 불편하거나 경제적 능력이 부족하여 정보화 수준이 낮은 경우가 많다.

17 핵심 키워드: 기기 보급, 교육

모범 답안 정부는 정보 격차를 완화하기 위해 정보 소외 계층에 정보화 기기를 보급하고, 이들을 대상으로 다양한 정보화 활용 교육을 실시할 수 있다.

| 문제 + 자료 분석 |

- 정보의 소유 및 접근 정도에 따라 계층 간, 지역 간 격차가 심해지는 것을 막기 위해 소외 계층에 대한 장비 및 소프트웨어 무상 지원, 무상 정보 교육이 추진되어야 한다.

* 채점 기준

두 가지 제도적 방안을 모두 정확하게 서술한 경우	100 %
한 가지 제도적 방안만 정확하게 서술한 경우	60 %

* 정보 사회의 문제점과 해결 방안

문제점	해결 방안
인터넷 중독	인터넷 중독 예방 및 치료 프로그램 시행 등
사생활 침해	개인정보 보호법 등의 법률 정비 및 강화 등
사이버 범죄	사이버 범죄 예방을 위한 정보 윤리 교육 실시 등
정보 격차	정보 소외 계층을 위한 사회 복지 제도 확충 등

18 정답 면담

| 문제 + 자료 분석 |

- 면담을 할 때는 지역에 오랫동안 거주하여 지역 변화에 대한 정보를 잘 알고 있는 사람을 면담 대상자로 선정하는 것이 좋다.

19 핵심 키워드: 야외 조사, 직접 방문

모범 답안 야외 조사 단계에서는 조사 지역을 직접 방문하여 관찰, 실측, 면담, 설문 조사, 촬영 등을 통해 지역 정보를 수집한다.

| 문제 + 자료 분석 |

- 윗글에서 이야기하고 있는 지역 정보의 수집 방법은 면담으로, 야외 조사 단계에서 사용한다.

* 채점 기준

야외 조사 단계를 쓰고, 정보 수집 방법 세 가지를 서술한 경우	100 %
야외 조사 단계만 언급한 경우	30 %

01 정답 ⑤ ＊산업화와 도시화

다음 자료는 도시화에 대한 것이다. 이에 대한 설명으로 옳은 것은? (단, A, B는 각각 도시, 촌락 중 하나이고, (가)~(다)는 각각 대한민국, 베트남, 영국 중 하나임.) [1.5점]

　　도시화는 전체 인구 중에서 도시에 거주하는 인구의 비율이 높아지거나 도시적 생활양식이 확대되는 현상이다. 도시화 과정은 도시화율에 따라 ㉠ 초기 단계, ㉡ 가속화 단계, ㉢ 종착 단계로 구분되는데, 도시화율은 국가 내 도시와 촌락 인구로 알 수 있다. 전체 인구 중 도시 인구의 비율을 기준으로, 초기 단계는 0~20%, 종착 단계는 80~100%로 구분할 수 있다. 도시화는 전 세계적으로 진행되고 있으며, 국가에 따라 진행 과정과 속도가 다르게 나타난다.

(㉡ 위) 산업화 이전
(㉢ 아래) 이촌향도 현상이 가장 두드러짐
(80~100%로 아래) 단서

〈국가별 도시 및 촌락 인구 변화〉

(가) 대한민국　　(나) 베트남　　(다) 영국

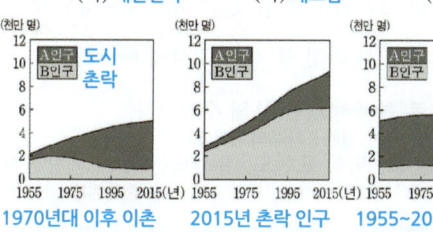

A 인구 = 도시, B 인구 = 촌락

(가 아래) 1970년대 이후 이촌향도 현상이 뚜렷함
(나 아래) 2015년 촌락 인구 비율이 가장 높음
(다 아래) 1955~2015년 도시 인구 비율이 가장 높음

출처: UN(2018)

① 영국은 대한민국보다 1970년대에 도시 인구 증가율이 ~~높다.~~ 낮다
② ㉢은 ㉠보다 1차 산업 종사자 비율이 ~~높다.~~ 낮다
③ (나)는 2015년에 ㉡에서 ㉢으로 ~~진입하였다.~~ 진입하지 못함
④ (가)는 (다)보다 교외화 현상의 출현 시기가 ~~이르다.~~ 늦다
⑤ (가)~(다) 중 1955년의 도시화율은 (다)가 가장 높다.
　영국은 산업화 및 도시화가 시작된 시기가 가장 이름

| 문제 + 자료 분석 |

- A: (가)~(다) 국가 내에서 차지하는 인구 비율이 높아지는 추세 → 도시
- B: (가)~(다) 국가 내에서 차지하는 인구 비율이 낮아지는 추세 → 촌락
- (가): 1975년 이후 도시 인구 비율이 급속도로 높아지고 있음
- (나): 1995년 이후 도시 인구 비율이 높아지고 있음 → 베트남
- (다): 1955년에 도시 인구 비율이 가장 높음 → 영국

| 선택지 분석 |

① 그래프에서 (다) 영국은 (가) 대한민국보다 1970년대 도시 인구 증가율이 낮다.
② 도시화의 종착 단계는 도시 인구 비율이 80~100%이며, 도시화의 초기 단계는 도시 인구 비율이 0~20%이다. 따라서 도시화의 ㉢ 종착 단계는 ㉠ 초기 단계보다 도시화율이 높고 1차 산업 종사자 비율이 낮다.
③ (나) 베트남은 2015년 도시 인구 비율이 80%에 이르지 못하였다.
④ (가) 대한민국은 (다) 영국보다 도시화가 이루어진 시기가 늦으며, 교외화 현상의 출현 시기 또한 늦다.
⑤ 그래프에서 (다) 영국이 1955년의 도시 인구 비율이 가장 높다.

02 정답 ④ ＊대도시 근교 지역의 변화

사진은 수도권에 있는 ○○ 지역의 시기별 모습을 나타낸 것이다. 이 지역의 1997년과 비교한 2019년의 상대적 특성을 그림의 A~E에서 고른 것은?

농경지와 임야가 많이 나타남
〈1997년〉

아파트 단지가 넓은 면적을 차지함
〈2019년〉

경지율 1997년 > 2019년

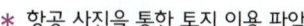

1차 산업 종사자 비율 1997년 > 2019년
인구 밀도 1997년 < 2019년

① A
② B
③ C
④ D
⑤ E

| 문제 + 자료 분석 |

- 1997년: 임야와 농경지의 비율이 높음
- 2019년: 아파트 단지로 이루어진 주거 지역의 비율이 높음

| 선택지 분석 |

④ 2019년은 1997년에 비해 농경지가 크게 감소하였으므로 경지율이 낮고(D, E), 대규모 아파트 단지가 들어섰으므로 인구 밀도가 높으며(A, B, D), 농경지가 줄어들었으므로 1차 산업 종사자 비율이 낮다(A, D).
따라서 1997년과 비교한 2019년의 상대적 특성은 그림의 D가 된다.

＊ 항공 사진을 통한 토지 이용 파악

아파트 단지	농경지(논)	임야
큰 건물이 일정한 간격을 두고 배열되어 있음	직사각형의 논이 연속적으로 배열되어 있는 경우가 많음	일정한 형태를 띠지 않으며, 주로 검은색으로 나타남

＊ 도시와 촌락의 상대적 특징

도시	• 2, 3차 산업 종사자 비율이 높음 • 상위 계층의 정주 공간에 해당함 • 토지 이용의 집약도가 높음
촌락	• 1차 산업 종사자 비율이 높음 • 하위 계층의 정주 공간에 해당함 • 토지 이용의 집약도가 낮음

다음 자료는 교통 발달에 따른 지역 변화에 대한 것이다. 이에 대한 옳은 설명만을 〈보기〉에서 고른 것은? [1.5점]

2029년 개통을 목표로 페마른벨트(Fehmambelt) 해저 터널 공사가 진행되고 있다. 덴마크와 독일을 도로와 고속철도로 연결하는 이 터널은 매년 수백만 명이 이용하는 기존의 여객선 노선을 대체할 것이다. 이에 따라 뢰드부 지역 주민의 <u>(가) 생활권 확대</u>이/가 예상된다. 또한 **B** 도로 이용 시 이동 거리가 현재 이용 중인 **A** 도로에 비해 약 160km
이동에 따른 시·공간적 제약 감소
단축되어 코펜하겐과 함부르크 간의 육상 물류비가 크게 절감될 것이다. 한편, 일각에서는 해저 터널의 완공 후 교통 발달에 의한 ⑤ <u>빨대 효과</u>를
교통로 개통 이후 대도시가 주변 중소 도시의 경제력을 흡수하는 현상
우려하기도 한다.

단서 **A** 도로에 비해 코펜하겐과 함부르크 간 도로 길이가 짧음

[보기]

ㄱ. 해저 터널이 완공되면 <u>코펜하겐의 접근성이 좋아질</u>
이동 거리가 짧은 **B** 도로 이용 가능
것이다.

ㄴ. ⑤은 <del>대도시</del>의 인구와 경제력이 <del>주변 중소 도시로 분</del>
주변 중소도시 대도시로 흡수
산되는 현상이다.

ㄷ. (가)에는 '생활권 확대'가 들어갈 수 있다.
경제 및 여가 생활의 시·공간적 제약이 감소됨

ㄹ. 해저 터널이 완공되면 함부르크와 코펜하겐 간 이동 소요 시간은 **A** 도로가 **B** 도로보다 <del>짧을</del> 것이다.
길

① ㄱ, ㄴ ② ㄱ, ㄷ ③ ㄴ, ㄷ ④ ㄴ, ㄹ ⑤ ㄷ, ㄹ

| 문제 + 자료 분석 |

- **A** 도로: 현재 이용 중인 도로로 코펜하겐에서 함부르크까지의 이동 거리가 멂
- **B** 도로: 2029년 개통을 목표로 한 해저 터널과 연결된 도로로 코펜하겐과 함부르크 간 이동 거리가 **A** 도로에 비해 약 160㎞ 단축됨
- (가): 해저 터널 공사가 완료되어 뢰드부 지역과 함부르크 간 이동 거리가 단축된 이후 뢰드부 지역 주민의 변화된 생활 모습이 들어갈 수 있음
- ⑤ 빨대 효과: 새로운 교통수단이나 교통로가 개통되면서 대도시가 주변 중소 도시의 주요 기능과 인구, 경제력 등을 흡수하여 지역 간 경제 격차가 더 커지는 현상

| 보기 분석 |

ㄱ. 해저 터널이 완공되면 코펜하겐과 함부르크를 비롯한 **B** 도로상의 독일 지역 간 이동 거리가 단축되고 코펜하겐의 접근성이 좋아질 것이다.

ㄴ. ⑤ 빨대 효과는 대도시와 중소도시 간 새로운 교통로가 개통된 이후 대도시가 주변 중소도시의 인구와 경제력을 흡수하는 현상이다. 교통이 발달하면 빨대 효과로 인해 오히려 지역 간 경제 격차는 더 커지는 부작용이 발생하기도 한다.

ㄷ. 해저 터널이 완공된 이후 뢰드부 지역은 함부르크와 **B** 도로상의 독일 지역과의 접근성이 좋아지고 주민들의 여가 공간, 통근·통학 범위 등의 생활권이 확대될 것이다. 따라서 (가)에는 '생활권 확대'가 들어갈 수 있다.

ㄹ. 해저 터널이 완공된 이후 함부르크와 코펜하겐 간 이동 거리는 **A** 도로가 **B** 도로보다 길며, 두 지역 간 이동 소요 시간 역시 **A** 도로가 **B** 도로보다 길 것이다.

다음은 한국지리 수업 장면의 일부이다. ⑤~⑩에 대한 설명으로 옳지 <u>않은</u> 것은?

교사: 도시화에 따른 △△시 □□동의 변화를 ⑤ 지역
지리 정보의 수집, 분석, 종합
조사 순서에 맞춰 탐구해볼까요?

갑: 조사 지역으로 선정된 ⑥ △△시 □□동의 위치를
공간 정보에 해당함
찾아보고, 과거와 현재의 경관 변화를 ⑦ 항공
사진과 인터넷 지도를 이용하여 조사하겠습니다.
실내 조사 단계에서 수행됨

을: 도시화로 인한 지역의 인구 변화를 살펴보고, 지역 변화에 대한 ⑧ 주민들의 인식을 조사하겠습니다.
면담, 설문 조사 등의 야외 조사를 통해 수집됨

병: 수집한 지리 정보를 정리해 그래프와 ⑩ 통계
단계 구분도, 유선도, 등치선도, 점묘도 등
지도로 표현하고 보고서로 작성하겠습니다.

① ⑤은 지리 정보를 수집하고 분석해 지역성을 파악하는
지역 조사
활동이다.

② ⑥은 지리 정보의 유형 중 <u>공간 정보</u>에 해당한다.
장소나 현상의 위치 및 형태에 대한 정보

③ ⑦은 지역 조사 과정 중 실내 조사에 해당한다.
지도, 문헌, 인터넷 등으로 지리 정보를 수집

④ ⑧은 주로 <u>원격 탐사</u>를 통해 수집한다.
면담, 설문 조사 등의 야외 조사

⑤ 단계 구분도, 도형 표현도, 유선도는 ⑩에 해당한다.
통계 지도

| 문제 + 자료 분석 |

◈ 지역 조사 과정

- ⑤: 지역 조사 → 지역에 대한 정보를 수집, 분석, 종합하여 지역성을 파악하는 활동
- ⑥: △△시 □□동의 위치 → 지역의 위치를 나타낸 정보
- ⑦: 항공 사진과 인터넷 지도를 이용하여 조사 → 실내 조사 단계에 수행되는 활동
- ⑧: 주민들의 인식 → 면담, 설문 조사 등의 야외 조사를 통해 수집됨
- ⑩: 통계 지도 → 통계 지도의 사례로 단계 구분도, 유선도, 등치선도, 점묘도 등이 있음

| 선택지 분석 |

① 지역 조사는 지리 정보를 수집하고 분석해 지역성을 파악하는 활동이다.

② △△시 □□동의 위치는 지역의 위치를 나타낸 정보에 해당하므로 지리 정보의 유형 중 공간 정보에 해당한다.

③ 항공 사진과 인터넷 지도를 이용하여 조사하는 활동은 지역 조사 과정 중 실내 조사에 해당한다.

④ 주민들의 인식을 항공 사진이나 인공위성과 같은 원격 탐사를 통해 수집하기는 어렵다. 주민들의 인식은 면담, 설문 조사 등의 야외 조사를 통해 수집된다.

⑤ 단계 구분도, 도형 표현도, 유선도는 통계 지도의 유형에 해당한다.

＊ 지역 조사의 의미와 과정

의미	지역에 대한 정보를 수집, 분석, 종합하여 지역성을 파악하는 활동
과정	① 조사 계획 수립 ② 지리 정보 수집(실내 조사, 야외 조사) ③ 지리 정보 분석 ④ 보고서 작성

01 정답 ④ * 행복한 삶을 실현하기 위한 조건

> (가) 일반 백성은 고정적인 생업[恒産]이 없으면 흔들림 없는
> _{맹자} 단서 항산
> 도덕적인 마음[恒心]을 유지하기 어렵다. 그러므로 현명
> 단서 항심
> 한 임금은 백성들이 생업을 가지게 해 주되 반드시 위로
> 는 부모를 섬기기에 충분하게 하고, 아래로는 자녀를 먹
> 여 살릴 만하게 하여 백성들을 바른 길로 나아가게 한다.
>
> (나) 무릇 살 터를 잡는 데는 첫째, 지리(地理)가 좋아야 하고 다
> _{이중환} 단서
> 음은 생리(生利)가 좋아야 하며, 다음은 인심(人心)이 좋아
> 단서 단서
> 야 하고, 아름다운 산과 물인 산수(山水)가 있어야 한다.
> 단서
> 이 네 가지에서 하나라도 모자라면 살기 좋은 땅이 아니다.

| 문제+자료 분석 |

• (가) 맹자: 백성에게 생업이 보장되어야 도덕적 삶을 유지할 수 있으므로 임금은 백성이 생업을 갖고 바른길로 나아가도록 도와야 함. 다만 백성과 달리 선비는 항산이 없어도 항심을 가질 수 있음

• (나) 이중환: 살기 좋은 터전의 조건으로 지리, 생리, 인심, 산수를 제시하며 백성의 실질적인 생활 조건과 직결된 요소들을 강조함

| 보기 분석 |

ㄱ. (가) 맹자는 백성의 도덕적 마음은 경제적 안정의 토대 위에서 마련된다고 보고, 도덕적 마음보다 경제적 안정이 우선된다고 주장한다.

ⓛ (가) 맹자는 인간다운 삶을 위해서는 일정 수준의 생업, 소득이 필요하다고 본다. 먹고 살 수 없는데 인간의 도리를 다하며 살기는 어렵다.

ㄷ. (나) 이중환의 살기 좋은 터전의 조건 중 하나인 인심은 지역 이웃과 멀리 하라는 것이 아니라 뜻이 통하는 이웃과 다양한 이야기를 나누며 함께 살아가는 것을 의미한다.

ⓔ (나) 이중환은 질 좋은 정주 환경을 위해 자연환경도 필요하지만 산업과 같은 인문 환경도 필요하다고 본다.

* 맹자의 항산과 항심

항산(恒産)	기본적인 생계 수단, 경제적 안정성
항심(恒心)	도덕적이고 윤리적인 마음가짐

02 정답 ② * 행복한 삶을 실현하기 위한 조건

> **Q&A 게시판**
>
> 몇 달 전부터 행복한 삶을 실현하는 방법에 대해 고민 중입니다.
> 행복하게 살려면 어떤 조건을 만족해야 하나요?
>
> └ 갑: 철학자 ㉠ 에피쿠로스는 행복을 쾌락으로 보고 자연적이고
> 필수적인 욕구를 최소한으로 충족해야 한다고 보았습니다.
> 단서 욕망의 종류를 분별해야 함
> └ 을: 이중환의 「택리지」에서는 살기 좋은 곳 중 하나로 ㉡ 인심
> 이 좋은 곳을 언급하고 있습니다. 단서 온순하고 순박한 이웃
> └ 병: ㉢ 경제적 안정 역시 중요합니다. 생활에 필요한 기본 조건
> 단서 기본적인 생계 유지
> 이 충족되어야 자아실현의 기회를 가질 수 있습니다.

| 문제+자료 분석 |

• 갑: 에피쿠로스는 쾌락을 얻기 위해 욕망의 종류를 분별하여 자연적이고 필수적인 욕구만을 최소한으로 충족해야 한다고 봄

• 을: 이중환이 자신의 지리적 관점을 담아 제작한 택리지는 가거지의 조건과 관련 지역을 논함

• 병: 생활에 필요한 기본 조건을 충족해야 자아실현의 기회를 가질 수 있으므로 경제적 안정이 보장되어야 함

| 보기 분석 |

ⓖ 에피쿠로스는 쾌락주의 윤리 사상을 주장했으나 참된 행복을 얻기 위해서는 이성적 숙고를 통해 쾌락의 유형을 구분하고 사려 깊게 행동해야 한다고 주장한다.

ㄴ. 에피쿠로스는 자연적이고 필수적인 욕구만 최소한으로 충족하고 그렇지 않은 욕구들은 제거해야 참된 쾌락을 얻을 수 있다고 본다. 자연적이고 필수적인 요구를 충족하지 않는 것과 그렇지 않은 욕구들을 충족하고자 하는 것은 고통을 야기하기 때문이다.

ⓒ 택리지의 가거지 조건 중 하나인 인심(人心)은 당쟁이 없으며 이웃의 인성이 온순하고 순박한 곳을 말한다.

ㄹ. 경제적 안정이 행복 실현의 여러 조건 중 하나인 것은 맞지만, 경제적 안정 이외에도 다양한 조건이 충족되어야 행복이 실현될 수 있다.

03 정답 ⑤ * 행복한 삶을 실현하기 위한 조건

> 갑: 행복한 삶을 위해서는 질 높은 정주 환경이 필요합니다.
> 이중환의 「택리지」에 따르면 지리, ㉠ 생리, 인심, ㉡ 산
> 단서 땅이 비옥함, 물자 교류가 편리함
> 수가 좋은 곳이 사람이 살기 좋은 곳입니다.
> 단서 경치가 좋음
> 을: 행복한 삶을 위해서는 도덕적 성찰이 필요합니다. 철학자
> ㉢ 소크라테스는 "반성하지 않는 삶은 살 가치가 없다."
> 고 하며 ㉣ 무지를 깨닫고 도덕적 삶을 사는 것을 행복으
> 단서 참된 앎에 이르기 위한 무지의 자각
> 로 보았습니다.

융합문제

| 문제+자료 분석 |

• 갑: 이중환은 택리지에서 가거지(사대부가 살만한 땅)를 논하면서 지리, 생리, 산수, 인심 네 가지 조건의 중요성을 강조함

• 을: 소크라테스에 따르면 인간에게 가장 중요한 일은 각자의 영혼을 최상의 상태로 가꾸는 것으로, 이성을 바탕으로 한 도덕적 성찰과 선한 삶을 추구해야 함

| 선택지 분석 |

① '경치가 빼어나 풍류를 즐길 수 있는 곳'은 산수(山水)와 관련이 깊다. 생리(生利)란 '땅이 비옥하거나 물자 교류가 편리하여 경제적으로 유리한 곳'을 뜻한다.

② 풍수지리적 요소를 의미하는 것은 지리(地理)이다.

③ 흙빛이 수려하다는 표현은 자연의 경치를 나타낸 것이므로 산수와 관련이 있다. 땅이 기름지다는 표현은 경제적 요소를 의미하는 생리와 관련이 있다.

④ 소크라테스는 선악에 대한 지식을 가진 사람은 자발적으로 또는 고의로 악을 행하지 않는다고 본다. 만약 악을 행하는 사람이 있다면 그는 무엇이 선이고 무엇이 악인지를 모르는 자일 것이다.

⑤ 소크라테스는 모든 악행은 무지로부터 비롯된다고 주장한다. 무지는 악행의 원인이므로 참된 앎을 추구해야 한다.

* 소크라테스의 주지주의

> • '너 자신을 알라.'라는 말을 통해 자신의 무지를 자각하고 참된 앎에 이를 것을 강조함
> • 유덕하게 행동하기 위해서는 덕이 무엇인지 알아야 하며, 덕이 무엇인지 알면 유덕하게 행동할 수 있음

04 정답 ③ * 환경 문제와 생태 중심주의

[보기]

ㄱ. A는 B보다 연 강수량이 <s>많은</s> 곳에서 주로 나타난다.
　　　　　　　　　　　　　적은

ㄴ. C는 해류의 순환으로 쓰레기가 집적되어 나타난다.
　　해류가 약한 곳에 집적

ㄷ. ⑦은 인간이 자연으로부터 독립된 존재라고 생각한다.
　　인간은 자연의 한 부분이 아님

ㄹ. ⓒ은 무생물을 <s>계외</s>한 생태계 전체를 도덕적으로 고려해야
　　　　　　　 포함
한다고 본다.

| 문제+자료 분석 |

• **A 사막화**: 주로 건조 지역에서 인간의 무분별한 토지 이용과 기후변화로 인해 식생이 파괴되고 토양이 황폐화되는 현상
• **B 열대림 파괴**: 농장 개간, 목축, 벌목, 광산 개발 등으로 인해 나타남. 생물종 다양성 감소, 탄소 흡수력 약화 등의 문제가 발생함
• **C 해양 쓰레기 섬**: 대양의 해류 순환 중심부에 부유 쓰레기들이 모여 형성된 해양 오염 지역으로, 세계 주요 해역의 환류 내에서 발견되며 해양 생태계와 인류 건강에 심각한 영향을 끼침

| 보기 분석 |

ㄱ. 사막화 지역은 주로 건조 기후 지역에 위치해 연중 강수량이 매우 적고 증발량이 많다. 반면, 열대림 파괴 지역은 열대 기후 지역으로, 연중 고온다우한 기후 특성상 연 강수량이 매우 많다.
ㄴ. 해양 쓰레기 섬은 대양의 해류가 순환하며 부유 쓰레기를 중심부로 끌어들이면서 형성된다. 해류의 순환 중심부는 물의 흐름이 약하고 정체되어 있어 육지에서 유입된 쓰레기가 이곳에 장기간 머물며 밀집하게 된다.
ㄷ. 이분법적 세계관은 인간을 자연의 한 부분이 아니라 자연으로부터 독립된 존재, 자연보다 우월한 존재로 생각하는 관점이다.
ㄹ. 생태 중심주의는 생물과 무생물을 모두 포괄하는 생명 공동체 전체에 대한 도덕적 고려를 강조한다.

05 정답 ① * 환경 문제 해결 주체들의 노력

• A는 ⑦ 생태계 전체를 하나의 유기체로 보는 관점의 중요
　　　　전일론적 관점
성과 함께 인간의 환경 보전 의무를 강조하며 폐플라스틱 관련 대책을 촉구하는 집회를 열었다.　→ 시민 단체 **단서**

• B는 ⓒ 유해 폐기물의 국가 간 이동을 규제하는 협약의 통
　　　　　　　　　　　　　　바젤 협약
제 대상에 폐플라스틱이 포함되어 있음을 언급하고, 공청회를 열어 관련 규제 정책의 보완에 나섰다.　→ 정부 **단서**

• C는 ⓒ 플라스틱으로 인한 해양 오염 문제를 개선하기 위
해 친환경 경영을 선언하고 생분해성 플라스틱 소재의 개발과 생산에 나섰다.　→ 기업 **단서**

| 문제+자료 분석 |

• **A**: 환경 문제라는 공공의 문제 해결을 위해 집회 개최 등 적극적인 방법으로 정치에 참여하고 있는 시민 단체
• **B**: 공청회를 열어 시민의 의견을 수렴하고 정책을 결정하는 정부
• **C**: 친환경 경영, 새로운 상품의 개발과 생산을 담당하는 기업

| 선택지 분석 |

① 자연이 인간, 동식물 등과 같은 여러 구성원과 유기적으로 엮여 있다고 보고 자연 전체를 하나로 보는 관점은 전일론적 관점이다.
② 교토 의정서는 1997년에 지구 온난화의 해결을 위해 체결되었다. 국가 간 유해 폐기물의 이동을 제한한 국제 협약은 바젤 협약이다.
③ 해양 오염 문제는 전 지구적 차원의 환경 문제이다. 플라스틱으로 인해 해양이 오염되며 발생한 피해는 전 세계에 영향을 미친다.

④ A는 폐플라스틱 관련 대책을 촉구하는 집회를 열고 있는 시민 단체이다. 국제 협약을 맺어 국제 사회와 협력하는 것은 정부이다.
⑤ 기술 혁신을 통해 오염 물질 배출을 줄일 수 있는 주체는 C 기업이다. 기업은 기술 혁신, 상품의 생산, 경영 활동을 통해 공공의 문제를 해결할 수 있다.

06 정답 ④ * 환경 문제와 생태 중심주의

[보기]

ㄱ. <s>⑦</s>로 인해 지표에 도달하는 자외선이 증가한다.
　　오존층 파괴

ㄴ. ⑦의 해결을 위해 정부는 플라스틱 제품 사용 규제를 강화
　　　　　　　　　　환경 보호를 위한 제도 및 정책 마련
해야 한다.

ㄷ. ⓒ에 따르면 인간은 해양 생태계와 <s>분리된</s> 존재이다.
　　　　　　　　　　　　　　　유기적으로 연결된

ㄹ. ⓒ에 따르면 인간은 해양 생태계를 보전할 도덕적 의무가 있다.
　　생태계의 구성원인 인간에게 마땅히 주어진 의무

| 문제+자료 분석 |

• ⑦ 해양 쓰레기: 해류 순환과 바람의 작용으로 플라스틱 등의 쓰레기가 바다에 쌓임
• ⓒ 생태 중심주의: 인간과 자연은 유기적으로 연결되어 있으며, 인간은 자연의 내재적 가치를 존중해야 함

| 보기 분석 |

ㄱ. 지표에 도달하는 자외선은 오존층이 파괴될 때 발생하는 문제이다.
ㄴ. 플라스틱 제품을 많이 사용할수록 배출되는 플라스틱 쓰레기의 양도 늘어난다. 따라서 정부는 해양 쓰레기 문제 해결을 위해 플라스틱 제품 사용 규제를 강화해야 한다.
ㄷ. 생태 중심주의는 인간이 해양 생태계를 포함한 자연 전체와 유기적 관계임을 고려해야 한다고 본다.
ㄹ. 생태 중심주의는 생명 공동체인 생태계 전체의 안정과 균형에 이바지하는 것이 윤리적이라고 본다.

07 정답 ④ * 다양한 문화권의 특징

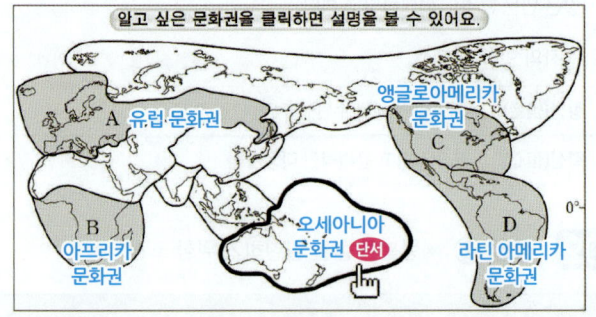

세계의 문화권은 위치, 자연환경, 종교, 민족(인종), 언어, 전통 산업 등 다양한 요소를 복합적으로 고려하여 아래 지도와 같이 구분할 수 있다.

알고 싶은 문화권을 클릭하면 설명을 볼 수 있어요.

A 유럽 문화권
앵글로아메리카 문화권
C
B 아프리카 문화권
오세아니아 문화권 **단서**
라틴 아메리카 문화권
D

◎ 오세아니아 문화권
　오세아니아 문화권의 지리적 범위는 오스트레일리아, 뉴질랜드, 남태평양의 여러 섬을 포함한다.
• 오스트레일리아의 다문화 역사와 정책
　오스트레일리아는 20세기 초 백호주의를 내세우며 아시아계 등
　　　　　　　　　　　　　백인(유럽계)의 호주를 추구하는 정책
의 이민을 제한했다. 또한 ⑦ 원주민의 자녀를 부모로부터 강제로 분리하여 주류 집단의 언어와 생활양식 등을 강요하는 정책을 펼
　　　　　　　　　동화주의 정책
치며 원주민의 인권을 침해했다. 그러나 1970년대에 백호주의 폐지 이후, ⓒ 주류 문화와 소수 문화가 대등하게 조화를 이루려고
　　　　　　　　　　　다문화주의 정책
하는 정책을 바탕으로 다양한 민족(인종)과 문화가 공존하는 사회로 발전하고 있다.

| 문제+자료 분석 |

- A: 북서 유럽, 남부 유럽, 동부 유럽 일대의 유럽 문화권
- B: 사하라 사막 이남 중남부 아프리카 일대의 아프리카 문화권
- C: 리오그란데강 북쪽의 앵글로아메리카 문화권
- D: 리오그란데강 남쪽 중앙 및 남부 아메리카 일대의 라틴 아메리카 문화권
- **오세아니아 문화권**: 오스트레일리아와 뉴질랜드, 남태평양의 여러 섬을 포함하는 문화권으로 과거 영국의 식민 지배를 받아 주민들은 주로 영어를 사용하고 개신교를 믿는 신자 비율이 높음

| 선택지 분석 |

① ㉠ 원주민의 자녀에게 주류 집단의 언어와 생활양식 등을 강요하는 정책은 백호주의의 일환으로 이루어진 정책이며, 이는 원주민의 소수 문화를 당시 주류 문화인 유럽계 이주민의 문화로 동화시키려는 정책이다.

② ㉡ 주류 문화와 소수 문화가 대등하게 조화를 이루려고 하는 정책은 한 사회 내 다양한 인종이나 민족 집단을 주류 문화에 동화시키지 않고 서로 인정하고 존중하며 공존하게 하는 다문화주의 정책이다.

③ 오스트레일리아는 A 유럽 문화권에 속한 영국의 식민 지배를 받았기 때문에 공용어로 영어를 사용하며 개신교 신자의 비율이 높다.

④ B 아프리카 문화권은 유럽 식민 지배의 영향으로 크리스트교가 전파되었으며, 크리스트교 신자 수가 이슬람교 신자 수가 많다.

⑤ C 앵글로아메리카 문화권과 D 라틴 아메리카 문화권을 구분하는 경계는 리오그란데강이다.

08 정답 ① * 다양한 문화권의 특징

- 1일차 – ○○역사박물관을 방문하여 ㉠ '쯔놈(chu nôm)' 문학에 관한 자료
  단서 자극 전파
  를 관람함. 쯔놈은 A국이 중국의 지배
  직접적 교류를 통한 전파
  를 받던 시대에 ㉡ 도입된 한자에서 얻은 아이디어를 활용하여 개발한 문자 체계임. **단서** 자극 전파

- 2일차 – 시내의 한 음식점에 들러 '분짜(bun cha)'를 점심으로 먹음. 분짜는 구운 돼지고기와 ㉢ 쌀로 만든 얇은 국수, 그리고 새콤달콤한 소스를 함께 먹는 요리임. 점심 식사 후 관광지의 한 가게에 들러 ㉣ A국의 전통 의복을 빌려 입고 기념 사진을
  아오자이 등
  찍음. 거리에서 만난 ㉤ 현지어를 사용하는 사람들의 활기찬 모습이 인상적임.
  베트남어

| 문제+자료 분석 |

- A국: 지도에 표시된 A국은 베트남이며, 북부는 온대 기후, 중부와 남부는 열대 기후가 나타남. 과거 중국의 한자에서 아이디어를 얻어 만든 쯔놈 문자를 사용하였으며, 전통 음식으로 분짜, 전통 의복으로 아오자이 등이 있음

| 선택지 분석 |

① 자극 전파는 다른 사회에서 전파된 문화 요소에 자극을 받아 새로운 발명이 일어나는 것을 의미한다. ㉠ '쯔놈(chu nôm)'은 베트남(A국)이 중국의 지배를 받던 시대에 ㉡ 도입된 한자에서 얻은 아이디어를 활용하여 개발한 문자 체계이며, 이는 자극 전파의 사례에 해당한다.

② 중국의 지배를 받던 시대에 ㉡ 도입된 한자는 매개체가 아닌 인적 교류를 통해 서로 다른 문화 간 직접적인 접촉에 의해 전파된 문화 요소이다. ==매개체란 두 문화 간 직접적인 인적 교류가 아닌 간접적인 교류를 돕는 서적이나 대중 매체, 사회 관계망 서비스(SNS) 등을 의미한다.== 꿀팁

③ 베트남(A국)은 주로 계절풍의 영향을 크게 받으며 열대 및 온대 기후가 나타난다. 따라서 베트남의 기후는 ㉢ 쌀을 생산하기에 유리하며, 쌀을 이용한 다양한 전통 요리가 발달하였다.

④ ㉣ 베트남(A국)의 전통 의복으로는 아오자이 등이 있다. 아오자이는 상의는 길고 하의는 헐렁한 베트남 여성의 전통 의상이다. 대체로 가볍고 통기성이 좋은 소재로 통풍이 잘되는 구조로 되어 있어 더위를 견디기에 유리하다.

⑤ 베트남(A국)에서 사용하는 ㉤ 현지어는 주로 베트남어이다.

09 정답 ② * 북극 문화권과 문화를 바라보는 관점

> 러시아의 네네츠족은 ㉠ 북극 문화권에서 ㉡ 전통적으로
> **전통적 생활 양식은 산업화로 축소되는 경향**
> 사냥, 어로, 유목 생활을 하는 민족이다. 그들은 순록을 잡아
> 생고기와 피를 섭취하고, 가죽으로 집과 옷을 만들어 생활한
> 다. ㉢ 어떤 사람들은 자신의 문화를 우월하다고 여기며 네네
> **단서** 자문화 중심주의
> 츠족의 전통적인 식문화를 야만스럽다고 비난하기도 한다.
> 하지만 네네츠족이 순록의 생고기와 피를 섭취하는 것은 부족
> 한 비타민과 철분을 보충하기 위해 환경에 적응한 결과이다.
> 그러므로 우리가 다른 문화를 올바르게 이해하기 위해서는
> [(가)] 하는 태도를 지녀야 한다.
> '문화 상대주의'에 해당하는 내용이 들어가야 함

| 문제+자료 분석 |

- 북극 문화권은 북극해 연안의 툰드라 기후 지역으로 가장 더운 달의 평균 기온이 10℃ 이하로 낮다. 네네츠족, 이누이트, 라프족 등이 순록 유목 및 사냥 활동을 하지만, 최근 현대 문명의 전파로 이와 같은 전통 생활양식이 사라지고 있다.
- 네네츠족의 전통적 식문화를 야만스럽다 여기며 자신의 문화를 우월하다 여기는 태도는 자문화 중심주의에 해당한다. 자문화 중심주의는 자문화가 우월하다고 보며 타문화를 낮게 평가하는 태도로 국수주의로 변질되기 쉽다.
- 타문화를 올바로 이해하기 위해서는 각 문화적 차이를 인정하고 그 의미와 배경을 이해하는 문화 상대주의를 지녀야 한다.

| 보기 분석 |

ㄱ. 북극 문화권은 한대 기후에 해당하는 추운 지역으로 인간이 거주하기 불리하다.

ㄴ. 네네츠족의 전통적인 생활양식은 산업화·도시화 등의 현대 문명의 전파로 점차 사라지고 있는 추세이다.

ㄷ. 자신의 문화를 우월하다 여기며 네네츠족의 전통적인 식문화를 야만스럽다고 비난하는 태도는 자문화 중심주의이다. 자문화 중심주의는 국수주의, 문화 제국주의로 변질되기 쉬우며 타문화와의 마찰을 초래할 수 있다는 비판을 받는다.

ㄹ. 다른 문화를 올바르게 이해하기 위해서는 문화적 차이를 인정하고 그 의미와 배경을 이해하려는 태도인 문화 상대주의가 필요하다. '자문화보다 타문화를 동경'하는 태도는 문화 사대주의로, 이 역시 문화를 이해하기보다는 평가하는 태도이다.

* 문화 이해 태도

자문화 중심주의	• 자문화의 우수성을 내세워 타문화를 낮게 평가함 • 국수주의 초래, 문화적 마찰 발생
문화 사대주의	• 타문화만을 동경하거나 숭상함 • 자문화 정체성, 주체성 사실 우려
문화 상대주의	• 문화를 그 사회의 환경, 역사적 맥락에서 이해함 • 문화의 다양성 보존에 기여

융합 문제

(가) 멕시코시티는 많은 인구가 유입되고, <u>고층 건물과 아파</u> 단서 토지 이용 집약도 상승 <u>트가 증가하며 대도시로 성장하였다. 멕시코시티 주변에는 대도시의 기능을 일부 분담하는 위성 도시가 등장하면서 대도시권이 형성되었다. 급속한 인구 증가는 불량 주택 지구(slum) 형성과 주택 부족 문제를 초래하였고,</u> 단서 주거권 침해 자동차 통행량의 증가로 도심에서는 심각한 <u>교통 체증 문제</u>가 발생했다.

(나) 소셜 미디어의 발전으로 누구나 자신의 정보와 의견을 쉽게 전달할 수 있게 되며 정치적 영역에서 시민들의 참여가 활성화되고 있다. 그러나 소셜 미디어를 통해 접하는 정보가 항상 검증된 사실만 담고 있는 것은 아니다. 단서 검증되지 않은 정보의 확산 일부 개인이나 집단은 의도적으로 <u>가짜 뉴스를 제작하고 유포해 사회 갈등을 조장한다.</u>

| 문제+자료 분석 |

- (가): 고층 건물과 아파트가 증가하며 대도시로 성장한 멕시코 시티는 급격한 인구 증가 및 자동차 증가로 주거권 침해 문제와 교통 체증 문제를 겪고 있음
- (나): 사실로 검증되지 않은 정보가 소셜 미디어를 통해 유포되며 사회 갈등이 발생하고 있음

| 보기 분석 |

ㄱ. 멕시코시티에 고층 건물과 아파트가 증가하며 도시 공간이 수직적으로 확장되어 도시의 토지 이용 집약도는 높아졌다.

ㄴ. 멕시코시티는 불량 주택 지구 형성, 주택 부족 문제 등이 발생하며 누구나 인간다운 주거 생활을 할 수 있도록 보장받아야 하는 권리인 주거권 보장이 제대로 이루어지지 않고 있다. 문화생활에 참여하고 예술을 감상하는 혜택을 나누어 가질 권리는 문화권에 해당한다.

ㄷ. (나)에서는 소셜 미디어를 통해 사실로 검증이 되지 않은 정보나 가짜 뉴스가 유포되는 문제점이 나타나고 있다. 따라서 정보를 비판적으로 분석하는 능력이 필요함을 파악할 수 있다.

ㄹ. 기업의 과도한 개인 정보 수집으로 인한 개인 정보 유출 문제는 정보 사회에서 나타날 수 있는 문제이지만 (나)와는 관련이 없다.

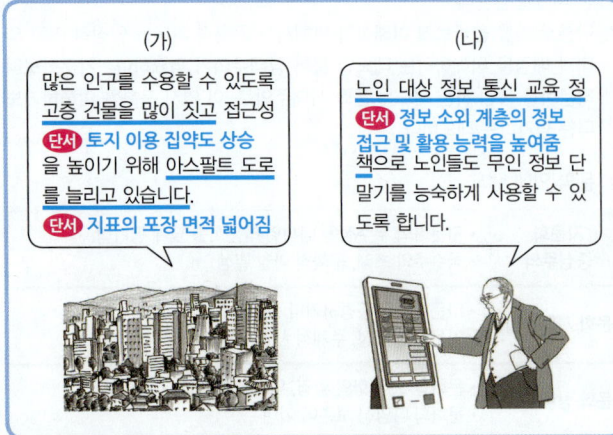

(가)	(나)
많은 인구를 수용할 수 있도록 고층 건물을 많이 짓고 접근성 단서 토지 이용 집약도 상승을 높이기 위해 아스팔트 도로를 늘리고 있습니다. 단서 지표의 포장 면적 넓어짐	노인 대상 정보 통신 교육 정책은 단서 정보 소외 계층의 정보 접근 및 활용 능력을 높여줌 책으로 노인들도 무인 정보 단말기를 능숙하게 사용할 수 있도록 합니다.

| 문제+자료 분석 |

- (가): 도시화가 진행되며 지표면의 포장 비율이 높아지고 고층 건물이 많아지고 있음
- (나): 정보 통신 교육 정책을 통해 정보 소외 계층인 노인들의 정보 접근 및 활용 능력을 높여주고 있음

| 선택지 분석 |

① (가)에서는 아스팔트 도로를 늘리고 있으므로 지표의 포장 면적이 넓어질 것이다.

② (가)에서는 고층의 건물들이 들어서고 있으므로 토지 이용의 집약도는 높아질 것이다.

③ (가)에서는 접근성을 높이기 위해 도로를 늘리고 있다고 했으므로 도로 교통에 의한 접근성은 높아질 것이다.

④ (나)의 노인 대상 정보 통신 교육 정책은 정보 기기에 대한 과도한 의존이 아니라 정보 기기를 제대로 활용하지 못하는 문제를 해결하기 위한 정책이다.

⑤ 노인은 정보에 대한 접근과 활용 능력이 부족한 정보 소외 계층이다. 정보 소외 계층이 이전보다 쉽게 정보에 접근할 수 있도록 돕는 정책을 시행하면 정보 격차는 감소할 것이다.

* 산업화에 따른 변화

거주 공간	· 고층 건물이 들어서며 토지 이용의 집약도가 높아짐 · 도시 내부에 상업·주거·공업 지역 등이 형성됨
생태환경	주택, 공장, 도로 등이 건설되며 도시 내 지표의 포장 면적이 늘어나고 녹지가 감소함
생활양식	· 직업이 분화하고 전문성이 증가함 · 개인주의 가치관이 확산되고 사회적 유대감이 약해짐

「도시화와 정보화에 따른 문제점」

○학년 ○반 ○○○

1) 도시로 인구와 기능이 집중되며 교통 문제가 심각해지고 있다. 자동차의 증가로 교통량이 늘어나 <u>교통 체증 및 주차난이 심화</u>되고 있으며, <u>교통사고 및 교통 소음 문제</u>도 증가하고 있다. 이러한 문제를 해결하기 위해 [(가)] 단서 교통 문제 해결 방안

2) 필터 버블이란 인터넷 이용자에게 맞춤형 정보를 제공해 <u>이용자가 걸러진 정보만을 접하게 되는 현상</u>이다. 필터 버블에 갇히면 사람들은 자신의 의견과 일치하는 정보만 접해 자신이 가진 견해가 더 옳다고 믿게 되는 <u>확증 편향</u>에 빠지기 쉽다. 이러한 문제를 해결하기 위해 [(나)] 단서 확증 편향 문제 해결 방안

| 문제+자료 분석 |

- (가): 도시화가 진행되며 심화되고 있는 교통 문제에 대한 해결책이 들어가야 함
- (나): 필터 버블에 의해 자신의 의견과 일치하는 편향된 정보만을 접하여 객관적, 합리적 판단이 어려워지는 문제에 대한 해결책이 들어가야 함

| 보기 분석 |

ㄱ. 개발제한구역은 환경 보호를 위해 설정하는 녹지대이다. 이는 도시의 무질서한 팽창을 막고자 도입된 정책으로, 개발제한구역 축소는 교통 문제 해결에 도움이 되지 않는다.

ㄴ. 버스, 지하철과 같이 여러 사람이 함께 이용하는 대중교통의 이용이 활성화되면 교통 체증 문제를 해결하는 데 도움이 된다.

ㄷ. 저작권 침해와 관련된 문제는 자료에 나타나지 않는다.

ㄹ. 확증 편향에 빠지는 것을 막기 위해서는 인터넷을 통해 접하게 되는 정보를 무조건적으로 수용하지 않도록 하는 비판적 수용 태도가 필요하다.

01 인간, 사회, 환경을 바라보는 관점 문제편 160~161p

01 정답 ③ * 사회적 관점

| 문제 + 자료 분석 |

• 법·제도, 사회 구조가 개인에게 미치는 영향과 정책 결정 과정에서의 정부와 시민의 역할을 살펴봄 → 사회적 관점

| 선택지 분석 |

① 현재의 모습이 있기까지 변화해 온 자취를 통해 시대적 배경과 맥락을 살펴보는 것은 시간적 관점이다.
② 특정 현상과 관련된 문제를 규범적 차원에서 살펴보는 것은 윤리적 관점이다.
③ 사회적 관점은 개인의 행동이 개인을 둘러싼 사회 구조나 사회 제도의 영향을 많이 받는다는 점을 고려하는 관점이다.
④ 과거와 현재의 관계를 탐구하며 시대의 변화 속에서 나타나는 사회 현상을 이해하는 것은 시간적 관점이다.
⑤ 규범적인 판단을 통해 더욱 바람직하고 행복한 사회가 될 수 있도록 도움을 주는 것은 윤리적 관점이다.

02 정답 ④ * 여러 가지 관점

| 문제 + 자료 분석 |

• ㉠: '시간의 흐름'에 따른 기후의 변화와 해수면 상승 → 시간적 관점
• ㉡: 기후 변화가 '특정 지역'에 미치는 영향 → 공간적 관점
• ㉢: 기후 변화에 대한 '사회적 합의' → 사회적 관점
• ㉣: 기후 변화에 대한 '선진국들의 책임' 강조 → 윤리적 관점

| 보기 분석 |

㉠ 과거와 현재의 기후 변화를 시대적 배경과 맥락 속에서 살펴보고 과거와 현재의 기후 변화를 파악하여 그것이 섬나라에게 어떤 영향을 미쳤는지 알아보아야 한다.
㉡ 기후 변화로 인한 해수면 상승이 다른 지역에 어떤 영향을 끼칠 수 있는지 탐구해야 한다. 해수면 상승으로 주변 지역과의 협력이나 갈등이 나타날 수 있기 때문이다.
ㄷ. 파리 협정은 기후 변화에 대한 사회적 합의로 사회적 관점의 시각이다.
㉣ 기후 변화에 대한 선진국들의 책임을 강조하는 것은 윤리적 관점이다.

* 인간, 사회, 환경을 바라보는 다양한 관점

시간적 관점	현재의 모습을 시대적 배경과 시간적 흐름 속에서 살펴보는 것
공간적 관점	사회 현상을 위치, 장소, 이동 등 공간적 맥락에서 살펴보는 것
사회적 관점	사회 현상을 사회 구조 및 사회 제도와의 관계 속에서 살펴보는 것
윤리적 관점	사회 현상에 대해 좋고 나쁨, 옳고 그름과 같은 도덕적 가치 판단과 규범적 방향성에 기준을 두어 살펴보는 것

03 정답 ② * 윤리적 관점

| 문제 + 자료 분석 |

• 바람직한 해결책, 도덕적 행위를 판단하는 기준을 찾으려 함 → 윤리적 관점

| 보기 분석 |

㉠ 환경 보호라는 윤리적 관점에서 쓰레기 매립지를 선정하는 것이다.

ㄴ. 공간적 관점에서 쓰레기 매립지가 지역 환경에 미치는 영향을 조사한 것이다.
㉢ 쓰레기 매립지 선정을 둘러싼 대립적인 입장을 정리하는 것은 윤리적 관점에서 조사한 것이다.
ㄹ. 시간적 관점에서 과거 사례를 조사한 것이다.

04 정답 ③ * 윤리적 관점

| 문제 + 자료 분석 |

• 커피 소비에 있어 갑은 인권 측면에서, 을은 인간 존엄성 측면에서 대화를 나누고 있다.

| 선택지 분석 |

① 공간적 관점은 위치와 장소, 분포 양상 등에 중점을 두고 사회 현상을 살펴보는 관점이다.
② 사회적 관점은 사회 구조와 사회 제도를 중심으로 사회 현상을 탐구하는 관점이다.
③ 제시문은 커피 소비에 있어 다른 사람의 인권과 공동체의 선을 고려하고 있으므로 윤리적 관점에 해당한다.
④ 시간적 관점은 역사적 배경과 시대적 맥락에 초점을 두고 사회 현상을 살펴보는 관점이다.
⑤ 통합적 관점은 시간적, 공간적, 사회적, 윤리적 관점을 통합하여 인간, 사회, 환경을 이해하는 관점이다.

05 핵심 키워드: 문제 해결, 바람직한 사회

모범 답안 커피 생산 과정에서 벌어지는 아동의 노동 착취나 생산자가 정당한 임금을 받지 못하는 문제를 해결하고 바람직한 사회로 나아가기 위해서 윤리적 관점으로 해당 사례를 바라보아야 한다.

| 문제 + 자료 분석 |

• 윤리적 관점은 인간 존엄성, 인권과 같은 인류의 보편적 가치를 중시하며 사회 현상을 도덕적 가치 판단과 규범적 방향성에 기준을 두고 살펴본다.

* 채점 기준

바람직한 사회와 문제 해결에 대해 언급한 경우	100 %
윤리적 관점만을 언급한 경우	30 %

06 정답 ① * 여러 가지 관점

| 문제 + 자료 분석 |

• 갑: '농촌과 도시'의 노인 인구 비율 비교 → 공간적 관점
• 을: 노인 부양을 위한 '기초 연금', 국가 재정 부담 문제 → 사회적 관점
• 병: 노인 부양 부담을 사회와 정부가 '책임'지는 것이 '바람직'하다고 생각 → 윤리적 관점
• 정: 1960년대 이후 고령화 현상 '추이' 파악 → 시간적 관점

| 보기 분석 |

㉠ 농촌의 노인 인구 비율이 도시보다 높게 나타난다는 것은 농촌과 도시 두 공간을 비교하는 것이다.
㉡ 노인 부양을 위한 기초 연금 제도는 사회 제도적 측면에 해당한다.
ㄷ. 노인 부양 부담에 대해 사회와 정부가 책임지는 것이 '바람직하다'라는 평가는 병의 가치 판단이다.
ㄹ. 정은 시간적 맥락에서 1960년대 이후 고령화 현상이 가속화되고 있다는 점을 설명하고 있다.

* 가치 개입과 가치 중립

가치 개입	탐구 과정에서 옳고 그름, 선과 악, 당위적 문제 등에 대해 연구자의 주관이나 가치가 고려되거나 반영되는 것
가치 중립	탐구 과정에서 연구자의 주관적인 가치나 이해관계를 배제하고 객관적으로 탐구를 수행하는 것

내신 +수능

01

07 정답 ① ＊통합적 관점

| 문제 + 자료 분석 |

- 하나의 사회 문제에도 여러 분야가 얽혀 있어 다양한 측면을 고려해 사회 문제를 탐구해야 한다. → 통합적 관점

| 선택지 분석 |

① 사회 문제도 다양한 분야가 긴밀하게 얽혀 있다. 따라서 이러한 문제를 해결하기 위해서는 통합적 관점이 필요하다.
② 시간적 관점으로, 현재의 모습이 어떤 변화를 거쳐 이루어진 것인지 시대적 배경과 시간의 흐름을 살펴보는 관점이다.
③ 윤리적 관점으로, 변화하는 사회 속에서 바람직하고 행복한 삶을 살아갈 수 있을까를 성찰하고 바람직한 사회의 방향을 찾는 데 도움을 주는 관점이다.
④ 공간적 관점으로, 공간적 정보를 통해 지역 간의 차이를 이해하는 관점이다.
⑤ 사회적 관점으로, 사회 구조와 사회 제도가 사회에 미치는 영향을 파악하고 정책 대안을 마련하는 관점이다.

08 정답 ⑤ ＊통합적 관점

| 문제 + 자료 분석 |

- 플라스틱 쓰레기로 인한 환경 오염 문제 실태를 시간적, 공간적, 사회적, 윤리적 관점에서 바라본다.

| 보기 분석 |

ㄱ. 지역별 배출량 차이를 비교하는 것은 위치, 장소 등 공간적 맥락에서 살펴보는 공간적 관점이므로 **B**이다.
ㄴ. 연도별 배출량 변화를 분석하는 것은 시간의 흐름 속에서 살펴보는 시간적 관점이므로 **A**이다.
ㄷ. 플라스틱 쓰레기를 줄이기 위한 제도 및 정책을 알아보는 것은 사회 구조 및 사회 제도의 영향력을 고려하는 것이므로 사회적 관점이다.
ㄹ. 바람직한 태도와 습관을 찾아보는 것은 도덕적 가치 판단에 해당하므로 윤리적 관점이다.

09 정답 통합적 관점

| 문제 + 자료 분석 |

- 인간, 사회, 환경의 탐구에 있어 시간적, 공간적, 사회적, 윤리적 관점을 함께 고려할 때 통합적 관점의 탐구가 가능해진다.

10 핵심 키워드: 다양한 측면, 다각적인 방안

모범 답안 통합적 관점은 사회 현상의 다양한 측면을 파악하고 관련 문제에 대응할 다각적인 방안을 도출하기 위해 필요하다.

| 문제 + 자료 분석 |

- 어떤 사물이나 현상의 한 부분만 살펴봤을 때는 전체를 정확히 파악하기 어려우므로 다양한 관점을 통합적으로 고려해야 한다.

＊채점 기준

통합적 관점의 필요성을 두 가지 서술한 경우	100 %
통합적 관점의 필요성을 한 가지만 서술한 경우	50 %

02 행복의 의미와 기준 문제편 162~163p

01 정답 ② ＊행복의 의미

| 문제 + 자료 분석 |

- 제시문의 ㉠에 들어갈 말은 행복이다.
- 칸트: 자신의 처지에 만족하고 도덕 법칙을 실천할 때 행복할 자격이 있다.
- 벤담과 밀: 쾌락이 곧 행복이다.

| 선택지 분석 |

(답변 1) 행복을 느끼는 정도는 사람마다 다르기 때문에 행복의 기준도 사람마다 다를 수 있다.
(답변 2) 자연환경과 인문 환경의 영향을 받아 각기 다른 행복의 기준이 생겨난다.
(답변 3) 행복은 모든 사람들이 원하는 목적으로 실현될 수 있다.
(답변 4) 행복의 기준은 시대와 지역에 따라 다르게 나타난다.

02 정답 ⑤ ＊행복의 보편성과 상대성

| 문제 + 자료 분석 |

- 갑: 행복의 기준이 지닌 상대성을 나타냄
- 을: 행복의 기준이 지닌 보편성을 나타냄

| 선택지 분석 |

① 갑, 을의 대화에서 정신적 만족감과 관련된 내용은 찾아볼 수 없다.
② 갑, 을의 대화에서 지역의 인문 환경이 행복의 기준에 미치는 영향에 관한 내용은 찾아볼 수 없다.
③ 정부가 국민의 삶의 질 향상에 중점을 두어야 하는지에 관한 질문은 제시문의 대화와 관련이 없다.
④ 갑과 을은 지역의 자연환경에 따라 행복의 기준이 달라질 수 있음을 인정하고 있다. 다만 을은 행복의 기준에도 공통적인 요소가 있음을 주장하고 있다. 따라서 '살고 있는 지역의 자연환경에 따라 행복의 기준이 달라지는가?'는 모두 긍정의 대답을 할 것이다.
⑤ 을은 행복의 공통적 기준을 인정하고 있지만 갑은 지역마다 다를 것으로 보고 있다.

03 정답 ④ ＊행복의 기준

| 문제 + 자료 분석 |

- 행복의 기준은 역사적 사건, 산업화 등의 사회 변동의 영향을 받으며 시대 상황에 따라 차이를 보인다.

| 보기 분석 |

ㄱ. 고대 그리스 시대는 행복을 철학이라는 이성을 발휘한 지적 활동을 통해 얻는 지혜와 덕의 결과로 여겼다.
ㄴ. 서양 중세 시대는 신의 은총을 통해 구원을 얻거나 군주에게 복종하여 그의 뜻을 따르는 데에 개인의 행복이 있다고 보았다.
ㄷ. 근대 사회에서는 산업화와 민주화를 바탕으로 행복은 인간의 노력으로 성취할 수 있는 것으로 인식되었다.
ㄹ. 오늘날에는 개인이 느끼는 주관적 만족감이 중시되면서 행복의 기준이 훨씬 복잡하고 다양해졌다.

04 정답 ④ ＊칸트와 아리스토텔레스의 행복론

| 문제 + 자료 분석 |

- **갑** 칸트: 도덕적 의무에 따라 행위하는 이성적 존재만이 행복을 누릴 자격이 있다.
- **을** 아리스토텔레스: 이성을 잘 발휘하는 삶이 행복한 삶이다.

| 선택지 분석 |

① 칸트는 도덕적 실천을 행복의 조건으로 보았으나, 행복을 위해 물질적 풍요를 제시하지는 않았다.

② 전쟁이 빈번했던 헬레니즘 시대의 사람들은 행복이란 세상일에서 벗어나 마음의 평온을 얻을 때 느낄 수 있는 것이라고 보았다.

③ 아리스토텔레스는 욕망의 존재 자체를 부정하지 않았다. 무욕(無慾)의 삶을 강조한 것은 도가이다.

④ 칸트는 마땅히 지켜야 할 도덕 법칙을 실천하는 사람만이 행복을 누릴 자격이 있다고 보았다. 반면 아리스토텔레스는 인간이 지닌 이성을 잘 발휘할 때 행복이 실현된다고 보았다.

⑤ 칸트는 도덕 법칙에 따를 때 행복을 누릴 자격이 주어진다고 보았고, 아리스토텔레스는 이성에 따르는 삶을 행복의 기준으로 보았다.

05 정답 ② * 동양의 행복론

| 문제 + 자료 분석 |

- **(가)**: 불성, 중생을 구제, 해탈 → 불교
- **(나)**: 하늘로부터 부여받은 도덕적 본성, 인 → 유교
- **(다)**: 자연 그대로의 모습 → 도가

| 선택지 분석 |

② (가) 불교는 청정한 불성을 바탕으로 '나'라는 의식을 버리고, 중생 구제를 실천함으로써 해탈의 경지에 이르는 것을 행복으로 보았다.

(나) 유교는 하늘로부터 부여 받은 도덕적 본성을 보존하고 함양하면서 인을 실천하는 것을 행복으로 보았다.

(다) 도가는 타고난 본성인 자연의 덕에 따라 인위적이지 않은 자연 그대로의 모습으로 살아가는 것을 행복으로 보았다.

06 정답 (가) 자연환경, (나) 인문 환경

| 문제 + 자료 분석 |

- 산이나 바다와 같은 지형, 기온이나 강수와 같은 기후 요소 등은 자연에 의해 만들어진 자연환경에 해당한다.
- 각 지역의 경제적, 사회적, 정치적 여건 및 종교 등은 사람에 의해 만들어진 인문 환경에 해당한다.
- 행복의 기준은 자연환경, 인문 환경과 같은 지역 여건에 따라서 달라질 수 있다.

07 정답 ⑤ * 행복의 기준

| 문제 + 자료 분석 |

- **(가)**: 기후, 지형 등 자연환경에 따라 행복의 기준이 달라진다.
- **(나)**: 종교, 정치, 경제 등 인문 환경에 따라 행복의 기준이 달라진다.

| 보기 분석 |

ㄱ. 차별이나 구속이 있는 지역에서 자유를 행복의 기준으로 여기는 건 (나) 인문 환경이 행복의 기준에 영향을 미친 사례이다.

ㄴ. 일조량이 부족한 북유럽 지역에서 햇볕을 쬘 수 있는 날씨를 행복으로 생각하는 것은 북유럽의 자연환경이 행복의 기준에 영향을 미쳤기 때문이다.

ㄷ. 빈곤 지역에서 물질적 안정을 행복으로 느끼는 것은 경제적 여건, 즉 인문 환경이 행복의 기준에 영향을 미친 사례이다.

ㄹ. 이슬람교를 믿는 지역에서 종교적 교리를 잘 실천하는 것을 행복으로 느끼는 것은 인문 환경이 행복의 기준에 영향을 미친 사례이다.

08 정답 ③ * 삶의 목적과 행복한 삶의 관계

| 문제 + 자료 분석 |

- 행복한 삶을 위해서는 행복을 장기적이고 본질적인 만족에서 찾고 자기 삶에 만족하는 자세를 가져야 한다.

| 선택지 분석 |

① 삶의 모습과 행복의 기준은 개인이 처한 상황, 가치관이나 신념 등에 따라 달라진다.

② 자신이 가진 것을 인정하고 자기 삶에 만족하는 삶은 행복한 삶이다.

③ 진정한 행복을 위해서는 부와 명예 등의 도구적 가치보다는 선, 사랑, 지혜, 아름다움 등의 본질적 가치를 삶의 목적으로 추구해야 한다.

④ 남들과 비교하면서 불평하는 것은 불행한 삶이다.

⑤ 길에서 돈을 주웠을 때 주인에게 돌려주지 않고 쓴다면 떳떳한 마음을 유지할 수 없는 것은 물론 행복할 수도 없을 것이다. 따라서 우리는 도덕적 실천을 행할 때 진정한 행복을 느낄 수 있다.

09 정답 ② * 행복한 삶을 위한 바람직한 자세

| 문제 + 자료 분석 |

- 행복이 그 자체로 가치 있는 삶의 진정한 목적임을 알고 행복한 삶을 위한 자세로 무엇이 있는지 떠올린다.

| 보기 분석 |

ㄱ. 자신이 현재 가지고 있는 것을 인정하고 만족할 때 행복을 느낄 수 있다. 자기에게 없는 것에 대해 불평불만을 가지게 되면 불행해지기 쉽다.

ㄴ. 진정한 행복이란 물질적인 가치와 정신적인 가치가 적절히 조화를 이루어야 한다. 의식주와 같은 기본적인 여건이 충족되지 않으면 자아실현의 기회를 잡을 수 없다.

ㄷ. 행복의 기준은 사람들의 수만큼 다양할 수 있다.

ㄹ. 원하는 것을 스스로 선택하고 성취해 나갈 때 행복한 삶을 살 수 있다.

10 핵심 키워드: 정신적 가치, 물질적 가치, 조화

모범 답안 물질적 가치와 정신적 가치를 조화롭게 추구할 때 얻을 수 있는 만족감과 즐거움을 의미한다.

| 문제 + 자료 분석 |

- 행복을 위해서는 물질적인 욕망을 인정하면서도 이를 절제할 수 있는 정신적 가치를 더불어 추구해야 한다.

＊ 채점 기준

정신적 가치와 물질적 가치의 조화를 구체적으로 제시한 경우	100 %
행복을 위해 어느 한 가치만을 추구해서는 안 된다고 서술한 경우	50 %

＊ 행복의 객관적 기준과 주관적 기준

행복의 객관적 기준	주거, 소득, 고용, 수명, 교육 수준 등
행복의 주관적 기준	삶의 만족도, 일상에서의 행복감 등

03 행복한 삶을 실현하기 위한 조건 문제편 164~165p

01 정답 ③ * 정주 환경의 의미

| 문제 + 자료 분석 |

• 바슐라르: 집을 물리적 환경으로만 보지 않고, 그곳에 살아가는 사람들의 기억과 역사가 담긴 곳으로 보았다.

| 선택지 분석 |

① 주거 환경은 쾌적하고 생활이 편리해야 한다. 그러나 제시문과는 관련이 없는 내용이다.
② 정주 환경은 우리가 자리잡고 살아가는 터전을 둘러싼 환경을 의미한다.
③ 바슐라르의 주장에 따르면 정주 환경은 물리적 환경 이상의 의미를 지닌다.
④ 제시문은 주거의 경제적 가치가 아닌 본질적 가치와 관련이 있다.
⑤ 정주 환경은 좁게는 주거 환경, 넓게는 문화 · 여가 · 자연환경 등 일상생활의 전 영역을 말한다.

02 정답 ④ * "택리지"에 나타난 질 높은 정주 환경의 요건

| 문제 + 자료 분석 |

• 제시문은 지리, 생리, 인심, 산수가 모두 좋아야 질 좋은 정주 환경이 조성된다고 주장한다.

| 선택지 분석 |

① 지리(地理)는 사람이 살기 좋은 풍수적 길지에 해당한다.
② 생리(生利)는 생산성 높은 토지와 물자 교류에 필요한 교통 조건을 나타낸다.
③ 인심(人心)은 주변 사람들의 인심을 보는 것으로, 풍속이 아름답고 사람들이 인정이 넘치는지를 살펴보는 것이다.
④ 산수(山水)는 풍류를 즐길 만한 곳으로 사람들을 즐겁게 하고 인심을 순박하게 하는 데 중요하다고 보았다.
⑤ 택리지에는 지리, 생리, 인심, 산수 중 하나라도 모자라면 좋은 땅이라 할 수 없다고 서술되어 있다.

＊ 택리지

구성	• 사민총론, 팔도총론, 복거총론, 총론으로 구성 • 복거총론에서 질 높은 정주 환경의 요건을 설명
질 높은 정주 환경의 요건	• 지리: 풍수지리 사상의 명당에 해당하는 곳 • 생리: 땅이 비옥하거나 물자 교류가 편리해 경제적으로 유리한 곳 • 인심: 당쟁이 없으며 인심이 온화하고 순박한 곳 • 산수: 산과 물이 조화를 이루며 경치가 좋아 풍류를 즐길 수 있는 곳

03 정답 ② * 행복한 삶의 조건으로서의 도덕적 실천

| 문제 + 자료 분석 |

• 제시문은 봉사라는 도덕적 실천을 통해 행복을 느끼는 사례이다.

| 보기 분석 |

ㄱ. 남을 돕는 사람은 자신을 '타인에게 필요한 사람'이라고 인식하기 때문에 자존감과 행복감이 높아진다.
ㄴ. 자신의 행복 극대화만을 위한 행동이 아닌 남을 위한 도덕적 실천은 자신과 타인을 포함한 공동체의 행복에 도움이 된다.
ㄷ. 도덕적 성찰을 통한 도덕적 실천은 어려운 사람에게 큰 힘이 될 뿐만 아니라 사회 구성원 모두의 행복 실현에도 영향을 준다.
ㄹ. 인간은 홀로 사는 존재가 아니라 타인과 함께 살아가는 존재이다. 그러므로 타인을 배려하는 도덕적 실천을 통해 행복을 느낄 수 있다.

04 정답 ⑤ * 행복한 삶의 조건으로서의 경제적 안정

| 문제 + 자료 분석 |

• 물질적인 조건의 충족만으로 행복이 실현되지는 않지만, 의식주와 같은 기본적인 삶의 조건이 충족되지 않으면 인간다운 삶을 살 수 없다.

| 보기 분석 |

ㄱ. 국민 소득이 어느 정도 이상이 되면 사람들이 느끼는 행복감은 소득에 비례하여 증가하지는 않는다.
ㄴ. 생활 수준이 올라갈수록 사회적 박탈감을 느끼는 것이 아니라 사회적 양극화가 심할수록 사회적 박탈감이 커지게 된다.
ㄷ. 경제적으로 궁핍하거나 불안정한 상태에서 인간은 최소한의 생계를 유지하는 데 급급하게 되므로, 삶에 대한 만족도가 낮아지게 된다.
ㄹ. 기본적인 삶의 조건이 충족되어야 자아실현을 통해 삶의 의미를 찾을 수 있다.

05 정답 ② * 행복한 삶의 조건으로서의 민주주의 실현

| 문제 + 자료 분석 |

• 민주주의가 실현된 국가에서는 시민들이 선거, 시위 등을 통해 자기 의사를 표현하며 자기 삶에 만족할 수 있다.

| 선택지 분석 |

① 독재 국가나 권위주의적인 정치가 이루어지는 국가에서는 정치 과정이 민주적으로 운영되지 않아 국민이 기본적 인권을 누리기 어렵다.
② 선거뿐만 아니라, 이익 집단이나 시민 단체 활동 등을 통해 자신의 의견을 표출하고 정치에 참여할 때 자신의 자유와 권리를 최대한 보장받을 수 있다.
③ 시민의 참여가 불가능하거나 활발하지 않다면 시민 요구를 반영하기 어렵기 때문에 자유와 권리 등의 핵심 가치가 제한될 수 있으며, 권력 남용이나 부패 문제가 발생할 수 있다.
④ 자신이 직접 정책 결정의 주체로서 정치에 참여할 때 행복해질 수 있다.
⑤ 민주주의 국가에서는 시민의 참여가 활성화되는 민주주의를 실현하기 위해 의회 제도, 복수 정당 제도, 권력 분립 제도 등과 같은 기본적인 제도를 갖추고 있다.

06 정답 ① * 행복한 삶의 조건으로서의 도덕적 실천

> 하루하루 더 나은 사람이 되려고 노력하는 삶보다 아름다운
> <u>성찰을 통해 자신의 행동을 반성하고 바로잡는 삶</u>
> 삶은 없습니다. 자신이 더 나은 사람으로 발전하고 있다는
> 것을 느끼는 것보다 큰 기쁨은 세상에 존재하지 않지요.
> → 소크라테스 "성찰하지 않는 삶은 살 가치가 없다."

| 문제 + 자료 분석 |

• 갑 소크라테스: 도덕적 성찰을 통해 진정한 행복을 찾을 수 있다고 강조하였다.

| 선택지 분석 |

① 갑은 성찰하지 않는 삶은 가치가 없다고 주장하며 도덕적 성찰의 필요성을 강조하고 있다.
② 민주주의와 관련된 내용은 제시문에서 언급되지 않았다.
③ 행복과 쾌적한 주거환경에 관련된 내용은 제시문에서 언급되지 않았다.
④ 경제 성장과 행복의 관계는 제시문에서 언급되지 않았다.
⑤ 권위주의적 정치의 위험성은 제시문에서 언급되지 않았다.

07 정답 ② * 행복한 삶의 조건으로서의 도덕적 실천

| 문제 + 자료 분석 |
- 소크라테스는 타인과 공동체에게 해를 입히고 있지 않은지 스스로 성찰하며 공동체의 행복을 실현하기 위해 노력해야 한다고 보았다.

| 보기 분석 |
ㄱ. 소크라테스는 선에 대한 참된 앎을 지닌 사람은 덕 있는 사람이 되고, 덕 있는 사람은 행복한 삶을 살게 된다고 보았다.
ㄴ. 소크라테스는 순간적이고 감각적인 쾌락을 통해 진정한 행복을 누리기 어렵다고 보았다.
ㄷ. 소크라테스는 도덕적 성찰로 행복을 찾을 수 있으므로 내적인 성찰을 통해 도덕적 실천을 행동으로 옮겨야 한다고 보았다.
ㄹ. 소크라테스는 자신의 행복만 추구하지 않고 타인의 행복에도 관심을 갖고 집중할 때 진정한 행복을 누릴 수 있다고 보았다.

08 정답 ② * 행복한 삶의 조건으로서의 도덕적 실천

| 문제 + 자료 분석 |
- 제시문은 상대방에 대한 순수한 배려와 행복을 위한 마음이 진정한 행복을 가져다준다고 주장한다.

| 선택지 분석 |
(추론1) 시민의 참여가 활성화되는 민주주의의 실현은 행복을 위한 중요한 요건이지만 제시문의 내용과는 관련이 없다.
(추론2) 인간은 홀로 사는 존재가 아니라 타인과 함께 사는 존재이므로 진정한 행복을 실현시키기 위해서는 개인의 행복만 추구해서는 안된다.
(추론3) 제시문과 관련이 없다. 민주주의 사회에서 표현의 자유는 기본적 자유에 해당한다. 행복을 위해 자신의 의견을 자유롭게 표현해야 하는 것은 맞지만, 무제한적인 자유의 추구는 다른 사람에게 피해를 준다.
(추론4) 인간은 타인과 함께 살아가는 존재이기 때문에 타인의 행복을 포함한 공동체의 행복을 실현해야 진정한 행복이 실현된다.

09 정답 민주주의의 실현

| 문제 + 자료 분석 |
- 스위스의 일부 마을에서는 직접 민주주의를 실현해 마을의 중요사항을 결정한다.

10 핵심 키워드: 민주주의, 자유

모범 답안 민주주의의 실현은 시민의 정치적 의사가 잘 반영되는 민주주의 국가일수록 시민의 인권이 존중되고, 시민 각자가 원하는 삶의 방식을 자유롭게 추구할 수 있기 때문에 필요하다. 민주주의의 실현을 위해 시민들은 선거, 집회, 시위 등을 통해 자신의 정치적 의사를 표현하고, 정당, 이익 집단, 시민 단체의 활동에 참여할 수 있다.

| 문제 + 자료 분석 |
- 민주주의 지수가 높으면 시민의 의사를 정책에 반영하므로 자기 삶에 대한 시민들의 만족감이 높다.

* 채점 기준

민주주의 실현이 중요한 이유와 정치 참여 방법 두 가지를 구체적으로 서술한 경우	100 %
단순히 민주주의의 발전과 시민의 행복이 관련있다고만 서술한 경우	40 %

---

04 자연환경과 인간 생활   문제편 166~167p

01 정답 ③ * 열대 기후와 건조 기후

| 문제 + 자료 분석 |
- (가): 열대 기후 지역의 고상 가옥으로, 열과 습기를 막기 위해 바닥을 띄워 지었다.
- (나): 건조 기후 지역의 이동식 가옥으로, 물과 풀을 찾아 이동하는 유목민들이 주로 찾는다.

| 선택지 분석 |
① 양, 염소 등의 유목은 건조 기후 지역(나)에서 주로 이루어진다.
② 건조 기후 지역(나)은 강수량이 부족하여 벼농사가 어렵다.
③ 열대 기후 지역(가)이 건조 기후 지역(나)보다 연 강수량이 많다.
④ 열대 기후 지역(가)이 건조 기후 지역(나)보다 연평균 기온이 높다.
⑤ (가)는 열대 기후, (나)는 건조(스텝) 기후에 속한다.

02 정답 ② * 세계 4대 문명

| 문제 + 자료 분석 |
- 메소포타미아 문명, 이집트 문명, 인더스 문명, 중국 문명 → 세계 4대 문명으로, 강 주변에서 발달하였다.

| 보기 분석 |
ㄱ. 이집트 문명은 나일강, 메소포타미아 문명은 티그리스강·유프라테스강, 인더스 문명은 인더스강, 중국 문명은 황허강을 끼고 발달하였다. 대하천 주변은 물을 구하기 쉬워 다른 지역보다 문명이 발달할 수 있는 여건이 마련되었다.
ㄴ. 벼농사는 아시아의 계절풍 기후 지역에서 활발하게 이루어진다.
ㄷ. 고대의 대하천 주변에는 하천의 범람으로 만들어진 비옥한 충적 평야가 분포한다.
ㄹ. 세계 4대 문명과 화석 연료의 매장과는 직접적인 관련이 없다.

* 지형과 고대 문명

> 세계 4대 문명인 이집트 문명, 인더스 문명, 황하 문명, 메소포타미아 문명은 각각 나일강, 인더스강, 황허강, 티그리스강과 유프라테스강 유역, 즉 모두 대하천 유역에서 형성되었다. 대하천 주변은 하천이 범람하여 만들어진 비옥한 충적 평야가 있어 농업에 유리했고, 물을 구하기 쉬웠다. 그래서 자연스럽게 사람들이 모여 농사를 짓고 살기 시작하면서 다른 지역보다 빠르게 문명이 발달할 수 있었다.

03 핵심 키워드: 많은 강수량

모범 답안 열대 기후 지역인 태국과 싱가포르는 강수량이 많다. 태국의 전통 가옥 지붕이 급경사인 건 비가 흘러내리게 하기 위해서이며, 싱가포르의 현대식 건물의 처마가 길게 돌출된 것도 많은 강수량을 고려한 것이다.

| 문제 + 자료 분석 |
- 태국과 싱가포르 모두 열대 기후 지역 중 강수량이 많은 지역으로, 건축물에도 이러한 기후 특징이 영향을 미친 것을 볼 수 있다.

* 채점 기준

두 나라의 건축물의 특징을 많은 강수량과 연결지어 설명한 경우	100 %
두 나라의 건축물의 특징을 설명했으나, 내용이 미흡한 경우	50 %

03
04

04 정답 ⑤ ＊한대 기후

| 문제 + 자료 분석 |

• 겨울이 길고 추움, 수렵 생활, 순록 유목 ⟶ 한대 기후
• 한대 기후 지역은 기온이 매우 낮아 농사가 거의 불가능하다. 그래서 순록을 유목하거나 바다표범이나 고래 등을 사냥했다.

| 선택지 분석 |

① A는 열대 기후 지역이다.
② B는 건조 기후 지역이다.
③ C는 온대 기후 지역이다.
④ D는 냉대 기후 지역이다.
⑤ 북극과 남극 주변에 분포하는 '이 기후 지역'은 한대 기후 지역이다. 지도의 E가 한대 기후 지역에 해당한다.

05 정답 ④ ＊건조 기후

| 문제 + 자료 분석 |

• 게르, 양고기, 유목민, 사막 ⟶ 건조 기후
• 건조 기후 지역 중 짧은 풀이 자라는 초원 지대에 사는 사람들은 가축에게 먹일 물과 풀을 찾아 이동하기 위해 이동식 가옥에 산다.

| 선택지 분석 |

① 노르웨이(A)의 북부 지역에서는 순록 유목이 이루어진다.
② 이탈리아(B)에서는 수목 농업이 이루어진다.
③ 카메룬(C)에서는 이동식 화전 농업이나 플랜테이션이 이루어진다.
④ '게르'라고 불리는 천막 형태의 이동식 가옥에 거주하면서 양, 염소, 낙타 등을 사육하는 곳은 몽골(D)이다. 몽골에서는 유목을 통해 얻은 양고기나 양젖을 많이 섭취한다.
⑤ 일본(E)에서는 벼농사가 이루어진다.

06 정답 ① ＊홍수

| 문제 + 자료 분석 |

• 사진은 일시에 많은 비가 내려 집이 침수된 모습을 보여주고 있으며, 이는 홍수로 인한 피해 모습에 해당한다.

| 보기 분석 |

ㄱ. 홍수는 기후적 요인에 의한 자연재해이므로 기상 재해에 해당한다.
ㄴ. 홍수란 많은 비가 일시에 내려서 발생하는 자연재해를 의미하며, 시가지와 농경지가 침수되고 인명 및 재산 피해가 발생한다.
ㄷ. 환태평양 조산대, 알프스·히말라야 조산대와 같이 지각판의 움직임이 활발한 지역에서 주로 발생하는 자연재해는 지진과 화산 활동이다.
ㄹ. 집 앞에 염화칼슘을 뿌려 피해를 막아야 하는 자연재해는 폭설이다.

07 정답 ① ＊건조 기후

| 문제 + 자료 분석 |

• 창문이 작고 지붕이 평평한 가옥 ⟶ 건조 기후

| 선택지 분석 |

① 건조 기후는 연 강수량이 적고 기온의 일교차가 큰 것이 특징이다.
② 토양이 척박하여 이동식 화전 농업을 하는 곳은 열대 기후 지역이다.
③ 침엽수림인 타이가가 넓게 분포해 목재 산업이 발달한 곳은 냉대 기후 지역이다.
④ 햇볕을 막기 위해 가옥의 벽을 하얗게 칠하는 곳은 온대(지중해성) 기후 지역이다.
⑤ 농업이 불가능하여 유목을 하며 순록을 키우는 곳은 한대 기후 지역이다.

08 핵심 키워드: 헐렁한 옷

모범 답안　건조 기후 지역의 주민들은 모래바람과 강한 햇볕을 막기 위해 온몸을 감싸는 헐렁한 옷을 입는다.

| 문제 + 자료 분석 |

• 건조 기후 지역은 햇빛이 강하고 모래바람이 부는 지역임을 떠올린다.

＊채점 기준

| 의복 특징을 기후 특징과 관련지어 정확하게 서술한 경우 | 100 % |
| 의복 특징을 서술하였으나 내용이 미흡한 경우 | 60 % |

＊건조(사막) 기후

전통 가옥	• 강수량이 적어 지붕 모양이 평평함 • 기온의 일교차가 큰 것에 대비해 창문이 작고 벽이 두꺼운 흙벽돌집을 지음 • 건물 간 간격을 좁게 배치하여 생긴 그늘에서 더위를 피할 수 있음
전통 의복	강한 햇볕과 모래바람을 막기 위해 온몸을 감싸는 헐렁한 형태의 의복을 입음
농업	오아시스 농업이나 관개 농업을 통해 대추야자, 밀 등을 재배함

09 핵심 키워드: 폭설, 구조물 붕괴, 교통 마비

모범 답안　주로 겨울철에 발생하는 폭설은 단기간에 많은 눈이 집중해서 내리는 현상이다. 비닐하우스 등과 같은 약한 구조물을 붕괴시키고, 교통을 마비시킨다.

| 문제 + 자료 분석 |

• 우리나라는 주로 겨울철에 한파, 대설에 의한 피해를 본다. 대설은 한국에서 호우, 태풍 다음으로 피해액이 큰 자연재해이다.

＊채점 기준

| 폭설을 언급하고 부정적인 영향 두 가지를 모두 서술한 경우 | 100 % |
| (가)가 폭설인 것만 언급한 경우 | 60 % |

10 정답 ④ ＊주요 자연재해의 특징

| 문제 + 자료 분석 |

• A : 화산 폭발, 지진 등을 포함한 지형 요인
• (가) 지진 : 진동이 멈추면 가스와 전기를 끄고 낙하물이 없는 넓은 공간으로 대피해야 함
• (나) 태풍 : 유리문, 간판 등 강풍에 날아갈 시설물을 고정시키고 예상 경로와 도달 시간을 미리 파악하고 시설물 안전을 정비해야 함

| 보기 분석 |

ㄱ. 화산 폭발과 (가) 지진을 포함한 A는 지형 요인이다.
ㄴ. (가) 지진으로 인한 시설물 피해는 지진을 견디게 하는 내진 설계를 통해 줄일 수 있다.
ㄷ. (나) 태풍은 우리나라에서 주로 한여름에서 초가을에 주로 발생한다.
ㄹ. (나) 태풍은 열대성 저기압으로, 적도 부근의 열대 해상에서 발생한다.

05 인간과 자연의 관계

문제편 168~169p

01 정답 ⑤ ＊인간 중심주의와 생태 중심주의

(가) 우리는 자연의 주인이자, 소유자가 될 수 있다. 인간은
정신을 소유한 존엄한 존재지만, <u>자연은 의식이 없는
물질이며 동물은 기계와 같다.</u>
인간과 달리 동물은 기계에 불과하다. → 데카르트(인간 중심주의)
(나) 생명 공동체의 통합성과 안정성, 그리고 아름다움의
하나의 유기체인 생명 공동체를 건강하게 유지해야 한다.
보전에 이바지한다면 그것은 옳다. 그렇지 않다면
그것은 그르다. → 레오폴드(생태 중심주의)

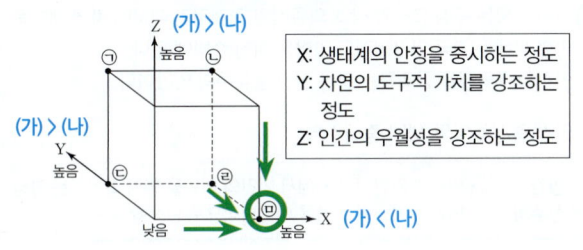

X: 생태계의 안정을 중시하는 정도
Y: 자연의 도구적 가치를 강조하는 정도
Z: 인간의 우월성을 강조하는 정도

| 문제 + 자료 분석 |

• (가) 데카르트: 인간은 풍요로운 삶을 위해 자연을 도구로 삼을 수 있다.
• (나) 레오폴드: 인간보다 자연 전체의 균형과 안정을 고려해야 한다.

| 선택지 분석 |

⑤ X: 자연 전체의 균형을 중시하는 (나)는 (가)보다 생태계의 안정을
중시하는 정도가 높다. 따라서 X의 높음에 속하는 ⓒ, ⓔ, ⓜ이 답의
후보군이다.
Y: 자연의 내재적 가치를 인정하는 (나)는 (가)보다 자연의 도구적 가치를
강조하는 정도가 낮다. 따라서 ⓜ이 답이다.
Z: (나)는 (가)에 비해 인간의 우월성을 강조하는 정도가 낮다. 이를 통해
ⓜ이 정답임을 다시 확인할 수 있다.

＊ 인간 중심주의와 생태 중심주의 비교

인간 중심주의	생태 중심주의
• 이분법적 관점: 인간을 자연으로부터 독립된 존재, 자연보다 우월한 존재로 생각함 • 자연의 도구적 가치 강조: 자연을 인간의 풍요로운 삶을 위한 도구로 여기고, 인간이 자연을 이용할 권리를 지닌다고 봄	• 전일론적 관점: 자연은 인간, 동식물 등과 같은 여러 구성원과 유기적으로 엮여 있음 • 자연의 내재적 가치 강조: 자연이 그 자체로 가치를 지니고 있다고 여기고, 자연에 대한 인간의 도덕적 의무를 강조함

02 정답 ④ ＊인간 중심주의의 문제점

| 문제 + 자료 분석 |

• 제시문은 인간의 무절제한 개발로 아랄해가 사라졌음을 설명하고 있다.

| 보기 분석 |

ㄱ. 자연을 적극적으로 이용한 결과 인간이 더 많은 피해를 입게 되었다.
ㄴ. 인간과 자연은 서로 끊임없이 영향을 주고받는 상호 보완적 관계로서
조화와 균형을 이루어야 한다.
ㄷ. 극단적 생태 중심주의 입장이다.
ㄹ. 인간 중심주의를 극복하기 위해서는 자연을 수단으로만 여기지 말고
인간도 생태계의 한 구성원이라는 인식이 필요하다.

03 정답 ① ＊동양의 자연관

갑: 생명이 있는 것은 <u>연기(緣起)</u>에 의해 있는 것이니 폭력을
만물이 서로 연결되어 상호 의존하고 있음
쓰지 말라. 다른 사람을 시켜서 죽여도 안 되고, 죽이는
모든 생명을 소중히 여기며 자비를 베풀 것
것을 묵인해도 안 된다. → 불교
을: 세상에는 네 가지 큰 것이 있는데 사람도 그중 하나이다.
<u>사람은 땅을 본받고, 땅은 하늘을 본받고, 하늘은 도를</u>
자연 그대로의 질서에 따름
<u>본받고, 도는 자연(自然)을 본받는다.</u> → 도가
병: 하늘은 아버지이고, 땅은 어머니이다. 천지에 가득 찬
기운은 나의 몸이요, <u>천지를 운용하는 원리는 나의</u>
만물이 하늘이 부여한 본래적 가치를 지님
<u>본성이 된다.</u> 사람들과 나는 한배에서 나왔고, 만물은
나와 더불어 한 형제이다. → 유교
인간과 자연의 조화 지향

| 문제 + 자료 분석 |

• 갑 불교: 모든 것이 상호 의존하고 있다는 연기(緣起)를 깨닫고 자비를
베풀 것을 강조함
• 을 도가: 자연 그대로의 질서에 따르는 무위자연(無爲自然)의 삶을 강조함
• 병 유교: 인간과 자연이 조화를 이루는 천인합일(天人合一)의 경지를
지향함

| 선택지 분석 |

① 갑: 불교는 모든 것은 서로 연결되어 있으며, 독립적으로 존재할 수 없다고
보았다. 따라서 모든 생명을 소중히 여기고 자비를 베풀라고 주장했다.
을: 도가는 인간을 자연의 한 부분이라고 보고 자연 그대로의 질서에
따르는 무위자연(無爲自然)의 삶을 추구했다.
병: 유교는 만물이 본래적 가치를 지니고 있다고 보았다. 그리고 사람과
하늘이 합하여 하나가 되는 경지를 지향하며 인간과 자연의 조화를
강조했다.

04 정답 ② ＊인간 중심주의

| 문제 + 자료 분석 |

• 베이컨: 인간의 풍요로운 삶을 위해 자연을 지배하고 활용할 수 있다.

| 보기 분석 |

ㄱ. 인간 중심주의는 이분법적 세계관을 바탕으로 인간이 자연으로부터
독립된 존재라고 본다.
ㄴ. 인간 중심주의는 생태계의 안정보다 인간의 이익을 먼저 고려한다.
ㄷ. 자연 전체를 하나로 보는 전일론적 관점을 취하는 것은 생태
중심주의이다.
ㄹ. 인간 중심주의는 자연이 인간의 이익을 충족하기 위한 수단이라고
생각한다.

05 핵심 키워드: 도구적 가치, 내재적 가치

[모범 답안] 생태 중심주의는 인간의 이익보다 인간을 포함한 자연 전체의
균형과 안정을 먼저 고려하는 관점이다. 따라서 자연을 개발의 대상으로
보는 인간 중심주의가 자연을 함부로 사용하고 환경 위기를 초래한다고
비판할 것이다.

| 문제 + 자료 분석 |

• 생태 중심주의는 인간이 생태계를 보전할 의무가 있다고 본다.

＊ 채점 기준

생태 중심주의의 입장에서 인간 중심주의를 비판한 경우	100 %
인간 중심주의의 한계만 서술한 경우	40 %

05

내신 + 수능

06 정답 ② * 생태 중심주의

| 문제 + 자료 분석 |

• 레오폴드: 자연은 그 자체로 가치를 지니고 있으므로 인간의 이익을 위한 수단으로만 고려될 수 없다고 봄

| 보기 분석 |

ㄱ. 생태 중심주의는 인간의 이익과 무관하게 자연은 그 자체로 가치를 지니고 있다고 본다.
ㄴ. 생태 중심주의는 이분법적 세계관을 반대하고, 인간과 자연이 유기적 관계임을 강조한다.
ㄷ. 생태 중심주의는 생태계 전체를 하나의 유기체로 보는 전일론적 관점을 강조한다.
ㄹ. 생태 중심주의는 인간이 생존을 위해 자연을 이용하는 것에 대해 반대하지 않는다. 그러나 자연을 인간의 도구로만 보는 것은 도덕적으로 정당화될 수 없다는 입장이다.

* 레오폴드의 생태 중심주의

> 레오폴드는 동물과 식물뿐만 아니라 토양, 물 등이 군집해 있는 대지도 도덕 공동체의 범위에 포함해야 한다고 주장했다. 그는 대지는 자연의 모든 존재가 한데 어울려 살아가는 생명 공동체이고, 인간은 대지의 지배자가 아니라 한 구성원일 뿐이라고 말하며 생태계의 온전함과 안정성, 아름다움을 보전하는 것이 윤리적이라고 보았다.

07 핵심 키워드: 재활용, 대중교통

모범 답안 개인은 자연과 인간의 공존을 위해 대중교통을 이용하거나 재활용을 실천하는 등의 노력을 해야 한다.

| 문제 + 자료 분석 |

• 인간은 생태계의 한 구성원으로서 환경친화적인 가치를 추구해야 한다.

* 채점 기준

개인적 차원의 노력을 두 가지 서술한 경우	100 %
개인적 차원의 노력을 한 가지만 서술한 경우	50 %

08 핵심 키워드: 동식물 서식지 보호, 자연 휴식년제

모범 답안 동식물 서식지 보호, 자연 휴식년제, 갯벌 복원 사업, 하천 생태계 복원 사업, 멸종 위기종 복원 사업 등의 법적·제도적 노력을 지속적으로 추진해야 한다.

| 문제 + 자료 분석 |

• 인간과 자연의 공존을 위해 지속가능성을 지향하고 생태계를 복원하기 위해 움직여야 한다.

* 채점 기준

자연과의 공존을 위한 제도를 두 가지 서술한 경우	100 %
자연과의 공존을 위한 제로를 한 가지만 서술한 경우	50 %

* 인간과 자연의 공존을 위한 노력

개인적 차원	• 인간이 생태계의 한 구성원이라는 사실을 인식함 • 재활용, 대중교통 이용 등 일상에서 자연을 보호하려고 노력함
사회적 차원	• 친환경 발전을 위해 신·재생 에너지를 개발함 • 산지, 하천, 갯벌 등 생태계 복원 사업 등을 추진함 • 사람과 자연이 조화를 이루며 살 수 있는 생태 도시를 조성함 • 도로나 댐 건설 시 동물의 서식지 보호를 위해 생태 통로를 마련함

09 정답 ④ * 생태 중심주의

| 문제 + 자료 분석 |

• 갑 레오폴드: 도덕 공동체를 무생물에까지 확대하였으며, 인간을 생명 공동체의 구성원이라고 주장하였다.
• 사례: 개발로 인해 생태계의 균형이 무너졌다.

| 선택지 분석 |

① 온건한 인간 중심주의의 입장이다. 온건한 인간 중심주의는 자연에 대한 인간의 개발을 허용하되, 인간의 미래를 위해 자연의 자정 능력을 고려하여 개발해야 한다고 본다.
② 생태 중심주의는 인간을 포함한 다른 존재 모두를 도구적 존재로 보지 않는다. 오히려 생태계의 모든 존재가 본래적 가치를 지닌다고 본다.
③ 인간의 이익이나 행복을 먼저 고려하는 것은 인간 중심주의 입장이다.
④ 자연의 모든 구성 요소가 상호 의존적인 관계이기 때문에 자연 개발로 인한 피해는 결국 인간에게도 영향을 미칠 수밖에 없다.
⑤ 인간의 우월성을 강조하는 것은 인간 중심주의 입장이다.

* 인간 중심주의와 생태 중심주의

인간 중심주의	• 인간과 자연의 관계에서 인간의 이익을 먼저 고려하는 관점 • 인간과 자연의 관계를 이분법적으로 인식함
생태 중심주의	• 인간과 자연의 관계에서 자연 전체의 균형을 먼저 고려하는 관점 • 인간은 자연의 관계를 유기적 관계로 인식함

* 생태 중심주의의 전일론적 관점

> • 자연이 인간, 동물, 식물, 무생물 등 독자적인 요소들의 단순한 집합체가 아니라 서로 유기적으로 복잡하게 연결된 그물과 같다는 관점으로 전체론이라고도 함
> • 모든 생명체가 자연의 일부라고 보며, 인간 역시 자연을 구성하는 일부라고 생각함
> • 인간과 자연이 각각 독립적인 존재라는 이분법적 관점에 근거하는 인간 중심주의 입장과 구별됨

10 정답 ② * 인간과 자연의 바람직한 관계

| 문제 + 자료 분석 |

• 제시문은 인간과 자연이 공존해야 하는 관계임을 깨닫고 자연과 조화를 이루기 위해 노력해야 한다고 주장한다.

| 선택지 분석 |

(견해1) 제시문은 인간과 자연의 조화를 강조하고 있으므로, 자연이 지닌 경제적 가치보다 내재적 가치를 고려할 것이다.
(견해2) 제시문은 인간과 자연의 공존을 추구하고 있으므로 지속 가능한 발전, 환경친화적인 삶을 강조한다.
(견해3) 과학 기술로 환경 문제를 해결할 수 있다고 보는 과학 기술 만능주의에는 과학 기술로 자연을 적극적으로 활용하려는 인간 중심적인 사고관이 반영되어 있다.
(견해4) 제시문은 인간과 자연의 공생을 중시하며 인간과 자연이 조화를 이루는 생태학적 가치를 강조하고 있다.

06 환경 문제 해결을 위한 노력

문제편 170~171p

01 정답 ④ * 지구 온난화

| 문제 + 자료 분석 |

• (가)에 들어갈 내용은 지구 온난화이다.
• 인구 증가 및 산업 발달로 화석 에너지의 사용이 증가하면서 지구의 평균 기온이 상승하고 있다.

| 보기 분석 |

ㄱ. 빙하가 녹으면서 북극해 일대의 해수 염도가 낮아지고 있다.
ㄴ. 캐나다에서는 침엽수림이 분포하는 북한계선이 극지방으로 이동한다.
ㄷ. 우리나라는 여름철이 길어지고 겨울철이 짧아진다.
ㄹ. 해수면이 상승하면서 해안 저지대의 침수 위험성이 증가한다.

* 지구 온난화

의미	지구의 평균 기온이 상승하는 현상
원인	화석 연료 소비량 증가로 인한 온실 가스 배출량 증가
영향	• 극지방 및 고산 지대의 빙하 면적 감소 • 해수면 상승 및 해안 저지대 침수 • 열대성 질병 발생 증가 • 일부 동식물의 멸종 가능성 확대 • 가뭄, 홍수, 폭염, 한파 피해 증가 등

02 정답 ① * 열대림 파괴

| 문제 + 자료 분석 |

• 팜유 생산을 위해 열대림을 팜유 농장으로 바꾸면서 열대 숲이 크게 파괴되었고, 다양한 환경 문제가 나타났다.

| 보기 분석 |

ㄱ. 열대림이 파괴되면서 야생 동물의 서식지가 축소되었다.
ㄴ. 열대림이 파괴되면서 숲이 빗물을 머금는 능력이 저하되어 홍수가 증가하였다. 또한 홍수가 잦아지면서 토사 유출량이 증가하였다.
ㄷ. 팜유 농장의 증가로 농업 관련 일자리가 증가하였다.
ㄹ. 팜유 농장의 증가로 경제가 활성화되면서 섬들 사이의 경제적 교류가 증가하였다.

03 정답 ④ * 생태 도시

| 문제 + 자료 분석 |

• (가) 생태 도시: 브라질의 쿠리치바는 사람과 환경이 서로 조화되며 공생할 수 있는 체계를 갖춘 도시로, 대표적인 생태 도시이다.

| 선택지 분석 |

① 생태 도시는 사람과 자연이 공생할 수 있는 기반을 갖춘 도시이다.
② 생태 도시는 오염 물질 배출을 최소화해 환경 문제를 해결하고자 한다.
③ 생태 도시는 도시 지역의 환경 문제를 해결하는 데 도움을 준다.
④ 생태 도시는 환경 보전과 개발의 조화를 위해 등장했다.
⑤ 생태 도시는 동네를 깨끗하게 유지하고 대중교통 체계를 관리하는 등 도시 환경을 관리하며 주민의 삶의 질을 높일 수 있다.

* 생태 도시

생태 도시는 도시의 환경 자원을 현세대와 미래 세대가 공유하고, 환경 보전과 지역 개발의 조화가 이루어지는 도시를 의미한다. 국내 생태 도시로는 전라남도 순천시가 있다. 순천시는 순천만 일대의 연안 습지를 자연 생태 공원으로 개발해 여러 생태 체험 학습을 실시하고 있다.

04 정답 ② * 사막화

| 문제 + 자료 분석 |

• 극심한 가뭄, 과도한 경지 개간, 사헬 지대, 아랄해, 식량 부족, 황사 → 사막화

| 선택지 분석 |

① 열섬 현상은 도심의 기온이 주변 지역보다 높게 나타나는 것을 말한다.
② 사막화 현상은 기존에 사막이 아니었던 곳이 자연적 요인 또는 인위적 요인에 의해 사막으로 변해가는 것을 말한다. 사막화가 심화되면 토양이 황폐화되어 기근이 발생하고, 황사 현상이 심화된다.
③ 산성비는 화력 발전소와 공장, 자동차 등에서 배출되는 황산화물과 질소 산화물처럼 산성이 강한 물질이 비와 섞여 내리는 것을 말한다.
④ 화석 에너지의 소비 증가로 온실가스 배출량이 늘어나 지구의 기온이 상승하면 빙하가 녹아 해수면이 상승하게 된다. 이와 같이 온실가스 배출량이 증가하여 지구의 평균 기온이 상승하게 되는 환경 문제를 지구 온난화라고 한다.
⑤ 오존층 파괴는 성층권에 있는 오존층의 오존이 파괴되어 그 밀도가 낮아지는 현상을 말한다. 오존층이 파괴되면 자외선 투과량이 증가한다.

05 핵심 키워드: 방목 및 개간 규제, 조림 사업, 국제 환경 협약

[모범 답안] 사막화 문제를 해결하기 위해서 정부는 과도한 방목과 개간을 규제하고, 조림 사업을 실시하며, 국제 환경 협약을 체결할 수 있다.

| 문제 + 자료 분석 |

• 사막화는 장기간의 가뭄, 과도한 경작과 방목, 삼림 벌채 등으로 인해 발생하는 환경 문제이다.

* 채점 기준

사막화 해결을 위한 대책을 두 가지 서술한 경우	100 %
사막화 해결을 위한 대책을 한 가지 서술한 경우	50 %

06 정답 ① * 환경 보전을 위한 노력

| 문제 + 자료 분석 |

• 그림은 에너지 소비 효율 등급이 높은 제품에 해당한다.
• 에너지 소비 효율 등급이 높으면 다른 제품에 비해 에너지 절약 효과가 크다는 장점이 있으며, 최저소비효율기준을 만족시키지 못하는 제품은 국내에서 판매와 생산이 금지된다.

| 보기 분석 |

ㄱ. 에너지 소비 효율 등급이 높은 제품을 사용하면 전기 사용량이 감소하므로 전기세를 줄일 수 있다.
ㄴ. 에너지 소비 효율 등급이 높은 제품을 사용하면 화석 연료의 사용량이 줄어들기 때문에 지구 온난화를 완화할 수 있다.
ㄷ. 에너지 절약과 해외 자원 개발 확대는 서로 직접적인 관련이 없다.
ㄹ. 에너지 소비 효율 등급이 높은 제품을 사용한다고 해서 신·재생 에너지 이용을 늘릴 수 있는 것은 아니다.

* 에너지 소비 효율 등급 표시제

에너지 소비 효율 등급 표시제란 제품의 에너지 소비 효율에 따라 1~5등급으로 구분하는 제도이다. 숫자가 낮을수록 에너지 소비 효율이 더 좋은 제품이며, 소비자들은 제품에 있는 에너지 소비 효율 등급을 확인하고 친환경적인 소비를 할 수 있게 된다. 정부는 2~3년 단위로 에너지 소비 효율 등급 기준을 높이면서 기업이 친환경 산업을 육성하고 친환경 제품을 개발할 수 있도록 유도한다.

07 정답 파리 협정

| 문제 + 자료 분석 |

• 파리 협정은 전 세계 온실가스 감축을 위해 2015년 프랑스 파리에서 맺은 국제 환경 협약으로, 선진국과 개발 도상국 모두 온실가스 감축에 동참하도록 만들었다.

08 핵심 키워드: 공조, 협력

모범 답안 환경 문제는 개별 국가의 노력만으로 해결하기는 어려우므로 국제 사회의 공조와 협력이 필요하다.

| 문제 + 자료 분석 |

• 환경 문제는 발생 지역을 넘어 인접한 국가와 전 지구적 차원의 문제로 확산된다는 특징이 있다.

＊ 채점 기준

개별 국가만의 노력으로 해결이 어려워 필요하다고 서술한 경우	100 %
여러 국가의 협력이 필요하다고만 서술한 경우	50 %

09 정답 ① ＊ 지구 온난화

| 문제 + 자료 분석 |

• 제시된 자료의 (가)에 들어갈 내용은 지구 온난화이다.
• 지구 온난화로 인해 저지대가 침수되는 피해가 발생하고 있으며, 이러한 문제를 해결하기 위해 많은 국가가 국제 환경 협약을 체결하고 있다.

| 선택지 분석 |

① 선진국과 개발 도상국 모두 온실가스 감축 의무에 동참하도록 규정한 국제 환경 협약은 파리 협정으로, 지구 온난화 방지를 위해 체결되었다.
② 산성비 문제 해결을 위해 대기 오염 물질 배출을 통제하는 국제 환경 협약은 제네바 협약이다.
③ 습지의 보호와 지속 가능한 이용을 목적으로 하는 국제 환경 협약은 람사르 협약이다.
④ 오존층 보호를 위해 염화 플루오린화 탄소의 사용 규제를 명시한 국제 환경 협약은 몬트리올 의정서이다.
⑤ 사막화 방지와 사막화를 겪고 있는 개발 도상국에 대한 재정적·기술적 지원을 하기 위한 국제 환경 협약은 사막화 방지 협약이다.

10 정답 ② ＊ 개인의 노력

| 문제 + 자료 분석 |

• 세계 환경 위기 시계를 거꾸로 돌리기 위해서는 화석 연료를 비롯한 자원을 절약해야 한다.

| 선택지 분석 |

① 재활용 용지의 사용을 늘리면 숲을 보호할 수 있다.
② 외국산 농산물을 이용하면 외국산 농산물을 국내로 가져오는 데 많은 화석 연료가 소비된다. 따라서 국내산 농산물 이용을 늘리면 푸드 마일리지가 줄어들면서 화석 연료의 소비량도 줄일 수 있다.
③ 쓰레기 분리배출을 철저히 하면 자원을 재활용할 수 있다.
④ 자가용보다 대중교통 수단을 이용하면 에너지 소비량을 줄일 수 있다.
⑤ 손을 말릴 때 종이 대신 손수건을 사용하면 숲을 보호할 수 있다.

01 정답 ④ ＊ 오세아니아 문화권과 앵글로아메리카 문화권

| 문제 + 자료 분석 |

• (가): 오스트레일리아, 뉴질랜드, 태평양 제도, 원주민 → 오세아니아 문화권
• (나): 리오그란데강 북쪽, 개신교, 영어 → 앵글로아메리카 문화권

| 선택지 분석 |

① 대부분 열대 기후가 나타나는 곳은 아프리카 문화권이다.
② 소를 신성시하여 소를 먹지 않는 곳은 힌두교 문화권이다.
③ 부족 중심의 생활을 하는 주민이 많은 곳은 아프리카 문화권이다.
④ 앵글로아메리카 문화권에서는 북서 유럽의 식민 지배의 영향으로 개신교가 우세하다.
⑤ 오세아니아 문화권은 아메리카 문화권에 해당하지 않는다.

02 정답 ③ ＊ 세계 문화권의 특징

| 문제 + 자료 분석 |

• A는 유럽 문화권, B는 건조 문화권, C는 아프리카 문화권, D는 동부 아시아 문화권, E는 앵글로아메리카 문화권이다.

| 보기 분석 |

ㄱ. 순록 유목이 주로 이루어지는 곳은 북극 문화권이다.
ㄴ. 건조 문화권에서는 오아시스 농업, 관개 농업이 발달했다.
ㄷ. 아프리카 문화권은 대부분 열대 기후로, 동부 아시아 문화권보다 연평균 기온이 높다.
ㄹ. 앵글로아메리카 문화권에서는 개신교가 우세하다. 가톨릭교는 라틴 아메리카 문화권에서 우세하다.

03 정답 ② ＊ 세계 문화권의 특징

| 문제 + 자료 분석 |

• 건조 문화권: 북부 아프리카, 서남아시아 등에서 발달했고, 이슬람교를 주로 믿는다.
• 동양 문화권: 여름철 기온이 높고 강수량이 많아 벼농사가 발달했다.
• 아프리카 문화권: 대부분 열대 기후로, 이동식 화전 농업과 플랜테이션이 발달했다.
• 유럽 문화권: 생활 양식, 사회 제도 등에 크리스트교가 큰 영향을 미쳤다.
• 오세아니아 문화권: 청정한 자연환경이 있어 관광 산업이 발달했다.

| 선택지 분석 |

① 뉴질랜드, 태평양 제도를 포함하는 문화권은 오세아니아 문화권이다.
② 동양 문화권은 계절풍의 영향으로 여름철 기온이 높고 강수량이 많아 벼농사가 발달했다.
③ 유목과 오아시스 농업이 발달한 문화권은 건조 문화권이다. 아프리카 문화권은 이동식 화전 농업과 플랜테이션이 발달했다.
④ 젓가락과 한자를 공통으로 사용하는 문화권은 동양 문화권 중 동부 아시아 문화권이다.
⑤ 기온이 낮아 농경에 불리한 문화권은 북극 문화권이다.

04 정답 ③ ＊ 힌두교와 불교

| 문제 + 자료 분석 |

• (가): 갠지스강에서 목욕 의식으로 죄를 씻는 힌두교
• (나): 거리에서 탁발을 하는 불교의 승려들

ㄱ. 유일신을 신봉하는 세계 종교에는 크리스트교와 이슬람교가 있다.
ㄴ. 힌두교는 남부 아시아(네팔, 인도)에 주로 분포하고, 불교는 남부 아시아,
동남아시아, 동아시아에 주로 분포한다.
ㄷ. 힌두교는 인도 북부 지역에서, 불교는 인도 북동부 지역에서 기원하였다.
ㄹ. 일 년에 한 달씩 금식 기간을 갖는 종교는 이슬람교이다.

05 핵심 키워드: 에스파냐어, 포르투갈어, 가톨릭교

모범 답안 라틴 아메리카 문화권은 리오그란데강 남쪽 지역으로, 과거
남부 유럽의 식민 지배의 영향으로 에스파냐어와 포르투갈어를 사용하고
주로 가톨릭교를 믿는다.

| 문제 + 자료 분석 |

• 라틴 아메리카 문화권에서는 다양한 인종과 혼혈인이 만든 독특한 문화가
나타나며, 이 지역의 대표 춤은 탱고이다.

✱ 채점 기준

라틴 아메리카 문화권의 특색을 정확히 서술한 경우	100 %
라틴 아메리카 문화권만 언급한 경우	30 %

06 정답 ② ✱ 건조 문화권과 북극 문화권

| 문제 + 자료 분석 |

• (가): 나일강 주변의 모래 사막 → 건조 문화권
• (나): 순록 유목, 툰드라 지역 → 북극 문화권
• A: 북극 문화권, B: 건조 문화권, C: 아프리카 문화권, D: 오세아니아
문화권

| 선택지 분석 |

② (가)는 사막이 나타나는 나일강 주변 지역으로, B 건조 문화권이다.
(나)는 순록 유목이 이루어지는 툰드라 지역으로, A 북극 문화권이다.

07 정답 ⑤ ✱ 아프리카 문화권

| 문제 + 자료 분석 |

• 부족 단위 생활로 종교와 언어가 복잡함, 유럽 식민 지배로 종족과 국경의
불일치, 낙후된 산업 → 아프리카 문화권

| 선택지 분석 |

① 건조 문화권은 서남아시아와 사하라 사막 이북의 북부 아프리카를
중심으로 발달하였고, 이슬람교와 아랍어가 특징이다.
② 북극 문화권은 북극해 주변 지역을 중심으로 발달하였고, 순록 유목이
특징이다.
③ 유럽 문화권은 유럽 지역을 중심으로 발달하였고, 크리스트교가
특징이다.
④ 동양 문화권은 아시아 지역을 중심으로 발달하였고, 벼농사가 특징이다.
⑤ 아프리카 문화권은 종교와 언어 등이 매우 복잡하며, 부족 단위의 공동체
생활을 하는 곳도 많다. 유럽의 식민 지배 후유증, 종족과 국경의 불일치,
낙후된 산업 등이 복합적으로 작용하여 분쟁이 많이 발생하고 있다.

08 핵심 키워드: 선진 문물 수용, 정체성 상실

모범 답안 아프리카 문화권은 대부분 열대 기후가 나타난다. 전통적으로
이동식 화전 농업을 하였으며, 일부 지역에서는 커피, 카카오 등을 대규모로
재배하는 플랜테이션이 발달했다.

| 문제 + 자료 분석 |

• 아프리카 문화권은 사하라 사막 이남의 중남부 아프리카 일대에서
발달했음을 떠올리며 기후 특징과 농업 형태를 서술한다.

✱ 채점 기준

열대 기후를 언급하고 농업 형태 두 가지를 모두 서술한 경우	100 %
열대 기후를 언급하고 농업 형태를 한 가지만 서술한 경우	60 %

09 정답 ③ ✱ 세계 문화권의 특징

| 문제 + 자료 분석 |

• A: 서남아시아와 북부 아프리카 등을 포함한 건조 문화권
• B: 중부 및 남부 아메리카를 포함한 라틴 아메리카 문화권

| 선택지 분석 |

① 건조 문화권(A)의 주민들은 전통적으로 대추야자, 밀 등을 재배하거나,
낙타와 양을 유목하며 살아간다.
② 산업 혁명은 유럽 문화권에서 시작되어 전 세계로 확산되었다.
③ 건조 문화권(A)의 주민 대부분은 이슬람교를 믿으며 종교적 이유로
돼지를 기피하여 돼지고기를 먹지 않는다.
④ 라틴 아메리카 문화권(B)은 에스파냐와 포르투갈의 식민 지배를 받아
에스파냐어와 포르투갈어를 사용하는 사람의 비율이 높다.
⑤ 주민 대부분이 음식을 먹을 때 젓가락을 사용하는 것은 동아시아
문화권이다.

10 정답 ② ✱ 동양 문화권

| 문제 + 자료 분석 |

• (가) 남부 아시아: 이슬람교, 힌두교, 불교 등의 종교가 섞여 있다.
• (나) 동남아시아: 벼농사와 플랜테이션이 활발하게 이루어진다.

| 선택지 분석 |

② (가)와 (나)는 동양 문화권에 해당하는 지역이므로 각각 남부 아시아
문화권, 동남아시아 문화권, 동부 아시아 문화권 중 하나이다.
(가)는 이슬람교, 힌두교, 불교 등 수십 가지의 종교가 섞여 있으므로 남부
아시아 문화권에 해당한다.
(나)는 벼농사와 플랜테이션이 발달했고 다양한 종교의 영향을
받았으므로 동남아시아 문화권에 해당한다.

11 핵심 키워드: 이슬람교, 초승달, 별

모범 답안 리비아, 알제리, 튀르키예, 튀니지의 국기에는 모두 이슬람교의
상징인 초승달과 별이 그려져 있다. 이슬람교에서는 초승달과 별을 신성시한다.

| 문제 + 자료 분석 |

• 이슬람교에서는 초승달과 별을 신성시하며, 일부 국가에서는 국기에
초승달과 별을 그려 넣기도 하였다.
• 리비아, 알제리, 튀르키예, 튀니지 모두 이슬람교를 믿는 이슬람 문화권에
해당한다.

✱ 채점 기준

이슬람교의 상징과 함께 제시된 국가가 이슬람교를 믿는다고 설명한 경우	100 %
제시된 국가가 모두 이슬람교를 신봉한다고 설명한 경우	60 %

✱ 이슬람교의 초승달과 별

> 이슬람교에서 초승달과 별은 진리의 시작, 계시의 상징을 의미하는 중요한
> 상징물이다. 무함마드가 천사 가브리엘을 통해 알라의 계시를 받은 후 동굴
> 밖으로 나왔을 때 하늘에 초승달과 별이 밝게 빛나고 있었다고 하여 이슬람교의
> 중요 상징물이 되었다.

내신
+
수능

07

01   정답 ②   * 문화 변동의 요인

| 문제 + 자료 분석 |

- (가): 직접적인 접촉 → 직접 전파
- (나): 대중 매체를 통한 전파 → 간접 전파

| 선택지 분석 |

① 문화 접변은 전파에 의해 서로 다른 문화가 접촉하여 발생하는 문화 변동을 의미한다. 자극 전파는 다른 사회의 문화에서 아이디어를 얻어 새로운 문화가 만들어지는 것을 뜻한다.

② (가)는 한 문화 체계 안에서 그 문화를 갖고 있는 사람이 타 문화에 자신의 문화를 전파하는 것으로서 직접 전파이다. (나)는 매체를 통한 전파로서 간접 전파에 해당한다.

③ (나)는 매체를 통한 전파이므로 자극 전파가 아니라 간접 전파에 해당한다.

④ (가)는 직접적인 접촉에 의한 전파이므로 자극 전파가 아니라 직접 전파에 해당한다.

⑤ (가)는 직접적인 접촉을 통해 문화 요소가 전해졌으므로 직접 전파에 해당한다.

02   정답 ②   * 문화 변동의 양상

| 문제 + 자료 분석 |

- 이탈리아의 피자가 미국으로 건너가 미국식으로 변형되었고, 미국 피자가 다시 유럽으로 전파되어 인기를 끌었다.

| 선택지 분석 |

① 피자는 이탈리아에서 시작되었다고 했다. 이는 이탈리아에서 발명된 것이라고 할 수 있다.

② 미국 피자는 이탈리아 피자와 미국의 음식 문화 간 융합의 산물이다. 따라서 문화 융합으로 설명할 수 있다. 매개체를 통해 문화 요소가 전해졌을 때가 간접 전파인데, 이 사례는 간접 전파로 볼 수 없다.

③ 피자는 미국에서 기존의 이탈리아식과 다른 새로운 모습으로 변화되었다.

④ 피자는 이탈리아 이주민들에 의해 미국으로 전파되었으므로 직접 전파되었다고 할 수 있다.

⑤ 이탈리아에서 시작된 피자는 미국에서 변화를 맞게 되었고, 변화된 피자는 유럽으로 다시 전파되어 유럽의 피자 문화도 변화시켰다.

03   정답 ⑤   * 문화 변동의 양상

| 문제 + 자료 분석 |

- (가) 문화 병존: 서구식 복장과 전통 복장의 혼재
- (나) 문화 융합: 양복과 한복을 합쳐서 만든 개량 한복

| 선택지 분석 |

① (가), (나) 사례 모두 기존 사회의 문화의 정체성이 남아있다.

② (가), (나) 사례 모두 외재적 요인인 문화 전파로 나타난 현상이다. 내재적 요인에 의한 문화 변동은 발명, 발견에 의한 문화 변동을 말한다.

③ 서로 다른 문화 요소가 나란히 존재하는 문화 병존은 (가)에만 해당한다.

④ 서로 다른 문화의 결합으로 제3의 문화가 생긴 문화 융합은 (나)에만 해당한다.

⑤ (가), (나) 사례 모두 서양의 문화와 한국의 문화가 접변하여 나타난 문화 변동 현상이다.

04   핵심 키워드: 자극 전파, 문화 융합

모범 답안 ㉠은 자극 전파, ㉡은 문화 융합이다. 자극 전파의 사례로는 알파벳에 자극을 받아 만들어진 체로키 문자가 있으며, 문화 융합의 사례로는 유럽의 문화와 원주민의 문화가 합쳐진 멕시코 과달루페 성모상이 있다.

| 문제 + 자료 분석 |

- 다른 사회에서 전파된 요소에 자극받아 발명이 일어나면 자극 전파, 두 문화 요소가 만나 제3의 문화를 형성하면 문화 융합이다.

* 채점 기준

자극 전파와 문화 융합의 사례를 모두 서술한 경우	100 %
자극 전파와 문화 융합만 언급한 경우	40 %

05   정답 ②   * 전통 문화

| 문제 + 자료 분석 |

- 전통문화는 사회 통합에 기여하고 문화의 고유성을 유지하며 세계의 문화를 다채롭게 만든다.

| 선택지 분석 |

① 전통문화는 조상들의 문화적 전통을 이해함으로써 구성원으로서의 자긍심을 고취시킬 수 있다.

② 전통문화를 중시한다는 점이 자문화를 중심으로 다른 문화를 통합하는 것은 아니다. 전통문화의 유지와 더불어 다른 문화와의 조화를 중시하는 것이다.

③ 전통문화를 새로운 문화 산업으로 육성하여 새로운 부가가치를 창출할 수 있다.

④ 전통문화가 유지되는 가운데 새로운 문화가 추가되는 것은 문화의 다양성에 기여한다.

⑤ 같은 전통문화를 공유한다는 사실은 사회 통합에 기여할 수 있다.

06   정답 ③   * 문화 변동의 양상

| 문제 + 자료 분석 |

- (가): 피자 + 불고기 = 불고기 피자 → 문화 융합
- (나): 한족 문화를 수용하며 자신들의 문화 상실 → 문화 동화
- (다): 중요한 행사에서 남자는 양복, 여자는 한복을 입음 → 문화 병존

| 선택지 분석 |

③ (가)는 피자라는 외국 문화에 불고기라는 한국 문화가 합쳐져 새로운 불고기 피자를 만들었으므로 문화 융합에 해당한다.
(나)는 청나라의 문화가 한족의 문화에 동화된 문화 동화에 해당된다.
(다)는 서양 문화인 양복과 한국 문화인 한복이 공존하고 있는 문화 병존에 해당한다.

07   정답   문화 병존

| 문제 + 자료 분석 |

- 중국에 거주하는 조선족이 중국어와 한국어를 모두 사용하고 중국 음식과 전통 음식을 모두 즐기는 것은 두 개의 다른 문화 요소가 공존하는 현상으로 볼 수 있다.

08   정답 ⑤   * 전통문화

| 문제 + 자료 분석 |

- 한글 디자인, 개량 한옥 → 한국의 전통문화를 현대에 맞게 재해석한 사례

| 선택지 분석 |

① 제시문에서는 외래 문화에 대한 수용 여부가 나타나고 있지 않다.

② 전통문화의 시대적 변화에 걸맞은 재창조는 전통문화의 정체성을 유지시킨다.

③ 현대 사회에 걸맞은 전통문화의 상업화는 전통문화 유지에 도움이 된다.

④ 제시문은 한국의 전통문화를 시대적 변화에 걸맞게 변화시키는 것을 강조한다.

⑤ 두 제시문은 모두 한국의 전통문화를 시대적 변화에 맞게 재창조해서 새로운 가치를 만들어냈다.

09 정답 ① *문화 변동

다음 (가)~(다)에 해당하는 문화 변동에 대한 옳은 설명만을 〈보기〉에서 고른 것은? (단, (가)~(다)는 각각 문화 병존, 문화 융합, 문화 동화 중 하나이다.)

구분	문화 동화 (가)	문화 융합 (나)	문화 병존 (다)
기존 문화 요소가 외래문화 요소에 의해 대체되는 현상인가? **문화 동화**	예	아니요	아니요
접촉한 두 문화 요소가 결합되어 새로운 문화 요소를 만들어 내는 현상인가? **문화 융합**	아니요	예	아니요

[보기]
ㄱ. (가)는 외래문화가 변화되지 않고 정착되는 현상이다. **외래문화로 대체됨**
ㄴ. (나)는 제3의 새로운 문화를 형성하는 현상이다. **서로 다른 문화가 만나 새로운 문화를 형성함**
ㄷ. (다)는 기존 문화의 정체성이 ~~상실된다.~~ **문화 병존 / 유지된다.**
ㄹ. (나)는 (다)와 달리 문화 주체성이 ~~약화된다.~~ **문화 융합도 기존 문화의 정체성이 유지됨**

① ㄱ, ㄴ　　② ㄱ, ㄷ　　③ ㄴ, ㄷ
④ ㄴ, ㄹ　　⑤ ㄷ, ㄹ

| 문제 + 자료 분석 |
- **(가)**: 기존 문화 요소가 외래문화 요소에 의해 대체됨 → 문화 동화
- **(나)**: 두 문화 요소가 결합되어 새로운 문화 요소가 만들어짐 → 문화 융합
- **(다)**: 문화 병존

| 보기 분석 |
ㄱ 기존 문화 요소가 외부에서 전파된 문화 요소에 흡수되어 대체되는 현상은 문화 동화이다.
ㄴ 기존 문화 요소에 전파된 새로운 문화 요소가 결합하여 제3의 새로운 문화를 형성하는 것은 문화 융합이다.
ㄷ. 문화 병존은 기존 문화와 전파된 문화가 모두 정체성을 유지하면서 공존하는 현상이다.
ㄹ. 문화 융합이나 문화 병존 모두 기존 문화의 정체성이 유지된다. 다만, 문화 융합은 새로운 제3의 문화를 형성하는 것이 차이점이다.

10 핵심 키워드: 문화 융합, 프랑스, 베트남

모범 답안 문화 융합이다. 프랑스의 빵 바게트에 베트남의 고유 음식 문화가 더해져 새로운 형태의 먹거리로 변화했기 때문이다.

| 문제 + 자료 분석 |
- 베트남의 바인 미는 프랑스의 빵과 베트남의 고유 음식이 결합하여 형성된 제3의 문화이다.

＊ 채점 기준

문화 융합이라는 것을 밝히고, 프랑스 음식과 베트남 음식이 융합되었다고 설명한 경우	100 %
문화 융합임을 밝힌 경우	30 %

---

01 정답 ④ *자문화 중심주의

| 문제 + 자료 분석 |
- 서구와 다른 문화를 가진 사람들은 야만하고 미개하다고 생각하는 19세기 유럽인들 → 자문화 중심주의

| 보기 분석 |
ㄱ. 문화 정체성 상실은 다른 사회의 문화를 무조건 숭상하는 문화 사대주의의 문제점이다.
ㄴ 자문화 중심주의는 타문화를 지배하려는 문화 제국주의로 이어질 수 있다.
ㄷ. 문화 사대주의는 자기 문화를 낮게 평가한다는 문제점이 있다.
ㄹ 자문화 중심주의는 세계화 시대에 국제적 고립을 초래할 수 있다.

02 정답 ④ *문화 이해 태도

| 문제 + 자료 분석 |
- 갑: 여성들이 장례식에서 손가락을 자르는 문화를 인정하는 극단적 문화 상대주의
- 을: 인류의 보편적 윤리를 지켜야 한다고 봄

| 선택지 분석 |
① 갑은 극단적 문화 상대주의로 문화를 인식하고 있다.
② 갑은 문화의 보편적 가치를 간과하고 있다.
③ 을은 여성들이 장례식에서 손가락을 자르는 풍습이 보편 윤리를 파괴하고 있다는 점에 주목하고 있다.
④ 을은 여성들이 장례식에서 손가락을 자르며 슬픔을 표현하는 것이 극단적 상대주의의 위험성이 있다고 본다.
⑤ 을은 보편 윤리를 무시하고 모든 문화의 상대성을 인정해서는 안 된다고 본다.

03 정답 문화 사대주의

| 문제 + 자료 분석 |
- 다른 문화를 동경하고 자문화를 열등하다고 생각하는 문화 사대주의는 자문화의 정체성을 상실할 수 있다는 문제점이 있다.

04 정답 ④ *자문화 중심주의

| 문제 + 자료 분석 |
- 을 자문화 중심주의: 한국의 문화가 중국과 일본의 문화보다 우월하다고 평가함

| 선택지 분석 |
① 자문화 중심주의는 문화에 대한 자부심이 강하기 때문에 이를 중심으로 문화를 공유한 민족의 통합에 유리하다.
② 자문화 중심주의는 타문화를 경시하고 무시하려는 태도로 나타나기 때문에 타문화를 가진 사회와 갈등을 유발할 수 있다.
③ 자문화 중심주의는 자신들의 문화가 훌륭한 것이라고 여기기 때문에 타문화에 대해 폐쇄적이고, 문화적 정체성을 지키는 데 유리하다.
④ 을은 타문화에 대하여 바람직하지 않다고 평가를 하고 있다. 이는 자문화 중심주의이다. 자문화 중심주의는 자기 문화가 무조건 훌륭하다고 여기기 때문에 자기 문화를 발전시키기 어렵다. 자기 문화의 발전을 위해서는 문화에 대한 객관적 이해와 성찰도 필요하기 때문이다.
⑤ 자문화 중심주의는 더 나아가 자신들의 문화를 다른 사회에 강제로 이식하거나 강요하려는 문화 제국주의로 확대될 수 있다.

08
09

05 정답 ② * 문화 이해 태도

구분	자문화 중심주의 (가)	문화 상대주의 (나)	문화 사대주의 (다)
자기 집단에 대한 자부심을 고양하기 위해 인위적으로 형성되기도 합니까? 자문화 중심주의	예	아니요	아니요
각 사회의 문화를 평가할 수 있다고 전제합니까? 자문화 중심주의, 문화 사대주의	예	아니요	예

| 문제 + 자료 분석 |

- (가): 자기 집단에 대한 자부심을 고양 → 자문화 중심주의
- (나): 각 사회의 문화를 평가할 수 없다고 봄 → 문화 상대주의
- (다): 각 사회의 문화를 평가할 수 있다고 보지만 자기 집단에 대한
자부심은 고양하지 않음 → 문화 사대주의

| 선택지 분석 |

① 자기 문화의 정체성을 상실할 우려가 있는 문화 이해의 태도는 문화
사대주의에 해당한다.
② 자문화 중심주의는 문화의 상대성을 부정하는 태도로, 문화는 해당
사회의 환경적 맥락을 고려해서 이해해야 하는 것을 간과한다.
③ 근대 사회의 제국주의는 자문화 중심주의에 바탕을 두고 있다.
④ 인간의 존엄성 존중과 같은 인류 보편의 가치 기준이 존재한다는 사실을
강조하는 것은 극단적 상대주의를 경계하는 의미이다.
⑤ 다문화 사회에서 문화 공존을 위해 필요한 자세는 문화 상대주의이다.

* 문화 이해의 태도

문화 상대주의	문화의 상대성을 인정하고 자기 문화를 객관적으로 바라보게 함
자문화 중심주의	자기 문화를 가장 우수하다고 믿고 자기 문화의 관점에서 다른 문화를 평가함
문화 사대주의	특정 문화를 우수한 것으로 믿고 숭상하여 자문화를 과소평가하고 경시함

06 정답 ④ * 극단적 문화 상대주의

| 문제 + 자료 분석 |

- 을: 사회 규범은 그 사회의 역사적 배경과 맥락 속에 존재하므로 가치
판단을 내리는 것은 잘못됨 → 극단적 문화 상대주의

| 선택지 분석 |

① 문화를 평가의 대상으로 보는 것은 문화 절대주의에 해당한다.
② 자문화 중심주의에 해당한다.
③ 문화 상대주의를 부정하는 태도이다. 극단적 상대주의 태도는 상대주의
입장을 전제로 한다.
④ 제시문에서 을은 인류가 보편적으로 지켜야 할 가치를 무시하는
문화까지도 상대주의의 관점에서 이해할 것을 요구하고 있는데, 이는
극단적 문화 상대주의에 해당한다.
⑤ 문화 연구의 관점 중 총체론적 관점과 관련 있다.

07 정답 ⑤ * 문화 이해 태도

| 문제 + 자료 분석 |

- A: 문화를 평가의 대상으로 보지 않음 → 문화 상대주의
- B: 문화의 정체성 유지에 기여하지 않음 → 문화 사대주의
- C: 문화의 정체성 유지에 기여함 → 자문화 중심주의

| 선택지 분석 |

① A 문화 상대주의는 절대적 기준으로 문화를 평가하는 태도를 잘못된
것으로 본다. 다른 사회의 문화를 나름대로 고유한 의미와 가치를 가진
이해의 대상으로 보기 때문이다.
② B 문화 사대주의는 타 문화를 추종, 수용하려고 하기 때문에 자문화의
문화적 정체성을 잃게 될 가능성이 높다.
③ C 자문화 중심주의는 자문화를 우월한 것으로 인식하기 때문에 문화에
대한 객관적인 이해가 불가능하다.
④ C 자문화 중심주의는 해당 문화를 공유하고 있는 사람들 간의 사회
통합에는 유리하다. A 문화 상대주의 역시 다양한 문화를 가진 사람들이
한 사회에 살 경우 이 사회를 통합하기 위해서는 상대주의적 태도를 갖는
것이 도움이 될 수 있다.
⑤ 자문화 중심주의는 문화 사대주의와 달리 타 문화를 경시하고 자문화를
강요하려는 경향이 나타나기 쉽다. 따라서 국제 사회에서 갈등을 유발할
가능성이 높다.

08 정답 ② * 자문화 중심주의와 문화 사대주의

| 문제 + 자료 분석 |

- 갑: 서양인들의 인사 문화는 저급하고 무례함 → 자문화 중심주의
- 을: 서구 문화가 우월하므로 인사 문화를 서양인과 같은 방식으로 바꿔야
함 → 문화 사대주의

| 보기 분석 |

ㄱ. 자문화 중심주의는 자기 문화의 우월성을 내세워 다른 문화의 가치를
낮게 평가하는 태도이다.
ㄴ. 인류의 보편적 가치를 부정하는 문화에 대한 용인은 극단적 문화
상대주의에 따른 부작용이다. 을의 태도는 극단적 문화 상대주의로 볼 수
없다.
ㄷ. 자문화 중심주의와 문화 사대주의는 모두 문화의 우열을 평가하는 기준이
있다고 본다.
ㄹ. 문화의 다양성을 보존하는 데 기여할 수 있는 태도는 문화 상대주의이다.
갑, 을의 태도는 모두 문화 절대주의에 해당한다.

09 정답 극단적 문화 상대주의

| 문제 + 자료 분석 |

- 갑은 보편 윤리를 파괴하는 행위에 대해서도 문화 상대주의를 적용해
용납하고 있음 → 극단적 문화 상대주의

10 핵심 키워드: 인류의 보편적 가치

모범 답안 극단적 문화 상대주의 태도는 인류의 보편적 가치 실현과
문화의 질적 발전을 저해할 수 있다.

| 문제 + 자료 분석 |

- 제시문에 나타난 아이를 죽이는 행위는 인류의 보편적 가치를 훼손시키는
행위로써 지양되어야 하지만 갑은 이를 용납하고 있다.

* 채점 기준

보편적 가치 실현, 문화의 질적 발전을 저해한다고 설명한 경우	100 %
문화의 질적 발전을 저해한다는 것만 밝힌 경우	50 %

01 정답 ① *다문화 사회의 갈등 해결

| 문제 + 자료 분석 |

• 제시문은 우리나라가 다문화 사회로 변화함에 따라 문화적 소수자의 사회 부적응 및 문화적 갈등 문제가 나타나고 있음을 보여준다.

| 선택지 분석 |

① 문화적 소수자들을 단순히 온정주의적 시각으로 대하는 것은 소수자들을 위한 해결책이 아니다.

② 다른 문화를 이해하고 체험할 수 있는 기회를 주는 것은 문화적 소수자들을 이해하는 데 도움이 된다.

③ 다양한 문화가 교류할 수 있는 여러 행사들을 통해 문화적 소수자들을 이해할 수 있다.

④ 외국인 노동자에게 한국 문화 체험 프로그램을 제공하는 것은 한국 사회 부적응을 해결하는 데 도움을 준다.

⑤ 다양한 언어로 된 안내문을 마련하는 방안은 문화적 소수자들이 한국 생활에 적응하는 데 도움이 된다.

02 정답 ⑤ *다문화 사회의 갈등 해결

| 문제 + 자료 분석 |

• 자료는 다문화 가구원이 편견과 차별, 지원 부족 등의 문제로 사회 적응에 어려움을 겪고 있음을 보여준다.

| 선택지 분석 |

① '경제적 지원'을 통해 저소득 다문화 가정에 대한 지원이 이루어져야 한다는 것을 알 수 있다.

② '직업 훈련 및 취업 알선'을 통해 취업 및 직업 훈련에 있어서 불이익이 없어야 한다는 것을 알 수 있다.

③ '편견을 없애는 분위기 조성'을 통해 타 문화를 편견없이 이해하는 관용의 태도를 가져야 한다는 것을 알 수 있다.

④ '사회 적응을 위한 한글 교육'을 통해 사회에 적응하기 위한 방안을 마련해야 한다는 것을 알 수 있다.

⑤ 자료에서 다문화 가정의 출산율이 낮다는 것은 찾아볼 수 없다. 자료를 통해서는 다문화 가정 자녀들의 사회에서의 적응을 돕기 위한 특별 교육이 필요하다는 것을 알 수 있다.

03 정답 ① *다문화 사회의 영향

| 문제 + 자료 분석 |

• 다문화 사회로 변화하며 다양한 문화를 공유할 수 있게 되었지만, 문화적 차이에 의한 갈등 문제도 겪게 되었다.

| 선택지 분석 |

① 외국인 근로자들은 저출산·고령화에 따른 노동력 부족 문제를 해소하는 데 기여하였다. 또한 국제결혼 이민자들은 젊은 사람이 적은 농어촌 지역에 활력을 불어넣고 있다.

② 외국인에 대한 보이지 않는 차별과 편견이 갈등으로 이어져 사회적 문제로 등장할 수 있다.

③ 외국인과 한국인의 서로 다른 문화로 상대방을 이해하지 못하는 문화적 갈등이 발생할 수 있다.

④ 한국 사회에 다양한 외국 문화가 수용됨으로써 다양한 문화를 경험할 수 있다.

⑤ 생활 양식의 차이, 외국인 정착을 위한 사회적 비용의 부담 등으로 인해 갈등이 발생할 수 있다.

04 정답 ⑤ *다문화 사회

| 문제 + 자료 분석 |

• 국내 외국인 체류자 수가 점점 늘어나면서 우리나라도 다문화사회로 변화하고 있다.

| 보기 분석 |

ㄱ. 문화 시장의 전면적 개방은 다문화 사회의 갈등을 높이는 정책이 될 수 있다.

ㄴ. 국가가 주도하는 문화 단일화는 다문화 사회에 역행하는 정책이다.

ㄷ. 다문화 사회의 갈등을 방지하기 위해서는 다른 문화 집단 구성원들을 개방적이고 관용적인 태도로 수용해야 한다.

ㄹ. 다문화 사회가 급속히 진행될수록 다양한 문화 가치를 인정하는 시민 의식을 높여야 한다.

05 정답 상대주의적 태도, 개방적이고 관용적인 태도

| 문제 + 자료 분석 |

• 다문화 사회의 갈등을 해결하기 위해 한국 사회 구성원들은 상대주의적 태도, 개방적이고 관용적인 태도를 갖추고 편견이나 차별 없이 다른 문화를 존중하고 인정해 주어야 한다.

✱ 다문화 사회의 윤리적 자세

문화 상대주의	다른 사회의 문화를 해당 사회의 맥락에서 존중하고 이해함
관용	타인의 인권과 자유를 훼손하지 않는 범위 내에서 다른 나라의 문화에 대한 편견을 버리고 존중해야 함

06 정답 ① *다문화 사회의 갈등 해결

| 문제 + 자료 분석 |

• ㉠: 상대주의적 태도, 개방적이고 관용적인 태도 등
• ㉡: 외국인을 위한 법과 제도, 정착 지원 프로그램 등

| 보기 분석 |

ㄱ. 타 문화와의 차이를 인정하고 이해하는 관용의 태도를 갖는 것은 개인적, 의식적 차원에서 필요하다. → ㉠

ㄴ. 외국인 노동자의 인권 보호를 위한 법률 제정은 사회, 제도적 해결 방안이다. → ㉡

ㄷ. 문화적 고정 관념이나 편견을 버리는 자세는 개인적, 의식적 차원의 해결 방안이다. → ㉠

ㄹ. 다문화 가정의 교육, 생계 등을 지원하는 정책의 시행은 사회, 제도적 해결 방안이다. → ㉡

07 정답 ⑤ *용광로 정책

| 문제 + 자료 분석 |

• 한 민족이 다른 민족에 융합되는 것이 가능하다 → 용광로 정책

| 보기 분석 |

ㄱ. 문화 상대주의적인 것은 샐러드 볼 정책이다.

ㄴ. 다양한 문화를 인정하는 것은 샐러드 볼 정책이다.

ㄷ. 용광로 정책은 초기 미국 사회에서 중시한 정책으로 소수 집단에 대한 동화 정책으로 악용되어 비판을 받기도 하였다.

ㄹ. 용광로 정책은 문화적 배경이 서로 다른 다양한 인종과 민족이 용광로를 거쳐 그 사회의 주류에 동화되는 것을 목표로 한다.

08 정답 ③ * 다문화 정책

| 문제 + 자료 분석 |

- (가): 여러 민족의 문화를 하나로 녹임 → 용광로 정책
- (나): 다양한 인종과 문화가 함께 어울림 → 샐러드 볼 정책

| 선택지 분석 |

(설명1) 각 문화의 특수성을 유지하고자 하는 건 샐러드 볼 정책이다. → 아니요

(설명2) 샐러드 볼 정책은 문화 간의 우열을 부정하고 서로 다른 문화의 조화를 추구한다. → 예

(설명3) 각 문화의 정체성, 다양성, 공존을 중시하는 건 샐러드 볼 정책이다. → 아니요

(설명4) 용광로 정책은 여러 민족의 문화를 주류 문화에 동화시키고자 한다. → 예

* 다문화 정책

용광로 정책	• 이민자가 출신국의 언어, 문화, 사회적 특성을 포기하고 주류 사회의 일원이 되도록 주류 문화로 편입해야 함 • 주류 문화와 비주류 문화를 구분함
샐러드 볼 정책	채소와 과일들이 조화를 이루어 샐러드를 만들 듯이 다양한 문화가 서로 대등하게 조화를 이루어야 함

09 정답 (가): 샐러드 볼 정책, (나): 용광로 정책

| 문제 + 자료 분석 |

- (가): 각자의 고유의 맛을 지킴 → 샐러드 볼 정책
- (나): 다양한 이주민 문화들이 주류 문화 안에서 변화하면서 편입됨 → 용광로 정책

10 핵심 키워드: 동화, 문화 다양성 강조

모범 답안 우리나라는 초기에 용광로 정책으로 적응을 중시하여 동화시키려 한다는 비판을 받았으나, 최근에는 샐러드 볼 정책을 통해 다양성을 강조하고 있다.

| 문제 + 자료 분석 |

- 우리나라 다문화 정책은 초기에는 용광로 정책에 가까웠으나, 최근에는 샐러드 볼 정책을 수용하여 공존을 모색하고 있다.

* 채점 기준

초기 동화(용광로 정책), 최근 다양성(샐러드 볼 정책)을 언급한 경우	100 %
초기 정책 또는 최근 정책만 언급한 경우	50 %

* 우리나라의 이주민 지원

우리나라는 이주민이 우리 사회에 안정적으로 정착할 수 있도록 취업, 의료, 교육 등 여러 분야에서 이주민을 지원해주고 있다. <다문화 가족 지원법>을 통해서 결혼 이민자에게 한국어 교육, 임신 및 출산에 관한 서비스 등을 지원하고 있으며, <외국인 근로자의 고용 등에 관한 법률>을 통해서는 외국인 근로자의 근로 환경을 개선하기 위해 노력하고 있다.

---

11 산업화와 도시화에 따른 변화   문제편 180~181p

01 정답 ⑤ * 산업화와 도시화에 따른 변화

| 문제 + 자료 분석 |

- (가) 1960년대 가족: 아버지, 어머니, 아이 다섯
- (나) 2010년대 가족: 아버지, 어머니, 아이 하나
- 산업화 과정에서 여성 한 명이 낳는 아이의 수가 줄어들었다.

| 선택지 분석 |

⑤ 산업화와 도시화의 영향을 받은 시기인 (나)는 (가)에 비해 공동체 의식이 낮아졌으므로 C, D, E가 답의 후보군이다.
(나)는 (가)에 비해 촌락 거주 인구 비중이 낮아졌으므로 C, D, E 중에서 촌락 거주 인구 비중의 낮음에 해당하는 D, E가 답의 후보군이다.
(나)는 (가)에 비해 아파트 거주 비중이 높아졌으므로 D, E 중에서 아파트 거주 비중의 높음에 해당하는 E가 답이다.

02 정답 ① * 산업화와 도시화에 따른 변화

| 문제 + 자료 분석 |

- (가), (나): 열섬 현상의 원인 → 산업화, 도시화

| 선택지 분석 |

① 산업화, 도시화에 따라 인구 과밀화 현상이 발생하여 불량 주택 지역이 형성되기도 한다.
② 산업화, 도시화로 인해 서식처가 파괴된 동물들이 찻길로 내려왔다가 로드킬을 당하는 일이 증가하였다.
③ 산업화, 도시화에 따라 콘크리트, 아스팔트로 포장된 면적이 증가하며 불투수 면적은 증가하였다.
④ 다른 지역에서 발생한 전염병, 풍토병이 국내로 유입되는 건 교통 및 통신의 발달로 인해 발생하는 문제이다.
⑤ 산업화, 도시화로 인해 인간이 기계 부품처럼 여겨지는 인간 소외 현상이 심화되면서 인간이 노동 과정에서 얻는 만족감은 약화된다.

03 정답 ① * 산업화와 도시화에 따른 변화

| 문제 + 자료 분석 |

- A: 산업화·도시화 이전에 수치가 높은 요소
- B: 산업화·도시화 이후에 수치가 높은 요소

| 선택지 분석 |

① 산업화·도시화 과정에서 녹지 면적과 평균 가구원 수는 감소했지만, 직업의 종류는 증가했다.
A에는 산업화·도시화 이전에 수치가 높았던 요소인 녹지 면적, 평균 가구원 수가 들어갈 수 있고, B에는 산업화·도시화 이후에 수치가 높은 직업의 종류가 들어갈 수 있다.
따라서 바르게 연결한 것은 A - 녹지 면적, B - 직업의 종류이다.

04 정답 ⑤ * 산업화와 도시화에 따른 변화

| 문제 + 자료 분석 |

- 그래프를 통해 산업화 및 도시화 과정에서 불투수 면적률이 지속적으로 증가했음을 알 수 있다.

| 보기 분석 |

ㄱ. 불투수 면적의 증가로 토양의 빗물 흡수 능력이 작아지고 있다.
ㄴ. 불투수 면적의 증가로 빗물이 하천으로 빨리 유입되면서 도시 내 상대 습도는 낮아지고 있다.

ⓒ 빗물이 지하로 잘 침투할 수 없게 된 도시 지역에서는 지하수의 공급이
감소해서 지하수면이 낮아지고 있다.
ⓔ 인공 포장이 늘어남에 따라 도시 지역에서는 열섬 현상이 확대되고 있다.
이로 인해 도시와 주변 지역 간 기온 차가 커지고 있다.

05 정답 ④ * 공영 자전거 제도

[보기]

ⓐ 에너지 절약 **자전거 이용 시 화석 연료를 사용하지 않으므로
에너지를 절약할 수 있음**

ⓑ 교통 체증 완화 **자전거를 이용하면 자가용 승용차의 이용이
줄어들기 때문에 교통 체증이 완화됨**

ⓒ 시민의 건강 증진
**자전거를 타면 자가용 승용차나 대중교통을 이용할 때보다
건강해짐**

ㄹ. 대중교통 이용의 활성화
자전거는 대중교통의 범주에 속하지 않음

| 문제 + 자료 분석 |

· 경상남도 창원시에는 환경 문제 해결을 위해 공영 자전거 제도를
실시하고 있다.

| 보기 분석 |

ⓐ 자전거는 이용 시 석유 등의 에너지를 사용하지 않으므로 에너지를
절약할 수 있다.
ⓑ 자전거 이용이 늘어나면 차량 이용자가 감소하므로 교통 체증이 완화될
수 있다.
ⓒ 자전거를 이용하면 운동이 되기 때문에 시민들은 보다 건강해질 수 있다.
ㄹ. 대중교통 수단은 버스, 지하철 등과 같이 일정한 노선과 운행 시간표를
갖추고 다수의 사람들을 운송하는 데 이용되는 운송 수단이므로 자전거를
대중교통이라고 분류하기는 어렵다.

06 정답 ③ * 우리나라의 토지 이용 변화

| 문제 + 자료 분석 |

· 2022년은 1977년에 비해 임야, 논밭과 같은 녹지 면적이 감소하였고,
대지, 도로와 같은 도시적 토지 이용 면적은 증가하였다.

| 선택지 분석 |

③ 2022년은 1977년에 비해 임야와 논밭의 면적이 감소하고, 대지와 도로
면적은 크게 증가하였으므로 열섬 현상이 심화되면서 열대야 일수는
증가하였을 것이다. 따라서 열대야 일수의 증가에 해당하는 A, B, C가
답의 후보군이다.
2022년은 1977년에 비해 녹지 비율이 감소하였으므로 A, B, C 중에서
B, C가 답의 후보군이다.
2022년은 1977년에 비해 생물종 다양성이 감소하였으므로 B, C 중에서
C가 답이다.

07 정답 ⑤ * 산업화에 따른 변화

| 문제 + 자료 분석 |

· 산업화를 통해 가내 수공업이 공장제 기계 공업으로 바뀌면서 대량
생산이 가능하게 되었다.

| 선택지 분석 |

① 산업화는 분업을 기반으로 하고 있다.
② 공장제 기계 공업의 발달로 대량 생산이 이루어졌다.
③ 기계를 이용해 노동 생산성이 높아졌다.
④ 산업화 이후 기계의 이용이 활성화되었다.
⑤ 산업화로 가정의 생산 기능이 약화되었다. 예를 들어 집에서 만들어 입던
옷을 상점에서 구매하여 입게 되었다.

08 핵심 키워드: 도덕적 질서, 공동체

[모범 답안] 개인주의가 확산되면 공동체의 도덕적 질서보다 개인의
가치관을 더 중시하여 공동체의 삶이 무너질 수 있다.

| 문제 + 자료 분석 |

· 이웃에 대한 무관심은 각종 사회 문제로 이어질 수 있으므로 공동체
의식을 회복하기 위해 노력해야 한다.

* 채점 기준

개인주의 확산이 공동체의 질서를 파괴한다고 서술한 경우	100 %
그림 속 문제가 개인주의와 관련되어 있음을 언급한 경우	40 %

09 핵심 키워드: 인사, 유대, 공동체, 프로그램

[모범 답안] 개인은 이웃에게 먼저 인사를 건네며 이웃 간 유대 관계를
회복할 수 있다. 사회적 차원에서는 아파트 공동체 활성화를 위해 이웃이
함께하는 프로그램을 만들고 운영할 수 있다.

| 문제 + 자료 분석 |

· 산업화와 도시화로 인해 개인주의가 확산되고 공동체 의식이 약화된
문제를 해결하기 위해서는 개인과 사회가 함께 노력해야 한다.

* 채점 기준

개인적, 사회적 차원의 해결 방안을 정확히 서술한 경우	100 %
개인적, 사회적 차원의 해결 방안 중 한 가지만 서술한 경우	50 %

* 산업화와 도시화로 인한 변화

도시성의 확산	· 도시화 과정을 통해 촌락까지 확산됨 · 자율성과 다양성이 존중되나 사회적 유대감이 약화됨
직업 분화 촉진	산업화와 분업화로 직업이 분화되고 전문성이 증가하면서 직업의 종류가 다양화됨
개인주의적 가치관의 확산	공동체보다 개인을 강조하는 경향이 커지면서 개인주의적 가치관이 확산됨

10 핵심 키워드: 슬로 시티, 느림, 자연, 시간, 계절

[모범 답안] 산업화·도시화로 여러 오염 물질이 배출되고 인간이 도구화,
부품화 되면서 사람들은 오히려 느림, 자연, 시간, 계절 등의 가치를 알게
되었다. 이에 따라 오늘날 지구촌 곳곳에서 슬로 시티가 인기를 얻고 있다.

| 문제 + 자료 분석 |

· 슬로 시티는 산업화된 도시 속에서 찾아보기 힘든 체험을 할 수 있어 찾는
사람들이 많아지고 있다.

* 채점 기준

현대 사회의 문제점과 슬로 시티가 추구하는 가치를 함께 설명한 경우	100 %
현대 사회의 문제점과 슬로 시티가 추구하는 가치 중 하나만 설명한 경우	60 %

11

01 정답 ③ * 교통·통신의 발달에 따른 변화

| 문제 + 자료 분석 |

· 제시된 그림은 교통 · 통신의 발달에 따른 우리의 생활 모습 변화를 나타낸 것이다.

| 선택지 분석 |

A 통신 위성 덕분에 지역 간 소통은 쉬워졌지만, 시차가 줄어들지는 않는다. 시차는 지구의 자전과 관련하여 발생하므로 표준시를 바꾸지 않는 한 지역 간 시차 변화가 나타나지 않는다.

B 버스 도착을 알리는 애플리케이션을 이용하면 버스를 놓치지 않을 수 있다.

C 통신의 발달로 외국에 사는 친척들과 영상 통화를 할 수 있다.

D 고속 철도는 운행 속도가 빠르기 때문에 국내의 먼 지역으로 갈 기회가 늘어났고, 다른 지역과의 상호 작용이 활발해졌다.

02 정답 ④ * 교통 발달로 인한 문제

| 문제 + 자료 분석 |

· 사례1: 고속 국도의 건설로 동물들의 서식지가 파괴되고 이동로가 단절되면서 로드킬이 발생하고 있다.
· 사례2: 태안 앞바다에서 발생한 유조선 충돌 사고로 원유가 유출되어 해양 생태계가 파괴되었다.

| 선택지 분석 |

① 지역 격차에 대한 내용은 뚜렷하게 나타나 있지 않다.
② 통신 발달에 따른 문제점에 대한 내용은 없다.
③ 통신 발달과 생태계 변화에 대한 내용은 없다.
④ 〈사례 1〉은 로드킬에 관한 것이고, 〈사례 2〉는 유조선 충돌에 따른 해양 오염에 관한 것이다. 두 사례 모두 교통 발달에 따른 문제점을 나타낸 것이다.
⑤ 빨대 효과에 대한 내용은 없다.

＊교통 발달에 따른 문제점

- 외래 생물종이 유입되어 생태환경이 교란됨
- 대도시가 주변 중소 도시의 인구나 경제력을 흡수함
- 외국과의 교류가 증가하며 전염병이 국경을 넘어 확산됨
- 교통로 건설로 녹지 공간이 감소하면서 동식물의 서식처가 파괴됨

03 정답 ① * 과학기술의 발달에 따른 변화

| 문제 + 자료 분석 |

· 스마트홈 시스템은 가전제품을 비롯한 집안의 모든 장치를 연결해 제어하는 기술이다.

| 선택지 분석 |

① 스마트홈 시스템은 집안의 장치를 제어하는 기술로, 이웃과의 소통을 확대할 수 있는 기술은 아니다.
② 실외에서 냉난방기를 조절함으로써 에너지를 효율적으로 사용할 수 있다.
③ 실외에서 가스 안전 장치를 잠글 수 있어 안전 사고를 줄일 수 있다.
④ 스마트홈 시스템을 통해 택배 상품을 효과적으로 수령할 수 있다.
⑤ 스마트홈 시스템을 통해 집안을 실시간으로 볼 수 있어서 범죄를 예방할 수 있다.

04 정답 ⑤ * 교통 발달에 따른 변화

| 문제 + 자료 분석 |

· 서울-춘천 고속 국도, 경춘선 복선 전철, 도시 간 특급 열차(ITX)의 개통으로 서울-춘천 간 교통 수단이 확충되어 지역 간 접근성이 향상됨
· (가) : 서울-춘천 간 접근성이 향상되어 나타날 수 있는 변화가 들어가야 함

| 선택지 분석 |

① 서울-춘천 간 접근성이 향상되면 춘천 시민들이 서울의 대학 병원을 더 쉽게 이용할 수 있게 되므로 서울의 대학 병원 기능이 강화된다.
② 서울-춘천 간 접근성이 향상되면 지역 간 물류의 평균 이동 시간이 감소하게 된다.
③ 서울-춘천 간 접근성이 향상되면 서울의 시민들이 춘천으로 나들이를 가기 쉬워지고, 반대로 춘천의 시민들이 서울로 나들이를 가기도 쉬워진다. 따라서 여가를 즐길 공간의 범위가 확대된다.
④ 서울-춘천 간 접근성이 향상되면 서울에서 좀 더 쉽고 빠르게 춘천에 도달할 수 있게 되므로 서울에서 춘천을 찾는 관광객이 증가하게 된다.
⑤ 서울-춘천 간 접근성이 향상되면 서울-춘천 간 통근 · 통학에 드는 비용과 시간이 감소하므로 서울-춘천 간 통근 · 통학 비율도 증가하게 된다.

＊교통 · 통신의 발달에 따른 문제점

지역 격차 발생	교통 발달로 접근성이 향상된 지역은 경제 활동이 활성화되지만, 교통 조건이 불리해진 지역은 경제 활동이 위축됨 → 빨대 효과가 발생하여 지역 간 격차가 커짐
생태 환경 파괴	도로, 철도 등의 건설 과정에서 산림 훼손, 동식물 서식지 파괴, 외래 생물 종 전파로 인한 생태계 교란, 유조선 충돌로 인한 해양 오염 등이 발생할 수 있음

05 핵심 키워드 : 교통, 통신, 생활의 편리, 시간 절약

모범 답안 (가)는 통신의 발달, (나)는 교통의 발달을 나타낸 것으로, 교통 · 통신의 발달로 생활이 편리해지고 시간을 절약할 수 있음을 알 수 있다.

| 문제 + 자료 분석 |

· (가): 버스 도착을 알리는 애플리케이션을 이용해 버스 도착 시간에 맞춰 버스 정류장에 나감으로써 대기 시간을 줄일 수 있다.
· (나): 고속 철도를 이용해 하루만에 서울에서 목포로 여행을 다녀옴으로써 기존보다 여행에 걸리는 시간이 대폭 줄어들었다.

＊채점 기준

(가)는 통신, (나)는 교통의 발달임을 쓰고, 시간 절약을 언급한 경우	100 %
(가), (나)의 내용 특색만 설명한 경우	40 %

06 정답 ③ * 과학기술의 발달에 따른 변화

| 문제 + 자료 분석 |

· 그림은 과학기술의 발달로 나타난 변화 중 온라인 쇼핑을 하는 모습을 보여주고 있다.

| 선택지 분석 |

① 통신의 발달로 전자 상거래가 활성화되면서 무인 택배 시설, 편의점 안심 택배 서비스와 같은 택배 산업이 발달하였다.
② 교통의 발달로 이동 시간과 비용이 감소하면서 상품 구매의 시공간적 제약이 약화되었다.
③ 전자 상거래의 등장으로 스마트폰, 인터넷을 이용한 물건 구매 비중이 증가하면서 전통 시장의 매출액은 감소하였다.
④ 전자 상거래의 등장으로 매장 대신 창고를 이용하여 상품을 판매하는 상점인 무점포 상점이 발달하였다.
⑤ 전자 상거래가 활성화되면서 인터넷 쇼핑이나 홈쇼핑을 통한 물건 구매가 용이해졌으므로 전자 화폐의 이용이 늘어날 것이다.

07 정답 (가) 정보 격차

| 문제 + 자료 분석 |

- 장애인, 저소득층 등 정보 소외 계층이 일반 국민에 비해 정보 통신 기술에 접근할 수 있는 능력이 낮아서 발생하는 격차를 정보 격차라고 한다.

08 정답 ③ * 과학기술의 발달에 따른 변화

| 문제 + 자료 분석 |

- 사례1: 정부 기관 최초로 재택근무를 도입한 특허청
- 사례2: 건강 장애 학생들을 위해 사이버 학교를 운영하는 인천광역시
- 두 사례 모두 정보화에 따른 사회 변화를 보여준다.

| 선택지 분석 |

① 도시화는 도시 거주 인구 비중이 증가하거나 도시적 생활 양식과 도시 경관이 확대되는 것을 말한다.
② 산업화는 농업 중심의 사회에서 광공업, 서비스업 중심의 사회로 변하는 과정으로, 2차 및 3차 산업 종사자 비중이 높아지는 것을 말한다.
③ 〈사례1〉은 재택근무에 관한 것이고, 〈사례2〉는 사이버 학교에 관한 것이다. 과학기술의 발달에 따라 원격 근무나 화상 회의를 통해 업무를 이전보다 효율적으로 진행할 수 있게 되었으며, 시간과 장소의 제약 없이 교육을 받을 수 있게 되었다.
④ 세계화는 국제 사회의 상호 의존성이 커지고 국가의 경계를 넘어 세계가 하나로 통합되는 현상을 말한다.
⑤ 지역화는 특정 지역의 독특한 사회·문화적 특성이 세계적 가치를 지니게 되는 현상을 말한다.

09 정답 ② * 과학기술 발달에 따른 변화

| 문제 + 자료 분석 |

- 정보화에 따라 가상 공간이 등장하고 공간 정보 기술이 발전하면서 일상생활에 많은 변화가 생겼다.

| 선택지 분석 |

① 정보화에 따라 인터넷을 통한 민원서류 신청 및 발급이 가능해졌다.
② 인터넷 쇼핑 등을 통한 물건 구매가 쉬워졌기에 이동 거리는 감소했다.
③ 원격 근무, 화상 회의 등을 통해 업무의 효율성을 높일 수 있게 되었다.
④ 정보화에 따라 SNS 등을 활용한 정치 참여의 기회가 확대되었다.
⑤ 정보화에 따라 지식과 정보를 공유하고 다양한 집단과 교류하면서 수평적인 인간관계가 형성되고, 문화의 확산 속도가 빨라졌다.

10 정답 ① * 현실 세계와 사이버 공간

| 문제 + 자료 분석 |

- 사이버 공간의 등장으로 일상생활에서의 제약이 감소하였으나, 사이버 범죄 등의 문제도 발생하였다는 것을 떠올리며 현실 세계와 사이버 공간을 비교한다.

| 보기 분석 |

ㄱ. 사이버 공간 (나)는 현실 세계 (가)에 비해 인간관계의 제약이 약하다. 따라서 성별, 나이, 국적에 관계없이 새로운 친구를 사귈 수 있다.
ㄴ. 사이버 공간 (나)는 현실 세계 (가)에 비해 면대면(面對面) 접촉이 어렵기 때문에 행동에 대한 책임감이 약하다.
ㄷ. 현실 세계 (가)가 사이버 공간 (나)보다 면대면(面對面) 접촉이 활발하게 나타난다.
ㄹ. 현실 세계 (가)가 사이버 공간 (나)보다 사회적 지위와 역할이 분명하게 나타난다.

13 내가 사는 지역의 공간 변화   문제편 184~185p

01 정답 ① * 지역의 공간 변화

| 문제 + 자료 분석 |

- 울산광역시는 농업이나 어업 종사자 수 비중이 높은 촌락이었으나 공업 발달로 지역 변화가 급격하게 이루어졌다.

| 선택지 분석 |

① 1962년에 울산광역시의 산업 구조에 67.3%를 차지하고 있는 A는 1차 산업이다.
이후, 울산광역시는 공업지구로 지정되면서 공업이 발달했으므로 급격하게 증가한 B는 2차 산업이다.
B와 함께 비중이 크게 증가한 C는 3차 산업이다.

02 정답 ① * 실내 조사와 야외 조사

| 문제 + 자료 분석 |

- A: 실내 조사 단계에서는 자료를 통해 지역 정보를 수집하고 야외 조사를 준비한다.
- B: 야외 조사 단계에서는 조사 지역을 직접 방문하여 지역 정보를 수집한다.

| 선택지 분석 |

① A에는 실내 조사에 해당하는 지도 분석, 설문지 작성, 조사 경로도 작성 등이 들어갈 수 있다.
B에는 야외 조사에 해당하는 촬영, 면담, 관련 기관 방문 등이 들어갈 수 있다.

* 실내 조사와 야외 조사

실내 조사	지도, 문헌, 인터넷 등으로 지리 정보를 수집하고 야외 조사를 준비하는 단계
야외 조사	조사 지역을 직접 방문하여 관찰, 측정, 면담, 설문, 촬영 등으로 지리 정보를 수집하는 단계

03 핵심 키워드: 주거지, 상업지, 인구 증가

모범 답안 농경지가 주거지나 상업지 등으로 바뀌고, 인구도 증가했다.

| 문제 + 자료 분석 |

- 고양시는 일산 신도시가 형성되며 근교 농촌에서 도시로 바뀌었다.

* 채점 기준

토지 이용 변화와 인구 변화 모두 정확히 설명한 경우	100 %
토지 이용 변화와 인구 변화 중 하나만 정확히 설명한 경우	50 %

* 수도권 1기 신도시

수도권 1기 신도시는 1990년대 서울의 과밀화 해소와 주택 수요 충족을 위해 한국 정부가 수도권 주변에 조성한 도시이다. 성남시 분당, 고양시 일산, 부천시 중동, 안양시 평촌, 군포시 산본 5개 지역이 속한다. 당시 최신 건축 기술과 도시 설계 방식을 도입해 쾌적한 주거 환경을 제공하고자 했으며, 주거와 상업, 업무 지구가 효율적으로 배치되었다. 이후, 이 지역들은 빠른 성장을 이루며 수도권의 중요한 거점으로 자리를 잡았다.

04 정답 ① * 촌락 지역의 문제

| 문제 + 자료 분석 |

- (가): 촌락 지역이 겪고 있는 문제
- 촌락은 인구 감소로 인한 노동력 부족 문제, 성비 불균형 문제, 휴경지 증가 문제 등을 겪는다.

| 보기 분석 |

- ㄱ. 촌락 지역은 도시 지역보다 고령화가 급격하게 이루어지고 있다.
- ㄴ. 촌락 지역은 이촌 향도 현상으로 인구가 감소하고 있다.
- ㄷ. 촌락 지역의 교통 여건이 개선되면 침체에서 벗어날 기회가 생겨난다.
- ㄹ. 농업의 기계화는 노동력 부족 문제를 해결하기 위한 대책이다.

05 정답 ② * 지역의 공간 변화

| 문제 + 자료 분석 |

- 그림은 서울 주변에 조성된 신도시인 분당 일대의 변화를 나타낸 것이다.

| 선택지 분석 |

① 주거 단지의 형성으로 지역의 상주인구가 증가하였다.
② 분당 신도시가 형성되면서 농경지 면적은 감소하였다.
③ 아파트 등이 건설되면서 토지 이용의 집약도가 높아졌다.
④ 촌락이 도시 지역으로 바뀌면서 2, 3차 산업 종사자 비중이 높아졌다.
⑤ 분당 인근에 위치한 대도시는 서울이다. 서울과 분당을 잇는 도로의 건설로 분당은 서울과의 시간 거리가 축소되었다.

* 분당의 변화

> 분당은 1990년대 초에 조성된 1기 신도시로, 최첨단 주거지역으로 주목받으며 많은 인구가 유입되었다. 이후 지속적인 개발로 상업, 문화, 교육시설이 확충되고 IT 관련 기업들이 입주하면서 경제적으로도 활성화되었다. 또한, 대규모 아파트 단지가 조성되어 있고, 다양한 편의시설, 넓은 도로망 등을 갖추고 있어 주거 만족도가 높은 지역으로 평가받았다. 하지만, 시간이 흐르고 시설이 노후화되면서 최근 이에 대응하기 위한 리모델링과 재건축이 논의되고 있다.

06 정답 ② * 지역의 공간 변화

| 문제 + 자료 분석 |

- 주거 지역·상업 지역·공업 지역 증가, 녹지 지역 감소 → 도시화

| 선택지 분석 |

① 자료를 보면 녹지 면적은 2000년에 115.96km², 2010년에 106.67km², 2016년에 105.95km²으로 지속적으로 감소하고 있는 것을 알 수 있다.
② 도시화가 진행되면 콘크리트와 아스팔트로 포장된 면적이 증가하고 늘어난 인공열로 인해 도심의 기온이 주변 지역보다 높아지는 열섬 현상이 발생한다. 자료의 지역은 도시화가 진행된 지역으로, 도시의 열섬 현상이 확대되었음을 알 수 있다.
③ 주거 지역의 증가로 전입 인구가 전출 인구보다 많았음을 알 수 있다.
④ 인구 증가, 상업 지역 확대로 상업 지역의 평균 지가가 높아졌다.
⑤ 도시화가 진행되면서 공동체보다는 개인의 자유와 권리를 중시하는 개인주의가 확산되었다. 자료의 지역은 도시화가 진행된 지역으로, 지역 주민들 간의 유대감이 약화되었음을 알 수 있다.

07 정답 (가) 실내 조사, (나) 야외 조사

| 문제 + 자료 분석 |

- (가): 지도와 문헌 분석, 통계 자료 수집, 야외 조사 준비 → 실내 조사
- (나): 실내 조사로 불충분할 때 시행, 사진이나 메모로 기록 → 야외 조사

08 핵심 키워드: 특성, 문제의 원인, 해결 방안

모범 답안 지역 조사는 지역의 특성을 알아보거나 지역에서 발생하고 있는 각종 지역 문제의 원인을 파악하고 해결 방안을 모색하기 위해 필요하다.

| 문제 + 자료 분석 |

- 지역의 변화 과정에서 나타나는 문제를 해결하기 위해서는 지역의 변화 모습과 문제에 대한 구체적인 조사가 필요하다.

* 채점 기준

지역 조사의 필요성을 지역 문제 해결과 관련하여 정확히 서술한 경우	100 %
지역의 다양한 정보를 수집하고 분석하기 위해 필요하다고 서술한 경우	40 %

09 정답 ③ * 지역 조사 보고서의 구성

| 문제 + 자료 분석 |

- 자료는 ○○시의 공간 변화를 주제로 작성된 지역 조사 보고서 사례이다.

| 선택지 분석 |

③ (가)의 '○○시의 공간 변화'는 '조사 주제'에 해당한다. (나)는 산업 구조의 변화를 나타낸 것이므로 '변화상'에 해당한다. (다)는 문제점에 대한 '해결 방안'에 해당한다.

10 정답 ③ * 지역 조사 과정

| 문제 + 자료 분석 |

- 지역 조사는 조사 주제 및 지역 선정, 실내 조사, 야외 조사, 지역 정보 분석, 보고서 작성 순으로 이루어진다.

| 선택지 분석 |

① 실내 조사에서는 지도 분석, 문헌 조사, 설문지 작성 등이 이루어진다.
② 야외 조사에서는 촬영, 면담, 설문 조사 등이 이루어진다.
③ 통계 자료 및 그래프를 분석하여 결론을 도출하는 것은 보고서 작성 단계에서 이루어진다.
④ 조사 주제 선정은 지역 조사의 첫 단계에서 이루어진다.
⑤ 조사 지역 선정은 지역 조사의 첫 단계에서 이루어진다.

* 지역 조사 과정

조사 계획 수립	조사 주제 및 지역, 조사 항목과 조사 방법 선정
정보 수집	• 실내 조사: 문헌, 지도, 항공 사진, 통계 자료 등 • 야외 조사: 면담, 설문 조사, 관찰, 촬영 등
정리 및 분석	항목별로 자료를 정리하고 도표, 그래프, 지도 등으로 시각화
보고서 작성	조사 목적과 방법, 지역의 공간 변화 및 문제점 등이 나타나도록 작성

01 정답 ④ ＊아리스토텔레스와 에피쿠로스의 행복론 ····· 2028 대비 수능 예시 1(1차)

행복에 대한 서양 사상가 갑, 을의 입장으로 옳은 것만을 〈보기〉에서 있는 대로 고른 것은?

> 최고선인 행복이 무엇인지 알려면 인간의 고유한 기능을 알아야 합니다. 인간의 고유한 기능은 이성을 동반하는 정신 활동입니다. 그런데 기능을 잘 수행할 수 있는 품성 상태가 덕이므로 행복이란 덕에 따르는 정신 활동입니다. 【단서】

> 쾌락은 행복의 시작이자 끝입니다. 우리가 추구할 만한 쾌락은 몸에 고통이 없고 마음에 동요가 없는 상태입니다. 그런데 덕은 본성적으로 쾌락의 향유와 연결되므로 사려 깊고 훌륭하고 정의롭게 살지 않고서는 쾌락을 누릴 수 없습니다. 【단서】

아리스토텔레스 갑

에피쿠로스 을

[보기]

ㄱ. 갑 : 행복은 인간의 모든 행위의 <u>궁극적인 목적</u>이다.
　　　　　　　　　　　　　　　　최고선

ㄴ. 갑 : 유덕함이 행복을 증진하지만 행복의 필수 조건은 ~~아니다.~~
　　　　　　　　　　　　　　　　　　　　　　　　이다

ㄷ. 을 : <u>모든 고통이 제거되면 쾌락은 더 이상 증가하지 않는다.</u>
　　　　소극적 쾌락주의

ㄹ. 갑과 을 : <u>이성의 능력을 발휘해야 행복에 이를 수 있다.</u>
　　갑(아리스토텔레스): 덕 함양, 을(에피쿠로스): 욕구 분별

① ㄱ, ㄴ　② ㄱ, ㄹ　③ ㄴ, ㄷ　④ ㄱ, ㄷ, ㄹ　⑤ ㄴ, ㄷ, ㄹ

문제＋자료 분석

- 갑 아리스토텔레스: 잘 달리는 말이 훌륭하고 덕스러운 말인 것처럼 이성을 발휘하고 그에 따르는 사람은 훌륭하고 유덕할 뿐 아니라 행복을 누림
- 을 에피쿠로스: 불필요한 욕구를 충족하는 데 애쓰기보다는 욕구를 조절하고 고통을 줄이는 것이 행복을 증진하는 데 기여함

보기 분석

ㄱ 갑(아리스토텔레스)은 행복을 자족적이면서도 완전한 것이자 최종적인 목적이라고 본다. 행복을 향유하는 사람은 다른 것을 필요로 하지 않을뿐더러 다른 무언가를 위해 행복을 수단으로 삼지 않기 때문이다.

ㄴ. 갑(아리스토텔레스)은 행복하기 위해서는 덕을 갖추어야 한다고 보므로, 유덕함은 행복의 필수 조건이다.

ㄷ 을(에피쿠로스)은 더 많은 욕구를 충족하여 더 큰 쾌락을 적극적으로 획득하라고 요구하지 않는다. 그보다는 욕구를 충족하지 않아서 생기는 고통을 줄이는 데 초점을 두고, 불필요한 욕구를 절제하여 고통을 줄여야 한다는 소극적 쾌락주의를 주장한다.

ㄹ 갑(아리스토텔레스)은 인간 고유의 기능인 이성을 발휘하여 덕을 갖추어야만 행복할 수 있다고 본다. 을(에피쿠로스)은 이성을 발휘하여 추구할 만한 욕구와 그렇지 않은 욕구를 구별함으로써 고통이 없는 쾌락의 상태, 즉 행복을 획득할 수 있다고 본다.

02 정답 ③ ＊인간 중심주의와 생태 중심주의 ····· 2028 대비 수능 예시 2(1차)

(가)의 갑, 을 사상가들의 입장에서 (나)의 ㉠ 지역 개발에 대해 제시할 견해로 가장 적절한 것은?

(가)
갑: <u>인간의 지식이 곧 인간의 힘이다.</u> 우리는 자연을 연구하여 이리저리 방황하는 자연의 자취를 마치 사냥개처럼 추적할 수 있다. 【단서】
→ 베이컨 (인간 중심주의)

을: <u>인간은 대지의 구성원이다.</u> 어떤 것이 생명 공동체의 통합성, 안정성, 아름다움의 보존에 이바지한다면 그것은 옳고, 그렇지 않다면 그르다. 【단서】
→ 레오폴드 (생태 중심주의)

(나)
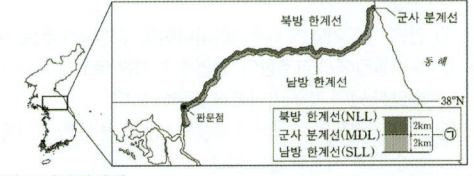

한반도 비무장지대
＊㉠ 지역은 1953년 7월 27일 체결된 '한국 군사 정전에 관한 협정'에 따라 무장이 금지된 완충 지대로 군대 주둔과 무기 배치, 군사 시설 설치가 금지되고 있다. 통일 이후 이 지역의 개발에 대해 다양한 견해가 제시되고 있다.

① 갑: 자연에 대한 지식을 이용할 권리가 인간에게 ~~없음~~을 알아야 한다.
　　　　　　　　　　　　　　　　　　　　　　　　있음

② 갑: 경제적 이익을 위한 개발에 앞서 자연을 ~~도덕적으로 고려~~해야 한다.
　　　　　　　　　　　　　　　　　　　　이익 실현의 도구

③ 을: 한반도 생태계의 균형 유지를 지역 개발보다 중시해야 한다.
　　　생태계의 도덕적 지위 존중

④ 을: 남북한 주민의 ~~경제적 이익 증진~~을 궁극적 목적으로 삼아야 한다.
　　　　　　　　　　남북한의 생태계 보호

⑤ ~~갑과 을~~: 현세대와 미래 세대는 생태계의 선(善)을 위해 협력해야 한다.
　갑(베이컨): 생태계 선 고려 X, 을(레오폴드): 미래 세대의 협력 요구 X

문제＋자료 분석

- 갑 베이컨: 자연을 인간의 이익 획득을 위한 도구로 간주하고, 그로부터 이익을 획득하기 위해서는 자연에 대한 지식이 요구됨
- 을 레오폴드: 인간은 생태계의 지배자가 아니라 구성원에 불과하므로 생태계를 경제적인 관점뿐 아니라 윤리적·심미적 관점에서도 바라보아야 함
- ㉠(한반도 비무장지대): 오랜 기간 사람의 손길이 닿지 않아 자연이 야생 그대로 보존되어 있음

선택지 분석

① 갑(베이컨)은 자연의 특징과 원리를 파악하여 인간에게 유용한 방식으로 활용해야 한다고 본다.

② 갑(베이컨)은 자연을 인간의 이익을 위한 도구로 간주해야 한다고 본다.

③ 을(레오폴드)은 생태계의 도덕적 지위를 존중하므로, 한반도 비무장지대의 개발보다는 생태계 보존을 중시해야 한다고 본다.

④ 을(레오폴드)은 대지의 안정성과 통합성을 유지하는 것을 강조하므로, 남북한의 생태계를 보호하는 일을 궁극적 목적으로 삼는다.

⑤ 갑(베이컨)은 생태계의 선이 아니라 인간의 이익을 중시한다. 을(레오폴드)은 생태계의 선을 중시하기는 하지만, 아직 태어나지 않은 미래 세대가 생태계 보호를 위해 현세대와 협력해야 한다고 주장하지는 않는다.

＊인간 중심주의와 생태 중심주의 비교

인간 중심주의	생태 중심주의
• 이분법적 관점: 인간과 자연을 분리된 존재로 바라봄 • 자연의 도구적 가치 강조: 자연을 인간의 풍요로운 삶을 위한 도구로 봄	• 전일론적 관점: 자연을 다양한 구성원이 유기적으로 엮여 있는 생태계로 간주함 • 자연의 내재적 가치 강조: 자연이 그 자체로 가치를 지니고 있다고 봄

예시 1차

[03~04] 다음 지도를 보고 물음에 답하시오.

북반구 지중해성 기후 지역
B
북반구 냉대·겨울 건조 기후 지역
서울
사우디아라비아
23.5°N
0°
A
열대 우림 기후
23.5°S

그래프는 지도에 표시된 두 지역과 서울의 기후 값 차이를 나타낸 것이다. 이에 대한 설명으로 옳은 것은? (단, 그래프의 A, B는 각각 지도에 검은 점으로 표시된 두 지역 중 하나임.)

단서 서울과의 1월 평균 기온 차이: A > B
북반구가 여름인 6~8월 강수량의 차이: A < B

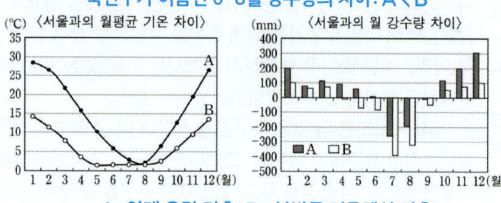

(℃) 〈서울과의 월평균 기온 차이〉
(mm) 〈서울과의 월 강수량 차이〉
■ A □ B

→ A: 열대 우림 기후, B: 북반구 지중해성 기후

① ~~A~~에서는 올리브 등을 재배하는 수목 농업이 주로 이루어진다.
  B

② B는 서울보다 여름 강수 집중률이 ~~높다.~~
  낮다.

③ ~~B~~에서는 지면의 열과 습기 차단에 유리한 고상 가옥이 발달했다.
  A

④ ~~A는 B보다~~ 여름에 더 건조하다.
  B는 A보다

⑤ A와 B는 모두 서울보다 연평균 기온이 높다.
  모든 달에 서울과의 월평균 기온 차이 값이 양(+)의 값을 기록함

| 문제+자료 분석 |

- A : 1월에 서울과의 월평균 기온 차이가 B보다 크므로 1월 평균 기온이 높고, 6~8월에 서울과의 강수량 차이가 B보다 작으므로 6~8월의 강수량이 많음 → 연중 고온 다습한 열대 우림 기후 지역
- B : 1월에 서울과의 월평균 기온 차이가 A보다 작으므로 1월 평균 기온이 낮고, 6~8월에 서울과의 강수량 차이가 A보다 크므로 6~8월의 강수량이 적음 → 아열대 고압대의 영향으로 여름인 6~8월이 고온 건조한 북반구 지중해성 기후 지역

| 선택지 분석 |

① 올리브 등을 재배하는 수목 농업은 여름이 고온 건조한 B 지중해성 기후 지역에서 활발하다.
② 북반구 지중해성 기후 지역은 여름인 6~8월에 아열대 고압대의 영향을 받아 건조하다. 반면 냉대 겨울 건조 기후 지역인 서울은 여름인 6~8월에 바다로부터 불어오는 다습한 여름 계절풍의 영향을 받아 강수가 집중된다. 따라서 지중해성 기후 지역은 서울보다 여름 강수 집중률이 낮다.
③ 지면의 열과 습기 차단에 유리한 고상 가옥이 발달한 지역은 연중 고온 다습한 A 열대 우림 기후 지역이다.
④ 열대 우림 기후 지역은 연중 적도 수렴대의 영향을 받아 비가 많이 내린다. 반면 지중해성 기후 지역은 여름에 아열대 고압대의 영향을 받아 건조하다.
⑤ 서울과의 월평균 기온 차이를 나타낸 그래프를 보면 두 지역 모두 모든 달에 서울과의 월평균 기온 차이 값이 양(+)의 값을 기록했으므로 모든 달의 평균 기온이 서울보다 높다. 따라서 두 지역은 모두 서울보다 연평균 기온이 높다.

다음은 위 지도의 (가) 국가에 대한 여행 일지이다. 이에 대한 설명으로 옳은 것은?

여행 일지   20○○.○○.○○.
사우디아라비아
건조 문화권에 속하는 이슬람 국가인 (가) 에 도착하였다. 여행 전 조사를 통해 ⊙ 이슬람교가 7세기 초 무함마드에 의해 창시되었고 이슬람교를 **발명에 의한 문화 변동** 믿는 사람들이 기도와 금식, 순례 등을 행한다는 것을 알게 되었다. 입국 수속을 마치고 숙소로 이동하여 짐을 푼 후 식사를 위해 도심으로 들어왔다. 때마침 기도 시간인지, 이동하는 사람들의 행렬을 따라가니 이슬람 사원인 모스크에 당도하게 되었다.
   최초의 모스크는 간격을 두고 기둥을 세워 기도하기 위한 그늘을 만들고 바닥에 자갈과 모래를 까는 정도였다고 한다. 이후 ⓒ 비잔티움 제국에서 **문화 융합 단서** 교회 건축에 사용되었던 돔 양식을 모스크 건축에 도입하였고, 아치와 첨탑, 거대한 돔을 갖춘 모스크 형태가 자리 잡게 되었다. 모스크 내부에는 성지의 방향을 나타내는 화려하게 장식된 미흐랍이라고 부르는 구조물이 있었다. … (하략)

① (가)의 주민들은 주로 ~~침엽수로~~ 지은 ~~목조~~ 가옥에 거주한다.
  지붕이 평평한 흙벽돌집

② ~~(가)~~에서는 여름 계절풍이 탁월하고 태풍의 발생이 빈번하다.
  열대 몬순 기후 지역과 온대 몬순 기후 지역

③ ⊙은 ~~발견~~에 의한 문화 변동에 해당한다.
  발명

④ ⓒ에는 서로 다른 문화 요소가 결합하여 새로운 문화가 형성된 문화 변동이
  문화 융합
  나타나 있다.

⑤ ⊙과 ⓒ 모두에서 기존 문화의 정체성이 ~~상실되었다.~~ 유지되고 있음

| 문제+자료 분석 |

- (가): 사우디아라비아 → 국토 대부분의 지역에서 연 강수량 500mm 미만의 건조 기후가 나타남
- ⊙: 이슬람교의 창시로 인한 문화 변동이 나타남
- ⓒ: 이슬람 문화의 정체성을 유지하면서 비잔티움 제국의 문화 요소를 도입한 모스크 양식이 자리잡음 → 문화 융합

| 선택지 분석 |

① 건조 기후 지역인 사우디아라비아의 주민들은 주로 지붕이 평평한 흙벽돌집에서 거주한다. 침엽수로 지은 목조 가옥은 침엽수림대가 넓게 발달한 냉대 기후 지역에서 발달해 있다.
② 여름 계절풍이 탁월하고 태풍의 발생이 빈번한 지역은 아시아의 열대 몬순 기후 지역과 온대 몬순 기후 지역이다.
③ 이슬람교가 7세기 초 무함마드에 의해 창시되었고 이슬람교를 믿는 사람들이 기도와 금식, 순례 등을 행한다는 내용을 통해 이슬람교의 발명으로 문화 변동이 나타났다는 것을 알 수 있다.
④ 이슬람 문화의 정체성을 유지하면서 비잔티움 제국의 문화 요소를 도입한 모스크 양식은 문화 융합의 사례에 해당한다.
⑤ 이슬람교를 창시했다는 내용과 비잔티움 제국에서 교회 건축에 사용되었던 돔 양식을 이슬람교 모스크의 형태에 반영했다는 내용 모두 기존 문화의 정체성이 유지된 사례에 해당한다.

다음은 도시화와 산업화에 대한 자료이다. 이에 대한 설명으로 옳은 것은? (단, 그래프의 A~C는 각각 네팔, 일본, 타이 중 하나임.)

일반적으로 도시화 과정은 초기-가속화-종착의 3단계로 진행되고, 단계마다 도시화율과 도시 인구 증가율이 다르게 나타난다. 반면 도시화의 속도와 구체적 시기는 국가별로 다르다. 따라서 각 국가의 도시화 단계는 도시화율과 도시 인구 증가율을 통해 알 수 있다.

〈4개국의 경제 부문별 국내 총생산 비율〉
(단위: %)

한국 A — 일본보다 농림어업의 비율이 높은 A - 타이
B — 단서 농림어업의 비율이 가장 낮은 B - 일본
C — 농림어업의 비율이 가장 높은 C - 네팔

제조업 / 농림어업
World Bank(2022)

예를 들어 2022년 기준으로 도시화율은 일본, 한국, 타이, 네팔 순으로 높고, 도시 인구 증가율은 반대로 네팔, 타이, 한국, 일본 순으로 높다. 네팔은 도시화율이 21.5%로 가장 낮지만, 연평균 도시 인구 단서 도시 인구 수 < 촌락 인구 수

증가율은 3.8%로 가장 높아 가속화 단계에 진입하였음을 알 수 있다.
또한 도시화는 산업화 수준과도 밀접하게 관련되어 있다. 산업화가 고도화될수록 더 많은 사람들이 도시에 살게 되기 때문이다. 다음 그래프는 앞에서 언급한 네 나라의 2022년 경제 부문별 국내 총생산(GDP) 비율을 나타낸 것이다. 이 그래프를 통해 각 국가의 산업 부문별 비중을 알 수 있다.

① A의 제조업 총부가가치액은 한국보다 ~~많다~~ 적다.
②B는 한국보다 도시 인구수가 많다.
　일본과 한국 모두 도시화율이 높지만 총인구는 일본이 한국보다 많기 때문
③ C는 도시 인구수가 촌락 인구수보다 ~~많다~~ 적다.
④ A는 B보다 산업화가 시작된 시기가 ~~이르다~~ 늦다.
⑤ 타이는 일본보다 국내 총생산에서 서비스업이 차지하는 비율이 ~~높다~~ 낮다.

│문제+자료 분석│
- A : 한국과 같이 제조업의 비율이 높지만 한국과 B보다 농림어업의 비율이 높게 나타남 → 타이
- B : 제조업의 비율이 높은 편이고 한국보다 농림어업의 비율이 낮게 나타남 → 일본
- C : 네 국가 중 제조업의 비율이 가장 낮고 농림어업의 비율이 가장 높음 → 네팔

│선택지 분석│
① 타이는 한국보다 국내 총생산에서 제조업의 부가가치액이 차지하는 비율이 약간 높지만, 국내 총생산이 한국보다 훨씬 적다. 따라서 타이는 한국보다 제조업의 부가가치액이 적다.
② 도시화율은 총인구에서 도시 인구가 차지하는 비율이다. 일본과 한국은 도시화율이 90% 이상으로 높게 나타나지만 일본은 한국보다 총인구가 더 많다. 따라서 일본은 한국보다 도시 인구가 많다.
③ 남부 아시아의 개발 도상국인 네팔은 도시화율이 50% 미만으로 도시 인구가 촌락 인구보다 적다.
④ 동남아시아의 개발 도상국인 타이는 동아시아의 선진국인 일본보다 산업화가 시작된 시기가 늦으며 그로 인해 도시화율도 낮다.
⑤ 국내 총생산에서 서비스업이 차지하는 비율은 100%에서 제조업과 농림어업이 차지하는 비율을 빼면 구할 수 있다. 그래프를 보면 타이(A)는 일본(B)보다 국내 총생산에서 제조업과 농림어업이 차지하는 비율이 높으므로 서비스업이 차지하는 비율은 낮다.

(가)에 해당하는 권리에 대한 설명으로 옳은 것은?

위 그림은 산업 혁명 시기에 나타난 계급 간의 빈부 격차를 풍자한 것이다. 윗부분은 부유한 계급의 편안한 생활을, 아랫부분은 탄광에서 일하는 굶주린 노동자를 표현하였다. 이처럼 산업 혁명 이후 발달한 자본주의는 인간 생활의 물질적 향상을 가져왔지만 자본의 집중에 의한 빈부의 격차를 초래하였다. 궁핍과 빈곤으로 산업 혁명 이후 노동자들의 열악한 환경과 빈부 격차 (사회권의 등장 배경) 인해 기본적인 생활 수준을 영위하지 못하자 인간다운 생활을 가능하게 하는 사회권의 핵심 키워드 단서 물적 토대를 국가에 요구할 수 있는 권리인 ____(가)____ 의 보장이 요구되었다.
적극적 권리　　　　　　　사회권

① 미국 독립 선언에서 천명되었다.
　미국 독립 혁명 (사회권 등장 이전)
② 바이마르 헌법에 최초로 명시되었다.
　사회권
③ 프랑스의 인권 선언에 영향을 주었다.
　프랑스 혁명 (사회권 등장 이전)
④ 영국에서는 명예혁명을 계기로 실현되었다.
　　권리 장전 채택 (사회권 등장 이전)
⑤ 차티스트 운동 당시 인민헌장에 규정되었다.
　영국 노동자의 참정권 확대 운동 (사회권 등장 이전)

│문제+자료 분석│
- 산업 혁명 이후 노동자들의 열악한 근로 조건과 빈부 격차 등 심각한 사회 문제가 발생했다. 이에 따라 국가가 적극적으로 나서서 모든 국민들의 인간다운 삶을 보장할 것을 요구하는 사회권이 등장하였다.

│선택지 분석│
① 미국 독립 선언은 근대 시민 혁명 중 하나인 독립 혁명 과정에서 1776년에 발표되었다. 사회권이 최초로 명시된 것은 1919년 독일 바이마르 헌법이므로 틀린 설명이다.
② 사회권은 1919년 독일 바이마르 헌법에서 최초로 명시되었다.
③ 프랑스 인권 선언은 근대 시민 혁명 중 하나인 프랑스 혁명 과정에서 1789년에 발표되었다. 따라서 사회권이 등장하기 이전 시기에 해당하므로 사회권이 프랑스 인권 선언에 영향을 줄 수 없다.
④ 영국 명예혁명을 계기로 채택된 것은 의회가 제정한 권리 장전이다. 근대 시민 혁명 시기인 1689년에 승인된 것이므로 사회권이 등장하기 이전 시기이다.
⑤ 인민헌장은 1838년 영국 노동자들이 선거권 확대를 요구한 차티스트 운동 때 발표된 것이므로 사회권이 등장하기 이전 시기이다.

예시 1차

밑줄 친 ⓛ을 통해 해결하고자 하는 ③의 발생 원인에 대한 설명으로 옳은 것은?

> 미국의 독립 혁명, 프랑스 혁명 등을 거쳐 확립된 근대 입헌주의 헌법은 시민 계급이 자유를 극대화하는 데 필요한 최소한의 질서 유지를 위해서만 국가의 물리적 강제력 행사를 허용하였다. 사적 자치의 원칙을 강조한 근대법 체제하에서는 <u>개인의 자유로운 경제 활동이 최대한 보장</u>되었지만, ③ <u>시장에서</u>
>   시장경제의 특징
> <u>자원이 효율적으로 배분되지 못하는 현상</u>이 나타나게 되었다. 특히 <u>상품의 생산</u>
>   시장 실패
> <u>과정에서 배출되는 오염 물질로 인한 환경 피해</u>의 경우 오염 물질의 방출이
>   단서   외부 불경제
> 당시의 과학 기술 수준으로 피할 수 없는 경우라면 행위자의 과실이 인정되지 않아 피해자가 구제받을 수 없는 문제가 발생하게 되었다. 이에 왜곡된
> <u>다른 경제 주체에게 의도하지 않은 피해를 주고 대가를 치르지 않음</u>
> 시장경제 구조를 바로잡기 위해 국가의 개입을 인정하는 조항 등이 헌법에 자리 잡게 되었고, 환경 오염으로 피해가 발생한 경우 ⓛ <u>고의나 과실 여부와 관계없이 원인자에게 손해 배상 책임을 인정하는 입법</u>이 이루어졌다.

① 외부 불경제가 발생하여 시장 거래량이 사회적 최적 거래량보다 많아졌다.
   환경 오염 피해   과다 생산 문제
② 비경합성과 비배제성을 특성으로 하는 재화에 무임승차자의 문제가
   초래되었다.   공공재
③ 독과점 형태의 시장 구조로 인하여 부당한 공동 행위와 불공정 거래 행위가
   발생하였다.   사례와 관련 없음
④ 정보가 제한된 상황에서 정부의 시장 개입이 사회 후생 개선에 실패하는
   현상이 나타났다. 정부 실패 원인
⑤ 산업 자본주의 국가들이 자유 방임주의를 근거로 국가의 시장 개입을
   최소화하는 작은 정부를 추구하였다. 자유 방임주의 시장경제 원리

| 문제+자료 분석 |

• ③: 개인의 자유로운 경제 활동을 보장하는 시장경제 체제에서 자원의 비효율적 배분이 발생하는 현상이 발생함 → 시장 실패
• 상품 생산 과정에서 환경 오염 물질이 방출되어 주변 경제 주체에게 피해를 주고 이에 대한 대가를 치르지 않는 상황은 외부 불경제 사례이다.
• ⓛ은 외부 불경제 상황을 해결하기 위해 환경 오염 피해 발생에 대한 대가를 치르도록 법을 만든 것이다.

| 선택지 분석 |

① 다른 경제 주체에게 입힌 의도하지 않은 피해에 대한 대가를 치르도록 하는 것은 시장 실패 중 외부 불경제를 해결하기 위함이다. 외부 불경제는 재화가 사회적으로 바람직한 최적 수준보다 많이 생산되어 거래되기 때문에 시장 실패를 발생시킨다.
② 비경합성과 비배제성을 특성으로 하는 재화는 공공재이며, 공공재 무임승차자 문제는 시장 실패의 발생 원인이지만 사례와는 관련이 없다.
③ 독과점으로 인한 불공정 거래 문제는 시장 실패의 발생 원인이지만 사례와는 관련이 없다.
④ 정부가 시장에 개입하였으나 사회 후생 개선에 실패하는 것은 시장 실패가 아니라 정부 실패의 발생 원인에 해당한다.
⑤ 시장 실패가 자유 방임주의 시장경제 체제에서 발생할 수 있는 것은 맞지만, 시장경제의 도입이 시장 실패의 직접적인 원인이라고 보기는 어렵다. 또한 ⓛ은 외부 효과 해결에 대한 설명이므로 적절하지 않다.

(가)~(라)에 들어갈 수 있는 옳은 내용만을 〈보기〉에서 있는 대로 고른 것은?

교사

> 헌법은 연소자의 근로에 대한 특별한 보호에 관해 규정하고 있습니다. 이처럼 청소년의 노동 인권 보호를 강조하는 이유를 사회 불평등의 관점에서 분석하고, <u>근로 기준법상 연소자 보호 규정과 관련지어</u> 설명해 봅시다.
> (가), (나), (라) → 근로 기준법의 규정 제시 단서

> 청소년은 신체적·정신적으로 근로를 감당할 능력이 부족하기 때문에 성인에 비해 불리한 위치에 있으므로 청소년 근로에 대한 보호와 우선적 배려가 요구됩니다. 따라서 <u>근로 계약 체결 과정에서 연소자를 보호하기 위해</u> (가) 와/과 같은 규정을 마련하고 있으며, (나) 을/를 명시하여 업무에 있어 <u>안전과 건강에 대한 보호</u>를 하고 있습니다.

> 청소년은 (다) 을/를 이유로 사회적 소수자로 인정될 수 있으며 노동 인권을 침해받기도 합니다. 이에 친권자나 후견인 등에게 미성년자에게 불리한 근로 계약에 대한 해지권을 부여하고, 연소자의 근로 능력과 교육 시간 확보의 필요성 등을 고려하여 (라) 을/를 규정해 <u>근로 시간에 대한 특별한 보호</u>를 하고 있습니다.

[보기]

ㄱ. (가): 친권자 또는 후견인의 미성년자 근로 계약에 대한 대리 금지
   친권자 또는 후견인의 동의를 받아 미성년자가 직접 근로 계약 체결
ㄴ. (나): 도덕상 또는 보건상 유해·위험한 사업에 사용 금지
   피시방, 숙박업, 노래방 등 청소년 고용 금지 업소
ㄷ. (다): ~~후천적~~ 요인과 ~~수적~~ 열세로 인하여 노동 현장에서 다른 구성원으로부터
   선천적   권력
   차별을 받거나 부당한 처우의 대상이 됨
ㄹ. (라): 근로 시간이 4시간인 경우에는 사용자로 하여금 근로 시간 도중에
   30분 이상의 휴게 시간을 주도록 함 모든 근로자에게 적용

① ㄱ, ㄴ   ② ㄱ, ㄷ   ③ ㄷ, ㄹ   ④ ㄱ, ㄴ, ㄹ   ⑤ ㄴ, ㄷ, ㄹ

| 문제+자료 분석 |

• (가), (나), (라): 연소자 보호를 목적으로 한 근로 기준법상의 내용
• (다): 사회적 소수자의 정의에 입각하여 청소년이 사회적 소수자로 인정되는 이유

| 보기 분석 |

ㄱ. (가)에는 계약 체결 과정에서의 연소자 보호 규정이 들어가야 한다. 친권자 또는 후견인의 미성년자 근로 계약에 대한 대리 금지는 근로 기준법 제 67조에 명시되어 있다.
ㄴ. (나)에는 연소자 안전과 건강 보호에 관한 규정이 들어가야 한다. 근로 기준법 제 65조에 따라 만 18세 미만자를 도덕상 또는 보건상 유해· 위험한 사업에 사용할 수 없다.
ㄷ. 사회적 소수자는 신체적 또는 문화적 특징으로 인해 주류 집단으로부터 불평등한 처우를 받는 사람들을 의미한다. 청소년이 신체적·정신적으로 근로 능력이 부족한 것은 주로 선천적 요인에 기인한 것으로 볼 수 있으며, 사회적 소수자는 수적으로 열세인 것과 무관하게 권력의 열세에 의해 규정되므로 적절하지 않은 설명이다.
ㄹ. 근로 시간이 4시간인 경우 30분 이상의 휴게 시간을 주는 것은 근로 기준법상 모든 근로자에게 적용되는 규정이다. (라)에는 연소자의 근로 시간에 대한 특별한 보호 내용이 들어가야 하므로 적절하지 않다.

(가)의 갑, 을 사상가들의 입장을 (나) 그림으로 탐구하고자 할 때, A~C에 들어갈 적절한 질문만을 〈보기〉에서 고른 것은?

(가)
갑
노직
: 한 사람의 소유물은 취득, 이전, 교정의 원리에 의해 권리를
단서 소유 권리론의 3가지 원리
부여받았으면 정당하다. 각 개인의 소유물이 정당하다면 소유물의 전체 집합, 즉 분배도 정당하다.

을
롤스
: 공정으로서의 정의는 공정한 합의의 관념을 기본 구조 자체로 확장시킨다.
무지의 베일이라 부른 특징을 갖는 **원초적 입장**이 이러한 관점을 구체화 한다.
단서 원초적 입장에서 정의의 원칙 합의

(나)
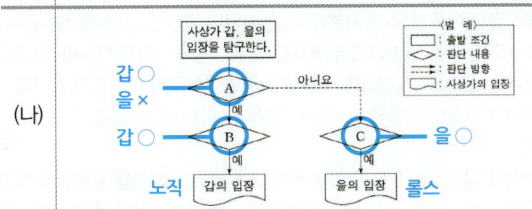

노직   갑의 입장   을의 입장   롤스

[보기]

ㄱ. 정의로운 사회에서 경제적 불평등이 허용될 수 있는가?
갑 ○, 을 ○

ㄴ. B : 각 개인은 자신의 정당한 소유물에 대한 배타적 사용권을 가지는가?
 불가침의 권리

ㄷ. B : 자신이 직접 노동하지 않더라도 정당하게 소유물을 얻는 것이 허용될 수 있는가?
이전 및 교정의 원리

ㄹ. C : 자회적 약자의 경제적 이익을 증진하는 것을 최우선의 정의 원칙으로
을(롤스) 기본적 자유의 평등한 보장
삼아야 하는가?

① ㄱ, ㄴ   ② ㄱ, ㄷ   ③ ㄴ, ㄷ   ④ ㄴ, ㄹ   ⑤ ㄷ, ㄹ

| 문제+자료 분석 |

· 갑 노직: 정의로운 분배는 개인의 자유와 권리를 보호하는 취득, 이전, 교정 등 3가지 원칙에 의해 실현될 수 있음
· 을 롤스: 정의로운 분배는 자유롭고 평등하고 합리적인 사람들이 원초적 입장에서 합의한 원칙에 근거할 때 실현될 수 있음

| 보기 분석 |

ㄱ. 갑(노직)은 어떤 경제적 불평등이라도 취득, 이전, 교정 등 3가지 원리를 위반하지 않았다면 정당화될 수 있다고 본다. <mark>을(롤스)은 원초적 입장에서 합의한 원칙에 따라 최소 수혜자에게 최대한의 이익을 산출하는 경제적 불평등은 허용될 수 있다고 본다.</mark> 꿀팁

ㄴ. 갑(노직)은 개인이 취득, 이전, 교정 등 3가지 원리에 의해 정당하게 획득한 소유물에 대해서는 불가침의 권리를 갖는다고 본다. 이 권리는 곤경에 처한 타인의 복지를 위해서 또는 사회의 더 큰 이익을 위해서 침해될 수 없는 권리이다.

ㄷ. 갑(노직)은 취득의 원리 외에도 이전의 원리나 교정의 원리에 근거해서도 정당하게 소유물을 획득할 수 있다고 본다. 이전의 원리에 근거하여 타인과 자유롭게 물품을 교환하거나 매매할 수 있을 뿐 아니라, 교정의 원리에 따라 재화를 재분배받을 수도 있기 때문이다.

ㄹ. 을(롤스)은 최소 수혜자에게 최대한의 이익을 보장해야 한다는 정의의 제2원칙보다 모든 사람에게 기본적 자유를 평등하게 보장해야 한다는 정의의 제1원칙을 더 우선한다.

예시
1차

다음 자료에 대한 옳은 설명만을 〈보기〉에서 있는 대로 고른 것은?

우리나라 사회 복지 제도 중 ㉠ 의료 급여 제도는
단서 공공 부조
생활이 어려운 사람에게 의료 급여를 함으로써
공공 부조 수혜 대상
보건과 사회 복지의 증진을 목표로 하는 제도이다.
2022년에는 전국 인구의 약 3%가 이 제도의
수급권자였다. 시도별 의료 급여 수급권자 비율이
세종
가장 낮은 지역은 1.2%, 가장 높은 지역은 4.6%로
전라북도
차이가 있다. 수급권자 비율이 전국 평균보다 낮은
시도는 서울, 경기, 울산, 충남, 세종이다.

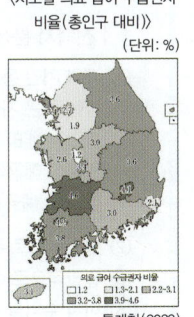
〈시도별 의료 급여 수급권자 비율(총인구 대비)〉
(단위: %)

통계청(2022)

[보기]

ㄱ. 광역시는 모두 ㉠의 수급권자 비율이 4.0% 이상이다.
부산, 대구, 인천, 광주, 대전, 울산   부산, 대구, 광주

ㄴ. ㉠의 수급권자 비율이 가장 낮은 지역은 충청권에 위치한다.
세종

ㄷ. ㉠은 인간의 기본적 필요 충족을 분배적 정의의 기준으로 적용하였다.
최저 생활 보장을 목적으로 함

ㄹ. ㉠은 공공 부조에 해당하며, 정부 재정으로 비용을 전액 충당하는 것을 원칙으로 한다.
공공 부조의 특징

① ㄱ, ㄴ   ② ㄱ, ㄷ   ③ ㄷ, ㄹ   ④ ㄱ, ㄴ, ㄹ   ⑤ ㄴ, ㄷ, ㄹ

| 문제+자료 분석 |

· ㉠ 의료 급여 제도: 생활이 어려운 국민의 최저 생활을 보장하고 자립을 지원하는 공공 부조에 해당한다. 공공 부조는 정부 재정으로 비용을 전액 충당하는 것을 원칙으로 한다.

| 보기 분석 |

ㄱ. 광역시는 부산, 대구, 인천, 광주, 대전, 울산이다. 이 중에서 ㉠ 수급권자 비율이 4.0% 이상인 곳은 부산, 대구, 광주뿐이다. <mark>제시문에서 수급권자 전국 평균이 3%이고, 수급권자 비율이 전국 평균보다 낮은 시도에 울산이 있다는 정보가 있으므로, 울산이 광역시임을 알면 지도상의 위치를 몰라도 틀린 선지임을 알 수 있다.</mark> 꿀팁

ㄴ. ㉠ 수급권자 비율이 가장 낮은 지역은 세종으로, 충청권에 위치한다.

ㄷ. 의료 급여 제도는 생활이 어려운 국민에게 급여를 제공하여 최저 생활을 보장하고 보건과 사회 복지 증진을 목표로 하고 있다. 인간의 기본적 필요 충족을 분배적 정의의 기준으로 적용한 것이다.

ㄹ. 의료 급여 제도는 공공 부조에 해당하며, 공공 부조는 정부 재정으로 비용을 전액 충당하는 것을 원칙으로 한다.

밑줄 친 '저'에 대한 설명으로 옳은 것은?

> 친애하는 후버 대통령과 대법원장, 그리고 여러분! 지금 저와 여러분은 <u>루스벨트 대통령</u> 공통적인 난국에 직면해 있습니다. 이러한 난국은 다행히 물질적인 것에만 관련된 것입니다. <u>물가는 믿을 수 없을 정도로 떨어졌습니다. 상업 거래에서는 돈이 돌지 않고, 생산 기업은 말라죽은 잎사귀처럼 여기저기에 흩어져 있습니다.</u> 농민들은 생산물을 팔 시장을 찾을 수가 없고, 수만 가정에 수년 동안 저축해 온 돈은 삽시간에 사라졌습니다. 더욱 중대한 것은 다수의 실업자들이 냉혹한 생존 문제에 직면해 있습니다. …(중략)… '<u>검은 목요일</u>'로부터 시작된 지금의 난국으로 인해 우리 미국 국민들은 좌절한 일이 <u>세계 대공황의 시작</u> 단서 없습니다. 그들은 지도자가 규율과 방향을 제시해 줄 것을 요구하며 저를 자신들의 소원을 실현시키는 인물로 만들고 있습니다. 저는 이 임무를 소명으로 기꺼이 받아들일 것이며, 대통령으로서의 헌신을 서약함에 있어 겸허하게 신의 축복을 기원하는 바입니다.

① 자본가와 노동자 간의 계급 투쟁을 강조하였다.
   마르크스(공산주의)의 입장
② 대규모 공공사업을 벌이는 등 <u>뉴딜 정책</u>을 실시하였다.
   유효 수요 창출
③ 신자유주의에 근거하여 <u>노동 시장의 유연성을 강화</u>하였다.
   하이에크(신자유주의)의 입장
④ 제1차 석유 파동으로 인한 경기 침체를 극복하고자 하였다.
   하이에크(신자유주의)의 입장
⑤ 국부론을 저술하여 개인의 경제적 자율성 보장을 역설하였다.
   스미스(산업 자본주의)의 입장

│ 문제+자료 분석 │

- 저(루스벨트 대통령): 1929년 검은 목요일 사건으로 시작된 세계 대공황의 원인을 농작물의 과잉 생산 및 재고 축적으로 간주함. 하락한 물가와 대규모 실업을 해결하기 위해 정부가 시장에 적극적으로 개입해야 한다고 주장함.

│ 선택지 분석 │

① 마르크스는 자본주의 사회에서는 지배계급인 자본가가 피지배계급인 노동자를 착취하는데, 이를 해결하기 위해서는 노동자 계급이 단결하여 자본가 계급을 상대로 투쟁을 벌여야 한다고 본다.

② 루스벨트 대통령(수정 자본주의)은 기업이 과잉 생산한 재고를 줄이고 대규모 실업을 해결하기 위해서는 정부가 공공사업을 벌여야 한다고 본다. 이를 통해 시민들에게 임금을 제공함으로써 수요를 촉진하고 기업의 원활한 운영을 도모할 수 있을 뿐 아니라 일자리도 창출할 수 있기 때문이다.

③ 하이에크는 기업이 더욱 자유롭게 고용 규모와 방식을 결정할 수 있도록 도와 노동 시장의 유연성을 강화하면 노동 시장의 비효율성을 해소할 수 있다고 본다.

④ 하이에크는 정부의 적극적인 시장 개입으로는 제1차 석유 파동이 유발한 스태그플레이션을 해결할 수 없으므로, 정부의 시장 개입을 최소화해야 한다고 본다.

⑤ 스미스는 개인들이 각자 자신의 이익을 추구하는 과정에서, 자원이 효율적으로 이용되고 분업의 효과가 실현되어 국가 전체의 이익이 증진될 수 있다고 본다.

다음 자료에 대한 설명으로 옳은 것은? (단, A~C는 각각 예금, 주식, 채권 중 하나임.)

[평가 요소] 금융 자산 A~C의 일반적 특징

[서술형 문항]
⑴ C와 구별되는 A의 일반적 특징을 1가지만 쓰시오. (1점)
⑵ C와 구별되는 B의 일반적 특징을 1가지만 쓰시오. (1점)
⑶ A와 구별되는 C의 일반적 특징을 1가지만 쓰시오. (1점)

[학생 답안지]

서술형 문항	답안	점수
⑴ A	배당 수익을 기대할 수 있다. 주식 단서	1점
⑵ B	예금자 보호 제도의 적용을 받는다. 예금 단서	1점
⑶ C	(가) 주식과 구분되는 채권의 특징이 들어가야 옳은 답안이 됨	㉠

*각 문항별로 채점하며, 옳은 답안은 1점, 틀린 답안은 0점을 부여함.

① A는 계약 기간 동안 일정한 금액을 매달 납입하여 만기 시에 원금과 이자를
   저축성 예금 중 적금에 해당
   받는 자산이다.
② 일반적으로 A는 C보다 안전성이 높다.
   C   A
③ 일반적으로 B는 A보다 수익성이 높다.
   A   B
④ B와 C는 모두 이자 수익을 기대할 수 있다.
   예금과 채권의 공통점
⑤ (가)에 '시세 차익을 기대할 수 있다.'가 들어가면, ㉠은 '1점'이다.
   주식과 채권의 공통점   0점

│ 문제+자료 분석 │

- <1> C와 구별되는 A의 일반적인 특징으로 '배당 수익을 기대할 수 있다.'가 옳은 답안이므로 A는 주식이다.
- <2> C와 구별되는 B의 일반적인 특징으로 '예금자 보호 제도의 적용을 받는다.'가 옳은 답안이므로 B는 예금이 되고, 나머지 C는 채권이다.
- 따라서 A: 주식, B: 예금, C: 채권이다.

│ 선택지 분석 │

① 계약 기간 동안 일정한 금액을 매달 납입하고 만기 시에 원금과 이자를 받는 것은 저축성 예금 중 적금에 대한 설명이다. A 자리에 B가 들어가도 틀린 설명이 된다. 예금의 종류에 요구불 예금과 저축성 예금이 있고, 저축성 예금이 정기 예금과 적금으로 구분된다. 따라서 '예금은 적금이다.'라는 말이 되기 때문에 틀린 설명이다. 함정

② 일반적으로 주식은 채권에 비해 안전성이 낮고 수익성이 높다.

③ 일반적으로 예금은 주식에 비해 안전성이 높고 수익성이 낮다.

④ 이자 수익을 기대할 수 있는 것은 예금과 채권의 공통점이다.

⑤ <3>은 주식과 구별되는 채권의 특징을 묻고 있다. 시세 차익을 기대할 수 있는 것은 주식과 채권의 공통점이므로 틀린 답안이 되어 ㉠은 0점이다.

다음 강연자가 지지할 견해로 적절하지 <u>않은</u> 것은?

> 우리는 평화 연구의 전제로서 폭력 연구를 수행해야 합니다. 먼저 직접적 폭력은 전쟁이나 범죄와 같이 그 자체로 보복과 공격적인 소요를 일으킵니다. 이는 인간의 신체와 정신과 영혼을 상하게 합니다. 한편, 간접적 폭력은 구조나 문화에 의해 발생하는 폭력을 의미합니다. 이는 비의도적일 수 있지만 그 자체로 반복되며 또 다른 폭력을 낳습니다. 우리가 지향해야 하는 <u>진정한 평화란 직접적 폭력뿐만 아니라 간접적 폭력까지 사라진 상태를 의미합니다.</u>
> **단서** → 갈퉁 : 소극적 평화가 아닌 적극적 평화

① 적극적 평화를 실현하는 것이 폭력에 대한 최선의 방어이다.
　　　　　　　　　　　　　　　폭력 제거 및 예방
②폭력은 소극적 평화를 실현하는 수단으로서만 <u>허용될 수 있다</u>.
　　　　　　　　　　　　　　　　　　　　허용 X
③ 직접적 폭력과 간접적 폭력은 서로 유기적으로 연결되어 있다.
　　　　　　　　　　　　　　　　상호 확대 재생산
④ 폭력은 의도하지 않아도 생길 수 있으며 또 다른 폭력으로 이어질 수 있다.
　　　간접적 폭력
⑤ 국제 사회의 행위 주체인 국제기구는 갈등 해결을 위해 <u>평화적 수단을 활용</u> 해야 한다.
　　　　　　　　　　　　　　　　　　평화적 수단에 의한 평화

| 문제＋자료 분석 |

• **갈퉁**: 직접적 폭력, 구조적 폭력, 문화적 폭력은 폭력의 삼각형을 이루고 있으며, 폭력은 어느 한 꼭짓점에서 시작하여 다른 꼭짓점으로 확대 재생산될 수 있음. 따라서 우리는 직접적 폭력이 소멸한 소극적 평화를 넘어 간접적 폭력도 소멸한 적극적 평화를 지향해야 함

| 선택지 분석 |

① 갈퉁은 현존하는 폭력을 제거하는 것뿐만 아니라 미래에 발생할 수 있는 폭력을 예방하기 위해서 적극적 평화를 실현해야 한다고 본다.
② 갈퉁은 폭력이 또 다른 폭력을 불러올 수 있으므로, 평화적 수단에 의해서만 평화를 실현해야 한다고 주장한다.
③ 갈퉁은 직접적 폭력, 구조적 폭력, 문화적 폭력은 마치 삼각형의 서로 다른 꼭짓점처럼 서로 영향을 주고받으며 확대 재생산된다고 본다. **꿀팁**
④ 갈퉁은 의도적인 행위자가 분명히 존재하는 직접적 폭력과 달리 구조적 폭력과 문화적 폭력에는 행위자의 의도가 담기지 않을 수 있다고 본다. 예를 들어 노예제도가 존재하는 사회에서 주인이 노예에게 물리적인 폭력을 행사하지 않더라도, 노예제도 자체가 노예에 대한 착취와 억압을 요구한다는 점에서 구조적 폭력에 해당한다.
⑤ 갈퉁은 국제기구가 물리적인 강제력이나 폭력 대신에 평화적 수단을 통해 갈등을 해결해야 한다고 본다.

다음 자료는 출생률과 경제 수준에 관한 것이다. 이에 대한 설명으로 옳은 것은? (단, 그래프의 A, B는 각각 지도에 표시된 두 국가 중 하나임.)

> 전 세계적으로 출생률과 사망률이 낮아지는 경향을 보이고 있다. 사망률은 이미 1986년부터 10% 미만으로 충분히 낮아져 안정적으로 유지되고 있는 반면, 출생률은 국가에 따라서 상황이 다르다. 여전히 ㉠ 높은 출생률 문제를 겪고
> 　　　　　　　　　　　　　　　　　　개발도상국
> 있는 국가는 경제 수준에 비해 인구 증가율이 높아 인구를 부양하기 쉽지 않으며, ㉡ 낮은 출생률 문제에 당면한 국가는 현재 경제 수준이 높지만 해당
> 　　　　　　선진국
> 문제가 지속될 경우 국가 유지에 어려움을 겪을 수 있다.
> 　국가별 경제 수준 차이는 결국 이민자의 문제라는 전혀 다른 방향의 인구 문제로 이어진다. 많은 인구로 인해 국민들을 부양하기 어려운 국가에서는 사람들이 일자리를 찾아 선진국으로 이주하려 하고, 자국인 노동력의 부족을 경험하는 선진국에서는 몰려드는 이민자들의 문화적 차이와 자국민과의 일자리 갈등이라는 새로운 문제를 떠안고 있다.

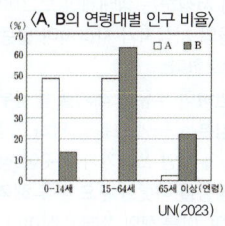 〈A, B의 연령대별 인구 비율〉

UN(2023)

단서 0~14세의 유소년층 인구 비율 : A＞B
65세 이상의 노년층 인구 비율 : A＜B
→ A는 니제르, B는 독일

① 유럽에는 인구 문제 ㉠을 겪는 나라가 ㉡을 겪는 나라보다 <u>많다</u>.
저출산 고령화 문제가 심각함　　　　　　　　　　　　　　　적다
② <u>A</u>는 경제 수준에 비해 출생률이 낮은 국가에 해당한다.
　B
③ B는 이민자의 문화적 정체성을 유지하기 위해 <u>용광로</u> 이론에 기반한 정책을
　　　　　　　　　　　　　　　　　샐러드볼 ×
강화해 왔다.
④ <u>A</u>는 초고령 사회에 도달한 국가로 <u>B</u>보다 중위 연령이 높다.
　B　　　　　　　　　　　　　A
⑤B는 A보다 총부양비(인구 부양비)가 낮다.
　　15~64세의 청장년층 인구 비율에 반비례함

| 문제＋자료 분석 |

• ㉠ : 높은 출생률 → 경제 발달 수준이 낮은 개발 도상국에서 주로 나타남
• ㉡ : 낮은 출생률 → 경제 발달 수준이 높은 선진국에서 주로 나타남
• 지도에 표시된 두 국가는 유럽의 선진국인 독일과 아프리카의 개발 도상국인 니제르임
• A : B보다 0~14세의 유소년층 인구 비율이 높은 반면 65세 이상의 노년층 인구 비율이 낮음 → 아프리카의 개발 도상국인 니제르
• B : A보다 0~14세의 유소년층 인구 비율이 낮은 반면 65세 이상의 노년층 인구 비율이 높음 → 유럽의 선진국인 독일

| 선택지 분석 |

① 대부분 선진국으로 이루어진 유럽은 높은 출생률을 겪는 나라보다 낮은 출생률을 겪는 나라가 많아 저출산 고령화 문제가 심각하다.
② 경제 수준에 비해 출생률이 낮은 국가는 유럽의 선진국인 독일이다.
③ 노동력 부족 문제 해결을 위해 많은 이민자를 받아들인 독일은 이민자의 문화적 정체성을 유지하기 위해 샐러드 볼 이론에 기반한 정책을 강화한다.
④ 초고령 사회에 도달한 국가는 노년층 인구 비율이 높은 독일이며, 독일은 니제르보다 유소년층 인구 비율이 낮고 노년층 인구 비율이 높으므로 중위 연령이 높다.
⑤ 총부양비(인구 부양비)는 15~64세의 청장년층 인구 비율과 반비례 관계이다. 그래프를 보면 B(독일)는 A(니제르)보다 15~64세의 청장년층 인구 비율이 높으므로 총부양비(인구 부양비)가 낮다.

 예시 1차

01 정답 ⑤ ＊ 행복의 기준 ·· 2028 대비 수능 예시 1(2차)

다음은 고대 서양 사상가 갑, 을의 가상 대화이다. 갑, 을의 관점에서 〈사례〉 속 A에게 제시할 조언으로 가장 적절한 것은? [2점]

단서 행복은 완전하고 자족적인 좋음으로서 인간이 선택하고 추구하는 모든 것의 **궁극** 목적입니다. 행복한 삶은 가장 좋고 가장 즐거우며, 윤리적이고 지성적으로 탁월한 삶입니다.

단서 행복한 삶의 시작이자 끝은 **쾌락**입니다. 진정한 쾌락은 몸에 고통이 없고 마음에 동요가 없는 상태입니다. 사려 깊으며 정의로운 삶 없이는 쾌락적인 삶도 있을 수 없습니다.

 갑    을

─────── [사례] ───────
A는 많은 돈을 가진 자산가이다. A는 육체적인 즐거움만을 행복이라 생각하고 매일 향락적인 생활을 하고 있다.

① 갑: 물질적 부는 행복의 실현에 기여할 수 ~~없음~~을 명심하세요.
　　　　　　　　　　　　　　　　　　　　있음
② 갑: 행복한 사람의 행위에는 쾌락이 따르지 ~~않음~~을 명심하세요.
　　　　　　　　　　　　　　　　　따를 수 있음
③ 을: 욕구를 충족하려는 시도는 ~~항상~~ 고통을 야기함을 명심하세요.
　　　　　　　　　　고통을 야기할 수도 있음
④ 을: 쾌락이 삶의 목적인 사람은 결코 만족할 수 ~~없음~~을 명심하세요.
　　　　　　　　　　　　　　　　　　　　있음
⑤ 갑과 을: 이성을 동반한 덕을 통해 행복을 성취할 수 있음을 명심하세요.
갑: 행복을 위해 이성 발휘, 을: 이성으로 욕구 구분 및 절제

| 문제+자료 분석 |
- **갑** 아리스토텔레스: 궁극 목적인 행복은 최고선이자 최고 좋음임. 행복에 도달하기 위해서는 다른 종과 구분되는 인간의 고유한 기능인 이성을 발휘해야 함
- **을** 에피쿠로스: 행복은 진정한 쾌락으로 몸과 마음에 고통이 없는 아타락시아(평정심)의 상태임. 인간은 이성을 발휘하여 욕구를 구분하고 절제하여 제대로 충족해야 함

| 선택지 분석 |
① 물질적 부가 행복의 실현에 아예 기여할 수 없는 것은 아니다. 경제적 수준이 갖춰지고 기본적인 욕구가 충족될 때도 행복에 이를 수 있다. 그러나 갑(아리스토텔레스)이 물질적인 부를 진정한 행복이라고 보지는 않는다.
② 갑(아리스토텔레스)은 행복한 사람의 행위에도 쾌락이 따를 수 있다고 본다. 행복한 사람의 행위가 육체적 즐거움, 쾌락을 무조건 배제하는 것은 아니다. 다만, 쾌락을 추구하는 것을 진정한 행복이라고 보지 않는다.
③ 을(에피쿠로스)은 모든 욕구 충족 시도가 고통을 초래한다고 보지는 않는다. 그러나 쾌락에 집착하며 그것만을 쫓을수록 오히려 고통에 시달리게 되고, 진정한 쾌락에서 멀어진다는 쾌락의 역설을 주장한다.
④ 을(에피쿠로스)의 입장에서 쾌락은 행복의 시작이자 끝이다. 쾌락이 삶의 목적인 사람은 만족할 수 있다. 진정한 쾌락은 몸과 마음에 고통이 없는 상태로, 아타락시아(평정심)에 도달하면 만족의 상태에 이를 수 있다.
⑤ 갑(아리스토텔레스)은 인간의 고유한 기능인 이성을 발휘해 덕복합일을 이루는 것을 강조한다. 을(에피쿠로스)은 이성적 숙고를 통해 욕구를 구분하거나 절제하며 진정한 행복에 이를 수 있다고 본다. **함정**

02 정답 ④ ＊ 환경 문제 ·· 2028 대비 수능 예시 2(2차)

다음 자료는 환경 문제에 대한 탐구 보고서의 일부이다. 이에 대한 옳은 설명만을 〈보기〉에서 고른 것은? [1.5점]

───── [환경 문제 탐구 보고서] ─────
1. 환경 문제의 주요 원인과 현상

구분	A 사막화	B 열대림 파괴	C 해양 쓰레기 섬
주요 원인	(가) **가뭄, 과도한 개간** **단서**	농경지·목장의 확대를 위한 무분별한 벌목	플라스틱, 비닐 등 쓰레기의 바다 유입
현상	(그림)	(그림)	(그림)

2. 환경 문제 발생 지역의 분포
(지도) 사헬 지대 / 아마존 열대림
□A ■B ⊞C

───── [보기] ─────
ㄱ. B에 의해 생물종 다양성이 ~~증가한다~~. **감소한다**
ㄴ. C는 해류의 순환으로 쓰레기가 집적되어 나타난다.
　　해류가 약한 곳에 쓰레기 집적
ㄷ. A는 B보다 연 강수량이 ~~많은~~ 곳에서 주로 나타난다.
　　　　　　　　　　　　적은
ㄹ. (가)에는 '과도한 목축 및 경작'이 들어갈 수 있다.
　　사막화의 대표적 요인

| 문제+자료 분석 |
- **A 사막화**: 주로 건조 지역에서 인간의 무분별한 토지 이용과 기후변화로 인해 식생이 파괴되고 토양이 황폐화되는 현상. 아프리카 사헬지대, 중앙아시아, 중국 내몽골 등지에서 심각하게 나타남
- **B 열대림 파괴**: 농장 개간, 목축, 벌목, 광산 개발 등으로 인해 아마존, 콩고, 동남아시아 지역에서 심각하게 나타남
- **C 해양 쓰레기 섬**: 대양의 해류 순환 중심부에 부유 쓰레기들이 모여 형성된 해양 오염 지역. 북태평양을 포함한 세계 주요 해역의 환류 내에서 발견됨

| 보기 분석 |
ㄱ. 열대림은 지구 생물종의 절반 이상이 서식하는 생태계의 보고이다. 따라서 열대림이 파괴되면 다양한 동식물의 서식지가 사라지며 멸종 위험이 커지고, 생물종 다양성이 급격하게 감소한다.
ㄴ. 해양 쓰레기 섬은 대양의 해류가 순환하며 부유 쓰레기를 중심부로 끌어들이면서 형성된다. 해류의 순환 중심부는 물의 흐름이 약하고 정체되어 있어서 육지에서 유입된 플라스틱 등의 해양 쓰레기가 이곳에 장기간 머물며 밀집하게 된다. 이로 인해 북태평양을 비롯한 주요 환류 해역에는 고밀도의 해양 쓰레기 집적지가 나타나며, 이를 해양 쓰레기 섬이라 부른다.
ㄷ. 사막화 지역은 주로 건조 기후 지역에 위치해 연중 강수량이 매우 적고 증발량이 많아 연 강수량이 열대 우림 지역보다 현저히 낮다. 반면, 열대림 파괴 지역은 열대 기후 지역으로, 연중 고온다우한 기후 특성상 연 강수량이 매우 많다.
ㄹ. 사막화는 건조 지역에서 과도한 목축과 경작이 지속되며 식생이 파괴되고 토양이 황폐화되어 토지가 점차 사막처럼 변하는 현상이다. 가축의 과도한 목축은 가축들이 풀을 지나치게 뜯어 먹어 식생 회복을 어렵게 하고, 반복적인 경작은 토양의 영양분을 고갈시켜 지력을 약화시킨다.

① ㄱ, ㄴ   ② ㄱ, ㄷ   ③ ㄴ, ㄷ   ④ ㄴ, ㄹ   ⑤ ㄷ, ㄹ

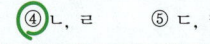

다음은 세계의 문화권에 대한 온라인 수업 자료의 일부이다. 이에 대한 설명으로 옳지 <u>않은</u> 것은? [2.5점]

알고 싶은 문화권을 클릭하면 설명을 볼 수 있어요.

세계의 문화권은 위치, 자연환경, 종교, 민족(인종), 언어, 전통 산업 등 다양한 요소를 복합적으로 고려하여 아래 지도와 같이 구분할 수 있다.

A 유럽·문화권
B 아프리카 문화권
C 앵글로아메리카 문화권
D 라틴 아메리카 문화권
오세아니아 문화권 단서

◎ 오세아니아 문화권

오세아니아 문화권의 지리적 범위는 오스트레일리아, 뉴질랜드, 남태평양의 여러 섬을 포함한다.
• 오스트레일리아의 다문화 역사와 정책
오스트레일리아는 20세기 초 백호주의를 내세우며 아시아계 등의 이민
백인 (유럽계)의 호주를 추구하는 정책
을 제한했다. 또한 ㉠ 원주민의 자녀를 부모로부터 강제로 분리하여 <u>주류 집단의 언어와 생활양식 등을 강요하는 정책</u>을 펼치며 원주민의 인권을
동화주의 정책
침해했다. 그러나 1970년대에 백호주의 폐지 이후, ㉡ <u>주류 문화와 소수 문화가 대등하게 조화를 이루려고 하는 정책</u>을 바탕으로 다양한 민족(인
다문화주의 정책
종)과 문화가 공존하는 사회로 발전하고 있다.

① ㉠은 소수 문화를 주류 문화로 동화시키려는 정책이다.
소수의 원주민 문화를 주류 유럽계 문화로 동화
② ㉡은 다문화주의 정책이다.
서로의 문화를 인정하고 존중
③ 오스트레일리아는 A에 속한 국가의 식민 지배를 받았다.
영국
④ B는 이슬람교 신자 수가 크리스트교 신자 수보다 <u>많다</u>. 적다
⑤ C와 D를 구분하는 경계는 리오그란데강이다.
미국과 멕시코의 경계

| 문제+자료 분석 |

• A: 북서 유럽, 남부 유럽, 동부 유럽 일대의 유럽 문화권
• B: 사하라 사막 이남 중남부 아프리카 일대의 아프리카 문화권
• C: 리오그란데강 북쪽의 앵글로아메리카 문화권
• D: 리오그란데강 남쪽 중앙 및 남부 아메리카 일대의 라틴 아메리카 문화권
• 오세아니아 문화권: 오스트레일리아와 뉴질랜드, 남태평양의 여러 섬을 포함하는 문화권으로 과거 영국의 식민 지배를 받아 주민들은 주로 영어를 사용하고 개신교를 믿는 신자 비율이 높음

| 선택지 분석 |

① ㉠ 원주민의 자녀에게 주류 집단의 언어와 생활양식 등을 강요하는 정책은 백호주의의 일환으로 이루어진 정책이며, 이는 원주민의 소수 문화를 당시 주류 문화인 유럽계 이주민의 문화로 동화시키려는 정책이다.
② ㉡ 주류 문화와 소수 문화가 대등하게 조화를 이루려고 하는 정책은 한 사회 내 다양한 인종이나 민족 집단을 주류 문화에 동화시키지 않고 서로 인정하고 존중하며 공존하게 하는 다문화주의 정책이다.
③ 오스트레일리아는 A 유럽 문화권에 속한 영국의 식민 지배를 받았기 때문에 공용어로 영어를 사용하며 개신교 신자의 비율이 높다.
④ B 아프리카 문화권은 유럽 식민 지배의 영향으로 크리스트교가 전파되었으며, 크리스트교 신자 수가 이슬람교 신자 수가 많다.
⑤ C 앵글로아메리카 문화권과 D 라틴 아메리카 문화권을 구분하는 경계는 리오그란데강이다.

갑, 을 사상가들 중 적어도 한 사람이 긍정할 진술로 적절한 것만을 〈보기〉에서 있는 대로 고른 것은? [2점]

갑: 인간의 지식과 인간의 힘은 서로 다른 것이 아니다. 방황하고 있는
베이컨   단서 아는 것이 힘이다
자연을 사냥해 노예로 만들어 인간의 이익에 봉사하도록 해야 한다.
을: 인간은 대지의 이용을 윤리적으로 검토해야 한다. 대지는 단지
레오폴드   단서 대지 윤리
흙이 아니라 토양, 식물 및 동물이라는 회로를 통해 흐르는 에너지의 근원이다.

[보기]

ㄱ. 인간과 달리 자연은 어떠한 가치도 지니지 않는다. 갑×, 을×
ㄴ. 인간은 자연의 정복자가 아니라 구성원 중 하나일 뿐이다. 갑×, 을○
ㄷ. 인간과 자연을 차등적으로 구별하는 것은 이성에 부합한다. 갑○, 을×
ㄹ. 인간의 욕구를 충족하기 위해 자연을 활용하는 것은 정당화될 수 없다. 갑×, 을×

① ㄱ, ㄹ   ② ㄴ, ㄷ   ③ ㄷ, ㄹ   ④ ㄱ, ㄴ, ㄷ   ⑤ ㄱ, ㄴ, ㄹ

| 문제+자료 분석 |

• 갑 베이컨: 인간의 지식이 곧 인간의 힘임. 방황하는 자연을 사냥하여 인간의 이익에 봉사하도록 해야 함
• 을 레오폴드: 인간은 대지의 이용을 윤리적으로 검토해야 함. 대지는 단지 흙이 아니라 에너지의 근원임

| 보기 분석 |

ㄱ. 갑(베이컨)은 자연의 '도구적 가치'를 인정한다. 꿀팁 을(레오폴드)은 인간을 포함한 자연 안의 모든 존재는 대지 공동체의 구성원으로서 동등한 내재적 가치를 지닌다고 본다.
ㄴ. 갑(베이컨)은 인간을 자연의 정복자로 바라보고, 자연을 지배하여 자연이 인간의 이익에 봉사하도록 해야 함을 주장한다. 반면, 을(레오폴드)은 인간을 생태계의 구성원 중 하나로 본다.
ㄷ. 갑(베이컨)은 인간을 자연보다 우월한 존재로 바라보는 것을 긍정하며, 을(레오폴드)은 인간과 자연이라는 이분법적 사고에 반대한다.
ㄹ. 갑(베이컨)과 을(레오폴드)은 인간의 생존 욕구 등을 충족하기 위해 자연을 자원으로써 활용하는 것에 반대하지 않는다. 꿀팁 갑(베이컨)은 인간 중심주의 학자로서 인간을 위해 자연을 도구로 사용할 수 있다고 본다. 을(레오폴드)은 자연을 이용하는 것이 제한적으로 허용될 수 있다고 본다.

다음 자료의 (가)~(다) 지역에 대한 설명으로 옳은 것은? (단, (가)~(다)는 각각 지도에 표시된 세 지역 중 하나임.) [2.5점]

지도에 표시된 세 지역에서 나타나는 전통적인 생활 모습의 특징은 다음과 같다. 한 지역에서는 양, 염소 등을 기르는 유목 생활을, 또 다른 지역에서는 지면의 열기와
<u>스텝 기후</u>   <u>열대 우림 기후</u>
습기를 차단하기 위한 고상 가옥을, 마지막 한 지역에서는 올리브 등을 재배하는
                       단서 <u>지중해성 기후</u>
수목 농업을 볼 수 있다. 이렇게 지역별로 주민 생활이 다르게 나타나는 이유는 기온과 강수량 등 그 지역의 독특한 기후 특성의 영향을 받기 때문이다. 이러한 기후 특성을 보여 주는 지표 중 기온 편차와 강수 편차는 다음과 같이 계산할 수 있다.

- 월 기온 편차＝월 평균 기온－연평균 기온
- 월 강수 편차＝월 강수량－$\left(\dfrac{\text{연 강수량}}{12}\right)$

7월 평균 기온이 1월 평균 기온보다 높음
→ 북반구

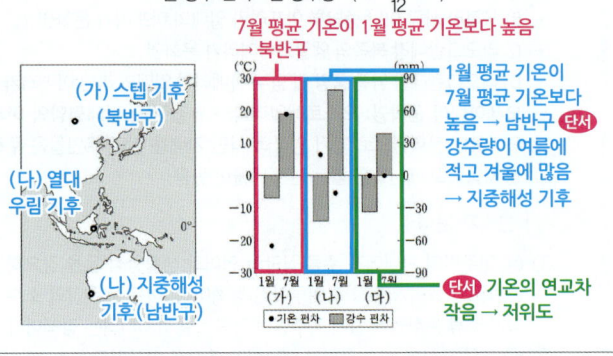

1월 평균 기온이 7월 평균 기온보다 높음 → 남반구 **단서**
강수량이 여름에 적고 겨울에 많음 → 지중해성 기후

단서 **기온의 연교차 작음 → 저위도**

(가) 스텝 기후 (북반구)
(다) 열대 우림 기후
(나) 지중해성 기후 (남반구)

① (가)는 ~~남반구~~에 위치한다.
    북반구
② (나)가 위치한 국가의 전통 가옥은 이동 생활에 유리한 ~~게르~~이다.
    오스트레일리아   몽골
③ (다)가 위치한 국가의 전통 음식은 향신료가 들어간 볶음밥이다.
    인도네시아   나시고렝
④ (다)는 (가)보다 기온의 연교차가 ~~크다~~. 작다
⑤ (가)와 (나)는 모두 여름 강수량이 겨울 강수량보다 ~~많다~~. 적다

| 문제＋자료 분석 |

- (가)~(다)는 각각 스텝 기후, 열대 우림 기후, 지중해성 기후 지역임
- **(가)**: 1월의 기온 편차가 음(-)의 값, 7월의 기온 편차가 양(+)의 값, 두 시기 기온 편차가 큼 → 북반구의 스텝 기후 지역
- **(나)**: 1월의 기온 편차가 양(+)의 값, 7월의 기온 편차가 음(-)의 값, 1월의 강수량 편차가 음(-)의 값, 7월의 강수량 편차가 양(+)의 값 → 여름인 1월에 강수량이 적고 겨울인 7월에 강수량이 많은 남반구의 지중해성 기후 지역
- **(다)**: 1월과 7월의 기온 편차가 0에 가까우므로 기온의 연교차가 매우 작음 → 적도 주변의 열대 우림 기후 지역

| 선택지 분석 |

① (가)는 1월의 기온 편차가 음(-)의 값이고 7월의 기온 편차가 양(+)의 값이므로 1월이 겨울, 7월이 여름이다. 따라서 (가)는 북반구에 위치한다.
② (나)는 남반구의 지중해성 기후가 나타나는 지역이며, (나)가 위치한 국가는 오스트레일리아이다. 게르는 아시아 스텝 기후 지역의 전통 가옥이다.
③ (다)는 열대 우림 기후가 나타나는 지역이며, (다)가 위치한 국가는 인도네시아이다. 인도네시아의 전통 음식으로 향신료가 들어간 볶음밥인 나시고렝이 있다.
④ 열대 우림 기후에 해당하는 (다)는 스텝 기후에 해당하는 (가)보다 저위도에 위치하며, 기온의 연교차가 작다. 기온의 연교차는 대체로 위도가 높아질수록 커진다.
⑤ (가)는 겨울에 해당하는 1월의 강수 편차가 음(-)의 값이고 여름에 해당하는 7월의 강수 편차가 양(+)의 값이다. 따라서 (가)는 여름 강수량이 겨울 강수량보다 많다.
    (나)는 여름에 해당하는 1월의 강수 편차가 양(+)의 값이고 겨울에 해당하는 7월의 강수 편차가 음(-)의 값이다.
    우리나라 기준으로는 7월이 여름이지만 남반구의 경우에는 1월이 여름이다. 따라서 (가), (나) 모두 여름 강수량이 겨울 강수량보다 적다. **함정**

다음 자료는 도시화에 대한 것이다. 이에 대한 설명으로 옳은 것은? (단, A, B는 각각 도시, 촌락 중 하나이고, (가)~(다)는 각각 대한민국, 베트남, 영국 중 하나임.) [1.5점]

도시화는 전체 인구 중에서 도시에 거주하는 인구의 비율이 높아지거나 도시적 생활양식이 확대되는 현상이다. 도시화 과정은 도시화율에 따라 ㉠ 초기 단계, ㉡
                               산업화 이전
가속화 단계, ㉢ 종착 단계로 구분되는데, 도시화율은 국가 내 도시와 촌락 인구로 알
<u>이촌향도 현상이 가장 두드러짐</u>
수 있다. 전체 인구 중 도시 인구의 비율을 기준으로, <u>초기 단계는 0~20%, 종착</u>
                            단서
<u>단계는 80~100%</u>로 구분할 수 있다. 도시화는 전 세계적으로 진행되고 있으며, 국가에 따라 진행 과정과 속도가 다르게 나타난다.

〈국가별 도시 및 촌락 인구 변화〉

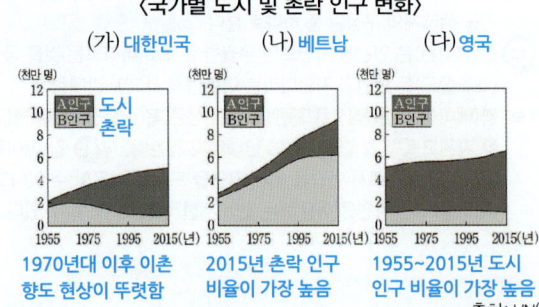

(가) 대한민국   (나) 베트남   (다) 영국

1970년대 이후 이촌향도 현상이 뚜렷함   2015년 촌락 인구 비율이 가장 높음   1955~2015년 도시 인구 비율이 가장 높음

출처: UN(2018)

① 영국은 대한민국보다 1970년대에 도시 인구 증가율이 ~~높다~~. 낮다
② ㉢은 ㉠보다 1차 산업 종사자 비율이 ~~높다~~. 낮다
③ (나)는 2015년에 ㉡에서 ㉢으로 ~~진입하였다~~. 진입하지 못함
④ (가)는 (다)보다 교외화 현상의 출현 시기가 ~~이르다~~. 늦다
⑤ (가)~(다) 중 <u>1955년의 도시화율은 (다)가 가장 높다</u>.
영국은 산업화 및 도시화가 시작된 시기가 가장 이름

| 문제＋자료 분석 |

- **A**: (가)~(다) 국가 내에서 차지하는 인구 비율이 높아지는 추세 → 도시
- **B**: (가)~(다) 국가 내에서 차지하는 인구 비율이 낮아지는 추세 → 촌락
- **(가)**: 1975년 이후 도시 인구 비율이 급속도로 높아지고 있음 → 대한민국
- **(나)**: 1995년 이후 인구 증가율이 가장 높음 → 베트남
- **(다)**: 1955년에 이미 도시화의 종착 단계임 → 영국

| 선택지 분석 |

① 그래프에서 (다) 영국은 (가) 대한민국보다 1970년대 도시 인구 증가율이 낮다.
② 도시화의 종착 단계는 도시 인구 비율이 80~100%이며, 도시화의 초기 단계는 도시 인구 비율이 0~20%이다. 따라서 도시화의 ㉢ 종착 단계는 ㉠ 초기 단계보다 도시화율이 높고 1차 산업 종사자 비율이 낮다.
③ (나) 베트남은 2015년 도시 인구 비율이 80%에 이르지 못하였다.
④ (가) 대한민국은 (다) 영국보다 도시화가 이루어진 시기가 늦으며, 교외화 현상의 출현 시기 또한 늦다.
⑤ 그래프에서 (다) 영국이 1955년의 도시 인구 비율이 가장 높다.

다음 자료에 대한 설명으로 옳은 것은? [2점]

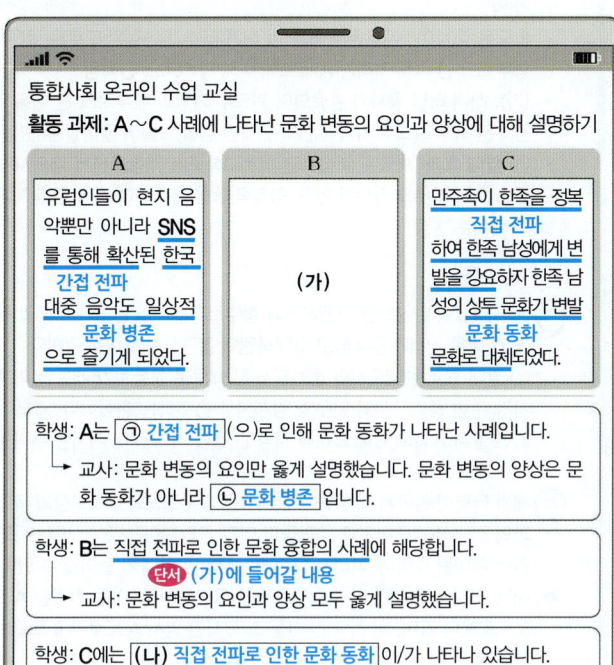

통합사회 온라인 수업 교실

활동 과제: A~C 사례에 나타난 문화 변동의 요인과 양상에 대해 설명하기

A	B	C
유럽인들이 현지 음악뿐만 아니라 SNS 를 통해 확산된 한국 <u>간접 전파</u> 대중 음악도 일상적 <u>문화 병존</u> 으로 즐기게 되었다.	**(가)**	만주족이 한족을 정복 <u>직접 전파</u> 하여 한족 남성에게 변 발을 강요하자 한족 남 성의 상투 문화가 변발 <u>문화 동화</u> 문화로 대체되었다.

학생: A는 [㉠ 간접 전파](으)로 인해 문화 동화가 나타난 사례입니다.
 ↳ 교사: 문화 변동의 요인만 옳게 설명했습니다. 문화 변동의 양상은 문화 동화가 아니라 [㉡ 문화 병존]입니다.

학생: B는 직접 전파로 인한 문화 융합의 사례에 해당합니다.
 단서 (가)에 들어갈 내용
 ↳ 교사: 문화 변동의 요인과 양상 모두 옳게 설명했습니다.

학생: C에는 [**(나)** 직접 전파로 인한 문화 동화]이/가 나타나 있습니다.
 ↳ 교사: 문화 변동의 요인과 양상 모두 옳게 설명했습니다.

① A와 달리 C는 ~~발견~~에 의한 문화 변동의 사례이다.
 직접 전파
② ㉠에는 ~~직접~~ 전파'가 들어간다.
 간접
③ ㉡에는 '문화 ~~융합~~'이 들어간다.
 병존
④ (가)에는 '멕시코에서 토착 신앙과 에스파냐인이 들여온 가톨릭교가 결합
 직접 전파로 인해 나타난 문화 융합의 사례
 하여 새로운 형태의 성모상이 탄생하였다.'가 들어갈 수 있다.
⑤ (나)에는 ~~자극~~ 전파로 인한 문화 ~~병존~~'이 들어갈 수 있다.
 직접 동화

| 문제+자료 분석 |

- **A:** 유럽인들이 현지 음악뿐만 아니라 SNS를 통해 확산된 한국 대중 음악도 일상적으로 즐기게 되었음 → 간접 전파로 인한 문화 병존
- **첫 번째 학생:** A는 ㉠으로 인해 문화 동화가 나타난 사례라고 답함. 교사가 문화 변동의 양상은 ㉡이라고 함 → ㉠은 간접 전파, ㉡은 문화 병존
- **두 번째 학생:** B는 직접 전파로 인한 문화 융합의 사례에 해당한다고 하였고 교사가 모두 옳게 설명했다고 함
- **B:** (가) → 직접 전파로 인한 문화 융합
- **C:** 만주족이 한족을 정복하여 한족 남성에게 변발을 강요하자 한족 남성의 상투 문화가 변발 문화로 대체되었음 → 직접 전파로 인한 문화 동화
- **세 번째 학생:** C에는 (나)가 나타나 있다고 하였고, 교사가 모두 옳게 설명했다고 함 → (나)는 직접 전파로 인한 문화 동화 사례임

| 선택지 분석 |

① A는 간접 전파, C는 직접 전파에 의한 문화 변동의 사례이다.
② 'SNS를 통해 확산된 한국 대중 음악'이라고 하였으므로 ㉠에는 '간접 전파'가 들어간다.
③ 유럽인들이 현지 음악뿐만 아니라 한국 대중 음악도 일상적으로 즐기게 되었다고 하였으므로 ㉡에는 '문화 병존'이 들어간다.
④ (가)에는 직접 전파로 인해 나타난 문화 융합의 사례가 들어가야 한다. '멕시코에서 토착 신앙과 에스파냐인이 들여온 가톨릭교가 결합하여 새로운 형태의 성모상이 탄생하였다.'는 직접 전파에 의한 문화 융합의 사례이다.
⑤ (나)에는 C에 나타난 '직접 전파로 인한 문화 동화'가 들어갈 수 있다.

다음 대화에서 갑~병의 입장에 대한 설명으로 옳은 것은? [1.5점]

갑: A국은 여성이 부모의 허락 없이 혼인하는 행위를 가족 명예를 훼손하는 것으로 간주하여 금지합니다. 이에 반해 우리나라에서는 혼인의 자유와 같은 <u>개인의 권리를 헌법상 기본권으로 보장하고 있습니다. A국은 후진적인 자신의 문화를 버리고 우리나라를 본받아야 합니다.</u>
 단서 자문화가 우월하다고 봄 (자문화 중심주의)
을: 저는 갑의 입장에 동의하지 않습니다. <u>문화는 그 문화가 형성된 사회의 맥락</u>
 단서 문화를 그 사회의 맥락 속에서 이해하고자 함
 속에서 이해해야 합니다. 부모의 권위에 대한 가족 구성원들의 복종을 바탕으로 사회 질서를 유지해 온 A국의 전통을 고려하면 <u>혼인에 대한 개인의 결정권을 허용하지 않는 A국의 문화도 당연히 존중받아야 합니다.</u>
병: 저는 을과 생각이 다릅니다. 배우자 선택의 문제는 인권의 관점에서 접근해야 합니다. <u>인권은 누구나 태어나면서부터 갖게 되는 당연한 권리로 개별</u>
 천부인권으로서의 권리
 사회나 국가를 초월하여 반드시 지켜져야 합니다. 이러한 기준에 비추어 각
 단서 보편 윤리 강조 (극단적 문화상대주의 경계)
 사회의 문화를 성찰하는 태도가 필요합니다.

① ~~갑~~은 모든 문화의 고유한 가치를 존중해야 한다고 본다.
 을
② ~~을~~은 자기 문화를 기준으로 타문화를 평가해야 한다고 본다.
 갑
③ 병은 보편적으로 지켜야 할 가치나 원리가 존재한다고 본다.
④ ~~갑과 달리 병~~은 인권이 헌법을 통해 보장되어야 한다고 본다.
 병과 달리 갑은
⑤ ~~갑, 을, 병 모두~~ 인권의 불가침성을 강조한다.
 병

| 문제+자료 분석 |

- **갑:** A국의 결혼 문화가 우리나라에 비해 후진적이라 봄 → 자문화 중심주의
- **을:** A국의 결혼 문화를 A국의 전통 속에서 이해, 존중함
- **병:** A국의 결혼 문화를 인권의 관점에서 성찰함 → 극단적 문화 상대주의 경계

| 선택지 분석 |

① 모든 문화의 고유한 가치를 존중해야 한다고 보는 것은 을이다.
② 자기 문화를 기준으로 타문화를 평가하는 태도는 갑의 자문화 중심주의이다.
③ 병은 인권을 누구에게나 반드시 지켜져야 하는 당연한 권리로 본다.
④ 갑은 개인의 권리를 헌법상 기본권으로 보장하고 있는 것이 옳다고 본다.
⑤ 인권의 불가침성을 강조하는 사람은 병이다. 병은 인권이란 누구나 태어나면서부터 갖게 되는 당연한 권리, 즉 천부인권으로서의 권리라고 보며, 국가를 초월하여 지켜져야 하는 가치라고 본다.

다음 자료는 교통 발달에 따른 지역 변화에 대한 것이다. 이에 대한 옳은 설명만을 〈보기〉에서 고른 것은? [1.5점]

> 2029년 개통을 목표로 페마른벨트(Fehmarnbelt) 해저 터널 공사가 진행되고 있다. 덴마크와 독일을 도로와 고속철도로 연결하는 이 터널은 매년 수백만 명이 이용하는 기존의 여객선 노선을 대체할 것이다. 이에 따라 뢰드부 지역 주민의 **(가) 생활권 확대** 이/가 예상된다. 또한 **B 도로** 이용 시 이동 거리가 현재 **이동에 따른 시·공간적 제약 감소** 이용 중인 A 도로에 비해 약 160km 단축되어 코펜하겐과 함부르크 간의 육상 물류비가 크게 절감될 것이다. 한편, 일각에서는 해저 터널의 완공 후 교통 발달에 의한 ㉠ **빨대 효과**를 우려하기도 한다.
> **교통로 개통 이후 대도시가 주변 중소 도시의 경제력을 흡수하는 현상**

단서 A 도로에 비해 코펜하겐과 함부르크 간 도로·길이가 짧음

[보기]

ㄱ. 해저 터널이 완공되면 **코펜하겐의 접근성**이 좋아질 것이다.
　이동 거리가 짧은 B 도로 이용 가능
ㄴ. ㉠은 ~~대도시의~~ 인구와 경제력이 ~~주변 중소 도시로 분산되는~~ 현상이다.
　주변 중소도시　　　　　　대도시로 흡수
ㄷ. (가)에는 '생활권 확대'가 들어갈 수 있다.
　경제 및 여가 생활의 시·공간적 제약이 감소됨
ㄹ. 해저 터널이 완공되면 함부르크와 코펜하겐 간 이동 소요 시간은 A 도로가 B 도로보다 ~~짧을~~ 것이다.
　　　　　　　　　　　　　　　　길

① ㄱ, ㄴ　② ㄱ, ㄷ　③ ㄴ, ㄷ　④ ㄴ, ㄹ　⑤ ㄷ, ㄹ

| 문제+자료 분석 |

- **A 도로**: 현재 이용 중인 도로로 코펜하겐에서 함부르크까지의 이동 거리가 멂
- **B 도로**: 2029년 개통을 목표로 한 해저 터널과 연결된 도로로 코펜하겐과 함부르크 간 이동 거리가 A 도로에 비해 약 160km 단축됨
- **(가)**: 해저 터널 공사가 완료되어 뢰드부 지역과 함부르크 간 이동 거리가 단축된 이후 뢰드부 지역 주민의 변화된 생활 모습이 들어갈 수 있음
- ㉠ **빨대 효과**: 새로운 교통수단이나 교통로가 개통되면서 대도시가 주변 중소 도시의 주요 기능과 인구, 경제력 등을 흡수하여 지역 간 경제 격차가 더 커지는 현상

| 보기 분석 |

ㄱ. 해저 터널이 완공되면 코펜하겐과 함부르크를 비롯한 B 도로상의 독일 지역 간 이동 거리가 단축되고 코펜하겐의 접근성이 좋아질 것이다.
ㄴ. ㉠ 빨대 효과는 대도시와 중소도시 간 새로운 교통로가 개통된 이후 대도시가 주변 중소도시의 인구와 경제력을 흡수하는 현상이다. 교통이 발달하면 빨대 효과로 인해 오히려 지역 간 경제 격차는 더 커지는 부작용이 발생하기도 한다.
ㄷ. 해저 터널이 완공된 이후 뢰드부 지역은 함부르크와 B 도로상의 독일 지역과의 접근성이 좋아지고 주민들의 여가 공간, 통근·통학 범위 등의 생활권이 확대될 것이다. 따라서 (가)에는 '생활권 확대'가 들어갈 수 있다.
ㄹ. 해저 터널이 완공된 이후 함부르크와 코펜하겐 간 이동 거리는 A 도로가 B 도로보다 길며, 두 지역 간 이동 소요 시간 역시 A 도로가 B 도로보다 길 것이다.

(가)에 들어갈 내용으로 옳은 것은? [1.5점]

> **【사료로 보는 역사】**
>
> "공께서 저희를 기꺼이 도와주신다니 깊이 감사드립니다. … 저희 국왕은 가톨릭 우대 정책을 펼치고 의회의 동의 없이 정책을 추진하려고 합니다. 저희는 종교, 자유, 재산과 관련한 국왕의 정책에 불만이 큽니다. … 우리 왕국 사람 스물 중 열아홉은 변화를 갈망합니다."
>
> 해설　**단서 명예 혁명(1688)으로 인한 의회 제정법 → 권리장전**
>
> 위 서신은 국왕 제임스 2세에게 불만을 품은 고위층 인사들이 윌리엄에게 보낸 것으로, 본인들의 국왕을 물리쳐 달라는 내용이다. 이들 요청에 응해 **윌리엄은 함대를 이끌고 바다를 건너 런던으로 진군하였고, 겁에 질린 제임스 2세는 프랑스로 도주하였다. 이후 윌리엄과 메리는 공동 왕으로 추대되었으며**, 의회의 요구에 따라 **(가)**

① 「인민헌장」을 발표하였다.
② 「권리 장전」을 승인하였다.
③ 「바이마르 헌법」을 제정하였다.
④ 「세계 인권 선언」을 공포하였다.
⑤ 「인간과 시민의 권리 선언」을 선포하였다.

| 문제+자료 분석 |

- 영국 국왕 제임스 2세의 폭정에 불만을 품은 고위층 인사들이 잉글랜드의 윌리엄에게 국왕을 물리쳐 달라고 요청하였고, 그 결과 제임스 2세가 퇴위되고 윌리엄 3세가 즉위하게 되었다.
- 피 한 방울 흘리지 않은 혁명이라 '명예 혁명'이라 불렸고, 그 결과 「권리 장전」이 채택되고 인간의 천부적 권리와 소극적 자연권이 헌법에 의해 보장되는 계기가 되었다.

| 선택지 분석 |

① 「인민헌장」은 영국의 노동자들이 차티스트 운동을 통해 선거권을 얻기 위해 1838년에 발표한 헌장이다.
② 제시문의 명예 혁명을 통해 「권리 장전」이 채택되었다. 이는 인권을 헌법에 의해 보장하고, 헌법에 의해 정치가 이루어지는 배경이 되었다.
③ 「바이마르 헌법」은 1918년 독일에서 만들어진 헌법으로, 최초로 사회권이 명시되었다는 점에서 의의를 가진다.
④ 「세계 인권 선언」은 1948년 유엔 총회에서 채택된 인권 선언문으로 모든 인간의 기본적 권리를 존중해야 한다는 내용을 담고 있다. 제2차 세계 대전 이후, 국적을 불문하고 모두가 함께 지켜야 할 윤리 기준을 세우기 위한 목적으로 채택되었다.
⑤ 「인간과 시민의 권리 선언」은 1789년에 프랑스 혁명의 결과로 채택된 선언문이다. 이 선언문에서는 인간의 자유와 평등, 3권 분립, 국민 주권과 재산권 등 인간의 기본권에 대한 내용이 열거되어 있다.

다음 자료에 대한 설명으로 옳은 것은? [2점]

- 군사 훈련을 받던 갑은 훈련소 측으로부터 종교 행사에 참여하도록 강요받았다. 갑은 거부 의사를 밝혔으나 강압적 조치에 의해 결국 종교 행사에 참여할 수밖에 없었다. 이에 갑은 <u>종교 활동을 자유롭게 할 수 있다</u>는 내용의 ㉠ <u>기본</u>

  단서 종교의 자유(자유권)

  <u>권</u>을 침해받았다며 헌법재판소에 심판을 청구하였다.

  청구권 행사

- 국회의원이 꿈이었던 을은 검정고시에 합격하고 국립○○대학교의 수시 모집에 지원하고자 하였다. 하지만 법률에 근거하여 규정된 국립○○대학교 수시 모집 요강에서는 검정고시 출신자의 응시 자격을 제한하였다. 이에 을은 <u>능력에 따라 균등하게 교육받을 수 있다</u>는 내용은 ㉡ <u>기본권</u>을 침해받았다며 <u>헌법</u>

  단서 균등하게 교육받을 권리(평등권)

  재판소에 심판을 청구하였다.

  청구권 행사

① ㉠은 <u>국가로부터 간섭받지 않을 권리로서의 기본권에 해당</u>한다.
  자유권

② ㉡은 <u>국가의 정치적 의사 결정 과정에 참여할 수 있는 권리로서의 기본권</u>에 해당한다.
  참정권

③ ㉠과 ㉡ 모두 정당한 목적이 있다면 <u>법률적 근거가 없어도</u> 제한될 수 있다.
  법률에 의해서만

④ <u>갑과 달리 을</u>은 <u>기본권 보장을 위한 수단적 성격을 지닌 기본권을 행사</u>하였다.
  갑과 을은 모두   청구권

⑤ <u>을과 달리 갑</u>은 헌법 소원 심판을 청구하였다.
  갑과 을은 모두

| 문제+자료 분석 |

- 갑은 종교 활동을 자유롭게 할 수 있다는 기본권을 침해받았다는 이유로 헌법재판소에 심판을 청구하였다. 종교의 자유에 해당하는 자유권 침해에 대한 구제를 위해 헌법 소원 심판을 청구한 것이다.
- 을은 능력에 따라 균등하게 교육받을 수 있다는 기본권을 침해받았다는 이유로 헌법재판소에 심판을 청구하였다. 평등권 침해에 대한 구제를 위해 헌법 소원 심판을 청구한 것이다.

| 선택지 분석 |

① ㉠은 종교의 자유를 보장하는 자유권에 해당한다. 자유권은 국가 권력의 간섭을 받지 않고 자유롭게 생활할 수 있는 권리로 소극적, 방어적 성격을 띤다.

② 국가의 정치적 의사 결정 과정에 참여할 수 있는 권리는 참정권이다. 참정권으로는 선거권, 공무 담임권, 국민 투표권이 있으며 제시된 갑, 을의 사례에는 나타나있지 않다.

③ 우리나라 헌법에서는 국가 안전 보장, 질서 유지, 공공복리를 위해 필요한 경우 기본권을 제한하도록 규정하고 있다. 다만 반드시 국회가 정한 법률에 의해서만 제한할 수 있다.

④ 기본권 보장을 위한 수단적 성격의 기본권은 청구권이다. 갑과 을은 모두 침해받은 기본권을 구제받기 위해 헌법재판소에 심판을 청구하였으므로 청구권을 행사하였다.

⑤ 갑과 을은 모두 침해받은 기본권을 구제받기 위해 헌법재판소에 심판을 청구하였다. 개인이 공권력에 의해 기본권이 침해된 경우 헌법재판소에 제소하여 기본권의 구제를 청구하는 제도를 헌법 소원 심판이라고 한다.

다음 자료에 대한 옳은 설명만을 〈보기〉에서 고른 것은? [2점]

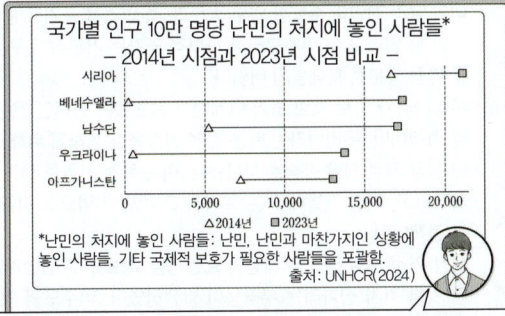

국가별 인구 10만 명당 난민의 처지에 놓인 사람들*
– 2014년 시점과 2023년 시점 비교 –

(시리아, 베네수엘라, 남수단, 우크라이나, 아프가니스탄 / 0, 5,000, 10,000, 15,000, 20,000)

△2014년 □2023년

*난민의 처지에 놓인 사람들: 난민, 난민과 마찬가지인 상황에 놓인 사람들, 기타 국제적 보호가 필요한 사람들을 포괄함.
출처: UNHCR(2024)

그래프에 제시된 국가와 난민들을 연구한 결과에 따르면, ㉠ <u>그들은 주류 집단에 속한 사람들에게 차별받고</u> 있었으며, <u>스스로도 차별받는다고 인식하고 있었</u>

단서 사회적 소수자 성립 요건 ①   단서 사회적 소수자 성립 요건 ②

습니다. 다행히 국제 사회의 행위 주체 A와 B가 이들을 위해 노력하고 있습니다. 가령 국제 연합과 같은 A는 난민 문제를 공론화하고 있으며, 국제 엠네스티, 국

단서 정부 간 국제기구   단서 국제 비정부 기구

경 없는 의사회 등 민간 주도로 구성된 B는 난민 구호를 위한 세계 시민들의 연대를 촉구하고 있습니다.

[보기]

ㄱ. 2023년 인구 10만 명당 난민의 처지에 놓인 사람들은 제시된 국가 중 <u>베네수엘라가</u> 가장 적다.
  아프가니스탄

ㄴ. 각 국가 인구 중 난민의 처지에 놓인 사람들이 <u>2014년과 2023년 간 비율</u> 차이는 시리아보다 우크라이나가 크다.
  선 그래프 길이로 확인 가능

ㄷ. ㉠은 사회적 소수자에 해당한다.
  주류 집단에게 차별받음, 스스로 차별받는다고 인식함

ㄹ. <u>A와 달리 B는</u> 국제법을 바탕으로 가입국 간 합의를 통해 활동한다.
  B와 달리 A는

① ㄱ, ㄴ   ② ㄱ, ㄷ   ③ ㄴ, ㄷ   ④ ㄴ, ㄹ   ⑤ ㄷ, ㄹ

| 문제+자료 분석 |

- ㉠: 주류 집단에 속한 사람들에게 차별받고 있으며, 스스로 차별받는다고 인식하는 집단 → 사회적 소수자
- A: 국제 사회의 행위 주체이며, 사례로 국제 연합이 있으므로 정부 간 국제기구임. 정부 간 국제기구는 주권을 가진 국가들로 결성된 국제 사회의 행위 주체로, 국제 사회의 평화 유지 및 경제적·사회적 협력 등을 목적으로 활동함
- B: 국제 사회의 행위 주체이며, 사례로 국제 엠네스티와 국경 없는 의사회가 있으므로 국제 비정부 기구임. 국제 비정부 기구는 개인이나 민간단체를 중심으로 구성된 국제 사회의 행위 주체로, 인권, 보건, 환경 등 보편적 가치에 관심을 가짐

| 보기 분석 |

ㄱ. 2023년 인구 10만 명당 난민의 처지에 놓인 사람들은 아프가니스탄 < 우크라이나 < 남수단 < 베네수엘라 < 시리아이다. 그러므로 아프가니스탄이 가장 적다.

ㄴ. 그래프에 2014년과 2023년의 국가 10만 명당 난민의 처지에 놓인 사람들의 수가 표시되어 있으므로 난민의 처지에 놓인 사람들의 비율을 대략적으로 확인할 수 있다. 2014년과 2023년 비율의 차이는 두 좌표를 연결한 선의 길이로 확인할 수 있다. 선의 길이는 베네수엘라 > 우크라이나 > 남수단 > 아프가니스탄 > 시리아이다. 그러므로 시리아보다 우크라이나의 비율 차이가 더 크다. 2022년에 발발한 러시아-우크라이나 전쟁으로 우크라이나에서는 난민의 처지에 놓인 사람들이 많이 발생하였다.

ㄷ. ㉠은 난민을 지칭한다. 그들은 주류 집단에 속한 사람들에게 차별받고 있으며, 스스로도 차별받는다고 인식하고 있다. 그러므로 ㉠ 난민들은 사회적 소수자로 분류된다.

ㄹ. A는 정부 간 국제기구, B는 국제 비정부 기구이다. 정부 간 국제기구는 주권국으로 구성된 조직으로서 합법적 대표들이 비준 절차를 거쳐 국제법적 성격을 갖는 조약을 체결한다. 이와 달리 국제 비정부 기구는 국가 단위가 아닌 개인이나 민간단체의 국제 협력으로 설립된 조직이다. 이들은 권력이나 사익이 아닌 공익을 위한 비영리 단체이다. 그러므로 국제법을 바탕으로 가입국 간 합의를 통해 활동하는 것은 B 국제 비정부 기구가 아닌 A 정부 간 국제기구이다.

밑줄 친 ㉠~㉤에 대한 설명으로 가장 적절한 것은? [2.5점]

교사

> 사회 불평등 현상에 대한 자료 수집 현황과 향후 조사 계획을 발표해 볼까요?

저는 사회 계층 양극화를 주제로 저소득층의 기본적 생활 수준을
<u>생활이 어려운 국민의 최저 생활 보장</u>
보장하기 위한 ㉠ 제도를 국가별로 비교했습니다. 이후에는 우리
단서 공공 부조
나라의 사회 복지 제도 중 하나인 공공 부조가 효과적으로 가능한
㉡ 사례를 조사하고자 합니다.
우리나라 공공 부조의 사례

갑

저는 사회적 약자에 대한 차별과 정의 실현을 주제로 인터뷰를 진
행했습니다. 제가 만난 장애인 지원 센터장은 장애인과 비장애인
모두 공동체에 대한 소속감과 유대를 통해 형성된 정체성을 바탕
으로 <u>공동선</u>을 실현하는 것이 중요하다는 ㉢ 관점을 가지고 있었
단서 공동체주의적 정의관
습니다. 저는 이러한 관점을 바탕으로 중증 장애인이 일상에서 겪
는 구조적 차별과 실질적 어려움을 확인하고 장애인의 기본적 욕
구를 충족하기 위해 자원을 분배하는 ㉣ 방안을 조사하겠습니다.
필요에 따른 분배

을

저는 공간 불평등을 주제로 수도권 과밀 문제의 주요 원인을 정리하고,
그중 하나로 우리나라가 국토 개발 초기 단계에 시행했던 ㉤ 정책에
성장 거점 개발 정책
대해 조사했습니다. 이후에는 이 문제를 해결하기 위한 지역 격차 완
화 정책에 대해 조사할 예정입니다.

병

① ㉠은 '적극적 평등 실현 조치'에 해당한다.
　사회 보장 제도
②㉡으로 기초 연금을 통해 빈곤에 처한 노인 가구의 생활 여건이
　공공 부조　　　　　　　　　기초 연금의 효과
개선된 것을 들 수 있다.
③ ㉢은 사회적 존재로서 구성원의 책임과 의무보다 독립적 자아로
　　　　　　　　개인의 자유와 권리　　　　　구성원의 책임과 의무
서 개인의 자유와 권리를 강조한다.
④ ㉣에서는 필요에 따른 분배보다 업적에 따른 분배를 강조할 것이다.
　　　　　　업적　　　　　　　　필요
⑤ ㉤의 사례로 비수도권 지역에서 혁신도시를 건설하여 공공 기관
을 이전한 것을 들 수 있다. ㉤으로 인한 부작용을 해결하기 위함

| 문제+자료 분석 |

- 갑: 저소득층의 기본적 생활 수준을 보장하기 위한 제도를 국가별로 비교하였고, 이후 공공 부조의 사례를 조사하겠다고 계획함
- 을: 장애인 지원 센터장과의 인터뷰를 진행하였고, 공동선 실현을 중시하는 공동체주의적 정의관을 토대로 자원을 분배하는 방안을 조사하겠다고 계획함
- 병: 우리나라 국토 개발 초기 정책에 대해 조사하였고, 지역 격차 완화 정책에 대해 조사하겠다고 계획함

| 선택지 분석 |

① 저소득층의 기본적 생활 수준을 보장하기 위한 제도인 ㉠은 사회 보장 제도이며, 그중에서도 저소득층과 같은 사회적 약자의 여건을 개선하기 위한 공공 부조에 해당한다.
적극적 평등 실현 조치는 사회적 약자에게 누적된 차별의 결과를 해소하기 위해 특정 영역에서 혜택을 제공하는 제도로서 기본적인 생활 수준을 보장하기 위한 목적으로 실시되는 것은 아니다. 적극적 평등 실현 조치의 사례로 대입 장애인 특별 전형, 장애인 의무 채용 제도 등이 있다.

②우리나라의 공공 부조가 효과적으로 기능한 사례인 ㉡에 해당하는 내용이다. 기초 연금은 소득 및 재산이 일정 수준에 미치지 못하는 노인들에게 매달 일정 금액을 지원하는 제도로, 기초 연금을 통해 빈곤에 처한 노인 가구의 생활 여건이 일부 개선되었다.

③ 공동체에 대한 소속감과 유대를 통해 형성된 정체성을 바탕으로 공동선의 실현을 중시하는 관점인 ㉢에 해당하는 것은 공동체주의적 정의관이다. 공동체주의적 정의관은 사회적 존재로서 자신이 속한 공동체에 대한 구성원의 책임과 의무를 중시한다. 독립된 자아로서 개인의 자유와 권리를 강조하는 것은 자유주의적 정의관이다.

④ 장애인의 기본적 욕구를 충족하기 위해 자원을 분배하는 방안인 ㉣에서 강조하는 분배 기준은 필요이다. 능력이나 업적이 아닌 필요에 따라 분배하면 개인의 동기 유발과 사회 발전을 저해하는 부정적 측면이 있지만 사회적 약자의 욕구를 충족시킬 수 있다.
이와 달리 개인이 수행한 업무의 성과, 즉 업적을 근거로 분배하면 장애인, 노인 등 업적을 쌓기에 불리한 사회적 약자는 기본적 욕구를 충족할 수 있을 만큼 충분히 분배받기 어렵다.

⑤ 우리나라가 국토 개발 초기 단계에서 시행했던 정책인 ㉤은 성장 거점 개발 정책이다. 우리나라는 빠른 경제 성장을 달성하기 위해 균형 개발이 아닌 성장 거점 개발 정책을 실시했다. 이는 특정 지역을 성장 거점으로 집중 육성하고, 거점 개발에 따른 효과가 그 주변 지역으로 파급되기를 기대하는 정책이다.
성장 거점 개발 정책은 개발의 효율성을 확보할 수 있었지만 형평성을 놓쳐 지역 격차 심화라는 부작용이 발생하였다. 비수도권 지역에 혁신도시를 건설하여 공공 기관을 이전한 정책은 이러한 지역 격차를 완화하고 형평성을 확보하려는 노력의 일환이다.

교사의 질문에 대한 학생의 답변으로 옳지 않은 것은? [2.5점]

거의 정의로운 국가 내에서 시민은 법과 정
[단서] **시민 불복종이 성립 가능한 사회**
책이 어느 정도의 부정의를 넘어서지만 않는
다면 보통 그 법과 정책에 따라야 한다. 하지
만 자기 자신과 타인이 기본적 자유가 부정되
는 것을 묵인해야 한다는 것은 아니다. 시민은
법이나 정책이 심각하게 부정의할 경우 불복
종할 수 있다. 시민 불복종은 다수가 공유하고
있는 **정의의 원칙에 기반**하여 정당화되며, 법에 대한
충실성의 한계 내에서 행해진다. → 롤스

다음을 주장한 학자의 입장
에서 시민 불복종에 대해
말해 볼까요?

① 부정의한 법일지라도 시민 불복종의 대상이 아닐 수 있어요.
   심각하지 않으면 준수
② 폭력 행위에 가담하는 것은 <u>시민 불복종</u>으로 간주될 수 없어요.
   비폭력적
③ 시민 불복종은 공유된 정의관에 근거하여 <mark>헌법 체계</mark>에 저항하는
   행위예요. **부정의한 법 또는 정책**
④ 시민 불복종은 <u>처벌이 따를 수 있음</u>에도 불구하고 공개적으로 행
   해지는 위법 행위예요. **처벌 감수**
⑤ <u>기본적 자유 보장을 요구할 권리</u>가 체제 유지를 위한 준법 의무와
   정의의 제1원칙
   충돌할 때 시민 불복종이 발생할 수 있어요.

| 문제+자료 분석 |

• **롤스**: 시민 불복종은 거의 정의로운 사회에서 공유된 정의관을 심각하게
  위반하는 일부 법이나 정책을 변혁하고자 행하는 정치적 행위임

| 선택지 분석 |

① 롤스는 거의 정의로운 사회에서 어떤 부정의한 법의 정도가 심각하지 않
   다면 그 법을 준수해야 한다고 본다.
② 롤스는 시민 불복종은 공개적으로 이루어지는 정치적 청원 행위이므로 비
   폭력적이어야 한다고 본다.
③ 롤스는 시민 불복종은 일부 부정의한 법 또는 정책에 저항하는 것이지, 헌
   법 체계에 저항하는 것이 아니라고 본다.
④ 롤스는 시민 불복종은 법에 대한 충실성의 한계 내에서 이루어지므로 처
   벌을 감수하는 행위라고 본다.
⑤ 롤스는 정의의 제1원칙인 평등한 자유의 원칙을 심각하게 위반하는 법이
   나 정책에 대해 시민 불복종할 수 있다고 본다.

**(가)의 갑, 을 사상가들의 입장을 (나) 그림으로 표현할 때, A∼C에 해당하는 적절한 진술
만을 〈보기〉에서 고른 것은? [2.5점]**

(가)
갑 원초적 입장의 사람들은 누구도 자신이 처한 우연적 여건을 알지 못
롤스   [단서] **무지의 베일**
한다. 이러한 상황에 놓인 사람들은 자신이 가장 불리한 상황에 놓일
              모두에게 공정한 정의의 원칙에 합의하는 조건
가능성을 염두에 두고 정의의 원칙에 합의하게 된다.
을 개인은 자신의 정당한 소유물에 대한 배타적이고 절대적인 권리를 지
노직 닌다. 취득과 이전에서의 정의의 원리 또는 교정의 원리에 의해 어떤
        [단서] **정당한 소유 권리 발생의 조건**
소유물에 대한 권리를 부여받았다면 그 권리는 정당하다.

(나)
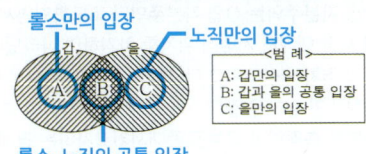

롤스만의 입장   노직만의 입장
<범례>
A: 갑만의 입장
B: 갑과 을의 공통 입장
C: 을만의 입장

롤스, 노직의 공통 입장

[보기]
ㄱ. A: 정의의 원칙은 우연성이 배제된 상황에서 합의된다. **갑 ○, 을 ✕**
ㄴ. ~~A~~: 분배 결과의 정당성 여부는 분배 과정의 정당성에 달려 있다.
   B
ㄷ. B: 최대 다수의 복지 증진을 목적으로 소수자의 자유가 침해되
   어서는 안 된다. **갑 ○, 을 ○**
ㄹ. C: 개인은 자기 노동의 산물에 <u>대해서만</u> 소유 권리를 지닐 수 있다.
   을: 정당한 취득 및 이전도 포함

① ㄱ, ㄴ　② ㄱ, ㄷ　③ ㄴ, ㄷ　④ ㄴ, ㄹ　⑤ ㄷ, ㄹ

| 문제+자료 분석 |

• **갑 롤스**: 인간은 자신과 타인의 조건을 모르는 상태에서 공정한 합의를 통
  해 정의의 원칙에 도달함. 이러한 조건에서 사람들은 가장 불리한 상황을
  고려해 불평등을 제한하는 원칙을 선택하게 됨
• **을 노직**: 정당한 절차를 거쳐 얻은 소유물은 불평등하더라도 정당함. 개인
  은 자신이 정당하게 취득한 소유물에 대해 절대적 권리를 가지며, 재분배
  를 위한 강제적 개입은 부당함

| 보기 분석 |

ㄱ 갑(롤스)은 정의의 원칙은 무지의 베일을 쓴 가상의 상황인 원초적 입장에
  서 합의된 것이라고 본다. 그러나 을(노직)은 소유 과정의 정당성이 소유
  물에 대한 정당한 자격인 소유 권리를 창출한다고 본다.
ㄴ 갑(롤스)은 정의는 공정한 합의 절차를 통해 정해진 원칙을 따를 때 실현
  된다고 보며, 결과의 정당성은 절차의 공정성에 달려 있다고 본다.
  을(노직)도 정당한 소유 권리는 정당한 취득과 이전의 절차에 의해 정해진
  다고 보기 때문에 분배 과정의 정당성이 중요하다고 본다.
ㄷ 갑(롤스)은 기본적 자유는 정의의 제1원칙이며, 소수자의 자유도 다수의
  복지를 위해 침해되어서는 안 된다고 본다.
  을(노직) 역시 소유 권리와 자유는 절대적 권리이므로 다수의 복지 증진을
  위해 소수자의 자유가 침해될 수 없다고 본다.
ㄹ 을(노직)은 자기 노동의 산물에 대해 소유 권리가 발생한다고 본다. 그러
  나 <mark>소유 권리는 정당한 취득과 이전, 교정의 원리를 통해서도 발생한다고
  본다.</mark> **꿀팁**

＊ 노직의 소유 권리론

• 역사적 정의관: 소유물에 대한 소유 권리가 형성된 역사적 과정을 중시함
• 개인은 정당한 방식으로 획득한 소유물에 대해 배타적이고 절대적인 권리를
  가짐
• 개인의 배타적 소유권을 중시하는 최소 국가만 정당하며, 복지국가나 재분배
  는 소유권을 침해할 수 있음

그림의 강연자가 지지할 입장으로 가장 적절한 것은? [2점]

형벌은 결코 범죄자 자신의 선(善)을 비롯한 어떤 다른 선을 증진하기 위해 가해질 수는 없고, 오직 범죄자가 범죄를 저질렀기 때문에 가해져야 합니다. 인간은 물건처럼 타인의 의도를 위한 수단으로 취급될 수 없을 뿐만 아니라 자신이 의욕한 행위에 대해 책임지는 존엄한 존재이기 때문입니다. 또한 형벌의 본질은 범죄 행위에 대한 응당한 보복을 가하는
<u>응보주의</u>
것에 있으며, 공적 정의가 원리와 표준으로 삼아야 하는 것은 <u>동등성의 원리</u>입니다. 만약 어떤 사람이 살인을 했다면
단서 범죄 행위에 상응하는 동등한 형벌 부과
그는 죽어야만 합니다. 제아무리 고통 가득한 생이라 해도 생과 사 사이에 동종성은 없기 때문입니다. → 칸트

① 살인범이라 하더라도 그의 <u>존엄성은 마땅히 존중되어야 한다.</u>
  사형은 살인범의 존엄성을 존중하는 형벌임
② 형벌은 <u>개인의 선이 아니라 공동체 전체의 선을 증진하기 위한</u>
  선의 증진을 위한 형벌은 잘못임
  수단이다.
③ 범죄자가 자신이 저지른 범죄 행위에 대해 책임지도록 하는 형
  벌은 ~~없다.~~ 있음
④ 범죄자가 형벌로 인해 받는 고통은 그가 범죄로 인해 끼친 해악
  을 ~~능가해야~~ 한다.
  동등해야
⑤ 살인에 대한 사형 이외의 형벌은 <u>범죄 예방 효과가 감소하므로</u>
  교정적 정의에 부합하지 않는다.
  범죄 예방을 위한 형벌은 잘못임

| 문제+자료 분석 |

• **칸트:** 인간은 타인의 목적을 위한 수단이 아니라 자신이 행한 일에 대해 도덕적으로 책임지는 존엄한 존재이므로, 형벌은 죄벌에 상응하는 만큼 가해져야 함. 공적 정의는 동등성의 원리를 기준으로 삼아야 하므로, 살인자는 반드시 사형에 처해야 함

| 선택지 분석 |

① 칸트에 따르면 살인자 역시 도덕적 자율성을 지닌 존재이다. 사형은 살인자가 자신의 행위에 책임을 질 수 있게 하므로 존엄성을 존중하는 형벌이다.
② 칸트에 따르면 형벌은 범죄 예방, 범죄자 교화 등 선(善)의 증진을 위해 가해지면 안 된다. 형벌은 범죄자가 죄를 지었다는 바로 그 이유만으로 가해져야 한다.
③ 칸트에 따르면 인간은 도덕적 책임을 질 수 있는 주체이며, 형벌은 그 책임을 묻는 응보의 행위이다.
④ 칸트는 형벌이 동등성의 원리를 따라야 한다고 본다. 형벌로 인해 범죄자가 받는 고통과 범죄자가 지은 해악은 비례해야 한다는 것이다.
⑤ 칸트는 응보주의 관점에서 살인에 대한 형벌은 오직 사형뿐이며, 형벌은 범죄자가 죄를 지었다는 이유만으로 집행되어야 한다고 본다. ==칸트는 범죄 예방을 위한 형벌은 목적으로 대우해야 할 인간을 다른 목적을 위한 수단으로 여기는 잘못된 행위라고 본다.== 꿀팁

★ **사형에 대한 칸트의 입장**

• 살인을 저질렀다면 사형 이외의 형벌은 주어질 수 없음
• 사형은 살인자의 고통받는 인격을 해방하여 인간의 존엄성을 실현하는 것임
• 응보주의 관점에서 살인자에 대한 사형은 정당하며 사형 이외의 형벌은 정의에 부합하지 않음

밑줄 친 '이 시기'에 있었던 사실로 옳은 것은? [1.5점]

이 시기는 제임스 와트가 개량한 증기 기관이 새로운 동력으로 사용되기 전까지 지속된 시대로, 서유럽의 통치자들이 본인의 권력 강
유럽 절대왕정 국가들이 채택, 자본주의적 요소 등장
화를 위해 중앙 집권적 관료제와 상비군을 유지하고자 하였다. 그들은 이러한 통치 체제 확립에 필요한 자금을 마련하기 위해 <u>교역</u>을 장려했으며, 일부 상인에게는 막대한 세금 납부를 조건으로 특혜를 부여하였다. 이러한 제휴는 통치자와 상인 모두의 부와 권력을 증대하였다. 통치자들은 금이나 은을 확보하여 많은 함선을 만들고 강력한 군사력을 갖추어 영토 확장을 도모하였다. 또한 <u>통치자와 상인 계층은 완전히 새로운 교역망을 통한 막대한 이윤 창출</u>을 기대하였다.
단서 상공업 육성을 통해 국부를 달성하려 함 (중상주의 정책)

① 대공황이 발생하였다.
  산업 자본주의 시기
② 독점 자본주의가 등장하였다.
  산업 자본주의 시기
③ 중상주의 정책이 확산하였다.
  국가가 경제 활동을 보호, 육성하는 정책
④ 두 차례의 석유 파동이 일어났다.
  수정 자본주의의 한계와 함께 발생
⑤ 서브프라임 모기지가 증가하였다.
  2000년대 초반에 발생

| 문제+자료 분석 |

• 제시문에는 서유럽에서 중앙 집권적 국가가 등장하면서 필요한 자금 마련을 위해 국제적 교역망이 형성되고 상업 자본을 통해 이윤이 창출되는 상황이 나타나 있다.
• 중상주의 정책을 바탕으로 한 상업 자본주의 시대임을 알 수 있다.

| 선택지 분석 |

① 대공황은 1929년 미국을 중심으로 발생한 경제공황이다. 산업 자본주의가 고도화되면서 과잉생산과 유효 수요 부족 현상으로 나타났다. 제시문의 시대와는 상관이 없다.
② 독점 자본주의는 산업 자본주의가 고도화되면서 소수의 거대한 독점 기업이 시장 내에서 지배적 위치를 차지하며 나타났다. 거대 기업과 중소 기업 간의 격차가 심해지고 다양한 시장 실패 현상을 야기하는 계기가 되었다.
③ 중상주의 정책은 절대주의 시대 유럽 각국의 경제 정책으로, 무역을 통해 자본을 축적하고 국부를 증대시키고자하는 경제 사상이다. 새로운 교역망의 증가를 통한 이윤 창출과 이를 통한 국부의 달성을 목적으로 한다.
④ 석유 파동은 1970년대 말 발생하였다. 수정 자본주의의 확산으로 정부의 적극적 시장 개입으로 인한 비효율이 초래되었을 당시 석유파동이 발생하면서 정부 역할의 축소와 시장 기능 확대를 주장하는 신자유주의가 등장하는 계기가 되었다.
⑤ 서브프라임 모기지 사태는 2000년 하반기에 미국에서 발생한 일련의 경제 위기 사건으로, 2008년 세계 금융 위기를 일으키는 데 직접적 영향을 준 사건이다.

다음을 주장한 사상가의 입장으로 적절한 것만을 <보기>에서 고른 것은? [1.5점]

폭력을 예방하고 제거하려면 직접적 폭력, 구조적 폭력, 문화적 폭력에 대한 정확한 진단과 예측, 그리고 처방이 필요하다. 폭력은 직접적-구조적-문화적 폭력의 삼각형의 어느 꼭짓점에서도 시작될 수 있고 다른 꼭짓점으로 쉽게 전달된다. 평화를 구축하는 활동들은 구조적 평화와 문화적 평화를 구축하는 활동과 동일하다고 할 수 있다. 평화는 과정이자, 갈등을 비폭력적이고 창조적으로 변환하는 것이다.
→ 갈퉁

단서 갈퉁이 이야기한 세 가지 폭력
폭력의 확대 재생산

[보기]
ㄱ. 집단 간 갈등은 무조건 회피해야 한다.
    진단 & 처방
ㄴ. 정치적 억압을 줄이면 구조적 폭력이 감소한다.
    억압, 착취 등
ㄷ. 문화적 폭력은 직접적 폭력의 정당화에 이용될 수 있다.
    대중매체 등
ㄹ. 대외적 선제공격은 평화를 구축하는 활동이 될 수 있다.
    평화적 수단에 의한 평화

① ㄱ, ㄴ   ② ㄱ, ㄷ   ③ ㄴ, ㄷ   ④ ㄴ, ㄹ   ⑤ ㄷ, ㄹ

| 문제+자료 분석 |
- **갈퉁**: 직접적 폭력의 제거에 국한된 소극적 평화가 아닌 구조적 폭력 및 문화적 폭력의 제거까지 포함한 적극적 평화를 실현해야 함

| 보기 분석 |
ㄱ 갈퉁은 갈등의 유형 및 원인을 진단하고 그에 알맞은 처방을 내려야 한다고 본다.
ㄴ 갈퉁은 정치적 영역의 억압과 경제적 영역의 착취를 구조적 폭력의 대표적인 사례로 제시한다. *꿀팁*
ㄷ 갈퉁은 대중매체가 전쟁을 미화하는 것처럼 문화적 폭력이 직접적 폭력을 정당화하는 데 사용될 수 있다고 본다.
ㄹ 갈퉁은 평화적 수단에 의해 평화를 달성해야지, 선제공격과 같은 폭력적 수단으로 평화를 달성해야 한다고 주장하지 않는다.

＊ **폭력의 세 유형**
- 직접적 폭력: 전쟁 등 신체에 위해를 끼치거나 생존을 어렵게 만드는 폭력
- 구조적 폭력: 억압과 착취 등 사회 구조에 의한 폭력
- 문화적 폭력: 종교, 사상, 법, 대중매체 등 직접적 폭력이나 구조적 폭력을 정당화하는 폭력

다음 자료에 대한 설명으로 옳은 것은? (단, A~C는 각각 정기 예금, 주식, 채권 중 하나임.) [2점]

표는 갑이 금융 상품 A, B, C 중 하나를 선택하여 투자하기 위해 작성한 것이다. 갑은 편익과 기회비용만을 고려하여 금융 상품을 선택하며 세 상품 모두 명시적 비용은 없다. 이때 편익은 수익성과 안전성 등을 고려하여 화폐 단위로 평가한 것이다.
암묵적 비용으로만 기회비용을 따짐

금융 상품	A 정기 예금	B 주식	C 채권
편익(만 원)	90	80	100
이자 수익	있음	없음	있음
시세 차익	없음	있음	있음

단서

① A는 배당 수익을 기대할 수 있다.
  B
② C는 예금자 보호 제도의 적용을 받는다.
  A
③ 일반적으로 B는 A에 비해 안전성이 높다.
             수익성
④ 채권 선택의 암묵적 비용은 100만 원이다.
           90만 원
⑤ 정기 예금 선택의 기회비용과 주식 선택의 기회비용은 같다.
  100만 원   100만 원

| 문제+자료 분석 |
- A는 이자 수익은 기대할 수 있지만 시세 차익은 없는 금융 상품이므로 정기 예금, B는 이자 수익은 없지만 시세 차익은 기대할 수 있는 금융 상품이므로 주식이다. C는 이자 수익과 시세 차익을 모두 기대할 수 있는 채권이다.
- 세 상품 모두 명시적 비용이 없으므로 편익을 바탕으로 암묵적 비용을 정리하면 아래 표와 같다.

구분	A(정기 예금)	B(주식)	C(채권)
편익(만 원)	90	80	100
기회 비용(만 원)	100	100	90
순편익(만 원)	-10	-20	10

| 선택지 분석 |
① 배당 수익을 기대할 수 있는 금융 상품은 B 주식이다.
② 예금자 보호 제도의 적용을 받는 금융 상품은 A 정기 예금이다.
③ 일반적으로 B 주식은 A 정기 예금에 비해 수익성이 높은 대신 안전성은 낮다. 안전성이 높은 금융 상품은 정기 예금이다.
④ 각 금융 상품의 명시적 비용이 없으므로, 암묵적 비용은 포기한 상품의 편익과 같다. 채권 선택으로 인해 포기한 금융 상품 중 가장 편익이 큰 것은 정기 예금이다. 따라서 채권 선택의 암묵적 비용은 정기 예금의 편익인 90만 원이 된다.
⑤ 각 금융 상품의 명시적 비용이 없으므로, 금융 상품 선택의 기회비용은 암묵적 비용과 같다. 암묵적 비용은 명시적 비용이 없기 때문에 포기한 상품의 편익과 같다. 따라서 정기 예금 선택의 기회비용은 채권의 편익인 100만 원이며, 주식 선택의 기회비용 역시 채권의 편익인 100만 원이 된다.

예시 2차

다음 자료는 세계 도시에 대한 것이다. A~D 기능에 해당하는 지표로 옳은 것은? [2점]

세계화로 인해 세계의 중심지 역할을 하는 세계 도시가 출현했다. 세계 도시의 선정 기준과 방법은 조사 기관마다 차이가 있는데, 그중 ○○연구소는 2024년에 48개 주요 도시를 대상으로 6가지 기능(거주, 경제, 문화 교류, 연구·개발, 접근성, 환경)을 70개 지표를 활용하여 산출한 점수로 종합 순위를 발표했다. 종합 순위 1위 도시는 '문화 교류'에서 1위를 유지했고 허브 공항 효과로 '접근성'에서도 1위에 올랐다. 종합 순위 2위 도시는 '경제' 및 '연구·개발'에서 1위를 차지했으나, '거주'와 '환경'에서는 30위권으로 밀려났다. 종합 순위 3위 도시는 환율 상승에 따른 해외 관광객 증가로 '문화 교류'에서 3위로 올랐고, '거주'와 '연구·개발'에서도 3위를 차지했다. 종합 순위 4위 도시는 올림픽 개최에 힘입어 '문화 교류'에서 2위로 올랐다.

런던
뉴욕
도쿄

단서 거주와 환경 분야에서 30위권 → 종합 순위 2위 도시는 뉴욕

단서 3위에 해당하는 기능이 총 3개인 도쿄

파리

런던이 1위인 '문화 교류' 기능이 2위인 파리임

〈최상위 4개 도시의 기능별 순위〉

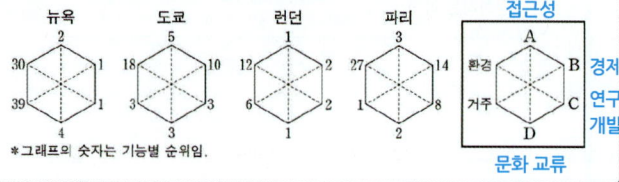

*그래프의 숫자는 기능별 순위임.

	A	B	C	D
①	국제 직항 노선 수	세계 500대 기업 수	특허 등록 건수	외국인 방문자 수
②	국제 직항 노선 수	세계 500대 기업 수	외국인 방문자 수	특허 등록 건수
③	세계 500대 기업 수	특허 등록 건수	외국인 방문자 수	국제 직항 노선 수
④	세계 500대 기업 수	특허 등록 건수	국제 직항 노선 수	외국인 방문자 수
⑤	외국인 방문자 수	국제 직항 노선 수	특허 등록 건수	세계 500대 기업 수

| 문제+자료 분석 |

- **세계 도시**: 국경을 넘어 정치·경제·문화 등 다양한 분야에서 세계적 중심지 역할을 하는 도시
- **종합 순위 1위 도시**: 6가지 기능 중 '문화 교류'와 '접근성'의 기능에서 1위를 차지하고 있음 → 런던
- **종합 순위 2위 도시**: 6가지 기능 중 '경제'와 '연구·개발'의 기능에서 1위를 차지하고 있으나, '환경'과 '거주'에서는 30위권으로 밀려나 있음 → 뉴욕
- **종합 순위 3위 도시**: 6가지 기능 중 '문화 교류', '거주'와 '연구·개발' 등 3가지 기능에서 3위를 차지함 → 도쿄
- **종합 순위 4위 도시**: 올림픽이 개최되었으며 6가지 기능 중 '문화 교류'에서 2위에 오름 → 파리

| 선택지 분석 |

A. 뉴욕이 2위, 런던이 1위, 파리가 3위인 기능이다. 런던이 1위인 기능인 A와 D는 각각 '문화 교류'와 '접근성' 중 하나이며, 이 중에서 파리가 2위인 D는 '문화 교류'이다. 따라서 런던이 1위, 파리가 3위인 A는 '접근성'이다. 접근성은 통행 발생 지역에서 특정 지역으로 접근할 수 있는 가능성을 의미하며 이와 관련된 지표로는 국제 직항 노선 수가 있다.

B. 뉴욕이 1위, 런던이 2위, 도쿄가 10위인 기능이다. 뉴욕이 1위, 런던이 2위인 B와 C는 각각 '경제'와 '연구·개발' 중 하나이며, 이 중에서 도쿄가 3위인 C는 '연구·개발'이다. 따라서 뉴욕이 1위, 도쿄가 10위인 B는 '경제'이며, 이와 관련된 지표로는 세계 500대 기업 수가 있다.

C. 뉴욕이 1위, 도쿄가 3위, 런던이 2위인 기능이다. 6가지 기능 중 뉴욕이 1위, 런던이 2위, 도쿄가 3위인 기능은 '연구·개발'이며, 이와 관련된 지표로는 특허 등록 건수가 있다.

D. 런던이 1위, 도쿄가 3위, 파리가 2위인 기능이다. 6가지 기능 중 파리가 2위, 도쿄가 3위인 기능은 '문화 교류'이며, 이와 관련된 지표로는 외국인 방문자 수가 있다.

① 따라서 A 지표는 국제 직항 노선 수, B 지표는 세계 500대 기업 수, C 지표는 특허 등록 건수, D 지표는 외국인 방문자 수이다.

다음 수업 장면에서 〈상황1〉, 〈상황2〉에 대한 설명으로 옳은 것은? [2.5점]

다음 자료에는 X재와 Y재만을 생산하는 갑국과 을국이 각 재화 1단위를 생산하는 데 필요한 노동자 수가 상황별로 제시되어 있습니다. 이 자료를 분석하여 무역의 발생 원리에 대해 알아봅시다.

노동자 수가 적으면 절대 우위를 가짐

〈상황1〉		
구분	X재	Y재
갑국	1명	2명
을국	2명	1명

〈상황2〉		
구분	X재	Y재
갑국	1명	2명
을국	2명	3명

〈상황1〉 갑국은 X재, 을국은 Y재 생산에 절대 우위를 가짐 단서
〈상황2〉 갑국은 X재, Y재 생산에 절대 우위를 가짐. 갑국은 X재, 을국은 Y재 생산에 비교 우위를 가짐 단서

① 〈상황1〉에서 갑국은 X재와 ~~Y재 생산 모두~~ 절대 우위를 갖는다.
   Y재 생산은 을국이 절대 우위를 가짐

② 〈상황2〉에서 무역이 발생하는 이유를 절대 우위로 설명할 수 ~~있다~~.
   없다

③ 〈상황2〉에서 X재 1단위 생산을 위해 포기해야 하는 Y재의 양은 갑국이 을국보다 ~~많다~~. 갑국: Y재 1/2단위 < 을국: Y재 2/3단위

④ 〈상황1〉과 〈상황2〉에서 Y재를 특화해서 생산하는 나라는 모두 ~~갑국~~이다.
   을국

⑤ 〈상황1〉과 〈상황2〉 모두에서 무역이 발생하는 이유를 비교 우위로 설명할 수 있다.

| 문제+자료 분석 |

- 〈상황1〉에서 갑국은 X재, 을국은 Y재 생산에 절대우위를 가진다.
- 〈상황2〉에서는 갑국이 X재, Y재 생산 모두에서 절대우위를 가진다. 따라서 절대우위로 무역 발생 이유를 설명할 수 없다.
- 갑국과 을국의 각 재화 1단위 생산의 기회비용은 다음과 같다.

〈상황1〉		
구분	X재	Y재
갑국	Y재 2단위	X재 1/2단위
을국	Y재 1/2단위	X재 2단위

〈상황2〉		
구분	X재	Y재
갑국	Y재 1/2단위	X재 2단위
을국	Y재 2/3단위	X재 3/2단위

- 〈상황2〉에서 갑국은 X재, 을국은 Y재 생산에 비교우위를 갖는다.

| 선택지 분석 |

① 절대 우위는 재화 생산의 비용이 더 적을 때 가진다. 〈상황1〉에서 X재 생산에 필요한 노동자수는 갑국이 더 적고, Y재 생산에 필요한 노동자수는 을국이 더 적으므로 X재는 갑국이, Y재는 을국이 절대 우위를 갖는다.

② 〈상황2〉에서는 갑국이 X재와 Y재 생산에 모두 절대 우위를 갖는다. 절대 우위론에 따르면 〈상황2〉와 같은 경우 무역이 발생할 수 없다.

③ 〈상황2〉에서 X재 1단위 생산에 대한 기회비용은 갑국이 Y재 1/2단위, 을국이 Y재 2/3단위 이므로 을국이 더 많다.

④ 〈상황1〉에서는 을국이 Y재 생산에 절대 우위를 가지며, 〈상황2〉에서도 을국이 Y재 생산의 기회비용이 더 작으므로 비교 우위를 가진다. 따라서 〈상황1〉과 〈상황2〉에서 Y재를 특화해서 생산하는 나라는 모두 을국이다.

⑤ 〈상황1〉에서는 절대 우위를 통해 무역이 발생하는 상황을 설명할 수 있지만, 비교 우위를 통해서도 설명이 가능하다. 〈상황1〉의 각 재화 생산의 기회비용을 계산해 보면 갑국이 X재에, 을국이 Y재 비교 우위를 가진다.

다음 문서에 대한 설명으로 옳은 것은? [2.5점]

> 남북 정상들은 분단 역사상 <u>처음으로 열린 이번 상봉과 회담</u>이 서로 이해
> 　　　　　　　　　　　　　　 【단서】 **최초 정상 회담**
> 를 증진시키고 남북 관계를 발전시키며 평화 통일을 실현하는 데 중대한 의
> 의를 가진다고 평가하고 다음과 같이 선언한다.
> 1. 남과 북은 나라의 통일문제를 그 주인인 우리 민족끼리 서로 힘을 합쳐 자
> 　 주적으로 해결해 나가기로 하였다.
> 2. 남과 북은 나라의 통일을 위한 남측의 연합제 안과 북측의 낮은 단계의 연
> 　 방제 안이 서로 공통성이 있다고 인정하고 앞으로 이 방향에서 통일을 지
> 　 향시켜 나가기로 하였다.
> 3. 남과 북은 올해 8·15에 즈음하여 흩어진 가족, 친척 방문단을 교환하며,
> 　 비전향 장기수 문제를 해결하는 등 <u>인도적 문제</u>를 조속히 풀어 나가기로
> 　 하였다.
> 4. 남과 북은 경제협력을 통하여 민족경제를 균형적으로 발전시키고, 사회,
> 　 문화, 체육, 보건, 환경 등 <u>제반 분야의 협력과 교류를 활성화</u>하여 서로의
> 　 신뢰를 다져 나가기로 하였다.
> 　　　　　　　　 → 2000년 남북 정상 회담에서 남북 교류 및 협력 논의

① 미국과 소련 간 냉전 체제가 <s>형성되기 이전</s>에 합의되었다.
　　　　　　　　　　　　　　이후
② 평화 통일을 위해 사회·문화적 교류가 필요함을 <s>간과하고</s> 있다.
　　　　　　　　　　　　　　　　　 중시하고
③ 6·25 전쟁을 일단락하는 정전 협정과 <s>같은 연도</s>에 발표되었다.
　　　　　　　　　　　　　 정전 협정(1953), 남북공동선언(2000)
④ <u>분단으로 인해 발생하는 유·무형의 비용을 절감할 수 있는 방안</u>을 제시하
　 고 있다. 　　**분단 비용**
⑤ 남북한의 정치 체제 통합 없는 상호 협력과 신뢰가 <s>가능하지 않음</s>을 강조
　 하고 있다. 　　　　　　　　　　　　　　　　　 **가능함**

| 문제+자료 분석 |

- **6·15 남북공동선언**: 분단 이후 최초의 남북 정상 회담에서 발표한 것으로, 남북한이 경제적·문화적·인도적 차원에서 협력하는 계기를 제공함

| 선택지 분석 |

① 6·15 남북공동선언은 미국과 소련 간 냉전 체제가 붕괴한 후 2000년도에 발표되었다.
② 6·15 남북공동선언은 사회, 문화, 체육 등 제반 분야의 협력과 교류를 활성화할 것을 강조한다.
③ 6·15 남북공동선언은 1953년에 체결된 정전 협정 이후 오랜 시간이 흐른 후, 2000년에 발표되었다.
④ 6·15 남북공동선언은 이산가족의 슬픔, 비전향 장기수의 고통 등 유무형의 분단 비용을 줄이는 방안을 담고 있다.
⑤ 6·15 남북공동선언은 정치 체제가 통합되지 않더라도 비정치적 분야에서 협력과 교류를 활성화해야 한다는 내용을 담고 있다.

＊ 남북 간 주요 합의 및 의의

7·4 남북공동성명 **(1972)**	• 분단 후 최초 남북 당사자 간 합의 • 자주, 평화, 민족 대단결 등 3가지 통일 원칙 합의
남북기본합의서 **(1991)**	남북한 상호 체제 인정, 상호 불가침
6·15 남북공동선언 **(2000)**	• 분단 후 최초 남북 정상 회담 • 한반도 평화와 공동 번영을 위한 방안 논의

다음 자료에 대한 옳은 설명만을 〈보기〉에서 고른 것은? [2점]

> 중국에서 연구 사업으로 진행한
> 〔㉠ **동북공정**〕이/가 한중 양국 간 주요 현
> 안으로 부각된 것은 2004년 6월 해당 사무
> 처가 **A** 지역 관련 연구 내용을 공개하면서
> 　　　　　**동북 3성**
> 부터다. 연구 내용에 대한 우리 국민의 관
> 심과 우려가 고조되자, 정부도 본격적인 대
> 응책을 마련하고 중국 정부에 공식적으로
> 문제를 제기하였다. 2004년 8월 24일 양측
> 정부는 다음 내용을 구두로 합의하였다. '첫째, <u>중국 측은 고구려사 문</u>
> 　　　　　　　　　**동북공정에는 고구려사뿐만 아니라 발해사 연구를 포함함**
> <u>제가 양국 간 중대 현안으로 대두된 것</u>에 유념한다. 둘째, 양측은 향후
> 역사 문제로 인해 한중 간 우호 협력 관계가 손상되는 것을 방지하기
> 위해 노력한다. … 다섯째, 양측은 학술 교류의 조속한 개최를 위해 노
> 력한다.' 이어 양국은 2006년 10월 한중 정상 회담에서 〔㉠ **동북공정**〕
> 을/를 비롯한 역사 인식 문제가 양국 관계에 부정적 영향을 주어선 안
> 된다는 원칙에 다시 합의하였다.

〈한중 현안 바로 알기〉

[보기]
ㄱ. ㉠은 발해사 연구를 포함하였다.
　 동북공정에는 고구려, 발해의 역사 등이 포함됨
ㄴ. ㉠은 태정관 지령문을 근거로 삼았다.
　 독도 영유권에 관한 문서
ㄷ. A 지역에는 냉대 기후가 나타난다.
　 한반도보다 고위도에 위치
ㄹ. A 지역은 <s>티베트 자치구</s>에 해당한다.
　 　　　　　　옌볜 조선족 자치주

① ㄱ, ㄴ 　② ㄱ, ㄷ 　③ ㄴ, ㄷ 　④ ㄴ, ㄹ 　⑤ ㄷ, ㄹ

| 문제+자료 분석 |

- **A** 지역: 랴오닝성, 지린성, 헤이룽장성을 포함한 중국의 동북 3성
- ㉠: 2004년 이후 중국에서 동북 3성(A 지역)에 대해 연구한 내용이 우리나라 정부와 마찰을 빚게 된 동북 공정

| 보기 분석 |

ㄱ. ㉠ 동북공정을 통해 고조선, 부여, 고구려의 역사뿐만 아니라 발해의 역사까지 고대 중국의 지방사라고 주장하고 있다.
ㄴ. 태정관 지령문은 '죽도(울릉도) 외 1도(독도)의 건에 관해 본방(일본)은 관계가 없다는 것을 명심할 것'이라는 내용이 담긴 일본 메이지 정부 최고 행정 기관인 태정관의 지령이 담긴 문서이다.
ㄷ. 중국의 동북 3성(A 지역)은 한반도보다 대체로 고위도에 위치하며 냉대 기후가 넓게 나타난다.
ㄹ. 중국의 동북 3성(A 지역)은 옌볜 조선족 자치주에 해당하며, 티베트 자치구는 중국 서남부에 위치한다.

 예시 2차

그래프는 지도에 표시된 네 국가의 특성에 대한 것이다. 이에 대한 설명으로 옳은 것은? [2점]

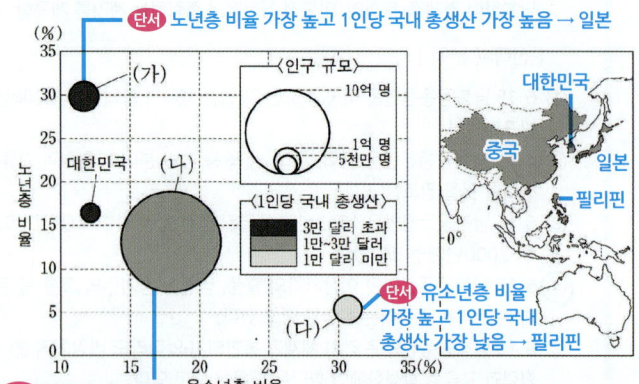

단서 노년층 비율 가장 높고 1인당 국내 총생산 가장 높음 → 일본

(%) 인구 규모
35
30 (가) — 10억 명
25 — 1억 명
20 대한민국 (나) — 5천만 명
15
1인당 국내 총생산
10 3만 달러 초과
5 1만~3만 달러
(다) 1만 달러 미만
0
10 15 20 25 30 35(%)
유소년층 비율

노년층 비율

대한민국
중국
일본
필리핀

단서 유소년층 비율 가장 높고 1인당 국내 총생산 가장 낮음 → 필리핀

단서 인구가 가장 많음, 노년층 비율과 유소년층 비율이 (가)와 (다) 사이 → 중국

*유소년층 비율과 노년층 비율은 원의 가운데 값임.
출처: UN(2022)

① (나)는 초고령 사회에 해당한다. 해당 ×

② (다)는 대한민국보다 생산 가능 인구가 많다.
생산 가능 인구와 생산 가능 인구 비율을 구별해야 함 함정

③ (나)는 (가)보다 중위 연령이 높다. 낮다

④ (다)는 (가)보다 총부양비가 높다. 낮다

⑤ 국내 총생산은 (가) > (다) > (다) 순으로 많다.
(나) (가)

| 문제+자료 분석 |

- **(가)**: 네 국가 중 노년층 비율이 가장 높고 유소년층 비율이 가장 낮으며 1인당 국내 총생산이 3만 달러를 초과함 → 네 국가 중 가장 선진국인 일본
- **(나)**: 인구가 10억 명 이상으로 압도적으로 많고, 노년층과 유소년층 비율은 (가)와 (다) 사이에 있음 → 개발도상국인 중국
- **(다)**: 네 국가 중 유소년층 비율이 가장 높고 노년층 비율이 가장 낮으며 1인당 국내 총생산이 1만 달러 미만임 → 필리핀

| 선택지 분석 |

① 초고령 사회란 노년층 비율이 20% 이상인 사회를 뜻한다. (나) 중국은 노년층 비율이 약 14%로, 초고령 사회에 해당하지 않는다.

② 생산 가능 인구는 청장년층(15~64세)로, 전체 비율에서 노년층과 유소년층 비율을 뺀 값에 인구를 곱해 구할 수 있다. 대한민국은 생산 가능 인구가 약 72%, (다) 필리핀은 약 64%지만, 필리핀은 대한민국보다 인구가 두 배 이상 많아 생산 가능 인구는 필리핀이 더 많다.

③ (나) 중국은 (가) 일본보다 노년층 비율이 낮고 유소년층 비율이 높으므로 (나) 중국의 중위 연령이 더 낮다.

④ 총부양비는 '{(유소년층 인구+노년층 인구)/청장년층 인구}×100%'로 구할 수 있다. (가) 일본의 유소년층 비율과 노년층 비율의 합은 약 42%, 청장년층 비율은 약 58%이다. (다) 필리핀의 유소년층 비율과 노년층 비율의 합은 약 36%, 청장년층 비율은 약 64%이므로 (다) 필리핀은 (가) 일본보다 총부양비가 낮다.

⑤ 국내 총생산은 '총인구×1인당 국내 총생산'으로 구할 수 있다. (나) 중국은 1인당 국내 총생산이 1만~3만 달러이지만 3만 달러를 초과하는 (가) 일본보다 인구가 약 10배 이상 많아 국내 총생산은 (나) 중국이 가장 많다. 또한, (가) 일본과 (다) 필리핀은 인구 규모는 비슷하지만 (가) 일본의 1인당 국내 총생산이 훨씬 높으므로 국내 총생산은 (가) 일본이 더 높다.

다음 자료에 대한 설명으로 옳은 것은? (단, (가)~(라)는 각각 석유, 석탄, 수력, 천연가스 중 하나임.) [1.5점]

단서 세계 제1차 에너지 소비량의 2020년 기준 수치 파악 가능

〈세계 1차 에너지원 소비량 비율 변화〉

(년)
2020
2015
2010
2005
2000
1995
1990
1985
1980
1975
1970
1965
0 20 40 60 80 100(%)

〈국가별 1차 에너지원 소비량 비율〉

(%)
60
50 러시아에서 가장 높은 비중 차지 …(다) 천연가스
40
30
20
10
0

(%)
60
50
40
30
20
10
0

(%)
60
50
40 인도에서 가장 높게 나타남 → (나) 석탄
30
20
10
0

(%)
60
50
40 아메리카 대륙에서 높게 나타남 → (가) 석유
30
20
10
0

(가) (나) (다) (라) 원자력 재생 에너지

출처: BP(2021)

① 브라질은 수력 소비량이 천연가스 소비량보다 많다.

② 네 국가 모두 화석 에너지의 국가 내 소비량 비율은 60% 이상이다.
브라질은 (가)~(다)의 합이 60%를 넘지 않음

③ (라)는 주로 운송 수단의 연료로 이용된다.
(가)

④ (가)는 (나)보다 상용화된 시기가 이르다. 늦다

⑤ (다)는 (나)보다 연소 시 오염 물질 배출량이 많다. 적다

| 문제+자료 분석 |

- **(가) 석유**: 세계 제1차 에너지 소비량에서 가장 높은 비중을 나타냄. 미국, 브라질 등 아메리카 대륙을 비롯해 대부분 지역에서 소비 비중이 높음
- **(나) 석탄**: 세계 제1차 에너지 소비량에서 두 번째로 높은 비중을 나타냄. 산업 발전이 지속되는 중국, 인도 등 아시아 국가에서 소비 비중이 높음
- **(다) 천연가스**: 세계 제1차 에너지 소비량에서 세 번째로 높은 비중을 나타냄. 러시아, 유럽, 미국을 중심으로 소비 비중이 높음
- **(라) 수력**: 세계 제1차 에너지 소비량에서 네 번째로 높은 비중을 나타냄(2022 기준 다섯 번째). 브라질, 캐나다 등에서 소비 비중이 높음

| 선택지 분석 |

① 국가별 1차 에너지원 소비량 비율을 살펴보면 브라질은 (라) 수력의 소비량이 (다) 천연가스의 소비량보다 높게 나타난다.

② 러시아, 미국, 인도는 화석 에너지 (가)~(다)의 국가 내 소비량 비율이 60% 이상이지만, 브라질은 화석 에너지를 다 합쳐도 60%에 미치지 못한다.

③ 운송 수단의 연료로 주로 이용되는 자원은 (가) 석유이다. (나) 석탄과 (다) 천연가스는 산업용으로 가장 많이 이용된다.

④ 화석 에너지의 상용화 시기는 (나) 석탄 → (가) 석유 → (다) 천연가스 순으로 나타난다. 따라서 (가) 석유는 (나) 석탄보다 상용화된 시기가 늦다.

⑤ 연소 시 오염 물질 배출량은 (나) 석탄 > (가) 석유 > (다) 천연가스 순으로 나타난다. 꿀팁 따라서 (다) 천연가스는 (나) 석탄보다 연소 시 오염 물질 배출량이 적다.

 문제 풀이 꿀팁

화석 에너지와 관련된 문제에서는 국가 혹은 대륙(지역)별 소비, 생산, 수출 비중을 자료로 주고 에너지의 다양한 특징을 묻는 경우가 많다. 따라서 국가 혹은 대륙(지역) 단위로 어떤 어네지의 소비, 생산, 수출 비중이 높은지를 꼼꼼하게 정리해야 주어진 자료를 쉽게 해석할 수 있다.

memo

My Best friend
수경출판사 · 자이스토리

나만의 학습 계획표를 올려 주세요.

나만의 학습 계획표를 작성하고, 사진을 찍어
인스타그램 또는 블로그에 올려 주세요.

★ **필수 해시태그** - #수경출판사 #자이스토리 #수능기출문제집
#학습 계획표

★ **참여해 주신 분께:** 바나나우유 기프티콘 증정

 QR코드를 스캔하여 개인 정보 및 작성한 게시물의 URL을 입력합니다.

수경 Mania가 되어 주세요.

인스타그램, 카페, 블로그 등에
수경출판사 교재로 공부하는 모습,
학습 후기, 교재 사진을 올려 주세요.

★ **참여해 주신 분께:** 3,000원 편의점 기프티콘 증정
★ **우수 후기 작성자:** 강남인강 1년 수강권 증정

 QR코드를 스캔하여 개인 정보 및 작성한 게시물의
URL을 입력합니다.

수험장 생생체험단 모집

자이스토리 교재에 실릴 수능 문제에
대한 나만의 풀이 비법을 전수해 주세요.

★ **대상:** 수능을 지원한 고3 및 N수생
(성적 우수자 우선 선발)

★ **생생체험단 선정 수험생:**
문항당 소정의 원고료 증정

QR코드를 스캔하여
해당 링크로 이동합니다.

교재 평가 설문지를 작성해 주세요.

수경출판사 교재 학습 후기, 교재 평가 설문지를 작성해 주세요.
[학생, 선생님 모두 가능]

★ **참여해 주신 분께:** 2,000원 편의점 기프티콘 증정
★ **우수 후기 작성자:** 강남인강 1년 수강권 증정

 QR코드를 스캔하여 해당 링크에 들어가서 설문 조사를 진행합니다.

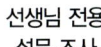
선생님 전용
설문 조사

학생 전용
설문 조사

＊자세한 사항은 해당 QR코드를 스캔하거나, 홈페이지 이벤트 공지글을 참고해 주세요.
＊이벤트의 내용이나 상품이 변경될 수 있으며, 변경 시 홈페이지에 공지됩니다.

XISTORY HONORS CLUB

대한민국 No.1

자이스토리 장학생 선발!!

자이스토리와 함께 빛나는 성취를 이루어낸 수험생 여러분께
수경출판사가 장학금을 드립니다.

응모자격 • 고등·수능 자이스토리 교재로 학습한 고1 · 2 · 3학년, N수생

선발일정 • 매년 2월 5일까지 접수 (이메일 접수)
• 매년 2월 20일 수상자 발표
• 매년 2월 28일 장학금 수여

선발기준 • 수능대비 자이스토리 교재를 활용해 달성한
학업 성취에 대해 진솔한 학습법을 작성한 학생

장 학 금 • 자이스토리 장학금 4,000만 원+α
• 부상 : Xistory Honors Club 장학증서,
Xistory Honors Club 백팩

★ 이현일 장학금(입학생 4명+졸업생)
(대학입학시 100만 원+졸업시 100만 원 지급)

"이현일 장학금"은 MIT출신으로 현 샌프란시스코 재미한인 협회장이신 이현일 씨가 우리나라 이공계
학생들을 후원하기 위해 수경출판사에 기탁한 장학금입니다. 『한국 열등생, MIT우등생』 저자

대상 500만 원 (1명)

금상 200만 원 (2명)

이현일 장학금 100만 원(4명) +α

장려상 100만 원 (5명)

격려상 50만 원 (20명)

노력상 모바일 상품권 10만 원 (60명+α)

• XISTORY 11th HONORS CLUB 장학금은 2026년 2월 27일에 지급될 예정입니다.
• XISTORY 10th HONORS CLUB 장학금은 2025년 2월 28일에 지급되었습니다.
• XISTORY 9th HONORS CLUB 장학금은 2024년 2월 28일에 지급되었습니다.
• XISTORY 8th HONORS CLUB 장학금은 2023년 2월 28일에 지급되었습니다.
• XISTORY 7th HONORS CLUB 장학금은 2022년 2월 25일에 지급되었습니다.
• XISTORY 6th HONORS CLUB 장학금은 2021년 2월 26일에 지급되었습니다.
• XISTORY 5th HONORS CLUB 장학금은 2020년 2월 28일에 지급되었습니다.
• XISTORY 4th HONORS CLUB 장학금은 2019년 2월 27일에 지급되었습니다.
• XISTORY 3rd HONORS CLUB 장학금은 2018년 2월 27일에 지급되었습니다.
• XISTORY 2nd HONORS CLUB 장학금은 2017년 2월 24일에 지급되었습니다.
• XISTORY 1st HONORS CLUB 장학금은 2016년 2월 20일에 지급되었습니다.

＊자세한 내용은 수경출판사
홈페이지 www.book-sk.co.kr를
참조하여 주시기 바랍니다.

자이스토리 · 수경출판사

자이스토리 국어 비문학, 문학, 문법, 어휘 시리즈

중등

비문학 독해 1, 2 예비 고등	독해력 완성 1, 2, 3	문학 독해+문학 용어 1, 2, 3
* 독해 STEP에 따른 단계별 독해 훈련  STEP ① 핵심어 찾기, 중심 문장 찾기 STEP ② 문단 요약하기, 문단 간의 관계 파악하기 STEP ③ 글의 구조 파악하기, 주제 찾기 STEP ④ 실력 항상 TEST · 문해력+어휘 체크 문제	· 재미있게 독해력을 기를 수 있는 다양한 소재의 지문 · 독해 STEP에 따른 단계별 독해 훈련 · 지문과 문제 접근법을 알려주는 지문 특강, 문제 특강 · 다양한 유형의 어휘 테스트와 배경지식 · 다시는 틀리지 않게 하는 꼼꼼한 입체 첨삭 해설	* 갈래별, 단계별 독해 훈련  STEP 시 ❶ 화자, 중심 대상 찾기 ❷ 상황, 정서, 태도 파악하기 ❸ 표현상 특징 파악하기 STEP 소설·극 ❶ 중심인물, 배경 파악하기 ❷ 중심 사건, 갈등 파악하기 ❸ 서술상 특징 파악하기

★강남구청 인터넷 수능방송 강의교재 ★강남구청 인터넷 수능방송 강의교재

중등

국어 문법 기본 / 국어 문법 완성	문해력을 키우는 어휘 1, 2
 · 쉬운 개념 설명과 확인 문제로 문법 개념 쏙쏙 · 풍부한 예문과 그림으로 한눈에 개념 학습 · 최다 내신 문제로 학교 시험 100점 완성 · 문법 개념 동영상 강의 QR코드	· 읽기, 듣기·말하기·쓰기 교과서의 어휘+용어 수록 · 문학 교과서 필수 작품의 어휘 + 개념어 수록 · 영역별·주제별 핵심 어휘 + 어휘 실력 테스트

고등

비문학 독해 1, 2	문학 독해 1, 2
  * 독해 STEP에 따른 단계별 독해 훈련 STEP ① 핵심어 찾기, 중심 문장 찾기 STEP ② 문단 요약하기, 문단 간의 관계 파악하기 STEP ③ 글의 구조 파악하기, 주제 찾기 STEP ④ 실력 확인 테스트 STEP ⑤ 최강 실력 모의고사	* 갈래별 구성에 따른 독해 훈련 STEP 시 ❶ 화자, 중심 대상 찾기 ❷ 상황, 정서, 태도 파악하기 ❸ 표현상 특징 파악하기 소설·극 ❶ 중심인물, 배경 파악하기 ❷ 중심 사건, 갈등 파악하기 ❸ 서술상 특징 파악하기

쉬운 개념 이해와 정확한 연산력을 키운다!!

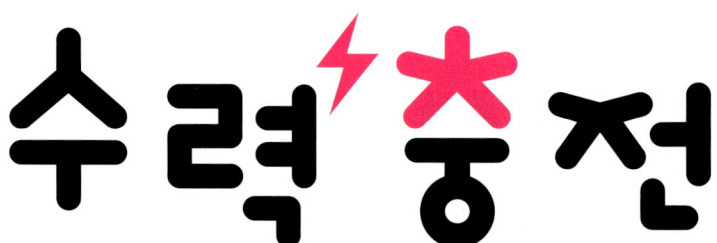

 고등 ·  중등 · 초등

★ 수력충전이 꼭 필요한 학생들

- 계산력이 약해서 시험에서 실수가 잦은 학생
- 개념 이해가 어려워 자신감이 없는 학생
- 부족한 단원을 빠르게 보충하려는 학생
- 스스로 원리를 터득하기 원하는 학생
- 수학의 전체적인 흐름을 잡기 원하는 학생
- 선행 학습을 하고 싶은 학생

1 쉬운 개념 이해와 다양한 문제의 풀이를 따라가면서 수학의 연산 원리를 이해하는 교재!!

2 매일매일 반복하는 연산학습으로 기본 개념을 자연스럽고 완벽하게 이해하는 교재!!

3 단원별, 유형별 다양한 문제 접근 방법으로 부족한 부분의 문제를 집중 학습할 수 있는 교재!!

───────────── ★ 수력충전 시리즈

초등 수력충전 [기본]

초등 수학 1-1, 2 / 초등 수학 2-1, 2
초등 수학 3-1, 2 / 초등 수학 4-1, 2
초등 수학 5-1, 2 / 초등 수학 6-1, 2

중등 수력충전

중등 수학 1-1, 2
중등 수학 2-1, 2
중등 수학 3-1, 2

고등 수력충전

공통수학 1, 공통수학 2
대수 / 미적분 I / 확률과 통계